Alfred Moos

Datenbank-Engineering

Alfred Moos

Datenbank-Engineering

Analyse, Entwurf und Implementierung objektrelationaler Datenbanken – Mit UML, DB2-SQL und Java

3., überarbeitete und erweiterte Auflage

Bibliografische Information Der Deutschen Bibliothek
Die Deutsche Bibliothek verzeichnet diese Publikation in der Deutschen Nationalbibliografie; detaillierte bibliografische Daten sind im Internet über <http://dnb.ddb.de> abrufbar.

Höchste inhaltliche und technische Qualität unserer Produkte ist unser Ziel. Bei der Produktion und Auslieferung unserer Bücher wollen wir die Umwelt schonen: Dieses Buch ist auf säurefreiem und chlorfrei gebleichtem Papier gedruckt. Die Einschweißfolie besteht aus Polyäthylen und damit aus organischen Grundstoffen, die weder bei der Herstellung noch bei der Verbrennung Schadstoffe freisetzen.

1. Auflage 1991
Die erste Auflage erschien unter dem Titel „SQL-Datenbanken".
2. Auflage 1997
3., überarbeitete und erweiterte Auflage Februar 2004

Der Vieweg Verlag ist ein Unternehmen von Springer Science+Business Media.
www.vieweg-it.de

Umschlaggestaltung: Ulrike Weigel, www.CorporateDesignGroup.de

Gedruckt auf säurefreiem und chlorfrei gebleichtem Papier.

ISBN-13: 978-3-528-25183-3 e-ISBN-13: 978-3-322-80335-1
DOI: 10.1007/978-3-322-80335-1

Vorwort

Der Entwurf eines unternehmensweiten Datenmodells, dessen Umsetzung in ein objektrelationales Datenbankmodell und die anschließende Implementierung in einer objektrelationalen Datenbank mit der Datenbanksprache SQL sind heute und in absehbarer Zukunft zentrale Aufgaben in der betrieblichen Datenverarbeitung und der praktischen Wirtschaftsinformatik.

Dabei ist der Entwurf von Datenbanken immer wieder ein anspruchsvolles Problem für den Datenbankentwickler. Mit dem derzeitigen Wissensstand über Strategien, Methoden und Sprachen der Datenmodellierung lassen sich diese Aufgaben systematisch lösen. Erforderlich hierzu ist eine methodische und architekturgetriebene Vorgehensweise. Ihre Darstellung und Vermittlung ist zentrales Anliegen dieses Buches.

Die Implementierung eines objektrelationalen Datenbankmodells mit den Sprachmitteln der aktuellen SQL-Norm SQL99 bzw. SQL3, und hier insbesondere mit deren Implementierung in DB2® von IBM®, ist der zweite Schwerpunkt des Buches.

Zentrales Anliegen des Buches ist es, dem Leser die derzeit aktuellen und erprobten Methoden, Strategien und Verfahren der Datenbankmodellierung und der Modellbeschreibung in präziser aber dennoch leicht verständlicher Art zu vermitteln. Es werden hierbei die einzelnen Methoden, wie das ERM und Relationenmodell, erklärt. Die Modellierungsergebnisse werden mit der Modellierungssprache Unified Modeling Language (UML) dokumentiert.

An zwei einfachen, leicht verständlichen und durchgängigen Beispielen wird der Entwicklungsprozess einer Datenbank von der Idee bis zur lauffähigen Implementierung in DB2® dargestellt. Die Beispiele sind den Anwendungsgebieten der Rechnungsschreibung und der Stücklistenorganisation entnommen. Mit der systematischen Führung des Lesers durch die Methoden wird ihm der Weg aufgezeigt, der zu einer qualitativ hochwertigen Datenbankorganisation und effektiven Datenbankauswertung führt. Am Ende eines jeden Kapitels werden mehrere Aufgaben angeboten. Es wird empfohlen, die Aufgaben zusammen mit DB2® zu lösen. Hierzu kann eine Probierlizenz von DB2® aus dem WWW von den Seiten der Firma IBM heruntergeladen werden. Musterlösungen können auf der Homepage www.Alfred-Moos.de eingesehen werden.

Das Buch ist deshalb sowohl für Praktiker und Studenten als auch für den Computerprofi eine wertvolle Hilfe, mit der sie den aktuellen Wissensstand über objektrelationale Datenbanken leicht, schnell und effektiv erlernen können. Es ist sowohl für den Einsatz im Unterricht, in Datenbankkursen als auch für das Selbststudium sowie als Ratgeber für die Datenbankpraxis geeignet.

Die Vermittlung der Buchinhalte ist vom Verfasser mehrfach in verschiedenen Lehrveranstaltungen an der Fachhochschule Heidelberg auf unterschiedlichen Ausbildungsebenen und verschiedenen Studienrichtungen erprobt worden. Hierbei hat das Buch durch seine leichte Verständlichkeit, seinen vielen Beispielen und seinem großen Sachumfang seinen hohen Nutzwert sowohl bei der Datenbankausbildung von Informatikern als auch Betriebswirten bewiesen.

Die in DB2-SQL® der Firma IBM® geschriebenen Programme sind allesamt erprobt und funktionstüchtig. Sie decken einen großen Teil der Implementierung von SQL99 im aktuellen DB2-SQL® ab. Besonders die neuen und mächtigen objektrelationalen Sprachkonzepte von DB2-SQL® sind zentrale Themen des Buches. Hierbei handelt es sich speziell um die Integritätseinrichtungen, temporären Tabellen, OLAP-Funktionen, benutzerdefinierten Funktionen, Datenbanktriggern, rekursive und strukturierte Datentypen.

Die programmiersprachliche Anbindung der objektrelationalen Datenbank DB2® wird mit JDBC® und Java® demonstriert.

Das Buch ist als Ergebnis der dreißigjährigen intensiven Beschäftigung mit der Datenmodellierung, dem Softwareengineering und der Datenbanktechnik entstanden. Besonders die unzähligen Diskussionen mit Studenten an der Fachhochschule Heidelberg und die didaktischen Überlegungen zu einer leicht verständlichen und schnell erfassbaren Vermittlung der heutigen praxisrelevanten Datenbanktechniken haben das Aussehen des Buches geprägt. In diesem Zusammenhang möchte ich besonders meinem Kollegen, Herrn Dipl.-Math. Gerhard Daues danken, mit dem ich die Vorgängerversion zu dieser völlig überarbeiteten und wesentlich erweiterten Auflage verfasst habe.

Hemsbach, im Februar 2004 Alfred Moos

Leitfaden zum Lesen des Buches

Das Buch spiegelt in seiner Struktur die drei Phasen der Softwareentwicklung wider:

- Analyse
- Entwurf
- Implementierung

In der Analysephase wird das Entitäts-Beziehungs-Modell entworfen (ERM). Wie ein ERM entwickelt wird, lernen Sie im ersten Kapitel.

In der Entwurfsphase wird aus dem ERM das Datenbankmodell abgeleitet. Das Buch beschäftigt sich ausschließlich mit dem objektrelationalen Datenbankmodell (ORDBM). Im Kapitel zwei und drei lernen Sie, wie ein anwendungsorientiertes und objektrelationales Datenbankmodell aus dem ERM abgeleitet werden kann. Im Kapitel dreizehn wird der Fokus verstärkt auf die objektorientierte Seite des ORDBM gelenkt.

In der Implementierungsphase wird das ORDBM in einer datenbankspezifischen Sprache formuliert und im Computer hinterlegt. In diesem Buch lernen Sie die Datenbanksprache DB2-SQL im Dialekt der Firma IBM kennen. Hierzu arbeiten Sie bitte die Kapitel vier bis dreizehn durch.

Wie man aus einem Java-Programm heraus über die Anwendungsprogrammierschnittstelle Java Database Connectivity (JDBC) einfach auf Daten in der DB2-Datenbank zugreift, lernen Sie im Kapitel vierzehn.

Ich wünsche Ihnen viel Freude bei der Lektüre des Buches.

Inhaltsverzeichnis

1 Grundlagen der Datenmodellierung

In diesem Kapitel lernen Sie,

- wie man Datenmodelle methodisch entwirft und
- wie man Datenmodelle mit der Modellierungssprache UML (Unified Modeling Language) beschreibt.

Mit Ihrem erworbenen Wissen können Sie sodann auch große und anspruchsvolle Datenmodelle entwickeln.

1.1 Daten über die Realwelt und Miniwelt

Daten sind Informationen über die reale Welt, in der wir leben. Die Welt erscheint uns in Gestalt von Objekten und Beziehungen, welche die Objekte in einem bestimmten Zusammenhang verbinden. Die reale Welt ist außerordentlich vielgestaltig. Durch viele Verbindungen der Objekte sind diese untereinander komplex verwoben. Die Welt kann von uns Menschen mit unserem recht begrenzten Denkvermögen nur dann mit einem gewissen Grad an Zuverlässigkeit verstanden werden, wenn wir bei ihrer Betrachtung unnötige Einzelheiten beiseite lassen. Wir schränken deshalb unseren Blickwinkel auf die uns interessierenden und für uns wesentlichen Erscheinungen der realen Welt ein. Hierdurch erzeugen wir uns gedanklich einen Ausschnitt aus der realen Welt. Diesen Ausschnitt bezeichnen wir als eine *Miniwelt.*

Miniwelt

Eine solche Miniwelt kann ein beliebiger Teil der realen Welt sein, beispielsweise ein ganzes Unternehmen oder lediglich die Rechnungsschreibung in diesem.

In der Miniwelt mit der Bezeichnung *Rechnungsschreibung*, auf die wir uns zunächst als einfaches Beispiel für unsere folgenden Überlegungen konzentrieren wollen, sind bereits viele Personen, Materialien, Rechtsverhältnisse, Informationsflüsse, Dienstleistungen und Ereignisse miteinander verflochten.

Information

Über diese Miniwelt wollen wir Erkenntnisse bzw. Informationen festhalten. Mit den Informationen wollen wir sodann Rückschlüsse auf die Realität ziehen. Informationen können als Abbildungen der Miniwelt im Speicher eines informationsverarbeitenden Systems aufgefasst werden. Ein solches informationsverarbeitendes System ist beispielsweise unser Gehirn oder ein Computer. Liegen Informationen zu Verarbeitungszwecken vor

Daten

oder sind sie aus einem Verarbeitungsprozess hervorgegangen, so bezeichnet man sie auch als *Daten.*

Modell

Damit wir die Miniwelt verstehen können, müssen wir eine Vorstellung über die Art der hierin vorhanden Objekte und über die Bedeutung der Verbindungen zwischen diesen Objekten gewinnen. Das bedeutet, wir müssen den Bauplan der Miniwelt verstehen. Der Bauplan kann auch als Modell der Miniwelt bezeichnet werden. Wenn es uns hierbei gelingt, ein übersichtliches Modell über die Objekte der Miniwelt und deren Zusammenhänge zu entwickeln, haben wir gleichzeitig ein Modell über die Abbildungen dieser Objekte und deren Zusammenhänge, d. h. *ein Modell der Informationen über die Miniwelt* gefunden. Dies gilt deshalb, weil eine solche Abbildung wie ein Spiegelbild des abgebildeten Sachverhaltes der Miniwelt aussieht und entsprechend deren Struktur aufweist.

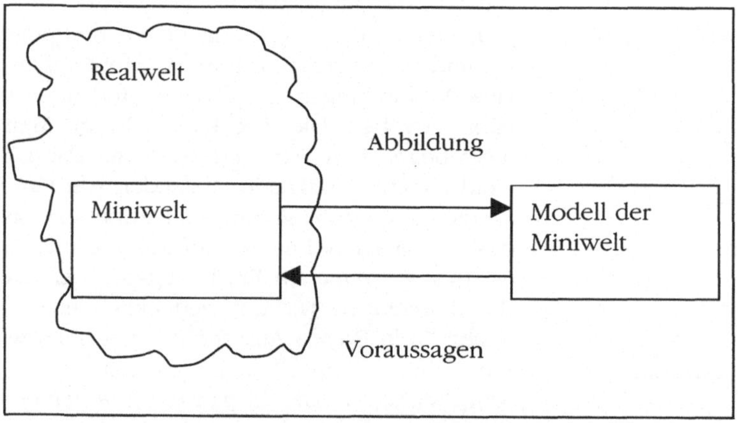

Abbildung 1.1 Realwelt, Miniwelt und Modell der Miniwelt

In Abbildung 1.1 ist die Realwelt als eine gedanklich schwer fassbare Wolke dargestellt. Sie besteht aus vielen nur undeutlich erkennbaren Elementen. Die hierin klar abgegrenzte Miniwelt ist ein Ausschnitt aus der Realwelt mit eindeutig festgelegten Elementen. Die Architektur der Miniwelt halten wir in einem Modell fest. Das Modell ist dabei eine Abbildung der Struktur der Elemente, die in der Miniwelt als wesentlich erkannt wurden. Das Modell der Miniwelt kann auch als Modell der Informationen über die Miniwelt verwendet werden. Informationen über die Miniwelt, die nach diesem Informationsbauplan strukturiert sind, können sodann verwendet werden, um Voraussagen über die Elemente der Miniwelt zu machen.

So einfach und einleuchtend diese Überlegungen auch scheinen mögen, so wird doch bei der Erarbeitung eines Informationsmodells über die Miniwelt oft gegen das Gebot der Abbildungstreue verstoßen. Der Verstoß besteht meist darin, dass, aus welchen Gründen auch immer, Informationen im Informationsmodell nach Gesichtspunkten zusammengefasst werden, für die es im Modell der Miniwelt keine Entsprechungen gibt. Dadurch weicht das Informationsmodell vom Modell der Miniwelt ab.

Datenintegrität

Diese Abweichung des Modells führt zu Unzulänglichkeiten in der Informationsspeicherung und der Informationswiedergewinnung. In der Informatik bezeichnet man diese Mängel auch mit fehlender *Datenintegrität.*

Mit fehlender Datenintegrität bezeichnet man den Sachverhalt, dass aus einem schlecht modellierten Informationssystem nicht zu jedem Zeitpunkt zuverlässige Aussagen über die abgebildete Miniwelt gewonnen werden können. Schuld hieran ist die mit der Miniwelt nicht übereinstimmende Informationsstruktur des fehlerhaft modellierten Informationssystems. Diese Inkonsistenz der Struktur der Miniwelt und ihrer Abbildung im Informationssystem verhindert eine jederzeit richtige Aussage des Informationssystems über die Miniwelt.

1.2 Modell der Miniwelt

Zweckbezug

Anforderungsbeschreibung

Analyse

An einem fiktiven Modellunternehmen wollen wir die folgenden Überlegungen anstellen. In unserer Vorstellung befinden sich Modelle unserer Miniwelten, z.B. der Miniwelt Rechnungsschreibung unserer Modellunternehmung. Diese Miniwelten repräsentieren Sichten auf die reale Welt. Bei den Sichten fehlen viele Einzelheiten über die reale Welt, weil diese unter dem Zweckbezug der Miniwelt, z.B. der Rechnungsschreibung, nicht erforderlich sind. Den Zweckbezug leiten wir aus der Aufgabenstellung ab, für deren Lösung wir letztendlich ein Computersystem einsetzten wollen. Die Aufgabenstellung halten wir in Gestalt einer Anforderungsbeschreibung schriftlich fest. Unter dem Aspekt der Anforderungsbeschreibung grenzen wir die Miniwelt gegen die Realwelt ab. Hiernach analysieren wir die Miniwelt hinsichtlich der uns interessierenden Sachverhalte.

Ausprägungen von Rechnung

```
Herrn
Hugo Müller
Gartenstr. 4a

69123 Heidelberg

Rechnungsnummer:  R001
Kundennummer:     K001
Datum:            04.04.2004
Rechnungsbetrag:  13.000,00 Euro

Arti-Nr. Bezeichnung        Anzahl    E-Preis     G-Preis
  A001   Computer                2   5.000,00   10.000,00
  A002   Drucker                 3   1.000,00    3.000,00
```

```
Herrn
Hugo Müller
Gartenstr. 4a

69123 Heidelberg

Rechnungsnummer:  R002
Kundennummer:     K001
Datum:            05.04.2004
Rechnungsbetrag:   2.000,00 Euro

Arti-Nr. Bezeichnung        Anzahl    E-Preis     G-Preis
  A002   Drucker                 1   1.000,00    1.000,00
  A003   Bildschirm              2     500,00    1.000,00
```

```
Herrn
Georg Mayer
Neckarstraße 1

69123 Heidelberg

Rechnungsnummer:  R003
Kundennummer:     K002
Datum:            05.04.2004
Rechnungsbetrag:   5.000,00 Euro

Arti-Nr. Bezeichnung        Anzahl    E-Preis     G-Preis
  A001   Computer                1   5.000,00    5.000,00
```

Abbildung 1.2 Drei Beispielrechnungen

Das Modell unserer Miniwelt Rechnungsschreibung findet seine Realisierung (Ausprägung) in einem ausgefüllten Rechnungsformular, also einer Rechnung. In unserem Modellunternehmen sollen nur die drei Rechnungen in Abbildung 1.2 vorhanden sein. Hierbei wollen wir bewusst den Umfang der Daten möglichst gering halten. Dadurch können wir uns besser auf das Wesentliche konzentrierten.

Betrachen wir die Rechnungen etwas näher, so können wir folgende Informationsarten in den Rechnungen feststellen.

Informationsarten über die Kunden

Informationen über die Kunden, welche die Rechnungen erhalten

- Anrede
- Vorname
- Zuname
- Straße und Hausnummer
- Postleitzahl
- Ort
- Kundennummer

Informationen über die Rechnungen selbst

- Rechnungsnummer
- Rechnungsdatum
- Rechnungsbetrag

Informationen über die berechneten Artikel

- Artikelnummer
- Artikelbezeichnung
- Artikelpreis (Einzelpreis)

Informationen, die sowohl die Rechnungen als auch die Artikel gemeinsam betreffen

- Berechnete Anzahl an Artikeln derselben Art
- Positionsbetrag (Gesamtpreis)

Schema

Wenn wir von den einzelnen Rechnungen abstrahieren und uns dem Rechnungsformular in Abbildung 1.3 zuwenden, so erkennen wir in ihm das Schema, das die Rechnungen definiert. Dadurch kommen wir zu dem gesuchten Modell der Miniwelt Rechnungsschreibung. Es beschreibt die Form einer Rechnung, so wie sich diese dem Betrachter darbietet.

Platzhalter

Im Rechnungsformular sind in spitzen Klammern die Namen der Informationen der Miniwelt angegeben. Sie sind benannte Platzhalter für Werte, die beim Drucken einer Rechnung an der jeweiligen Position eingesetzt werden. Die abgekürzten Namen wurden aus Platzgründen gewählt.

```
<Anrede>
<Vorname> <Zuname>
<Straße mit Hausnummer>

<Postleitzahl> <Ort>

Rechnungsnummer:  <R#>
Kundennummer:     <K#>
Datum:            <Datum>
Rechnungsbetrag:  <Rechnungsbetrag> Euro

Arti-Nr. Bezeichnung   Anzahl    E-Preis     G-Preis
  <A#>   <Bezeichnung> <Anzahl>  <E-Preis>   <G-Preis>
```

Abbildung 1.3 Rechnungsformular - ein Modell der Miniwelt

Die Abkürzungen und die in Abbildung 1.3 eingeführten Bezeichnungen der Informationsarten der Miniwelt entsprechen einander wie folgt:

Kundeninformationen

Anrede	<Anrede>
Vorname	<Vorname>
Zuname	<Zuname>
Straße	<Straße>
Postleitzahl	<Postleitzahl>
Ort	<Ort>
Kundennummer	<K#>

Rechnungsinformationen

Rechnungsnummer	<R#>
Rechnungsdatum	<Datum>
Rechnungsbetrag	<Rechnungsbetrag>

Artikelinformationen

Artikelnummer	<A#>
Artikelbezeichnung	<Bezeichnung>
Artikelpreis (Einzelpreis)	<E-Preis>

Rechnungs-/Artikelinformationen

Berechnete Anzahl	<Anzahl>
Positionsbetrag (Gesamtpreis)	<G-Preis>

Geschäftsregel

Zusätzlich zur Klassifizierung und Niederschrift der Informationsarten sollen im Modell der Miniwelt Rechnungsschreibung noch die *Geschäftsregeln* festgehalten werden, die im Rahmen der Miniweltanalyse gefunden wurden. Geschäftsregeln sind wesentliche Aussagen über die Objekte der Miniwelt und deren Verbindungen.

Die Geschäftsregeln sollen folgendermaßen lauten:

1. Eine Rechnung wird genau von einem Kunden erhalten. Sie kann ohne diesen nicht existieren.
2. Ein Kunde kann viele Rechnungen von uns erhalten. Es gibt auch potenzielle Kunden, die noch keine Rechnung von uns erhalten haben.
3. Eine Rechnung enthält mindestens eine Rechnungsposition. Sie kann aber auch viele Rechnungspositionen enthalten.
4. Eine Rechnungsposition ist genau in einer Rechnung enthalten und kann ohne diese nicht existieren.
5. Eine Rechnungsposition betrifft genau einen Artikel und kann ohne diesen nicht existieren.
6. Ein Artikel kann von vielen Rechnungspositionen betroffen sein. Es gibt auch Artikel, die noch nicht berechnet worden sind.

Die dokumentierten Geschäftsregeln und die Erkenntnisse aus der Analyse der Rechnungsformulare ergeben sich aus der Anforderungsbeschreibung an das zu erstellende Computersystem. Die Anforderungsbeschreibung könnte lauten: In der Unternehmung gibt es den Anwendungsfall Rechnungsschreibung. Der Rechnungssachbearbeiter muss Daten über Kunden, Kundenrechnungen und die hierin berechneten Artikelverkäufe erfassen und pflegen. Diese Daten druckt er in einem Rechnungsformular aus. Die somit erstellten Rechnungen werden an die Kunden geschickt. Hierbei werden die Kunden aufgefordert, den Rechnungsbetrag in dem vertraglich festgelegten Zeitraum zu begleichen. Formal kann ein solcher Anwendungsfall in einem Anwendungsfalldiagramm (engl.: use case diagram) dargestellt werden.

1.3 Anwendungsfalldiagramm

Ein Anwendungsfalldiagramm zeigt in übersichtlicher Beschreibung den Anwender und den von ihm genutzten Anwendungsfall. In unserem Beispiel ist der Anwender der Rechnungssachbearbeiter und der Anwendungsfall die Rechnungsschreibung.

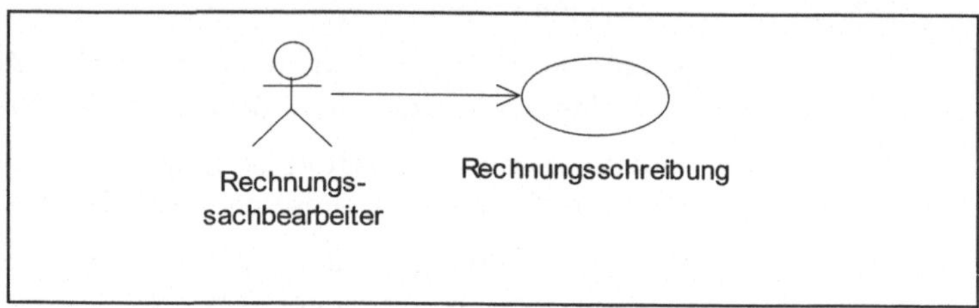

Abbildung 1.4 Anwendungsfalldiagramm Rechnungsschreibung

Anwendungsfall

Der Anwendungsfall beschreibt den Zweck des geplanten Computersystems. Er wird durch die Ellipse grafisch ausgedrückt. Sie symbolisiert die Abgrenzung der Miniwelt, die im Computer abgebildet werden soll, von der übrigen Realwelt. Der Nutzer des Anwendungsfalls ist im Beispiel der Rechnungssachbearbeiter. Er wird in der Anwendungsfalldiagrammtechnik als Akteur (engl. actor) bezeichnet. Mit dem Strichmännchen wird er grafisch dargestellt. Der Akteur ist die Rollenbeschreibung eines Dienstleistungsempfängers. Mit dem Pfeil, der eine Auftragsbeziehung zwischen dem Akteur und dem Anwendungsfall darstellt, wird ausgedrückt, wer an wen einen Auftrag erteil. Weiterhin ist hieran zu erkennen, dass vom Akteur die Initiative zur Dienstleistungserstellung ausgeht.

Akteur

Szenario

Ein Anwendungsfall wird in Prosa dokumentiert. Ein solches Dokument bezeichnet man als ein Szenario. Im Kern enthält ein Szenario eine Beschreibung der vom Anwendungsfall anzubietenden Dienstleistung. Ein Szenario wird allgemein formuliert. Unser Szenario könnte beispielsweise lauten: Der *Rechnungssachbearbeiter* erfasst und pflegt die relevanten Daten, die für das Schreiben einer Kundenrechnung erforderlich sind. Hierbei beauftragt er den Anwendungsfall *Rechnungsschreibung*, die von ihm zur Verfügung gestellten Kunden-, Rechnungs-, und Artikeldaten zuverlässig zu verwalten. Weiterhin löst er den Druck einer Kundenrechnung durch den Anwendungsfall aus.

1.4 Entitäts-Beziehungs-Modell

Nachdem wir die Anforderungen an das zu erarbeitende Computersystem in der Anforderungsbeschreibung festgehalten und hierbei die Miniwelt mit ihren Geschäftsregeln von der Realwelt abgegrenzt haben, suchen wir nach den maßgeblichen Tatbeständen in der Miniwelt. Über diese wollen wir später im fertigen Computersystem Daten festhalten.

Entity Relationship Model

Auf Grund des unmittelbaren Zusammenhangs zwischen dem Modell der Miniwelt und deren Datenmodell, kann man aus dem Modell der Miniwelt letztendlich ein gesuchtes Datenmodell und darauf aufbauend das zu erarbeitende *Datenbankmodell* ableiten. Diese wesentliche Einsicht liegt dem Entitäts-Beziehungs-Modell (ERM, engl.: Entity Relationship Model) zu Grunde und rechtfertigt bzw. erfordert dessen Erstellung.

ERM

Das Entitäts-Beziehungs-Modell ist eine Analysemethode, die es erlaubt, die maßgeblichen Architekturelemente der Miniwelt zu finden und zu dokumentieren. Der letztendliche Zweck besteht darin, das Datenbankmodell der zu erstellenden Datenbank zu finden und zu begründen. Nicht nur die Analysemethode, sondern auch deren Ergebnis wird als ein ERM bezeichnet. Weil dieses Modell nur die sachlogischen Zusammenhänge der Tatbestände der Miniwelt auf Architekturebene darstellt, wird es auch als ein semantisches Datenmodell bezeichnet.

ERD

Das ERM wird in einem Diagramm, dem Entitäts-Beziehungs-Diagramm (ERD, engl.: Entity Relationship Diagram) dokumentiert. Heute gibt es viele Spielarten der ERM-Methode. Auch die hierbei verwendeten grafischen Sprachelemente zur Darstellung der Analyseergebnisse sind recht vielgestaltig. Sie beruhen alle auf den Vorstellungen, die Peter Pin-Shan Chen im Jahre 1976 in seiner grundlegenden Veröffentlichung publizierte.

Chen

Diskurswelt

Ein Datenmodell in ERM-Form ist ein implementierungsunabhängiges, globales Datenmodell der Daten über eine Miniwelt. Sie wird manchmal auch Diskurswelt genannt. Die Abgrenzung der Miniwelt von der realen Welt ergibt sich aus den Aufgaben, die mit dem beabsichtigten Computersystem gelöst werden sollen. In der Wirtschaftsinformatik ist meistens ein Unternehmen aus der realen Welt abzugrenzen und hierüber ein unternehmensweites Datenmodell (UDM) aufzustellen. Über die wesentlichen Elemente des Unternehmens sollen Daten verfügbar sein. Solche Elemente sind beispielsweise die Kunden, Rechnungen und Artikel. Bei der Abgrenzung werden Nebensächlichkeiten

UDM

weggelassen, die zur Erfüllung des beabsichtigten Zwecks des Computersystems nicht erforderlich sind.

Elementebene

Das Entitäts-Beziehungs-Modell verwendet für diese Abbildungsbeschreibung nur wenige grundlegende Konstruktionselemente, um die Sachverhalte und wesentlichen Elemente der Miniwelt zu beschreiben. Abhängig davon, ob man einzelne Elemente behandelt oder sich mit einer Menge gleichartiger Elemente beschäftigt oder sich auf die Beschreibung der Elemente einer solchen Menge konzentriert, verwendet man unterschiedliche Begriffe. Von besonderer Bedeutung für die Datenmodellierung sind die Begriffe für die Beschreibung der Elemente einer Menge. Mit diesen beschreibenden Begriffen bewegt man sich auf der Typebene der Datenmodellierung. Vorab sollen die Namen der Begriffe genannt werden.

Mengenebene

Typebene

Elementebene	**Mengenebene**	**Typebene**
Entität	Entitätsmenge	Entitätstyp
Entitätsschlüsselwert	Schlüsselattribut	Schlüsselattribut
Eigenschaft und Eigenschaftswert	Domäne	Domäne
Faktum	Attribut und Attributwert	Attribut
Beziehung	Beziehungsmenge	Beziehungstyp

Tabelle 1.1 Namen von Konstruktionselementen auf den verschiedenen Modellierungsebenen

1.5 Konstruktionselemente für die Elementebene

Betrachtet man die Erscheinungen der realen Welt, so kann man diese, ganz allgemein gesprochen, in eigenständige Dinge und in Verbindungen der Dinge unterscheiden. Da dieser nebulöse, allumfassende Begriff des Dings sich keiner großen Wertschätzung erfreut, sagt man hierzu zunächst besser Objekt bzw. Gegenstand.

Entität

entity

Damit wir einen möglichst umfassenden und neutralen Begriff für die Bezeichnung aller möglichen Gegenstände der realen und auch der Vorstellungswelt zur Verfügung haben, der nicht bereits durch andere Bedeutungszuordnungen besetzt ist, führen wir den Begriff der Entität (engl. entity) ein. Damit vermeiden wir Verständigungsschwierigkeiten untereinander, weil hierdurch die

Homonym

Verwendung eines mehrdeutigen Wortes (Homonym) entfällt. In diesem Zusammenhang sei an den Begriff des Objekts erinnert, der im Rahmen der objektorientierten Diskussion eine ganz bestimmte fachspezifische Bedeutung erhalten hat.

1.5.1 Entität

Was ist eine Entität?

Entität

Eine Entität ist ein individuelles, unterscheidbares und identifizierbares Exemplar von Dingen, Personen oder Begriffen der realen oder der Vorstellungswelt.

In der Statistik hat sich für diesen umfassenden Sachverhalt der Begriff *Merkmalsträger* und in der Mathematik der Begriff *Element* etabliert. In der objektorientierten Diskussion bezeichnet man eine Entität als ein *Objekt* und meint hiermit eine Entität mit ihren Operationen.

Objekt

Eine Entität kann somit sein:

- Ein Individuum, wie beispielsweise ein Kunde, Lieferant, Mitarbeiter usw.
- Ein realer Gegenstand, wie beispielsweise eine Rechnung, Maschine, ein Gebäude, ein Produkt usw.
- Ein abstraktes Konzept, wie beispielsweise ein Produktionsplan, Rechtstitel, Wissenschaftszweig, eine Sprache, Religion usw.

Systemaufgabe

Eine Entität wird durch Eigenschaften gekennzeichnet. Von den sehr vielen Eigenschaften, die man bei einer Entität üblicherweise feststellen kann, wird im Rahmen des Zweckbezugs des Systems (Systemaufgabe) eine Auswahl getroffen.

1.5.2 Eigenschaft

Was ist eine Eigenschaft?

Eigenschaft

Eine Eigenschaft beschreibt ein Merkmal einer Entität.

Eine Eigenschaft ermöglicht die Charakterisierung, Klassifizierung und manchmal auch Identifizierung einer Entität. Eine Eigenschaft hat einen Namen. Bei einer Entität kann man hierfür einen oder mehrere Eigenschaftswerte feststellen. Mit einem Eigenschaftsnamen wird ein Eigenschaftswert beschrieben. Ein Eigenschaftswert ist andererseits eine individuelle Beschreibung einer Eigenschaft von einer Entität.

Beispiel

Eigenschaftsname: Vorname
Eigenschaftswert: Hugo

1.5.3 Faktum

Was ist ein Faktum?

Faktum

> Ein Faktum ist die Zuordnung einer Eigenschaft, z. B. Zuname, und eines Eigenschaftswertes, z. B. Müller zu einer Entität.

Mit anderen Worten: Ein Faktum ist die Feststellung der Tatsache, dass eine Entität für eine bestimmte Eigenschaft einen bestimmten Eigenschaftswert aufweist.

1.5.4 Entitätsschlüssel

Was ist ein Entitätsschlüssel?

Entitätsschlüssel

> Ein Entitätsschlüssel ist eine Entitätseigenschaft, mit deren Wert eine Entität zu jeder Zeit eindeutig identifiziert werden kann.

Um einen Entitätsschlüssel zu erhalten, wird oft eine künstliche Eigenschaft festgelegt, die folgenden Anforderungen genügen muss:

- **Eindeutigkeit**
  Jeder Entität wird ein Schlüsselwert zugeordnet, der bei den übrigen Entitäten von der gleichen Art (Typ) nie mehr vorkommt.
- **Unveränderlichkeit**
  Der Schlüsselwert einer Entität ist unveränderlich. Er ist oft ein künstlicher und eindeutiger Kurzname der Entität.
- **Sofortige Zuteilbarkeit**
  Eine neu in Erscheinung tretende Entität erhält zeitgleich mit ihrem Erscheinen in der Miniwelt ihren Schlüsselwert zugeordnet. Dadurch gibt es keinen Zeitraum, in dem die Entität anonym wäre.
- **Kürze und Schreibbarkeit**
  Ein Entitätsschlüssel soll wirtschaftlich und somit kurz sein. Weiterhin soll er dem menschlichen Gedächtnis angepasst sein und dadurch leicht gemerkt und geschrieben werden können (mnemonisch).

Surrogatschlüssel kanonischer Schlüssel

Eine solche künstliche Eigenschaft zur Identifizierung einer Entität ist in der Datenverarbeitung sehr verbreitet und ist hier unter dem Begriff "Satzschlüssel" geläufig. Oft wird sie auch Surrogatschlüssel (engl. surrogate key) genannt. Außer dem Surrogatschlüssel gibt es auch den natürlichen Schlüssel, der auch als kanonischer Schlüssel bezeichnet wird. Ein natürlicher Schlüssel ist in der Organisation historisch gewachsen. Er ist dem Datenmodellierer vorgegeben.

1.5.5 Beziehung

Was ist eine Beziehung?

Beziehung

> Eine Beziehung verbindet zwei oder mehrere Entitäten wechselseitig (in beide Richtungen) miteinander.

Existenzabhängigkeit

Eine Beziehung ist somit eine Verbindung zwischen mindestens zwei Entitäten. Für eine Beziehung gilt fundamental, dass sie von der Existenz dieser Entitäten abhängig ist und somit nicht alleine, d.h. ohne sie existieren kann. Eine Beziehung ist somit eine mindestens zweifach existenzabhängige Erscheinung in der realen Welt.

Beziehungsschlüssel

Eine Beziehung kann weiterhin auch nur mittelbar, d.h. indirekt, und zwar mit Hilfe der Entitäten identifiziert werden, die durch die Beziehung miteinander verbunden sind. Zur Identifikation einer Beziehung ist es daher sinnvoll, die Entitätsschlüssel der beiden in Beziehung stehenden Entitäten zu einem Beziehungsschlüssel zusammenzufassen. Beispielsweise kann die Beziehung *erhalten* zwischen den beiden Entitäten *K001, Hugo Müller* und *R001, Rechnung vom 4.4.2004* an diesen, durch den zusammengesetzten Beziehungsschlüssel <K001, R001> gebildet werden.

Durch ihre mehrfache existenzielle Abhängigkeit und speziell durch ihre nur indirekte Identifizierbarkeit unterscheidet sich die Beziehung von der Entität, wobei die Entität ein direkt identifizierbares Phänomen der realen Welt ist, jedoch nicht unbedingt von anderen Entitäten existenzunabhängig sein muss.

Beispiel

Die eingeführten Begriffe sollen nun an einem einfachen Beispiel verdeutlicht werden. Es stammt aus der Miniwelt *Rechnungsschreibung.* Folgende Beobachtungen wurden in dieser Miniwelt gemacht:

Die Kundenentität *Hugo Müller* mit ihrem Entitätsschlüsselwert *K001* und die Rechnungsentität Rechnung vom 4.4.2004 an Hugo

Müller mit ihrem Entitätsschlüsselwert *R001* sind über die Beziehung mit dem Namen *erhalten* verbunden.

Wenn wir die beiden Entitäten mit dieser Beziehung gedanklich verbinden, können wir folgende sinnvolle Aussagen über unsere Miniwelt machen:

- Kunde Hugo Müller *erhält* Rechnung R001.
- Rechnung R001 *wird erhalten von* Kunde Hugo Müller.

In einem Entitäten-Diagramm kann dieser Sachverhalt folgendermaßen dargestellt werden:

Entitätendiagramm

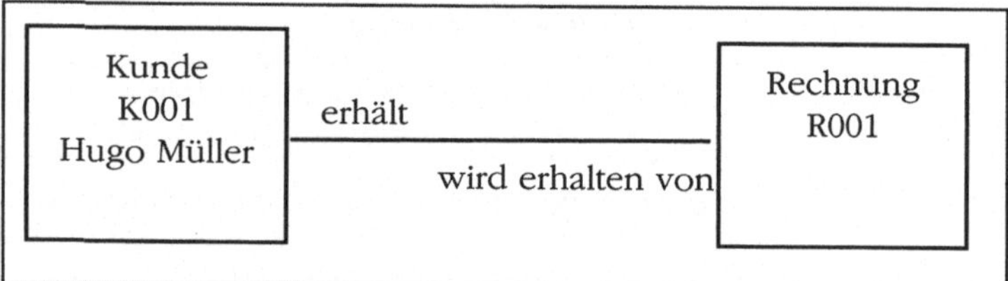

Abbildung 1.5 Entitätendiagramm: K001 erhält R001

Wenn wir auch die Artikelentität *Computer* mit ihrem Entitätsschlüssel *A001* in unsere Betrachtung einbeziehen, so können wir zwischen der Rechnungsentität mit dem Schlüssel *R001* und der Computerentität eine weitere Beziehung feststellen. Diese wollen wir *berechnen* nennen. Diese neue Beziehung gestattet uns, folgende weitere Aussagen über die Miniwelt zu formulieren:

- Rechnung R001 *berechnet* Artikel A001
- Artikel A001 *wird berechnet in* Rechnung R001

Beziehungseigenschaft

Natürlich lassen sich auch bei einer Beziehung grundsätzlich Fakten feststellen. In unserem Beispiel kann der Fakt festgestellt werden, wonach die Beziehung *berechnen* mit dem Beziehungsschlüssel <R001, A001> durch die Eigenschaft *Anzahl* mit dem Eigenschaftswert 2 charakterisiert wird. Die Eigenschaft einer Beziehung ist ein Wesensmerkmal der Beziehung zwischen zwei Entitäten (oder mehreren). In unserem Beispiel wäre die Anzahlangabe 2 ohne die Artikelentität mit der Artikelnummer A001 und ohne die Rechnungsentität mit der Rechnungsnummer R001 nicht sinnvoll, da nicht bestimmbar wäre, für was die Anzahl = 2 steht.

In einem Entitäten-Diagramm kann dieser Sachverhalt folgendermaßen dargestellt werden:

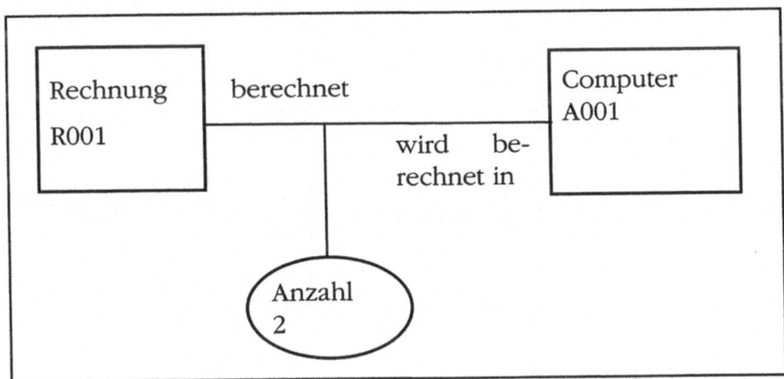

Abbildung 1.6 Entitätendiagramm: R001 berechnet A001

Zweiseitige Beziehung

Seitigkeit = 2 binär

Werden durch eine Beziehung zwei Entitäten miteinander verbunden, so bezeichnet man diese Beziehung als eine zweiseitige oder binäre Beziehung. Die Anzahl der Entitäten, die mittels einer einzigen Beziehung miteinander verbunden sind, bezeichnet man als Seitigkeit der Beziehung. Die Seitigkeit einer zweiseitigen Beziehung ist somit zwei.

In der Miniwelt gibt es oft Konstellationen, bei denen drei und mehr Entitäten durch ein und die selbe Beziehung miteinander verbunden sind.

Beispiel

Dreiseitige Beziehung:

Seitigkeit = 3 ternär

Ein Beispiel für eine dreiseitige Beziehung ist *verkaufen* mit dem Beziehungsschlüssel <A001, V001, K001>. Diese Beziehung verbindet drei Entitäten miteinander, und zwar:

- die Entität *Computer* vom Typ Material, die durch den Entitätsschlüssel A001 identifiziert wird,
- mit der Entität *Großhandel* vom Typ Vertrieb*sweg*, die durch den Entitätsschlüssel V001 identifiziert wird,
- mit der Entität *Müller* vom Typ Kunde, die durch den Entitätsschlüssel K001 identifiziert wird.

Auch bei einer dreiseitigen Beziehung können Beziehungseigenschaften mit Eigenschaftswerten festgestellt werden. Im aktuellen Beispiel die Beziehungseigenschaften Preis: 5.000 Euro und das Verkaufsdatum: 1.11.2004.

In einem Entitäten-Diagramm kann dieser Sachverhalt einer dreiseitigen (ternären) Beziehung mit Beziehungseigenschaften folgendermaßen dargestellt werden:

Dreiseitige Beziehung

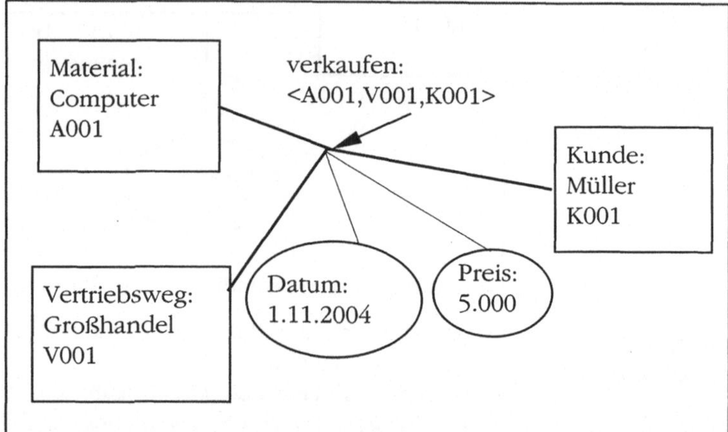

Abbildung 1.7 Entitätendiagramm einer dreiseitigen Beziehung

1.5.6 Vereinfachung von Beziehungen

Beziehungen mit einer Seitigkeit größer zwei, bei denen also eine Beziehung mehr als zwei Entitäten miteinander verbindet, lassen sich auf zweiseitige Beziehungen vereinfachen. Hinter der Vereinfachung steckt die Tatsache, dass es fast immer Ermessenssache des Betrachters ist, ob er einen Sachverhalt der Miniwelt als eine Entität oder als eine Beziehung sehen möchte.

Alltagssprache als Pate

Einen Sachverhalt kann man oft entweder als eine Entität oder als eine Beziehung auffassen. Hierbei gelten die gleichen Gesetzmäßigkeiten, die wir auch in unserer Alltagssprache vorfinden, wenn wir für die Benennung eines Sachverhaltes ein Substantiv oder ein Verb verwenden. Wenn wir die Benennung eines Sachverhaltes in der Substantivform vornehmen, assoziieren wir den Sachverhalt mit einer Entität. Benennen wir den Sachverhalt in der Verbform, fassen wir ihn als eine Beziehung auf.

Beispiel

Substantiv für Entität	Verb für Beziehung
Lieferung	liefern
Besitzung	besitzen
Beschäftigung	beschäftigen
Verkauf	verkaufen
Berechnung	berechnen

Tabelle 1.2 Substantive assoziieren Entitäten, Verben hingegen Beziehungen

Vereinfachung

Wird der Sachverhalt in Abbildung 1.7 mit dem Beziehungsnamen *verkaufen* nun als eine Entität betrachtet, die sodann den Namen *Verkauf* erhält, so vereinfacht sich die dreiseitige Beziehung. Sie zerfällt in drei zweiseitigen Beziehungen:

- Material Computer A001 *ist betroffen von* Verkauf VK01
- Vertriebsweg Großhandel V001 *wird eingesetzt bei* Verkauf VK01
- Kunde Müller K001 *bewirkt* Verkauf VK01.

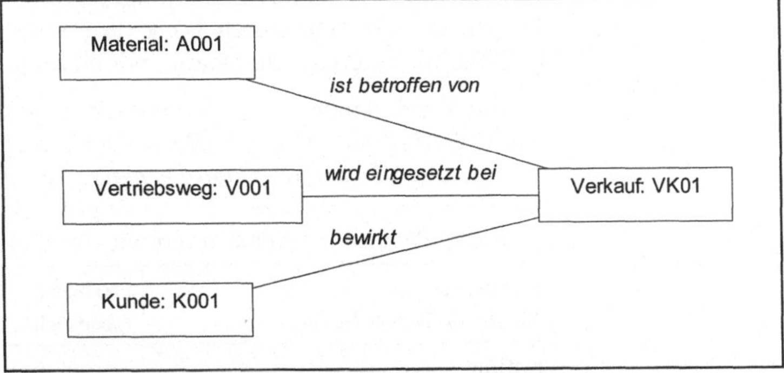

Abbildung 1.8 Vereinfachung einer dreiseitigen Beziehung

Am Beispiel in Abbildung 1.8 ist die Gesetzmäßigkeit abzulesen, die bestimmt, welches das Ergebnis einer vereinfachten n-seitigen Beziehung ist:

> Die Vereinfachung einer n-seitigen Beziehung führt zu einer neuen Entität, die mit n binären (zweiseitigen) Beziehungen mit je einer bereits vorhandenen Entität verbunden ist.

Bei der Vereinfachung einer vierseitigen Beziehung entsteht mithin eine neue Entität und vier zweiseitige Beziehungen, welche die neue Entität mit den vier bereits vorhandenen Entitäten verbinden. Entsprechend wird eine fünfseitige Beziehung in eine neue Entität und fünf zweiseitige Beziehungen vereinfacht usw.

1.6 Konstruktionselemente für die Mengenebene

Einen Datenmodellierer interessieren individuelle Sachverhalte einer Entität normalerweise nur dann, wenn er erklärende Beispiele über die Miniwelt gewinnen möchte oder wenn er Beispiele für Prüfzwecke braucht. Sein Hauptziel ist es, ein Modell zu formulieren, das für alle Entitäten der Miniwelt gültig ist. Ein solch umfassendes Modell ist ein globales, unternehmensweites Datenmodell (UDM). Hierzu muss der Modellierer von der Entitätenbetrachtung abgehen und zunächst eine Mengenbetrachtung anstellen, die sich eng an die Überlegungen bei der Entitätenbetrachtung anlehnt.

UDM

Alle Entitäten bzw. Beziehungen mit den gleichen Eigenschaften fassen wir deshalb zu einer Entitätsmenge bzw. zu einer Beziehungsmenge zusammen. Bei der Modellformulierung bewegen wir uns sodann auf einer höheren Abstraktionsebene, weil wir noch mehr Einzelheiten weglassen, nämlich die der einzelnen Entitäten und einzelnen Beziehungen, und in den zugehörigen Mengen denken. Hierdurch konzentrieren wir uns auf das Wesentliche für eine globale Datenmodellierung.

Für die Verallgemeinerung der *Entität* verwenden wir somit den Begriff *Entitätsmenge.* An Stelle der einzelnen *Beziehung* führen wir den Begriff der *Beziehungsmenge* ein. An Stelle des einzelnen *Faktums* gebrauchen wir den Begriff des *Attributs.* Und an Stelle der *Eigenschaft* verwenden wir den Begriff der *Domäne.*

Einfache Abstraktionsebene	**Höhere Abstraktionsebene**
Entität	Entitätsmenge
Beziehung	Beziehungsmenge
Faktum	Attribut
Eigenschaft	Domäne

Tabelle 1.3 Korrespondierende Begriffe auf der einfachen und der höheren Abstraktionsebene

Die Tabelle 1.3 zeigt den Zusammenhang der Begriffe, die als Konstruktionselemente von Entitäts-Beziehungs-Modellen auf der einfachen und der höheren Abstraktionsebene verwendet werden. Auf der einfachen Abstraktionsebene sind die Elemente der Miniwelt einzelne Gegenstände der Betrachtung. Auf der höheren Abstraktionsebene betrachtet man Mengen der Miniwelt.

1.6.1 Entitätsmenge

Was ist eine Entitätsmenge?

Entitätsmenge

Eine Entitätsmenge ist eine eindeutig benannte Zusammenfassung von Entitäten der Miniwelt mit gemeinsamen Eigenschaften.

In der Abbildung 1.9 sind die Entitätsmengen *Kunde*, *Rechnung* und *Artikel* mit je einigen Entitäten dargestellt. An Stelle der gesamten Beschreibung der Entitäten sind nur noch deren Entitätsschlüsselwerte ausgewiesen.

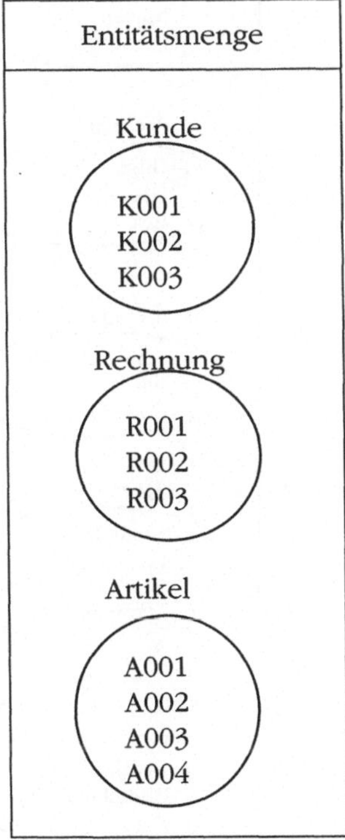

Abbildung 1.9 Entitätsmengen und Entitätsschlüssel

1.6.2 Domäne

Was ist eine Domäne?

Domäne

Eine Domäne ist eine benannte Zusammenfassung aller zulässigen Eigenschaftswerte einer Eigenschaft.

Wertebereich

Mit anderen Worten: Eine Domäne ist der zulässige Wertebereich einer Eigenschaft.

In der Abbildung 1.10 sind die Domänen der Miniwelt Rechnungsschreibung dargestellt:

Entitätsmengen	Domänen
Kunde: K001, K002, K003	Zuname: Müller, Mayer, Schulze
	Vorname: Hugo, Georg, Eva
Rechnung: R001, R002, R003	Datum: vom 1.1.2004 bis 31.12.2020
	Betrag: von 0,01 bis 999.999,99
Artikel: A001, A002, A003, A004	Name: Computer, Drucker, Bildschirm, Kabel

Abbildung 1.10 Entitätsmengen und Domänen

1.6.3 Attribut

Was ist ein Attribut?

> Ein Entitätsattribut ist eine mit einem Namen versehene Menge an Fakten, die auf Grund der Zuordnung von Eigenschaftswerten aus einer bestimmten Domäne zu den Entitäten einer Entitätsmenge zu Stande kommt.

Mit anderen Worten: Wir betrachten die Menge der Entitäten einer bestimmten Art. Bildet man hierfür die Menge aller Fakten zu einer bestimmten Eigenschaft, so erhält man das entsprechende Attribut.

Die Abbildung 1.11 zeigt den Zusammenhang der Begriffe der einfachen und der höheren, mengenspezifischen Abstraktionsebene. Hierbei ist speziell der Zusammenhang zwischen dem Begriff des Faktums und des Attributes hervorgehoben. Ein Attribut stellt somit die Zusammenfassung aller Fakten dar, die durch Feststellung der Werte einer Eigenschaft bei der Gesamtheit der Entitäten einer Entitätsmenge zu Stande kommen. Im Gegensatz zu einer Domäne, bei der ein bestimmter Wert nur einmalig vorkommen darf, dürfen die Attributwerte eines Entitätsattributes auch mehrfach vorkommen. Ein Attribut ist somit keine Menge.

Einfache Abstraktionsebene: Elemente

Entität
Faktum
Eigenschaft/Wert
K001
Vorname/ Hugo
K002
Georg
K001
Eva
Kunde
Vorname
K001
K002
K003
Vorname
Hugo
Georg
Eva
Entitätsmenge
Attribut
Domäne

Höhere Abstraktionsebene: Mengen

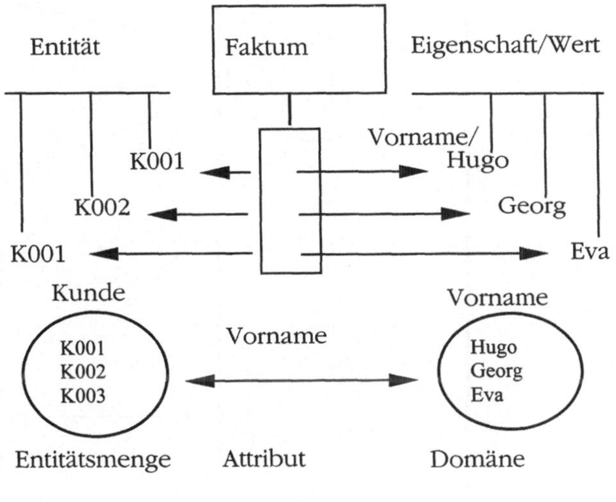

Abbildung 1.11 Faktum und Attribut

Mit der Einführung des Attributbegriffs wird das Modell erweitert. Die Abbildung 1.11 zeigt den Zusammenhang der bis jetzt dargestellten Konstruktionselemente der höheren, mengenspezifischen Abstraktionsebene. Hieraus ist zu erkennen, dass ein Attribut eine Zuordnung zwischen einer Entitätsmenge und einer Domäne darstellt. Beispiele für diese Zuordnungen sind die Attribute Zuname, Vorname, Datum, Betrag und Name.

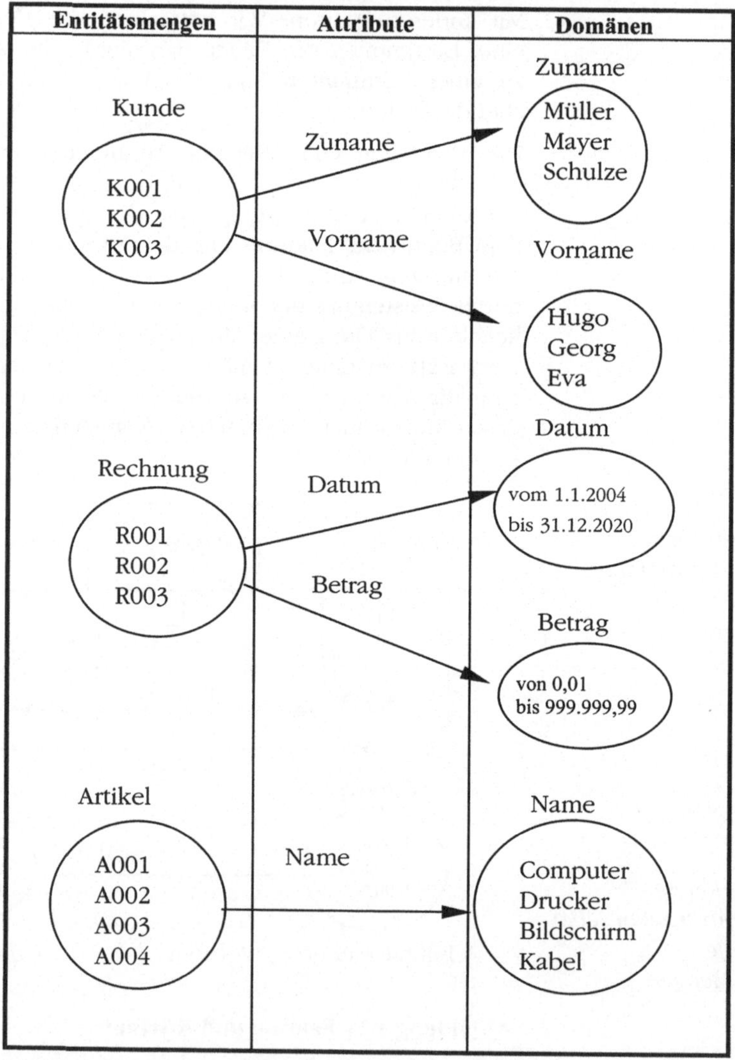

Abbildung 1.12 Entitätsmenge, Attribute und Domänen

1.6.4 Beziehungsmenge

Was ist eine Beziehungsmenge?

Eine Beziehungsmenge ist eine benannte Zusammenfassung von Beziehungen des gleichen Typs.

Tritt beispielsweise eine Kundenentität mit einer Rechnungsentität in Verbindung, so entsteht hiermit eine Beziehung vom Beziehungstyp *erhalten*. Eine Beziehungsmenge mit ebenfalls diesem Namen ist sodann die Zusammenfassung aller einzelnen *erhalten*-Beziehungen. Einen treffenden Namen für einen Beziehungstyp zu finden, ist ein kreativer Akt. Hierbei stehen die Begriffsbezeichner aus der Miniwelt als Pate zur Verfügung. Die Begriffsnamen in den Modellen der Miniwelt müssen den treffendsten Namen der betrieblichen Miniwelt entsprechen.

Die Abbildung 1.13 zeigt die beiden Modellierungskonstrukte *Entitätsmenge* und *Beziehungsmenge* in ihrem Zusammenhang. Die Beziehungsmenge *erhalten* besteht im Beispiel aus drei Beziehungen. Die Beziehung mit dem Beziehungsschlüssel <K001, R001> verbindet die Kundenentität mit dem Entitätsschlüssel K001 mit der Rechnungsentität mit dem Entitätsschlüssel R001. Analog verbindet die Beziehung mit dem Beziehungsschlüssel <K001, R002> die Kundenentität mit dem Entitätsschlüssel K001 mit der Rechnungsentität mit dem Entitätsschlüssel R002 usw.

Beziehung = Verbindung

binäre Beziehung

Hieran ist die fundamentale Bedeutung einer Beziehung zu erkennen: Eine Beziehung ist eine Verbindung von Entitäten. Wenn sie zwei Entitäten verbindet, d. h. zweiseitig ist, spricht man von einer binären Beziehung.

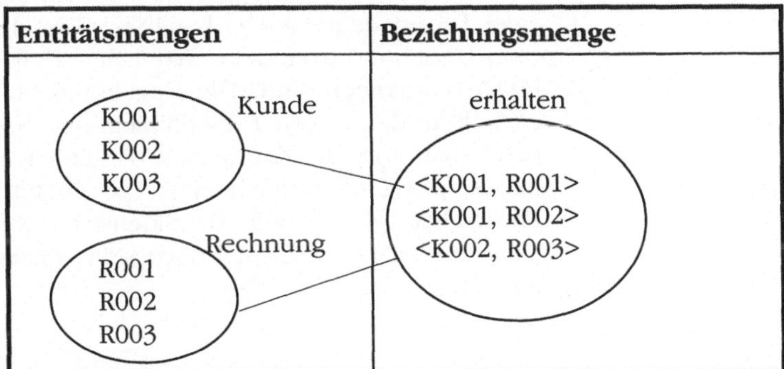

Abbildung 1.13 Entitätsmengen und Beziehungsmenge

1.6.5 Kardinalität

Was ist eine Kardinalität?

Kardinalität

> Die Kardinalität einer Entität gibt an, mit wie viel anderen Entitäten der selben Art eine betrachtete Entität im Rahmen der betrachteten Beziehungsart verbunden ist.

Die Kardinalität ist somit die Angabe einer *Anzahl*, und zwar der Anzahl von typgleichen Beziehungen, die eine betrachtete Entität mit anderen Entitäten eingegangen ist. Die anderen Entitäten sind hierbei untereinander vom selben Typ.

Entitätsmengen	Beziehungsmenge
Kunde K001 K002 K003 Rechnung R001 R002 R003	erhalten <K001, R001> <K001, R002> <K002, R003>

Abbildung 1.14 Kardinalitäten der Entitäten K001 und K002

Im Beispiel, dargestellt in Abbildung 1.14, ist die Kardinalität der Entität K001 für Beziehungen vom Beziehungstyp *erhalten* gleich zwei. Dies bedeutet auch, dass in der Beziehungsmenge *erhalten* zwei Beziehungsexemplare, nämlich <K001, R001> und <K001, R002> vorhanden sind. Die Zugehörigkeit zur Entität K001 ist einfach an den linken Teilschlüsseln der Beziehungen zu erkennen. Analog ist die Kardinalität der Entität K002 für den Beziehungstyp *erhalten* gleich eins. Die Entität K003 ist durch die Kardinalität gleich null charakterisiert, weil die Kundin Eva Schulze (K003) im Beispiel noch keine Rechnung von uns erhalten hat.

1.7 Konstruktionselemente für die Typebene

Die bis jetzt eingeführten Konstruktionselemente für die Modellierung auf der Element- und Mengenebene sind für das grundlegende Verständnis der Datenmodellierung erforderlich und nützlich. Mit ihnen können beispielhafte Ausprägungen von Datenmodellen leicht verständlich dargestellt, Interessenten erklärt und gedanklich überprüft werden.

Beschreibungen

Entitätstyp

Definition

Einen Datenmodellierer interessieren jedoch bei seiner Modellierungsarbeit normalerweise keine individuellen Sachverhalte einer Entität oder der Entitäten einer Entitätsmenge. Vielmehr möchte er ein Modell finden und formulieren, das nur noch Beschreibungen der relevanten Entitäts- und Beziehungsmengen enthält. Hierzu muss er auch noch von der Mengenbetrachtung abstrahieren und somit nur noch in Beschreibungen von Mengen denken. Die Beschreibung der Entitäten einer Entitätsmenge bezeichnet man als einen Entitätstyp. Mit einem Beziehungstyp bezeichnet man analog die Beschreibung der Elemente einer Beziehungsmenge. An Stelle von Beschreibung, kann man auch von Definition sprechen.

Mit der Einführung des Entitäts- und Beziehungstyps bewegen wir uns auf einer geeignet hohen Abstraktionsebene. Dabei beachten und bedenken wir bei der Betrachtung einer Entitäts- und auch einer Beziehungsmenge nur noch deren Namen und die hinter diesen Namen stehenden betriebswirtschaftlichen Definitionen. Hierdurch konzentrieren wir uns auf das Wesentliche, das in einem unternehmensweiten und globalen Datenmodell darzustellen ist.

Für die weitere Abstraktion von der Entitätsmenge führen wir somit den Begriff des Entitätstyps ein. Die Korrespondierende Abstraktion der Beziehungsmenge gewinnen wir mir der Einführung des Beziehungstyps. Ein Attribut stellen wir uns nur noch als einen Namen für ein Anzahl von Fakten vor. Wenn wir an eine Domäne denken, abstrahieren wir von ihren Werten und behalten lediglich die Definition dieser Werte im Gedächtnis.

In der folgenden Tabelle 1.4 sind die Begriffe und ihre Zuordnungen auf den verschiedenen Abstraktionsebenen,

- Exemplarebene (Elementebene),
- Mengenebene,
- Typebene,

im Lichte der neuen Erkenntnisse übersichtlich ausgewiesen.

Exemplarebene	Mengenebene	Typebene
Entität	Entitätsmenge	Entitätstyp
Entitätsschlüssel	Schlüsselattribut	Schlüsselattribut
Eigenschaft und Eigenschaftswert	Domäne	Wertebereichs-definition
Faktum	Attribut und Attributswerte	Attributsdefinition
Beziehung	Beziehungsmenge	Beziehungstyp

Tabelle 1.4 Begriffe und ihre Entsprechungen auf den unterschiedlichen Abstraktionsebenen

1.7.1 Entitätstyp

Was ist ein Entitätstyp?

Entitätstyp

Ein Entitätstyp ist eine mit einem Namen versehene Beschreibung der Entitäten einer Entitätsmenge.

Mit anderen Worten: Ein Entitätstyp ist die benannte Definition der Entitäten einer Entitätsmenge. Die Definition erfolgt durch Aufzählung der Attribute, die einen Entitätstyp beschreiben. Hierbei wird zwischen dem Schlüsselattribut und den Nichtschlüsselattributen unterschieden.

UML

Symbolisch repräsentieren wir hinfort einen Entitätstyp durch ein Rechteck, in das wir den Namen des Entitätstyps eintragen. Hierbei lehnen wir uns eng an die *Unified Modeling Language* (UML) an. Diese verwendet das selbe Sinnbild dafür, eine Klasse in einer grafischen Beschreibung zu definieren und zu repräsentieren.

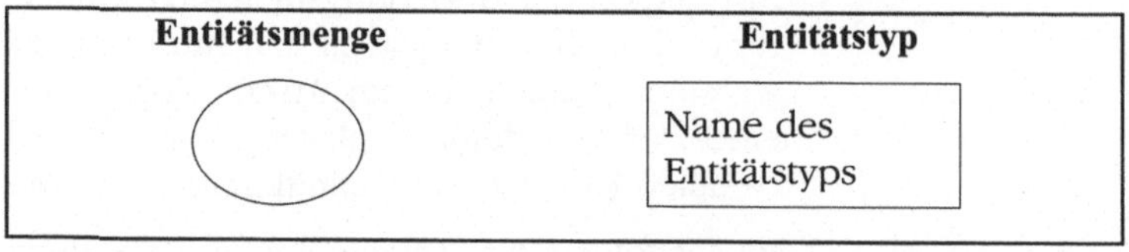

Abbildung 1.15 Entitätsmenge und Entitätstyp

Der Begriff des Entitätstyps ist eng verwandt mit dem Begriff der Klasse in der objektorientierten Welt. Der einzige Unterschied ist der, dass eine Klasse nicht nur durch ihre Attribute, sondern auch durch ihre Operationen definiert wird. Somit kann man einen Entitätstyp als eine Klasse ohne Operationen auffassen.

1.7.2 Attribut

Was ist ein Attribut?

Attribut

> Ein Attribut ist eine mit einem Namen versehene Zuordnung von Fakten einer bestimmten Art zu einem Entitätstyp.

Mit anderen Worten:

Ein Attribut ist eine benannte Definition der Fakten einer bestimmten Art bei einer Entitätsmenge.

Beispiel

Bei den Entitäten der Entitätsmenge *Kunde* wurden die Fakten festgestellt, dass die jeweiligen Entitäten für die Eigenschaft *Vorname* einen jeweiligen Eigenschaftswert aufweisen, z.B. *Hugo*, *Georg* und *Eva*. Damit können wir den Entitätstyp *Kunde* mit Angabe des Attributs *Vorname* definieren. Hierbei drücken wir aus, dass Entitäten des Typs *Kunde* Eigenschaftswerte der Art *Vorname* haben werden.

Vervollständigen wir auf diese Weise die Definition des Entitätstyps *Kunde*, so können wir noch folgende Attribute aufführen:

- Kundennummer
- Anrede
- Zuname
- Straße
- Postleitzahl
- Ort

Der Entitätstyp *Kunde*, der von seinen nun bekannten Attributen definiert wird, sieht in der Modellierungssprache UML sodann wie folgt aus.

Kunde
Kundennummer Anrede Vorname Zuname Straße PLZ Ort

Abbildung 1.16 Entitätstyp Kunde und seine Attribute

1.7.3 Domänendefinition

Was ist eine Domänendefinition?

Eine Domänendefinition ist eine mit einem Namen versehene Beschreibung einer Domäne, wobei eine Domäne eine Menge zulässiger Werte ist.

Beispiel

Definitionsname	Definition
Kundennummer	K001, K002, ..., K999
Rechnungsbetrag	zwischen 0,01 und 1.000.000,00
Postleitzahl	Alle Postleitzahlen, die offiziell zugelassen sind.

Tabelle 1.5 Domänendefinitionen

In der Tabelle 1.5 sind drei Definitionsmöglichkeiten für Domänen aufgeführt:

Definition durch die

- Aufzählung aller zulässigen Werte
- Angabe eines Werteintervalls
- Angabe eines Algorithmus.

Am einfachsten ist die Definition einer Domäne durch die blose Aufzählung ihrer diskreten Werte. Die Definition ergibt dann sogleich die Domäne.

Bei der Verwendung der Intervalltechnik werden der kleinste Wert und der größte Wert der Domäne angegeben. Bei Bedarf wird auch der Werteabstand zwischen zwei benachbarten Werten spezifiziert, wenn dies zur Deutlichkeit beiträgt. Diese Definitionstechnik ist sinnvoll, wenn die möglichen Werte gleichmäßig in dem Werteintervall liegen.

Komplizierte Domänen mit einer großen Wertemenge und unregelmäßig verteilten Werten können meistens mit einem Algorithmus beschrieben werden. Sinnvolle Beispiele aus der Praxis hierfür sind die durch eine Prüfinformation abgesicherten Schlüssel wie Kontonummern bei Banken und die ISBN-Nummer bei Büchern.

1.7.4 Beziehungstyp

Was ist ein Beziehungstyp?

Beziehungstyp

Ein Beziehungstyp ist eine mit einem Namen versehene Beschreibung der Beziehungen einer Beziehungsmenge.

Mit anderen Worten:

- Ein Beziehungstyp ist eine benannte Definition der Elemente einer Beziehungsmenge.
- Grafisch ist ein Beziehungstyp eine sinntragende Verbindung von Entitätstypen.

Richtige Namenswahl

Wenn die Namen der Entitätstypen und der sie verbindenden Beziehungstypen bedeutungsmäßig richtig gewählt sind, ergibt die Zusammensetzung dieser Worte einen sinnvollen und leicht verständlichen Aussagesatz über die Miniwelt. In einem solchen Satz sind die Entitätstypnamen das Subjekt und das Objekt. Der Beziehungstypname dient als Prädikat.

Beispiel

Subjekt	Prädikat	Objekt
Kunde	erhält	Rechnung
Rechnung	wird erhalten von	Kunde
Rechnung	berechnet	Artikel
Artikel	wird berechnet in	Rechnung

Tabelle 1.6 Aussagesätze gebildet aus den Namen von Entitäts- und Beziehungstypen

Verben sind treffende Namen für Beziehungsty-

Da ein Beziehungstyp aus der Sicht eines jeweiligen Entitätstyps einen sinnvollen Namen erhalten sollte, damit sich durch die Wortekombination treffende Aussagesätze aus dem Anwendungsgebiet ergeben, gibt man einem zweiseitigen Beziehungstyp normalerweise zwei Namen. Zur Angabe der Leserichtung kann man eine kleine Pfeilspitze am Beziehungsnamen verwenden. Die Pfeilspitze zeigt dabei auf den Objektentitätstyp. Oft lassen sich diese Namen als aktive und passive Formen eines zutreffenden Verbs ableiten. Dann ist auch die Angabe des Verbs in der Nennform eine sinnvolle Namensangabe. Die aktive und passive Beugung nimmt man sodann nach den Erfordernissen der Leserichtung implizit vor. Manchmal gebietet jedoch eine qualitativ hochwertige Terminologie aus betriebswirtschaftlicher Sicht die Verwendung unterschiedlicher Verben.

Symbolisch repräsentieren wir von nun an einen Beziehungstyp durch eine Verbindungslinie zwischen den Entitätstypen. Über der Verbindungslinie schreiben wir bei Bedarf den Beziehungstypnamen in der Leserichtung vom links stehenden Entitätstyp zum rechts stehenden Entitätstyp. Unter der Verbindungslinie entsprechend den Beziehungstypname in der Leserichtung von rechts nach links. Einen solchen Beziehungstyp bezeichnet man in UML als eine Assoziation.

Assoziation

Beispiel

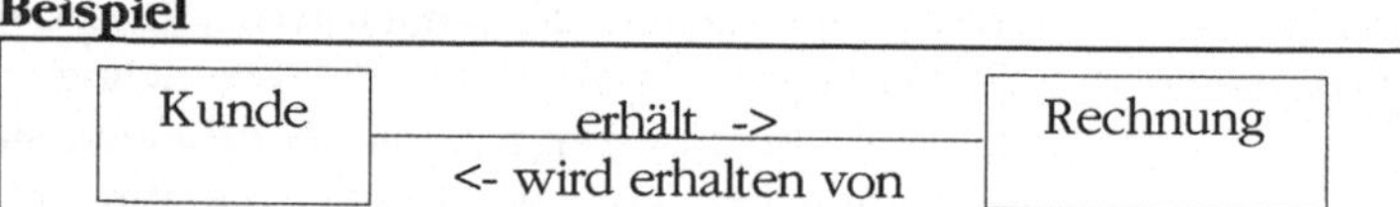

Abbildung 1.17 Benannter Beziehungstyp in zwei Richtungen

1.7.5 Multiplizität

Was ist eine Multiplizität

Multiplizität

Die Multiplizität eines Beziehungstyps gibt an, mit wie viel Entitäten des selben Typs eine betrachtete Entität im Rahmen des betrachteten Beziehungstyps prinzipiell verbunden sein kann.

Im Zusammenhang mit Multiplizitäten verwendet man oft auch den synonymen (gleichbedeutenden) Begriff Komplexitätsgrad von Beziehungen. Multiplizitäten lassen sich für die praktische Datenmodellierung sinnvoll in *vier Arten* einteilen:

- Einfache Multiplizität - einfacher Komplexitätsgrad
- Bedingte Multiplizität - bedingter Komplexitätsgrad
- Mehrfache Multiplizität - mehrfacher Komplexitätsgrad
- Bedingt mehrfache Multiplizität - bedingt mehrfacher Komplexitätsgrad

Schreibweisen für Multiplizitäten

In der Datenmodellierung hat sich eine verwirrende Vielfalt von unterschiedlichen Schreibweisen für die Angabe von Multiplizitäten herausgebildet. Bevor man ein fremdes ERD liest, ist es deshalb wichtig, die verwendete Notationsformen für die Kardinalitäten genau festzustellen.

Minimal-Maximal-Schreibweise

Minimal-Maximal-Schreibweise

Bei der Minimal-Maximal-Schreibweise (kurz: min-max-Schreibweise) notiert man in runden Klammern vor einem Komma die minimale Anzahl von Beziehungen eines bestimmten Typs, die eine betrachtete Entität mit Entitäten einer anderen Entitätsmenge grundsätzlich eingehen kann. Rechts vom Komma entsprechend die maximale Anzahl an möglichen Beziehungen, z.B.: (1,1) für die einfache Komplexität. Bei den eher seltenen Fällen der direkten rekursiven Beziehungen sind Entitäten ein und derselben Entitätsmenge durch Beziehungen verbunden, also nicht mit Entitäten einer anderen Entitätsmenge.

rekursive Beziehung

Symbolische Schreibweisen

Symbolische Schreibweisen von Kardinalitäten gibt es in mehreren verbreiteten Formen. Bei diesen Schreibweisen werden die minimalen und maximalen Anzahlen von Beziehungen, die von einer Entität ausgehen können, mit Symbolen auf einer Verbindungslinie nahe den Zielentitäten ausgedrückt.

Pfeil-Notationsform

Bei einigen Vertretern der symbolischen Schreibweisen drückt man mit unterschiedlich gestalteten Pfeilen die Multiplizitäten von Beziehungen aus. Deshalb werden diese Notationsformen auch Pfeilnotationen genannt. Hierbei werden einfache und doppelte, ausgefüllte und offene, eckige und runde Pfeilspitzen für die Darstellung der Multiplizitäten eingesetzt.

Krähenfuß-Notationsform

Eine besonders gut durchdachte und begründete Schreibweise ist die so genannte Krähenfuß-Schreibweise. Ihre Verfechter führen gegen Pfeilformen das Argument an, dass Pfeile in unserem Denken Bewegungen und Flüsse assoziieren würden. Beziehungen hingegen wären statische Verbindungen, also genau das Gegenteil von Bewegungen. Ihr markantes Sinnbild für die mehrfache Beziehung, der Krähenfuß, drückt tatsächlich treffend den verklammernden, verbindenden Sinn einer Beziehung aus.

Zeichenschreibweisen

1,C,M-Notationsform

Mit den Zeichenschreibweisen wird derselbe Sachverhalt ausgedrückt wie mit den symbolischen Schreibweisen. Die 1, C, M-Notationsform verwendet für die Angabe der vier hauptsächlich festzuhaltenden Komplexitätsgrade die Zeichen 1, C und M. Hierbei steht die 1 für die einfache Multiplizität, C für die bedingte (engl. conditional) und M für die mehrfache (engl. multiple) Multiplizität.

UML-Norm

Die modernste Schreibweise für Multiplizitäten ist die in der Unified Modeling Language (UML) genormte Notationsform. Deshalb beschränken wir uns in den folgenden Ausführungen auf die UML-Schreibweise für Multiplizitäten.

Einfache Multiplizität

Was ist eine einfache Multiplizität?

Steht jede Entität einer Entitätsmenge mit genau einer anderen Entität aus (üblicherweise) einer anderen Entitätsmenge in Beziehung, so liegt die einfache Multiplizität vor.

Mit anderen Worten: Zu jeder Entität der betrachteten Entitätsmenge gibt es genau eine Entität in der anderen Entitätsmenge.

Auf der Exemplarebene kann dieser Sachverhalt in einem Entitätendiagramm übersichtlich dargestellt werden. Von jeder betrachteten Entität führt eine Beziehung weg zu einer anderen Entität.

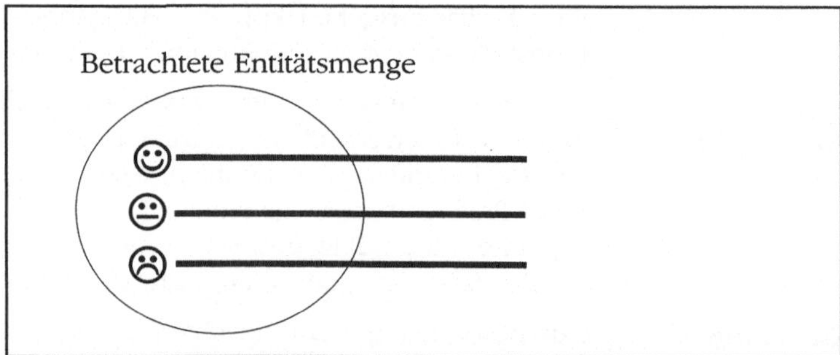

Abbildung 1.18 Entitäten mit der Kardinalität gleich 1

Ein Beispiel für eine einfache Multiplizität liefert die Miniwelt Rechnungsschreibung. Hier haben wir die Geschäftsregel gefunden, die den Zusammenhang zwischen einer Entität vom Typ *Rechnung* und einer Entität vom Typ *Kunde* beschreibt. Sie lautet: Eine Rechnung wird von einem Kunden erhalten. Die Multiplizität, die definiert, mit wie viel Kundenentitäten eine beliebige Rechnungsentität prinzipiell verbunden sein kann, steht am Beziehungseingang des Entitätstyps *Kunde*. Sie steht somit vor dem Eingang des gegenüberliegenden Entitätstyps. Die einfache Multiplizität lautet in UML 1.

Einfache Multiplizität in UML

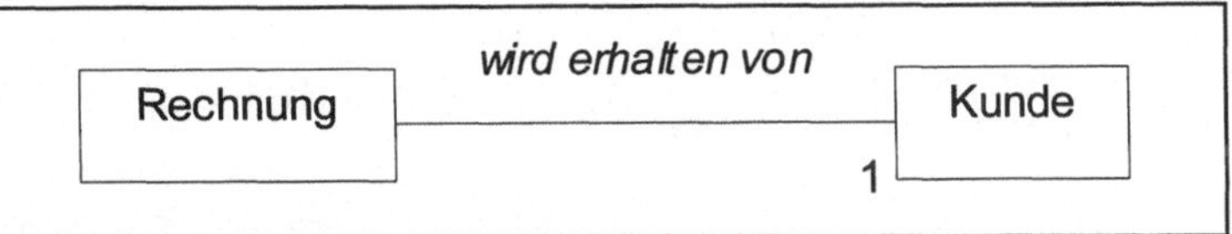

Abbildung 1.19 ERM mit der Multiplizität 1 für einen einfachen Beziehungstyp

Bedingte Multiplizität

Was ist eine bedingte Multiplizität?

Kann jede Entität einer Entitätsmenge mit höchstens einer anderen Entität in (üblicherweise) einer anderen Entitätsmenge in Beziehung stehen, so liegt die bedingte Multiplizität vor.

Mit anderen Worten: Steht nicht jede Entität einer Entitätsmenge mit genau einer anderen Entität in Beziehung, sondern kann es auch Entitäten geben, für die keine Beziehung der betrachteten Art existiert.

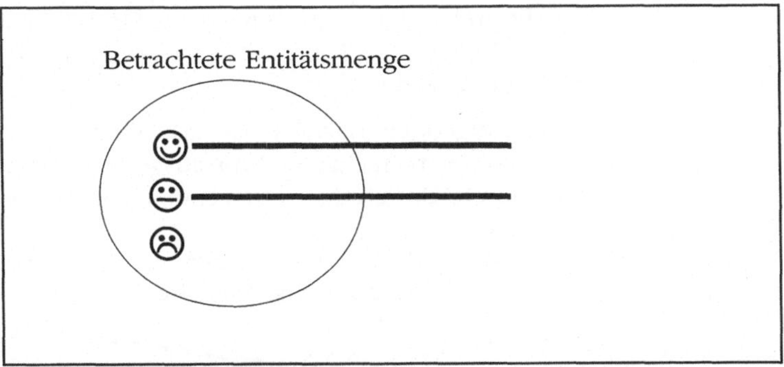

Abbildung 1.20 Entitäten mit der Kardinalität 0 oder 1

Ein Beispiel für die bedingte Multiplizität liefert die Miniwelt *Mann ist verheiratet mit Frau* im westlichen Kulturkreis. Die Geschäftsregel könnte hier lauten: Ein Mann ist entweder mit einer Frau verheiratet oder er ist nicht verheiratet. Es gibt also in der Entitätsmenge *Mann* Entitäten, die mit einer Entität in der Entitätsmenge *Frau* in einer ist-verheiratet-Beziehung stehen. Es gibt jedoch auch Mann-Entitäten, für die keine Beziehung des Beziehungstyps *ist verheiratet mit* ausgeprägt ist. Dieser Sachverhalt in einem ERM in der UML-Notationsform ausgedrückt lautet wie folgt. Die Angabe der bedingten Multiplizität wird hierbei mit den Zeichen 0..1, sprich: null bis eins, ausgedrückt.

Bedingte Multiplizität in UML

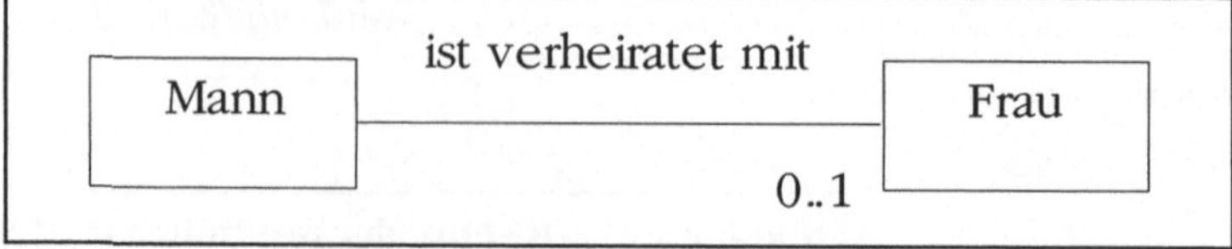

Abbildung 1.21 ERM mit der Multiplizität 0..1 für den bedingten Beziehungstyp

Mehrfache Multiplizität

Was ist eine mehrfache Multiplizität?

mehrfache Multiplizität

> Muss eine Entität eines betrachteten Typs mit mindestens einer anderen Entitäten im Rahmen eines bestimmten Beziehungstyps in Beziehung stehen, wobei sie auch mit vielen Entitäten dieses Typs in Beziehung stehen kann, so liegt die mehrfache Multiplizität vor.

Mit anderen Worten: Eine betrachtete Entität muss mit mindestens einer und kann mit bis zu beliebig vielen Entitäten in Beziehung stehen.

Im folgenden Beispiel hat jede Entität mindestens eine Beziehung des betrachteten Typs ausgeprägt. Es könnten jedoch auch mehrere Beziehungen ausgeprägt sein, wie im oberen Fall angedeutet.

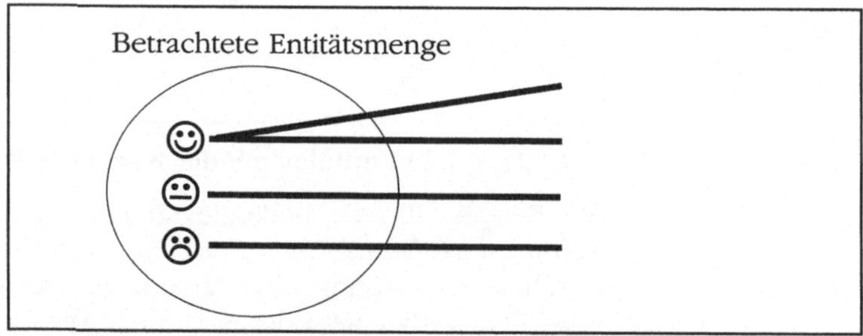

Abbildung 1.22 Entitäten mit der Kardinalität 1 und 2

Ein Beispiel für eine mehrfache Multiplizität liefert wieder die Miniwelt Rechnungsschreibung. Hier haben wir die Geschäftsregel gefunden, die den Zusammenhang zwischen einer Entität vom Typ *Rechnung* und mindestens einer Entität vom Typ *Artikel* beschreibt. Sie lautet: Eine Rechnung berechnet einen bis viele Artikel. Die mehrfache Multiplizität wird in UML mit den Zeichen 1..* (1 bis viele) angegeben.

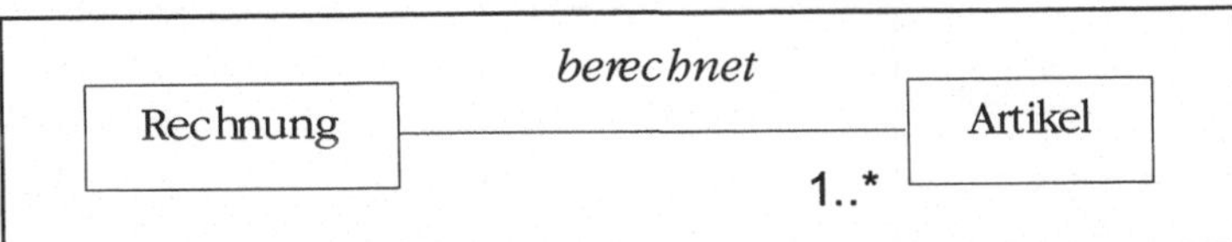

Abbildung 1.23 ERM mit der Multiplizität 1 bis viele für den mehrfachen Beziehungstyp

Bedingt mehrfache Multiplizität

Was ist eine bedingt mehrfache Multiplizität?

Bedingt mehrfache Multiplizität

Kann eine Entität mit beliebig vielen anderen Entitäten im Rahmen eines bestimmten Beziehungstyps in Beziehung stehen, so liegt die bedingt mehrfache Multiplizität vor. "Beliebig viele" umfasst keine, eine oder mehrere Beziehungen, die von der betrachteten Entität ausgehen können.

Mit anderen Worten: Eine betrachtete Entität kann mit minimal keiner und maximal mit bis zu beliebig vielen Entitäten in Beziehung stehen.

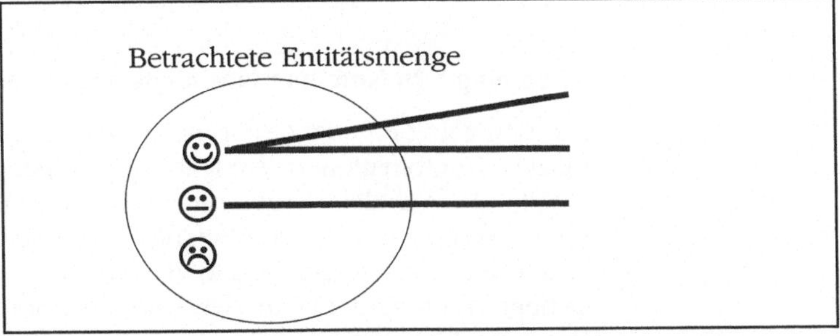

Abbildung 1.24 Entitäten mit den Kardinalitäten 2, 1 und 0

Auch für diese Konstellation liefert wieder die Miniwelt Rechnungsschreibung ein einprägsames Beispiel. Hier haben wir die Geschäftsregel gefunden, die den Zusammenhang zwischen einer Entität vom Typ *Artikel* und minimal keiner Entität und maximal vielen Entitäten vom Typ *Rechnung* beschreibt. Sie lautet: Ein Artikel kann in keiner bis vielen Rechnungen berechnet werden. Wird ein Artikel in keiner Rechnung berechnet, bedeutet dies, dass er entweder ganz neu in das Sortiment aufgenommen worden ist. Er kann aber auch ein Ladenhüter sein. Die bedingt mehrfache Multiplizität wird in UML mit den Zeichen 0..* (null bis viele) angegeben.

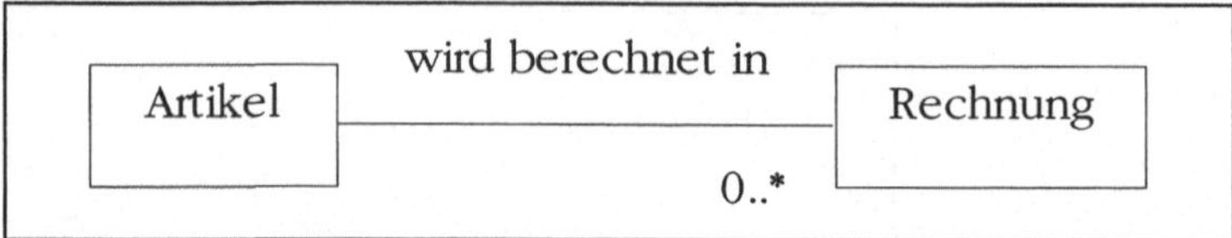

Abbildung 1.25 ERM mit der Multiplizität 0 bis viele für den bedingt mehrfachen Beziehungstyp

1.7.6 Zweiseitiger Beziehungstyp

Da ein Beziehungstyp meistens mindestens zwei Entitätstypen miteinander verbindet, ist es erforderlich, die Multiplizitäten des Beziehungstyps aus der Perspektive der Entitäten eines jeden Entitätstyps zu betrachten. Hierbei gelten jeweils die vier möglichen Komplexitätsgrade, die einfache, bedingte, mehrfache und bedingt mehrfache Multiplizität für jede der beiden Beziehungsrichtungen separat.

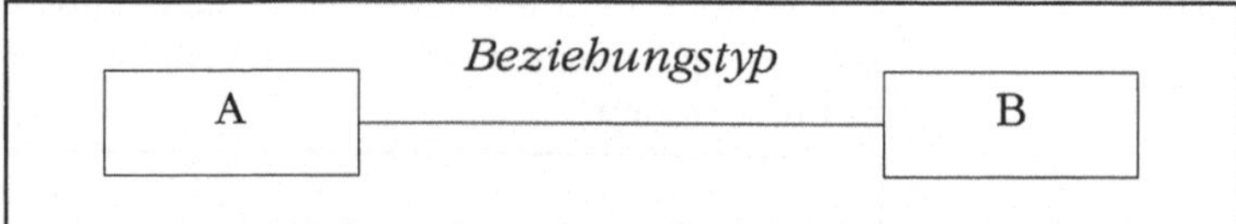

Abbildung 1.26 Kombinationsmöglichkeiten der Multiplizitäten

Die sich somit ergebenden 4 mal 4, d. h. die 16 möglichen Multiplizitäts-Kombinationen sind in der folgenden Kombinationstabelle übersichtlich dargestellt. Von den 16 Kombinationen sind sechs Kombinationen redundant. Sie entstehen durch Vertauschen der Entitätstypen *A* und *B* und bleiben deshalb unberücksichtigt. Dies sind die in der Kombinationstabelle grau hinterlegten Multiplizitätskombinationen. Somit bleiben noch 10 unterschiedliche Multiplizitätskombinationen zu betrachten.

B A	1	0..1	1..*	0..*
1	1, 1	1, 0..1	1, 1..*	1, 0..*
0..1	0..1, 1	0..1, 0..1	0..1, 1..*	0..1, 0..*
1..*	1..*, 1	1..*, 0..1	1..*, 1..*	1..*, 0..*C
0..*	0..*, 1	0..*, 0..1	0..*, 1..*	0..*, 0..*

Abbildung 1.27 Kombinationen der Multiplizitäten - die grau hinterlegten Kombinationen sind redundant

Die grau hinterlegten, redundanten Multiplizitätskombinationen sind über der Tabellendiagonalen in den weißen Feldern bereits vorhanden, wenn man die Namen der Entitätstypen vertauscht. Beispielsweise entspricht in ihrem Aussagegehalt hinsichtlich der

Multiplizität die redundante Kombination (0..1, 1) der Kombination (1, 0..1) und die redundante Kombination (1..*, 1) der Kombination (1, 1..*) usw.

Beispiele für Kombinationen von Multiplizitäten

Manche Kombinationen von Multiplizitäten sind in der Realwelt eher selten zu finden. Andere dagegen sind sehr häufig.

Kombinationsformen von Multiplizitäten

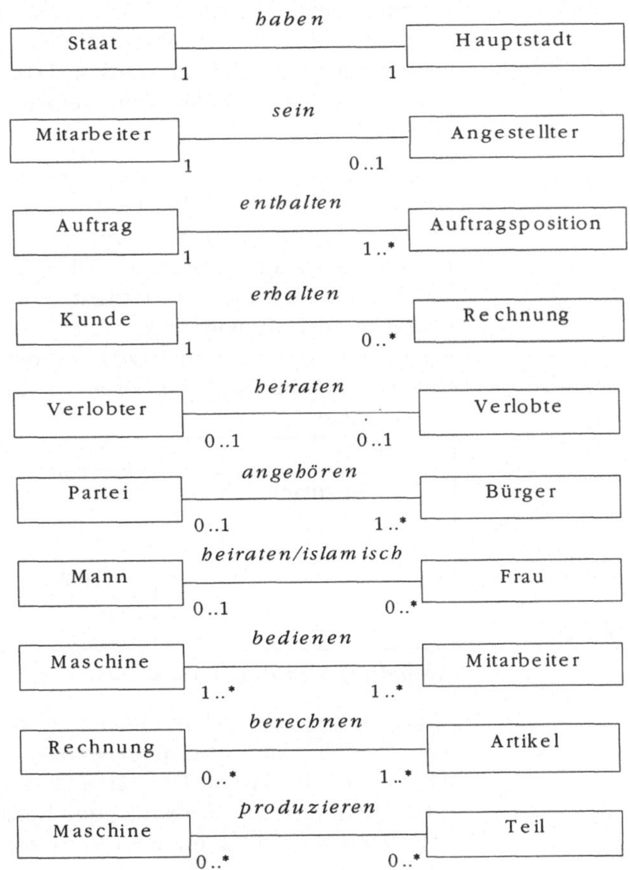

Abbildung 1.28 Beispiele für Kombinationen von Multiplizitäten

1.7.7 Beziehungstyp mit Attribut

Beziehungen müssen nicht nur blose Verbindungen von Entitäten sein. In manchen Fällen können bei ihnen sogar Eigenschaftswerte von Eigenschaften festgestellt werden. Wenn beispielsweise für die Eheleute Hugo Müller und Maria Müller das Datum ihrer Heirat festgehalten werden soll, so ist das Heiratsdatum, z.B. der 21. 4. 2004, eine Eigenschaft der Beziehung des Beziehungstyps *heiraten*. Weder bei der Entität Hugo Müller noch bei der Entität Maria Müller kann das Datum realitätsgerecht untergebracht werden. Das Heiratsdatum betrifft die Beziehung beider Entitäten untereinander und nicht eine einzelne Entität.

Beziehungsattribut

Das obige Beispiel kann man auf der Typebene in einen Aussagesatz mit folgendem Wortlaut kleiden: *Ehemann heiratet* am *Datum Ehefrau*. Den Satz kann man auch in einem Entitäts-Beziehungs-Diagramm in der UML-Notation darstellen. Das Attribut *Datum* wird hierbei in einem Beziehungs-Entitätstyp untergebracht. In UML wird dieser spezielle Entitätstyp mit einer gestrichelten Linie an den Beziehungstyp angefügt, den er näher beschreibt. Seine Aufgabe besteht darin, die Beziehungsattribute aufzunehmen.

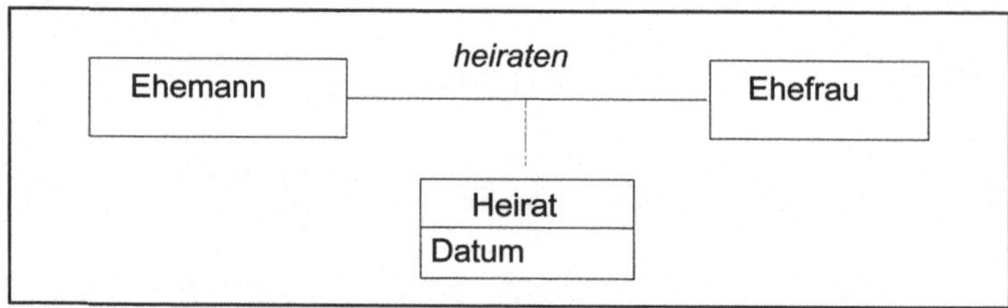

Abbildung 1.29 Beziehungs-Entitätstyp

Einen Beziehungstyp kann man auch als einen Entitätstyp auffassen, speziell dann, wenn er durch Beziehungsattribute näher definiert ist. In diesem Fall vereinfacht sich das ERM, indem das etwas befremdliche Konstrukt des Beziehungs-Entitätstyps wegfällt. Sprachlich wird aus dem Verb heiraten das Substantiv Heirat. Das Ehebeispiel sieht in UML sodann wieder einfach aus.

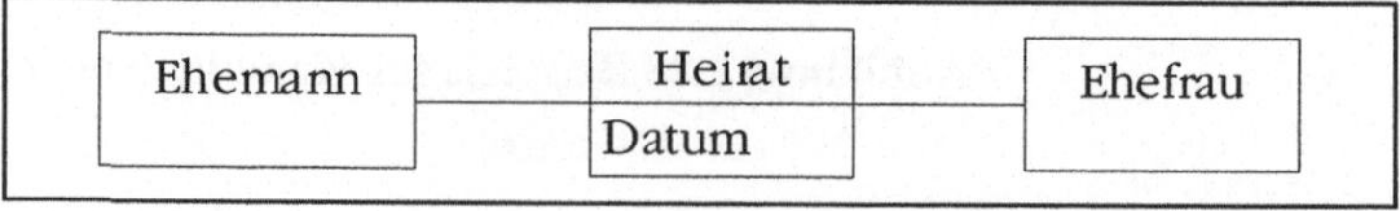

Abbildung 1.30 Vereinfachung eines Beziehungs-Entitäts-Typs

Vereinfachung von viele-zu-viele-Beziehungstypen

Treten auf beiden Seiten eines binären Beziehungstyps Multiplizitäten der Spielarten von viele (UML: *) auf, so lässt sich eine solche Beziehung auch vereinfachen. An Stelle des komplexen viele-zu-viele-Beziehungstyps wird ein Entitätstyp zwischen den beiden ursprünglichen Entitätstypen eingebaut. Diese sind dann ihrerseits mit dem eingeschobenen Entitätstyp über zwei Beziehungstypen verbunden, die dann nur noch auf einer Seite eine Multiplizität der Art Viele aufweist. An folgenden drei Beispielen wird dieser Zusammenhang sichtbar.

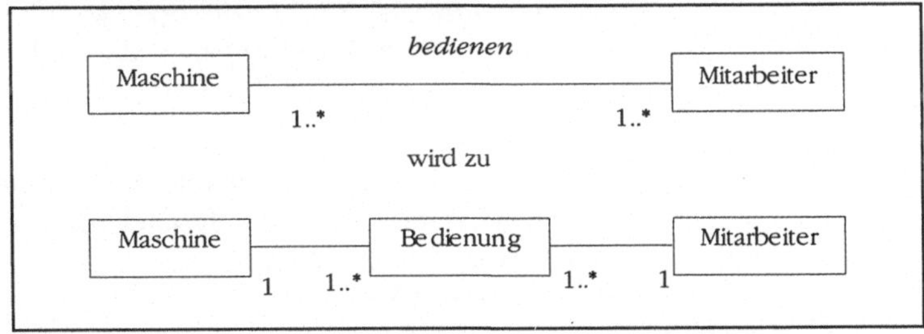

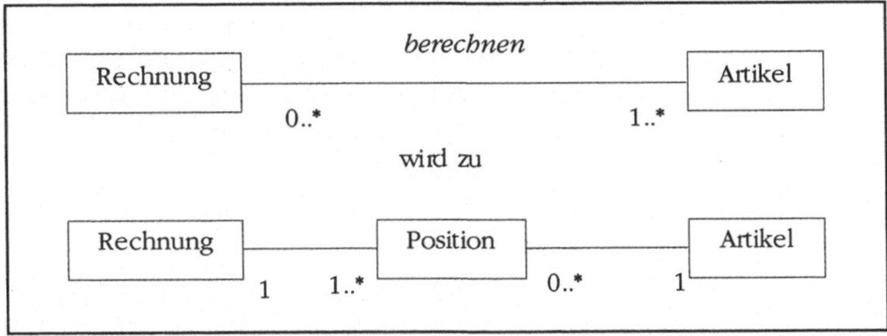

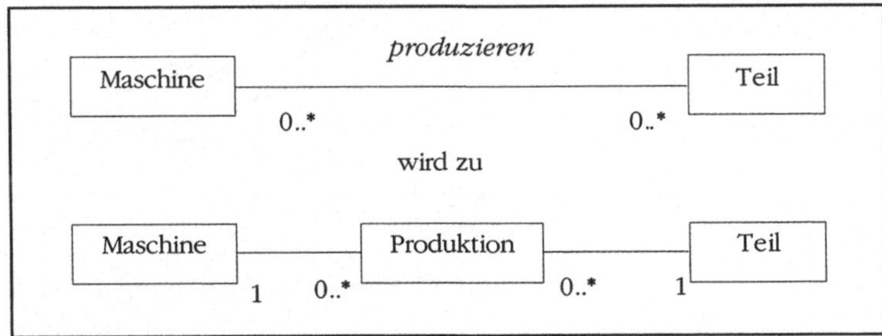

Abbildung 1.31 Vereinfachung binärer viele: viele-Beziehungstypen

1.7.8 Vielseitiger Beziehungstyp

binäre Beziehungen

Bisher haben wir nur Beziehungen betrachtet, die zwei Entitäten miteinander verbinden. Diese Beziehungen bezeichnet man als zweiseitige oder synonym auch als binäre Beziehungen. Binäre Beziehungen sind der einfachste Fall von Beziehungen.

mehrseitige Beziehungen

Oft gibt es aber auch Fälle, in denen mehr als zwei Entitäten durch nur eine Beziehung miteinander verbunden sind. Solche Beziehungen bezeichnet man mit vielseitige Beziehungen.

Auf die Typebene übertragen bedeutet dies, dass mehr als zwei Entitätstypen durch einen Beziehungstyp miteinander verbunden sind. Einen solchen Beziehungstyp, der mehr als zwei Entitätstypen miteinander verbindet, bezeichnet man als einen vielseitigen Beziehungstyp.

Betrachten wir hierzu die Miniwelt Hochschule. Bei ihrer Analyse können wir folgende Tatsache feststellen:

- Der Dozent Müller bildet
- den Studenten Mayer
- im Fach Datenbanken
- im Raum R01 aus.

Abstrahieren wir von den einzelnen Entitäten und betrachten wir nur noch die Entitätstypen und den sie verbindenden vierseitigen Beziehungstyp, so können wir feststellen:

- Dozent bildet
- Student
- in Fach
- in Raum aus.

Raute

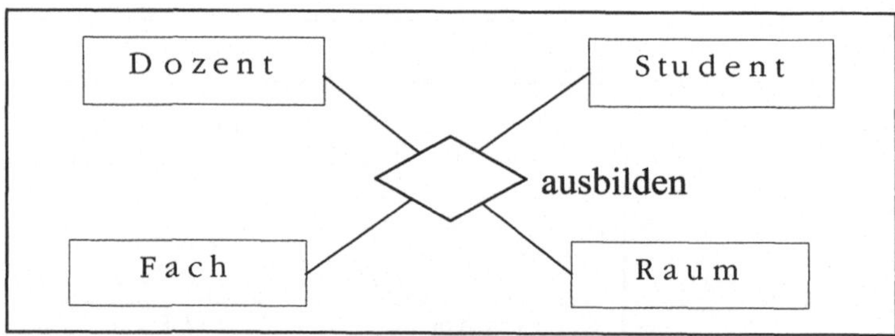

Abbildung 1.32 Vierseitige Beziehung *ausbilden* in UML

Zur Darstellung eines vielseitigen Beziehungstyps verwendet man in UML eine Raute.

Wie jeden Beziehungstyp, so können wir auch einen vierseitigen Beziehungstyp als einen Entitätstyp auffassen. Den aus dem Beziehungstyp *ausbilden* hervorgegangenen Entitätstyp benennen wir hierbei mit dem Namen *Ausbildung*. Mit einem Aussagesatz könnte die Miniwelt sodann folgendermaßen beschrieben werden: *Dozent* erteilt *Ausbildung*, an dieser nimmt teil *Student*, sie wird in *Fach* erteilt und findet in *Raum* statt.

Dieser Sachverhalt kann sodann in einem ERM mit UML übersichtlich dargestellt werden.

Vereinfachung eines vielseitigen Beziehungstyps

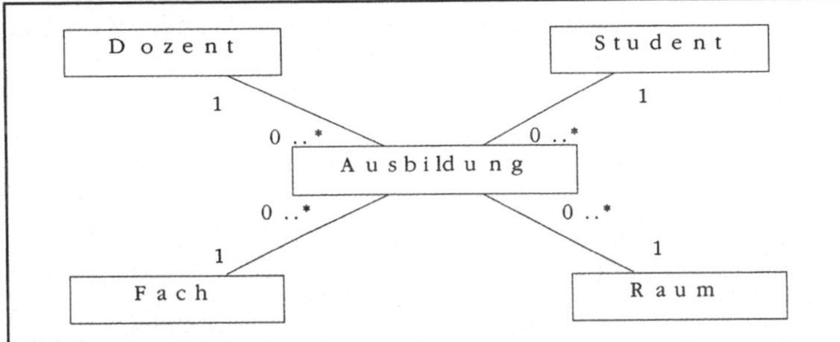

Abbildung 1.33 Vierseitige Beziehung in binäre Beziehungen vereinfacht

Der vierseitige Beziehungstyp *ausbilden* ist bei seiner Vereinfachung in vier zweiseitige Beziehungstypen und einen Entitätstyp aufgeteilt worden. Zweiseitige Beziehungstypen sind einfach zu handhaben. Weiterhin können wieder Multiplizitäten für die Angabe der Komplexitätsgrade angegeben werden. Dies war bei einer vierseitigen Beziehung nicht mehr möglich.

In diesem Beispiel ist auch eine Gesetzmäßigkeit zu erkennen, die bei der Vereinfachung vielseitiger Beziehungen gilt:

Ein vielseitiger Beziehungstyp kann in viele binäre Beziehungstypen und einen resultierenden Entitätstyp vereinfacht werden.

Beispiel:

- Ein dreiseitiger Beziehungstyp vereinfacht in drei binäre Beziehungstypen und einen Entitätstyp.
- Ein vierseitiger Beziehungstyp vereinfacht in vier binäre Beziehungstypen und einen Entitätstyp.
- Ein fünfseitiger Beziehungstyp vereinfacht in fünf binäre Beziehungstypen und einen Entitätstyp, usw.

1.6 Generalisierung/ Spezialisierung

Eine Entität kann als Element in mehreren Entitätsmengen vorkommen. So kann beispielsweise die Entität *Hugo Müller* sowohl *Kunde* als auch *Lieferant* in einer Miniwelt sein. Diesen Sachverhalt zeigt Abbildung 1.34 in einem Mengendiagramm.

Redundanz

Im Beispiel wird die Entität *Hugo Müller* sowohl in der Entitätsmenge *Kunde* als auch in der Entitätsmenge *Lieferant* mit ihren Eigenschaften/Eigenschaftswerten aufgeführt. Hierbei sind zur Charakterisierung der Entitäten in beiden Mengen beispielsweise jeweils die Eigenschaften Anrede, Vorname, Zuname, Straße, Hausnummer, Postleitzahl und Ort erforderlich.

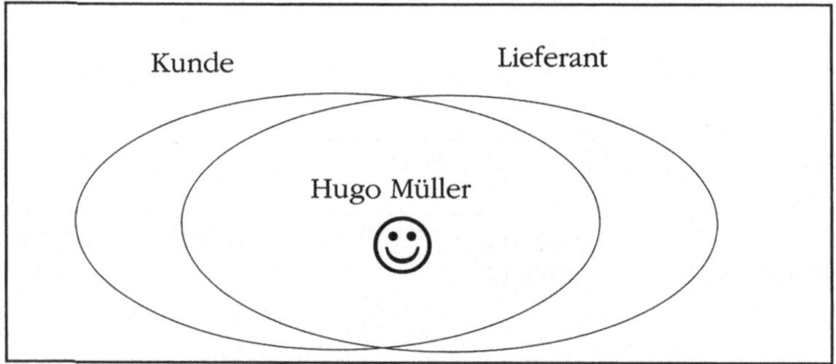

Abbildung 1.34 Eine Entität ist Element in zwei Entitätsmengen

Integrität = Zuverlässigkeit Wahrhaftigkeit

Das Festhalten desselben Faktums über eine Entität in mehreren Entitätsmengen ist in der Datenmodellierung nicht sinnvoll, weil hierdurch die Datenintegrität bei Veränderungsoperationen an den Daten über eine Entität nicht mehr gewährleistet ist. Unter *Datenintegrität* versteht man die verlässliche Richtigkeit der Daten. Das Integritätsproblem in Abbildung 1.34 kann leicht gelöst werden, indem man die beiden Entitätsmengen *Kunde* und *Lieferant* in einer Obermenge zusammenfasst, die hier *Geschäftspartner* heißen soll.

Die vorher redundant in den beiden Mengen *Kunde* und *Lieferant* festgehaltenen Eigenschaftswerte zur Beschreibung beispielsweise der Entität *Hugo Müller* sowohl als *Kunde* als auch als *Lieferant* werden nun in die Beschreibung von *Hugo Müller* als *Geschäftspartner* ausgelagert. In einem Mengendiagramm sieht dieser Sachverhalt sodann wie in Abbildung 1.35 aus.

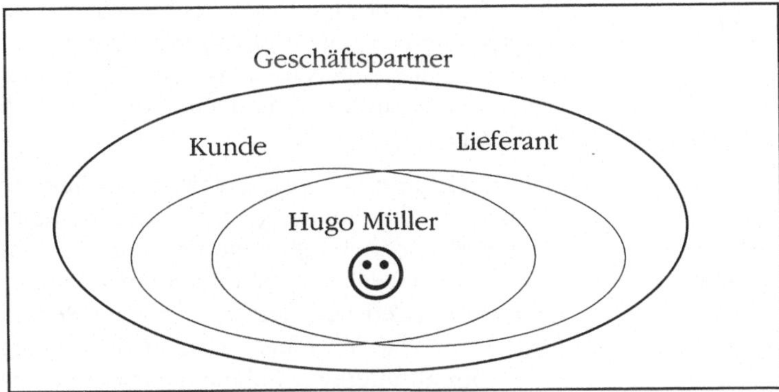

Abbildung 1.35 Die Entität Hugo Müller ist Element der drei Mengen Geschäftspartner, Kunde und Lieferant

Generalisierung

Supermenge

Submenge

Spezialisierung

Die Auslagerung redundanter Attribute in die Beschreibung einer Obermenge nennt man Generalisierung. Die Obermenge bezeichnet man auch als Supermenge. Wenn man eine Entität nur als Element der Supermenge betrachtet, abstrahiert man von deren Eigenschaften/Eigenschaftswerten, die sie als Element der Submenge zusätzlich auszeichnen. Zu einer Submenge sagt man auch Untermenge oder Teilmenge. Die Hinzunahme von untermengenspezifischen Attributen zur Entitätscharakterisierung bezeichnet man als Spezialisierung.

Superentitätstyp

Subentitätstyp

Abstrahiert man von den Entitäten der Supermenge und betrachtet nur noch deren benannte Beschreibung durch die Angabe der sie charakterisierenden Attribute, so kommt man zu dem Begriff des Superentitätstyps. Entsprechend versteht man unter einem Subentitätstyp die mit einem Namen versehene Beschreibung der Entitäten der Submenge durch die Angabe derer speziellen Attribute.

Somit können wir festhalten:

Ein Superentitätstyp ist eine mit einem Namen versehene Beschreibung der Entitäten einer Superentitätsmenge.

Eine Superentitätsmenge ist eine Obermenge von mehreren Subentitätsmengen.

Ein Subentitätstyp ist eine mit einem Namen versehene Beschreibung der Entitäten einer Subentitätsmenge.

Eine Subentitätsmenge ist eine Untermenge einer Superentitätsmenge.

Wichtig!

Eine Entität, die durch den Subentitätstyp beschrieben wird, ist in der Miniwelt ein und die selbe Entität, die auch durch den Superentitätstyp beschrieben wird. Der Subentitätstyp beschreibt also keine anderen Entitäten der Miniwelt als der Superentitätstyp.

„ist-eine"-Beziehung (engl.: "is-a")

Die Beziehung, die eine Entität in der Supermenge und dieselbe Entität in der Submenge verbindet, ist somit eine Verbindung von Teilbeschreibungen ein und der selben Entität der Miniwelt. Die beiden Teilbeschreibungen einer Entität sind in die beiden Entitätsmengen verlagert worden, um Redundanz in den Daten zu vermeiden. Zu einem solchen Beziehungstyp aus der Sicht des spezialisierenden Subentitätstyps sagt man auch, er sei ein *ist-ein*-Beziehungstyp.

Auf unser Beispiel angewandt, kann man somit sagen: Der *Kunde Hugo Müller* ist auch der (ist-ein) *Geschäftspartner Hugo Müller.*

Ein solcher *ist-ein*-Beziehungstyp beschreibt somit keine Beziehungen zwischen unterschiedlichen Entitäten der Miniwelt, sondern Beziehungen, welche die aufgeteilten Bestandteile einer Entität zusammenhalten. Der Superentitätstyp wird durch die aus den Subentitätstypen ausfaktorisierten gemeinsamen Attribute definiert. Auf der Entitätsebene ist eine is-eine-Beziehung somit die Verbindung von Teilen ein und der selben Entität, die in zwei Entitätsmengen untergebracht sind.

Zur Kennzeichnung dieses speziellen *ist-ein*-Beziehungstyps verwendet man in UML eine hohle Pfeilspitze, die vom Subentitätstyp auf den Superentitätstyp verweist.

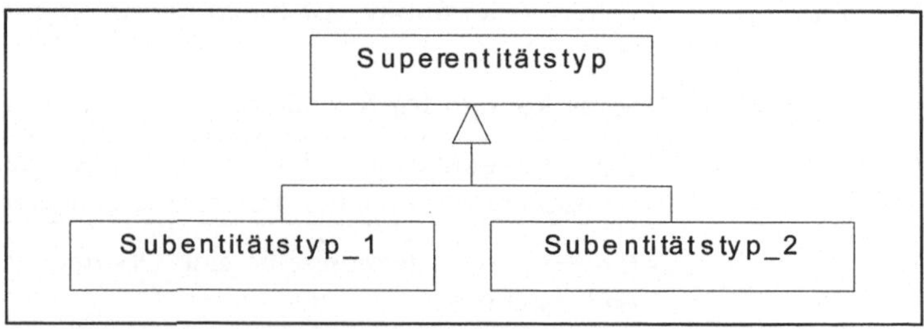

Abbildung 1.36 Super- und Subentitätstyp über einen *ist-ein*-Beziehungstyp verbunden

Das Kunden-/Lieferantenbeispiel in UML dargestellt, hat sodann folgendes Aussehen:

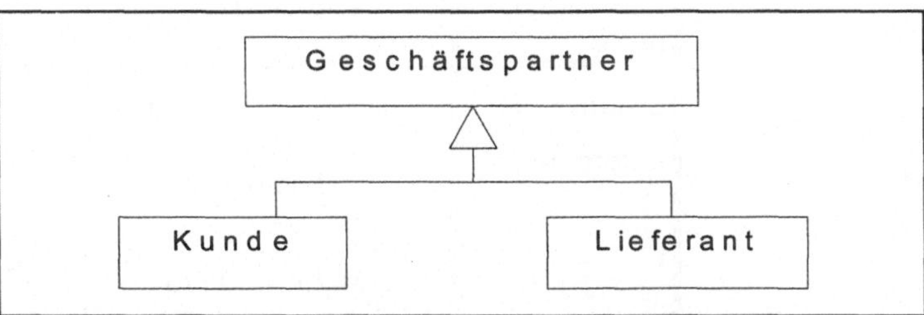

Abbildung 1.37 Superentitätstyp Geschäftspartner und die Subentitätstypen Kunde und Lieferant

Die Spezialisierung kann man in vier sinnvolle Erscheinungsformen einteilen, die wie folgt charakterisiert sind:

total

disjunkt

1. Alle Entitäten einer Superentitätsmenge z. B. *SUPER* sind auch in den Subentitätsmengen, z. B. *SUB1* und *SUB2* enthalten (total), wobei sich die Subentitätsmengen nicht überschneiden. Zum nicht Überschneiden sagt man auch, dass die Subentitätsmengen zueinander disjunkt seien.

partiell

2. Einige Entitäten der Superentitätsmenge *SUPER* sind auch in den Subentitätsmengen *SUB1* und *SUB2* enthalten (partiell), wobei sich die Subentitätsmengen nicht überschneiden.

nicht disjunkt

3. Alle Entitäten der Superentitätsmenge *SUPER* sind auch in den Subentitätsmengen *SUB1* und *SUB2* enthalten (total), wobei sich die Subentitätsmengen überschneiden. Hierzu sagt man auch, dass die Subentitätsmengen zueinander nicht disjunkt seien.
4. Einige Entitäten der Superentitätsmenge *SUPER* sind auch in den Subentitätsmengen *SUB1* und *SUB2* enthalten (partiell), wobei sich die Subentitätsmengen überschneiden.

Diese vier Erscheinungsformen der Generalisierung/Spezialisierung können je in einem Mengendiagramm (Venn-Diagramm) übersichtlich und beispielhaft dargestellt werden. Die Abbildung 1.38 zeigt einige Beispiele in Venn-Diagrammen.

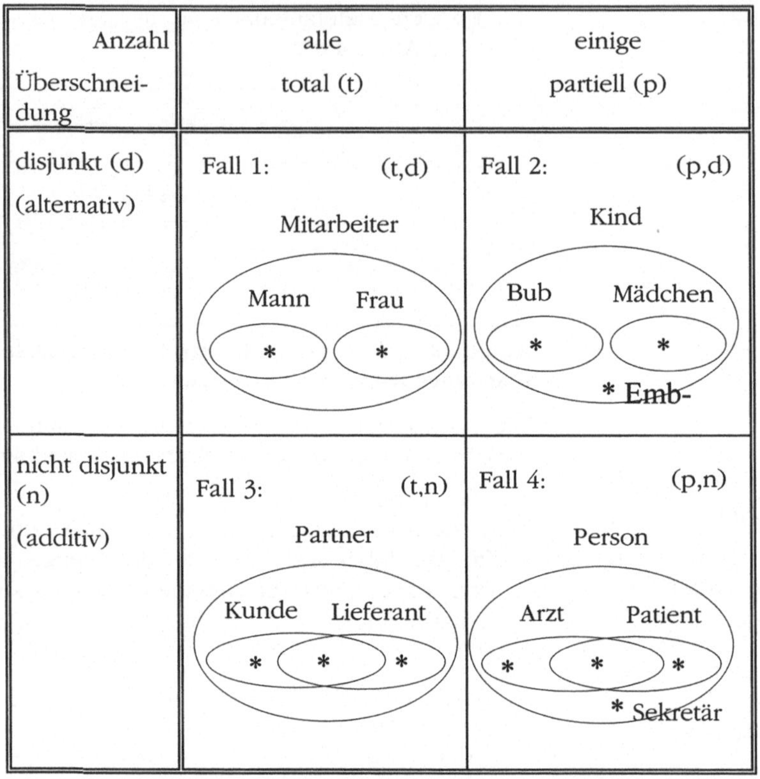

Anzahl Überschnei- dung	alle total (t)	einige partiell (p)
disjunkt (d) (alternativ)	Fall 1: (t,d) Mitarbeiter Mann Frau * *	Fall 2: (p,d) Kind Bub Mädchen * * * Emb-
nicht disjunkt (n) (additiv)	Fall 3: (t,n) Partner Kunde Lieferant * * *	Fall 4: (p,n) Person Arzt Patient * * * * Sekretär

Abbildung 1.38 Fälle bei der Generalisierung/Spezialisierung

In der Abbildung 1.38 sind vier hypothetische Miniwelten mit den vier Spezialisierungsarten dargestellt:

Fall 1: Eine Entität aus einer der zueinander disjunkten Subentitätsmengen *Mann* oder *Frau* ist auch ein *Mitarbeiter* (weibliche hierin eingeschlossen). Alle Mitarbeiterentitäten sind entweder Männer oder Frauen.

Fall 2: Eine Entität aus einer der zueinander disjunkten Subentitätsmengen *Bub* oder *Mädchen* ist auch ein *Kind*. Es gibt auch weitere Kindentitäten, von denen noch nicht bekannt ist, ob sie Buben oder Mädchen sind, z.B. bei ungeborenen Kindern (Embryo).

Fall 3: Eine Entität aus den zueinander nicht disjunkten Entitätsmengen *Kunde* und *Lieferant* ist auch ein *Partner*.

Fall 4: Eine Entität aus den zueinander nicht disjunkten Entitätsmengen *Arzt* und *Patient* ist auch eine *Person* in einem Krankenhaus. Es gibt auch weitere Personen-Entitäten, die weder Arzt noch Patient sind, z. B. ein *Sekretär* im Krankenhaus.

Die vier Generalisierungs-/Spezialisierungsarten in UML.

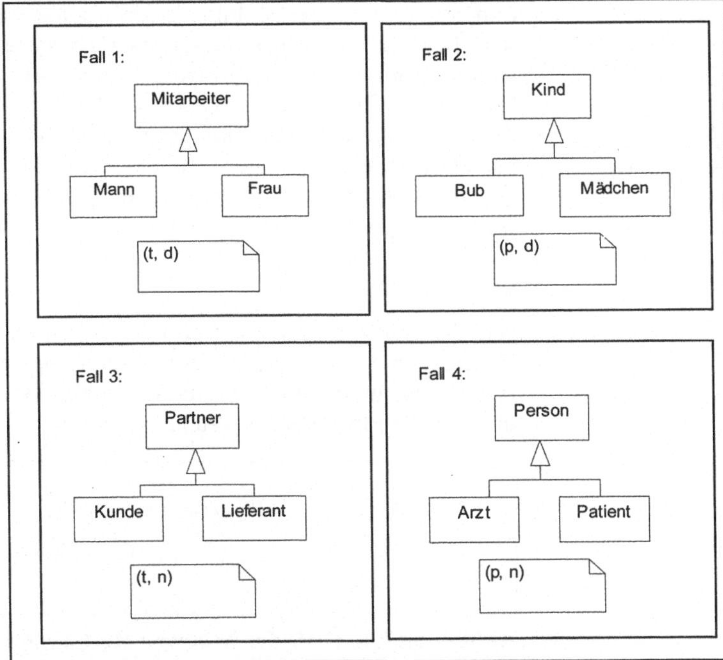

Abbildung 1.39 Vier Arten der Generalisierung/Spezialisierung

Bedeutung der verwendeten Abkürzungen:

Art	Abkürzung	Beschreibung
total	t	Jede Entität der Supermenge muss in mindestens einer Submenge vorkomen.
partiell	p	Eine Entität der Supermenge kann in einer Submenge vorkommen.
disjunkt	d	Eine Entität der Supermenge kann nur in genau einer Submenge vorkommen.
nicht disjunkt	n	Eine Entität der Supermenge kann in beliebig vielen Submengen vorkommen.

Tabelle 1.7 Abkürzungen bei Generalisierung/Spezialisierung

1.8 Entitäts-Beziehungs-Diagramm

ERD
Datenarchitektur

Damit man für seine Denkprozesse eine nachprüfbare, verlässliche und zeitüberdauernde Gedächtnisstütze hat und auch damit man seine Gedanken anderen mitteilen kann, braucht man ein Dokument. In ihm stellt man die Entitätstypen, Attribute, Beziehungstypen und die Multiplizitäten übersichtlich und leicht verständlich dar. Als Darstellungssprache verwendet man die weltweit genormte Modellierungssprache UML (Unified Modeling Language). Ein solches Dokument nennt man ein Entitäts-Beziehungs-Diagramm (ERD, engl. Entity Relationship Diagram).

UDM in UML

Es repräsentiert die Datenarchitektur der Miniwelt. Das ERD ist der zentrale Übersichtsplan unserer Miniwelt und unseres konzeptionellen unternehmensweiten Datenmodells (UDM).

1.8.1 Datenarchitektur

Das Rechnungsbeispiel mit den Entitätstypen *Kunde*, *Rechnung*, *Position* und *Artikel* und den Beziehungstypen *erhalten* und *berechnen* wird nun in einem Entitäts-Beziehungs-Diagramm übersichtlich in UML dargestellt.

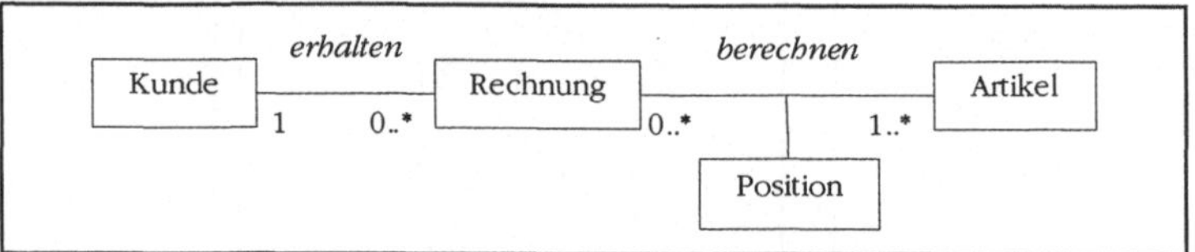

Abbildung 1.40 ERD der Miniwelt Rechnungsschreibung

Geschäftsregeln

Aus dem ERD lassen sich auf einen Blick unmissverständlich folgende Aussagen über die Miniwelt ableiten:

- Ein Kunde erhält 0 bis viele Rechnungen.
- Eine Rechnung wird genau von einem Kunden erhalten.
- Eine Rechung berechnet 1 bis viele Artikel.
- Eine solche Berechnung wird durch eine Rechnungsposition beschrieben.
- Ein Artikel wird in 0 bis vielen Rechnungen berechnet.

Im Entitäts-Beziehungs-Diagramm in Abbildung 1.40 sind die bei der Miniweltanalyse ermittelten Geschäftsregeln auf die für die Datenmodellierung wesentlichen Aussagen über die Entitätstypen, Beziehungstypen und Multiplizitäten reduziert und in übersichtlicher Form dargestellt.

Den Beziehungs-Entitätstyp *Position* haben wir eingeführt, um erforderliche Beziehungsattribute des Beziehungstyps *berechnen* in das Modell aufnehmen zu können. Ein solches Beziehungsattribut ist beispielsweise die *Anzahl* eines bestimmten Artikels, die in einer Rechnung zu berücksichtigen ist. Einen attributierten Beziehungstyp kann man aber auch als einen Entitätstyp auffassen. Folgen wir diesem Gedanken, so ersetzen wir zunächst den Beziehungstyp *berechnen* durch den Entitätstyp *Position.* Damit wird der Beziehungs-Entitätstyp zu einem echten Entitätstyp. Den Entitätstyp *Position* verbinden wir sodann noch mit dem Entitätstyp *Rechnung* und dem Entitätstyp *Artikel.* Diese beiden Verbindungen sind die neu entstandenen Beziehungstypen *enthalten* und *berechnen.*

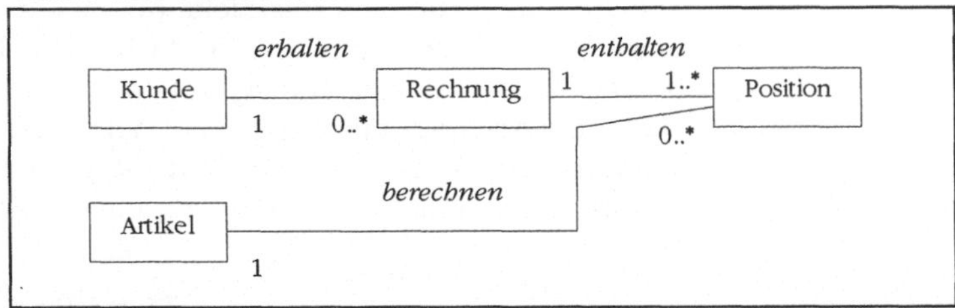

Abbildung 1.41 ERD der Miniwelt Rechnungsschreibung mit nur Entitätstypen

Beachtet man die Multiplizitäten der jeweiligen Beziehungstypen, kann man aus dem Diagramm ablesen, dass ein beliebiger *Kunde* von uns (wir betrachteten uns als Unternehmen, für welches das ERM gilt) generell viele *Rechnungen* erhalten kann. Hierzu steht der Komplexitätsgrad vom Typ bedingt mehrfach (0..*). Hierzu können wir auch den Aussagesatz formulieren: Kunde erhält 0 bis viele Rechnungen.

Betrachtet man das ERD aus dem Blickwinkel des Entitätstyps *Rechnung* in Richtung auf den Entitätstyp *Kunde,* so wird ebenso deutlich, dass eine Rechnung von genau einem Kunden erhalten wird (1). Der hierzu passende Aussagesatz lautet: Eine Rechnung wird genau von einem Kunden erhalten.

Das Teildiagramm mit den Elementen *Rechnung, enthält* und *Rechnungsposition* mit seinen Multiplizitätsangaben kann ebenfalls in verständlichen Aussagesätzen formuliert werden. Aus der Sicht von *Rechnung* könnte solch ein Satz folgendermaßen lauten: Eine Rechnung enthält eine bis viele Rechnungspositionen. Das bedeutet auch, dass eine Rechnung ohne mindestens eine Position nicht erlaubt ist. Und in umgekehrter Leserichtung, aus der Sicht einer Rechnungsposition auf ihre Rechnung, lautet der Satz zur Beschreibung der Geschäftsregeln: Eine Rechnungsposition ist genau in einer Rechnung enthalten.

Aus dem Teilmodell *Artikel, wird berechnet in* und *Rechnungsposition* kann leicht der realistische Sachverhalt abgelesen werden, dass ein Artikel in vielen Rechnungspositionen berechnet werden kann. Der Komplexitätsgrad *bedingt mehrfach* deckt die wichtige Tatsache der Miniwelt ab, dass es auch Artikel geben kann, die noch nicht in einer Rechnungsposition berechnet wurden und somit noch keine Beziehung vom Typ *berechnen* aufweisen. Dies können neue Artikel sein, die von uns noch nicht verkauft und somit noch nicht berechnet worden sind. Es könnte sich auch um Ladenhüter handeln, die nicht verkaufbar sind. Die umgekehrte Leserichtung aus der Sicht einer Rechnungsposition besagt, dass eine Rechnungsposition genau einen Artikel (als Gattung betrachtet) berechnet. Wie viele dieser Artikel berechnet werden, wird in dem Attribut *Anzahl* festgehalten. Ein Beispiel hierfür könnte der Artikel Computer mit der Artikelnummer A001 sein.

1.8.2 Datenanalyse

Nachdem wir die Architektur unserer Miniwelt *Rechnungsschreibung* und hiermit spiegelbildlich auch die Struktur des konzeptionellen Datenmodells dieser Miniwelt in einem Entitäts-Beziehungs-Diagramm dargestellt haben, wollen wir die insgesamt erforderlichen Informationen über die Miniwelt in unsere weiteren Betrachtungen einbeziehen.

Formularanalyse

Hierzu analysieren wir gedanklich ein Rechnungsformular und gewinnen durch diese Formularanalyse die noch ausstehenden Entitätsattribute, die keine Schlüsselattribute sind.

Realitätsbeobachtung

Die Formularanalyse ist somit neben der Realitätsbeobachtung eine wichtige Methode, um die für die Aufgabenlösung erforderlichen Attribute zu erkennen und sie den jeweiligen Entitäts- und Beziehungstypen zuzuordnen. Die Zuordnung der Nichtschlüsselattribute zu den Entitätstypen birgt üblicherweise kaum Probleme in sich, weil die Zugehörigkeit auf Grund der Erfahrung aus der Miniwelt leicht erkennbar ist.

Die grundlegende Fragestellung hierzu lautet auf Elementarebene: Welche Eigenschaften mit ihren jeweiligen Eigenschaftswerten charakterisieren eine betrachtete Entität im Rahmen der Aufgabenstellung?

Hiermit korrespondiert die folgende Fragestellung auf der Typebene: Welche Attribute charakterisieren bzw. definieren den betrachteten Entitätstyp im Rahmen der Aufgabenstellung?

Etwas schwieriger gestaltet sich die Zuordnung der Beziehungsattribute zu den Beziehungstypen. Kandidaten hierfür sind immer die Attribute, die nicht nur zu einem Entitätstyp, sondern zu zwei Entitätstypen bei binären Beziehungen gehören. Um die Zugehörigkeit zu erkennen, lautet hierzu die grundlegende Fragestellung auf der Elementarebene: Welche Eigenschaften mit ihren jeweiligen Eigenschaftswerten charakterisieren die betrachtete Beziehung?

Die entsprechende Fragestellung auf der Typebene lautet: Welche Attribute charakterisieren den betrachteten Beziehungstyp?

Mit diesem Wissen ausgestattet, analysieren wir nun das Rechnungsformular. Hierbei können wir neben den Schlüsselattributen noch folgende Nichtschlüsselattribute bei den Entitätstypen feststellen:

Kundenattribute zur Definition des Entitätstyps Kunde:

- Kundennummer (Schlüsselattribut)
- Anrede
- Vorname
- Zuname
- Straße und Hausnummer
- Postleitzahl
- Ort

Rechnungsattribute zur Definition des Entitätstyps Rechnung:

- Rechnungsnummer (Schlüsselattribut)
- Datum
- Betrag

Artikelattribute zur Definition des Entitätstyps Artikel:

- Artikelnummer (Schlüsselattribut)
- Name
- Preis

Rechnungspositionsattribut zur Definition des Entitätstyps Position:

- Anzahl

Die mit den gefundenen Attributen angereicherten Entitätstypen ergeben sodann die grafisch dargestellte Datenanalyse.

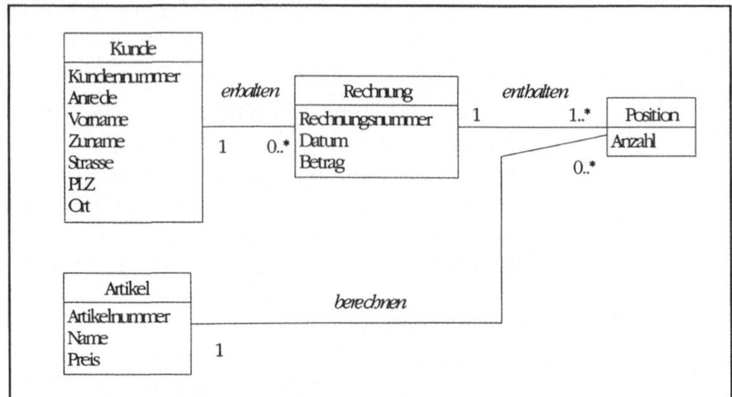

Abbildung 1.42 Datenanalyse der Rechnungsschreibung in UML

1.9 Strukturmuster der Wirtschaftsinformatik

In der Informatik und auch in der Wirtschaftsinformatik kann man immer wieder feststellen, dass es ähnlich gelagerte Problemfälle in den unterschiedlichsten Anwendungsgebieten gibt. Die Ähnlichkeit zeigt sich in einem identischen Bauplan von Entitäts- und Beziehungstypen, deren Attributen sowie in den feststellbaren Multiplizitäten. Solche oft wiederkehrenden Geschäftsmuster (engl. business pattern) kann man in den Modellentwürfen durch Entwurfsmuster (engl. design pattern) elegant darstellen. Das Erkennen von Strukturmustern in der betriebswirtschaftlichen Miniwelt ist die Voraussetzung für die Wiederverwendung von Modellbausteinen. Durch die Wiederverwendung von bereits verstandenen und erarbeiteten Softwarebausteinen wird die Grundlage für eine ökonomische Modellierung und Produktion von Software gelegt.

Entwurfsmuster

Wirtschaftlichkeit

Aus dem Katalog der betriebswirtschaftlichen Entwurfsmuster wird der externe Geschäftsvorfall ausgewählt, weil die Miniwelt Rechnungsschreibung ebenfalls nach dessen Konzept architektonisch strukturiert ist.

1.9.1 Entwurfsmuster externer Geschäftsvorfall

In der Betriebswirtschaft kommt es in den unterschiedlichsten Situationen vor, dass ein Geschäftspartner einen Geschäftsvorfall auslöst und dieser Geschäftsvorfall mehrere Artikel unseres Leistungsangebotes betrifft.

Beispiele für solche Situationen sind:

- Der Kunde schickt uns eine Anfrage und bittet um ein Angebot über mehrere Artikel.
- Wir unterbreiten dem Kunden ein Angebot über mehrere Artikel.
- Der Kunde gibt uns einen Auftrag zur Lieferung mehrerer Artikel.
- Mit den Artikeln schicken wir dem Kunden ein Warenausgangsschreiben über die gelieferten Artikel.
- Parallel zum Warenausgangsschreiben schicken wir dem Kunden eine Rechnung über die Lieferung dieser Artikel.
- Der Kunde schickt uns eine Kundenzahlung über mehrere berechnete Artikel.

Konzentriert man sich bei der Untersuchung dieser Geschäftsvorfälle auf die generellen Entitätstypen, Beziehungstypen, Attribute und Multiplizitäten, so findet man recht schnell ein Strukturmuster, das allen Fällen inne wohnt.

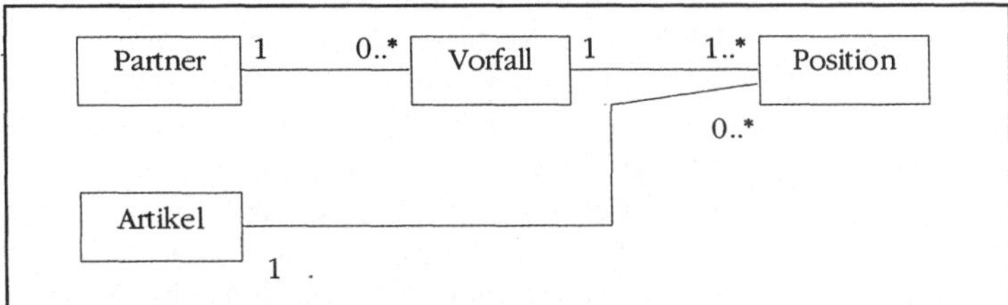

Abbildung 1.43 Strukturmuster externer Geschäftsvorfall

Wie man aus dem ERD des Strukturmusters erkennen kann, sind an einem Geschäftsvorfall immer Entitäten von vier Entitätstypen beteiligt:

- Absender oder Empfänger des Geschäftsvorfalls - hier Partner.
- Der Geschäftsvorfall selbst.
- Die Positionen, aus denen der Geschäftsvorfall besteht.
- Die Artikel, die vom Geschäftsvorfall betroffen sind.

Ein Geschäftsvorfall steht in einem Geschäftsprozess normalerweise nicht isoliert da. Vielmehr ist er meist Teil einer Geschäftsvorfallkette.

1.9.2 Geschäftsvorfallskette

Die Geschäftsvorfallkette *Kunde* in Abbildung 1.44 zeigt den Zusammenhang der kundenspezifischen Geschäftsvorfallsdaten von der *Anfrage* bis hin zur *Zahlung.* Der Zusammenhang zwischen den einzelnen Geschäftsvorfallsdaten wird mit Beziehungen zwischen den verschiedenenartigen aber zusammengehörigen Positionsentitäten hergestellt. Mit Ausnahme der Beziehungstypen zwischen den Entitätstypen *Zahlungsposition* und *Rechnungsposition* basieren die verschiedenen Beziehungstypen auf Multiplizitätskombinationen der Art *bedingt, bedingt mehrfach* (0..1, 0..*). Der Beziehungstyp zwischen den Entitätstypen *Zahlungsposition* und *Rechnungsposition* hingegen wird durch einen Beziehungstyp mit der Multiplizitätskombination *einfach, bedingt mehrfach* (1, 0..*) dargestellt. Betriebswirtschaftlich bedeutet dies, dass keine Zahlung ohne Rechnung geleistet wird.

Betrachten wir beispielhaft den Beziehungstyp zwischen der *Anfrageposition* und der *Angebotsposition.* Die Multiplizität aus der Sicht einer Entität vom Typ *Anfrageposition* ist bedingt viele (0..*). Aus der Sicht einer Entität vom Typ *Angebotsposition* hingegen ist der Komplexitätsgrad von der Art bedingt und mithin die Multiplizität (0..1). Hiermit wird ausgedrückt, dass eine Anfrageposition viele Angebotspositionen zur Folge haben kann. Betriebswirtschaftlich heißt das, dass wir auf Grund einer Kundenanfrage nach einem Artikel viele Angebote für diesen Artikel dem anfragenden Kunden mit vielen den selben Sachverhalt beschreibenden Positionen unterbreiten können. Mit dem Komplexitätsgrad bedingt (0..1) wird die Tatsache ausgedrückt, dass eine Angebotsposition durch eine Anfrageposition ausgelöst werden kann. Es sind jedoch auch Angebotspositionen für Artikel an unsere Kunden denkbar, die wir ohne vorherige Anfrage dem Kunden unterbreiten.

Die Multiplizitätskombination des Beziehungstyps zwischen der *Rechnungsposition* und der *Zahlungsposition* ist (0..*, 1). Hiermit werden folgende Geschäftsregeln ausgedrückt:

- Eine Rechnungsposition kann im Rahmen vieler Teilzahlungen beglichen werden. Je Teilzahlung gibt es eine Entität vom Typ *Zahlungsposition.*
- Eine Zahlung wird nur dann geleistet, wenn es hierfür auch eine Rechnungsposition gibt.

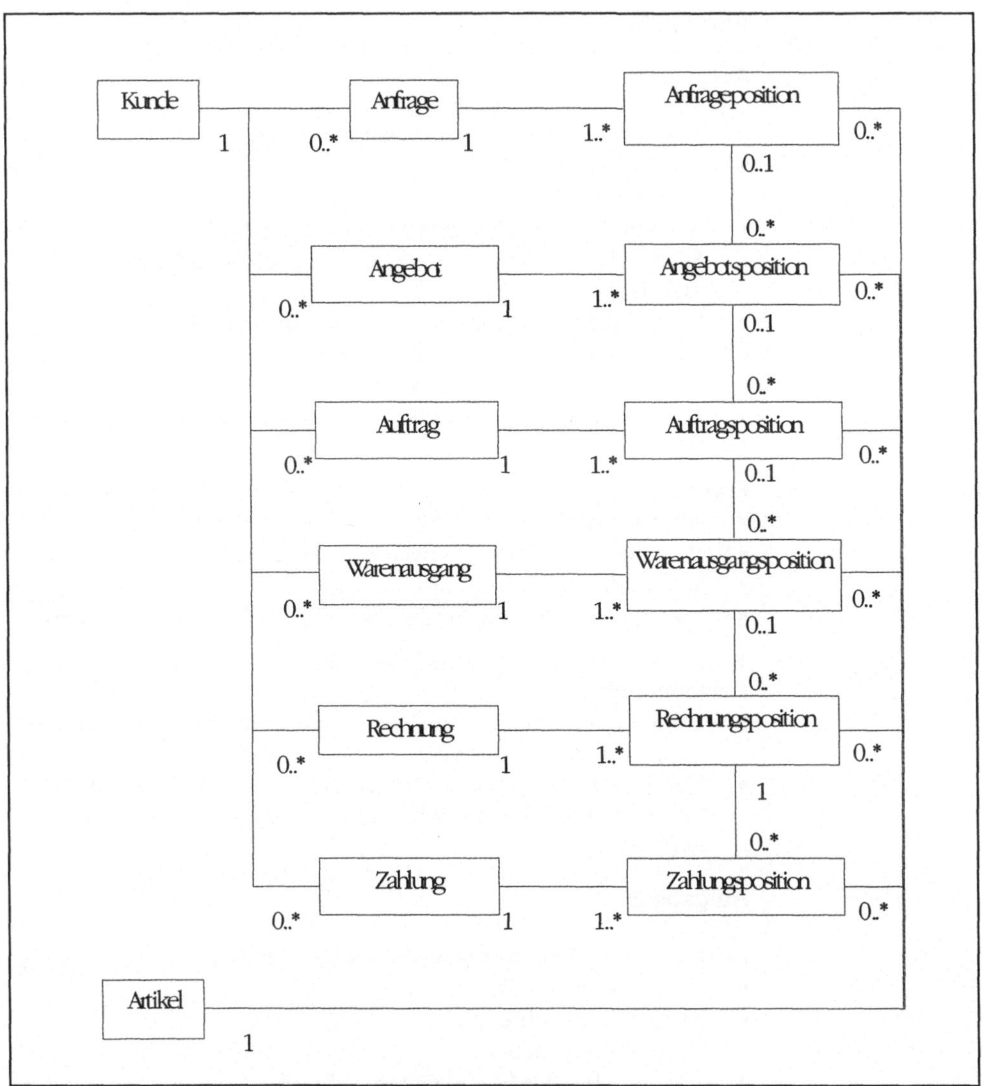

Abbildung 1.44 Geschäftsvorfallskette *Kunde*

Aus ästhetischen Gründen und zur besseren Lesbarkeit sind die Beziehungstypen zwischen dem Kundenentitätstyp und den verschiedenen Vorfallsentitätstypen im ERM übereinander gezeichnet. Die selbe Darstellungstechnik ist zwischen dem Artikelentitätstyp und den Positionsentitätstypen angewendet.

1.10 Aufgaben

Aufgabe 1:

In einer Schule gelten folgende Geschäftsregeln:

- Es gibt viele Schüler.
- Es gibt viele Fächer.
- Ein Schüler wird in vielen Fächern ausgebildet.
- Es gibt auch Schüler, die in keinem Fach ausgebildet werden (beurlaubte Schüler).
- In einem Fach werden viele Schüler ausgebildet.
- Es gibt auch Fächer, in denen noch kein Schüler ausgebildet wird (Fächer in Vorbereitung).
- Jeder ausgebildete Schüler wird in einem Fach mit einer Jahresnote beurteilt.

Fragen:

- Welches sind die Entitätstypen dieser Miniwelt?
- Welches ist der Beziehungstyp dieser Miniwelt?
- Wie heißt das Beziehungsattribut?
- Welche Komplexitätsgrade beschreiben den Beziehungstyp?

Tragen Sie die Analyseergebnisse in ein Entitäts-Beziehungs-Diagramm ein.

- Bringen Sie zunächst das Beziehungsattribut in einem Beziehungs-Entitätstyp unter.
- Vereinfachen Sie sodann in einem zweiten Schritt das ERM und bauen Sie den Beziehungs-Entitätstyp in einen normalen Entitätstyp um.

Aufgabe 2:

In einer Schule gelten folgende Geschäftsregeln:

- Es gibt viele Schüler.
- Es gibt viele Lehrer.
- Es gibt viele Fächer.
- Ein Schüler wird von vielen Lehrern in jeweils einem der vielen Fächer ausgebildet.
- Es gibt auch Schüler, die zwar angemeldet sind, aber wegen Beurlaubung nicht ausgebildet werden.
- Ein Lehrer bildet in vielen Fächern aus.

- Es gibt auch Lehrer, die aktuell nicht ausbilden.
- In einem Fach werden viele Schüler von vielen Lehrern ausgebildet.
- Es gibt auch Fächer, in denen aktuell nicht ausgebildet wird.
- Ein ausgebildeter Schüler wird von einem Lehrer in einem Fach mit einer Note beurteilt.

Fragen:
- Welches sind die Entitätstypen in dieser Miniwelt?
- Welcher Beziehungstyp verbindet die Entitätstypen?
- Wie viele Seiten sind über den Beziehungstyp verbunden?
- Welches Beziehungsattribut gibt es in dem Beziehungstyp?

Tragen Sie die Analyseergebnisse in ein Entitäts-Beziehungs-Diagramm ein. Vereinfachen Sie hierbei den ursprünglich vielseitigen Beziehungstyp.

Tragen Sie auch die Multiplizitäten in das vereinfachte ERM ein.

Aufgabe 3:

Für einen Fertigungsbetrieb gelten folgende Geschäftsregeln:
- Es gibt viele Arbeitnehmer.
- Es gibt viele Maschinen.
- Ein Arbeitnehmer kann viele Maschinen bedienen.
- Es gibt Arbeitnehmer, die keine Maschinen bedienen können.
- Eine Maschine kann von vielen Arbeitnehmern bedient werden.

Fragen:
- Welches sind die Entitätstypen in dieser Miniwelt?
- Welcher Beziehungstyp verbindet die Entitätstypen?
- Welche Komplexitätsgrade gibt es bei dem Beziehungstyp?

Tragen Sie die Analyseergebnisse in ein Entitäts-Beziehungs-Diagramm ein.

Aufgabe 4:

Für ein Unternehmen gelten folgende Geschäftsregeln:

- Es gibt Lieferanten.
- Es gibt Lieferantenangebote.
- Es gibt Artikel.
- Es gibt Angebotspositionen.
- Ein Lieferant kann viele Angebote senden.
- Ein Angebot wird genau von einem Lieferanten erhalten.

Ein Angebot besteht aus mindestens einer Angebotsposition, im Normalfall jedoch aus vielen.

- Eine Angebotsposition betrifft genau einen Artikel.
- Ein Artikel kann von vielen Angeboten betroffen sein.

Fragen:

- Welche Entitätstypen gibt es?
- Über welche Beziehungstypen sind die Entitätstypen verbunden?
- Von welchen Komplexitätsgraden sind die Beziehungstypen?
- Welche wichtigen Attribute definieren die einzelnen Entitätstypen?

Tragen Sie die Analyseergebnisse in ein Entitäts-Beziehungs-Diagramm ein.

Aufgabe 5:

Für einen Verein gelten folgende Geschäftsregeln:

- Es gibt viele Mitglieder.
- Es gibt viele Abteilungen.
- Ein Mitglied kann vielen Abteilungen angehören.
- Einer Abteilung können viele Mitglieder angehören.

Fragen:

- Welche Entitätstypen gibt es?
- Über welchen Beziehungstyp sind die Entitätstypen verbunden?
- Von welchen Komplexitätsgraden ist der Beziehungstyp?
- Welche wichtigen Attribute definieren die einzelnen Entitätstypen?
- Wo bringen Sie die Datumsattribute Eintritt in eine Abteilung und Austritt aus einer Abteilung unter?

Tragen Sie die Analyseergebnisse in ein ERM ein.

- Verwenden Sie zunächst einen Beziehungs-Entitätstyp, um die Datumsattribute unterzubringen.
- Vereinfachen Sie sodann Ihr ERM und machen Sie aus dem Beziehungs-Entitätstyp einen einfachen Entitätstyp?
- Untersuchen Sie, was mit den ursprünglichen Multiplizitäten geschieht.

Aufgabe 6:

Für ein Handelsunternehmen gelten folgende Geschäftsregeln:

- Es gibt Artikel.
- Es gibt Kunden.
- Es gibt Kundenbestellungen.
- Eine Bestellung wird von einem Kunden an das Handelsunternehmen veranlasst.
- Ein Kunde kann viele Bestellungen veranlassen.
- Jede Bestellposition kann mehr als eine Mengeneinheit eines Artikels enthalten.
- Eine Bestellung muss mindestens eine Bestellposition enthalten.
- Ein Artikel kann in vielen Bestellpositionen bestellt worden sein.

Fragen:

- Welche Entitätstypen gibt es?
- Über welche Beziehungstypen sind die Entitätstypen verbunden?
- Von welchen Komplexitätsgraden sind die Beziehungstypen?
- Tragen Sie die Analyseergebnisse in ein Entitäts-Beziehungs-Diagramm ein.

Aufgabe 7:

Für ein Handelsunternehmen gelten folgende Geschäftsregeln:

- Es gibt Artikel.
- Es gibt Lieferanten.
- Es gibt Lieferantenbestellungen.
- Eine Bestellung wird von einem Lieferanten erhalten.
- Ein Lieferant kann viele Bestellungen erhalten.
- Jede Bestellposition kann mehr als eine Mengeneinheit eines Artikels enthalten.

- Eine Bestellung muss mindestens eine Bestellposition enthalten.
- Ein Artikel muss in mindestens einer Bestellposition bestellt worden sein.

Fragen:
- Welche Entitätstypen gibt es?
- Über welche Beziehungstypen sind die Entitätstypen verbunden?
- Von welchen Komplexitätsgraden sind die Beziehungstypen?

Tragen Sie die Analyseergebnisse in ein Entitäts-Beziehungs-Diagramm ein.

Aufgabe 8:

Eine Schülerin hört gerne Musik. Da die Tonträger teuer sind, tauscht sie mit ihren Freundinnen und Freunden die Tonträger aus. Damit sie immer weiß, wem sie welchen Tonträger ausgeliehen hat, möchte sie ihren Personalcomputer für die Verwaltung ihrer Tonträger einsetzen. Für ihre Tonträger-Miniwelt hat sie folgende Geschäftsregeln gefunden:
- Es gibt Tonträger.
- Es gibt Tauschpartner.
- Einem Tauschpartner kann ich viele Tonträger überlassen.
- Ein Tonträger kann aktuell nur an einen Tauschpartner überlassen werden.

Fragen:
- Welche Entitätstypen gibt es?
- Über welche Beziehungstypen sind die Entitätstypen verbunden?
- Von welchen Komplexitätsgraden sind die Beziehungstypen?

Tragen Sie die Analyseergebnisse in ein Entitäts-Beziehungs-Diagramm ein.

Aufgabe 9:

In der Büchereiverwaltung einer Bibliothek wurden folgende Geschäftsregeln gefunden:
- Es gibt Bücher.
- Es gibt Ausleiher.
- Ein Ausleiher kann viele Bücher zu einem Zeitpunkt ausleihen.

- Ein Buch kann aktuell nur an einen Ausleiher ausgeliehen werden.
- Die Ausleihhistorie eines Buches muss festgehalten werden.

Fragen:
- Welche Entitätstypen gibt es?
- Über welche Beziehungstypen sind die Entitätstypen verbunden?
- Von welchen Komplexitätsgraden sind die Beziehungstypen?
- Welche Beziehungsattribute sind erforderlich, um Ausleihzeitspannen festzuhalten?

Tragen Sie die Analyseergebnisse in ein Entitäts-Beziehungs-Diagramm ein.

Aufgabe 10:

In einem Unternehmen wurde eine Miniwelt durch folgende Geschäftsregeln abgegrenzt:
- Es gibt Mitarbeiter.
- Es gibt Abteilungen.
- Es werden Produkte hergestellt.
- Jeder Mitarbeiter ist einer Abteilung zugeordnet.
- In einer Abteilung sind viele Mitarbeiter beschäftigt.
- Ein Mitarbeiter arbeitet an vielen Produkten und benötigt hierzu je Produktart eine individuelle Zeitspanne.
- Ein Produkt kann von vielen Mitarbeitern bearbeitet werden. Hierbei benötigt jeder Mitarbeiter eine individuelle Zeitspanne.

Fragen:
- Welche Entitätstypen gibt es?
- Über welche Beziehungstypen sind die Entitätstypen verbunden?
- Von welchen Komplexitätsgraden sind die Beziehungstypen?
- Welches Beziehungsattribut ist erforderlich, um die individuelle Arbeitszeit festzuhalten?

Tragen Sie die Analyseergebnisse in ein Entitäts-Beziehungs-Diagramm ein.

Aufgabe 11:

In einem Unternehmen gibt es die Geschäftsvorfallskette *Lieferant*, die durch folgende Geschäftsregeln beschrieben wird:

- Es gibt Lieferanten und Artikel.
- Es gibt die Geschäftsvorfälle Bestellanforderung, Angebotsanfrage, Lieferantenangebot, Lieferantenbestellung, Wareneingang, Lieferantenrechnung und Zahlung an Lieferanten.
- Eine Bestellanforderung nach einem erforderlichen Artikel wird von einem Mitarbeiter ausgefüllt. Sie enthält viele Positionen und benennt einen potenziellen Lieferanten, der die Artikel liefern könnte.
- Eine Angebotsanfrage geht an einen Lieferanten und enthält viele Positionen, die je einen Artikel betreffen. Eine Anfrageposition kann sich auf eine Bestellanforderungsposition beziehen. Eine Bestellanforderungsposition kann von vielen Angebotsanfragepositionen betroffen werden.
- Ein Lieferantenangebot kommt von einem Lieferanten und enthält viele Positionen. Jede Position betrifft einen Artikel. Eine Angebotsposition kann durch eine Anfrageposition ausgelöst worden sein. Eine Anfrageposition kann viele Angebotspositionen auslösen.
- Eine Lieferantenbestellung wird an einen Lieferanten geschickt. Sie besteht aus vielen Positionen. Jede Position betrifft einen Artikel. Eine Bestellposition kann durch eine Angebotsposition ausgelöst worden sein. Eine Angebotsposition kann viele Bestellpositionen auslösen.
- Ein Wareneingang kommt von einem Lieferanten. Er kann aus vielen Positionen bestehen. Jede Position betrifft einen Artikel. Eine Wareneingangsposition kann durch eine Bestellposition ausgelöst worden sein. Eine Bestellposition kann zu vielen Wareneingangspositionen führen.
- Eine Lieferantenrechnung wird von einem Lieferanten geschickt und besteht aus vielen Rechnungspositionen. Eine Position betrifft einen Artikel. Eine Rechnungsposition kann von einer Wareneingangsposition ausgelöst worden sein. Eine Wareneingangsposition kann zu vielen Rechnungspositionen führen.
- Eine Lieferantenzahlung geht an einen Lieferanten und kann aus vielen Zahlungspositionen bestehen. Jede Position betrifft einen Artikel. Eine Zahlungsposition wird nur dann aufgeführt, wenn es die dazugehörige Rechnungsposition gibt. Eine Rechnungsposition kann zu vielen Zahlungspositionen führen.

Erstellen Sie das ERM der Miniwelt *Lieferant.*

2 Relationales Datenbankmodell

In diesem Kapitel lernen Sie,

- wie man stabile relationale Datenbankmodelle methodisch entwirft und
- wie man relationale Datenbankmodelle normalisiert und hierbei von Defekten befreit.

Mit Ihrem erworbenen Wissen können Sie sodann auch große und anspruchsvolle relationale Datenbankmodelle entwickeln.

Relationenmodell

Das relationale Datenbankmodell bezeichnet man auch als *Relationenmodell.* Im Gegensatz zum Entitäts-Beziehungs-Modell, dessen Zielsetzung es ist, in der Analysephase der Softwareentwicklung ein unternehmensweites, globales Datenmodell mit geringem Aufwand zu gewinnen, liegt die Mächtigkeit des relationalen Datenbankmodells darin, dass mit der ihm zu Grunde liegenden Methode ein stabiles Datenbankmodell in der Entwurfsphase der Softwareentwicklung erarbeitet werden kann.

Codd

Das relationale Datenbankmodell wurde ursprünglich von E. F. *Codd* im Jahre 1970 entwickelt. Es besteht aus wenigen in sich schlüssigen Konzepten, die auf der Mengenlehre und der Prädikatenlogik aufbauen.

2.1 Konstruktionselemente für Relationen

Das relationale Datenbankmodell verwendet Begriffe, deren Namen auch in anderen Modellierungsmethoden vorkommen, dort aber teilweise eine unterschiedliche Bedeutung besitzen. Diesem Problem der *Homonyme* ist besondere Aufmerksamkeit zu widmen, da sie leicht zu Missverständnissen führen. Ein Wort bezeichnet man als homonym, wenn es mehrere Bedeutungen hat.

Homonym

Das relationale Datenbankmodell basiert auf folgenden begrifflichen Festlegungen, die als Konstruktionselemente oder Datenbankkonstrukte bezeichnet werden.

Wert

In einer Datenbank werden Eigenschaftswerte von Entitäten und auch von Beziehungen gespeichert.

Eine datentechnische Darstellung der Ausprägung einer einzelnen Eigenschaft bezeichnet man als einen *Wert.*

Tupel

Werden mehrere Werte, die eine Entität beschreiben, zu einer Einheit zusammengefasst, nennt man diese Einheit *Tupel.*

> Ein Tupel ist eine Liste mit einer genau festgelegten Anzahl von Werten.

Relation

Gleichartige bzw. gleichstrukturierte Tupel bilden eine *Relation.*

> Eine Relation ist eine Menge gleichartiger Tupel. Die Gesamtheit der Tupel werden dem Betrachter in Tabellenform dargeboten. Ein Tupel entspricht bei der tabellenartigen Darstellung einer Tabellenzeile. Eine Tabellenspalte entspricht einem Attribut im ERM.

Eigenschaften einer Relation

Eine Relation besitzt mehrere Eigenschaften:

Name

- Eine Relation wird mit einem eindeutigen Namen benannt.

null bis viele Tupel

- Eine Relation besteht aus null bis vielen Tupeln. Eine Relation kann somit auch leer sein (Fall 0). Die Reihenfolge der Tupel in der Relation ist bedeutungslos, weil ein Tupel auf Grund seiner Werte in der Relation angesprochen wird. Die Position eines Tupels in der Relation ist unwesentlich.

ein bis viele Attribute

- Eine Relation hat mindestens ein Attribut. Sie kann viele Attribute aufweisen. Die Anzahl der Attribute ist festgelegt und somit nicht variabel. Die Reihenfolge der Attribute ist bedeutungslos, weil ein Attribut auf Grund seines Namens und nicht auf Grund seiner Position angesprochen wird.

Attributwerte stammen aus Domänen

- Ein Attribut enthält Attributwerte, die aus einer Domäne stammen. Eine Domäne ist die Menge aller zulässigen Werte eines oder mehrerer Attribute.

Namen

- Innerhalb einer Relation hat jedes Attribut einen eindeutigen Namen. Dieser entspricht normalerweise dem Namen der Domäne, aus der die Attributwerte stammen.

Rollenname

- Um auch dann eindeutige Attributnamen zu erhalten, wenn mehrere Attribute einer Relation ihre Werte aus derselben Domäne beziehen, qualifiziert man den Domänennamen mit einem Rollennamen und erhält somit den eindeutigen Attributnamen. Den Attributbezeichner *Vorname* erhält man z.B. aus dem Domänenbezeichner *Name*, dem der Rollenbezeichner *Vor* vorangestellt wird. Das Ergebnis ist sodann der Attributbezeichner *Vorname*.

Schlüssel

- Eine Relation hat genau einen Schlüssel (Primärschlüssel). Er ist ein Attribut, möglicherweise auch eine Zusammensetzung von Attributen, deren Attributwerte die Tupel der Relation eindeutig identifizieren. Ein Schlüsselwert kommt somit nur einmal im Schlüsselattribut vor. Das bedeutet auch, dass ein Tupel nur einmal in einer Relation vorkommen kann, weil es sich mindestens durch seinen Schlüsselwert von allen anderen Tupeln der Relation unterscheidet.

Relationsschlüssel

Ein Schlüssel einer Relation ist ein Attribut, mit dessen Werten die Tupel der Relation eindeutig zu identifizieren sind. Unter Umständen lässt sich die eindeutige Identifikation nur mit einem zusammengesetzten Schlüssel erzielen, der aus mehreren Attributen (Teilschlüsseln) besteht.

Schlüsselkandidat

Primärschlüssel

Sekundärschlüssel

Es ist möglich, dass mehrere Attribute einer Relation jeweils in der Lage sind, die Identifikationsfunktion zu übernehmen, und somit Relationsschlüssel sein könnten. Sie werden als *Schlüsselkandidaten* bezeichnet, z.B. Personalnummer und Sozialversicherungsnummer bei einer Mitarbeiterrelation. Den Schlüsselkandidaten, dem die Identifikationsaufgabe zugeordnet wird, bezeichnet man sodann als *Primärschlüssel*. Die restlichen Schlüsselkandidaten, die nicht als Primärschlüssel gewählt wurden, nennt man *Sekundärschlüssel*.

Entitätsintegrität

Beim Einfügen (INSERT) eines Tupels in eine Relation muss mindestens dessen Primärschlüsselwert bekannt sein. Die restlichen Attributwerte können durch eine Veränderungsoperation an dem betroffenen Tupel nachgereicht werden. Diesen Sachverhalt bezeichnet man mit *Entitätsintegrität*. *Integrität* bedeutet Richtigkeit. Mit Entitätsintegrität drückt man den Sachverhalt aus, dass eine Entität in der Datenhaltung korrekt abgebildet ist. Die Minimalanforderung hierfür ist, dass der Entitätsschlüssel, der Repräsentant der Entität, immer bekannt ist.

Eigenschaften eines Primärschlüssels:

- Er ist Schlüsselkandidat (er identifiziert).
- Er ist prinzipiell unveränderlich.
- Bei einem zusammengesetzten Primärschlüssel ist jeder Teil zur Identifikation des Tupels erforderlich.
- Er bildet die angemessene gedankliche Brücke zur abgebildeten Entität oder Beziehung.
- Er ist immer vorhanden. Das bedeutet, dass mit der Aufnahme der Daten einer Entität in eine Relation mindestens der Wert des Schlüsselattributes angegeben werden muss.
- Er ist wirtschaftlich zu handhaben (kurz und einprägsam).

Homonym

Der Begriff Schlüssel wird in der Informatik in unterschiedlichen Bedeutungen verwendet (Homonym). Deshalb ist es sinnvoll, das Wort *Schlüssel* zusammen mit einem Rollennamen zu verwenden, damit keine Verwechslungen auftreten.

Zusätzlich zu den bereits aufgeführten Schlüsselbegriffen wie Entitätsschlüssel, Schlüsselkandidat, Primärschlüssel und Sekundärschlüssel, sind folgende Begriffe in der Informatik gebräuchlich:

Bezeichnung	**Bedeutung**
Identifikationsschlüssel	Primärschlüssel
Zugriffsschlüssel	Suchargument
Sortierschlüssel	Ordnungsbegriff
Fremdschlüssel	Ein Fremdschlüssel in einer Relation A ist in einer anderen Relation B Primärschlüssel. Er dient zu Verknüpfung zusammengehörender Tupel aus beiden Relationen.

Tabelle 2.1 Schlüsselbegriffe

2.2 Normalisierung von Relationen

Unter Normalisieren versteht man das systematische Untersuchen einer Relation mit dem Zweck, qualitativ hochwertige Relationen zu erhalten.

Eine Relation ist dann normalisiert, wenn sie folgende Eigenschaften aufweist:

keine Redundanz

- Sie ist redundanzfrei.

keine Defekte

- Sie weist keine Defekte (Anomalien) bei Speicheroperationen auf (Einfüge-, Veränderungs-, Löschdefekt).

einwandfreies Realitätsabbild

- Sie beschreibt einen Ausschnitt aus der Realität natürlich, angemessen und richtig.

Wie diese Qualitätseigenschaften einer Relation methodisch einwandfrei erarbeitet werden können, erklären wir in den folgenden Kapiteln.

2.2.1 Unnormalisierte Relation

Eine Relation ist dann unnormalisiert, wenn am Kreuzungspunkt eines Attributs (Spalte) und eines Tupels (Zeile) kein skalarer Wert, sondern ein zusammengesetzter Wert vorhanden ist. Oft ist der zusammengesetzte Wert eine Wiederholungsgruppe, die aus mehreren gleichartigen Werten besteht.

Betrachten wir wieder unsere Miniwelt in Gestalt der drei Rechnungen, wie wir das auch bereits im Beispiel für das Entitäts-Beziehungs-Modell getan haben. Hierbei handelt es sich um die Rechnungen an die beiden Kunden *Hugo Müller* und *Georg Mayer.*

```
Herrn
Hugo Müller
Gartenstr. 4a

69123 Heidelberg

Rechnungsnummer:  R001
Kundennummer:     K001
Datum:            04.04.2004
Rechnungsbetrag:  13.000,00 Euro

Arti-Nr. Bezeichnung    Anzahl   E-Preis     G-Preis
  A001   Computer            2  5.000,00   10.000,00
  A002   Drucker             3  1.000,00    3.000,00
```

Herrn
Hugo Müller
Gartenstr. 4a

69123 Heidelberg

Rechnungsnummer: **R002**
Kundennummer: K001
Datum: 05.04.2004
Rechnungsbetrag: 2.000,00 Euro

Arti-Nr.	Bezeichnung	Anzahl	E-Preis	G-Preis
A002	Drucker	1	1.000,00	1.000,00
A003	Bildschirm	2	500,00	1.000,00

Herrn
Georg Mayer
Neckarstraße 1

69123 Heidelberg

Rechnungsnummer: **R003**
Kundennummer: K002
Datum: 05.04.2004
Rechnungsbetrag: 5.000,00 Euro

Arti-Nr.	Bezeichnung	Anzahl	E-Preis	G-Preis
A001	Computer	1	5.000,00	5.000,00

Abbildung 2.1 Drei Beispielrechnungen

Setzt man an Stelle der Eigenschaftswerte die Eigenschaftsnamen in die Rechnung ein, so erhält man das Rechnungsformular.

<Anrede>
<Vorname> <Zuname>
<Straße mit Hausnummer>

<Postleitzahl> <Ort>

Rechnungsnummer: **<R#>**
Kundennummer: **<K#>**
Datum: **<Datum>**
Rechnungsbetrag: **<Rechnungsbetrag>** Euro

Arti-Nr.	Bezeichnung	Anzahl	E-Preis	G-Preis
<A#>	**<Bezeichnung>**	**<Anzahl>**	**<E-Preis>**	**<G-Preis>**

Abbildung 2.2 Rechnungsformular

Die Daten der Beispielrechnungen sollen in einer unnormalisierten Relation dargestellt werden. Folgende drei Arbeitsschritte sind hierzu nacheinander durchzuführen:

1. Sammlung aller Attribute. Sie sind im Rechnungsformular durch die Eigenschaftsnamen bereits vorgegeben.
2. Benennung der Sammlung, d.h. Festlegung des Relationsnamens.
3. Festlegung des Primärschlüssels.

Formularanalyse

Diese dreischrittige Vorgehensweise bezeichnet man auch als *Formularanalyse.* Auf unser Rechnungsformular angewendet, führt die Formularanalyse zu einer Anzahl Attributnamen und ergibt den folgenden unnormalisierten Relationstyp, den man auch als Relationsschema bezeichnet.

Relationsname: *Rechnung*

- Rechnungsnummer (Relationsschlüssel)
- Datum (Rechnungsdatum)
- Betrag (Rechnungsbetrag)
- Kundennummer
- Vorname
- Zuname
- Straße und Hausnummer
- Postleitzahl
- Ort
- Artikelnummer
- Artikelname
- Artikelpreis (Einzelpreis)
- Anzahl berechneter Artikel
- Gesamtpreis je Rechnungsposition

Um zu einer tabellenförmigen Darstellung der Rechnungsrelation zu kommen, muss man sich die oben aufgeführten Attributnamen als Spaltenüberschriften der Rechnungstabelle vorstellen (oder aufschreiben) und für jedes Rechnungsexemplar eine Zeile (Tupel) in diese Tabelle mit den Attributwerten der jeweiligen Rechnung einstellen.

Übliche Darstellung:

Rechnung

Rechnungs-nummer	Datum	Betrag	...	Gesamtpreis
R001	04.04.2004	13.000	...	10.000 3.000
R002	05.04.2004	2.000	...	1.000 1.000
R003	05.04.2004	5.000	...	5.000

Abbildung 2.3 Übliche Darstellung einer Relation

Da die Relation *Rechnung* aus vielen Attributen besteht, die in ihrer üblichen horizontalen Präsentation die Darstellungsmöglichkeiten einer Buchseite dieses Buches sprengen würden, sollen in der Tabelle die Zeilen gegen Spalten vertauscht, d.h. die Tabelle um 90 Grad gekippt werden. Durch diese unübliche Darstellung wird es möglich, das Wesentliche trotz der Beschränkung einer Buchseite aufzuzeigen.

Um 90 Grad gekippte Darstellung

Rechnung

Rechnungsnummer	R001	R002	R003
Datum	04.04.2004	05.04.2004	05.04.2004
Betrag	13.000	2.000	5.000
Kundennummer	K001	K001	K003
Vorname	Hugo	Hugo	Georg
Zuname	Müller	Müller	Mayer
Straße	Gartenstr. 4a	Gartenstr. 4a	Neckarstr. 1
PLZ	69123	69123	69123
Ort	Heidelberg	Heidelberg	Heidelberg
Artikelnummer	A001 A002	A002 A003	A001
Artikelname	Computer Drucker	Drucker Kabel	Computer
Artikelpreis	5.000 1.000	1.000 500	5.000
Anzahl berechnet	2 3	1 2	1
Gesamtpreis	10.000 3.000	1.000 1.000	5.000

Abbildung 2.4 Relation um 90 Grad gekippt

Hierbei kann man leicht feststellen, dass je Tupel in den Attributen

- Rechnungsposition
- Artikelnummer
- Artikelname
- Artikelpreis
- Anzahl berechnet
- Gesamtpreis

mehrere Attributwerte vorkommen können, weil eine Rechnung mehrere Rechnungspositionen (Rechnungszeilen) aufweisen kann.

Kommen an einem Kreuzungspunkt von Attribut und Tupel prinzipiell mehrere Attributwerte vor, so ist das Attribut kein skalarer, sondern ein zusammengesetzter Datentyp und hat die Form einer *Wiederholungsgruppe*. Zur Identifikation eines speziellen Attributwertes innerhalb der Werte der Wiederholungsgruppe ist der Primärschlüsselwert des Tupels nicht mehr ausreichend. Es ist hierzu ein zusätzlicher Wert in Form eines Indizes erforderlich. Dies erschwert den Zugriff auf einen speziellen Wert und ist dem Benutzer nicht zuzumuten.

Eine unnormalisierte Relation hat einige Nachteile:

- Die Wiederholungsgruppenwerte an den Kreuzungspunkten der Zeilen und Spalten sind für den Benutzer schwierig zu handhaben. Zusätzlich zum Primärschlüsselwert, mit dem das gewünschte Tupel identifiziert wird, muss der Benutzer noch mit Indizes umgehen können, um auf einen speziellen ihn interessierenden Wert der Wiederholungsgruppe zugreifen zu können. Um beispielsweise in der Abbildung 2.4 den Artikelname Drucker in der zweiten Zeile der Rechnung mit der Rechnungsnummer R001 ansprechen zu können, ist die Rechnungsnummer R001 und ein Index mit dem Wert = 2 erforderlich.
- Eine unnormalisierte Relation enthält oft Datenredundanz. Datenredundanz führt zu nicht integrer (realitätswidriger) Datenhaltung bei Veränderungsoperationen an der Relation (Tabelle). Dieses Problem wird auch als Defekt oder Anomalie bezeichnet. In der Rechnungsrelation in Abbildung 2.4 kommt sowohl der Artikelname als auch der

Artikelpreis mehrfach, d.h. redundant in mehreren Rechnungstupeln vor (hoffentlich, aus der Sicht des Unternehmens).

Datendefekte treten bei redundanter Datenhaltung dann auf, wenn Veränderungsoperationen an einer Relation (Tabelle) vorgenommen werden. Die Veränderungen können an den verschiedenen Stellen nur nacheinander durchgeführt werden. Die Datenhaltung in der Relation spiegelt dann so lange nicht mehr die Miniwelt (Realitätsausschnitt) wider, bis alle Veränderungen an alle redundanten Daten durchgeführt sind und diese dann wieder den selben Wert aufweisen.

Um zu erklären, was man unter einem Datendefekt versteht, gehen wir im Rechnungsbeispiel davon aus, dass keine weiteren Daten in anderen Relationen außer in der Rechnungsrelation gespeichert werden, d.h. nur in ihr können wir Daten über die Miniwelt festhalten.

Folgende Defekte werden unterschieden:

Einfügungsdefekt

Solange ein Artikel nicht durch einen fakturierten Verkaufsakt in Erscheinung tritt, kann er in der Datenhaltung auch nicht wiedergegeben werden, obwohl er in der Miniwelt existieren kann. Dort liegt er beispielsweise bereits längere Zeit auf Lager. Mit anderen Worten: Da in die Rechnungsrelation, unserer einzigen Informationsquelle über die Miniwelt, nur Artikel eingetragen werden können, wenn sie durch eine Rechnungsnummer identifiziert werden, können noch nicht verkaufte Artikel in der Rechnungsrelation nicht wiedergegeben werden. Das ist ein grober Verstoß gegen das Gebot der realitätsgerechten Informationsdarstellung im Datenspeicher.

Löschdefekt

Wenn ein Tupel aus der Relation gelöscht wird, verschwinden auch die in ihm aufgeführten Artikelnamen. War ein Artikel nur im Rahmen der gelöschten Rechnung einmalig verkauft worden, verschwindet auch seine Aufzeichnung in der Datenhaltung, obwohl er in der Miniwelt (Lager) sehr wohl noch existieren kann.

Veränderungsdefekt

Wenn der Name eines Artikels, der in mehreren Rechnungen verkauft wurde, verändert werden muss, müssen mehrere Tupel verändert werden. Da bei der heutigen Datenverarbeitung in der Regel nur eine Änderung zu einem Zeitpunkt bzw. minimalen Zeitraum erfolgen kann, ergibt sich so lange eine Dateninkonsistenz, bis alle betroffenen Tupel, in denen der Artikelname aufgeführt ist, aktualisiert sind. Für den Zeitraum der Inkonsistenz ist die Datenhaltung nicht integer, d.h. nicht in Ordnung. Sie spiegelt nicht die Miniwelt wider, wo die Umbenennung für den Artikel zu einem Zeitpunkt erfolgt.

2.2.2 Die erste Normalform - 1NF

In der unnormalisierten Relation gibt es prinzipiell Wiederholungsgruppen und potenziell *Redundanz* mit all ihren oben aufgeführten Folgeproblemen. Deshalb muss eine solche Relation mit der Zielsetzung überarbeitet werden, *Wiederholungsgruppen* zu erkennen und anschließend zu entfernen. Dies geschieht, indem man die Attribute, die Wiederholungsgruppen enthalten, in eine neue Relation ausgliedert und somit die betrachtete Relation von diesen Attributen befreit. Die bereinigte Relation befindet sich sodann in der ersten Normalform (1NF). Der Begriff Normalform bedeutet so viel wie *vereinfachte* bzw. natürlicher gemachte und realitätsentsprechende Form der Datenhaltung.

Eine Relation ist dann in der ersten Normalform (1NF), wenn sie an den Kreuzungspunkten der Tupel (Zeilen) und der Attribute (Spalten) jederzeit höchstens einen Wert, d.h. einen skalaren Wert oder kurz ein Skalar aufweist.

Diesen Sachverhalt bezeichnet man auch mit dem Begriff der *funktionalen Abhängigkeit.*

Für mathematisch interessierte Leser erfolgt ein kurzer Exkurs in die Mathematik.

Die funktionale Abhängigkeit basiert auf dem zentralen Begriff der mathematischen Funktion. Eine Funktion f von einer Menge A auf einer Menge B lässt sich als eine Teilmenge des Kartesischen Produktes A x B auffassen. In dieser Teilmenge darf jedes Element aus der Menge A nur einmal als erstes Element in allen geordneten Paaren auftreten. Dies bedeutet, dass jedes Element in der Menge A nur mit einem Element in der Menge B in Beziehung steht.

Eine Funktion f von A nach B wird formal wie folgt dargestellt:

f: A --> B

Dieser Ausdruck wird folgendermaßen gelesen:

f ist eine Funktion von A nach B.

Die Menge A nennt man in der Mathematik die Domäne (Definitionsmenge) und die Menge B die Co-Domäne (Wertemenge) der Funktion.

Beispiel

Gegeben seien die Mengen:

Domäne:

```
   RECHNUNGSNUMMER = {R001, R002, R003}
Co-Domäne:
   DATUMSWERTE     = {04.04.2004, 05.04.2004}

Dann kann folgende Funktion gelten:
```

DATUM: RECHNUNGSNUMMER --> DATUMSWERTE

DATUM stellt eine mögliche Funktion von RECHNUNGSNUMMER nach DATUMSWERTE dar. Dies bedeutet, dass jedes Element in RECHNUNGSNUMMER genau mit einem Element in DATUMSWERTE unter dem Aspekt der Funktion DATUM in Beziehung steht. Dieses Element in DATUMSWERTE stellt das Ausstelldatum einer Rechnung dar.

Die Funktion DATUM kann auf der Exemplarebene als eine Menge geordneter Wertepaare dargestellt werden.

```
DATUM = { <R001, 04.04.2004>,
          <R002, 05.04.2004>,
          <R003, 05.04.2004> }
```

In der Datenbanktechnik ist folgende tabellarische Darstellung öfter anzutreffen:

DATUM	=	(RECHNUNGSNUMMER,	DATUMSWERTE)
04.04.2004	=	(R001,	04.04.2004)
05.04.2004	=	(R002,	05.04.2004)
05.04.2004	=	(R003,	05.04.2004)

Zusammenfassung

- Mit dem Begriff *funktionale Abhängigkeit* wird ausgedrückt, dass ein Element aus der Domäne mit genau einem Element aus der Co-Domäne unter dem Aspekt der Funktion in Beziehung steht.
- Das Element aus der Domäne *bestimmt* das Element aus der Co-Domäne.
- Das Element aus der Co-Domäne wird von dem Element aus der Domäne durch die Funktion bestimmt, es ist von diesem *funktional abhängig.*
- Auf Datenbanken bezogen, kann man auch sagen: Das Element aus der Co-Domäne wird von dem Element aus der Domäne identifiziert, indem es dem Entitätsschlüssel zugeordnet wird.

Algorithmus für die erste Normalform

Den Normalisierungsprozess kann man in einem Algorithmus beschreiben. Hierbei gehen wir von einer unnormalisierten Relation aus und leiten hieraus eine Relation in der ersten Normalform (1NF) ab.

Kennzeichne die Attribute der unnormalisierten Ausgangsrelation, die jeweils eine zusammengehörige Wiederholungsgruppe repräsentieren.
Entferne die gekennzeichneten Wiederholungsgruppen aus der Ausgangsrelation.
Erstelle je Wiederholungsgruppe eine neue Relation aus den ausgelagerten Wiederholungsgruppen und dem Schlüssel der Ausgangsrelation.
Bestimme den Schlüssel der neuen Relation(en).
Benenne die neue Relation(en).

Abbildung 2.5 Algorithmus für die erste Normalform

Wie man sieht, wird beim Normalisierungsvorgang die unnormalisierte Relation *zerlegt.* Hierbei entstehen mindestens zwei Relationen, und zwar die sodann in der ersten Normalform (1NF) sich befindliche, bereinigte Ausgangsrelation und die abgetrennte Relation bzw. mehrere hiervon, falls mehrere Wiederholungsgruppen unterschiedlicher Zugehörigkeit entfernt wurden.

Die Wirkung des Algorithmus in Abbildung 2.5, auf das Rechnungsbeispiel angewendet, ist aus den folgenden Relationen ersichtlich. In die unnormalisierte Ausgangsrelation in Abbildung 2.6 sind lediglich die Daten des Rechnungsexemplars mit der Rechnungsnummer *R001* beispielhaft aufgenommen worden. Aus ihrer Wiedergabe ist es jedoch bereits möglich, die Wiederholungsgruppen leicht zu erkennen. An den Kreuzungspunkten der Attribute und des Tupels sind mehr als ein Attributwert dargestellt.

Ausgangsrelation mit Wiederholungsgruppen:

Rechnung unnormalisiert

Rechnungsnummer	R001	Kennzeichen
Datum	04.04.2004	
Betrag	13.000	
Kundennummer	K001	
Vorname	Hugo	
Zuname	Müller	
Straße	Gartenstr. 4a	
Ort	Heidelberg	
Artikelnummer	A001 A002	1
Artikelname	Computer Drucker	1
Artikelpreis	5.000 1.000	1
Anzahl	2 3	1
Gesamtpreis	10.000 3.000	1

Abbildung 2.6 Die zusammengehörigen Wiederholungsgruppen sind mit einer 1 gekennzeichnet

Nachdem aus der unnormalisierten Relation die Wiederholungsgruppen abgespaltet sind, bleibt eine Rechnungsrelation ohne Wiederholungsgruppen übrig. Enthält eine Relation nur noch Skalare und keine Wiederholungsgruppen, so befindet sie sich in der ersten Normalform (1NF).

Von den Wiederholungsgruppen bereinigte Ausgangsrelation

Rechnung in erster Normalform

Rechnungsnummer	R001	Kennzeichen
Datum	04.04.2004	
Betrag	13.000	
Kundennummer	K001	
Vorname	Hugo	
Zuname	Müller	
Straße	Gartenstr. 4a	
Ort	Heidelberg	

Abbildung 2.7 Rechnungsrelation in der ersten Normalform

Die abgetrennte Relation mit den Wiederholungsgruppen bezeichnen wir zunächst mit dem Namen *Enthalten-Artikel*, weil sie Beziehungsattribute der Beziehungsmenge *enthalten* und Entitätsattribute der Entitätsmenge *Artikel* aufweist.

Abgespaltete Relation

Relationsname: Enthalten-Artikel unnormalisiert

Rechnungsnummer	R001	
Artikelnummer	A001 A002	1
Artikelname	Computer Drucker	1
Artikelpreis	5.000 1.000	1
Anzahl	2 3	1
Gesamtpreis	10.000 3.000	1

Abbildung 2.8 Abgespaltete und unnormalisierte Relation

In der ersten Zeile steht der kopierte Schlüssel *Rechnungsnummer* aus der Rechnungsrelation. Weiterhin stehen an den Kreuzungen der Attributnamen und des Tupels noch Wiederholungsgruppen. Somit ist diese Relation noch unnormalisiert. Die Wiederholungsgruppen können wir jedoch auflösen, wenn wir zum mitkopierten Schlüssel *Rechnungsnummer* im Rahmen der Schlüsselbildung einen weiteren Schlüssel, die *Artikelnummer*, hinzunehmen. Der somit nun zusammengesetzte Schlüssel *Rechnungsnummer, Artikelnummer* erfüllt die grundsätzliche Anforderung an einen Schlüssel, nämlich die Identifikationsfunktion. Die zusammengesetzten Schlüsselwerte aus Rechnungsnummer und Artikelnummer sind einmalig, wie aus der folgenden Abbildung 2.9 ersichtlich ist.

Zusätzlich zu den Daten aus der Rechnung *R001* enthält die folgende Relation auch noch die Daten aus den beiden anderen Rechnungen *R002* und *R003*. Da der Platz auf einer Buchseite inzwischen wieder ausreicht, ist die Relation wie üblich dargestellt, d.h. die Attribute bilden die Spalten und die Tupel die Zeilen.

Enthalten-Artikel (1NF)

Rechnungs-nummer	Artikel-nummer	Artikelname	Arti-kel-preis	Anzahl berech-net	Ge-samt-preis
R001	A001	Computer	5.000	2	10.000
R001	A002	Drucker	1.000	3	3.000
R002	A002	Drucker	1.000	1	1.000
R002	A003	Kabel	500	2	1.000
R003	A001	Computer	5.000	1	5.000

Abbildung 2.9 Relation in der ersten Normalform

In der obigen Tabelle ist der zusammengesetzte Schlüssel *Rechnungsnummer + Artikelnummer* verwendet worden. Hierdurch konnten die Wiederholungsgruppen aufgelöst werden. Weil die Relation nun keine Wiederholungsgruppen mehr enthält, befindet auch sie sich in der ersten Normalform.

Darstellung auf der Typebene

Wie Wiederholungsgruppen aussehen und wie man sie auflöst, kann man übersichtlich mit Datenwerten auf der Exemplarebene erklärend darstellen. Auch Beschreibungsmittel auf der Typebene sind hierzu gut geeignet.

Ein Attribut muss nicht unbedingt ein Skalar sein. Wenn es sich bei einem Attribut um eine Wiederholungsgruppe handelt, notiert man in UML rechts nach dem Attributnamen eine Multiplizitätsangabe. Diese gibt sodann darüber Auskunft, wie viel Werte von der Art des Attributes eine Entität prinzipiell haben kann. Um eine Wiederholungsgruppe zu kennzeichnen, verwendet man die Multiplizitätsangabe für eins bis viele [1..*]. In der UML-Schreibweise kann man die unnormalisierte Relation sodann auf der Typebene wie folgt darstellen.

An den Multiplizitätsangaben [1..*] ist leicht zu erkennen, dass die entsprechenden Attribute Wiederholungsgruppen sind und dass die Relation noch unnormalisiert ist.

Rechnung unnormalisiert
Rechnungsnummer Datum Betrag Kundennummer Vorname Zuname Straße PLZ Ort Artikelnummer[1..*] Artikelname[1..*] Artikelpreis[1..*] Anzah[1..*] Gesamtpreis[1..*]

Abbildung 2.10 Unnormalisierte Relation mit Wiederholungsgruppen

Wenn die Wiederholungsgruppen aus der Relation entfernt sind, befindet sie sich in der ersten Normalform. Das folgende relationale Datenbankdiagramm zeigt das Ergebnis der Normalisierung. Sowohl die Relation *Rechnung* als auch die Relationen *Enthalten-Artikel* sind frei von Wiederholungsgruppen. Sie befinden sich somit beide in der ersten Normalform.

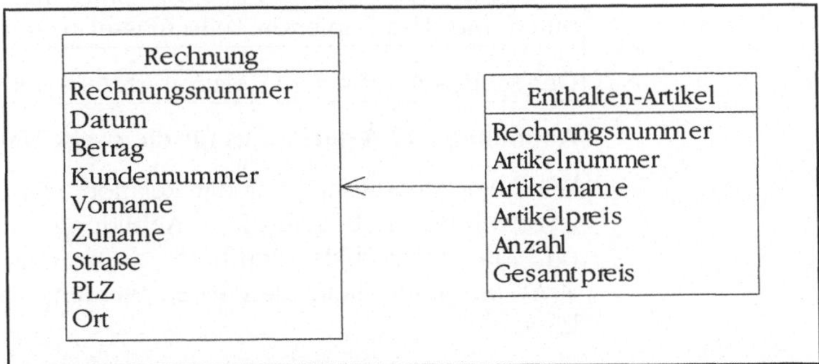

Abbildung 2.11 RDBD - Die Relationen *Rechnung* und *Enthalten-Artikel* sind in der 1NF

2.2.3 Die zweite Normalform - 2NF

Eine Relation in der ersten Normalform ist immer noch für Defekte anfällig, da sie noch *Redundanz* aufweisen kann. So kommen etwa in der Relation *enthalten-Artikel-1NF* in Abbildung 2.9 die Attributwerte in der Spalte *Artikelname* und *Artikelpreis* mehrfach vor, sobald in mehreren Rechnungen derselbe Artikel berechnet wird und damit in mehreren Zeilen derselbe Artikelname, z. B. *Computer* und *Artikelpreis*, z. B. 5.000,-- auftreten.

Teilschlüssel

Der Grund hierfür ist, dass diese beiden Attribute nicht nur vom zusammengesetzten Schlüssel *Rechnungsnummer* und *Artikelnummer* funktional abhängig sind, sondern bereits von einem Teil hiervon, nämlich dem Teilschlüssel *Artikelnummer*.

Eine Relation befindet sich in der zweiten Normalform (2NF), wenn alle Nichtschlüsselattribute vom gesamten Schlüsselattribut abhängig sind.

Sind Nichtschlüsselattribute vorhanden, die bereits von einem Teil des zusammengesetzten Schlüssels bestimmt werden, müssen diese in eine neue Relation ausgelagert werden.

Der erforderliche Zerlegungsprozess kann durch folgenden Algorithmus gesteuert werden:

Kennzeichne den Teilschlüssel und die bereits von ihm abhängigen Nichtschlüsselattribute in der Ausgangsrelation.
Entferne die gekennzeichneten Nichtschlüsselattribute aus der Ausgangsrelation. Der gekennzeichnete Teilschlüssel ist lediglich zu kopieren.
Bilde eine neue Relation aus den entfernten Nichtschlüsselattributen und dem kopierten Teilschlüsselattribut und benenne sie.
Der Schlüssel der neuen Relation ist der kopierte Teilschlüssel.

Abbildung 2.12 Algorithmus für die zweite Normalform

Wird der Algorithmus auf die Relation *Enthalten-Artikel (1NF)* angewendet, ergibt sich die in Abbildung 2.1 dargestellte Situation. Alle Nichtschlüsselattribute, die bereits vom Teilschlüssel *Artikelnummer* allein identifiziert werden, sind mit einer 1 markiert.

Enthalten-Artikel (1NF)

Kennzeichen

Rechnungs-nummer	Artikel-nummer	Artikelname	Arti-kel-preis	Anzahl berech-net	Ge-samt-preis
	1	1	1		
R001	A001	Computer	5.000	2	10.000
R001	A002	Drucker	1.000	3	3.000
R002	A002	Drucker	1.000	1	1.000
R002	A003	Kabel	500	2	1.000
R003	A001	Computer	5.000	1	5.000

Abbildung 2.13 Die mit einer 1 gekennzeichneten Attribute sind von der Artikelnummer abhängig

Die mit der 1 markierten Attribute werden aus der Relation *Enthalten-Artikel* ausgelagert und in die Relation *Artikel* überführt.

Nachdem die um die Artikelattribute bereinigte Relation *Enthalten-Artikel* nun weiter normalisiert ist, wird sie umbenannt. Hierbei erhält sie den sinnvollen Namen *Rechnungsposition.* Da sie keine Wiederholungsgruppen und keine Teilschlüsselabhängigkeiten mehr aufweist, befindet sie sich in der zweiten Normalform (2NF).

Ergebnisrelation:

Relationsname: *Enthalten-Artikel (2NF)* wird durch Umbenennung zu *Rechnungsposition* .

Rechnungs-nummer	Artikel-nummer	Anzahl berechnet	Gesamtpreis
R001	A001	2	10.000
R001	A002	3	3.000
R002	A002	1	1.000
R002	A003	2	1.000
R003	A001	1	5.000

Abbildung 2.14 Relation *Rechnungsposition* in der zweiten Normalform (2NF)

Die ausgelagerten Attribute werden in der neuen Relation mit dem Namen *Artikel* zusammengefasst. Da in einer Relation keine

Tupel mehrfach vorkommen können, schrumpfen die in der Ausgangsrelation noch mehrfach (redundant) vorhandenen Attributwerte zu einer nichtredundanten Repräsentation in der neuen Relation zusammen.

Ergebnisrelation

Relationsname: *Artikel (2NF)*

Artikelnummer	Artikelname	Artikelpreis
A001	Computer	5.000
A002	Drucker	1.000
A003	Kabel	500

Abbildung 2.15 Relation Artikel in der zweiten Normalform

Eine Relation in der zweiten Normalform (2NF) kann somit wie folgt gekennzeichnet werden:

Eine Relation befindet sich in der zweiten Normalform, wenn sie in der ersten Normalform ist und jedes Nichtschlüsselattribut vom gesamten Schlüsselattribut abhängig ist, nicht aber bereits von Schüsselteilen.

Hieraus folgt auch, dass eine Relation mit einem nicht zusammengesetzten, d.h. skalaren Schlüsselattribut, die zweite Normalform nicht verletzen kann, bzw. diese automatisch erfüllt.

Darstellung auf der Typebene

Bei der Normalisierung der Relation *Enthalten-Artikel* (1NF) in die zweite Normalform wird diese von den Attributen befreit, die bereits vom Teilschlüssel Artikelnummer identifiziert werden. Die Relation wird sodann umbenannt und erhält den Namen *Rechnungsposition*. Die aus ihr entfernten Attribute werden in der neuen Relation *Artikel* zusammengefasst. Hierin werden sie von dem mitkopierten Schlüssel *Artikelnummer* identifiziert. Das Ergebnis sieht in einem RDBD in UML sodann wie folgt aus:

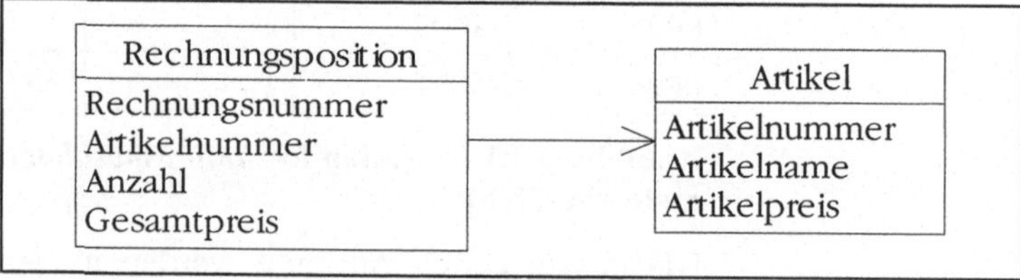

Abbildung 2.16 Relationen in der zweiten Normalform

2.2.4 Die dritte Normalform - 3NF

Auch wenn eine Relation sich in der zweiten Normalform befindet, ist sie vor Defekten noch nicht geschützt. Die folgende bereits bekannte Relation *Rechnung* ist in der zweiten Normalform, weil sie keine Wiederholungsgruppen enthält und ihr Schlüssel skalar, d.h. nicht zusammengesetzt ist. Sie enthält jedoch dennoch Redundanz in Gestalt der Kundendaten.

Rechnung (2NF)

	Rechnungsnummer	R001	R002
	Datum	04.04.2004	05.04.2004
	Betrag	13.000	2.000
1	Kundennummer	K001	K001
1	Vorname	Hugo	Hugo
1	Zuname	Müller	Müller
1	Straße	Gartenstr. 4a	Gartenstr. 4a
1	Postleitzahl	69123	69123
1	Ort	Heidelberg	Heidelberg

Abbildung 2.17 Rechnungsrelation mit Redundanz in der zweiten Normalform

Erhält ein bestimmter Kunde mehrere Rechnungen, so müssen in die obige Relation mehrere Rechnungstupel mit redundanten Kundendaten eingebracht werden. Die hierdurch entstehende Redundanz hat nun wieder die bekannten Defekte bei Veränderungsoperationen an der Relation zur Folge.

Einfügedefekt: Erst mit dem Erhalt einer Rechnung erscheint ein Kunde in unserer Datenhaltung, obwohl er möglicherweise seit längerer Zeit von uns umworben wird und somit als Kunde in unserer Miniwelt vorhanden ist.

Veränderungsdefekt: Ändert sich ein Nichtschlüsselattribut in der Miniwelt eines redundant erfassten Kunden (obiges Beispiel), so müssen alle Tupel aktualisiert werden, in denen dieser Kunde abgebildet ist. Da bei der heutigen Computertechnik die Aktualisierung nicht parallel und somit zeitgleich, sondern seriell und somit zeitversetzt erfolgen muss, gibt es unumgänglich einen Zeitraum, in dem wir unterschiedliche, inkonsistente Daten über unseren Kunden in unserer Relation führen. Fragt man in diesem kritischen Zeitraum die Relation nach dem betroffenen Kunden ab, kann eine veraltete und damit falsche, nicht integere Auskunft vom System erfolgen.

Inkonsistenz

Löschdefekt: Hat ein Kunde nur eine Rechnung von uns bisher erhalten und ist er hiermit in unserer Datenhaltung nur einmal ausgewiesen, so führt ein Löschen dieses Rechnungstupels zum Verlust der Informationen über diesen Kunden aus unserer Datenhaltung, obwohl er in unserer Miniwelt durchaus noch vorhanden ist. Der Grund für diese Probleme liegt darin, dass die Kundenattribute primär vom Nichtschlüsselattribut *Kundennummer* funktional abhängig sind und nur indirekt vom Schlüsselattribut *Rechnungsnummer* abhängen.

In einem solchen Falle liegt eine so genannte *transitive (indirekte) Abhängigkeit* vor, z.B.:

Transitive Abhängigkeit

Rechnungsnummer --> Kundennummer--> Zuname

Das Nichtschlüsselattribut *Zuname* wird nicht direkt vom Primärschlüssel *Rechnungsnummer* identifiziert. Die direkte Identifizierung geschieht vielmehr über das Nichtschlüsselattribut *Kundennummer.*

Die defektanfällige Relation muss somit weiter zerlegt werden. Hierbei werden die Kundendaten aus der obigen Ausgangsrelation ausgelagert. Das Nichtschlüsselattribut *Kundennummer* verbleibt als Kopie in der bereinigten Rechnungsrelation und übernimmt hier die Rolle eines *Fremdschlüssels.*

Fremdschlüssel

Ein Fremdschlüssel in einer betrachteten Relation ist ein Attribut, das in einer anderen Relation *Primärschlüssel* ist. Im Beispiel ist das Attribut *Kundennummer* in der Rechnungsrelation ein Fremdschlüssel und in der durch die Zerlegung entstandenen Kundenrelation der Primärschlüssel.

Der Zerlegungsprozess kann durch folgenden Algorithmus gesteuert werden:

Markiere das Nichtschlüsselattribut und die von ihm funktional abhängigen Nichtschlüsselattribute.
Entferne die markierten Attribute aus der Ausgangsrelation.
Erstelle eine neue Relation aus den entfernten Attributen.
Kennzeichne das Attribut als Schlüssel der neuen Relation, von dem die anderen Attribute funktional abhängig sind.
Benenne die Relation.
Trage das Schlüsselattribut der neuen Relation als Fremdschlüssel in die bereinigte Ausgangsrelation ein.

Abbildung 2.18 Algorithmus für die dritte Normalform (3NF)

Die bereinigte Ausgangsrelation mit Fremdschlüssel Kundennummer:

Rechnung (3NF)

Rechnungsnummer	**R001**	**R002**
Datum	04.04.2004	05.04.2004
Betrag	13.000	2.000
Kundennummer	K001	K001

Abbildung 2.19 Relation *Rechnung* in der dritten Normalform

Wendet man den Algorithmus in Abbildung 2.18 auf die Ausgangsrelation *Rechnung (2NF)* in Abbildung 2.17 mit ihren transitiven Abhängigkeiten an, so wird diese bereinigt und es entsteht die neue Relation *Kunde*. Beide Relationen sind sodann in der dritten Normalform, weil sie keine Wiederholungsgruppen enthalten (1NF), keine Teilschlüsselabhängigkeiten (2NF) und keine transitiven Abhängigkeiten (3NF) aufweisen.

Die abgespaltene, neue Relation:

Kundennummer	**Vorname**	**Zuname**	**Straße**	**PLZ**	**Ort**
K001	Hugo	Müller	Gartenstr. 4a	69123	Heidelberg
K002	Georg	Mayer	Neckarstr. 1	69123	Heidelberg

Abbildung 2.20 Relation *Kunde* in der dritten Normalform

Zusammenfassend kann somit festgestellt werden:

> Eine Relation ist in der dritten Normalform (3NF), wenn sie in der zweiten Normalform ist und keine transitiven Abhängigkeiten aufweist.

Darstellung auf der Typebene

transitive Abhängigkeit

Bei der Überführung der Relation *Rechnung (2NF)* von der zweiten in die dritte Normalform wird diese von den Attributen befreit, die unmittelbar vom Nichtschlüsselattribut *Kundennummer* identifiziert werden und nur mittelbar vom Schlüsselattribut *Rechnungsnummer*. Zu der mittelbaren Abhängigkeit sagt man synonym auch transitive Abhängigkeit. Die aus ihr entfernten Attribute werden in der neuen Relation *Kunde* zusammengefasst. Hierin werden sie von dem mitkopierten Nichtschlüsselattribut *Kundennummer* identifiziert, das somit in der Relation *Kunde* zum Schlüsselattribut wird. Das Ergebnis des Normalisierungsprozesses, dargestellt in UML, zeigt die Abbildung 2.21.

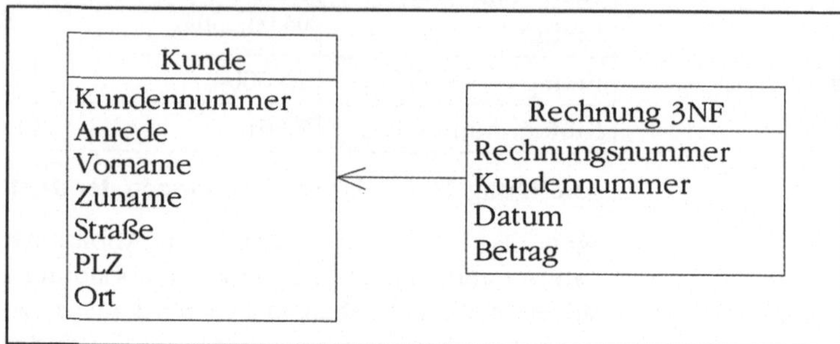

Abbildung 2.21 Relationen in der dritten Normalform

2.2.5 Weitere Normalformen

Die Datenbankforschung hat auch bei Relationen in der dritten Normalform noch Konstellationen aufgedeckt, die zu Defekten führen können. Diese Normalformen mit den Bezeichnungen Boyce-Codd-Normalform (BCNF), vierte Normalform (4NF), fünfte Normalform (5NF) usw. sind jedoch für die Datenbankpraxis kaum von Bedeutung. Deshalb werden sie hier nicht weiter dargestellt.

2.3 Aufgaben

Lösen Sie die folgenden Aufgaben.

Aufgabe 1:

In einer Mitarbeiterrelation eines Fertigungsbetriebes werden folgende Attribute vorgefunden. Attribute mit der Angabe einer Multiplizität [0..*] sind Wiederholungsgruppen.

- <u>Mitarbeiternummer</u>
- Vorname
- Zuname
- Maschinennummer[0..*]
- Maschinenname[0..*]

Mitarbeiter-nummer	Vorname	Zuname	Maschinen-nummer	Maschinen-name
P001	Alfred	König	M001 M002	Computer Fräse
P002	Maria	Müller	M001 M003	Computer Stapler
P003	Klaus	Schmitt	NULL	NULL

Erarbeiten Sie folgende Ergebnisse:

- Überführen Sie die Relation in die dritte Normalform.
- Stellen Sie die Ergebnisse in einem relationalen Datenbankdiagramm in der Notationsform von UML dar.

Aufgabe 2:

In einer Kundenbestellungsrelation eines Großhandelsbetriebes werden folgende Attribute vorgefunden. Attribute mit der Angabe einer Multiplizität [0..*] sind Wiederholungsgruppen.

- <u>Bestellnummer</u>
- Datum
- Betrag
- Artikelnummer[1..*]
- Artikelname[1..*]
- Artikeleinzelpreis[1..*]
- Anzahl_bestellter_Artikel[1..*]

- Kundennummer
- Vorname
- Zuname
- Straße
- PLZ
- Ort

Erarbeiten Sie folgende Ergebnisse:

- Stellen Sie in einer Tabelle drei beispielhafte Kundenbestellungen dar.
- Überführen Sie die Relation in die dritte Normalform.
- Stellen Sie die Ergebnisse in einem relationalen Datenbankdiagramm in der Notationsform von UML dar.

Aufgabe 3:

Eine Schülerin leiht Tonträger an ihre Freunde aus. Da sie sehr ordentlich ist, hat sie alle Tonträger in einer Tabelle erfasst. In diese Tabelle hat sie auch die Namen der Ausleiher bei einem ausgeliehenen Tonträger vermerkt. Die Tabelle enthält folgende Einträge:

Tonträger-nummer	Titel	Ausleiher-nummer	Name	Ausleih-Datum
T001	Granada	A001	Eva	20.05.2004
T002	Oh when the	A001	Eva	01.05.2004
T003	Eine Nacht	NULL	NULL	NULL
T004	Kennst du	A002	Herbert	15.06.2004

Erarbeiten Sie folgende Ergebnisse:

- Überführen Sie die Relation in die dritte Normalform.
- Stellen Sie die Ergebnisse in einem relationalen Datenbankdiagramm in der Notationsform von UML dar.

Aufgabe 4:

Eine Bibliothek verleiht Bücher. Über ein Buch und seine mögliche Verleihungen werden folgende Daten festgehalten:

- Buchnummer
- ISBN-Nummer
- Buchtitel
- Ausleihernummer[0..*]
- Ausleihername[0..*]
- Ausgabedatum[0..*]
- Rückgabedatum[0..*]

Die Historie der unterschiedlichen Verleihungen eines Buches muss rückverfolgbar sein.

Erarbeiten Sie folgende Ergebnisse:

- Stellen Sie in einer Tabelle fünf beispielhafte Bücher mit ihren jeweiligen Verleihungen dar.
- Fassen Sie die Tabelle als eine Relation auf und überführen Sie die Relation in die dritte Normalform.

- Stellen Sie die Ergebnisse in einem relationalen Datenbankdiagramm in der Notationsform von UML dar.

Aufgabe 5:

In einem Unternehmen sind die Mitarbeiter unterschiedlichen Abteilungen zugeordnet, jeder Mitarbeiter genau einer Abteilung. Ein Mitarbeiter ist für den Vertrieb einer Anzahl von Produkten verantwortlich. Es gibt jedoch auch Mitarbeiter, die keine Vertriebsverantwortung haben. Die Miniwelt wurde in einer unnormalisierten Relation mit folgenden Attributen dargestellt:

- <u>Mitarbeiternummer</u>
- Mitarbeitername
- Abteilungsnummer[1]
- Abteilungsname[1]
- Produktnummer[0..*]
- Produktname[0..*]

Erarbeiten Sie folgende Ergebnisse:

- Stellen Sie in einer Tabelle fünf beispielhafte Mitarbeiter mit ihrer jeweiligen Abteilungszugehörigkeit und ihren möglichen Vertriebsverantwortungen dar.
- Fassen Sie die Tabelle als eine Relation auf und überführen Sie die Relation in die dritte Normalform.
- Stellen Sie die Ergebnisse in einem relationalen Datenbankdiagramm in der Notationsform von UML dar.

Aufgabe 6:

In einer Schule werden Schüler von Lehrern in Fächern unterrichtet und erhalten je Unterrichtung eine Jahresnote. Die Daten sind in folgender Tabelle zusammengefasst:

Schülernummer	S001	S001	S002	S002
Schülername	Müller	Müller	Haas	Haas
Lehrernummer	L001	L002	L001	L002
Lehrername	Mayer	Schulze	Mayer	Schulze
Fachnummer	F001	F002	F001	F002
Fachname	EDV	Mathe	EDV	Mathe
Jahresnote	2,0	1,5	2,0	2,5

Erarbeiten Sie folgende Ergebnisse:

- Fassen Sie die Tabelle als eine Relation auf und überführen Sie die Relation in die dritte Normalform.
- Stellen Sie die Ergebnisse in einem relationalen Datenbankdiagramm in der Notationsform von UML dar.

Aufgabe 7:

Die Kundendaten unserer Kunden sind in einer Tabelle eingetragen. Damit die Redundanz verschwindet, sollen die Daten normalisiert werden.

Kunden-nummer	K001	K002	K003
Vorname	Hugo	Georg	Eva
Zuname	Müller	Mayer	Schulze
Straße	Gartenstr. 4a	Neckarstr. 1 Am Schloss 7 Planken 23	Hauptstr. 7
PLZ	69123	69123 69502 NULL	69502
ORT	Heidelberg	Heidelberg Hemsbach Mannheim	Hemsbach
Telefon-nummer	(06221)892523	(06221)772145 (06201)6943 (0621)9785643	(06201)5432
E-Mail-Adresse	hugo.müller@em.de	ge.mayer@xy.de georg.ma@em.com	NULL

Erarbeiten Sie folgende Ergebnisse:

- Fassen Sie die Tabelle als eine Relation auf und überführen Sie die Relation in die dritte Normalform.
- Stellen Sie die Ergebnisse in einem relationalen Datenbankdiagramm in der Notationsform von UML dar.

Aufgabe 8:

Über unsere Lieferanten geben folgende Attribute Auskunft:

- Lieferantennummer
- Vorname
- Zuname
- Straße[1..*]
- PLZ[1..*]
- Ort[1..*]
- Telefon[0..*]
- Fax[0..*]
- E-Mail-Adresse[0..*]

- Homepage-Adresse[0..*]
- Foto[0..*]
- Anfrage[0..*]
- Angebot[0..*]
- Lieferschein[0..*]
- Rechnung[0..*]
- Zahlung[0..*]

Erarbeiten Sie folgende Ergebnisse:

- Stellen Sie in einer Tabelle zwei beispielhafte Lieferanten mit ihren jeweiligen Attributwerten dar.
- Fassen Sie die Tabelle als eine Relation auf und überführen Sie die Relation in die dritte Normalform.
- Stellen Sie die Ergebnisse in einem relationalen Datenbankdiagramm in der Notationsform von UML dar.

Aufgabe 9:

Bestellanforderungen der Mitarbeiter enthalten Daten darüber, welcher Artikel von welchem Mitarbeiter angefordert wird und von welchem Lieferanten der Artikel möglicherweise geliefert werden könnte. Derzeit werden die Bestellanforderungen in einer Tabelle (Relation) festgehalten. Hierbei wird auch vermerkt, wer für den Eintrag in die Tabelle verantwortlich ist und wann der Eintrag erfasst wurde.

Bestellanforderungsnummer	B001	B002	B003
Lieferantennummer	L001	L002	L001
Lieferanten-Vorname	Hugo	Georg	Hugo
Lieferanten-Zuname	Müller	Mayer	Müller
Straße	Gartenstr. 4a	Neckarstr. 1	Gartenstr. 4a
PLZ	69123	69123	69123
ORT	Heidelberg	Heidelberg	Heidelberg
Datum	10.07.2004	15.07.2004	20.07.2004
Betrag	2.000,00	600,00	1.000,00
Artikelnummer	A001 A003	A002 A003	A005
Angebotspreis	1000,00 100,00	800,00 1000,00	500,00
Anzahl	4 4	1 2	2
Artikelname	Computer CD-Laufwerk	Drucker CD-Laufwerk	Bildschirm
Besteller-Mitarbeiternummer	M001	M002	M001
Besteller-Zuname	Schmidt	König	Schmidt
Erfassernummer	M010	M010	M020
Erfassungsdatum	11.07.2004	15.07.2004	22.07.2004

Erarbeiten Sie folgende Ergebnisse:

- Fassen Sie die Tabelle als eine Relation auf und überführen Sie die Relation in die dritte Normalform.
- Stellen Sie die Ergebnisse in einem relationalen Datenbankdiagramm in der Notationsform von UML dar.

Aufgabe 10:

In der Bundesrepublik Deutschland soll eine Bevölkerungsstatistik erstellt werden. Hierbei soll die Anzahl der männlichen und weiblichen Einwohner getrennt aufgeführt werden. Je Ort sind die beiden Anzahlen bekannt. Eine erste Analyse der Statistikattribute hat zu folgender Attributliste geführt:

- Land_Nummer[*]
- Land_Name[*]
- Land_Anzahl_Frauen[*]
- Land_Anzahl_Männer[*]
- Regierungsbezirk_Nummer[*]
- Regierungsbezirk _Name[*]
- Regierungsbezirk _Anzahl_Frauen[*]
- Regierungsbezirk _Anzahl_Männer[*]
- Kreis_Nummer[*]
- Kreis _Name[*]
- Kreis _Anzahl_Frauen[*]
- Kreis _Anzahl_Männer[*]
- Gemeinde_Nummer[*]
- Gemeinde _Name[*]
- Gemeinde _Anzahl_Frauen[*]
- Gemeinde _Anzahl_Männer[*]

Erarbeiten Sie folgende Ergebnisse:

- Ordnen Sie die Attribute Relationen zu, die sich in der dritten Normalform befinden.
- Stellen Sie die Ergebnisse in einem relationalen Datenbankdiagramm in der Notationsform von UML dar.

Aufgabe 11:

Eine Bank hat viele Kunden. Jeder Kunde kann viele Konten unterschiedlicher Art haben. Kontenarten sind: Girokonto, Sparkonto, Darlehenskonto, Depotkonto usw. Eine Relation für die Girokontenverwaltung sieht wie folgt aus:

<u>Kontonummer</u>	G001	G002	G003
Anrede	Herr	Herr	Frau
Vorname	Hugo	Georg	Eva
Zuname	Müller	Mayer	Schulze
Straße	Gartenstr. 4a	Neckarstr. 1	Hauptstr. 7
PLZ	69123	69123	69502
Ort	Heidelberg	Heidelberg	Hemsbach
Eröffnungs-datum	02.01.2004	01.02.2004	03.04.2004
Kontostand	1.000,-- S	5.000,-- S	10.000,-- H
Umsatzwert	1.000,-- H 2.000,-- S	10.000,-- H 15.000,-- S	10.000,-- H
Umsatzdatum	02.01.2004 02.02.2004	02.02.2004 10.02.2004	03.04.2004
Umsatz-Gegenkonto	G004 G005	G006 G007	G008

Erarbeiten Sie folgende Ergebnisse:

- Fassen Sie die Tabelle als eine Relation auf und überführen Sie die Relation in die dritte Normalform.
- Stellen Sie die Ergebnisse in einem relationalen Datenbankdiagramm in der Notationsform von UML dar.

3 Vom ERM zur relationalen Datenbank

In diesem Kapitel lernen Sie,

- wie man aus einem Entitäts-Beziehungs-Modell ein relationales Datenbankmodell ableitet,
- welche Zusammenhänge man bei der Ableitung beachten muss.

Mit Ihrem erworbenen Wissen können Sie sodann die Ergebnisse aus der Analysephase der Softwareentwicklung nahtlos in die Entwurfsphase übertragen.

Relationenmodell

Die beiden vorgestellten Methoden zur Entwicklung des Modells einer Datenbank, das Entitäts-Beziehungs-Modell (ERM) zur Durchführung der Analyse der Miniwelt und das relationale Datenbankmodell zum Entwurf einer relationalen Datenbank, zeichnen sich jeweils durch vorteilhafte Eigenschaften aus. Sie legen es nahe, beide Entwicklungsmethoden zu kombinieren.

ERM-Vorzug

Der Vorzug des Entitäts-Beziehungs-Modells (ERM) liegt darin, dass es nach dem Prinzip vom *Groben zum Feinen* (top down) in übersichtlicher und dem Denken angemessenen Art mit wenig Aufwand in der Analysephase der Softwareentwicklung zu einem zuverlässigen und stabilen konzeptionellen Datenmodell der Miniwelt führt. Die Stärke dieser Methode liegt somit darin, uns bei der Analyse einer Miniwelt gedanklich zu führen. Dadurch können wir mit wenig Aufwand die wesentlichen Modellelemente eines globalen Datenmodells zuverlässig finden und einander zuordnen.

RDB-Vorzug

Die Normalisierungsmethode des relationalen Datenbankmodells entfaltet ihre Mächtigkeit, wenn wir die mit dem Entitäts-Beziehungs-Modell gefunden Entitäts- und Beziehungstypen in Relationen überführen und sie auf ihre Stabilität gegenüber Datendefekten überprüfen wollen. Für diese *Qualitätssicherungsarbeit* stellt sie uns wissenschaftlich und praktisch abgesicherte Richtlinien zur Verfügung, die zu einem einwandfreien Arbeitsergebnis führen.

Wendet man die Normalisierungsmethode des relationalen Datenbankmodells alleine an, um Redundanzfreiheit in zunächst unnormalisierte, universelle Relationen zu erzeugen, so kommt man ebenfalls zum gleichen Ergebnis, das man mit der Kombination beider Methoden findet. Hierzu ist jedoch ein größerer Arbeitsaufwand erforderlich. Durch die Konzentration der Aufmerksamkeit bei der Anwendung der Normalisierungsschritte auf die *Mikrostruktur* der Datenbank werden die globalen und sehr bedeutsamen Zusammenhänge der Miniwelt nicht so deutlich gesehen und damit zu wenig bedacht.

Arbeitsaufwand

Verbindet man beide Methoden zu einer sinnvollen Strategie, so kann man die Vorteile beider Ansätze nutzen und erhält bei der praktischen Arbeit in kurzer Zeit ein stabiles, globales Datenbankmodell der Miniwelt. Dieses beruht auf miniweltspezifischen Anwendungsfallerkenntnissen und entwurfsspezifischen Datenbankerfordernissen.

3.1 Überführungsstrategie Schritt für Schritt

Schritt 1

Leiten Sie aus den Geschäftsregeln der Miniwelt unter Beachtung der Leitsätze des ERM das Entitäts-Beziehungs-Diagramm ab.

Hiermit erhalten Sie gleichzeitig die grobe *Datenarchitektur* für die Abbildung der Miniwelt und somit das Gerüst Ihres konzeptionellen Datenmodells.

Schritt 2

Analysieren Sie die gefundenen Entitäts- und Beziehungstypen unter den Gesichtspunkten des zu erstellenden Anwendungssystems und halten Sie für jeden Typ die zugehörigen Attribute fest.

Hiermit erhalten Sie ein komplettes, detailliertes und konzeptionelles Datenmodell der Miniwelt, die *Datenanalyse.*

Schritt 3

Überführen Sie jeden Entitätstyp in eine Entitätsrelation.

Vergewissern Sie sich hierbei, dass jedes Entitätsattribut skalar ist, d.h. weder zusammengesetzt ist noch eine Wiederholungsgruppe darstellt. Das bedeutet: Zu jeder betrachteten Eigenschaft der Entität gibt es nur einen Eigenschaftswert.

Ist ein betrachtetes Attribut eine Wiederholungsgruppe, muss dieses Attribut in eine weitere Entitätsrelation ausgegliedert werden, damit die Forderung nach der ersten Normalform (1NF) bei der betrachteten Relation erfüllt ist. Die hierbei neu gebildete attributive Entitätsrelation ist von der ursprünglichen existenziell abhängig. Der Primärschlüssel der neuen Relation ergibt sich nach den Zerlegungsregeln zur Erlangung der ersten Normalform.

Damit das Entitäts-Beziehungs-Diagramm auch diese Abspaltung zum Ausdruck bringt, sollte es durch die Aufnahme des attributiven Entitätstyps und der Einführung des verbindenden Beziehungstyps, der den abgespalteten mit dem Ausgangsentitätstyp verbindet, aktualisiert werden.

Schritt 4

Überführen Sie die Beziehungstypen in Relationen.

Dieser Arbeitsschritt wird im folgenden Kapitel genauer erläutert.

3.2 Beziehungsmenge und Beziehungsrelation

Rufen wir uns ins Gedächtnis zurück, was eine Beziehungsmenge ist. Sie ist die Zusammenfassung der Beziehungen desselben Typs, wobei eine Beziehung eine Verbindung von zwei (in manchen Fällen auch mehreren) Entitäten unter dem betrachteten Aspekt darstellt.

Eine Beziehung wird durch einen *Beziehungsschlüsselwert* identifiziert. Einen natürlichen Beziehungsschlüsselwert kann man leicht bilden, indem man die beiden Entitätsschlüsselwerte der in Beziehung stehenden Entitäten zu einem zusammengesetzten Beziehungsschlüsselwert verbindet. Außer dem Beziehungsschlüsselwert kann eine Beziehung auch noch Werte von Beziehungsattributen mit Nichtschlüsselcharakter haben.

In der folgenden Abbildung 3.1 sind auch die beiden Beziehungsmengen *erhalten* und *enthalten* mit ihren jeweiligen Beziehungen aufgeführt. Die Beziehungen bestehen dort, in Spitzklammern eingeschlossen, aus den Entitätsschlüsselwerten der in Beziehung stehenden Entitäten, z. B. <R001, K001> in der Beziehungsmenge *erhalten* und <R001, A001> in der Beziehungsmenge *enthalten.*

Die Beziehung <R001, K001> bedeutet in Klartext: "Die Rechnungsentität mit dem Entitätsschlüssel R001 steht in Beziehung mit der Kundenentität mit dem Entitätsschlüssel K001 unter dem Aspekt *erhalten.* Oder anders ausgedrückt: "Die Rechnung R001 wird erhalten von Kunde K001". Und in entgegengesetzter Leserichtung gelesen: "Kunde K001 erhält Rechnung R001".

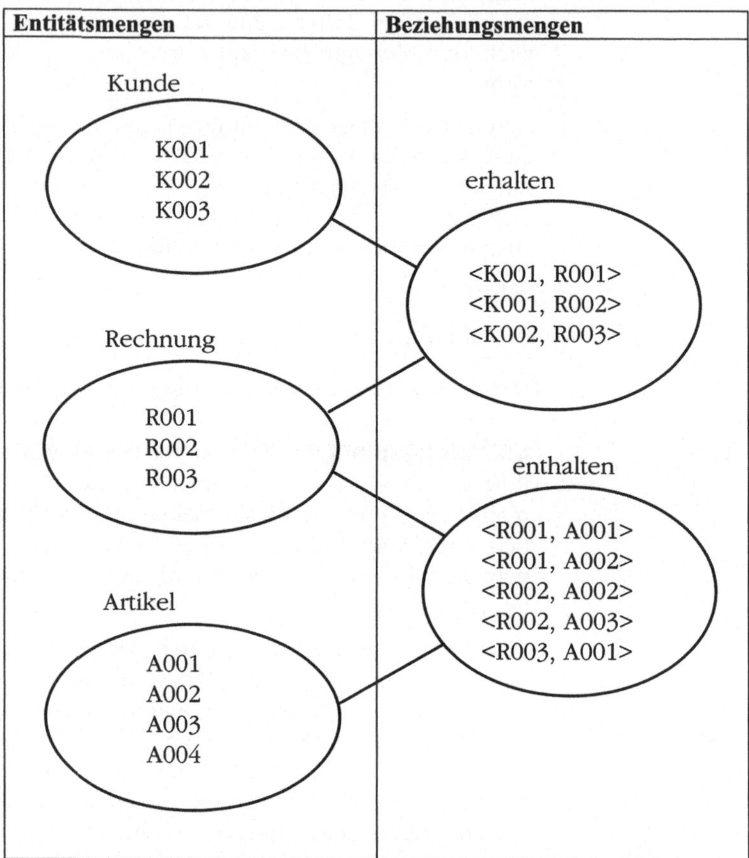

Abbildung 3.1 Entitätsschlüssel- und Beziehungsschlüsselwerte

Die Beziehungsmenge *enthalten* weist außer dem Beziehungsschlüssel noch die Beziehungsattribute

Menge und Gesamtpreis

auf. Die Werte der Beziehungsattribute sind wegen der besseren Übersichtlichkeit in der Abbildung 3.1 nicht dargestellt. Die erste Beziehung mit ihren Attributwerten lautet vollständig:

<R001, A001, 2, 10.000>

und kann deshalb aus Sicht der Rechnung folgendermaßen gelesen werden:

In der Rechnung mit der Rechnungsnummer R001 ist die Berechnung des Artikels mit der Nummer A001 in der Anzahl 2 zum Gesamtpreis von 10.000,-- Euro im Rahmen einer Rechnungsposition enthalten.

Und in entgegengesetzter Richtung gelesen, aus der Sicht des Artikels:

Der Artikel mit der Artikelnummer A001 wird betroffen von der Rechnung mit der Rechnungsnummer R001 in der Anzahl von 2 zum Gesamtpreis von 10.000,-- Euro.

3.3 Beziehungstyp als Relationstyp implementiert

Wie ein Entitätstyp, so kann auch ein Beziehungstyp als ein Relationstyp im relationalen Datenbankmodell dargestellt werden. Betrachten wir hierzu einen Ausschnitt aus unserer Miniwelt, der aus den Entitätstypen *Kunde* und *Rechnung* und dem die beiden verbindenden Beziehungstyp *erhalten* und *berechnen* besteht. In den Entitätstypen sind nur die Entitätsschlüsselattribute in verkürzter Form eingetragen. Durch die verkürzte Form können sodann die Beziehungsschlüssel als Verkettung der Entitätsschlüsselattribute übersichtlicher geschrieben werden.

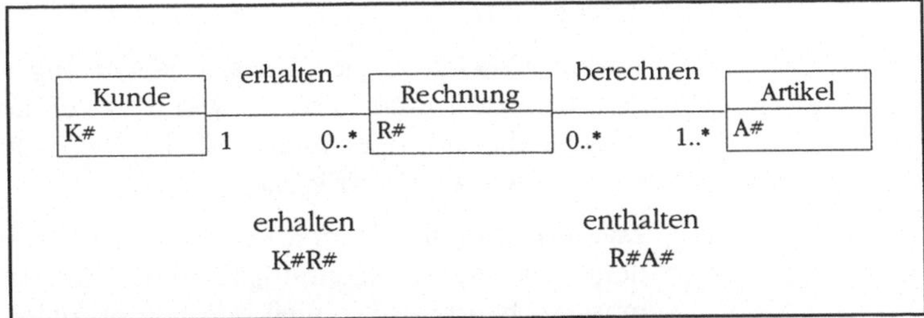

Abbildung 3.2 Miniwelt Rechnungsschreibung in verkürzten Schlüsseln dargestellt

Betrachtet man beispielsweise für die Entitätstypen *Kunde* und *Rechnung* und den Beziehungstyp *erhalten* die zugehörigen Mengen, und stellt man sodann jede dieser drei Mengen in je einer Relation dar, so erhalten wir zwei Entitätsrelationen, *Kunde* und *Rechnung,* und eine Beziehungsrelation *erhalten.* Wenn wir uns bei der weiteren Betrachtung auf die für den Zusammenhang der Relationen maßgeblichen Informationen, die *Schlüssel-*

werte, konzentrieren, sieht unser Ausschnitt aus der Miniwelt *Rechnungsschreibung* in Relationsform wie folgt aus.

Kunde K#	erhalten K#R#	Rechnung R#
K001 K002	K001, R001 K001, R002 K002, R003	R001 R002 R003

Abbildung 3.3 Miniweltausschnitt der Schlüssel

Untersuchen wir die Bedeutung der Schlüssel in den einzelnen Relationen. In der Entitätsrelation *Kunde* ist das Attribut Kundennummer (abgekürzt *K#*) und in der Entitätsrelation *Rechnung* das Attribut Rechnungsnummer (abgekürzt *R#*) Primärschlüssel. In der Beziehungsrelation *erhalten* übernimmt der zusammengesetzte Beziehungsschlüssel Rechnungsnummer verbunden mit Kundennummer (*R#K#*) die Primärschlüsselfunktion.

Wenn wir aus den Relationen die Frage beantworten wollen, welcher Kunde die Rechnung mit der Rechnungsnummer (*R#*) *R001* erhalten hat, so müssen wir drei Zugriffe auf die Relationen durchführen:

Erster Zugriff: In der Relation *Rechnung* wird das Tupel mit dem Schlüssel R001 gesucht. Wenn es gefunden wird, steht fest, dass es dieses Tupel gibt, und die Nichtschlüsselattribute sind, wenn gewünscht, verfügbar.

Zweiter Zugriff: In der Relation *erhalten* wird das Tupel mit dem Teilschlüssel Rechnungsnummer (*R#*) *R001* gesucht. Dieses muss vorhanden sein, weil der Komplexitätsgrad der Beziehung *erhalten*, gesehen aus der Sicht der *Rechnung* in Richtung auf *Kunde*, vom Typ 1 (einfach) ist. Mit dem gefunden Beziehungstupel steht nun auch der erste Teilschlüssel, nämlich die Kundennummer (*K#*) *K001* zur Verfügung.

Dritter Zugriff: In der Relation *Kunde* wird nun das Tupel mit dem Schlüssel *K001* gesucht. Dieses muss aus denselben Gründen vorhanden sein, die auch für das *erhalten*-Tupel gegolten haben. Damit ist die gesuchte Information verfügbar.

Ähnlich müssen wir verfahren, wenn wir zu einem Kunden, beispielsweise dem Kunden mit der Kundennummer (*K#*) *K001*, die von ihm erhaltenen Rechnungen suchen wollen. Zur Lösung dieser Aufgabe sind sechs Zugriffe erforderlich.

Erster Zugriff: In der Relation *Kunde* wird das Tupel mit dem Schlüssel (*K#*) *K001* gesucht. Wenn es gefunden wird, ist bekannt, dass es den Kunden gibt und welche Attributwerte ihn beschreiben.

Zweiter Zugriff: In der Relation *erhalten* wird ein Tupel mit einem Teilschlüssel *Kundennummer* (*K#*) *K001* gesucht. Falls es gefunden wird, ist bekannt, dass der Kunde *K001* eine Rechnung erhalten hat und wie die Rechnungsnummer (*R#*) lautet. In unserem Falle die Rechnung *R001*. Würde kein Tupel mit dem Schlüssel *K001* in der Relation *erhalten* gefunden werden, so hätte der Kunde noch keine Rechnung von uns erhalten, obwohl er bereits als potenzieller Kunde in der Kundenrelation geführt wird.

Dritter Zugriff: Mit dem gefundenen Teilschlüssel Rechnungsnummer (*R#*) *R001* wird in der Relation *Rechnung* nach dem entsprechenden Tupel mit dem Schlüsselwert *R001* gesucht. Dieses muss vorhanden sein, weil es das von ihm abhängige Tupel in der Beziehungsrelation *erhalten* gibt. Danach ist auch bekannt, welche Nichtschlüsselattributwerte die Rechnung *R001* beschreiben.

Vierter Zugriff: Da der Komplexitätsgrad der Beziehung *erhalten* aus der Sicht von *Kunde* vom Typ 0..* (bedingt mehrfach) ist, ist zu vermuten, dass es in der Beziehungsrelation *erhalten* noch weitere Tupel mit dem Teilschlüsselwert Kundennummer (*K#*) *K001* gibt. Laut Abbildung 3.3 gibt es dieses Tupel. Somit ist mit diesem Zugriff auch die Rechnungsnummer (*R#*) *R002* der ebenfalls von *K001* erhaltenen Rechnung bekannt.

Fünfter Zugriff: Mit der gefundenen Rechnungsnummer (*R#*) *R002* in der Beziehungsrelation *erhalten* wird nun wieder auf die Rechnungsrelation zugegriffen und das Rechnungstupel mit der Rechnungsnummer (*R#*) R002 mit seinen Nichtschlüsselattributen gefunden.

Sechster Zugriff: Der Komplexitätsgrad vom Typ 0..* (bedingt mehrfach) macht es nochmals erforderlich, die Beziehungsrelation nach einem weiteren Tupel mit dem Teilschlüsselwert Kundennummer (*K#*) *K001* zu durchsuchen. Da es hiervon aber nur zwei Tupel in unserem Beispiel gibt, ist die Suche diesmal nicht erfolgreich. Damit ist bekannt, dass es keine weiteren Rechnungen mehr für den Kunden mit der Kundennummer (K#) *K001* gibt. Die Suche wird damit eingestellt.

Da jeder Zugriff auf die Relationen einige Zeit in Anspruch nimmt, addiert sich die Antwortzeit eines derart verfahrenden Computersystems zu einer möglicherweise nicht mehr akzeptablen Dauer.

3.4 Integration von Beziehungs- in Entitätsrelationen

Die Anzahl der erforderlichen Zugriffe zum Auffinden einer gewünschten Information kann verringert werden, wenn die Beziehungsrelationen, wo immer zulässig, in die entsprechenden Entitätsrelationen integriert werden. Dadurch können die Antwortzeiten beträchtlich verringert werden.

Die Integration der Beziehungsrelationen in Entitätsrelationen ist immer dann zulässig und unter Geschwindigkeitsgründen empfehlenswert, wenn dadurch keine Verletzung der ersten Normalform bei den betroffenen Entitätsrelationen eintritt.

Da eine Beziehung hauptsächlich aus dem Beziehungsschlüssel besteht, an den noch weitere Nichtschlüsselattribute angefügt sein können, geht es bei der Integration darum, die Beziehung in ein Entitätstupel einzubauen. Hierbei darf jedoch die erste Normalform des Entitätstupels nicht verletzt werden, d.h. es darf höchstens ein Beziehungselement von der gleichen Art in das Entitätstupel eingebaut werden. Ansonsten würde eine Wiederholungsgruppe entstehen.

Betrachten wir hierzu wieder unsere Beispielsrelationen und untersuchen wir, in welcher Entitätsrelation, entweder in *Kunde* oder *Rechnung*, die Beziehungsrelation *erhalten* eingebaut werden könnte, ohne dass hierbei eine Wiederholungsgruppe entstünde.

Kunde K#	erhalten K#R#	Rechnung R#
K001 K002	K001, R001 K001, R002 K002, R003	R001 R002 R003

Abbildung 3.4 Beziehungsrelation und Entitätsrelationen

Würden wir die *beiden* Beziehungen (Beziehungstupel) aus der Relation *erhalten* mit dem Teilschlüssel Kundennummer (*K#*) *K001* in das Tupel *K001* der Entitätsrelation *Kunde* integrieren, würde dort eine *Wiederholungsgruppe* entstehen. Hierbei wären dem Primärschlüssel Kundennummer (*K#*) *K001* in der Entitätsrelation *Kunde* die beiden aus *erhalten* ausgelagerten Tupel zuzuordnen.

Aus den ausgelagerten *erhalten*-Tupeln würde man natürlich die Komponente Kundennummer (*K#*) *K001* streichen, weil sie im Entitätstupel von *Kunde* bereits als Primärschlüsselwert vorhanden ist. Aber dennoch wäre damit die erste Normalform der Relation *Kunde* verloren, weil in dem neu einzurichtenden Fremdschlüsselattribut *Rechnungsnummer* in der Entitätsrelation *Kunde* am Kreuzungspunkt von Tupel *K001* und Attribut *Rechnungsnummer* nun zwei Werte, nämlich *R001* und *R002*, erscheinen würden.

Integrieren wir dagegen die beiden Beziehungstupel aus der Beziehungsrelation *erhalten* in die Entitätsrelation *Rechnung*, so entsteht hierbei keine Wiederholungsgruppe. Da in den Rechnungstupeln die Rechnungsnummern (*R#*) *R001* und *R002* bereits vorhanden sind, können diese Werte in den beiden Beziehungstupeln gestrichen werden. Übrig bleiben die beiden übereinstimmenden Kundennummern (*K#*) *K001* und *K001*. Um diese in der Rechnungsrelation unterbringen zu können, erweitern wir die Rechnungsrelation um das Fremdschlüsselattribut *Kundennummer*. An den Kreuzungen von Attribut *Kundennummer* und den beiden Rechnungstupeln *R001* und *R002* setzen wir die beiden gleich lautenden Kundennummern *K001* ein.

Ebenso verfahren wir mit dem dritten Beziehungstupel aus *erhalten* und ordnen damit die Kundennummer *K002* der Rechnungsnummer *R003* zu.

Auf diese Weise integrieren wir die Beziehungsrelation *erhalten* ohne Informationsverlust in die Entitätsrelation *Rechnung*. Das in der Entitätsrelation *Rechnung* neu eingerichtete Attribut *Kundennummer* (*K#*) bezeichnet man als ein *Fremdschlüsselattribut*, weil es in einer fremden Relation, hier in der Entitätsrelation *Kunde*, als Primärschlüsselattribut vorhanden ist.

Fremdschlüssel

In einer Relation ist ein Attribut ein Fremdschlüssel, wenn es in einer anderen Relation Primärschlüssel ist.

Fremdschlüssel dienen der Verbindung von Relationen, deren Tupel in Beziehung stehen. Der Primärschlüssel und der Fremdschlüssel in einer Relation, z. B. Rechnungsnummer (*R#*) und Kundennummer (*K#*) in der Relation *Rechnung*, bilden zusammen die Beziehungsrelation *erhalten*, die nun in die Entitätsrelation *Rechnung* eingebettet ist.

Kunde

K#
K001
K002

Rechnung

R#	K#
R001	K001
R002	K001
R003	K002

Abbildung 3.5 Beziehungsrelation *erhalten* ist in Entitätsrelation *Rechnung* eingebettet

Die Konzeption der Einbettung des Fremdschlüssels in eine Entitätsrelation ermöglicht es, die Anzahl der erforderlichen Relationen zur Abbildung der Miniwelt und die Anzahl der erforderlichen Zugriffe zur Informationsgewinnung zu minimieren. Obwohl diese Optimierungsstrategie die im Entitäts-Beziehungs-Diagramm noch klar ausgewiesene Datenstruktur nun im relationalen Datenbankmodell beim ersten Anblick verschleiert, wird sie immer angewendet. Es gilt eben auch hier die Erkenntnis aus der Informatik, die da lautet: "Optimierung beeinträchtigt die klare Struktur."

Wenn wir nun aus den mit dem Fremdschlüsselkonzept erweiterten Entitätsrelationen die Frage beantworten wollen, welcher Kunde die Rechnung mit der Rechnungsnummer (*R#*) *R001* erhalten hat, so müssen wir nur noch zwei, anstatt vorher drei Zugriffe auf die Relationen durchführen:

Erster Zugriff: In der Relation *Rechnung* wird das Tupel mit dem Schlüssel *R001* gesucht. Wenn es gefunden wird, steht fest, wie der Fremdschlüssel Kundennummer (*K#*) lautet, z. B. *K001*. Weiterhin sind die Nichtschlüsselattribute verfügbar, falls gewünscht.

Zweiter Zugriff: In der Relation *Kunde* wird nun das Tupel mit der Kundennummer (*K#*) *K001* gesucht. Dieses muss vorhanden sein, weil der Komplexitätsgrad der Beziehung *erhalten* aus Sicht von *Rechnung* vom Typ 1 (einfach) ist. Damit ist die Information bekannt, welche die gestellte Frage beantwortet.

Wiederum müssen wir ähnlich verfahren, wenn wir, ausgehend von einem bestimmten Kunden, beispielsweise vom Kunden mit der Kundennummer *K001*, die von ihm erhaltenen Rechnungen wiedergeben wollen. Zur Beantwortung dieser Frage sind in der optimierten Version nur noch vier statt vorher sechs Zugriffe erforderlich.

Erster Zugriff: In der Relation *Kunde* wird das Tupel mit der Kundennummer (*K#*) *K001* gesucht. Wenn es gefunden wird, ist bekannt, dass es den Kunden gibt und welche sonstigen Attributwerte ihn beschreiben.

Zweiter Zugriff: In der Relation *Rechnung* wird ein Tupel mit einem Fremdschlüssel Kundennummer (*K#*) *K001* gesucht. Falls es gefunden wird, ist bekannt, dass der Kunde *K001* eine Rechnung erhalten hat und wie die Rechnungsnummer (*R#*) lautet. In unserem Falle lautet sie *R001*. Würde kein Tupel mit dem Fremdschlüsselwert *K001* in der Relation *Rechnung* gefunden werden, so würde der Kunde noch keine Rechnung von uns erhalten haben. Es wäre aber bereits als potenzieller Kunde erfasst.

Dritter Zugriff: In der Relation *Rechnung* wird ein weiteres Tupel mit einem Fremdschlüssel Kundennummer (*K#*) *K001* gesucht, da der Komplexitätsgrad der hierin integrierten Beziehung *erhalten* vom Typ 0..* (bedingt mehrfach) ist. Falls das Tupel gefunden wird, ist bekannt, dass der Kunde *K001* eine weitere Rechnung erhalten hat und wie die Rechnungsnummer (R#) lautet. In unserem Beispiel lautet sie diesmal *R002*. Würde kein Tupel mit dem Fremdschlüsselwert (K#) *K001* in der Relation *Rechnung* gefunden werden, so hätte der Kunde *K001* von uns nur eine Rechnung erhalten.

Vierter Zugriff: Der Komplexitätsgrad vom Typ 0..* (bedingt mehrfach) macht es erforderlich, nochmals die Rechnungsrelation nach einem weiteren Tupel mit dem Fremdschlüsselwert *K001* zu durchsuchen. Da es aber hiervon in unserem Beispiel nur zwei gibt, geht die Suche diesmal nicht erfolgreich aus, und es ist somit bekannt, dass es keine weiteren Rechnungen für den Kunden mit der Kundennummer (K#) *K001* gibt.

3.5 Integrierbare Beziehungsrelationen

Nachdem Sie erfahren haben, was die Integration einer Beziehungsrelation in eine Entitätsrelation bedeutet, wollen wir nun umfassend feststellen, welche Arten von Beziehungsrelationen in Entitätsrelationen integriert werden können und welche nicht. Hierzu betrachten wir wieder die Kombinationsmöglichkeiten von zweiseitig gerichteten Beziehungstypen. In Abbildung 3.6

sind diese Kombinationsbeziehungen in der UML-Notationsform dargestellt.

B A	1	0..1	1..*	0..*
1	1, 1	1, 0..1	1, 1..*	1, 0..*
0..1	0..1, 1	0..1, 0..1	0..1, 1..*	0..1, 0..*
1..*	1..*, 1	1..*, 0..1	1..*, 1..*	1..*, 0..*C
0..*	0..*, 1	0..*, 0..1	0..*, 1..*	0..*, 0..*

Abbildung 3.6 Kombinationsmöglichkeiten binärer Beziehungstypen

Aus Abbildung 3.6 ist ersichtlich, dass es 4 * 4, d.h. 16 Kombinationsmöglichkeiten der Komplexitätsgrade bei zweiseitig gerichteten Beziehungen gibt. Da es für die hier angestellten Überlegungen unerheblich ist, auf welcher Seite eines Beziehungstyps die beiden Entitätstypen A und B stehen, können 6 der sechzehn Kombinationen unberücksichtigt bleiben. Es handelt sich hierbei um die *symmetrischen* Kombinationen (0..1, 1), (1..*, 1), (0..*, 1), (1..*, 0..1), (0..*, 0..1) sowie (0..*, 1..*), die unterhalb der Diagonalen liegen. Somit gilt es, die 10 verbliebenen Kombinationen der Komplexitätsgrade

(1, 1), (1, 0..1), (1, 1..*), (1, 0..*),

(0..1, 0..1), (0..1, 1..*), (1..1, 0..*),

(1..*, 1..*), (1..*, 0..*), (0..*, 0..*)

Abbildung 3.7 Nichtredundante Kombinationen von Multiplizitäten

dahingehend zu untersuchen, in welche Entitätsrelationstypen die durch sie ausgezeichneten Beziehungstypen integriert werden können.

Keine Wiederholungsgruppe bei Fremdschlüsseln

Bei der Integration kommt es darauf an, dass das in eine Entitätsrelation einzubauende Fremdschlüsselattribut keine Wiederholungsgruppe darstellt, da hierdurch die erste Normalform der Entitätsrelation verloren ginge. Wiederholungsgruppen können nur dann entstehen, wenn einer oder beide der kombinierten Komplexitätsgrade vom Typ 1..* (mehrfach) bzw. 0..* (bedingt mehrfach) sind.

Regeln für den Einbau von Beziehungsrelationen in Entitätsrelationen

In einem relationalen Datenbankdiagramm (RDBD) kann mit Hilfe einer Pfeilspitze grafisch einfach angegeben werden, in welcher Relation der Schlüssel Primärschlüssel und in welcher er Fremdschlüssel ist. Die Pfeilspitze verweist hierbei auf die Relation, in welcher der Schlüssel Primärschlüssel ist. In der anderen Relation ist er sodann als Fremdschlüssel zu integrieren.

Beispiel:

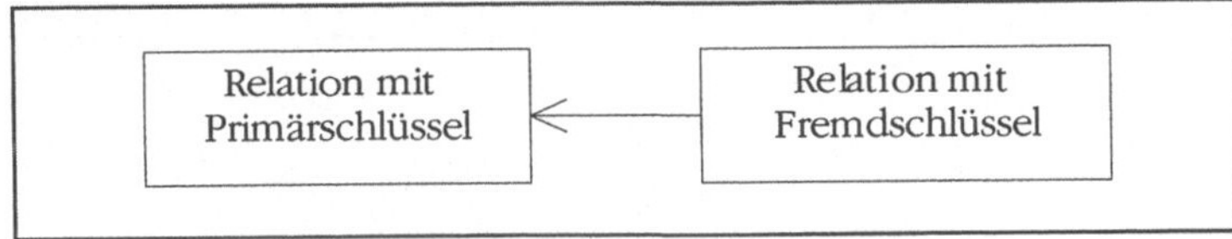

Abbildung 3.8 RDBD mit Ausweis der Fremdschlüsseleinbettung

Komplexitätsgrad-Kombination (1, 1)

Der jeweilige Fremdschlüssel kann in jede der beiden über die Beziehung miteinander verbundenen Entitätsrelationen eingebaut werden. Für eine der beiden gleichwertigen Möglichkeiten muss man sich entscheiden.

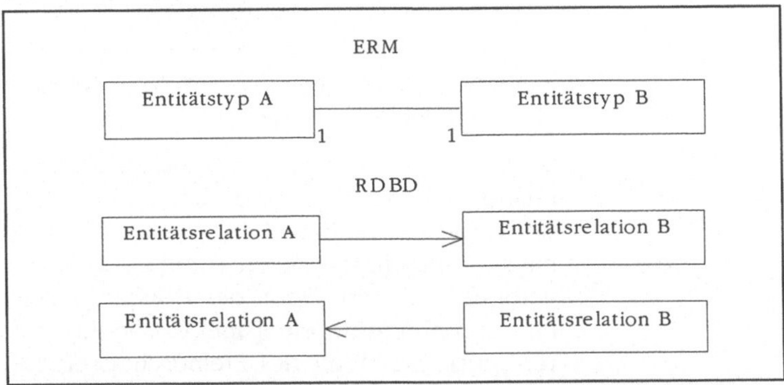

Abbildung 3.9 Einbau einer Multiplizitätskombination vom Typ (1, 1) in Entitätsrelation

Komplexitätsgrad-Kombination (1, 0..1) symmetrisch zu (0..1, 1)

Der jeweilige Fremdschlüssel zum Einbau der Beziehungsrelation könnte in beiden Entitätsrelationen untergebracht werden, ohne deren erste Normalform zu verletzen. Speicherplatzsparend ist es jedoch, ihn in der Relation mit dem Komplexitätsgrad vom Typ 1 unterzubringen. In dieser Relation erhält hierbei jedes Tupel einen Fremdschlüsselwert, denn 1 bedeutet: Die Beziehung existiert auf alle Fälle.

Wird der Fremdschlüssel in der Entitätsrelation mit der Multiplizität vom Typ 0..1 eingebaut, ist der Fremdschlüsselwert in den einzelnen Tupeln möglicherweise unbekannt. Dies ist immer dann der Fall, wenn das Tupel aktuell nicht mit einem Tupel des anderen Typs in Verbindung steht, weil die korrespondierende Beziehung nicht ausgeprägt ist.

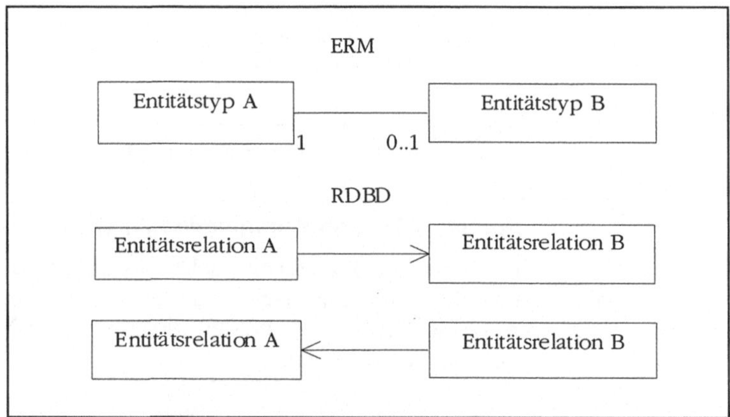

Abbildung 3.10 Einbau einer Multiplizitätskombination vom Typ (1, 0..1) in Entitätsrelation

Würde man somit das Fremdschlüsselattribut in der Entitätsrelation mit dem Komplexitätsgrad vom Typ 0..1 unterbringen, so würde es in dieser Relation auch Tupel geben, die möglicherweise nicht mit einem Tupel aus der anderen Entitätsrelation verbunden wären. Denn der Komplexitätsgrad 0..1 besagt, dass eine Beziehung für ein Tupel existieren kann, aber nicht existieren muss. Der Wert des Fremdschlüssels bei einer aktuell nicht eingegangenen Beziehung lautet sodann unbekannt (*NULL*).

NULL

NULL ist nicht mit dem numerischen Wert Null gleich bedeutend, sondern bedeutet *unbekannt*.

NULL als Fremdschlüsselwert bedeutet, dass es für das betrachtete Tupel keine Beziehung von der Art gibt, die durch den Fremdschlüssel verwirklicht ist.

Komplexitätsgrad-Kombination (1, 1..*), symmetrisch zu (1..*, 1)

Das Fremdschlüsselattribut kann ohne Verletzung der ersten Normalform nur in der Relation mit dem Komplexitätsgrad vom Typ 1 eingebaut werden. Denn der Komplexitätsgrad vom Typ 1 besagt, dass jedes Tupel der betroffenen Entitätsrelation im Rahmen der betrachteten Beziehung mit genau einem Tupel der anderen Relation verbunden ist. Für diese eine Verbindung wird somit auch nur ein Fremdschlüsselwert benötigt.

Würde man das Fremdschlüsselattribut in die Entitätsrelation mit dem Komplexitätsgrad vom Typ 1..* (mehrfach) einbauen, wäre dieses Attribut eine *Wiederholungsgruppe*, d.h. es müssten an einer Kreuzung eines Tupels mit dem Fremdschlüsselattribut mehrere Fremdschlüsselwerte prinzipiell verwaltbar sein. Durch diese Mehrfacheigenschaft des Fremdschlüsselattributes wäre die Forderung der ersten Normalform nicht erfüllt.

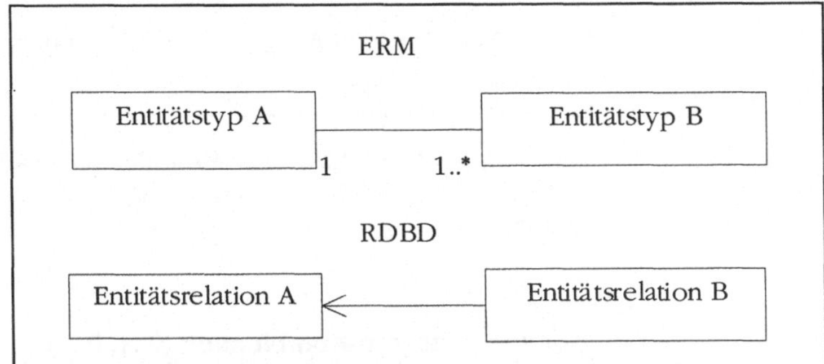

Abbildung 3.11 Einbau einer Komplexitätsgradkombination vom Typ (1, 1..*) bzw. (1..*, 1) in die Entitätsrelation mit dem Beziehungstyp 1

Damit keine Wiederholungsgruppe beim Fremdschlüsselattribut entsteht, wird der Beziehungstyp in der Abbildung 3.11 in die Entitätsrelation B eingebaut. Damit ist die Forderung nach der Aufrechterhaltung der ersten Normalform erfüllt.

Komplexitätsgrad-Kombination (1, 0..*), symmetrisch zu (0..*, 1)

Für die Komplexitätsgrad-Kombination (1, 0..*) gilt dieselbe Implementierungsregel wie für (1, 1..*). Das bedeutet, dass der Fremdschlüssel in die Entitätsrelation mit dem Komplexitätsgrad 1 eingebaut werden muss, um eine Verletzung der ersten Normalform im Gesamtgefüge zu verhindern, die beim Einbau in der anderen Entitätsrelation entstehen würde.

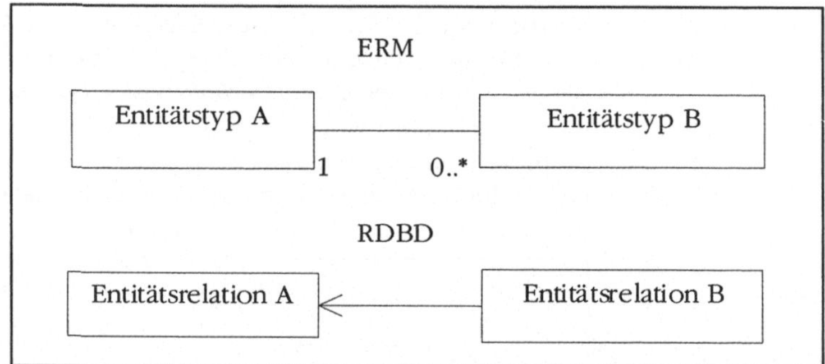

Abbildung 3.12 Einbau einer Komplexitätsgradkombination vom Typ (1, 0..*) bzw. (0..*, 1) in die Entitätsrelation mit dem Beziehungstyp 1

Komplexitätsgrad-Kombination (0..1, 0..1)

Die Beziehungsrelation mit der Komplexitätsgrad-Kombination (0..1, 0..1) kann in beide Entitätsrelationen mit Einsatz des jeweiligen Fremdschlüsselattributes eingebaut werden. In beiden Fällen wird es NULL-Fremdschlüsselwerte geben, da der Komplexitätsgrad vom Typ bedingt (0..1) besagt, dass für ein Tupel auch keine Beziehung der betrachteten Art ausgeprägt sein kann. Aus Gründen der Speicherökonomie ist es daher sinnvoll, das Fremdschlüsselattribut in die Entitätsrelation mit der geringeren Anzahl an Tupeln einzubauen. Hierdurch spart man Speicherplatz für nicht erforderliche NULL-Werte im Fremdschlüsselattribut. Würde man das erforderliche Fremdschlüsselattribut in die Relation mit der vergleichsweise großen Anzahl an Tupeln einbauen, wäre oft der Fremdschlüsselwert NULL (für unbekannt) zu speichern.

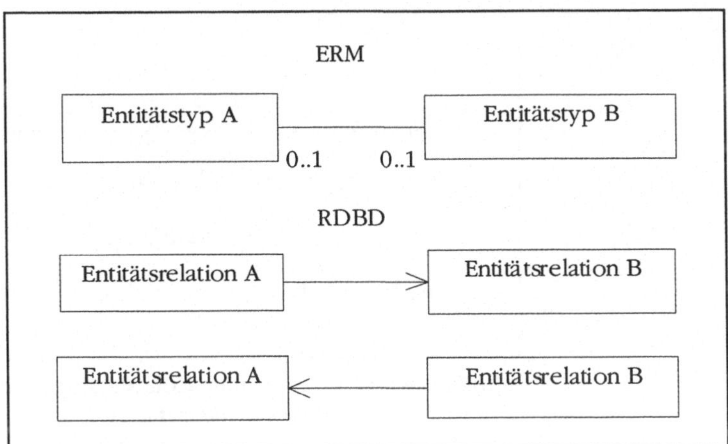

Abbildung 3.13 Einbau einer Komplexitätsgradkombination vom Typ (0..1, 0..1) in eine Entitätsrelation

Komplexitätsgrad-Kombination (0..1, 1..*), symmetrisch zu (1..*, 0..1)

Das Fremdschlüsselattribut kann, ohne Verletzung der ersten Normalform, nur in der Relation mit dem Komplexitätsgrad vom Typ bedingt (0..1) eingebaut werden. Dieser Komplexitätsgrad besagt, dass jedes Tupel der betroffenen Entitätsrelation im Rahmen der betrachteten Beziehung mit einem Tupel der anderen Relation verbunden sein kann. In gegebenem Falle enthält das jeweilige Tupel einen Fremdschlüsselwert. Ist die Beziehung für dieses Tupel jedoch nicht ausgeprägt, enthält es als Fremdschlüssel den Wert NULL.

Würde man das Fremdschlüsselattribut in die Entitätsrelation mit dem Komplexitätsgrad vom Typ *mehrfach* (1..*) einbauen, wäre dieses Attribut eine *Wiederholungsgruppe*. Das würde bedeuten, dass an einer Kreuzung eines Tupels mit dem Fremdschlüsselattribut mehrere Fremdschlüsselwerte verwaltbar sein müssten. Durch diese erforderliche Eigenschaft des Fremdschlüsselattributes wäre die Forderung der ersten Normalform nicht mehr erfüllt.

Die einzig verbleibende Implementierungsmöglichkeit zeigt Abbildung 3.14 .

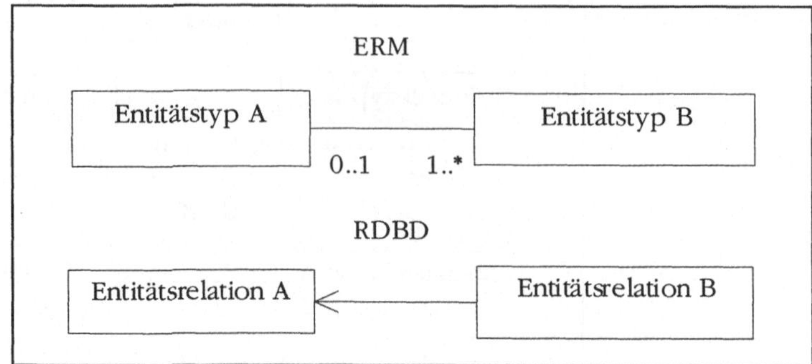

Abbildung 3.14 Einbau einer Komplexitätsgradkombination vom Typ (0..1, 1..*) in eine Entitätsrelation

3.6 Nicht integrierbare Beziehungsrelationen

Sind beide Komplexitätsgrade einer zweiseitigen Beziehung von einer Spielart des Typs *viele*, d.h. von der Multiplizität 0..* oder 1..*, so kann die Beziehung in keine der beiden Entitätsrelationen eingebaut werden. Statt dessen muss eine Beziehungsrelation an Stelle des viele-zu-viele-Beziehungstyps eingeführt werden. Hierdurch erfolgt auch eine Vereinfachung des viele-zu-viele-Beziehungstyps in zwei viele-zu-eins-Beziehungstypen. Diese beiden Beziehungstypen werden anschließend in die neu gebildete Beziehungsrelation als Fremdschlüsselattribute implementiert. Die folgenden Ausführungen gehen detailliert auf die einzelnen Konstellationen ein.

Komplexitätsgrad-Kombination (1..*, 1..*)

Eine Beziehungsrelation mit der Komplexitätsgrad-Kombination vom Typ (1..*, 1..*) kann in keine der beiden Entitätsrelationen eingebaut werden, da hierdurch in jeder betroffenen Entitätsrelation die erste Normalform verletzt wäre. Somit muss eine Beziehungsrelation mit der Komplexitätsgrad-Kombination vom Typ (1..*, 1..*) eine selbstständige Relation bleiben.

Diese Beziehungsrelation besteht aus zwei Fremdschlüsselattributen. Das eine Fremdschlüsselattribut verweist auf die Entitätsrelation A und entspricht deren Primärschlüssel. Das andere Fremdschlüsselattribut verweist auf die Entitätsrelation B und entspricht analog deren Primärschlüssel.

Die Abbildung 3.15 zeigt die Ausgangssituation im ERM und das Ergebnis im RDBD.

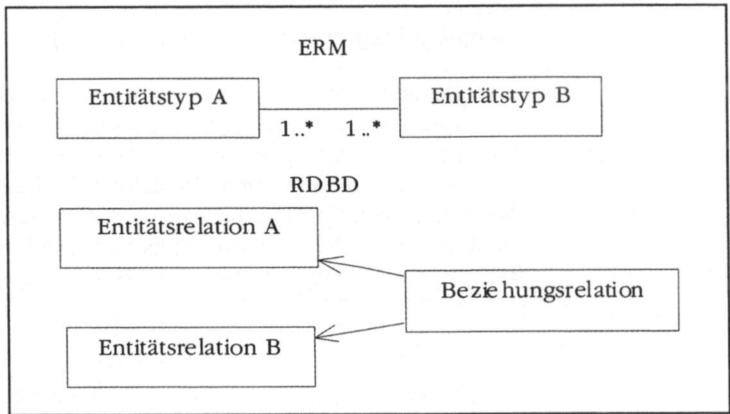

Abbildung 3.15 Beziehungsrelation implementiert den viele-zu-viele-Beziehungstyp (1..*, 1..*)

Komplexitätsgrad-Kombination (1..*, 0..*)

Eine Beziehungsrelation mit der Komplexitätsgrad-Kombination vom Typ viele-zu-viele (1..*, 0..*) kann ebenso wie die mit (1..*, 1..*) in keine der beiden Entitätsrelationen eingebaut werden, da hierdurch in jeder betroffenen Entitätsrelation die erste Normalform verletzt wäre. Somit muss eine Beziehungsrelation mit der Komplexitätsgrad-Kombination vom Typ (1..*, 0..*)) auch eine selbstständige Relation bleiben.

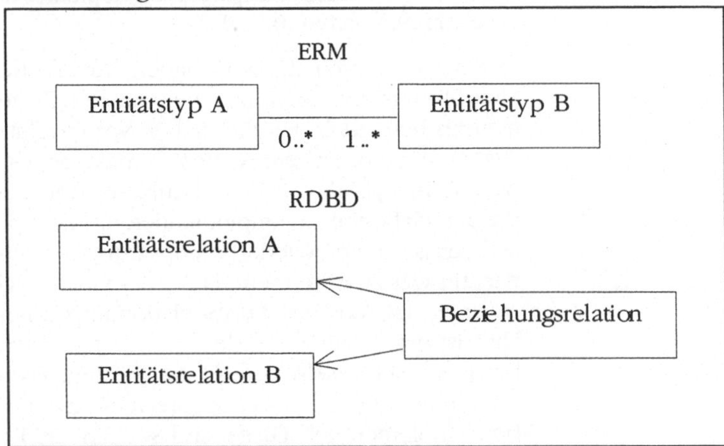

Abbildung 3.16: Beziehungsrelation implementiert den viele-zu-viele-Beziehungstyp (1..*, 0..*)

Komplexitätsgrad-Kombination (0..*, 0..*)

Eine Beziehungsrelation mit der Komplexitätsgrad-Kombination vom Typ viele-zu-viele (0..*, 0..*) kann ebenso wie die mit (1..*, 1..*) und (1..*, 0..*) in keine der beiden Entitätsrelationen eingebaut werden, da hierdurch in jeder betroffenen Entitätsrelation die erste Normalform verletzt wäre. Somit muss eine Beziehungsrelation mit der Komplexitätsgrad-Kombination vom Typ (0..*, 0..*) auch eine selbstständige Beziehungsrelation bleiben.

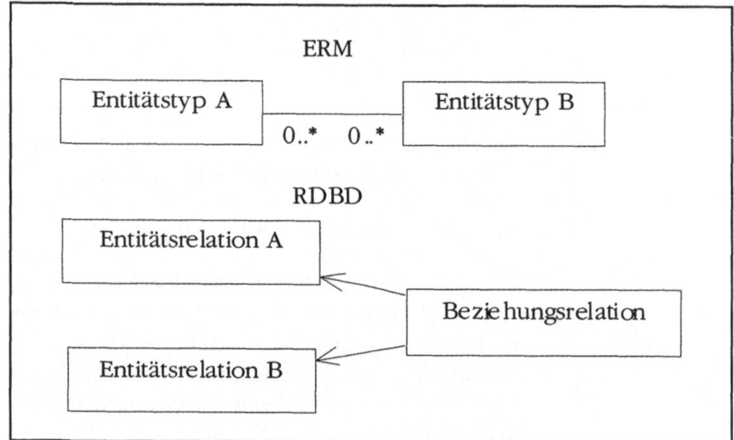

Abbildung 3.17 Beziehungsrelation implementiert den viele-zu-viele-Beziehungstyp (0..*, 0..*)

In den vorherigen Kapiteln haben wir alle denkbaren Fälle von Multiplizitätskombinationen bei binären Beziehungstypen systematisch behandelt. Hierbei haben wir gezeigt, welche Multiplizitätskombinationen eines Beziehungstyps es nahe legen, den Beziehungstyp als ein Fremdschlüsselattribut in einer der beiden Entitätsrelationen zu implementieren. Hierbei ist darauf zu achten, dass keine Wiederholungsgruppen entstehen. Besonders wichtig war zu erkennen, dass jeder viele-zu-viele-Beziehungstyp in einer eigenen Beziehungsrelation implementiert werden muss. Dies ist erforderlich, um dem Gebot der ersten Normalform auch bei Fremdschlüsseln gerecht zu werden. Hierbei werden in der neu eingeführten Beziehungsrelation zwei Fremdschlüsselattribute implementiert. Diese sind sodann die Realisierung der beiden Beziehungstypen, die bei der Vereinfachung des viele-zu-viele-Beziehungstyps entstanden sind.

3.7 RDBD von Geschäftsvorfall Rechnung

Nachdem nun bekannt ist, wie aus einem Entitäts-Beziehungs-Diagramm (ERD) ein relationales Datenbankdiagramm (RDBD) abgeleitet wird, wollen wir nun aus dem ERD der Rechnungsschreibung deren RDBD ableiten.

Damit in keiner Relation die erste Normalform verletzt wird, sind die verschiedenen Fremdschlüssel in die Entitätsrelationen einzubetten, deren Beziehungen sich durch einfache Komplexitätsgrade (1) auszeichnen.

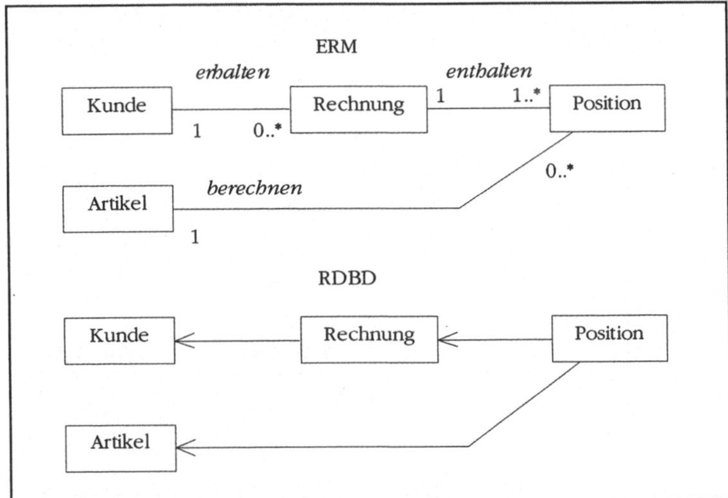

Abbildung 3.18 ERM und RDBD von Geschäftsvorfall *Rechnung*

3.8 RDBD der Geschäftsvorfallkette Kunde

Die Erkenntnisse aus der Ableitung des Geschäftsvorfalls *Rechnung* in Abbildung 3.18 können wir nun an der umfangreicheren Geschäftsvorfallskette *Kunde* anwenden, die wir im vorherigen Kapitel als ERM modelliert haben. Das Ergebnis ist das relationale Datenbankdiagramm *Kunde* in Abbildung 3.19.

Neben den bereits bekannten Fremdschlüsseln, mit denen die abhängigen Tupel eines Geschäftsvorfalls, z.B. *Anfrage* mit einem Kundentupel verbunden werden, und die Fremdschlüssel zur Verbindung der unterschiedlichen Positionstupel, z.B. *Anfrageposition*, mit einem Artikeltupel, sind hier die Fremdschlüssel zwischen den verschiedenen Positionsrelationen besonders hervorgehoben. Diese ermöglichen die Verkettung der einzelnen

Geschäftsvorfälle zu einer Geschäftsvorfallkette, z.B. *Angebotsposition* mit *Anfrageposition.*

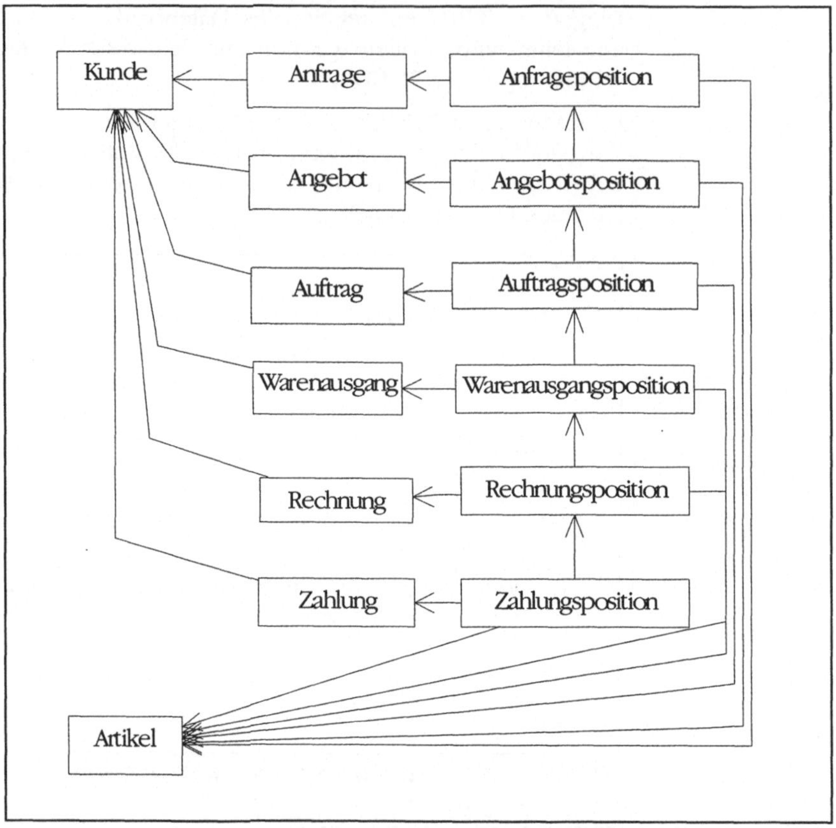

Abbildung 3.19 RDBD der Geschäftsvorfallskette *Kunde*

Aus dem Beispiel Geschäftsvorfallkette *Kunde* ist die Mächtigkeit einer klaren und einfachen Ableitungsstrategie der Arbeitsergebnisse der Analysephase in Gestalt eines ERM in die datenbankspezifischen Anforderungen der Entwurfsphase in Gestalt eines RDBD zu erkennen. Das RDBD ist nun der Bauplan der zu implementierenden Datenbank. Es ist das Ergebnis der methodisch miteinander verbundenen Analyse- und Entwurfsmethoden. Ihre Ergebnisse werden mit der Modellierungssprache UML dargestellt. Zusammengenommen erreichen wir durch die vorgestellte Methode einen architekturgetriebenen Entwicklungsprozess. Dieser führt von vagen Vorstellung über die Miniwelt zu einer wohlkonstruierten Datenbank. Diese hält sodann die Daten über die Miniwelt natürlich und integer zu Auswertungszwecken bereit.

3.9 Aufgaben

Lösen Sie die folgenden Aufgaben.

Aufgabe 1:

Das ERM einer Bestellanforderung sieht folgendermaßen aus:

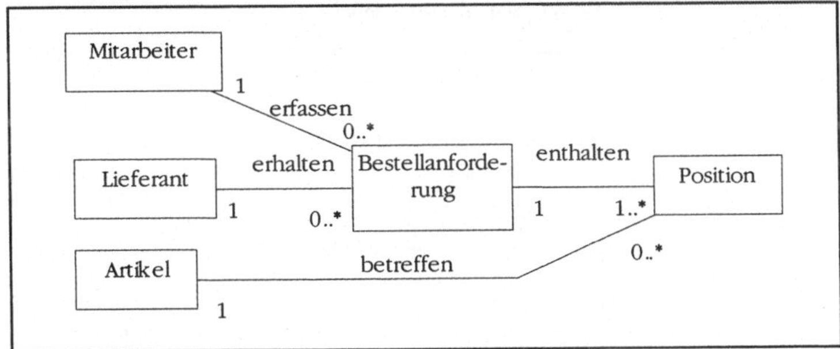

Erarbeiten Sie folgende Ergebnisse:

- Überführen Sie das ERM in ein RDBD mit Relationen in der dritten Normalform.
- Stellen Sie das RDBD in UML dar.

Aufgabe 2:

ERM Partner - Lieferant - Kunde:

Ein Partner kann ein Lieferant sein. Alternativ kann er auch ein Kunde sein. Er kann sogar beides sein, sowohl Kunde als auch Lieferant gleichzeitig. Die gemeinsamen Attribute von Lieferant und Kunde sind in den Superentitätstyp Partner verlagert. Die unterschiedlichen Attribute sind in den jeweiligen Subentitätstypen angesiedelt.

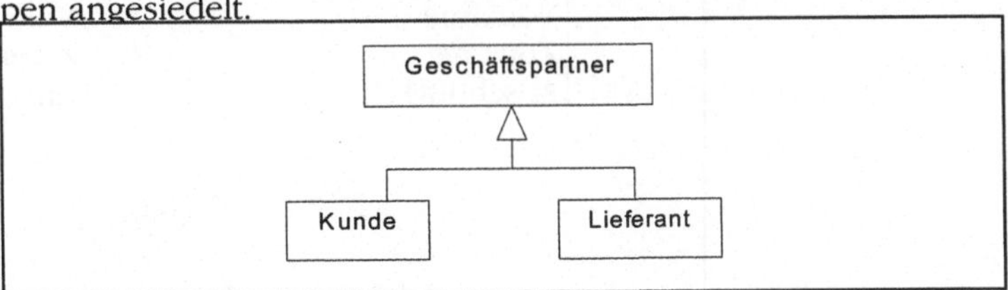

Erarbeiten Sie folgende Ergebnisse:

- Überführen Sie das ERM in ein RDBD mit Relationen in der dritten Normalform.
- Stellen Sie das RDBD in UML dar.

Aufgabe 3:

In einem Fertigungsbetrieb wurde der Zusammenhang zwischen den Mitarbeitern und den von ihnen bedienten Maschinen in einem ERM dargestellt.

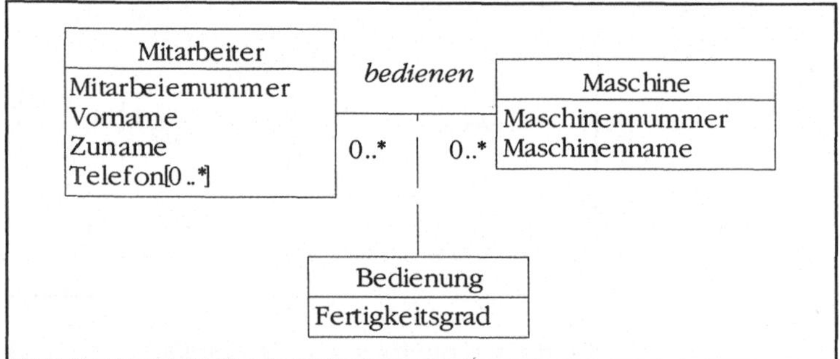

Erarbeiten Sie folgende Ergebnisse:

- Überführen Sie das ERM in ein RDBD mit Relationen in der dritten Normalform.
- Stellen Sie das RDBD in UML dar.

Aufgabe 4:

Im Laufe ihres Lebens können Männer und Frauen mehrmals verheiratet sein. Auch können sie mehrere Anschriften haben.

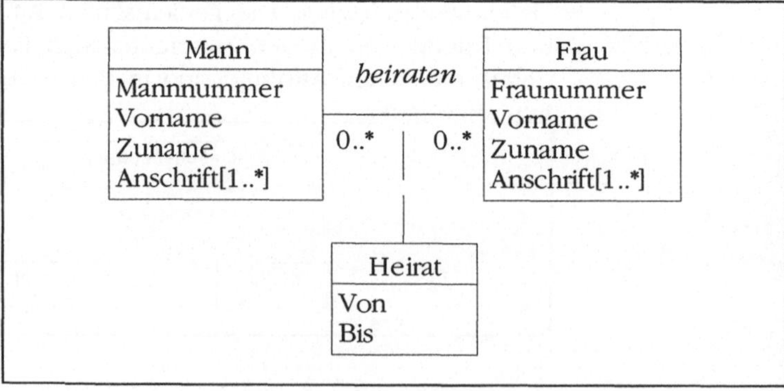

Erarbeiten Sie folgende Ergebnisse:

- Überführen Sie das ERM in ein RDBD mit Relationen in der dritten Normalform.
- Stellen Sie das RDBD in UML dar.

Aufgabe 5:

Die Bücherverwaltung einer Bibliothek wurde in einem ERM dargestellt.

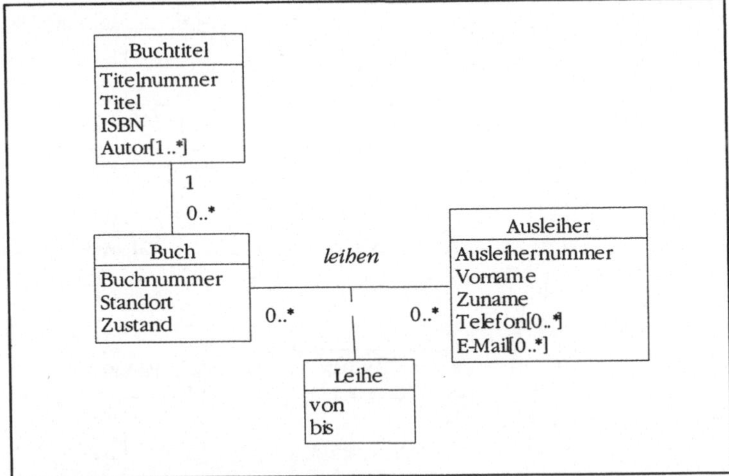

Erarbeiten Sie folgende Ergebnisse:

- Überführen Sie das ERM in ein RDBD mit Relationen in der dritten Normalform.
- Stellen Sie das RDBD in UML dar.

Aufgabe 6:

Die Prozesskette *Lieferant* besteht aus dem Zusammenhang folgender Entitätstypen.

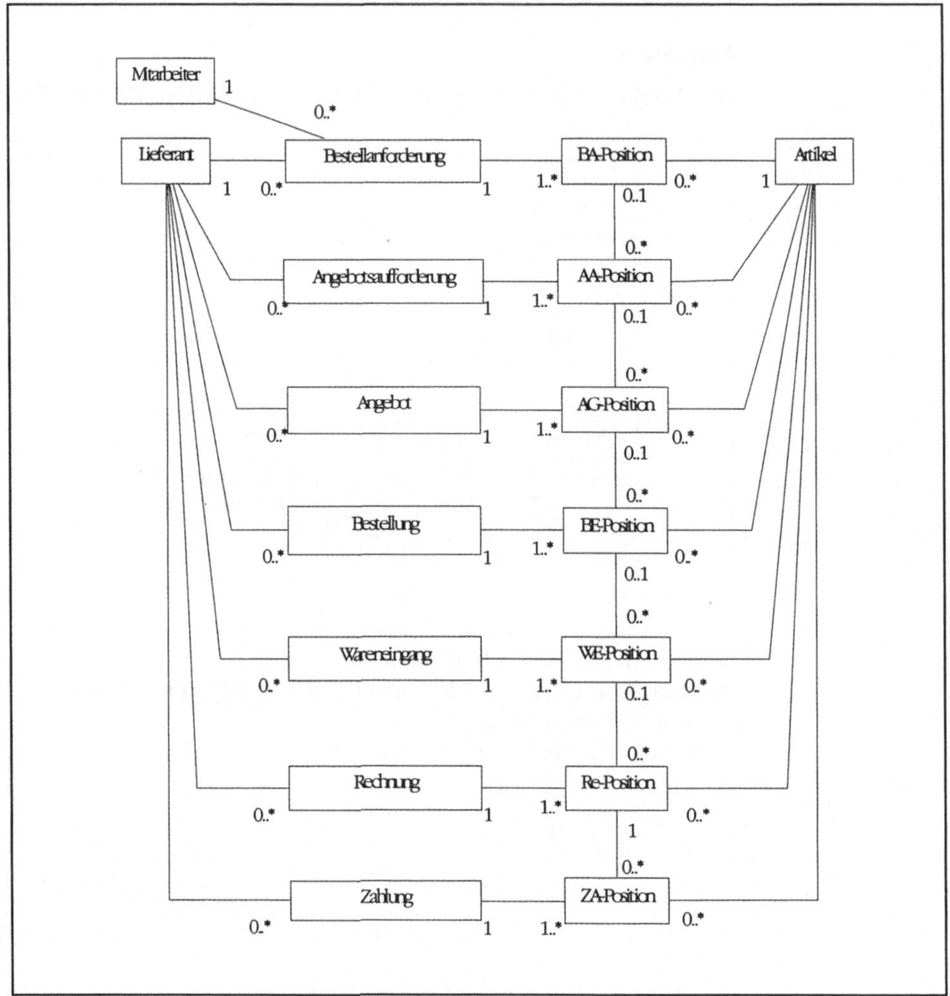

Erarbeiten Sie folgende Ergebnisse:

- Überführen Sie das ERM in ein RDBD mit Relationen in der dritten Normalform.
- Stellen Sie das RDBD in UML dar.

4 Datenbanken und die Sprache SQL

In diesem Kapitel lernen Sie,

- weshalb man eine Datenbank einsetzt
- was die Datenbanksprache SQL ist und
- wie man eine DB2-Datenbank anlegt und löscht.

Mit Ihrem erworbenen Wissen können Sie sodann DB2-Datenbanken anlegen und löschen.

4.1 Datenbanken

Datenbanken sind heute der Kern betriebswirtschaftlicher Anwendungssysteme und nicht nur dieser. Mit ihrem Einsatz werden viele Ziele verfolgt.
Die wichtigsten sind:

- Datenunabhängigkeit der Anwendungsprogramme
- Verlässliche Richtigkeit der Daten - Integrität
- Zentrale Verwaltung der Daten
- Datensicherheit und Datenschutz.

Datenunabhängigkeit der Anwendungssoftware

Das Ziel und die Forderung nach Datenunabhängigkeit besagt, dass in den Anwendungsprogrammen kein Wissen enthalten sein darf über die Struktur der Daten in der Datenbank und die Zugriffspfade, um auf diese Daten zuzugreifen.
Die Datenunabhängigkeit kann man somit einteilen

- in die physische Datenunabhängigkeit und
- in die logische Datenunabhängigkeit und diese nochmals
- in die Datenstrukturunabhängigkeit und
- in die Zugriffspfadunabhängigkeit.

Die physische Datenunabhängigkeit ist erreicht, wenn in einem Anwendungsprogramm keine Information über die Physik der Datenhaltung niedergelegt ist. Solche Informationen könnten beispielsweise die Namen der Datenträger sein, Laufwerksbezeichnungen, Zylindernummer und Spurnummern über die Lage der Daten auf einer Magnetplatte, Satzlängen, Satzformate und Blockformate usw.

Die Datenstrukturunabhängigkeit eines Anwendungsprogramms ist gegeben, wenn kein Wissen über die Struktur der Datensätze in der Datenbank im Programm verankert ist.
Die Zugriffspfadunabhängigkeit schließlich ist erreicht, wenn in einem Anwendungsprogramm kein Wissen über die erforderlichen Datenzugriffe in Gestalt von kompliziert verwobenen Leseanweisungen vorhanden ist. An deren Stelle ist lediglich eine Leseanweisung für beliebige Daten vorhanden. Wie diese Leseanweisung bedient wird, bleibt Aufgabe des Datenbankprozessors. Hierdurch wird das Anwendungsprogramm von der Datenzugriffslogik befreit und wesentlich vereinfacht.

Datenstrukturunabhängigkeit

Zugriffspfadunabhängigkeit

Da die Anwendungsprogramme beim Einsatz von Datenbanken somit von diesem Ballast befreit sind, sind sie in ihrem Aufbau einfacher und unempfindlicher gegenüber Strukturänderungen in der Datenbank. Dadurch kann die Anwendungssoftware wirtschaftlicher erstellt, verändert und gewartet werden. Weiterhin kann die Datenbankstruktur den sich ändernden Anforderungen flexibel angepasst werden, ohne eine Vielzahl an Anwendungsprogrammen hierdurch mit hohem Aufwand ändern zu müssen.

Die aus den Anwendungsprogrammen herausgelöste Zugriffslogik auf die Daten der Datenbank und die hierfür erforderlichen Metadaten müssen schließlich doch rechtzeitig verfügbar sein. Den Zeitpunkt, zu dem sie verfügbar gemacht werden, bezeichnet man als Bindungszeitpunkt. Bindungszeitpunkte liegen generell in der Zeitspanne zwischen der Niederschrift des Quellprogramms und dem Zugriff auf die Nutzdaten. Sie werden grob eingeteilt in solche mit früher und später Bindung.

Bindungszeitpunkt

Frühe Bindungszeitpunkte liegen vor dem Ladezeitpunkt eines Anwendungsprogramms. Leicht zu unterscheiden sind folgende Zeitpunkte:

- Zeitpunkt der Programmniederschrift.
- Zeitpunkt der Übersetzung mit der Integration vorgefertigter Quellprogrammtexte mit Struktur- und Zugriffsanweisungen.
- Zeitpunkt des Bindens übersetzter Module zu einer Anwendung.

Von Später Bindung spricht man, wenn die Metadaten zur Erzeugung der Zugriffspläne zwischen dem Ladezeitpunkt des Anwendungsprogramms und dem tatsächlichen Nutzdatenzugriff liegen. Die signifikanten Zeitpunkte sind hier:

- Zeitpunkt des Ladens des Programms in den Arbeitsspeicher.

- Zeitpunkt der Vorbereitung des Nutzdatenzugriffs.
- Zeitpunkt des Nutzdatenzugriffs.

Je früher der Bindungszeitpunkt liegt, desto abhängiger sind die Anwendungsprogramme von der Datenhaltung. Andererseits sind sie aber auch effizienter und schneller in ihrer Arbeit. Umgekehrt gilt natürlich auch, dass je später der Bindungszeitpunkt gewählt wird, desto unabhängiger sind die Anwendungsprogramme von der Datenhaltung. Der Preis hierfür ist eine langsamere Programmausführung und ein höherer Betriebsmittelverbrauch an Computerressourcen. Die Wahl des richtigen Bindungszeitpunktes hängt somit davon ab, wie unabhängig und wie schnell die Anwendungsprogramme bzw. der sie ausführende Computer sein müssen, um ihre Aufgabe zu erfüllen.

Integrität

Redundanzfreiheit

Hinter dem Ziel der jederzeitigen verlässlichen Richtigkeit der Daten, das mit dem Begriff der Datenintegrität beschrieben wird, steht ganz zentral die Forderung nach Redundanzfreiheit der Daten in der Datenbank. Bei redundanzfreien Daten gibt es das Problem von Inkonsistenzen bei Änderungsoperationen an mehreren Datenkopien nicht. Eine redundanzbedingte und schwer zu beherrschende Gefährdung der Integrität der Daten ist somit nicht gegeben.

Mit dem Einsatz einer Datenbank erfolgt in mehrerer Hinsicht eine Zentralisierung.

Metadaten

- Zentralisierung der redundanzfreien Nutzdaten und der sie beschreibenden Metadaten im Metadatenverzeichnis des Datenbankprozessors.
  Die vorher übliche dateiorientierte Datenhaltung auf beliebigen Datenträgern an beliebigen Speicherorten ohne eine konsistente Beschreibung dieser Daten durch Metadaten gehört der Vergangenheit an.

Datenintegrität

- Zentralisierung von Überwachungsaufgaben im Datenbankprozessor, damit die Datenintegrität gewährleistet werden kann.
- Zentralisierung von aufwendigen Datenauswertungen im Datenbankprozessor, um die Kosten für die Datenübertragung über das Netzwerk zu minimieren.
- Zentralisierung der Definition neuer Daten, der Pflege vorhandener Definitionen und der Formulierung komplexer Datenauswertung durch eine qualifizierte und spezialisierte Datenbankadministration.

Datensicherheit

Die zentralisierte Datenbankadministration muss auch für die Datensicherheit sorgen, indem in erforderlichem Umfang Datensicherungskopien erstellt werden, so genannte backups. Bei Bedarf kann hieraus in kurzer Zeit der aktuelle Zustand der Datenbank wieder hergestellt werden. Dies ist manchmal erforderlich, wenn schwer wiegende Datenträgerprobleme auftreten, z.B. bei einem so genannten head crash, d.h. wenn der Schreib-/Lesekopf einer Magnetplatte diese berührt. Hierbei wird normalerweise die Plattenhardware zerstört und die hierauf gespeicherten Daten gehen verloren.

Datenschutz

Daten stellen für ein Unternehmen ein teueres und besonders schutzwürdiges Gut dar. Sie dürfen oft auch nur einem berechtigten Personenkreis zur Kenntnis gebracht oder für Veränderungsoperationen diesem verfügbar gemacht werden. Auch für den Schutz der Daten ist die Datenbankadministration zuständig. Sie vergibt an berechtigte Personen Kennwörter. Nur bei Nennung dieser Kennwörter sind lesende und verändernde Datenzugriffe auf beliebig fein strukturierte Daten sodann möglich und die Daten sind vor unbefugtem Zugriff geschützt.

Bei einer zentralisierten und redundanzfreien Datenhaltung müssen vom Datenbankprozessor mehrere komplizierte Aufgaben gelöst werden.

Aufwand für Redundanzfreiheit

- Über unterschiedliche Zugriffspfade muss auf die Daten ein optimaler Zugriff möglich sein.
- Parallele und konkurrierende Zugriffe müssen serialisiert und nacheinander abgearbeitet werden.
- Hierzu müssen Zugriffssperren, so genannte Semaphoren, effizient und fein granular gesteuert werden.
- Treten beim kreuzweisen Sperren von Daten Verklemmungen auf, müssen diese von Datenbankprozessor erkannt und anwendungsneutral gelöst werden.
- Zusammenhängende Veränderungsoperationen an mehreren Daten müssen entweder komplett oder überhaupt nicht durchgeführt werden. Hierfür muss der Datenbankprozessor die Veränderungsarbeit in Transaktionen organisieren, in deren Rahmen eine Datenbank von einem konsistenten Ausgangszustand in einen wiederum konsistenten Ergebniszustand überführt wird.

Technisch gesehen ist eine Datenbank eine Zusammenfassung von Daten, die gemeinsam verwaltet werden. Die Verwaltung wird von einem Datenbankverwaltungssystem vorgenommen. Hierzu benötigt dieses System zahlreiche Metadaten, die die Struktur der zu verwaltenden Nutzdaten beschreiben.

Ein Datenbanksystem besteht somit

- aus einem Datenbankverwaltungssystem in Gestalt eines umfangreichen Programmsystems
- und aus einer Datenbank; diese besteht wiederum aus
  - einem Metadatenverzeichnis, dem Datenbankkatalog und
  - den Nutzdaten.

4.2 Datenbankarten

In den vergangenen fünfunddreißig Jahren wurden sechs Datenbankarten entwickelt. Sie unterscheiden sich wesentlich darin, in welcher Gestalt sie dem Anwender die Nutzdaten präsentieren. Ihre Namen sind folgende:

- Hierarchische Datenbank
- Netzwerkdatenbank
- Relationale Datenbank
- Objektorientierte Datenbank
- Universelle objektrelationale Datenbank
- XML-Datenbank

Bei den hierarchischen Datenbanken präsentiert der Datenbankprozessor die Daten in Form von Datenbäumen. Der Einstieg in den hierarchischen Datenbanksatz erfolgt in der Regel im Wurzelsegment. Mit folgenden Leseoperationen können die hiervon abhängigen Satzsegmente nacheinander ausgelesen werden.

Bei der Netzwerkdatenbank stellt der Datenbankprozessor dem Benutzer einen Datenbanksatz in Gestalt eines Netzwerkes von Satzsegmenten dar. In diesem Netzwerk kann der Benutzer lesend navigieren und hierbei die von ihm gewünschten Segmente lesen.

Bei der relationalen Datenbank bietet der Datenbankprozessor dem Benutzer die Daten in Form von Tabellen an, die Satzmengen enthalten. Die einzelnen Zeilen dieser Tabellen können Zeile für Zeile gelesen werden.

Bei einer objektorientierten Datenbank übergibt der Datenbankprozessor die Daten in Gestalt von beliebig strukturierten Objekten. Der Benutzer greift auf die einzelnen Elemente in der Art zu, wie er es in objektorientierten Programmiersprachen gewohnt ist.

Bei universellen objektrelationalen Datenbanken präsentiert der Datenbankprozessor dem Benutzer die Daten in Form von Tabellen oder in Form von Objekten oder in einer Kombination hieraus. Im letzteren Fall stehen an den Kreuzungspunkten von Zeilen und Spalten einer Tabelle ganze Objekte und nicht mehr notwendigerweise Skalare.

DB2-UDB

Diese Art von Datenbanken ist in der kommerziellen Anwendungspraxis heute und zukünftig gebräuchlich. Speziell auch DB2-UDB (Univeral DataBase) ist dieser Datenbankart zuzuordnen. Auch die im Fortgang dieses Buches dargestellte Datenbanksprache SQL ist eine sprachliche Fassung des universellen objektrelationalen Datenbankkonzeptes.

XML

Bei XML-Datenbanken präsentiert der Datenbankprozessor dem Benutzer ganze Dokumente oder Teile hieraus. Die Beschreibung der Dokumenteninhalte erfolgt in der Datenbeschreibungssprache XML (Extended Markup Language).

4.3 Die Datenbanksprache SQL

Codd

relationale Algebra

Die Datenbanksprache SQL (engl. Structured Query Language, strukturierte Anfragesprache) ist eine sprachliche Fassung des relationalen Datenbankmodells, das von E. F. Codd im Jahre 1970 entwickelt wurde. Sie enthält Sprachmittel zur Definition und Manipulation von Relationen sowie der Steuerung von Zugriffsrechten. Die Manipulationssprache umfasst Spracheinrichtungen zum Einfügen, Verändern und Löschen von Daten in Relationen sowie zum Wiedergewinnen von Daten aus Relationen. Das Besondere hierbei ist, dass der Benutzer sich die Relationen als zweidimensionale Tabellen vorstellen kann, und die Sprachmittel für die Datenwiedergewinnung die relationale Algebra zum Ausdruck bringt. Speziell der betriebswirtschaftliche Benutzer kann mit Tabellen gut umgehen. Damit ist seine Sicht auf die Daten in der Datenbank für ihn einfach und natürlich.

Neben diesen fundamentalen Sprachmitteln von SQL gibt es noch weitere zur Definition von Datenbankobjekten, wie beispielsweise von Datenbanken selbst, Tabellen, benutzerdefinierten Typen, Indexen, externen Sichten usw. Auf Einzelheiten werden wir in den folgenden Kapiteln detailliert eingehen.

deskriptive, mengenorientierte Sprache

SQL ist eine deskriptive und mengenorientierte Sprache. Mit einer deskriptiven Sprache formuliert man, was ein Computer produzieren soll. Das Wie, also die einzelnen Arbeitsschritte zur Erzielung dieses Ergebnisses, ist Aufgabe des Datenbankprozessors, beispielsweise von DB2. Mengenorientiert ist SQL deshalb, weil immer Mengen von Daten und nicht einzelne Datensätze Gegenstand der Datenmanipulation sind.

SQL-Norm

Sprachkern

Obwohl SQL bereits in mehreren ISO/ANSI-Normen genormt wurde (ISO: International Organisation for Standardization, ANSI: American National Standards Institute), statten die SQL-Hersteller ihre SQL-Datenbankverwaltungssysteme mit Sprachumfängen aus, die lediglich einen gemeinsamen Sprachkern haben.

SQL-Dialekt

Darüber hinaus weichen sie aber erheblich von der aktuellen Norm ab. Die hierbei entstehenden SQL-Dialekte verhindern in gewissem Umfang die Übertragbarkeit (Portabilität) von SQL-Anwendungssoftware innerhalb der unterschiedlichen Systeme. Auch die Portabilität der SQL-Kenntnisse wird hiermit erschwert.

Sogar die verschiedenen SQL-Implementierungen von IBM sind solche SQL-Dialekte, die weder zur aktuellen Norm noch untereinander voll kompatibel sind.

4.4 Entwicklungsgeschichte von SQL

SEQUEL

Auf Basis des relationalen Datenbankmodells, das E. F. Codd im Jahre 1970 einführte, entwickelte IBM 1974 die Datenbanksprache SEQUEL (Structured Englisch QUEry Language). Ab dem Jahre 1976 wurde in den Datenbanklabors der IBM der Prototyp eines relationalen Datenbankprozessors erarbeitet. Er hieß System R. Zu seiner Steuerung wurde SEQUEL und ihre Nachfolgerin SEQUEL2 eingesetzt. Der erste kommerziell verfügbare relationale Datenbankprozessor wurde von der Firma Oracle Corporation im Jahre 1979 auf den Markt gebracht. Hierauf folgte von IBM im Jahre 1980/81 SQL/DS und im Jahre 1982/83 DB2 (Database 2).

SQL89 - SQL1
SQL92 - SQL2

Die Normungsarbeit an SQL begann im Jahr 1982. Als Basis wurde SQL/DS genommen. Bereits 1986 wurde der SQL-Standard bei ANSI eingereicht und von der ISO 1987 akzeptiert. Seine Revision wurde im Jahre 1989 als SQL89 (oder SQL1) publiziert. Dieser erste Standard musste jedoch wegen seinen Schwächen bald darauf nochmals überarbeitet werden. Das Ergebnis war SQL92 (oder SQL2), das im Jahr 1992 publiziert wurde.

SQL:2003 - SQL3

Zwischenzeitlich hatte die Objektorientierung zunächst in der Programmierung und dann auch im der Entwurfs- und Analysephase der Softwareentwicklung ihren Siegeszug angetreten. Ihre überzeugenden Konzepte gingen an den Datenbankentwicklern nicht spurlos vorbei. Deshalb wurde gleich nach der Verabschiedung von SQL92 an der neuen SQL3-Norm gearbeitet. Ende 1999 wurde ihre erste Fassung publiziert. Im Frühjahr 2003 trat sie sodann als SQL:2003 in Kraft.

Objektorientierung

Es kann damit gerechnet werden, dass auch diese Norm nicht sehr lange aktuell sein wird. So wird wohl in den kommenden sechs bis acht Jahren wieder mit einer neuen SQL-Norm zu rechnen sein. Arbeiten daran laufen auf Hochtouren. Neue Anforderungen, wie beispielsweise eine bessere Integration von XML, stehen dringend zur Normung an.

4.5 Einteilung der SQL-Sprachelemente

DDL

DML

DCL

Die Sprache SQL kann in eine Datendefinitions- und eine Datenmanipulationssprache sowie eine Berechtigungssprache eingeteilt werden. Mit den Sprachelementen der Datendefinitionssprache (*DDL*, engl. Data Definition Language oder Data Description Language) werden die Datenbankobjekte beschrieben. Die Datenmanipulationssprache (*DML*, engl. Data Manipulation Language) dient dem Schreiben, Löschen, Verändern und Lesen (Wiedergewinnen) von Daten. Mit der Berechtigungssprache (*DCL*, engl. Data Control Language) werden Zugriffsrechte für den Zugriff auf Datenobjekte erteilt und entzogen.

SQL- Strukturierte Abfragesprache

DDL Datendefinitionssprache

DDL Datenmanipulationssprache

DCL Zugriffsberechtigungssprache

Abbildung 4.1 Einteilung der Datenbanksprache SQL

Die besondere Mächtigkeit des relationalen Datenbankmodells und der darauf aufbauenden Datenbanksprache SQL ist die Mengenorientierung der zentralen Sprachelemente. Das bedeutet beispielsweise, dass als Ergebnis einer Datenbankanfrage nicht nur ein Tupel beim Datenbankbenutzer angeliefert wird, wie dies bei den älteren Datenbanksystemen (z.B. IMS) üblich ist, sondern, dass prinzipiell beliebig viele Tupel an der Schnittstelle zwischen dem Datenbankverwaltungssystem und dem Benutzer von SQL präsentiert bzw. an SQL übergeben werden. Gleiches gilt für Veränderungsoperationen.

Cursor

Damit auch die herkömmlichen Programmiersprachen, die dieses Mengenkonzept nicht unterstützen, mit SQL-Datenbanken kommunizieren können, werden die ausgewählten Tupelmengen auf Wunsch auch auf Basis einzelner Tupel an der Programmiersprachenschnittstelle von SQL dem Anwendungsprogramm übergeben. Eine solche Tupelmenge bezeichnet man englisch als *current set of records*, abgekürzt als Cursor.

Befehl
Kommando

Anweisung

Eine weitere Besonderheit von SQL liegt darin, dass viele SQL-Befehle sowohl als Kommando wie auch als Anweisung verwendet werden können. Ein Befehl wird als Kommando eingesetzt, wenn er sofort nach seiner Eingabe in den Computer von diesem ausgeführt werden soll. Kommandos ermöglichen eine Kommunikation zwischen Benutzer und Datenbanksystem. Den Kommandomodus bezeichnet man auch als interaktiven Modus. Als Anweisung verwendet, kommt ein Befehl erst dann zur Ausführung, wenn das ihn enthaltende Programm ausgeführt wird. Hier dient ein SQL-Befehl der Kommunikation zwischen Anwendungsprogramm und Datenbanksystem.

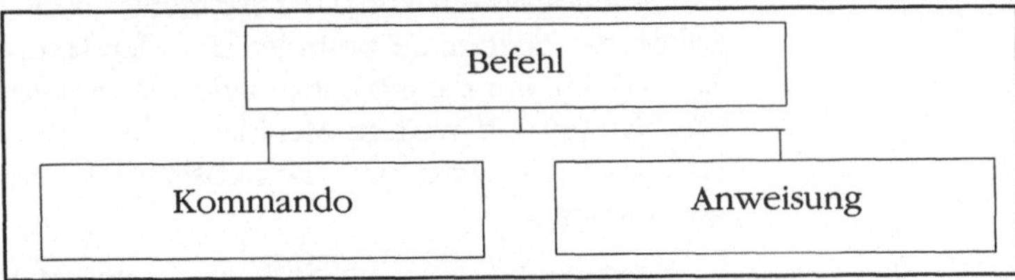

Abbildung 4.2 Verwendungsarten von SQL-Befehlen

Neben der Terminologie zur Bezeichnung der Konstruktionselemente von Datenbankmodellen des relationalen Datenbankmodells, die in den vorausgehenden Kapiteln verwendet wurde, gibt es in SQL Synonyme, d.h. gleich bedeutende Bezeichnungen für diese relationalen Begriffe. Die relationalen Begriffe werden dabei hauptsächliche in der Definitionsphase und den Definitionsdokumenten verwendet. Sie drücken schwerpunktmäßig konzeptionelle Entwurfüberlegungen und Entwurfsentscheidungen aus. Die korrespondierenden SQL-Begriffe werden bevorzugt in der Implementierungsphase der entworfenen Konstrukte eingesetzt. Sie assoziieren gegenständlich und pragmatisch die Sachverhalte, mit denen man es bei der Implementierung praktisch zu tun hat. Die folgende Übersicht zeigt die gegenseitigen Entsprechungen zwischen der relationalen und der SQL-Terminologie.

Relationaler Begriff Entwurfsebene	**SQL-Begriff Implementierungsebene**
Relation	Tabelle
Attribut	Spalte
Tupel	Zeile
Wert	Wert
Domäne	Wertebereich

Abbildung 4.3 Gegenüberstellung von relationalen und SQL-Begriffen

4.6 Katalogsystem von DB2

Systemtabellen

SQL verwaltet die Strukturinformationen über Datenbanken in Metadatenverzeichnissen. Metadaten sind beschreibende Daten über andere Daten, die meistens Nutzdaten sind. Das Metadatenverzeichnis wird in DB2 als Katalog bezeichnet. Dieser besteht aus vielen Tabellen, den so genannten Systemtabellen.

Hauptkatalog

Das Katalogsystem von DB2 ist hierarchisch organisiert. An der Spitze der Hierarchie befindet sich der Hauptkatalog. Er ist der Katalog für die datenbankspezifischen Kataloge und enthält deren Namen und weitere Metadaten zu deren Beschreibung. Der Hauptkatalog wird im Betriebssystemverzeichnis SQLDBDIR gespeichert.

Unterkatalog

Je Datenbank wird von SQL ein Unterkatalog geführt, der in einer Vielzahl von Systemtabellen alle Metadaten enthält, die diese Datenbank beschreiben. Die Katalogtabellen eines Kataloges sind Informationsverzeichnisse, die nach dem relationalen Datenbankmodell strukturiert sind und nach dessen Philosophie beschrieben und verwaltet werden. Der Benutzer kann aus diesen Systemtabellen mit dem Lesebefehl *SELECT* die Metadaten lesen und auswerten. Jeder Benutzerkatalog wird in einem eige-

SELECT

nen Betriebssystemverzeichnis gespeichert. Die Verzeichnisnamen lauten SQL00001, SQL00002 usw.

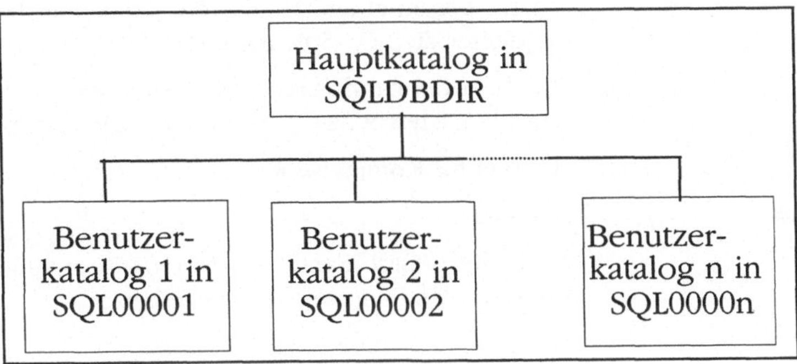

Abbildung 4.4 Struktur des Katalogsystems von DB2

4.7 Befehlszeilenprozessor

SQL-Befehle kann man in zwei DB2-Werkzeugen als Kommandos ausführen lassen. Das alte Werkzeug ist der Befehlszeilenprozessor. Er präsentiert sich dem Benutzer im Aussehen eines Kommandofensters des Betriebssystems. Seine moderne Ausführung ist die Befehlszentrale. Sie besitzt eine grafische Benutzeroberfläche. Sie kann elegant mit der Maus bedient werden und ist im Vergleich zum Befehlszeilenprozessor recht benutzerfreundlich.

Zunächst wollen wir kurz den Befehlszeilenprozessor beschreiben. Mit seiner Hilfe kann man DB2-Kommandos und SQL-Befehle im Kommandomodus eingeben und vom Datenbankprozessor sofort ausführen lassen. Gestartet wird der Befehlszeilenprozessor mit

```
Start->Programme->IBM DB2->
Befehlszeilentools->Befehlszeilenprozessor
```

Hierauf meldet sich der Befehlszeilenprozessor mit seinem eigenen Bereitschaftszeichen (engl. command prompt):

db2 =>

db2 =>

Hinter dem Bereitschaftszeichen des Befehlszeilenprozessors können sodann die DB2-Kommandos zur Steuerung von DB2 und auch die SQL-Befehle im Kommandomodus eingegeben werden. Diese werden dann sofort an den Datenbankprozessor übergeben und von diesem ausgeführt. Anschließend wird das Ergebnis am Bereitschaftszeichen zurückgemeldet. Die Kommandos können in Groß- oder Kleinschrift eingegeben werden. Um sie in diesem Buch hervorzuheben, werden sie in Großbuchstaben geschrieben. Hierdurch kann der Leser schneller und bequemer die SQL-Sprache erlernen.

Welche Kommandos eingebbar sind, erfährt man durch Eingabe eines Fragezeichens (?) am Bereitschaftszeichen:

Beispiel für Kommandoliste:

Hilfe:
db2 =>?

db2 =>**?**

Auch die präzise Syntax eines DB2-Kommandos kann man sich mit Hilfe des Fragezeichens anzeigen lassen.

Beispiel für Syntax:

db2 => ? <DB2-Kommandobezeichner>

4.7.1 Datenbankprozessor starten

Damit DB2-Kommandos und SQL-Befehle ausgeführt werden können, muss zunächst der Datenbankprozessor gestartet werden. Der Start erfolgt durch Eingabe des Befehls DB2START am Bereitschaftszeichen des Befehlszeilenprozessors. Das Betriebssystem kann jedoch auch derart konfiguriert sein, dass der Datenbankprozessor automatisch beim Hochfahren des Betriebssystems gestartet wird. In diesem Fall erübrigt sich der explizite Start des Datenbankprozessors im Fenster des Befehlszeilenprozessors.

Die Syntax lautet:

```
DB2START
```

Beispiel:

db2 =>DB2START

4.7.2 Datenbanken auflisten

Mit dem DB2-Befehl LIST DATABASE DIRECTORY wird erreicht, dass alle im Hauptkatalog verwalteten Datenbanken im Befehlsfenster aufgelistet werden. Außer den Datenbanknamen werden noch deren Release-Stände und die Namen der Betriebssysteminhaltsverzeichnisse angegeben, in denen die jeweilige Datenbank verwaltet wird.

Die wesentliche Syntax lautet:

```
LIST DATABASE DIRECTORY
```

Beispiel:

db2 =>LIST DATABASE DIRECTORY

4.7.3 Datenbank erstellen

Mit Hilfe des Befehls CREATE DATABASE wird eine Datenbank vereinbart. Der Befehl bewirkt, dass DB2 ein Unterverzeichnis mit dem Namen SQL0000n anlegt. In dieses Unterverzeichnis legt DB2 sodann alle Katalogtabellen ab, die zusammen einen neuen SQL-Unterkatalog bilden. In diesem werden die Metadaten der neuen Datenbank abgelegt.

CREATE DATABASE Datenbank

Die wesentliche Syntax lautet:

```
CREATE DATABASE <Datenbankname>
```

Beispiel:

db2 =>CREATE DATABASE MoosDB

4.7.4 Verbindung zur Datenbank aufbauen

Bevor man mit einer Datenbank arbeiten kann, muss man mit dem SQL-Befehl CONNECT TO <Datenbankname> eine Verbindung zwischen der Sitzung des Befehlszeilenprozessors und der Datenbank herstellen. Anschließend kann mit geeigneten Befehlen auf die Datenbankobjekte zugegriffen werden.

CONNECT TO Datenbank

Die wesentliche Syntax lautet:

```
CONNECT TO <Datenbankname> USER <Benutzername>
```

Der Name des Benutzers und dessen Kennwort müsse dem Betriebssystem bekannt sein.

Beispiel:

Stelle Verbindung zur Datenbank mit dem Namen *MoosDB* her:

db2 => CONNECT TO MoosDB USER Moos

Zur erfolgreichen Durchführung des CONNECT-Befehls erfragt der Datenbankprozessor anschließend das Kennwort des angegebenen Benutzers.

Nach Ausführung des Befehls CONNECT TO <Datenbankname> beziehen sich sodann alle SQL-Befehle standardmäßig auf die mit <Datenbankname> benannte Datenbank und das Datenbankschema des angemeldeten Benutzers. Dies gilt sowohl für Befehle zur Datendefinition wie auch zur Datenmanipulation. Falls bei Ausführung des Befehls CONNECT TO <Datenbankname> eine andere Datenbank aktiv ist, wird diese vom System automatisch deaktiviert. Es kann somit immer nur eine Datenbank mit dem Befehlszeilenprozessor verbunden sein.

4.7.5 Verbindung zur Datenbank abbauen

Mit dem Kommando CONNECT RESET wird die gerade aktive Datenbankverbindung deaktiviert. Nach Ausführung des Kommandos ist sodann keine Datenbank für die aktuelle Sitzung mehr verfügbar.

Die wesentliche Syntax lautet:

```
CONNECT RESET
```

Beispiel:

db2 => CONNECT RESET
Zum selben Ergebnis führt auch die Ausführung des folgenden SQL-Befehls :

```
DISCONNECT CURRENT
```

Beispiel:

db2 => DISCONNECT CURRENT

4.7.6 Datenbank löschen

Mit dem Kommando DROP DATABASE <Datenbankname> wird eine Datenbank gelöscht. Das Dateiverzeichnis dieser Datenbank im Betriebssystem, alle ihre Datenbankobjekte, ihr Datenbankkatalog und der Datenbankname im Hauptkatalog des Datenbankprozessors werden hierbei ebenfalls gelöscht.

Es ist nicht möglich, eine aktive Datenbank zu löschen. Ist eine Verbindung zu einer zu löschenden Datenbank aufgebaut, so muss vor Ausführung des Befehls DROP DATABASE die aktive Datenbank mit dem Befehl CONNECT RESET deaktiviert oder eine andere Datenbank mit dem Befehl CONNECT TO aktiviert werden.

Die Syntax lautet:

```
DROP DATABASE <Datenbankname>
```

Beispiel:

db2 => DROP DATABASE MoosDB

4.7.7 Datenbankprozessor stoppen

Den aktiven Datenbankprozessor, der mit dem Befehl DB2START aktiviert wurde, muss man auch deaktivieren können. Hierzu dient der DB2-Befehl DB2STOP. Bei seiner Ausführung wird die Tätigkeit des Datenbankprozessors beendet und die von ihm belegten Betriebsmittel freigegeben.

Die Syntax lautet:

```
DB2STOP
```

Beispiel:

db2 =>DB2STOP

Zusammenfassung der bisher dargestellten Befehle

Die folgende Übersicht fasst die dargestellten DB2- und SQL-Befehle zusammen.

Befehl	Wirkung
DB2START	Starten des DB-Prozessors
DB2STOP	Stoppen des DB-Prozessors
CREATE DATABASE	Anlegen einer Datenbank
DROP DATABASE	Löschen einer Datenbank
CONNECT TO	Herstellung einer Verbindung zu einer Datenbank
CONNECT RESET DISCONNECT	Schließen einer Verbindung

Abbildung 4.5 Zusammenfassung der dargestellten Datenbank- und SQL-Befehle

Die dargestellten Datenbankbefehle für die Steuerung von Datenbanken gehören speziell zum IBM-Produkt DB2. Bei der Verwendung eines anderen Datenbanksystems können die entsprechenden Befehle teilweise anders lauten.

Bei den SQL-Befehlen halten sich die Datenbankhersteller enger an die SQL-Norm. Dadurch ist hier die Portabilität besser gegeben.

4.8 Befehlszentrale

Neben dem Befehlszeilenprozessor gibt es das Werkzeug *Befehlszentrale*. Es hat eine grafische Benutzeroberfläche. Hierdurch ist es bequem und übersichtlich zu benutzen.
Gestartet wird der Befehlszentrale mit

```
Start->Programme->IBM DB2->
Befehlszeilentools->Befehlszentrale
```

Hierauf meldet sich die Befehlszentrale. Sie ist ein umfangreiches Werkzeug mit einer Menüzeile, Werkzeugzeile und vier Reiterfenstern. In diesem Buch wird die SQL-Sprache vornehmlich im Prozedurfenster mit dem Reiter *Prozedur* exemplarisch dargestellt. Hierbei wird eine große Anzahl an Aufgabenstellungen aus der Wirtschaftsinformatik gelöst. Die Befehlszentrale dient nicht nur dem Datenbankadministrator, um SQL-Befehle zu entwickeln und zu testen. Sie kann auch ganz vortrefflich zum Erlernen der SQL-Sprache eingesetzt werden. Zu diesem Zweck wird sie in diesem Buch auch verwendet.
Ein SQL-Befehl besteht aus einem Befehlswort und weiteren den Befehl näher beschreibenden Klauseln. In der Befehlszentrale wird ein SQL-Befehl standardmäßig mit einem Semikolon abgeschlossen. Mehrere SQL-Befehle können im Prozedurfenster nacheinander niedergeschrieben werden. Sie bilden hierbei eine Folge und werden nacheinander abgearbeitet.
Syntax für die Eingabe von SQL-Befehlen im Eingabefenster der Befehlszentrale:

```
<Befehlswort> <Klauseln>;
[<Befehlswort> <Klauseln>;] ...
```

Beispiel:

CONNECT TO MoosDB USER Moos;

CONNECT RESET;

4.9 Aufgaben

1) Erstellen Sie eine Datenbank mit dem Namen moosdb.
2) Verbinden Sie Ihre Sitzung mit dieser Datenbank.
3) Listen Sie Ihre Tabellen mit dem Befehl LIST TABLES auf.

5 Die Datendefinitionssprache von SQL

In diesem Kapitel lernen Sie,

- wie man relationale Datenbankmodelle mit SQL in DB2 implementiert und
- wie man Tabellen definiert und löscht, sowie ihre Struktur verändert.

Mit Ihrem erworbenen Wissen können Sie sodann auch große und anspruchsvolle Datenbanken erstellen.

5.1 Katalog und Schema

Katalog

Während der Ausführung der Anweisung CREATE DATABASE wird hauptsächlich der Katalog dieser Datenbank generiert. Im Katalog werden später die Metadaten der Datenbankobjekte vom Datenbankprozessor verwaltet. Die Metadaten eines jeweiligen Benutzers werden in einem Schema zusammengefasst. Ein Schema ist deshalb die Zusammenfassung aller Metadaten, die bei der Definition von Datenbankobjekten eines Benutzers anfallen. Ein Schema kann explizit mit dem Befehl CREATE SCHEMA angelegt werden. Normalerweise wird es jedoch implizit vom Datenbankprozessor angelegt, wenn der Benutzer sein erstes Datenbankobjekt vereinbart. Der Name eines Schemas wird standardmäßig aus dem Benutzername abgeleitet, unter dem der Benutzer sich beim Datenbankprozessor angemeldet hat. Mit dem Befehl DROP SCHEMA wird ein Schema aus dem Katalog entfernt.

Schema

Die Syntax für beide Befehle lautet:

```
CREATE SCHEMA <Schemaname>
DROP SCHEMA <Schemaname> RESTRICT
```

Beispiel für Benutzer Moos:

```
CREATE SCHEMA Moos;
DROP   SCHEMA Moos RESTRICT;
```

Mit der Klausel RESTRICT wird ausgedrückt, dass nur ein leeres Schema gelöscht werden kann. Enthält ein Schema bereits Metadaten über sonstig Datenbankobjekte, so müssen diese vorher gelöscht werden, bevor auch das Schema gelöscht werden kann.

5.2 Schemaanweisungen von SQL

Alle Metadaten, die ihren Niederschlag im Katalog von DB2 finden, werden mit Schemaanweisungen definiert, modifiziert und gelöscht. Die Schemaanweisungen werden in zwei Arten eingeteilt, in die

- Schemadefinitionsanweisungen und die
- Schemamanipulationsanweisungen.

Eine Schemadefinitionsanweisung beginnt mit dem Befehlsbezeichner CREATE. Hierauf folgt ein Bezeichner, der ausdrückt, welche Objektart vereinbart wird. Anschließend wird der Name des Objektes aufgeführt. Zum Schluss folgen noch Klauseln, die Einzelheiten beschreiben.
Wenn beispielsweise die Tabelle Kunde vereinbart wird, lautet der Beginn der hierzu erforderlichen Schemadefinitionsanweisung:

```
CREATE TABLE Kunde ...
```

Mit den beiden Schemamanipulationsanweisungen ALTER und DROP werden vorhandene Metadaten im Katalog verändert bzw. aus dem Katalog entfernt. Auch hier folgt auf den Befehlsbezeichner ein weiterer Bezeichner, der die Art des betroffenen Objekts angibt, z.B. TABLE. Anschließend folgt der Name des betroffenen Objekts und bei Bedarf weitere Klauseln.

Die folgende Aufstellung vermittelt einen kurzen Überblick über die Schemabefehle für das wichtigste Katalogobjekt, die Tabelle.

Befehl	Bedeutung
CREATE TABLE	Tabelle wird vereinbart
ALTER TABLE	Metadaten der Tabelle werden verändert
DROP TABLE	Tabelle wird gelöscht

Abbildung 5.1 Schemabefehle für ein Katalogobjekt der Art Tabelle

5.3 Tabelle vereinbaren

Mit dem Befehl CREATE TABLE werden die Metadaten, die eine neue Benutzertabelle beschreiben, in das Schema des angemeldeten Benutzers und somit in den Katalog der aktiven Datenbank eingetragen. Der Tabellenname darf je Schema und somit auch je Benutzer nur einmal vergeben werden. Nach dem Eintrag existiert die Tabelle im Katalog. Sie enthält aber noch keine Nutzdaten. Sie ist also noch leer. Erst mit der Ausführung des ersten INSERT-Befehls werden die Nutzdaten in Form von Zeilen in die Tabelle eingefügt.

Fokus auf das gerade Wesentliche

Die genaue Syntax des Befehls CREATE TABLE ist recht umfangreich und sollte in den SQL-Sprachhandbüchern immer wieder eingesehen werden. In diesem Buch werden nur Auszüge der Syntax in der Backus-Naur-Notation angegeben, um die Aufmerksamkeit auf den gerade betrachteten Teil des Befehls zu lenken.

Die vereinfachte Syntax lautet:

```
CREATE TABLE <Tabellenname>
    (<Spaltenname> <Datentyp>
  [,<Spaltenname> <Datentyp>] ... )
```

Abbildung 5.2 Vereinfachte Syntax des Befehls CREATE TABLE

Die Spaltennamen müssen innerhalb der Tabelle eindeutig sein und dürfen aus maximal 128 alphanumerischen Zeichen und dem Sonderzeichen "Strich unten: _" bestehen, wobei das erste Zeichen ein Buchstabe sein muss. Zu den Buchstaben werden auch die drei Zeichen $, # und @ gezählt. Auch für die Bildung des Tabellennamens gilt diese Regel.

Gültige Namen sind beispielsweise:

- Kunde
- Kunde_1
- Kunde_#1

Backus-Nauer-Notation

Für die Beschreibung der Grammatik der SQL-Befehle wird in diesem Buch die gebräuchliche *Metasprache* nach Backus-Naur, die *Backus-Naur-Notation* verwendet. In den DB2-SQL-Büchern der IBM werden derzeit zum selben Zweck Syntaxdiagramme eingesetzt. In der Backus-Naur-Notation gelten die folgenden einfachen Regeln:

Metasprache

Symbol	Beschreibung
ABC	Werden Worte in der Syntax in Großbuchstaben geschrieben, werden sie in einem angewendeten Befehl genau so geschrieben, wie sie in der Syntaxbeschreibung notiert sind. Allerdings ist hier auch Kleinschrift möglich. Z.B.: CREATE TABLE Solche, in Großbuchstaben geschriebenen Worte, bezeichnet man als metasprachliche Konstanten.
<Abc>	In Normalschrift geschriebene und in Spitzklammern eingefasste Worte sind Platzhalter für sinngemäß einzusetzende Worte des SQL-Anwenders. Z.B.: <Tabellenname> Solchermaßen geschriebene Worte bezeichnet man als metasprachliche Variablen.
[a b]	In eckigen Klammern eingeschlossene Teile können verwendet werden. Z.B.: [,<Spaltenname> <Datentyp>] In eckigen Klammern geschriebene Teile sind Optionen bzw. „kann-Wahlen".
{a | b}	Von in geschweiften Klammern eingeschlossenen Worten muss eines ausgewählt werden. Z.B.: <Zeichenkette> {CHARACTER | CHAR} In geschweifte Klammern geschriebene Worte, die zusätzlich mit einem senkrechten Strich getrennt sind, sind Alternativen bzw. „muss-Wahlen". Der senkrechte Strich bedeutet ODER
...	... besagt, dass das davorstehende Konstrukt im Befehl wiederholt angegeben werden kann. Z.B.: [,<Spaltenname> <Datentyp>] **...** ... bedeutet somit eine Wiederholung.

Abbildung 5.3 Metasprache in Backus-Naur-Notation

Die Beschreibung einer Spalte besteht somit aus ihrem Namen und einem Datentyp. Der Spaltenname ist der selbe Name, der auch schon für die Benennung des der Spalte entsprechenden Attributes in der Relation verwendet wurde, die durch die Tabelle nun implementiert wird. Ein Datentyp ist eine Beschreibung der möglichen Werte und Operationen, die auf diese Werte anwendbar sind.

Als einführendes Beispiel soll die Relation *Kunde* mit ihren Attributen implementiert werden. Die Implementierung erfolgt in Gestalt der gleichnamigen Tabelle *Kunde*. Noch zu klären sind die Datentypen der Spalten in der Tabelle. Die Datenworte in den Spalten sind Textdaten. In der SQL-Sprache bezeichnet man Textdaten als Zeichendaten oder Zeichenketten. Der Typbezeichner lautet CHARACTER oder kurz CHAR. Auf diesen Typbezeichner folgt noch in runden Klammern eine Längenangabe. Sie legt fest, aus wie vielen Zeichen ein Datenwort in der Spalte maximal bestehen kann.

Mit den nun bekannten Regeln kann die Relation *Kunde* in der gleichnamigen Tabelle *Kunde* implementiert werden.

Kunde
Kundennummer Anrede Vorname Zuname Strasse PLZ Ort

Abbildung 5.4 Relation Kunde

Die Namen der Tabellenspalten werden aus den Attributnamen abgeleitet. In unserem Beispiel weichen wir von dieser Regel geringfügig beim Attribut Kundennummer ab. Diese Spalte benennen wir mit dem kürzeren Namen Kunden_Nr. Für die namensspezifischen Spalten wählen wir eine Länge von 15 Schreibstellen. Hierdurch kann eine Tabellenzeile in einer Bildschirmzeile später einfach dargestellt werden

```
CREATE TABLE Kunde                                    (1)
    (Kunden_Nr   CHAR ( 4),                           (2)
     Anrede      CHAR ( 4),                           (3)
     Vorname     CHAR (15),                           (4)
     Zuname      CHAR (15),                           (5)
     Strasse     CHAR (15),                           (6)
     PLZ         CHAR ( 5),                           (7)
     Ort         CHAR (15));                          (8)
```

Programm 5.1 Vereinbarung der Tabelle Kunde

Am rechten Ende unserer Programmzeilen werden wir Zeilennummern verwenden, damit wir im beschreibenden Text uns leicht auf die jeweilige Zeile beziehen können. Diese Zeilennummern sind nicht Bestandteil von SQL.

Vergleichen Sie das Programm 5.1 mit der Syntaxdefinition des CREATE TABLE Befehls in Abbildung 5.2. In Zeile (1) wird nach den Worten CREATE TABLE der Tabellenname *Kunde* festgelegt. Pate hierfür steht der gleichnamige Relationsname *Kunde*. Auch dieser hatte einen Paten, den Entitätstypnamen *Kunde*. Hieran ist zu erkennen, dass ein gutes Datenbankengineering die Bezeichnungen der sich entsprechenden Elemente in den Analyse-, Entwurfs- und Implementierungsdokumenten wortgetreu übernimmt. Durch die Durchgängigkeit der verwendeten Terminologie, die aus dem Anwendungsbereich stammen muss, ist der Zusammenhang der zusammengehörigen Konstrukte über die verschiedenen Entwicklungsphasen hinweg leicht zu erkennen.

In Zeile (2) wird die Liste der einzelnen Spaltendefinitionen mit einer *runden Klammer auf* eingeleitet. Die einzelnen Listenelemente werden durch Kommata sodann voneinander getrennt. In der Zeile (8) wird die schließende runde Klammer von einem Semikolon gefolgt. Dieses schließt den Befehl CREATE TABLE für das Werkzeug *Befehlszentrale* ab.

Exkurs auf folgende Kapitel

Damit Sie schon jetzt ein anfängliches Gefühl für den Wirkungszusammenhang der verschiedenen SQL-Befehle bekommen, wollen wir in die vereinbarte Tabelle *Kunde* eine Kundenzeile einfügen. Anschließend wollen wir sie auch wieder auslesen. Hierzu setzen wir die beiden SQL-Befehle INSERT und SELECT intuitiv und ohne weitere Erklärung ein. Mit dem Befehl INSERT fügen wir die Zeile ein. Mit SELECT lesen wir die Zeile aus der Tabelle aus. Eine genaue Beschreibung der Befehle werden wir Ihnen in den folgenden Kapiteln geben.

Im folgenden Beispiel werden die Daten des Kunden K001, Hugo Müller, in die Tabelle *Kunde* eingefügt.

```
INSERT INTO Kunde VALUES
   ('K001', 'Herr', 'Hugo', 'Müller',
    'Gartenstr. 4a', '69123', 'Heidelberg');
```

Anschließend werden die Daten von *K001* aus der Tabelle *Kunde* wieder gelesen:

```
SELECT *
   FROM Kunde;
```

Ergebnis:

```
KUNDEN_NR ANRADE VORNAME        ZUNAME
--------- ------ -------------- -------------
K001      Herr   Hugo           Müller

STRASSE          PLZ    ORT
---------------- ------ ---------------
Gartenstr. 4a    69123  Heidelberg
```

Programm 5.2 Schreiben in und Lesen aus einer Tabelle

Wie man sieht, gibt das Werkzeug *Befehlszentrale* die Daten in Tabellenform aus. Hierbei schreibt es die Spaltennamen als Spaltenüberschriften. Die Nutzdaten werden von der Überschrift durch einen Unterstrich getrennt ausgegeben.

5.4 Datentypen von SQL

Bevor wir uns mit der Vereinbarung von Tabellen detaillierter beschäftigen, wollen wir zunächst die in SQL möglichen Datentypen erklären. Bei der Vereinbarung einer Tabellenspalte muss dieser ein Datentyp zugeordnet werden.

Wertebereich

Operationen

Mit der Angabe eines Datentyps werden

- der datentypspezifische Wertebereich der Werte und
- die zulässigen Operationen mit diesen Werten

festgelegt.

Ein datentypspezifischer Wertebereich ist jedoch in der Regel größer als der Wertebereich, der mit Hilfe einer Domäne definiert wird. Eine Domäne ist ein attributspezifischer Wertebereich, der sich aus der Miniwelt der Anwendung ergibt. Wie man einen domänenähnlichen Wertebereich definiert, wird bei der Behandlung der Integritätsregel CHECK später dargestellt.

Die folgende Aufstellung ist eine Übersicht über die verfügbaren Datentypen in DB2-SQL und deren Bedeutung. Weiterhin enthält sie noch wichtige Informationen über Wertebereiche bei numerischen Daten und Datums-/Zeitdaten. Bei Zeichendaten sind die maximalen Längen angegeben.

Datentyp	Bedeutung
Numerische Datentypen:	
SMALLINT	Kleine duale Ganzzahl -32768 bis +32767
INTEGER bzw. INT	Mittlere duale Ganzzahl -2 147 483 648 bis +2 147 483 647
BIGINT	Große duale Ganzzahl -9 223 372 036 854 775 808 bis +9 223 372 036 854 775 807
DECIMAL bzw. DEC bzw. NUMERIC bzw. NUM	Dezimale Festkommazahl mit maximal 31 Dezimalstellen. Hierbei können alle Stellen für den gebrochenen Teil verwendet werden. Beispiel: Elfstellige Dezimalzahl, hiervon zwei Stellen für den Dezimalbruch: DECIMAL (11, 2)
REAL	Gleitkommazahl -3.402E+38 bis +3.402E+38
FLOAT bzw. DOUBLE	Gleitkommazahl -1.79769E+308 bis +1.79769E+308
Zeichendatentypen:	
CHARACTER (<Länge>) bzw. CHAR (<Länge>)	Zeichenkette fester Länge 1 bis 254 Zeichen Beispiel: CHARACTER (15)
VARCHAR (<Länge>) bzw. CHARACTER VARYING (<Länge>) bzw. CHAR VARYING (<Länge>)	Zeichenkette variabler Länge 1 bis 32672 Zeichen
LONG VARCHAR	Große Zeichenkette variabler Länge mit max. 32700 Zeichen
CLOB	Character Large Object: max. 2 147 483 647 Zeichen

Grafische Datentypen:	
GRAPHIC (<Länge>)	Grafikkette fester Länge 1 bis 127 Grafikzeichen
VARGRAPHIC (<Länge>)	Grafikkette variabler Länge 1 bis 16.336 Grafikzeichen
LONG VARGRAPHIC	Grafikkette variabler Länge mit max. 16.350 Grafikzeichen
DBCLOB	Große Grafikkette variabler Länge mit max. 1.073.741 Grafikzeichen
Objektorientierter Datentyp:	
BLOB	Großes Objekt in Binärform mit max. 2.147.438.647 Bytes
Datums-/Zeitdatentypen:	
DATE	Datum 0001-01-01 bis 9999-12-31
TIME	Uhrzeit 00:00:00 bis 24:00:00
TIMESTAMP	Zeitstempel 0001-01-01-00.00.00.000000 bis 9999-12-31-24.00.00.000000
Referenzierungsdaten:	
DATALINK	Link auf eine externe Datenquelle
REF	Referenz auf ein Objekt eines strukturierten Typs (Klasse)
Benutzerdefinierte Datentypen	Beliebige Datentypen aus Basisdatentypen abgeleitet

Abbildung 5.5 Datentypen in DB2-SQL

5.4.1 Numerische Datentypen

Mit numerischen Datentypen werden Spalten realisiert, deren Werte in Berechnungen verwendet werden. SQL erlaubt drei Arten der Arithmetik:

- Duale Ganzzahlarithmetik für einfaches Hochgeschwindigkeitsrechnen
- Dezimale Festkommaarithmetik für gesetzeskonformes (finanzamtsgerechtes) Rechnen
- Gleitkommaarithmetik für technisch/wissenschaftliches Rechnen.

Duale Ganzzahlen

Tabellenspalten mit den Datentypen

- SMALLINT
- INTEGER bzw. synonym INT
- BIGINT

Hochgeschwindigkeitsrechnen

können nur ganzzahlige Werte annehmen. Diese Werte werden in DB2-SQL im dualen Ganzzahlensystem dargestellt. Manchmal werden diese Zahlen auch Binarzahlen oder engl. integers genannt. Im dualen Zahlensystem sind bei der heutigen Computertechnik die schnellsten Rechenoperationen durchführbar. Hieraus ergibt sich der Vorteil und das Einsatzgebiet der dualen Ganzzahldatentypen. Der Nachteil liegt in der Einschränkung auf die Ganzzahlen. In der kommerziellen Datenverarbeitung wird sehr oft mit Geldbeträgen gerechnet. Die hierfür erforderlichen gebrochenen Zahlen müssen in dezimaler Festkommaform dargestellt werden, damit bei Divisionen gesetzeskonform gerechnet und gerundet wird.

Finanzamtsuntauglich

Die drei Dualzahltypen unterscheiden sich im Wertebereich der durch sie definierten Ganzzahlen, siehe Abbildung 5.5.

Die Syntax lautet:

```
SMALLINT
INTEGER bzw. INT
BIGINT
```

Beispiel:

In einer Tabellenspalte mit dem Namen *Schluessel* soll ein fortlaufender Surrogatschlüssel im Wertebereich von

1 bis 2.147.483.647

dargestellt werden:

Schluessel INTEGER

Dezimale Festkommazahl

Synonyme

Tabellenspalten vom Datentyp DECIMAL können Dezimalzahlen mit einer festlegbaren Anzahl an Vor- und Nachkommastellen aufnehmen. Für den Typbezeichner DECIMAL erlaubt SQL die Synonyme DEC, NUMERIC und NUM.

Gesetzeskonform

Der dezimale Festkommatyp ist der korrekte Datentyp für gesetzeskonformes, kommerzielles Rechnen. Bei der Durchführung von Divisionen werden die Bruchwerte mit der Anzahl an Nachkommastellen erzeugt, die der Gesetzgebung und vornehmlich der finanzamtsrelevanten Gesetzgebung zu Grunde liegt. In DB2 werden Festkommazahlen intern im gepackten Format dargestellt.

Die Syntax lautet:

```
DECIMAL (p, q)
```

p gibt hierbei die gesamte Anzahl der Dezimalstellen an. Durch q werden die dezimalen Nachkommastellen angegeben. p kann Werte von 1 bis 31 und q Werte von 0 bis 31 annehmen. Der Wert von q darf nicht größer als der Wert von p sein. Wird in der Vereinbarung die Angabe des Wertes von q weggelassen, so wird 0 als Standardwert für die Anzahl der Nachkommastellen angenommen. In diesem Fall kann die definierte Spalte nur dezimale Ganzzahlen aufnehmen.

Beispiel:

In einer Tabellenspalte sollen Währungsbeträge zwischen

-9.999.999,99 und 9.999.999,99

dargestellt werden. Hierzu sind insgesamt 9 Dezimalstellen erforderlich, von denen 7 Dezimalstellen für den ganzzahligen Teil und 2 Dezimalstellen für den Dezimalbruch benötigt werden.

Betrag DECIMAL (9,2)

Synonyme hierfür:

Betrag DEC (9,2)

Betrag NUMERIC (9,2)

Betrag NUM (9,2)

Gleitkommazahlen

Tabellenspalten vom Datentyp FLOAT oder gleich bedeutend DOUBLE und REAL enthalten Gleitkommazahlen.

Die Syntax lautet:

```
REAL
FLOAT oder
DOUBLE oder
DOUBLE PRECISION
```

Der Wertebereich des Datentyps REAL ist definiert:

von -3.402E+38 bis -1.175E-37 und
0 und
von +1.175E-37 bis +3.402E+38.

Der Wertebereich des Datentyps FLOAT bzw. DOUBLE ist definiert:

von -1.79769E+308 bis -2.225E-307 und
0 und
von +2.225E-307 bis +1.79769E+308.

Gleitkommazahlen sind in der Wirtschaftsinformatik von untergeordneter Bedeutung, weil Rundungsprobleme gesetzeskonforme Wertezusammenstellungen erschweren oder gar unmöglich machen. Zur Lösung von mathematischen und wissenschaftlichen Problemen ist dieser Datentyp jedoch erforderlich.

5.4.2 Zeichendatentypen

Tabellenspalten von einer der Arten des Datentyps CHARACTER enthalten Zeichendaten. Zeichendaten, auch als Zeichenketten bezeichnet, bestehen aus Groß- und/oder Kleinbuchstaben, Ziffern und Sonderzeichen. In DB2-SQL wird zwischen Zeichenkettenspalten fester und variabler Länge unterschieden. Mit Zeichenkettendaten können eine Vielzahl Operationen durchgeführt werden, wie z.B. verketten oder Zerlegen von Zeichenketten, Teilketten suchen, in Groß- oder Kleinbuchstaben umwandeln usw. Die datentechnischen Eigenschaften finden Sie in Abbildung 5.5.

Beispiel: In der Spalte mit der Bezeichnung *Vorname* sollen die Vornamen der Kunden als Zeichenketten fester Länge dargestellt werden. Für jeden Vornamen sollen 15 Stellen reserviert werden.

Bei kürzeren Vornamen sollen die nicht erforderlichen Schreibstellen mit Leerzeichen rechtsbündig aufgefüllt werden:

Vorname CHARACTER (15)

Beispiel: In der Spalte mit der Bezeichnung *Zuname* sollen die Zunamen der Kunden als Zeichenketten variabler Länge dargestellt werden. Wegen den derzeit öfters vorkommenden Doppelnamen wird die Spalte für eine maximale Länge von 50 Schreibstellen ausgelegt. Bei kürzeren Zunamen werden die nicht erforderlichen Schreibstellen auch nicht benötigt:

Zuname VARCHAR (50)

Beispiel: In der Spalte mit der Bezeichnung *Bemerkung* sollen Bemerkungen festgehalten werden, die eine maximale Länge bis zur 32.700 Schreibstellen aufweisen können:

Bemerkung LONG VARCHAR

Beispiel: In der Spalte mit der Bezeichnung *Grosser_Text* sollen beinahe beliebig lange Texte festgehalten werden, die eine maximale Länge bis zur 2.147.483.647 (2G, G = Giga, d.h. Milliarden) Schreibstellen aufweisen können:

Grosser_Text CLOB (2 G)

Bei Tabellenspalten für Zeichenketten fester Länge ist für die Verwaltung eines jeden Wertes in der Spalte die in der Spaltendefinition angegebene Stellenanzahl gleich der Anzahl der auf einem peripheren Speicher erforderlichen Speicher-Bytes. Gibt es nur wenige lange, aber viele kurze Datenworte, so wird bei der Speicherung der kurzen Datenworte viel Speicherplatz vergeudet. Der Zugriff auf die einzelnen Datenworte in einer Datenzeile erfordert jedoch wenig Aufwand für den Prozessor.

Bei Tabellenspalten für Zeichenketten variabler Länge werden nur so viele Speicherbytes bei der Abspeicherung eines Datenwortes benötigt, wie das jeweilige Datenwort lang ist, d. h. für jedes Zeichen ein Byte. Zur Verwaltung der Wortlänge im Speicher sind jedoch 2 Bytes erforderlich, in denen die Wortlänge als eine Ganzzahl vom Typ SMALLINT dargestellt wird. Neben dem Speicheraufwand für die Darstellung der Wortlänge ist die Verwaltung einer variabel langen Zeichenkette für den Prozessor aufwändiger. Moderne Programmiersprachen verwenden für die Darstellung von Zeichendaten im Arbeitsspreicher ebenfalls variabel lange Zeichenketten. Beispielsweise können variabel lange SQL-Zeichenketten ohne zusätzliche Maßnahme in einer Java-Variablen vom Typ String dargestellt werden. Bei einer SQL-

Zeichenkette fester Länge müsste man die rechtsbündigen Leerzeichen wahrscheinlich entfernen, damit man die Zeichendaten in der Stringvariablen problemlos weiter verarbeiten könnte. In der Programmiersprache Cobol liegen die Verhältnisse gerade umgekehrt vor. Hier ist man gewohnt, mit Zeichendaten fester Länge zu arbeiten. Der für viele Cobolprogramme wünschenswerte korrespondierende SQL-Typ wäre somit CHARACTER.

Die beiden Betriebsmittel eines Computer, Speicherplatz und Prozessorzeit, bei verteilten Datenbanken auch noch Leitungsbelastung, sind somit Substitute. Bei nicht offensichtlichem Missverhältnis zwischen der Länge der einzelnen Datenworte sind detaillierte Untersuchungen erforderlich, um den Gesamtbetriebsmittelverbrauch in einem gegebenen Computersystem zu minimieren.

FOR BIT DATA

Bei der Vereinbarung einer Spalte vom Typ Zeichenkette kann der Zusatz FOR BIT DATA angegeben werden. Hiermit drückt man aus, dass beim Wechsel in einen anderen Kulturraum mit einem unterschiedlichen Zeichensatz keine Konvertierung der gespeicherten Daten in den Zeichensatz dieses Kulturraumes stattfinden soll. Weiterhin werden Vergleiche mit diesen Daten auf Bit-Ebene durchgeführt. Hierbei bleibt die Sortierfolge der Zeichen der Datenbank unberücksichtigt.

5.4.3 Grafische Datentypen

Eine Grafikkette ist eine Folge von Grafikzeichen, wobei jedes Zeichen zwei Bytes Speicherplatz belegt. Damit lassen sich beinahe beliebig umfangreiche Zeichensätze verwirklichen, wie beispielsweise den UNICODE-Zeichensatz.

Für Daten vom Typ Grafikkette gilt ansonsten das Gleiche wie für Zeichenkettendaten. Die Charakteristika der Arten dieses Datentyps entnehmen Sie der Abbildung 5.5.

Beispiel:

In der Spalte *Grafik* sollen variabel lange Zeichendaten beinahe beliebiger Länge dargestellt werden:

Grafik DBCLOB (2 G)

5.4.4 Objektorientierter Datentyp

Der objektorientierte Datentyp *Binary Large Objekt* (BLOB) ist eine variabel lange Bitkette bis zu einer maximalen Länge von 2 Gigabytes. Mit ihm können beliebige Datenobjekte verwirklicht werden. Hierzu zählen Multimediadaten wie Bilder, Töne, Zeichnungen, sowie beliebig strukturierte Daten. Mit diesem Datentyp betritt DB2-SQL die objekt-relationale Welt.

Beispiele:

Zeichnung BLOB (1 M)
Lied BLOB (10 M)
Bild BLOB (10 M)
Buch BLOB (100 M)
Film BLOB (2 G)
Landkarte BLOB (2 G)

Hierbei bedeuten M: Megabyte, G: Gigabyte.

5.4.5 Datums- und Zeitdatentypen

In DB2-SQL gibt es die drei Datums-/Zeitdatentypen

- DATE
- TIME
- TIMESTAMP.

Ihre Eigenschaften sind in Abbildung 5.5 beschrieben. Mit Datums- und Zeitdaten können in SQL umfangreiche Berechnungen durchgeführt werden. Hierbei wird immer monatsgenau und schaltjahrgenau gerechnet. Hierbei können zwei Zeitpunkte voneinander abgezogen und der dazwischenliegende Zeitraum berechnet werden. Ebenso kann zu einem Zeitpunkt ein Zeitraum hinzuaddiert oder von diesem subtrahiert werden, um einen neuen Zeitpunkt zu erhalten. Die Zeiträume können komfortabel mit gebräuchlichen Namen benannt werden wie z.B. 100 HOURS. Einzelheiten werden Sie in folgenden Kapiteln erfahren.

Die Syntax lautet:

```
<Spaltennamen> DATE
<Spaltennamen> TIME
<Spaltennamen> TIMESTAMP
```

Beispiele:

Rechnungsdatum DATE
Ankunftszeit TIME
Ereigniseintritt TIMESTAMP

5.4.6 Benutzerdefinierte Datentypen

In DB2-SQL gibt es drei Arten benutzerdefinierter Datentypen:

Strenger Typ

- Einzigartiger Datentyp (DB2-SQL: distinct type)
- Strukturierter Datentyp (DB2-SQL: structured type)
- Referenzierungstyp (DB2-SQL: reference type)

Den strukturierten Datentyp und den Referenzierungstyp werden wir in den Kapiteln über die objektrelationalen Einrichtungen von DB2-SQL ausführlich behandeln.

Ein einzigartiger Datentyp (engl. distinct type) baut auf einem der Basisdatentypen von SQL auf, die in den vorherigen Abschnitten dargestellt sind. Die meisten Operationen des Basistyps sind jedoch auf Werte des einzigartigen Typs nicht anwendbar. Lediglich die Vergleichsoperatoren und Typkonvertierungsfunktionen werden von DB2-SQL zur Verfügung gestellt Zusätzliche Operatoren und Funktionen zur Manipulation von Werten dieses Typs müssen vom Typerzeuger vorgesehen werden. Somit unterstützt der einzigartige Typ das Konzept der strengen Datentypen.

Die Syntax für die Vereinbarung eines einzigartigen Typs:

```
CREATE DISINCT TYPE <Typname> AS <BASISTYP>
WITH COMPARISONS
```

Beispiel:

In einer Tabelle sollen Euro- und Dollar-Beträge in getrennten Spalten verwaltet werden. Es sollen jedoch Operationen verhindert werden, an denen Werte aus beiden Spalten beteiligt sind. Beispielsweise soll es nicht möglich sein, dass Euro-Beträge und Dollar-Beträge zusammenaddiert werden können. Um diese Anforderung zu erfüllen, werden zwei einzigartige Typen für Euro-Währung und Dollar-Währung vereinbart. Den Spalten in der Tabelle werden sodann diese einzigartigen Typen zugeordnet.

Die Vereinbarung der einzigartigen Typen und ihre Nutzung lautet:

```
CREATE DISTINCT TYPE Euro_Typ AS
   DECIMAL (9,2) WITH COMPARISONS;
CREATE DISTINCT TYPE Dollar_Typ AS
   DECIMAL (9,2) WITH COMPARISONS;
CREATE TABLE Waehrung
   (Euro  Euro_Typ, Dollar Dollar_Typ);
```

Einzelheit werden wir in den folgenden Kapiteln betrachten.

5.5 NULL-Wert in einer Spalte

Der Datenbankprozessor überwacht, ob beim Laden einer Zeile in eine Tabelle für eine jeweilige Spalte auch ein Wert zur Verfügung gestellt wurde. Für die Überwachung führt er eine Buchhaltung. Hierbei wird je Zeilenfeld intern ein Merker geführt, der so genannte NULL-Merker. Das Wort NULL bedeutet so viel wie unbekannt bzw. der Wert wurde noch nicht zur Verfügung gestellt. Wenn ein Wert eines Zeilenfeldes noch nicht zur Verfügung gestellt wurde, führt der Datenbankprozessor diesen Merker mit dem Wert *wahr* (engl. true). Wenn der Feldwert bekannt ist, also gespeichert wurde, führt der Merker den Wert *falsch* (engl. false). Damit kann man in SQL leicht überwachen, ob ein Wert zur Verfügung gestellt wurde und somit verarbeitbar ist, oder ob er noch nicht existiert und somit auch nicht verarbeitet werden kann.

true

false

In manchen Spalten kann man nicht zulassen, dass ein Wert beim Laden einer Zeile nicht verfügbar gemacht wird. Beispielsweise muss ein Primärschlüsselwert beim Laden einer Zeile immer angegeben werden. Auch ein Fremdschlüsselwert bei einem Komplexitätsgrad der Art einfach (UML 1 bzw. 1..*) muss immer angegeben werden. Wenn somit die standardmäßige Unbekanntverwaltung (NULL) des Datenbankprozessors unerwünscht ist, muss bei der Vereinbarung einer solchen Spalte mit der Spaltenoption NOT NULL diese Spalte zu einer Musseingabe-Spalte erklärt werden. In gegebenem Falle erzwingt sodann der Datenbankprozessor die Eingabe eines Wertes für diese Spalte beim Laden einer Zeile.

Syntax für die Vereinbarung einer Musseingabe-Spalte:

```
<Spaltenname> <Datentyp> NOT NULL
```

Beispiel:

Kunden_Nr CHAR (4) NOT NULL

5.6 Vorgabewert einer Spalte

Bei der Vereinbarung einer Spalte kann man einen benutzerdefinierten Vorgabewert (Defaultwert) angeben. Er wird vom Datenbankprozessor als Standardwert eingesetzt, wenn beim Laden einer Zeile in die Tabelle für die entsprechende Spalte kein Wert mitgegeben wurde. Dadurch wird die NULL-Merker-Verwaltung immer mit einem Wert versorgt, und der interne NULL-Merker zeigt immer *falsch* an.

Der Vorgabewert kann sein

- eine literale Konstante vom selben Typ wie die aktuelle Spalte
- ein SQL-Systemregister (DB2-SQL: special register).

Systemregister sind immer verfügbare Systemvariablen oder benannte Systemkonstanten. Folgende Systemregister können als Vorgabewerte nützlich verwendet werden:

Systemregister	**Datentyp**	**Bedeutung**
CURRENT DATE	DATE	Aktuelles Datum
CURRENT TIME	TIME	Aktuelle Uhrzeit
CURRENT TIMESTAMP	TIMESTAMP	Aktueller Zeitstempel
USER	VARCHAR (128)	Angemeldeter Benutzer

Syntax für die Angabe von Vorgabewerten:

```
<Spaltenname> <Datentyp>
[WITH] DEFAULT <Vorgabewert>
```

Für die gebräuchlichsten Datentypen wird nun eine Tabelle vereinbart. Sie enthält die Anwendung der wichtigsten bis jetzt behandelten Konzepte für die Vereinbarung von Tabellen.

Beispiel:

```
CREATE TABLE Typtest
    (Kleine_Dualzahl    SMALLINT
                        DEFAULT 1,
     Mittlere_Dualzahl  INTEGER
                        DEFAULT 2,
     Grosse_Dualzahl    BIGINT
                        DEFAULT 3,
     Dezimalzahl        DEC (11, 2)
                        DEFAULT 4.5,
     Realzahl           REAL
                        DEFAULT 6.7,
     Doublezahl         DOUBLE
                        DEFAULT 8.3,
     ZK_Fest            CHAR (5)
                        DEFAULT 'hallo',
```

```
ZK_Variabel          VARCHAR (15)
                     DEFAULT 'Freunde',
Datum                DATE
                     DEFAULT
                            CURRENT DATE,
Zeit                 TIME
                     DEFAULT
                            CURRENT TIME,
Zeitstempel          TIMESTAMP
                     DEFAULT
                       CURRENT TIMESTAMP,
Benutzer             VARCHAR (128)
                           DEFAULT USER);
```

Programm 5.3 Wichtige Datentypen von SQL

5.7 Implementierung des RDBDs Rechnungsschreibung

In den folgenden Ausführungen werden wir detaillierter auf die Schemabefehle von DB2-SQL eingehen. Diese Befehle werden verwendet, um Tabellen zu vereinbaren, ihre Metadaten zu ändern und um die Metadaten von Tabellen aus dem Katalog und damit auch ihre Nutzdaten zu löschen.

Befehl	**Bedeutung**
CREATE TABLE	Tabelle vereinbaren
ALTER TABLE	Tabelle verändern
DROP TABLE	Tabelle löschen

Abbildung 5.6 Übersicht über die Schemabefehle von SQL

5.7.1 Tabelle vereinbaren

Nachdem Sie gesehen haben, wie eine Tabelle in SQL vereinbart wird, wollen wir nun *alle* Tabellen für die Rechnungsdatenbank vereinbaren. Hierbei gehen wir zunächst wieder vom relationalen Datenbank-Diagramm (RDBD) unseres Rechnungsbeispiels aus. Dieses beruht auf dem Entitäts-Beziehungs-Diagramm unserer Miniwelt *Rechnungsschreibung*.

Die im relationalen Datenbankdiagramm ausgewiesenen Relationen werden je in einer SQL-Tabelle implementiert.

Der jeweilige Name der Tabelle wird aus dem RDBD übernommen.

- Kunde
- Rechnung
- Position
- Artikel

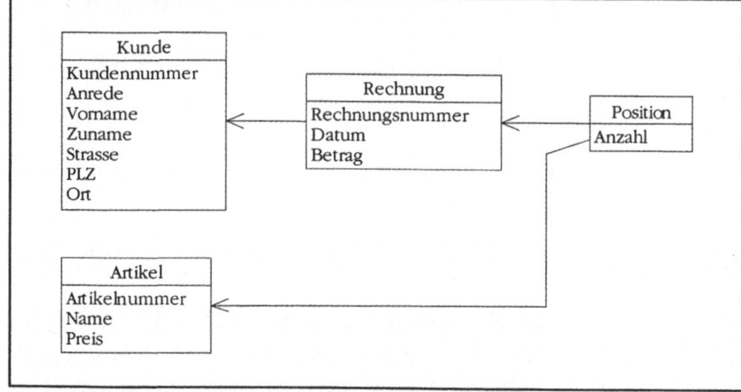

Abbildung 5.7 RDBD der Beispieldatenbank Rechnungschreibung

Von unserer Miniwelt Rechnungsschreibung wollen wir zunächst lediglich das Schlüsselgerüst in einer Datenbank abbilden. Das Schlüsselgerüst besteht aus den Primärschlüssel- und Fremdschlüsselwerten. In der Abbildung 5.8 sind die Namen der Primärschlüsselspalten unterstrichen. In der Tabelle *Position* hat der zusammengesetzte Primärschlüssel eine Doppelfunktion. Die beiden Schlüsselteile sind jeweils auch Fremdschlüssel. So ist die Spalte *Rechnu_Nr* Fremdschlüssel und referenziert auf die Tabelle *Rechnung*. Die Fremdschlüsselspalte *Artikel_Nr* referenziert auf die Tabelle *Artikel*.

Kunde

Kunden_Nr
K001
K002
K003

Rechnung

Rechnu_Nr	Kunden_Nr
R001	K001
R002	K001
R003	K002

Position

Rechnu_Nr	Artikel_Nr
R001	A001
R001	A002
R002	A002
R002	A003
R003	A004

Artikel

Artikel_Nr
A001
A002
A003
A004

Abbildung 5.8 Schlüsselgerüst der Rechnungsschreibung

Strategie der kleinen Schritte

Für die vier Tabellen in Abbildung 5.8 werden nun die erforderlichen SQL-Befehle zur Erzeugung der SQL-Tabellen dargestellt. Sie enthalten nur die Vereinbarungen der Schlüsselspalten (Primär- und Fremdschlüssel). Die restlichen Nichtschlüsselspalten werden im folgenden Kapitel mit dem SQL-Befehl ALTER TABLE zu den Tabellen hinzugefügt. Diese Vorgehensweise wurde gewählt, um Ihnen die Wirkungsweise von ALTER TABLE an unserem Rechnungsbeispiel demonstrieren zu können. Normalerweise würde man natürlich alle bekannten Spalten bei der Vereinbarung der jeweiligen Tabelle angeben.

Wichtig ist auch, dass die Namen aus der Datenarchitektur, der Datenanalyse und aus dem Relationenmodell nun auch bei der Vereinbarung der SQL-Tabellen durchgängig verwendet werden. Hierdurch erreichen wir einen festen Zusammenhang der miteinander korrespondierenden Modelle und deren Dokumente auf den verschiedenen Modellierungsebenen.

Hierin erkennen wir auch eines der Prinzipien des Softwareengineering, das zentrale Prinzip zur Bewältigung der Komplexität von Systemen, das Prinzip der schrittweisen (fortschreitenden) Verfeinerung, das *top down-Prinzip*. Von Entwicklungsebene zu Entwicklungsebene werden immer mehr Implementierungseinzelheiten in das System aufgenommen, wobei dessen Struktur nicht verändert wird. Dadurch erreichen wir auch eine architekturgetriebene Softwareentwicklung. Sie besagt, dass vor der Implementierung eines Systems, zunächst dessen Architektur entwickelt werden muss. Weiterhin muss die Architektur auch einer Qualitätssicherung unterzogen werden. Dies ist wichtig, weil eingeschlichene Fehler so früh wie möglich erkannt und entfernt werden müssen. Fehler dürfen sich nicht fortpflanzen. Je früher sie entfernt werden, desto wirtschaftlicher ist der gesamte Prozess der Softwareentwicklung.

```
--**************************************
--* Vereinbarung der Tabellen mit      *
--* ihren Schluesseln.                 *
--**************************************

CREATE TABLE Kunde
   (Kunden_Nr  CHAR (4));

CREATE TABLE Rechnung
   (Rechnu_Nr  CHAR (4),
    Kunden_Nr  CHAR (4));
```

```
                                          (12)
CREATE TABLE Position                     (13)
   (Rechnu_Nr  CHAR (4),                  (14)
    Artikel_Nr CHAR (4));                 (15)
                                          (16)
CREATE TABLE Artikel                      (17)
   (Artikel_Nr CHAR (4));                 (18)
```

Programm 5.4 Vereinbarung des Tabellengerüstes für die Rechnungsschreibung

In Zeile (1) bis (4) sehen Sie Kommentarzeilen. Ein SQL-Kommentar beginnt mit zwei Bindestrichen. Nach diesen Kommentarzeichen wird der Rest der Zeile vom Datenbankprozessor als Kommentar aufgefasst. Jeder der vier CREATE-Befehle schließt mit einem Semikolon ab.

Das Resultat der Tabellenvereinbarung können Sie sich vom Datenbankprozessor anzeigen lassen. Geben Sie hierzu den DB2-Befehl `LIST TABLES` in die Befehlszentrale ein. Hiermit listet der Datenbankprozessor die Tabellennamen in Ihrem Schema auf. Auch die Eingabe des SQL-Befehls

```
SELECT * FROM <Tabellenname>;
```

bringt erste Ergebnisse. Hierauf werden die Spaltennamen der noch leeren Tabellen von der Befehlszentrale ausgegeben.

5.7.2 Tabellenstruktur ändern

Mit dem Befehl ALTER TABLE wird die *Struktur* einer Tabelle bzw. deren Metadaten geändert, indem beispielsweise neue Spalten an eine bestehende Tabelle angefügt werden. Das Anfügen wird in SQL mit dem Schlüsselwort ADD ausgedrückt.

Der *Inhalt* einer Tabelle, d. h. die Nutzdaten in einer oder mehreren Zeilen, wird mit dem Befehl UPDATE geändert, wie wir später detailliert sehen werden.

Die vereinfachte Syntax lautet:

```
ALTER TABLE <Tabellenname>
   ADD <Spaltenname> <Datentyp>
  [ADD <Spaltenname> <Datentyp>] ...
```

Wert ist unbekannt

SQL trägt in alle bereits bestehenden Zeilen der hinzugefügten Spalten entweder den Vorbesetzungswert ein oder setzt die

NULL-Merker auf *wahr.* Hiermit wird festgehalten, dass der Nutzdatenwert noch unbekannt ist.

Keine Spaltenstreichung mit ALTER TABLE

In DB2-SQL kann mit dem Befehl ALTER TABLE eine bestehende Spalte nicht aus einer Tabelle entfernt werden. Ist dies jedoch erforderlich, muss wie folgt verfahren werden: Eine neue Tabelle wird mit CREATE TABLE zunächst erzeugt. Diese Tabelle soll nur die Spalten enthalten, die den Spalten der alten Tabelle entsprechen, welche nicht gelöscht werden sollen. Es können aber auch weitere Spalten in die neue Tabelle aufgenommen werden, die in der alten Tabelle nicht vorhandenen sind.

In die neue Tabelle werden sodann mit Hilfe des Datenmanipulationsbefehls INSERT die relevanten Daten aus den Spalten der alten Tabelle eingefügt. Die alte Tabelle ist anschließend zu löschen, und die neue Tabelle erhält sodann deren Namen mit Hilfe der Einrichtung des Alias bzw. Synonyms.

Beispiele für ALTER TABLE:

Mit dem Programm 5.5 werden die fehlenden Spalten nachgereicht und rechtsbündig an die vorhandenen Spalten der jeweiligen Tabelle angefügt.

```
--*************************************
--* Hinzufügen weiterer Spalten zu    *
--* den Tabellen.                     *
--*************************************
ALTER TABLE Kunde
   ADD Vorname     CHAR     (15)
   ADD Zuname      CHAR     (15)
   ADD Strasse     CHAR     (15)
   ADD PLZ         CHAR     ( 5)
   ADD Ort         CHAR     (15);
ALTER TABLE Rechnung
   ADD Datum       DATE
   ADD Betrag      DECIMAL (9,2);

ALTER TABLE Position
   ADD Anzahl      DECIMAL (4,0);

ALTER TABLE Artikel
   ADD Name        CHAR     (15)
   ADD Preis       DECIMAL (9,2);
```

Programm 5.5 Veränderung der Tabellenstrukturen mit ALTER TABLE

5.7.3 Tabelle löschen

Mit dem Befehl DROP TABLE wird eine Tabelle aus dem aktuellen Schema gelöscht.

Die Syntax lautet:

```
DROP TABLE <Tabellenname>
```

Neben den Metadaten und dem Tabelleninhalt werden alle zur Tabelle gehörenden Datenbankobjekte, wie z. B. Indexe, gelöscht.

```
--*************************************
--* Löschen der Tabellen fuer die     *
--* Rechnungsschreibung.              *
--*************************************

DROP TABLE Kunde;
DROP TABLE Rechnung;
DROP TABLE Position;
DROP TABLE Artikel;
```

Programm 5.6 Löschen der Tabellen mit DROP TABLE

5.7.4 Vereinbarung der gesamten Tabellen

Nur in Ausnahmefällen wird man mit dem Befehl ALTER TABLE die Nichtschlüsselspalten nachreichen. Wo immer möglich, wird man alle Spalten einer Tabelle in einem Befehl CREATE TABLE definieren.

Im folgenden Programm werden alle Beispieltabellen vereinbart. Die Namen für die Primärschlüssel sind teilweise verkürzt und entsprechen nicht wortgetreu dem RDBD. Hierdurch erhalten wir später kürzere Spaltenüberschriften bei der Ausgabe der Tabellendaten.

```
--*************************************
--* Vereinbarung der Tabellen für die *
--* Rechnungsschreibung               *
--*************************************

DROP TABLE Kunde;
```

```
DROP TABLE Rechnung;
DROP TABLE Position;
DROP TABLE Artikel;

CREATE TABLE Kunde
   (Kunden_Nr  CHAR ( 4),
    Anrede     CHAR ( 4),
    Vorname    CHAR (15),
    Zuname     CHAR (15),
    Strasse    CHAR (15),
    PLZ        CHAR ( 5),
    Ort        CHAR (15));

CREATE TABLE Rechnung
   (Rechnu_Nr  CHAR (4),
    Kunden_Nr  CHAR (4),
    Datum      DATE,
    Betrag     DEC  (9,2));

CREATE TABLE Position
   (Rechnu_Nr  CHAR (4),
    Artikel_Nr CHAR (4),
    Anzahl     DEC  (5,0));

CREATE TABLE Artikel
   (Artikel_Nr CHAR ( 4),
    Name       CHAR (15),
    Preis      DEC  (9,2));
```

Programm 5.7 Vereinbarung der Tabellen für die Rechnungsschreibung

5.8 Zusatznamen - Alias oder Synonym

Zusatznamen

Zusatznamen bzw. Synonyme sind dann erforderlich, wenn die Benutzergemeinschaft es gewohnt ist, sich mit unterschiedlichen Namen auf dieselbe Tabelle zu beziehen. Solche abweichenden Namenskonventionen kommen häufig in unterschiedlichen

Fachabteilungen, in multinationalen, mehrsprachigen Konzernen, bei Unternehmenszusammenschlüssen und bei unterschiedlichen Anwendern vorgefertigter Software vor. Manchmal ist es auch sinnvoll, neben einem langen und ausführlichen Tabellennamen noch einen Kurznamen verfügbar zu haben, um den Schreibaufwand bei der häufigen Verwendung dieses Namens zu reduzieren.

Mit dem Befehl CREATE ALIAS wird ein Synonym für den angegebenen Tabellennamen erstellt und in den Datenbankkatalog eingetragen.

Die vereinfachte Syntax lautet:

```
CREATE {ALIAS | SYNONYM} <Synonymname>
           FOR <Tabellenname>
```

An Stelle des Schlüsselwortes ALIAS kann auch das Schlüsselwort SYNONYM verwendet werden.

Beispiel:

Für den Tabellenname *Kunde* soll zusätzlich der Name *Client* verwendbar sein.

```
CREATE TABLE Kunde                            (1)
   (Kunden_Nr  CHAR (4));                     (2)
CREATE ALIAS Client FOR Kunde;                (3)
SELECT *                                      (4)
   FROM Kunde;                                (5)
SELECT *                                      (6)
   FROM Client;                               (7)
```

Programm 5.8 Vereinbarung eines Zusatznamens

Nach der Vereinbarung des Alias-Namens in Zeile (3), kann die Tabelle *Kunde* sowohl mit dem Namen *Kunde* als auch mit dem synonymen Namen *Client* angesprochen werden.

Mit dem Befehl DROP ALIAS werden Synonyme aus dem Katalog gelöscht.

Die Syntax lautet:

```
DROP {ALIAS | SYNONYM} <Synonymname>
```

Beispiel:

```
DROP ALIAS Client;
```

5.9 Indizierung

Wenn ein Zugriff auf die Daten einer Tabelle erfolgen soll, muss das System die ganze Tabelle von Anfang an bis zum Tabellenende nach den gewünschten Zeilen durchsuchen. Daraus ergibt sich eine Zugriffszahl z von:

z = Anzahl der Tabellenzeilen.

Performanz

Mit der Anzahl der Zeilen einer Tabelle wird auch die Antwortzeit des Systems bei Zugriffen auf diese Tabelle entsprechend lang. Durch die Möglichkeit, bei der Suche einen Index zu verwenden, lässt sich die Antwortzeit des Systems wesentlich verkürzen.

Einen Index kann man sich in erster Näherung als eine Tabelle mit zwei Spalten vorstellen. In der ersten Spalte dieser Indextabelle werden die Werte der indizierten Basistabelle abgelegt, auf die der Index sich bezieht. In der zweiten Spalte sind die Adressen der jeweiligen Zeilen der indizierten Basistabelle gespeichert. Die Zeilen der Indextabelle sind nach den Werten der ersten Spalte geordnet, je nach Spezifikation auf- oder absteigend. Der Anwender kann auf die Zeilen des Indexes nicht zugreifen.

Vielwegebaum

Tatsächlich ist in DB2 ein Index ein optimierter Vielwegebaum, der es erlaubt, mit einer minimalen Anzahl von Zugriffen die gesuchten Zeilen in der Basistabelle zu finden.
Mit dem Befehl CREATE INDEX wird ein Index vereinbart. Wenn die Tabelle bereits geladen ist, wird der Index hierdurch auch sogleich aufgebaut.
Die Syntax lautet:

```
CREATE [UNIQUE] INDEX <Indexname>
ON <Tabellenname> (<Spaltenliste>)
```

Hierbei ist Spaltenliste definiert als:

<Spaltenname> [ASC | DESC]
[,<Spaltenname> [ASC | DESC]] ...

Durch *Indexname* wird der Name des Indexes festgelegt und durch *Tabellenname* die Basistabelle bezeichnet, auf die sich der Index beziehen soll.

UNIQUE

Die Option UNIQUE (engl.: einmalig) bewirkt, dass in der indizierten Spalte ein jeder Wert nur einmal vorkommen darf. Bezieht sich der Index auf mehrere Spalten, darf der somit zusammengesetzte Wert nicht mehrfach auftreten. Die Bestandteile des zusammengesetzten Wertes dürfen jedoch mehrfach in den jeweiligen Spalten vorhanden sein.

Entitätsintegrität

Die Option UNIQUE in Verbindung mit der Indizierung ist somit geeignet, die Einmaligkeit des Auftretens eines Wertes zu garantieren. Auf diese Weise kann die Entitätsintegrität sichergestellt werden.

In der *Spaltenliste* werden die Spaltennamen der Basistabelle angegeben, auf die der Index definiert wird. Die wahlweise Angabe ASC (engl. ascending: aufsteigend) oder DESC (engl. descending: absteigend) bewirkt, dass im Index die Werte in auf- bzw. absteigender Reihenfolge sortiert werden. Wird weder ASC noch DESC angegeben, nimmt das System ASC an.

Ein Index kann zu jeder Zeit erstellt werden. Er wird beim Einfügen und Löschen einer Zeile in der Basistabelle vom Datenbankprozessor automatisch aktualisiert. Weiterhin bewirkt die Änderung eines Spaltenwertes einer indizierten Spalte eine Aktualisierung des betroffenen Indexes.

Beim nachträglichen Indizieren einer Tabelle mit der Option UNIQUE muss sichergestellt sein, dass in den betroffenen Spalten der Tabelle keine Werte mehrfach vorkommen. Sonst gibt das System eine Fehlermeldung zurück.

Beispiel:

Es soll ein mehrdeutiger Index auf das Fremdschlüsselattribut *Kunden_Nr* der Tabelle *Rechnung* aufgebaut werden, der zur Beschleunigung des Zugriffs auf die Rechnungsdaten mit einer Kundennummer als Suchargument dient:

```
CREATE INDEX KundenIndex
  ON Rechnung (Kunden_Nr)
```

Mit dem Befehl DROP INDEX wird ein Index gelöscht. Die Daten innerhalb der Basistabelle werden dadurch nicht betroffen.

Die Syntax lautet:

```
DROP INDEX <Indexname>
```

Beispiel:

```
DROP INDEX KundenIndex;
```

Gründe für die Indizierung

Entitätsintegrität

Ein wesentlicher Grund für den Einsatz eines UNIQUE Index ist die Gewährleistung der *Entitätsintegrität.* Unter ihr versteht man den Sachverhalt, dass Daten über eine Entität nur einmalig, also *redundanzfrei,* in einer Datenbank gespeichert werden können, um Dateninkonsistenzen bei Änderungen zu vermeiden. Hinzu kommt noch, dass gespeicherte Daten jederzeit von einem Primärschlüsselwert identifiziert werden können.

Primärschlüsselspalte erhält automatisch einen eindeutigen Index

Die Entitätsintegrität ist gewährleistet, wenn ein UNIQUE Index auf der *Primärschlüsselspalte* einer Tabelle aufgebaut ist. Will man unter dieser Voraussetzung eine Zeile mit einem Primärschlüsselwert in die Tabelle einfügen, der bereits in einer Zeile vorhanden ist, wird dieses Einfügebegehren vom Datenbankprozessor verweigert. DB2-SQL baut automatisch einen UNIQUE-Index auf einer Primärschlüsselspalte auf. Hierauf wird in späteren Beispielen noch intensiv eingegangen.

Die Entitätsintegrität wird mit einem eindeutigen Index auf der Primärschlüsselspalte von DB2 gewährleistet. Der Index wird vom Datenbankprozessor automatisch angelegt. Hierzu muss bei der Vereinbarung der Primärschlüsselspalte die Option NOT NULL PRIMARY KEY angegeben werden.

Ein weiterer Einsatzbereich der UNIQUE-Indizierung ist die Überwachung der Einmaligkeit von Werten bei den restlichen Schlüsselkandidaten (Sekundärschlüsseln) in einer Tabelle. Ferner können Fremdschlüsselspalten vom Beziehungstyp 1 mit einem UNIQUE-Index auf die Einmaligkeit der Fremdschlüsselwerte hin überwacht werden.

Performance

Mit dem Einsatz von nicht einmaligen Indexen kann die Zugriffsgeschwindigkeit beträchtlich erhöht werden. Damit ist die Indizierung auch ein Instrument zur Steigerung der Performance.

Die Indizierung verlangsamt aber die Durchführung von Einfüge-Veränderungs- und Löschvorgängen in einer indizierten Basistabelle. Dies trifft ebenfalls zu, wenn ein Wert einer indizierten Spalte verändert wird.

Ein Index sollte deshalb nur dann definiert werden,

- wenn die Einmaligkeit eines Wertes gewährleistet sein muss:
  - bei Primärschlüssel automatisch,
  - bei Schlüsselkandidat (unique) und
  - wenn Fremdschlüsselattribute vom Beziehungstyp 1 sind,

- wenn auf bestimmten Attributen ein Hochgeschwindigkeitszugriffspfad möglich sein muss oder
- wenn hierüber häufig zugegriffen wird, besonders dann,
- wenn die Ausgaben sortiert oder gruppiert werden sollen.

Die Vor- und Nachteile von Indexen in einer Datenbank müssen sorgfältig gegeneinander abgewogen werden, was in der Datenbankpraxis oft nur durch Systemmessungen möglich ist.

5.10 Datenintegrität

Von entscheidender Wichtigkeit für den Einsatz eines Computers ist es, dass man sich auf die von ihm ausgegebenen Daten verlassen kann. Deshalb muss unter allen Umständen dafür gesorgt werden, dass die Miniwelt korrekt in der Datenbank abgebildet wird. Insbesondere müssen folgenden Anforderungen erfüllt werden, die mit Integritätsregeln beschrieben werden:

Entitätsintegrität

- In einer Datenbank werden nur solche Informationen in Form von Tabellenzeilen abgelegt, die eindeutig durch einen Primärschlüsselwert identifiziert werden können. Das bedeutet, dass mit der Vorgabe eines Primärschlüsselwertes als Sucharg ument höchstens eine Zeile in einer Tabelle gefunden werden darf.

Referenzielle Integrität

- Für einen vorhandenen Fremdschlüsselwert muss immer der korrespondierende Primärschlüsselwert vorhanden sein. Vom Datenbankverwaltungssystem ist dafür zu sorgen, dass es niemals einen Fremdschlüsselwert gibt, zu dem der Primärschlüsselwert nicht vorhanden ist.

Benutzerdefinierte Integrität

- Die vom Datenbanksystem ausgegebenen Werte müssen die Miniwelt korrekt beschreiben. Hierzu müssen sie in einem zulässigen Wertebereich liegen. Der Datenbankprozessor muss Prüfungen durchführen können, welche die benutzerdefinierten Zusammenhänge der Werte garantieren.

Spaltenbedingung
Tabellenbedingung

In den Integritätsregeln werden Integritätsbedingungen formuliert, deren Einhaltung der Datenbankprozessor jederzeit garantiert. Integritätsregeln werden in SQL als Restriktionen (engl. constraints) bezeichnet. Diese können als Spaltenbedingungen oder Tabellenbedingungen verfasst werden. Die Form der Spaltenbedingung liegt vor, wenn bei einer Spaltenvereinbarung die Integritätsregel niedergeschrieben wird. Beispielsweise ist die Angabe von NOT NULL eine solche typische Spaltenbedingung. Die Form der Tabellenbedingung liegt vor, wenn nach der Definition der Spalten, durch ein Komma getrennt, die Integritätsregeln aufgeführt sind.

5.10.1 Entitätsintegrität

Die Forderung nach Entitätsintegrität besagt, dass die Daten über eine in der Datenbank abzubildende Entität anschließend eindeutig ansprechbar sein müssen. Hieraus ergeben sich die nachfolgenden Forderungen:

Einmaliger Primärschlüsselwert

- Ein Primärschlüsselwert darf in einer Tabelle nur einmal vorkommen. Das bedeutet, dass bei normalisierten Relationen dieselbe Information nicht mehrmals in der Datenbank abgespeichert werden kann. Hiermit wird Redundanz vermieden und es entstehen keine Dateninkonsistenzen zwischen redundanten Abbildungen.

Primärschlüssel ist Mussangabe

- Bei der Abspeicherung einer Tabellenzeile muss mindestens der Primärschlüsselwert angegeben werden. Die anderen Daten können bei Bedarf mit Veränderungsoperationen nachgereicht werden.

Schlüsselbestandteile müssen alle bekannt sein

- Bei einem zusammengesetzten Primärschlüssel, der aus mehreren Spalten besteht, müssen alle Schlüsselbestandteile beim Einfügen einer Zeile bekannt sein. NULL-Werte, das sind die Werte für die Verwaltung von „unbekannt", sind in einem zusammengesetzten Schlüssel nicht erlaubt.

Die Entitätsintegrität wird von DB2 gewährleistet, indem der Datenbankprozessor

- bei der Vereinbarung des Primärschlüssels für jede Teilschlüsselspalte die Angabe von NOT NULL (nicht unbekannt lassen) verlangt und
- auf einem Primärschlüssel automatisch einen eindeutigen (unique) Index aufbaut.

SQL ermöglicht es auf zwei Arten, einen Primärschlüssel zu vereinbaren. Die eine Art ist für die komfortable Vereinbarung eines einfachen, d.h. nicht zusammengesetzten Primärschlüssels vorgesehen. Die andere Art ist erforderlich, wenn der Primärschlüssel aus mehreren Spalten zusammengesetzt ist.

Beispiel: Einfacher Primärschlüssel

Die Primärschlüsseleigenschaft einer Spalte kann bei der Vereinbarung der Spalte mit der Spaltenbedingung PRIMARY KEY festgelegt werden. Zusätzlich hierzu muss eine Primärschlüsselspalte noch durch die Bedingung NOT NULL als Musseingabe-Spalte charakterisiert werden.

Syntax:

Einfacher Primärschlüssel

CREATE TABLE <Tabellenname>
(<Spaltenname> <Datentyp>
NOT NULL [CONSTRAINT <Regelname>] PRIMARY KEY
[, <Nichtschlüsselspalte>] ...)

Die Angabe eines Regelnamens ist zu empfehlen. Er ist dann erforderlich, wenn man später mit dem Befehl ALTER TABLE die Integritätsregel löschen möchte.

Beispiel:
Zusammengesetzter Primärschlüssel aus zwei Spalten

Die Primärschlüsseleigenschaft mehrerer zusammengefasster Spalten wird in einer Tabellenbedingung angegeben:

Zusammengesetzter Primärschlüssel

CREATE TABLE <Tabellenname>
(<Primärschluesselteil_1> <Datentyp> NOT NULL,
<Primärschluesselteil_2> <Datentyp> NOT NULL,
[, <Nichtschlüsselspalte>] ...,
[CONSTRAINT <Regelname>] PRIMARY KEY
((<Primärschluesselteil_1>, (<Primärschluesselteil_1>))

5.10.2 Referenzielle Integrität

Referenzielle Integrität

Die Forderung nach Beziehungsintegrität, die auch als referenzielle Integrität bezeichnet wird, besagt, dass für jeden Fremdschlüsselwert jederzeit der entsprechende Primärschlüsselwert vorhanden sein muss. Es darf somit zu keinem Zeitpunkt ein Fremdschlüsselwert in der Datenbank vorhanden sein, für den es keinen korrespondierenden Primärschlüsselwert gibt.
Unter einem Fremdschlüssel versteht man ein Attribut, dem in einer anderen Tabelle ein Schlüsselattribut entspricht. Normalerweise ist es dort das Primärschlüsselattribut. In seltenen Fällen ist auch ein Sekundärschlüssel anzutreffen. Die Werte des Fremdschlüsselattributs bilden eine Teilmenge der Schlüsselwerte des Primärschlüsselattributs. In einem Mengendiagramm kann dieser Sachverhalt anschaulich dargestellt werden.

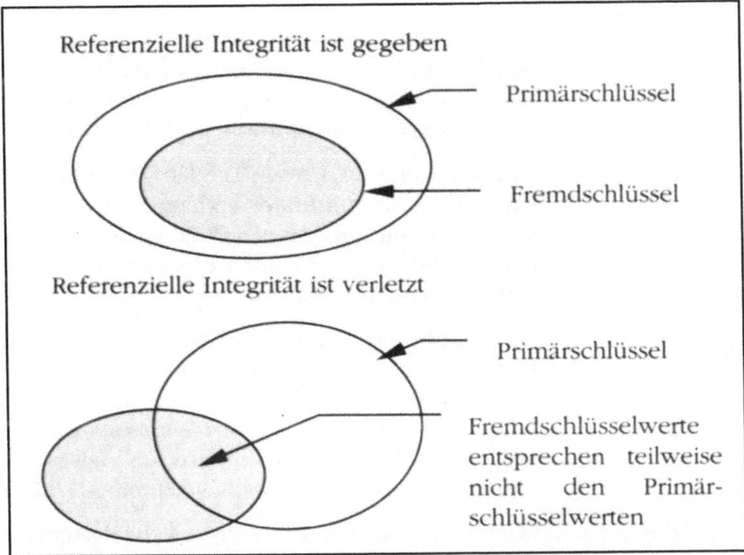

Abbildung 5.9 Zusammenhang zwischen Primär- und Fremdschlüsselwerten

Wie man sieht, ist die Menge der Fremdschlüsselwerte eine Teilmenge der Menge der Primärschlüsselwerte.

Im relationalen Datenbankmodell wird eine Fremdschlüsselspalte eingesetzt, um einen Beziehungstyp des Entity-Relationship-Models (ERM) zu implementieren. Dieser Sachverhalt soll nun an unserem Beispiel Rechnungsschreibung gezeigt werden.

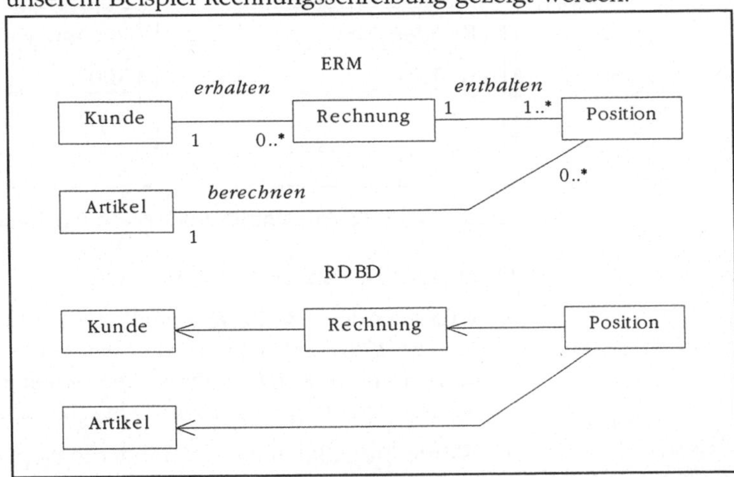

Abbildung 5.10 Fremdschlüssel implementieren Beziehungstypen

Ein Pfeil im relationalen Datenbankdiagramm zeigt aus der Relation heraus, in welcher der Fremdschlüssel zu implementieren ist. Er weist auf die Tabelle hin, in welcher der korrespondierende Primärschlüsselwert die jeweilige Tabellenzeile identifiziert.

Beispielsweise ist in der Tabelle *Rechnung* der Fremdschlüssel namens *Kundennummer* enthalten, der auf die Tabelle *Kunde* verweist (Pfeil), in der es den Primärschlüsselwert gibt, der ebenfalls in der Spalte *Kundennummer* steht und die betreffenden Kundendaten identifiziert.

Die Tabelle *Position* enthält sogar zwei Fremdschlüssel. Der eine namens *Rechnungsnummer* verweist auf die Tabelle *Rechnung*, in der es einen gleichnamigen Primärschlüssel gibt. Der Fremdschlüssel mit dem Namen *Artikelnummer* in der Tabelle *Position* verweist auf die Tabelle *Artikel*. In dieser gibt es den Primärschlüssel mit ebenfalls der Bezeichnung *Artikelnummer*.

Verletzung der referenziellen Integrität

Wichtig ist die Frage, durch welche Datenbankoperationen die referenzielle Integrität verletzt werden könnte, falls der Datenbankprozessor nicht dafür eingesetzt würde, um eine Verletzung zu unterbinden?

Betrachten wir hierzu die Beziehung „Kunde erhält Rechnung“ in einem Beispiel, in das wir nur die Primär- und Fremdschlüsselwerte eintragen.

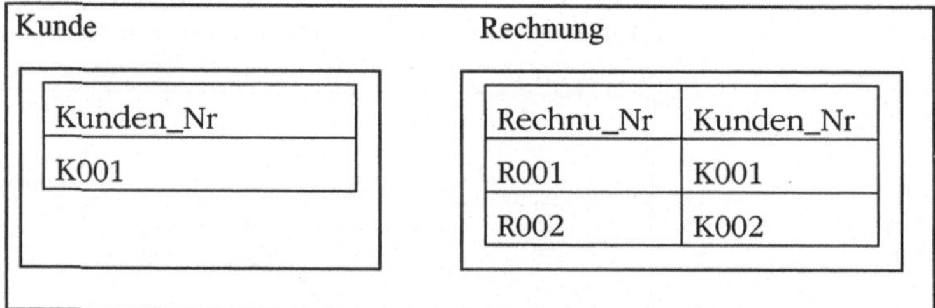

Abbildung 5.11 Ausschnitt aus Rechnungsdatenbank

Im Beispiel ist Folgendes zu erkennen:

- Würde in der Tabelle *Kunde* die Zeile mit dem Primärschlüsselwert *K001* gelöscht werden, so würden die beiden Kundennummern *K001* in ihrer Eigenschaft als Fremdschlüsselwerte in der Tabelle *Rechnung* ins „Leere“ verweisen.
- Würde im Rahmen einer Veränderungsoperation in der Tabelle *Kunde* der Primärschlüsselwert *K001* beispielsweise in den Wert *K002* verändert werden, so hätten auch in diesem Fall

die Fremdschlüsselwerte *K001* in der Tabelle *Rechnung* keine Entsprechung mehr in der Tabelle *Kunde*.

- Würde im Rahmen einer weiteren Veränderungsoperation einer der Fremdschlüsselwerte in der Tabelle *Rechnung* vom derzeitigen Wert *K001* auf den Wert *K002* verändert werden, so gäbe es in der Tabelle *Kunde* für diesen Wert keine Entsprechung.
- Würde in der Tabelle *Rechnung* eine weitere Zeile eingefügt werden, die den Fremdschlüsselwert *K002* enthalten würde, so gäbe es für diesen Wert keinen entsprechenden Primärschlüsselwert in der Tabelle *Kunde*.

Die dargestellten Operationen müssen vom Datenbankprozessor verhindert werden. Dadurch ist die referenzielle Integrität gewährleistet.

Die referenzielle Integrität wird von DB2-SQL durch drei mögliche Strategien garantiert, von denen jeweils eine bei der Vereinbarung eines Fremdschlüssels ausgewählt wird.

Zurückweisendes Löschen

- Ein Löschbegehren auf eine Zeile in der bezogenen Tabelle, hier der Tabelle *Kunde*, wird abgewiesen, falls es noch Fremdschlüsselwerte in Tabellen gibt, hier in der Tabelle *Rechnung*, die sich auf die zu löschende Zeile in *Kunde* beziehen. Mit anderen Worten: Die Kundenzeile mit dem Primärschlüsselwert K001 kann nur dann gelöscht werden, wenn es in keiner Tabelle einen Fremdschlüsselwert K001 gibt. Das abweisende Löschen nennt man im englischen SQL *restricted delete* (SQL: RESTRICT oder NO ACTION).

Sich fortpflanzendes Löschen

- Einem Löschbegehren auf eine Zeile in der bezogenen Tabelle wird stattgegeben. Es wird hierbei jedoch nicht nur die Zeile in der bezogenen Tabelle gelöscht, sondern alle sonstigen Zeilen, in denen es denselben Fremdschlüsselwert gibt, den die gelöschte Zeile als Primärschlüsselwert in der bezogenen Tabelle hatte. Der Löschprozess pflanzt sich hierbei von der bezogenen Tabelle auf alle Zeilen in den abhängigen Tabellen fort, die denselben Fremdschlüsselwert aufweisen. Dadurch gibt es keine Fremdschlüssel mehr, die denselben Wert aufweisen, den der Primärschlüssel in der gelöschten Zeile der bezogenen Tabelle vorher hatte. Das sich fortpflanzende Löschen bezeichnet man im englischen SQL als *cascading delete* (CASCADE).

NULL-setzendes Löschen

- Einem Löschbegehren auf eine Zeile in der bezogenen Tabelle wird stattgegeben. Hierbei werden jedoch alle betroffenen Fremdschlüsselwerte in den abhängigen Tabellen vom Datenbankprozessor automatisch auf den Wert NULL, d. h. unbekannt abgeändert. Auf Grund des Wertes NULL erkennt der Datenbankprozessor hinfort, dass mit diesem Fremdschlüsselwert nicht mehr auf eine Zeile in einer bezogenen Tabelle referenziert werden kann. Dieses NULL-setzende Löschen wird im englischen SQL mit SET NULL bezeichnet.

Zurückweisendes Einfügen

- Ein Einfügebegehren einer Zeile in eine abhängige Tabelle, hier der Tabelle *Rechnung*, wird zurückgewiesen, wenn es für den angegebenen Fremdschlüsselwert keine Zeile in der bezogenen Tabelle, hier der Tabelle *Kunde* gibt, die diesen Wert als Primärschlüsselwert führt.

Zurückweisendes Verändern

- Ein Veränderungsbegehren eines Fremdschlüsselwertes in einer abhängigen Tabelle wird zurückgewiesen, wenn es in der bezogenen Tabelle nicht den korrespondierenden Primärschlüsselwert gibt.
- Ein Veränderungsbegehren eines Primärschlüsselwertes in einer bezogenen Tabelle wird zurückgewiesen, wenn es in abhängigen Tabellen Fremdschlüsselwerte gibt, die dem zu verändernden Primärschlüsselwert entsprechen.

Welche der möglichen Maßnahmen zur Aufrechterhaltung der referenziellen Integrität in einem speziellen Zusammenhang ergriffen werden soll, ist abhängig von der betriebswirtschaftlichen Bedeutung der Daten und deren Existenzabhängigkeit. Ein Hinweis hierauf ist im ERM die Multiplizitätsangabe. Eine Multiplizität von 1 legt ein zurückweisendes oder sich fortpflanzendes Löschen nahe. Bei einer Multiplizität von 0..1 liegt ein NULL-setzendes Löschen nahe.

So wird man im obigen Rechnungsbeispiel das Löschbegehren auf eine Kundenzeile ablehnen (RESTRICT bzw. NO ACTION), wenn es noch offene Rechnung von diesem Kunden gibt. Ebenso wird man mit dem Löschbegehren auf eine Artikelzeile verfahren, wenn es noch Rechnungspositionen gibt, die auf diese Artikelzeile verweisen.

Dem Löschbegehren auf eine bezahlte Rechnung wird man jedoch stattgeben. Hierbei wird man die existenzabhängigen Positionszeilen, die zu dieser Rechnung gehören, durch sich fortpflanzendes Löschen ebenfalls vom Datenbankprozessor mitlöschen lassen.

Für das NULL-setzende Löschen ist das Rechnungsbeispiel nicht geeignet. Deshalb wollen wir es an einem anderen Beispiel erklären. Das Beispiel bildet die Miniwelt *Mann ist verheiratet mit Frau* in zwei Tabellen ab. In der Tabelle *Mann* sind die Männer durch je eine Zeile repräsentiert. In der Tabelle *Frau* entsprechend die Frauen. Die Beziehung *ist verheiratet mit* ist durch den Fremdschlüssel *Mannnummer* in der Tabelle *Frau* implementiert. Dies entspricht der Regel: Eine Frau kann höchstens mit einem Mann verheiratet sein.

Wenn nun der Mann mit beispielsweise dem Primärschlüsselwert M001 stirbt, kann das Sterben nicht zurückgewiesen werden, weil es in der Tabelle *Frau* eine Zeile gibt, in welcher der Schlüssel M001 als Fremdschlüssel geführt wird, d.h. bei seiner Witwe. Auch ist es nicht zulässig, das Löschen der Mannzeile auf seine Frau sich fortpflanzen zu lassen. Sinnvoll und richtig ist es, den Fremdschlüssel bei der Witwe auf den Wert NULL setzen zu lassen und die betroffene Zeile aus der Tabelle *Mann* zu löschen.

Regelangabe bei der Tabelle mit dem Fremdschlüssel

Wo und wie teilt man dem Datenbankprozessor mit, welches Verfahren zur Aufrechterhaltung der referenziellen Integrität er im jeweiligen Fall anwenden soll? Sowohl der Befehl CREATE TABLE als auch der Befehl ALTER TABLE kann hierfür eingesetzt werden. Beim Vereinbaren der Tabelle, die den Fremdschlüssel enthalten soll, werden mit dem Befehl CREATE TABLE die Integritätsregeln angegeben, mit denen der Datenbankprozessor sodann die referenzielle Integrität gewährleistet. Der Befehl ALTER TABLE ist vorgesehen, um fehlende Regeln nachzureichen oder vorhandene zu löschen.

RDBD und Integritätsregeln

Integritätsregeln sind Operationen, die vom Datenbankprozessor auszuführen sind. Auszuführende Operationen und die dadurch zu erbringenden Dienstleistungen waren bis jetzt nicht Gegenstand der Analyse der Miniwelt und auch nicht des Entwurfs von Datenbanken. Mit der Einführung der hinter den Integritätsregeln stehenden Dienstleistungen des Datenbankprozessors wollen wir ab jetzt auch das Operationenkonzept einführen. UML bietet hierfür eine geeignete Darstellungsform.

Das Rechteck zur Definition von Entitätstypen oder Relationen besteht nicht nur aus den bis jetzt verwendeten zwei Rubriken, sondern aus drei. Bei Bedarf können es sogart noch mehr als drei sein. Die erste Rubrik enthält den Namen des Entitätstyps oder der Relation. Soll präzise ausgedrückt werden, welches von beiden modelliert werden soll, wird hierzu ein sogenannter Stereotyp eingesetzt. Mit einem Stereotyp wird das allgemeine Modellierungskonstrukt spezialisiert. Mit dem allgemeinen Modellierungskonstrukt, das wir bisher sowohl als Repräsentanten als auch für die Beschreibung von Entitätstypen und Relationen undifferenziert verwendet haben, stellt man in der objektorientierten Modellierung eine Klasse dar. Unter einer Klasse wird hierbei die Definition von Objekten verstanden. In UML wird ein Stereotyp in doppelten Spitzklammern dargestellt. Wenn wir hinfort präzise ausdrücken wollen, ob ein Entitätstyp oder eine Relation modelliert wird, verwenden wir der Kürze wegen den Stereotyp <<Entity>> bwz. <<Table>>.

Stereotyp

Klasse

In der zweiten Rubrik des Rechtecks werden die Attribute notiert. Mit dem Stereotypkonzept können wir jetzt auch die Attribute hinsichtlich ihrer speziellen Bedeutung einteilen. Handelt es sich bei einem Attribut um ein Primärschlüsselattribut, so kennzeichnen wir es mit dem Stereotyp <<PK>>. Den sprechenden Stereotypen <<FK>> verwenden wir, um ein Fremdschlüsselattribut bei Bedarf zu kategorisieren.

Primärschlüssel

Fremdschlüssel

In die dritte und nun neu eingeführten Rubrik schreiben wir die Operationen. Da die Regeln für die Entitätsintegrität und die referenzielle Integrität spezielle Operationen sind, setzen wir auch zu deren Unterscheidung das Konzept der Stereotypen ein. Mit dem Stereotyp <<primary key>> kategorisieren wir die Regeln für die Aufrechterhaltung der Entitätsintegrität. Zur Kategorisierung der Fremdschlüsselintegrität, d.h. der referenziellen Integrität verwenden wir den Stereotyp <<foreign key>>.

Integritätsregel

constraint

Die Definition einer Relation bzw. einer Tabelle in einem relationalen Datenbankdiagramm sieht sodann wie folgt aus.

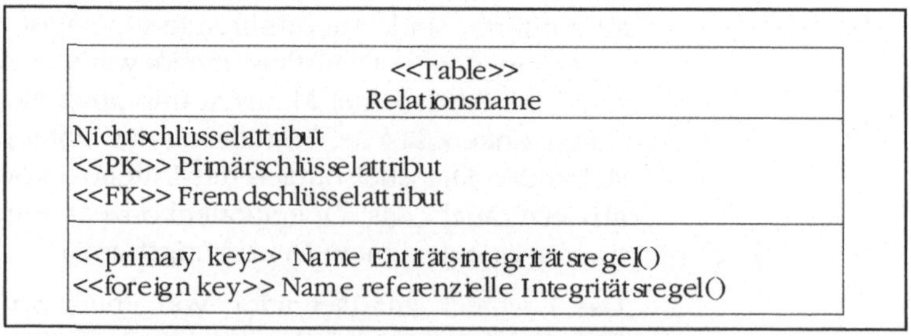

<<Table>> Relationsname
Nichtschlüsselattribut <<PK>> Primärschlüsselattribut <<FK>> Fremdschlüsselattribut
<<primary key>> Name Entitätsintegritätsregel() <<foreign key>> Name referenzielle Integritätsregel()

Abbildung 5.12 Sinnbild für Relation mit Stereotypen

Im folgenden Beispiel ist das um Entitätsregeln und Stereotypen erweiterte relationale Datenbankmodell für das abweisende Löschen dargestellt und mit SQL implementiert. Es repräsentiert folgende Geschäftsregel: Das Löschbegehren auf eine Kundenzeile wird abgewiesen, wenn es für diesen Kunden noch Rechnungen gibt. In diesem Falle gibt es noch Fremdschlüsselwerte in der Tabelle *Rechnung*, die dem Primärschlüsselwert des zu löschenden Kunden entsprechen.

Architektur der Lösung:

Bevor wir die Anforderung in SQL implementieren, erstellen wir hierfür zunächst den Bauplan, der das komplette Entwurfsmodell repräsentiert.

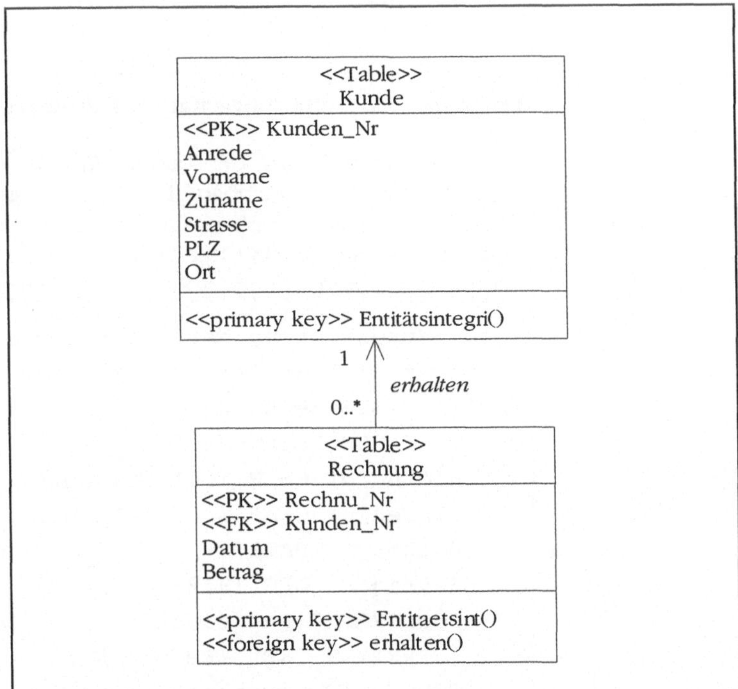

Abbildung 5.13 Entwurfsmodell der Tabellen Kunde und Rechnung

Implementierung der Lösung

Zunächst wird die Tabelle *Kunde* vereinbart. Hierbei liegt das Augenmerk auf der Regelangabe für die Erhaltung der Entitäts-

Integrität in Form einer Spaltenbedingung. Siehe hierzu die Zeilen (5) bis (7).

```
(1) --*****************************************
(2) --*    Vereinbaren der Kundentabelle.
(3) --*****************************************
(4) CREATE TABLE Kunde
(5)    (Kunden_Nr  CHAR ( 4) NOT NULL
(6)                CONSTRAINT Entitaetsintegri
(7)                   PRIMARY KEY,
(8)     Anrede     CHAR ( 5),
(9)     Vorname    CHAR (15),
(10)    Zuname     CHAR (15),
(11)    Strasse    CHAR (15),
(12)    PLZ        DEC  ( 5),
(13)    Ort        CHAR (15));
```

Programm 5.9 Entitätsintegrität bei Tabelle Kunde

Nach der Vereinbarung der Tabelle *Kunde* wird die abhängige Tabelle *Rechnung* vereinbart. Die Reihenfolge ist wichtig, weil DB2-SQL die Zusammenhangsinformationen beider Tabellen zur Zeit der Ausführung von CREATE TABLE prüft.

```
--*****************************************
--*   Vereinbarung der Rechnungstabelle  *
--*****************************************
DROP   TABLE Rechnung;
CREATE TABLE Rechnung
   (Rechnu_Nr CHAR ( 4) NOT NULL,
    Kunden_Nr CHAR ( 4) NOT NULL,
    Datum     DATE,
    Betrag    DEC (9,2),
    CONSTRAINT Entitaetsint
       PRIMARY KEY (Rechnu_Nr),
    CONSTRAINT erhalten
       FOREIGN KEY (Kunden_Nr)
         REFERENCES Kunde (Kunden_Nr)
           ON DELETE  RESTRICT
           ON UPDATE  RESTRICT );
```

Programm 5.10 Referenzielle Integrität bei Tabelle Rechnung

Tabellenbedingung

In Zeile (10) und (11) wird die Integritätsregel für die Aufrechterhaltung der Entitätsintegrität in der Tabelle *Rechnung* in Form einer Tabellenbedingung definiert. Die Zeilen (12) bis (16) enthalten die Niederschrift der Integritätsregel zur Überwachung der referenziellen Integrität der Beziehung *erhalten*. In der Zeile (15) ist festgelegt, dass ein Löschbegehren auf eine Kundenzeile, deren Schlüsselwert in der Fremdschlüsselspalte *Kunden_Nr* der Tabelle *Rechnung* existiert, vom Datenbankprozessor abzulehnen ist. Auch das Verändern eines Kundennummernwertes in der Tabelle *Kunde* ist abzulehnen, wenn es hiervon noch Fremdschlüsselwerte in der Tabelle *Rechnung* gibt.

Die Veränderung eines Primärschlüsselwertes sollte allerdings die absolute Ausnahme sein, da kraft Definition ein Primärschlüssel unveränderlich ist. Nur in begründeten Ausnahmefällen, wie z.B. zur Behebung eines Eingabefehlers beim Primärschlüssel, ist eine Primärschlüsseländerung angebracht.

Modellierung und Implementierung von Position und Artikel

Bevor wir die Tabelle *Position* vereinbaren können, müssen wir zunächst auch die Tabelle *Artikel* vereinbaren, weil die Tabelle *Position* von dieser existenziell abhängig ist, und DB2-SQL diese Abhängigkeit bei der Vereinbarung der Tabelle *Position* prüft. Die Vereinbarung erfolgt in Programm 5.11.

Nachdem die Mächtigkeit von UML zur Modellierung von Integritätsregeln und Stereotypen dargestellt ist, wollen wir das RDBD des Rechnungsmodells hiermit vervollständigen. Hierzu zeigen wir noch die Definitionen der Tabellen *Position* und *Artikel* mit ihren Integritätsregeln und Stereotypen.

UML

Damit das Modell nicht zu viel Platz einnimmt, reduzieren wir die beiden Relationen *Kunde* und *Rechnung* auf die erste Rubrik des Klassensinnbildes. Hiermit zeigen wir auch, dass man die im Augenblick wichtigen Sachverhalte in UML hervorheben kann. Die aktuell weniger bedeutsamen Modellgegenstände lassen wir somit in den Hintergrund treten.

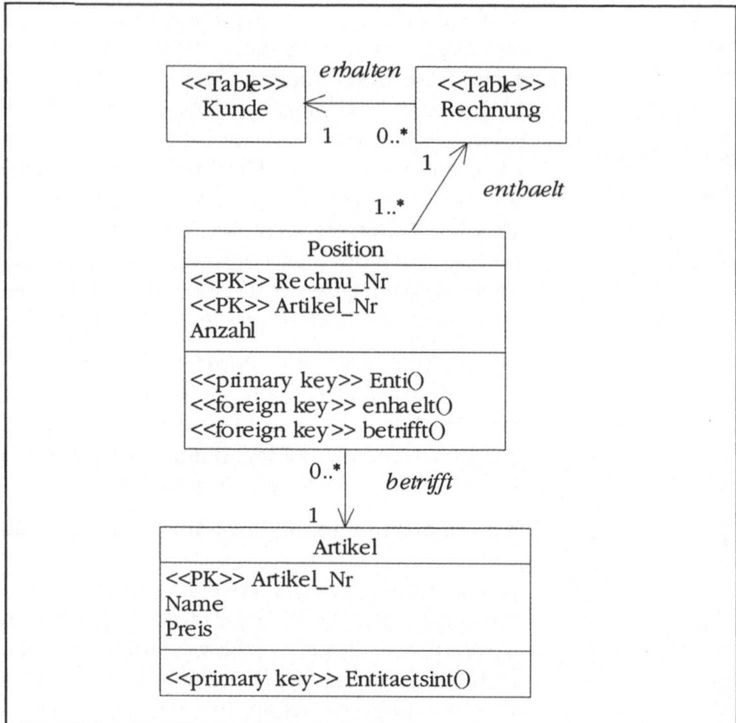

Abbildung 5.14 RDBD der Rechnungsschreibung mit hervorgehobenen Relationstypen

```
--****************************************
--*  Vereinbarung der Artikeltabelle     *
--****************************************
CREATE TABLE Artikel
   (Artikel_Nr CHAR ( 4) NOT NULL,
    Name       CHAR (15),
    Preis      DEC  (9,2),
    CONSTRAINT Entitaetsint
       PRIMARY KEY (Artikel_Nr));
```

Programm 5.11 Entitätsintegrität für die Tabelle Artikel

Im Programm 5.12 wird die Tabelle *Position* vereinbart. Es enthält ein umfangreiches Regelwerk, auf Grund dessen der Datenbankprozessor die Entitäts- und referenzielle Integrität überwachen kann. Es implementiert die Integritätsregeln, die im RDBD in Abbildung 5.14 architektonisch aufgeführt sind. Im Programm sind sie als Tabellenbedingungen formuliert.

- Die Angaben zur Aufrechterhaltung der Entitätsintegrität der Tabelle *Position* steht in der Zeile (29) in Programm 5.12 in verkürzter Form. Das Schlüsselwort CONSTRAINT und der Regelname sind der Kürze halber weggelassen. In der Syntax sind diese Klauseln als optional ausgewiesen.
- Die beiden Regeln zur Aufrechterhaltung der referenziellen Integrität zwischen den drei Tabellen *Rechnung*, *Position* und *Artikel* sind in den Zeilen (30) bis (39) in Programm 5.12 formuliert.
  Mit der Angabe ON DELETE CASCADE wird vom Datenbankprozessor verlangt, dass er auch die Positionszeilen löschen soll, welche zu der zu löschenden Rechnungszeile gehören. Das Verändern eines Primärschlüsselwertes in der Rechnungstabelle wird mit der Angabe ON UPDATE RESTRICT untersagt. Das Gleiche wird auch beim Vorliegen von Lösch- und Veränderungsoperationen auf Zeilen der Tabelle *Artikel* verlangt.

```
(1)  --****************************************
(2)  -- Vereinbarung der Positionstabelle
(3)  --
(4)  --Die Angabe der Regeln fuer die Gewähr-
(5)  --leistung der referenziellen Integrität
(6)  --sind hier das spezielle Ziel.
(7)  --
(8)  --Einem Löschbegehren auf eine Rechnungs-
(9)  --zeile ist stattzugeben. Die von dieser
(10) --abhängigen Positionszeilen sind hierbei
(11) --ebenfalls zu löschen -> CASCADE.
(12) --
(13) --Ein Veränderungsbegehren auf einen
(14) --Primärschlüsselwert in der Tabelle
(15) --Rechnung ist abzuweisen.
(16) --
(17) --Ein Löschwunsch auf eine Artikelzeile
(18) --oder ein Veränderungsbegehren auf einen
(19) --Primärschlüsselwert Artikel_Nr in der
```

```
--Tabelle Artikel ist abzuweisen, wenn es
--hierfür Fremdschlüsselwerte in der
--Tabelle Position gibt.
--*****************************************
DROP  TABLE Position;
CREATE TABLE Position
  (Rechnu_Nr   CHAR (4) NOT NULL,
   Artikel_Nr CHAR (4) NOT NULL,
   Anzahl      DEC  (5),
  PRIMARY KEY Enti(Rechnu_Nr, Artikel_Nr),
  CONSTRAINT enthaelt
    FOREIGN KEY (Rechnu_Nr)
    REFERENCES Rechnung (Rechnu_Nr)
     ON DELETE CASCADE
     ON UPDATE RESTRICT,
  CONSTRAINT betrifft
    FOREIGN KEY (Artikel_Nr)
    REFERENCES Artikel (Artikel_Nr)
     ON DELETE RESTRICT
     ON UPDATE RESTRICT );
```

Programm 5.12 Entitäts- und referenzielle Integrität bei Tabelle Position

Mit Hilfe der optionalen Angabe CONSTRAINT wird eine Integritätsregel mit einem Namen versehen. Im Beispiel werden die Namen der beiden Beziehungstypen *enthaelt* und *betrifft* für die Benennung der Integritätsregeln verwendet. Unter diesen Namen kann die entsprechende Regel in einem späteren ALTER TABLE-Befehl bei Bedarf gelöscht werden.

NULL-setzendes Löschen

Als Beispiel für das NULL-setzende Löschen dient der Umweltausschnitt *Mann heiraten Frau*, wobei die Verbindung zwischen beiden Tabellen mit der Verwendung der *Mannnummer* als Fremdschlüssel in der Tabelle *Frau* erfolgt. Das folgende ERM und RDBD in Abbildung 5.15 zeigt den Sachverhalt in übersichtlicher Form.

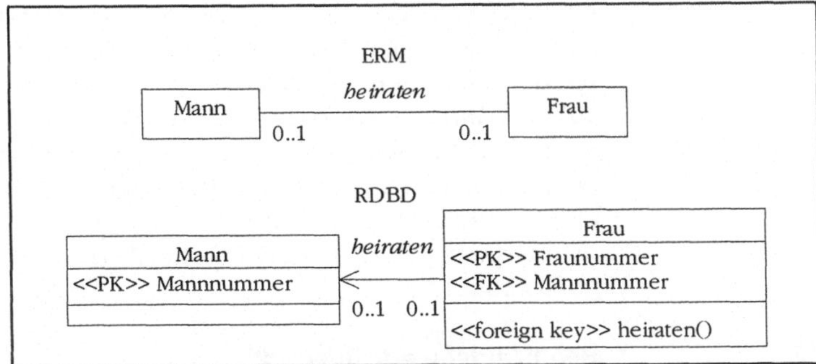

Abbildung 5.15 ERM und RDBD für *Mann heiraten Frau*

Soll eine Zeile in der Tabelle *Mann* gelöscht werden, deren Primärschlüsselwert in der Tabelle *Frau* als Fremdschlüsselwert vorhanden ist, so soll die Mannzeile gelöscht und der Fremdschlüsselwert in der Tabelle *Frau* vom Datenbankprozessor auf NULL gesetzt werden.

Das folgende Beispiel zeigt nur die in den Tabellen erforderlichen Primär- und Fremdschlüssel sowie die Integritätsregeln.

```
--****************************************
--*   Vereinbarung der beiden Tabellen   *
--*   Mann und Frau in minimalem Umfang. *
--*   NULL-setzendes Löschen.            *
--****************************************
CREATE TABLE Mann
   (Mannnummer CHAR ( 4) NOT NULL
                         PRIMARY KEY);
CREATE TABLE Frau
   (Fraunummer CHAR ( 4) NOT NULL
                         PRIMARY KEY,
    Mannnummer CHAR ( 4),
    CONSTRAINT heiraten
       FOREIGN KEY (Mannnummer)
          REFERENCES Mann(Mannnummer)
             ON DELETE SET NULL
             ON UPDATE RESTRICT);
```

Programm 5.13 NULL-setzendes Löschen

Die Integritätsregel *heiraten* ist in den Zeilen (13) bis (17) definiert. In der Zeile (16) ist festgelegt, dass der Datenbankprozessor den Fremdschlüsselwert auf NULL setzten soll, wenn aus der Tabelle *Mann* eine Zeile gelöscht wird, deren Primärschlüsselwert als Fremdschlüsselwert in der Spalte *Mannnummer* der Tabelle *Frau* vorhanden ist. In der Zeile (17) wird das Verändern eines Primärschlüsselwertes in der Tabelle *Mann* untersagt, wenn dieser Wert in der Tabelle *Frau* als Fremdschlüsselwert vorkommt.

5.10.3 Benutzerdefinierte Integrität

Die bisher behandelten beiden Integritätsarten

- Entitätsintegrität und
- Referenzielle Integrität

sind grundlegende Anforderungen an die Datenintegrität, die sich aus dem relationalen Datenbankmodell ergeben. Diese Anforderungen sind:

- Jede Zeile muss sich jederzeit eindeutig ansprechen lassen und
- für einen Fremdschlüsselwert muss es jederzeit den korrespondierenden Primärschlüsselwert geben.

Domäne

Zusätzlich zu diesen fundamentalen Integritätsarten bietet DB2-SQL die Möglichkeit, vom Benutzer bestimmbare Regeln zu definieren, mit denen der Datenbankprozessor die Vorgaben für Domänen überwachen kann. Die sich hieraus ergebende Integrität der Daten bezeichnet man in DB2-SQL als benutzerdefinierte Integrität. Die Angabe der benutzerdefinierten Regeln zur Aufrechterhaltung der Datenintegrität wird mit Hilfe von CHECK-Regeln und weiterhin mit dem Konzept der Auslöser (Trigger) verwirklicht. Der Auslöser wird in einem späteren Kapitel ausführlich behandelt.

Trigger

Dadurch, dass der Datenbankprozessor selbstständig die Entitäts-, Beziehungs- und benutzerdefinierte Integrität überwacht, wird DB2 zu einem aktiven bzw. reaktiven Datenbankverwaltungssystem.

Mit Hilfe der Integritätsbedingung CHECK wird ansatzweise das Konzept der Domäne in DB2-SQL realisiert. Zur Überwachung der benutzerdefinierten Datenintegrität können viele Prüfungen auf Plausibilität und Richtigkeit der Daten aus den Anwendungsprogrammen heraus in den Datenbankprozessor zentral verlagert werden. Hiermit ist in DB2-SQL eine Technik verfügbar, die es erlaubt,

- Anwendungsprogramme einfacher zu gestalten.
- Prüfungen immer durchführen zu lassen, ohne dass die Gefahr besteht, dass in einem Anwendungsprogramm eine Prüfung unterbleiben könnte.

Die CHECK-Integritätsregeln prüfen die Daten der Datenbank bei Einfüge- (INSERT) und Veränderungsoperationen (UPDATE). Sie werden im Befehl CREATE TABLE bzw. ALTER TABLE angegeben.

DB2-SQL bietet auch hier wieder die Möglichkeit, die Integritätsregeln als Spalten- oder Tabellenbedingungen zu formulieren.

Domäne

Aufzählungswerte

Werte in Intervallen

Die Integritätsregel in Form einer Spaltenbedingung wird in einer Spaltenbeschreibung angegeben. Hierbei kann zu Prüfzwecken aber nur auf Werte dieser Spalte Bezug genommen werden. Die Prüfung eines Spaltenwertes durch Berücksichtigung von Werten aus anderen Spalten ist hier nicht möglich. Ein sinnvolles Einsatzgebiet hierfür ist die Festlegung einer einfachen Domänenbeschreibung. In Betracht kommen hierbei die Aufzählung der zulässigen Werte oder die Angabe von Werteintervallen.

Das Schlüsselwort zur Einleitung einer benutzerspezifischen Prüfregel in einer Spaltendefinition lautet CHECK gefolgt von einem in runden Klammern stehenden SQL-Prädikat:

Einfache Integritätsregeln

```
<Spaltendefinition> CHECK (<Prädikat>)
```

Ein Prädikat ist ein Ausdruck, der als Ergebnis einen Wahrheitswert ergibt. Die beiden Wahrheitswerte sind wahr (engl. true) oder falsch (engl. false). SQL-Prädikate werden später detailliert behandelt.

Beispiel:

Es ist die Anforderung zu gewährleisten, dass in die Spalte *Anrede* nur die Werte *Herr* und *Frau* speicherbar sind. Das Problem kann elegant mit dem Mengenprädikat IN gelöst werden, das in SQL für aufzuzählende Werte vorgesehen ist:

```
Anrede CHAR (4)
CHECK (Anrede IN ('Herr', 'Frau'))
```

IN ( )

Das Prädikat IN prüft, ob ein Wert, der in die Spalte *Anrede* gespeichert werden soll, in seiner Werteliste aufgeführt ist. Im positiven Fall wird von ihm der Wahrheitswert *wahr* an die CHECK-Bedingung zurückgegeben. Diese gestattet sodann, dass der Wert gespeichert wird. Im negativen Fall wird das Speicherbegehren abgelehnt.

Beispiel:

Es ist die Anforderung zu gewährleisten, dass in der Spalte *Anzahl* nur Werte im Wertebereich 1 bis 999 speicherbar sind. Dieses Problem kann elegant mit dem Mengenprädikat BETWEEN gelöst werden, das für die Definition von Werteintervallen vorgesehen ist:

```
Anzahl SMALLINT
CHECK (Anzahl BETWEEN 1 AND 999)
```

Das folgende Beispiel zeigt eine einfache benutzerdefinierte Integritätsregel, die den Datenbankprozessor veranlasst, nur die Worte *Herr* und *Frau* in der Anredespalte zuzulassen.

Auch eine benutzerdefinierte Integritätsregel wird im RDBD bei Bedarf als eine vom Datenbankprozessor durchzuführende Operation dargestellt. Mit dem Stereotyp <<check>> wird die Operation als eine spezielle Art kategorisiert, siehe Abbildung 5.16.

Im folgenden Programm Programm 5.14 wird der Entwurf implementiert, der im RDBD modelliert ist. Hierzu ist im Mengenprädikat IN in den Zeilen (9) und (10) die Domänendefinition formuliert.

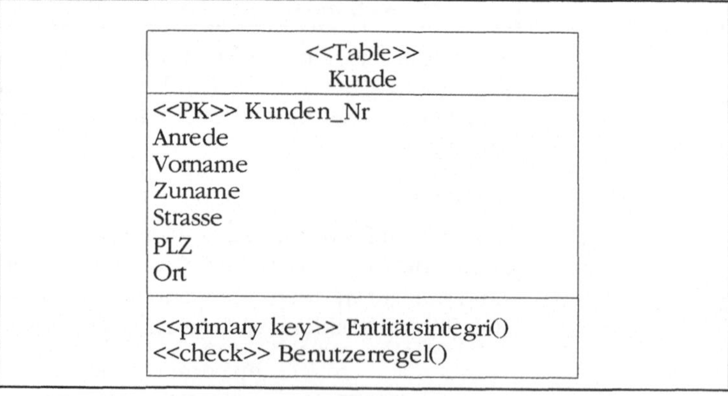

Abbildung 5.16 Benutzerdefinierte Integrität im RDBD

Das zugehörige Programm:

```
--***************************************
--*     Integritätsbedingung CHECK ()     *
--***************************************
CREATE TABLE Kunde
   (Kunden_Nr   CHAR ( 4) NOT NULL
                          PRIMARY KEY,
    Anrede      CHAR ( 4)
                CONSTRAINT Benutzerregel
                CHECK (Anrede IN ('Herr',
                                  'Frau')),
    Vorname     CHAR (15),
    Zuname      CHAR (15),
    Strasse     CHAR (15),
    PLZ         CHAR ( 5),
    Ort         CHAR (15));
```

Programm 5.14 Einfache benutzerdefinierte Integritätsregel in Form einer Spaltenbedingung

Die umfangreichere Möglichkeit mit einer spaltenübergreifenden Prüfung von Werten wird in einer eigenständigen Tabellenbedingung des Befehls CREATE TABLE angegeben. Aber auch hier können nur Spalten der jeweiligen Tabelle in die Prüfausdrücke aufgenommen werden. Weitere Einschränkungen im aktuellen DB2-SQL sind das Verbot von Unterabfragen und das Verbot der Verwendung von Spaltenfunktionen. Auf diese Sprachkonstrukte gehen wir in späteren Kapiteln ein.

Die Syntax einer benutzerdefinierten Integritätsregel in der Form einer Tabellenbedingung lautet:

```
[CONSTRAINT <Regelname>] CHECK (<Prädikat>)
```

An einem einfachen aber nicht realistischen Beispiel soll diese umfangreicher gestaltbare Integritätsregel demonstriert werden.

Aufgabe:

Es sollen nur Kunden aus *Heidelberg* oder *Hemsbach* erfassbar sein. Wenn ein Kunde aus *Heidelberg* erfasst wird, muss die Postleitzahl *69123* lauten. Bei einem Hemsbacher Kunden entsprechend *69502*.

```
--***************************************
--* Benutzerdefinierte Integritätsregel *
--* für das Prüfen von Wertezusammen-   *
--* hängen über mehrere Spalten.        *
--***************************************
DROP   TABLE Kunde;
CREATE TABLE Kunde
   (Kunden_Nr   CHAR ( 4) NOT NULL
                          PRIMARY KEY,
    Anrede      CHAR ( 5),
    Vorname     CHAR (15),
    Zuname      CHAR (15),
    Strasse     CHAR (15),
    PLZ         CHAR ( 5),
    Ort         CHAR (15),
    CONSTRAINT OrtPLZ_Pruefung CHECK
     ((Ort = 'Heidelberg' AND
       PLZ = '69123')        OR
      (Ort = 'Hemsbach'   AND
       PLZ = '69502')));
```

Programm 5.15 Benutzerdefinierte Integritätsregel in Form einer Tabellenbedingung

5.10.4 Einmaligkeitsüberwachung von Schlüsselkandidaten

Neben dem Primärschlüssel kann eine Tabelle noch Schlüsselkandidaten haben. Die Werte in solchen Spalten müssen der Integritätsbedingung der Einmaligkeit und der jederzeitigen Bekanntheit genügen. Mit Einsatz der Spaltenbedingung UNIQUE kann dieser Anforderung elegant entsprochen werden.

Die Einmaligkeit mehrerer Spalten wird in einer Tabellenbedingung definiert. Die Syntax der UNIQUE-Integritätsregel in der Form einer Tabellenbedingung lautet:

```
[CONSTRAINT <Regelname>]
UNIQUE (<Liste von Spaltennamen>)
```

UNIQUE

PRIMARY KEY

Die beiden Arten der Entitätsregeln für Einmaligkeit und jederzeitigen Bekanntheit, UNIQUE und PRIMARY KEY, haben große Ähnlichkeiten. Der einzige Unterschied besteht darin, dass die PRIMARY KEY-Regel je Tabelle nur ein Mal vorkommen darf. Die UNIQUE-Regel darf hingegen beliebig oft vorkommen. Für beide Arten von Entitätsregeln baut der Datenbankprozessor einen eindeutigen Index auf, damit er die Einmaligkeitsanforderung überwachen kann.

NULL

Zwischen dem eindeutigen Index, der mit dem Befehl CREATE UNIQUE INDEX definiert wird, und dem eindeutigen Index, der aus dem PRIMARY KEY bzw. UNIQUE constraint resultiert, bestehen zwei signifikante Unterschiede. Der mit dem CREATE-Befehl erzeugte Index kann NULL-Werte in den indizierten Spalten verwalten. Weiterhin kann die Sortierrichtung seiner Werte definiert werden.

Auch die Eigenschaft der Einmaligkeit eines Spaltenwertes kann bei Bedarf als ein Stereotyp im Relationstyp modelliert werden. Der hierzu geeignete Stereotyp lautet <<U>>. Im folgenden RDBD ist der Bauplan einer Relation mit diesem Konzept dargestellt.

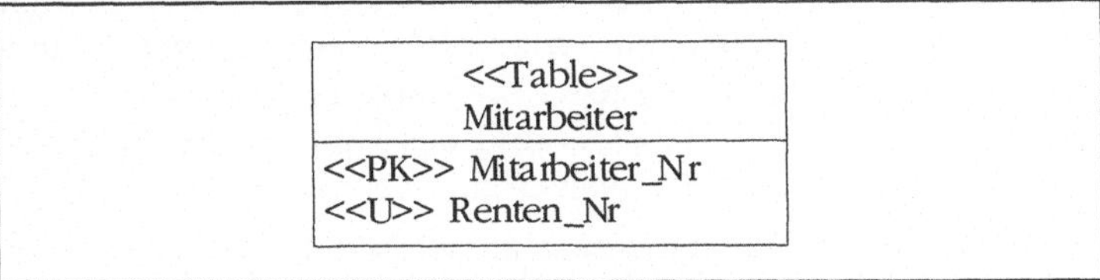

Abbildung 5.17 Relationstyp mit dem U-Stereotyp für UNIQUE

Den Entwurf in ein SQL-Programm überführt, zeigt das folgende Beispiel für die UNIQUE-Integritätsregel:

```
CREATE TABLE Mitarbeiter                              (1)
   (Mitarbeiter_Nr CHAR (4)                           (2)
                   NOT NULL PRIMARY KEY,              (3)
    Renten_Nr      CHAR (12)                          (4)
                   NOT NULL UNIQUE);                  (5)
```

Programm 5.16 UNIQUE und PRIMAY KEY Bedingung

In Zeile (3) wird die Spalte Mitarbeiter_Nr zur Primärschlüsselspalte erklärt. Die Spalte Renten_Nr wird auf Grund der UNIQUE-Integritätsregel in Zeile (5) auf Einmaligkeit überwacht.

5.11 Surrogatschlüssel

Ein Surrogatschlüssel ist ein künstlicher Schlüssel. Oft ist er ein Ersatzschlüssel für einen in der betriebswirtschaftlichen Organisation eingeführten natürlichen (kanonischen) Schlüssel. Der Einsatz von Surrogatschlüsseln löst das Problem von Schlüsseländerungen. Diese dürfte es theoretisch überhaupt nicht geben, da kraft Definition ein Schlüssel unveränderlich ist. In der Datenbankpraxis gibt es jedoch nicht selten Fälle, in denen eine Schlüsseländerung unumgänglich ist. Beispiele hierfür sind falsch eingeschätzte Wertebereiche, was eigentlich ein Entwurfsfehler ist. Aber noch gravierender sind Zusammenlegung von Datenbanken, z.B. bei Unternehmenszusammenschlüssen. Hier kollidieren meistens nicht kompatible Schlüsselsysteme. Durch den rechtzeitigen Einsatz von Surrogatschlüsseln können die sich hieraus ergebenden Probleme reduziert werden.

kanonischer Schlüssel

Surrogatschlüssel werden üblicherweise parallel zu den organisationsüblichen natürlichen Schlüsseln eingesetzt. Für die interne datenbanktechnische Verknüpfung der Zeilen verwendet man sinnvoller Weise Surrogatschlüssel. Für die externe und benutzerspezifische Identifikation der Daten verwendet man weiterhin die in der Anwendungsorganisation gebräuchlichen natürlichen Schlüsseln wie z.B. Kontonummer, Kundennummer, Artikelnummer usw. Die Implementierung beider Konzepte, des Surrogatschlüssels und des kanonischen Schlüssels, läuft letztlich auf eine Parallelverschlüsselung hinaus.

Parallelverschlüsselung

Ein Surrogatschlüssel besteht normalerweise aus einer fortlaufenden Zeilennummer der geladenen Zeilen. Als Datentyp eignet sich für mittlere Tabellengrößen der Dualzahltyp INTEGER. Für sehr große Tabellen mit mehr als zwei Milliarden Zeilen bietet sich der Dualzahltyp BIGINT an.

In SQL gibt es Sprachmittel zur Generierung von Surrogatschlüsselwerten. Dadurch müssen die Surrogatschlüsselwerte nicht mehr manuell oder per Programm generiert und verwaltet werden.

Die für die Surrogatschlüsselgenerierung erforderlichen Definitionen werden an Stelle der WITH DEFAULT-Klausel bei der Vereinbarung der Surrogatschlüsselspalte angegeben.

Die Syntax für eine Surrogatschlüsselspalte in vereinfachter Form lautet:

```
<Spaltenname> <Datentyp>
GENERATED ALWAYS AS IDENTITY
[(START WITH <Startwert>,
INCREMENT BY <Inkrementwert>)]
```

Wird die Klausel START ... INCREMENT ... weggelassen, so wird der Start- und Inkrementwert mit eins angenommen.

Beispiel:

Es soll eine Parallelverschlüsselung in der Tabelle *Surrogat_Test* erfolgen. Die Surrogatschlüsselspalte soll *Schluessel* heißen. Die Spalte des natürlichen Schlüssel soll den Namen *Kunden_Nr* tragen. Die Spalte *Schlüssel* soll die Primärschlüsselspalte sein.

```
(1)  CREATE TABLE Surrogat_Test
(2)     (Schluessel INTEGER
(3)                 NOT NULL PRIMARY KEY
(4)                 GENERATED ALWAYS
(5)                   AS IDENTITY
(6)                   (START     WITH 1,
(7)                    INCREMENT BY   1),
(8)      Kunden_Nr  CHAR (4));
(9)
(10) INSERT INTO Surrogat_Test
(11)    (Kunden_Nr) VALUES
(12)    ('K001');
(13)
(14) SELECT *
(15)    FROM Surrogat_Test;
```

Programm 5.17 Generierung von Surrogatschlüsseln

Ergebnis:

```
SCHLUESSEL  KUNDEN_NR
----------- ---------
          1 K001
```

In der Zeile (2) werden der Name und der Datentyp des Surrogatschlüssels festgelegt. Die Primärschlüsselfunktion wird in der

Zeile (3) verankert. In der Zeile (4) und (5) wird die Eigenschaft als Surrogatschlüssel definiert. Der Anfangswert und der Inkrementwert schließlich werden in den Zeilen (6) und (7) vorgegeben. In der Zeile (8) wird der natürliche Schlüssel als eine einfache Nichtschlüsselspalte angegeben.

5.12 Aufgaben

Die folgenden Aufgaben verfolgen das Ziel, die bis jetzt gelernten Sprachelemente der DDL von SQL in ihrem Zusammenhang zu üben. Da die Funktionen der einzelnen Klauseln erst beim Einfügen von Zeilen oder beim Lesen von Daten zur Wirkung kommen, sollten Sie die Tabellen mit einfachen INSERT-Befehlen laden und mit einfachen SELECT-Befehlen lesen. Auf die vollständigen INSERT- und SELECT-Befehle werden wir in den folgenden Kapiteln detailliert eingehen.

Aufgabe 1:

Implementieren Sie das folgende RDBD.

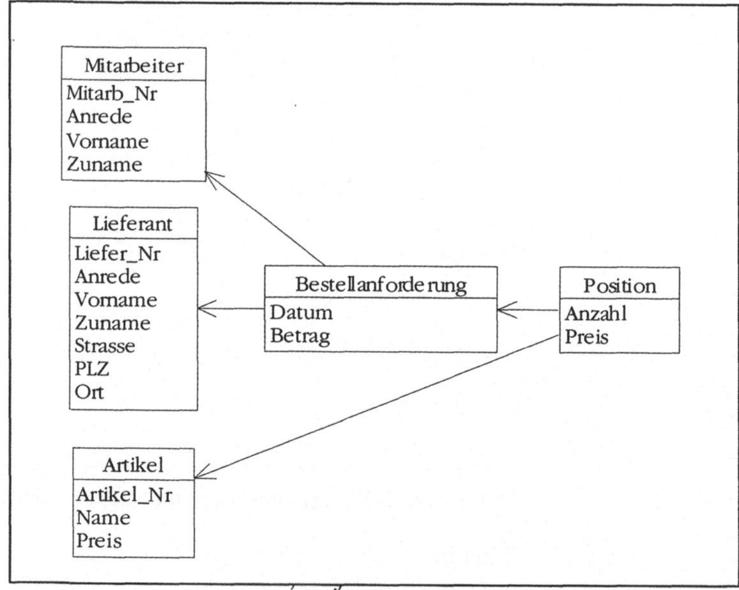

Bestellanforderung dürfen nur abweisendes Löschen zulassen.

- Die referenzielle Integritätsregel zwischen *Bestellanforderung* und *Position* muss sich fortpflanzendes Löschen bewerkstelligen.

- Verfeinern Sie das RDBD, indem Sie die Integritätsregeln als Operationen mit den zugehörigen Stereotypen modellieren. Zeichnen Sie auch die Primär- und Fremdschlüssel mit Stereotypen aus.

Aufgabe 2:

Implementieren Sie das folgende RDBD.

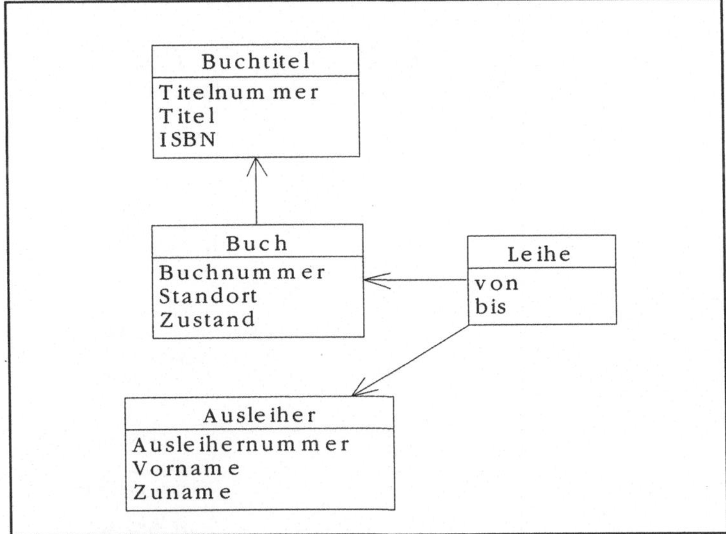

Anforderungen:

- Bei jeder Relation ist die Entitätsintegrität abzusichern.
- Alle referenziellen Integritätsregeln zwischen den Tabellen müssen von der Art zurückweisend sein.
- Verfeinern Sie das RDBD, indem Sie die Integritätsregeln als Operationen mit den zugehörigen Stereotypen modellieren. Zeichnen Sie auch die Primär- und Fremdschlüssel mit Stereotypen aus.
- Laden Sie ein Buch, für das es keine Buchtitelzeile gibt. Wie verhält sich der Datenbankprozessor?
- Laden Sie einen Ausleiher zwei Mal. Wie verhält sich DB2?
- Löschen Sie einen Ausleiher, der noch an einem Leihevorgang beteiligt ist mit folgendem Befehl: `DELETE FROM Ausleiher WHERE Ausleihernummer = 'A001';` Wie reagiert DB2?

Aufgabe 3:

Implementieren Sie das RDBD von Aufgabe 2 mit Anwendung der Technik der Surrogatschlüssel und der Parallelverschlüsselung.

Aufgabe 4:

Implementieren Sie das folgende RDBD.

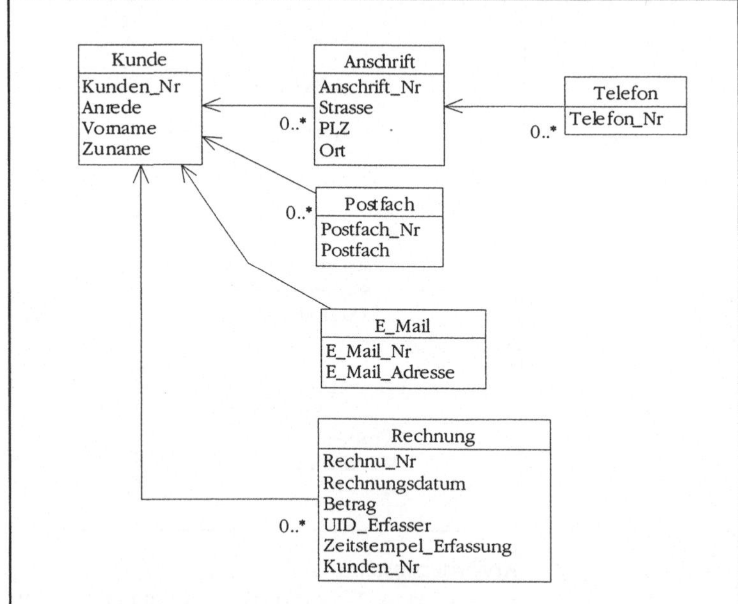

Anforderungen:

- Bei jeder Relation ist die Entitätsintegrität abzusichern.
- Alle referenziellen Integritätsregeln zwischen den Tabellen müssen von der Art zurückweisend sein.
- Die Kundennummern müssen im Intervall K001 bis K999 liegen.
- Als Anreden dürfen nur die Werte *Herr* und *Frau* von DB2 akzeptiert werden.
- Die Rechnungsbeträge müssen größer als numerisch null sein.
- Verfeinern Sie das RDBD, indem Sie die Integritätsregeln als Operationen mit den zugehörigen Stereotypen modellieren. Zeichnen Sie auch die Primär- und Fremdschlüssel mit Stereotypen aus.

- UID_Erfasser und Zeitstempel müssen automatisch aus Systemregistern übernommen werden.

Aufgabe 5:

Implementieren Sie das folgende RDBD.

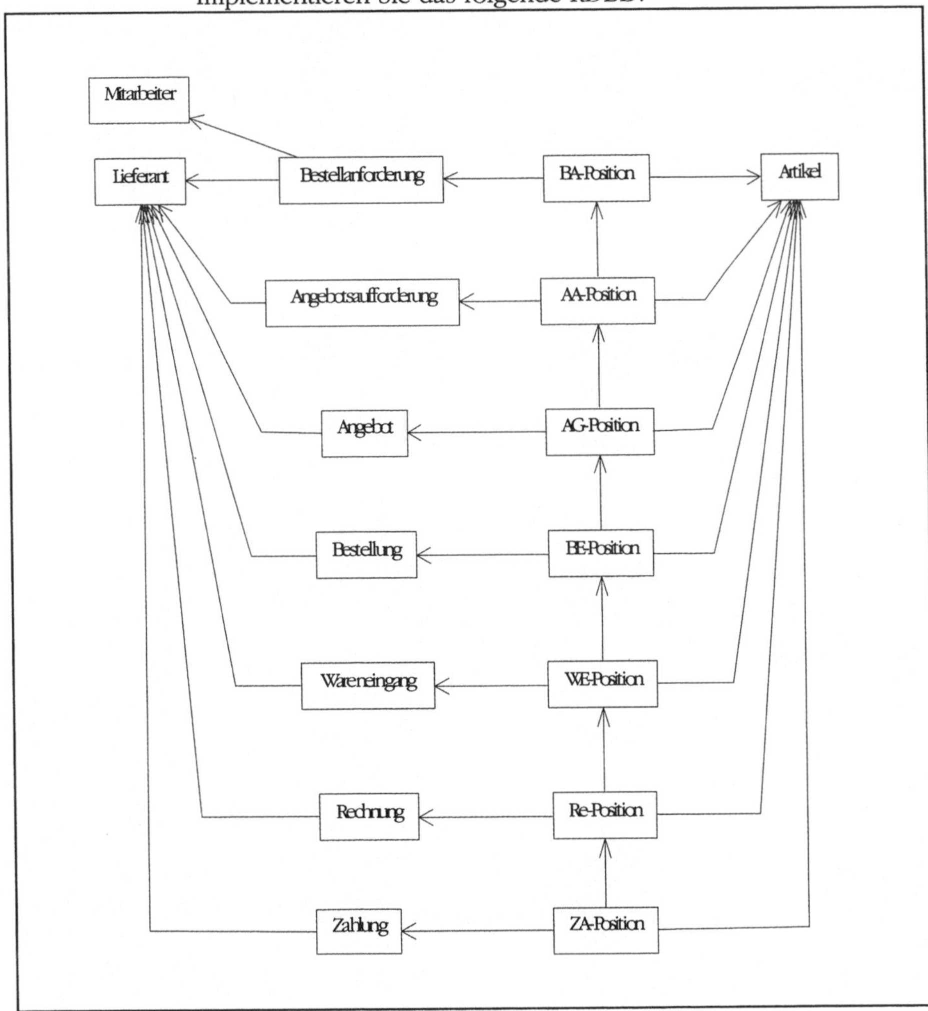

Anforderungen:

- Bei jeder Relation ist die Entitätsintegrität abzusichern.

- Die referenzielle Integrität ist subtil zu verwiklichen. Sorgen Sie dafür, dass der Benutzer so wenig wie möglich existenzabhängige Daten löschen muss.
- Verfeinern Sie das RDBD, indem Sie die Integritätsregeln als Operationen mit den zugehörigen Stereotypen modellieren. Zeichnen Sie auch die Primär- und Fremdschlüssel mit Stereotypen aus.

6 Die Datenmanipulationssprache von SQL

In diesem Kapitel lernen Sie,

- wie man Daten in eine Tabelle einfügt, in ihr ändert und aus ihr löscht und
- wie man Daten aus einer oder mehreren Tabellen liest.

Mit Ihrem erworbenen Wissen können Sie sodann Daten in der Datenbank manipulieren und mit großem Komfort dem Anwender zur Verfügung stellen.

Befehle zur Datenmanipulation beziehen sich auf Zeileninhalte der Benutzertabellen. Sie bilden die Datenmanipulationssprache von SQL (engl. Data Manipulation Language, *DML*). Katalogdaten können mit der DML nicht eingefügt, verändert oder gelöscht werden. Lediglich der SELECT-Befehl ist zugelassen, um Metadaten aus dem Katalog zu lesen.

Die folgende Tabelle gibt Ihnen eine Kurzübersicht über die SQL-Befehle, die anschließend detailliert behandelt werden.

Befehl	Bedeutung
INSERT	Zeilen in eine Tabelle einfügen.
UPDATE	Werte in einer Tabelle verändern.
DELETE	Zeilen aus einer Tabelle entfernen.
MERGE	Zeilen in eine Tabelle einfügen, verändern, löschen
SELECT	Daten aus einer oder mehreren Tabellen auslesen.

Abbildung 6.1 Kurzübersicht über die Befehle zur Datenmanipulation

SQL ist eine umfangreiche Sprache. Damit ein Anfänger vom Umfang der SQL-Sprachelemente nicht „erschlagen" wird, gehen wir zunächst auf die einfacheren und grundlegenden Sprachelemente ein. Erst anschließend werden wir die restlichen Konzepte behandeln.

6.1 Zeilen in Tabelle einfügen - INSERT

Der Befehl INSERT wird benutzt, um eine oder mehrere Zeilen in eine Tabelle einzufügen.

Die vereinfachte Syntax lautet:

```
INSERT INTO <Tabellenname> [(<Spaltenliste>)]
          {VALUES (<Ausdrucksliste>)
          [, (<Ausdrucksliste >)] ...
                  | <SELECT-Befehl>}
```

Wird keine *Spaltenliste* explizit angegeben, die in Form von durch Kommata getrennten Spaltennamen formuliert wird, so wird implizit die Liste aller Spaltennamen der Tabelle von DB2 angenommen. Der Datenbankprozessor überwacht, dass in alle Spalten der Tabelle von links nach rechts je ein Wert eingefügt wird.

Die Spaltenliste ist definiert als:
<Spaltenname 1> [, <Spaltenname n>] ...

D.h. eine Spaltenliste besteht aus mindestens einem Spaltennamen. Je zwei Spaltennamen werden durch ein Komma getrennt.

Die Ausdrucksliste in der Klausel VALUES ist entsprechend definiert als:
<Ausdruck 1> [,<Ausdruck n>] ...

Ein Ausdruck kann hier jeder zulässige SQL-Ausdruck sein. Eine Auswahl hiervon ist beispielsweise

- ein Literal, z.B. ' Herr'
- ein Systemregister, z.B. CURRENT DATE
- ein Ausdruck mit Operatoren und Funktionen, z.B. 1 + 1
- das Schlüsselwort NULL
- das Schlüsselwort DEFAULT
- eine skalare Unteranfrage.

Wird VALUES mit einer nachfolgenden *Werteliste* angegeben, so wird mit dieser eine Zeile in die Tabelle eingefügt. Deshalb muss die Anzahl sowie der jeweilige Datentyp der Elemente in der Werteliste mit den Typen und der Anzahl der Spalten der Tabelle übereinstimmen. Ist auch eine *Spaltenliste* angegeben, so gilt dies analog für Anzahl und Datentypen der aufgeführten Spalten in der *Spaltenliste*.

SQL ist eine mengenorientierte Sprache

In der VALUES-Klausel können mehrere Wertelisten angegeben werden, die jeweils in runde Klammern einzuklammern und durch Kommata zu trennen sind. Dadurch können mit nur einem INSERT-Befehl viele Zeilen eingefügt werden.

Wenn in eine Tabelle bestehende Werte aus anderen Tabellen hinzuzufügen sind, so kann die VALUES-Klausel durch eine SELECT-Klausel ersetzt werden. Die Ergebniszeilen des SELECT-Befehls werden zu der Tabelle hinzugefügt. Es muss auch hier darauf geachtet werden, dass die Ergebnisspalten des SELECT-Befehls in Anzahl und Datentyp mit den Spalten der Tabelle übereinstimmen, in welche die Daten eingefügt werden. Ist auch in diesem Zusammenhang eine *Spaltenliste* angegeben, so gilt dies ebenfalls für Anzahl und Datentypen der aufgeführten Spalten in der *Spaltenliste.*

Beispiel:

In die Tabelle *Kunde* soll in eine Teilmenge der Spalten eine Zeile eingefügt werden. Hierbei sollen die beiden Ausdrücke NULL und DEFAULT getestet werden.

```
INSERT INTO Kunde                                      (1)
   (Kunden_Nr, Anrede, Vorname, Zuname )               (2)
   VALUES                                              (3)
   ('K001',    'Herr', NULL,    DEFAULT);              (4)
```

Programm 6.1 Einfügen in einzelne Spalten mit NULL und DEFAULT

In der Programmzeile (2) ist eine explizite Spaltenliste angegeben. Die speziellen Ausdruckswerte NULL und DEFAULT werden in der Programmzeile (4) verwendet.

Beispiel:

In der VALUES-Liste des Befehls INSERT soll ein Wert mit einer skalaren Unteranfrage ermittelt werden.

```
CREATE TABLE Test_Skalare_Unteranfrage            (1)
   (Anzahl    INTEGER,                            (2)
    Text      VARCHAR (15)                        (3)
              DEFAULT 'hallo');
                                                  (4)
INSERT INTO Test_Skalare_Unteranfrage             (5)
   VALUES                                         (6)
```

```
(7)   ((SELECT COUNT(*) FROM Kunde),
       DEFAULT);
```

Programm 6.2 Values-Liste enthält eine skalare Unteranfrage

In der Programmzeile (7) ermittelt eine skalare Unteranfrage die Anzahl der Zeilen in der Tabelle Kunde. Der Ergebniswert wird an der Stelle der Unteranfrage in die VALUES-Liste eingesetzt.

Beispiel:

In die Tabelle *Kunde_2*, die strukturell mit der Tabelle *Kunde* übereinstimmt, sollen die Daten aus der Tabelle *Kunde* eingefügt werden.

```
(1) CREATE TABLE Kunde_2
(2)    LIKE Kunde;
(3)
(4) INSERT INTO Kunde_2
(5)    SELECT *
(6)       FROM Kunde
(7)       ORDER BY Kunden_Nr;
```

Programm 6.3 Einfügen von Daten in eine Tabelle aus einer anderen Tabelle

In den Programmzeilen (1) und (2) wird die Empfangstabelle *Kunde_2* vereinbart. Sie ist durch die Anwendung der Klausel LIKE strukturell identisch mit der Tabelle *Kunde*. Der Anfragebefehl SELECT in den Zeilen (5) bis (7) beschafft die einzufügenden Zeilen aus der Tabelle *Kunde*.

Beispiel Rechnungschreibung

Die INSERT-Befehle in den folgenden Programmen dienen dazu, die vier Tabellen *Kunde*, *Rechnung*, *Artikel* und *Position* des Beispiels Rechnungsschreibung mit den Beispieldaten aus der Miniwelt zu laden.

Laden der Tabelle *Kunde*:

```
(1) INSERT INTO Kunde
(2)    (Kunden_Nr, Anrede, Vorname, Zuname,
        Strasse, PLZ, Ort)
(3)    VALUES
(4)    ('K001', 'Herr', 'Hugo',  'Müller',
```

```
    'Gartenstr. 4a', '69123',
    'Heidelberg'),
    ('K002', 'Herr', 'Georg', 'Mayer',
     'Neckarstr. 1', '69123',
     'Heidelberg'),
    ('K003', 'Frau', 'Eva',   'Schulze',
     'Hauptstr. 7',  '69502', 'Hemsbach');
```

Programm 6.4 Laden der Tabelle Kunde mit Beispieldaten

Laden der Tabelle Rechnung:

```
INSERT INTO Rechnung
    (Rechnu_Nr, Kunden_Nr, Datum, Betrag)
    VALUES
    ('R001', 'K001', '04.04.2004', 13000),
    ('R002', 'K001', '05.04.2004',  2000),
    ('R003', 'K002', '05.04.2004',  5000);
```

Programm 6.5 Laden der Tabelle Rechnung mit Beispieldaten

Laden der Tabelle Artikel:

```
INSERT INTO Artikel
    (Artikel_Nr, Name,       Preis) VALUES
    ('A001',     'Computer', 5000),
    ('A002',     'Drucker',  1000),
    ('A003',     'Bildschirm', 500),
    ('A004',     'Kabel',       50);
```

Programm 6.6 Laden der Tabelle Artikel mit Beispieldaten

Laden der Tabelle Position:

```
INSERT INTO Position
    (Rechnu_Nr, Artikel_Nr, Anzahl) VALUES
    ('R001', 'A001', 2),
    ('R001', 'A002', 3),
    ('R002', 'A002', 1),
    ('R002', 'A003', 2),
    ('R003', 'A001', 1);
```

Programm 6.7 Laden der Tabelle Position mit Beispieldaten

6.2 Zeilen in Tabelle ändern - UPDATE

Mit dem Befehl UPDATE werden Werte in vorhandenen Zeilen einer Tabelle geändert.

Die vereinfachte Syntax des Befehls UPDATE lautet:

```
UPDATE <Tabellenname>
    SET  <Zuweisungsklausel>
    [ WHERE <Bedingungsausdruck> ]

Zuweisungsklausel::
{<Spaltenname> = <Ausdruck>
[,Spaltenname> = <Ausdruck>] ...
| (<Liste Spaltenname>) = (<Liste Ausdruck>)
[,(<Liste Spaltenname>) = (<Liste Ausdruck>)...
| (<Liste Spaltenname>) = (<SELECT-Befehl>)
[,(<Liste Spaltenname>) = ((<SELECT-Befehl>)...
```

Die Spalte mit dem Namen *Spaltenname* erhält den Wert des zugehörigen *Ausdrucks*. Dieser muss mit dem Datentyp der jeweiligen Spalte übereinstimmen. Im *Bedingungsausdruck* der WHERE-Klausel wird angegeben, in welchen Zeilen der Tabelle die Veränderungen erfolgen sollen. Wird keine WHERE-Klausel angegeben, werden alle Zeilen der Tabelle geändert. Hieran zeigt sich die mengenorientierte Wirkungsweise von SQL.

Mengen-orientierung

Ist die Datensenke eine Liste von Spaltennamen, muss sie in runden Klammern eingefasst werden. Die korrespondierende Datenquelle muss dann ebenso eine Liste von Ausdrücken oder ein SELECT-Befehl sein. In beiden Fällen muss die Anzahl der Elemente der Listen übereinstimmen. Kombinationen von gleichartigen Zuweisungsteilklauseln sind ebenfalls möglich.

Beispiel:

Der Zuname vom Kunden mit der Kundennummer 'K001' soll auf *Meyer* geändert werden. In der Set-Klausel in Programmzeile (2) werden die Datensenke und die Datenquelle angegeben. In der WHERE-Klausel der Programmzeile (3) ist festgelegt, dass nur die Tabellenzeile mit der Kunden_Nr = ' K001' zu verändern ist.

```
UPDATE Kunde                                        (1)
   SET   Zuname     = 'Meyer'                       (2)
   WHERE Kunden_Nr  = 'K001'                        (3)
```

Programm 6.8 Veränderung der Zeile mit Kunden_Nr = 'K001'

Beispiel:

Die *Vor-* und *Zunamen* aller Kunden sollen auf den Wert Unbekannt (NULL) gesetzt werden.

```
UPDATE Kunde                                    (1)
   SET (Vorname, Zuname) = (NULL, NULL);        (2)
```

Programm 6.9 Veränderung mit Listen von Spaltennamen und Ausdrücken

Beispiel:

Alle Zeilen der Tabelle Kunde_2 sollen in ihren Spalten Vorname und Zuname mit Werte aus korrespondierenden Daten der Tabelle Kunde verändert werden. Die Lösung dieser Aufgabe erfordert Kenntnisse, die wir erst in späteren Kapiteln detailliert vermitteln.

```
UPDATE Kunde_2 K2                                 (1)
   SET (        Vorname, Zuname) =                (2)
       (SELECT Vorname, Zuname                    (3)
          FROM Kunde K                            (4)
          WHERE K2.Kunden_Nr=K.Kunden_Nr);        (5)
```

Programm 6.10 Veränderung mit Daten aus einer anderen Tabelle mit einem korrelierten UPDATE

In der Programmzeile (1) wird für die zu verändernde Tabelle Kunde_2 der Korrelationsname K2 festgelegt. In der Zeile (5) wird der linke Vergleichsoperand Kunden_Nr mit diesem Korrelationsnamen qualifiziert. Dadurch erhalten wir einen korrelierten UPDATE-Befehl, der je Zeile der Tabelle Kunde_2 die Unteranfrage von Programmzeile (3) bis (5) ausführt.

6.3 Zeilen in Tabelle löschen - DELETE

Der Befehl DELETE wird benutzt, um Zeilen einer Tabelle zu löschen.

Die vereinfachte Syntax lautet:

```
DELETE FROM <Tabellenname>
    [WHERE <Bedingungsausdruck>]
```

Mengen-orientierung

Es werden die Zeilen mit ihren Inhalten aus der Tabelle *Tabellenname* gelöscht, die durch die WHERE-Klausel beschrieben sind. Wird keine WHERE-Klausel angegeben, so ist Vorsicht geboten, denn es werden dann alle Zeilen der Tabelle gelöscht.

Beispiel:

Der Kunde mit der Kundennummer ' K001' soll gelöscht werden.

```
DELETE FROM Kunde                                   (1)
   WHERE Kunden_Nr = 'K001';                        (2)
```

Programm 6.11 Löschen einer Zeile

Beispiel:

Es sollen alle Zeilen der Tabelle Position gelöscht werden.

```
DELETE FROM Position;                               (1)
```

Programm 6.12 Alle Zeilen der Tabelle löschen

Beispiel:

Es sollen die Rechnungen aller Heidelberger Kunden gelöscht werden. Zum Verständnis der folgenden Lösung benötigen Sie Kenntnisse über die korrelierte Unteranfrage. Diese werden wir in den folgenden Kapiteln darlegen.

```
DELETE FROM Rechnung R                              (1)
   WHERE EXISTS                                     (2)
     (SELECT *
       FROM Kunde K                                 (3)
       WHERE K.Kunden_Nr = R.Kunden_Nr);            (4)
```

Programm 6.13 Löschen gesteuert über eine Unteranfrage

Der Bedingungsausdruck im obigen Programm verwendet das Prädikat EXISTS in der Programmzeile (2) im Rahmen einer korrelierten Unteranfrage.

6.4 Zeilen in Tabelle manipulieren - MERGE

Der Befehl MERGE ist ein mächtiger Befehl. Er vereinigt die Funktionalität der Befehle INSERT, UPDATE und DELETE. In einer Zieltabelle können hierbei in nur einem SQL-Befehl Daten eingefügt, verändert und/oder gelöscht werden.

Die vereinfachte Syntax des Befehls MERGE lautet:

```
MERGE INTO <Zieltabellenname>
    USING  <Quelltabelle>
    ON     <Suchbedingung>
    WHEN   <Übereinstimmungsbedingung>
```

```
        THEN <Modifikationsoperation>
    [WHEN   <Übereinstimmungsbedingung>
        THEN <Modifikationsoperation>]...
    [ELSE IGNORE]

Übereinstimmungsbedingung::
[NOT] MATCHED [AND <Suchbedingung>]

Modifikationsoperation::
{UPDATE SET <Zuweisungsklausel> |
 DELETE |}
 <INSERT-Befehl>
```

Beispiel:

Daten aus der Tabelle *Kunde_1* sollen in die Tabelle *Kunde* hineingemischt werden. Hierbei sollen Daten von vorhandenen Zeilen in Tabelle *Kunde* mit korrespondierenden Daten aus der Tabelle *Kunde_1* verändert werden. Sind Zeilen aus der Tabelle *Kunde_1* in der Tabelle *Kunde* nicht vorhanden, so sollen sie in die Tabelle *Kunde* eingefügt werden.

Lösung:

Zunächst vereinbaren und laden wir die Tabelle Kunde_1 mit Anwendung des folgenden Programms.

```
CREATE TABLE Kunde_1                                  (1)
   LIKE Kunde;                                        (2)
INSERT INTO Kunde_1 VALUES                            (3)
('K003', 'Frau',    'Evi', 'Schulze',                 (4)
'Hauptstr. 7', '69502', 'Hemsbach'),
('K004', 'Frau',    'Eva', 'König'  ,                 (5)
'Hauptstr. 7', '69502', 'Hemsbach');
```

Programm 6.14 Datenquelle vereinbaren und laden

Die Daten aus der Tabelle Kunde_1 werden anschließend vom Befehl MERGE als Datenquelle verwendet und zur Steuerung der Modifikation der Tabelle Kunde eingesetzt.

```
--*************************************         (1)
--*               Mergebefehl         *         (2)
--*************************************         (3)
MERGE INTO Kunde AS K                           (4)
```

```
USING   (SELECT Kunden_Nr, Vorname, Zuname  (5)
            FROM Kunde_1) AS K1              (6)
ON K.Kunden_Nr = K1.Kunden_Nr                (7)
WHEN MATCHED THEN                            (8)
   UPDATE SET K.Vorname = K1.Vorname         (9)
WHEN NOT MATCHED THEN                        (10)
   INSERT (Kunden_Nr, Vorname, Zuname)       (11)
     VALUES (K1.Kunden_Nr, K1.Vorname,       (12)
             K1.Zuname);                     (13)
```

Programm 15 MERGE zum Verändern der Tabelle Kunde

In der Programmzeile (4) ist die zu modifizierende Tabelle *Kunde* als Datensenke angegeben. Die Klausel USING in den Zeilen (4) und (5) bestimmt die Datenquelle. In der Programmzeile (7) wird in der Klausel ON geprüft, ob in der Datenquelle und der Datensenke je eine korrespondierende Zeile vorhanden ist. Wird eine Korrespondenz in der Programmzeile (8) festgestellt, so wird der Befehl UPDATE in der Programmzeile (9) ausgeführt. Hierbei wird im Beispiel der *Vorname* in der korrespondierenden Zeile der Tabelle *Kunde* mit dem Vornamen aus der korrespondierenden Zeile der Tabelle *Kunde_1* aktualisiert. Wird keine Korrespondenz gefunden, dann leitet die NOT MACHED-Klausel in der Programmzeile (10) die Ausführung des Befehls INSERT in den Programmzeilen (11) bis (13) ein. Hierbei werden die Zeilen aus der Tabelle Kunde_1 in die Tabelle Kunde eingefügt, welche in dieser nicht vorhanden sind.

Im folgenden Programm wird die Wirkung des Befehls MERGE im aufgeführten Beispiel sichtbar gemacht.

```
SELECT *          (1)
  FROM Kunde;     (2)
```

Programm 6.16 Ergebnis lesen

Ergebnis:

KUNDEN_NR	ANREDE	VORNAME	ZUNAME	STRASSE	PLZ	ORT
K001	Herr	Hugo	Müller	Gartenstr. 4a	69123	Heidelberg
K002	Herr	Georg	Mayer	Neckarstr. 1	69123	Heidelberg
K003	Frau	Evi	Schulze	Hauptstr. 7	69502	Hemsbach
K004	-	Eva	König	-	-	-

Im Ergebnis ist zu sehen, dass der Vorname der Kundin K003 auf den Wert Evi verändert wurde. Weiterhin ist die neue Kundin K004 in die Tabelle Kunde aufgenommen worden.

Gesteuertes Löschen

Mit dem Einsatz der Klausel DELETE im Befehl MERGE können Zeilen in der Datensenke gelöscht werden. Die Löschoperation wird durch Zeilen in der Quelltabelle gesteuert.

Beispiel:

Werden korrespondierende Zeilen in der Tabelle *Kunde* gefunden, die auch in der Quelltabelle *Kunde_1* vermerkt sind, sollen sie in der Tabelle *Kunde* gelöscht werden.

```
--**************************************
--*          Gesteuertes Löschen       *
--**************************************
MERGE INTO Kunde AS K
 USING  (SELECT Kunden_Nr, Vorname, Zuname
           FROM Kunde_1) AS K1
 ON K.Kunden_Nr = K1.Kunden_Nr
 WHEN MATCHED THEN
    DELETE;
```

Programm 6.17 Gesteuertes Löschen mit MERGE

Ergebnis:

KUNDEN_NR	ANREDE	VORNAME	ZUNAME	STRASSE	PLZ	ORT
K001	Herr	Hugo	Müller	Gartenstr. 4a	69123	Heidelberg
K002	Herr	Georg	Mayer	Neckarstr. 1	69123	Heidelberg

6.5 Zeilen aus Tabelle ausgeben - SELECT

Der Befehl SELECT ist der zentrale Befehl von SQL. Er ist sehr vielseitig. Mit Hilfe seiner Klauseln werden die Elemente der relationalen Algebra formuliert.

6.5.1 Relationale Algebra

Die relationale Algebra umfasst alle Operationen, mit denen Tabellen zerlegt und zusammengefügt werden können. In der Abbildung 6.2 sind die einzelnen relationalen Operationen dargestellt, um Ihnen eine Übersicht zu vermitteln.

Die hierbei dargestellten Operationen sind wie folgt zu verstehen.

Operation	Bedeutung
Auswahl	Sie wählt bestimmte **Zeilen** aus einer Tabelle aus.
Projektion	Sie wählt bestimmte **Spalten** aus einer Tabelle aus.
Verbund	Sie erzeugt eine neue Tabelle aus vorhanden Tabellen, indem sie aus mehreren Zeilen der vorhandenen Tabellen eine Zeile in der neuen Tabelle zusammenfügt. Sie ist keine Mengenoperation. Sie ist die gegensätzliche Operation zur Normalisierung. Mit ihrer Ausführung werden normalisierte Daten denormalisiert. Hierbei entsteht gewollte Redundanz in der Ergebnistabelle.
Vereinigung	Sie erzeugt eine neue Tabelle aus allen Zeilen vorhandener Tabellen mit gleichen Strukturen. Sie ist eine Mengenoperation.
Durchschnitt	Sie erzeugt eine neue Tabelle, die aus bestimmten Zeilen vorhandener Tabellen besteht. Sie ist eine Mengenoperation.
Differenz	Sie erzeugt eine neue Tabelle, die aus bestimmten Zeilen einer vorhandenen Tabelle besteht, wobei diese Zeilen in der anderen Tabelle nicht vorkommen dürfen. Sie ist eine Mengenoperation.

Abbildung 6.2 Übersicht über relationale Operationen

Die relationale Algebra kann grafisch in leicht merkbaren Bildern wie folgt dargestellt werden.

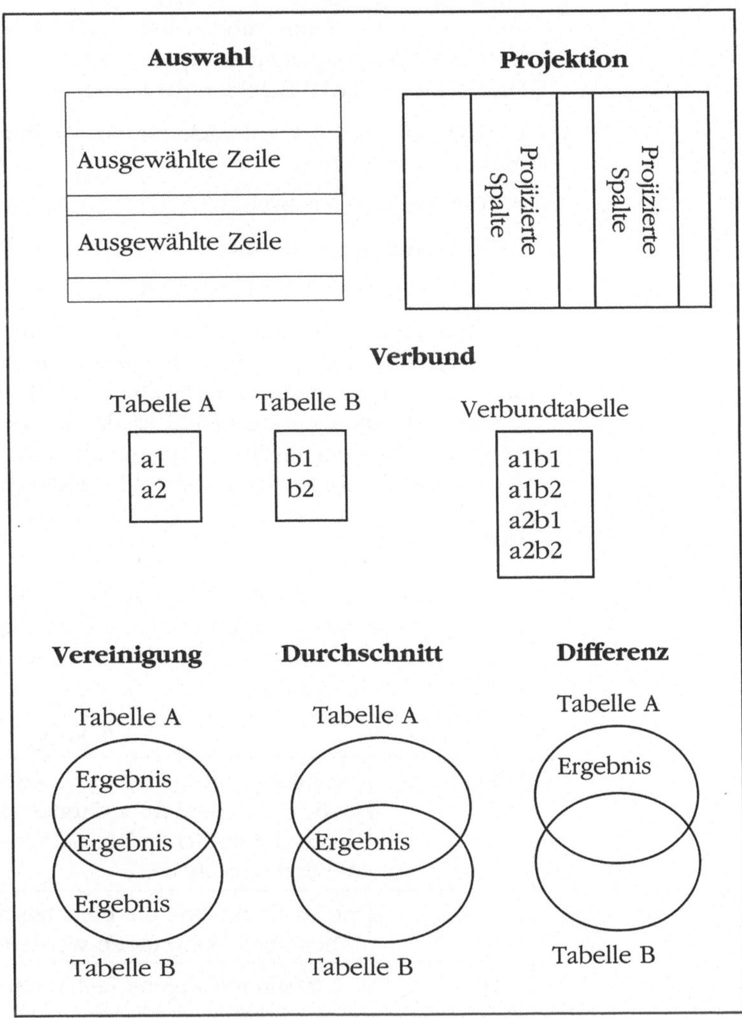

Abbildung 6.3 Funktionsweise der relationalen Algebra

Im Differenzbeispiel der Abbildung 6.3 ist das Ergebnis die Differenz der *Tabelle A* abzüglich der *Tabelle B* (E = A \ B). Die mögliche weitere Differenz der *Tabelle B* abzüglich der *Tabelle A* (B \ A) ist nicht dargestellt.

6.5.2 Arten des Anfragebefehls SELECT

Der Anfragebefehl SELECT-Befehl kann alleine stehen, um Daten unter Anwendung der relationalen Algebra aus der Datenbank zu lesen. Er kann aber auch als Klausel in anderen DML-Befehlen enthalten sein, wie z.B. bei den INSERT, UPDATE- und DELETE-Befehlen dargestellt.

In DB2-SQL wird der Anfragebefehl in zunehmender Mächtigkeit in drei Arten eingeteilt.

- Unteranfrage - subselect
- Volle Anfrage - full select
- Anfragebefehl - select-statement

Die Unteranfrage ist die einfachste Form einer Anfrage. Werden mehrere Unteranfragen mit Mengenoperatoren verbunden, so liegt die volle Anfrage vor. Sie wird auch als Gesamtauswahl bezeichnet. Beim Anfragebefehl ist der vollen Anfrage noch ein benannter Tabellenausdruck vorgeschaltet. Auf Einzelheiten werden wir in den folgenden Kapiteln detailliert eingehen.

Unteranfrage

Die Unteranfrage besteht aus bis zu sieben Klauseln. Jede Klausel entfaltet bei der Ausführung des Anfragebefehls ihre spezielle Wirkung. Die folgende Tabelle gibt hierüber einen kurzen und einführenden Überblick:

Klausel	Wirkung
SELECT	Sie steuert die spaltenweise Kopie der Daten (Projektion) aus der temporären Zwischentabelle, die durch die restlichen Klauseln bestimmt wird, in die Ergebnistabelle.
FROM	Sie bestimmt, wie die Eingangstabellen zur Zwischentabelle verbunden werden (Verbund).
WHERE	Sie bestimmt, welche Zeilen der Zwischentabelle in die Ergebnistabelle ausgewählt werden (Auswahl, synonym Selektion).
GROUP BY HAVING	Sie bestimmt, nach welchem Gruppierungskriterium Zeilen zu einer Zeilengruppe zusammengefasst werden sollen. Die Zeilen einer Zeilengruppe werden zusammen ausgewertet. Das Ergebnis der Auswertung gibt eine Zeile in der Zwischentabel-

	le. Die Klausel HAVING definiert eine Bedingung, die eine Ergebniszeile erfüllen muss, um in die Zwischentabelle aufgenommen zu werden.
ORDER BY	Sie bestimmt, in welcher Reihenfolge die Zeilen in der Zwischentabelle sortiert werden sollen.
FETCH FIRST	Sie bestimmt, wie viele Zeilen aus der Zwischentabelle in die Ergebnistabelle übertragen werden

Abbildung 6.4 Klauseln der Unteranfrage

Die Klauseln der Unteranfrage werden in folgender Reihenfolge vom Datenbankprozessor ausgeführt:

Klauseln

1. FROM-Klausel
2. WHERE-Klausel (optional)
3. GROUP BY-Klausel (optional)
4. HAVING-Klausel (optional)
5. SELECT-Klausel
6. ORDER BY-Klausel (optional)
7. FETCH FIRST-Klausel (optional)

Die vereinfachte Syntax der Unteranfrage zeigt die sieben Klauseln. Zwei Klauseln sind zwingend auszuformulieren. Die restlichen fünf Klauseln sind optional. In der FROM-Klausel wird die Datenquelle und in der SELECT-Klausel die Datensenke beschrieben.

```
<SELECT-Klausel>
   <FROM-Klausel>
  [<WHERE-Klausel>]
  [<GROUP BY-Klausel>
      [<HAVING-Klausel>]]
  [<ORDER BY-Klausel>]
  [<FETCH FIRST-Klausel>]
```

6.5.3 SELECT-Klausel

Die SELECT-Klausel besteht aus dem Schlüsselwort SELECT. Hierauf folgt die Beschreibung der Duplikatenbehandlung. Abgeschlossen wird die Klausel mit der Projektionsliste, die auch als Spaltenliste bezeichnet wird. In ihr werden die Namen der gewünschten Spalten aufgeführt, die meistens aus den Tabellen der *Tabellenliste* stammen. Die Spaltennamen können hierbei in

Spaltenliste

Ausdrücken auftreten. Sogar Ausdrücke ohne Spaltenbezug können in der Projektionsliste enthalten sein. Eine solchermaßen formulierte spaltenweise Datenextraktion aus der Datenquelle bezeichnet man im relationalen Datenbankmodell als eine *Projektion.*

Syntax der SELECT-Klausel:

```
SELECT [ALL | DISTINCT]
<Wertausdruck> [[AS] <Spaltenname>]
[,<Wertausdruck> [[AS] <Spaltenname>]]...
```

Wie aus der Syntax der SELECT-Klausel ersichtlich ist, besteht sie mindestens aus dem Schlüsselwort SELECT gefolgt von einem Wertausdruck.

Als Wertausdruck sind alle Ausdrucksarten von SQL erlaubt, die als Ergebnis einen skalaren Nutzdatenwert ergeben, z.B.:

- der Spaltenname einer Tabelle aus der FROM-Klausel, z.B. Vorname
- das Sonderzeichen Stern (*) als Kurzschreibweise für alle Spaltennamen der Tabellen in der FROM-Klausel
- ein Literal, z.B. ' Herr'
- ein Systemregister, z.B. CURRENT DATE
- ein Ausdruck mit Operatoren und Funktionen, z.B. 1 + 1 oder Anzahl * Preis + 1
- eine skalare Unteranfrage.

Kommt der selbe Spaltenname in mehreren Eingabetabellen der FROM-Klausel vor, muss ein Qualifikator verwendet werden. Hiermit wird die eindeutige Bezugnahme auf die gewünschte Spalte erreicht.

Die Syntax für die Bezugnahme auf eine Spalten lautet sodann:

```
[<Qualifikator>.]<Spaltenname>
```

Eindeutige Namen

Wie Sie sehen, kann vor einem Spaltennamen ein *Qualifikator* stehen, der durch einen Punkt von dem Spaltennamen getrennt wird. Unter einer Namensqualifikation versteht man in der Informatik eine Namenserweiterung, um einen nicht eindeutigen Namen *eindeutig* zu machen. In SQL ist der Punkt der Qualifikationsoperator.

Ein Qualifikator ist somit in der Spaltenliste immer dann erforderlich, wenn die Angabe eines Spaltennamens alleine keine eindeutige Benennung der gewünschten Spalte ergeben würde. In einer Tabelle für sich alleine betrachtet kann ein Spaltenname nicht mehrfach vorkommen, weil dies von SQL unterbunden wird. Innerhalb einer Tabelle ist ein Name deshalb immer eindeutig. Anders ist es jedoch, wenn zwei oder mehrere Tabellen miteinander verbunden werden. Dann wird derselbe Spaltenname in diesen Tabellen voraussichtlich mehrmals vorkommen, weil die Verbindung normalerweise über einen Primärschlüssel und einen korrespondierenden Fremdschlüssel verwirklicht wird. In einem guten Datenbankentwurf sollten beide Spalten mit dem selben Namen bezeichnet sein.

Korrelationsname

Ein Qualifikator kann entweder der vollständige Tabellenname der jeweiligen Tabelle oder ein in der *Tabellenliste* festlegbarer *Korrelationsname* einer Tabelle sein. Unter einem Korrelationsnamen versteht man in diesem Zusammenhang einen zusätzlichen Namen für eine Tabelle, der nur innerhalb eines SELECT-Befehls zur Namensqualifikation verwendet werden kann. Auch in den anderen DML-Befehlen gibt es das Konzept der Korrelationsnamen.

Ein Korrelationsname ist meistens ein kurzer Name, der somit auch für die verkürzte Schreibweise eines qualifizierten Namens eingesetzt werden kann.

Alias

Ein Korrelationsname darf nicht mit einem Aliasname (Synonym) verwechselt werden. Ein Korrelationsname ist nur innerhalb eines SELECT-Befehls bekannt, in dem er vergeben wurde. Ein Aliasname dagegen steht allen SQL-Befehlen als alternativer Name einer Tabelle zur Verfügung. Der Zweck, der mit beiden Namensarten verfolgt wird, ist somit unterschiedlich. So dient die Konzeption des Korrelationsnamens hauptsächlich der kurzen und somit wirtschaftlichen und übersichtlichen Namensqualifikation innerhalb eines SELECT-Befehls. Der Aliasname hingegen soll vornehmlich den unterschiedlichen Benennungsgewohnheiten einer heterogenen Benutzergemeinschaft für eine Tabelle entgegenkommen.

Stern ""*

Wird an Stelle der *Spaltenliste* ein Stern "*" in der SELECT-Klausel angegeben, so werden alle Spalten der in der *Tabellenliste* verzeichneten Tabellen als Ergebnis der Ausführung des SELECT-Befehls in die Ergebnistabelle ausgegeben. Es findet somit durch die Sternnotation eine schreibökonomische Übernahme

Totalprojektion

aller Spalten in das Ergebnis statt. Der Stern bewirkt mithin eine Totalprojektion.

Nach der Ausführung eines SELECT-Befehls ist es möglich, dass im Ergebnis mehrere Zeilen in allen Werten übereinstimmen. Wenn im Ergebnis nur ein einmaliges Auftreten dieser mehrfachen Zeilen gewünscht wird, muss in der SELECT-Klausel die Option DISTINCT (engl.: distinct, unterschiedlich) angegeben werden. Hiermit wird die standardmäßige Duplikatenbehandlung ALL außer Kraft gesetzt. Mit ALL wird festgelegt, dass auch Zeilenduplikate in der Ergebnistabelle vorkommen können.

DISTINCT

ALL

Beispiele für die SELECT-Klausel:

- SELECT Vorname, Zuname
- SELECT *
- SELECT Zuname AS Nachname
- SELECT Anzahl * Preis
- SELECT 1 + 1
- SELECT DISTINCT Zuname
- SELECT CURRENT DATE
- SELECT COUNT(*) AS Anzahl_Zeilen
- SELECT (SELECT SUM(Betrag) FROM Rechnung)
  AS Gesamtobligo

6.5.4 FROM-Klausel

Verbund - join

In der Tabellenliste der FROM-Klausel werden Tabellenreferenzen angegeben, auf die sich die Unteranfrage bezieht. In DB2-SQL gibt es die folgenden Arten an Tabellenreferenzen:

- Name einer Tabelle
- Geschachtelte Tabelle in Gestalt einer vollen Anfrage (engl. full select)
- Verbundausdruck mit JOIN-Operator.

Mehr als eine Tabellenreferenz in der Tabellenliste werden in einem kartesischen *Verbund* (engl.: *join*) miteinander verbunden.

Die vereinfachte Syntax der FROM-Klausel lautet wie folgt:

```
FROM <Tabellenreferenz>
[,<Tabellenreferenz>] ...
```

An Stelle von Tabellennamen können in der Tabellenreferenz auch die Namen von Views und Synonymen (Alias) stehen.

Eigenverbund self join

Tritt derselbe Tabellenname in der FROM-Klausel einer Unteranfrage mehrfach auf, so liegt der so genannte Eigenverbund (engl.: self join) vor. Hierbei muss jeweils ein unterschiedlicher Korrelationsname je Tabellenreferenz vergeben werden. Als Korrelationsname wählt man am besten einen kurzen Namen, damit er als Qualifikator schreibökonomisch verwendet werden kann. Er ist nur innerhalb des SELECT-Befehls bekannt.

Die Syntax der Tabellenreferenz in vereinfachter Form zeigt das folgende Syntaxdiagramm:

```
<Tabellenname> [<Korrelationsklausel>]
               [<Stichprobenklausel>]
| [TABLE] (<volle Anfrage>)
          <Korrelationsklausel>
| <verbundene Tabelle>
```

Die volle Anfrage werden wir in späteren Kapiteln behandeln. Ihre auf die Unteranfrage reduzierte Form erfolgt in diesem Kapitel.

Eine Korrelationsklausel ist wie folgt definiert:

Korrelationsklausel

```
[AS] <Korrelationsname> [(Spaltenliste>)]
```

Ein Korrelationsname dient drei Zwecken:

- Mit ihm können Eigenverbunde verwirklicht werden.
- Mit ihm können Namenskonflikte aufgelöst werden, wenn derselbe Spaltenname in mehr als einer Tabelle eines Verbundes vorkommt.
- Mit ihm können korrelierte Unteranfragen verwirklicht werden, auf die später genauer eingegangen wird.

Stichprobenklausel

Mit Anwendung der Stichprobenklausel können auf Pseudozufallsbasis Zeilen aus einer Tabelle ausgewählt werden.

Die Stichprobenklausel gehorcht der folgenden Syntax:

```
TABLESAMPLE {BERNOULLI | SYSTEM}
(<Prozentsatz>)
[REPEATABLE (<numerischer Ausdruck>)]
```

TABLESAPLE

BERNOULLI

SYSTEM

Die Stichprobenklausel beginnt mit dem Klauselbezeichner TABLESAMPLE. Hierauf folgt ein Hinweis, nach welchem Verfahren die Zufallsauswahl stattfinden soll. Mit der Klausel BERNOULLI wird gefordert, dass aus allen Zeilen der Tabelle der nachfolgende Prozentsatz an Zeilen zufallsgesteuert auszuwählen ist. Eine geringere Systembelastung bei der Zufallsauswahl bewirkt die Klausel SYSTEM. Ihr Zufallsergebnis ist jedoch nicht von der gleichen Güte, wie bei der Klausel BERNOULLI.

REPEATABLE

Einer Auswahlklausel folgt sodann ein Prozentsatz, der bestimmt, welcher Anteil aus der Grundgesamtheit auszuwählen ist. Die optionale Klausel REPEATABLE gestattet es, die Zufallsprozesse wiederholbar zu gestalten. Ist der Ausdruckswert bei zwei Zufallsauswahlen identisch und die Grundgesamtheit in der Basistabelle wurde zwischenzeitlich nicht geändert, so sind auch die beiden Auswahlergebnisse identisch.

Die Definition der verbundenen Tabelle beschreibt, wie mit Anwendung des JOIN-Operators eine temporäre Tabelle erzeugt wird. Mit dem JOIN-Operator kann man in DB2-SQL folgende Verbundoperationen formulieren:

- Innerer Verbund - INNER JOIN
  Er fügt zwei Zeilen zusammen, die ein gemeinsames Verbindungskriterium auszeichnen. Normalerweise ist dies der selbe Primärschlüssel- und Fremdschlüsselwert.
- Linker äußerer Verbund - LEFT OUTER JOIN
  Er bildet zunächst einen inneren Verbund und fügt diesem noch diejenigen Zeilen der linken Tabelle hinzu, die im inneren Verbund nicht enthalten sind. Die hierbei fehlenden Daten aus der rechten Tabelle werden als NULL gekennzeichnet.
- Rechter äußerer Verbund - RIGHT OUTER JOIN
  Er bildet zunächst einen inneren Verbund und fügt diesem noch diejenigen Zeilen der rechten Tabelle hinzu, die im inneren Verbund nicht enthalten sind. Die hierbei fehlenden Daten aus der linken Tabelle werden als NULL gekennzeichnet.

- Voller äußerer Verbund - FULL OUTER JOIN
  Er bildet zunächst einen inneren Verbund und fügt diesem noch diejenigen Zeilen der rechten und linken Tabelle hinzu, die im inneren Verbund nicht enthalten sind. Die hierbei fehlenden Daten aus der linken bzw. rechten Tabelle werden als NULL gekennzeichnet.

Die Syntax der verbundenen Tabelle ist wie folgt:

```
<Tabellenreferenz> <Verbundoperator>
<Tabellenreferenz> ON <Verbundbedingung>
```

Der Verbundoperator kann hierbei folgender sein:

- INNER JOIN
- LEFT OUTER JOIN
- RIGHT OUTER JOIN
- FULL OUTER JOIN

Die Verbundbedingung ist ein SQL-Prädikat. In den meisten Fällen ist sie ein einfacher Bedingungsausdruck mit dem Gleichheitsrelator der Art *Primärschlüssel = Fremdschlüssel.* Die Verbundbedingung kann jedoch auch komplexer aufgebaut sein. Lediglich Unteranfragen kann der Bedingungsausdruck nicht enthalten.

Beispiele für die FROM-Klausel:

Beispiel: Die Tabellenreferenz ist eine Tabelle.

Es sollen aus der Tabelle *Kunde* von allen Kunden deren Kundennummern, Vornamen und Zunamen ausgegeben werden:

```
SELECT Kunden_Nr, Vorname, Zuname            (1)
   FROM Kunde                                (2)
```

Programm 6.18 Anfrage mit SELECT- und FROM-Klausel

Ergebnis:

```
KUNDEN_NR VORNAME          ZUNAME
--------- ---------------- -------------
K001      Hugo             Müller
K002      Georg            Mayer
K003      Eva              Schulze
```

Die Datenquelle ist die Tabelle *Kunde.* Sie ist in der Programmzeile (2), in der FROM-Klausel angegeben. In die Zeilen der Ergebnistabelle werden nur die Spaltenwerte der Spalten *Kun-*

den_Nr, *Vorname* und *Zuname* angezeigt (projiziert). Die Projektionsoperation, in Form der Spaltenaufzählung, ist in der Programmzeile (1) mit der SELECT-Klausel formuliert.

Beispiel: Die Tabellenreferenz ist eine Tabelle.

Es sollen alle Daten von allen Kunden ausgegeben werden:

```
SELECT *                                                (1)
   FROM Kunde                                           (2)
```

Programm 6.19 Die SELECT-Klausel enthält eine Totalprojektion

Mit dem Stern (*) in Programmzeile (1) wird die Totalprojektion definiert. Hierdurch werden alle Spalten der Tabelle Kunde in die Ergebnistabelle übernommen.

Ergebnis:

KUNDEN_NR	ANREDE	VORNAME	ZUNAME	STRASSE	PLZ	ORT
K001	Herr	Hugo	Müller	Gartenstr. 4a	69123.	Heidelberg
K002	Herr	Georg	Mayer	Neckarstr. 1	69123.	Heidelberg
K003	Frau	Eva	Schulze	Hauptstr. 7	69502.	Hemsbach

Beispiel: Zwei Tabellenreferenzen in der FROM-Klausel.

kartesisches Produkt

Es wird das kartesische Produkt (Kreuzprodukt) der Tabelle *Kunde* mit sich selbst gebildet.

```
SELECT K1.Kunden_Nr AS K1_Kunden_Nr,                    (1)
       K2.Kunden_Nr AS K2_Kunden_Nr                     (2)
   FROM Kunde AS K1,                                    (3)
        Kunde AS K2;                                    (4)
```

Programm 6.20 Zwei Tabellenreferenzen und ein Eigenverbund

Bei der Ausführung der Verbundoperation werden zwei zu verbindende Zeilen zu einer Ergebniszeile zusammengefügt. Die Ergebniszeile enthält alle Spaltenwerte der beiden verbundenen Zeilen. Damit eine Ergebniszeile nicht zu lange wird, besteht im Beispiel die Ergebnistabelle nur aus der Projektion der Primärschlüsselspalten der beiden Ausgangstabellen. Siehe Programmzeile (1) und (2). In der FROM-Klausel in Zeile (3) und (4) ist die Tabelle *Kunde* zweimal als Tabellenreferenz angegeben. Durch die mehrmalige Angabe der selben Tabelle in der FROM-Klausel wird ein Eigenverbund formuliert.

Hierdurch werden die Zeilen der Tabelle mit sich selbst verbunden und zwar jede Zeile mit jeder Zeile. Deshalb wird das Ergebnis auch als Kreuzprodukt bezeichnet. Im Beispiel besteht das Kreuzprodukt aus drei mal drei Zeilen und somit aus neun Zeilen. Damit der Datenbankprozessor die Tabelle in den beiden Tabellenreferenzen auseinander halten kann, benötigt er für jede Tabellenangabe je einen Korrelationsnamen. Im obigen Fall lauten diese *K1* und *K2*.

Kreuzprodukt

Ergebnis:

```
K1_KUNDEN_NR K2_KUNDEN_NR

K001         K001
K002         K001
K003         K001
K001         K002
K002         K002
K003         K002
K001         K003
K002         K003
K003         K003
```

Geschachtelter Tabellenausdruck

In DB2-SQL können in der FROM-Klausel des SELECT-Befehls neben und an Stelle von Tabellennamen auch Tabellenausdrücke stehen. Ein geschachtelter Tabellenausdruck (engl. nested table expression) hat die Gestalt einer vollen Anfrage. Ein Tabellenausdruck erzeugt eine temporäre Tabelle, die Ähnlichkeiten mit einer externen Sicht (VIEW) aufweist. Im Gegensatz zu einem VIEW ist hierzu jedoch kein Katalogeintrag erforderlich.

Ein geschachtelter Tabellenausdruck verhält sich in der FROM-Klausel des ihn enthaltenden SELECT-Befehls wie eine Bezugnahme auf eine normale Tabelle bzw. einen VIEW.

Flexibilität
Performance

Zum Einsatz kann ein geschachtelter Tabellenausdruck dann kommen, wenn zur Auswertung von Daten eine temporäre Zwischentabelle erforderlich wird. Ohne das Konzept des Tabellenausdrucks müsste man oft einen Katalogeintrag für einen VIEW oder eine Hilfstabelle erzeugen und nach der Auswertung der temporären Zwischentabelle diesen wieder löschen. Somit ist der Tabellenausdruck nicht nur ein Instrument zur Verbesserung der Formulierungsflexibilität, sondern auch ein solches zur Erhöhung der Performance.

Beispiel:

Gesucht sind die höchsten, durchschnittlichen und niedrigsten Gesamtbeträge der Rechnungen je Kunden. Die Lösung des Problems muss in zwei Schritten erfolgen.

1. Es muss zunächst die Summe der offenen Rechnungen je Kunde ermittelt werden. Hierzu steht die Spaltenfunktion SUM() zur Verfügung, die auf die Betragsspalte der Tabelle *Rechnung* angewendet wird.
2. Auf die Ergebnisse von SUM() müssen sodann die Spaltenfunktionen MAX(), AVG() und MIN() angewendet werden.

Da in SQL eine Spaltenfunktion nicht direkt auf eine andere Spaltenfunktion angewendet werden kann, wie z. B. MAX(SUM()), ist zur Problemlösung eine temporäre Zwischentabelle erforderlich, die das Ergebnis von SUM() aufnimmt. Auf die Daten der temporären Tabelle sind sodann die Spaltenfunktionen MAX(), AVG() und MIN() anwendbar.

Die temporäre Zwischentabelle wird im folgenden Beispiel mit Hilfe eines geschachtelten Tabellenausdrucks erzeugt und mit dem Namen *T* benannt. Die Benennung erfolgt in der Korrelationsklausel des geschachtelten Tabellenausdrucks. Dieser wiederum steht in der FROM-Klausel der Hauptanfrage. Die Lösung der Aufgabe verwendet Sprachmittel von SQL, die wir erst in den folgenden Kapiteln darstellen werden. Sie soll Ihnen jedoch schon hier einen Eindruck darüber vermitteln, was ein geschachtelter Tabellenausdruck ist.

```
--**************************************
--*  Geschachtelter Tabellenausdruck.  *
--**************************************
SELECT
  DEC(MIN(T.Summe), 9, 2) AS Minimum,
  DEC(AVG(T.Summe), 9, 2) AS Durchschnitt,
  DEC(MAX(T.Summe), 9, 2) AS Maximum
  FROM TABLE (SELECT SUM(Betrag) AS Summe,
                     Kunden_Nr
                FROM Rechnung
                GROUP BY Kunden_Nr)
       AS T;
```

Programm 6.21 Geschachtelter Tabellenausdruck

Der geschachtelte Tabellenausdruck steht in der FROM-Klausel von Programmzeile (8) bis (12). Er erzeugt eine temporäre Zwischentabelle, die nur aus den Spalten *Summe* und *Kunden_Nr* besteht. In einer Zeile steht das Rechnungsobligo des jeweiligen Kunden. Alle Rechnungszeilen, welche den selben Kundennummernwert aufweisen, werden in der Programmzeile (11) durch die GROUP BY-Klausel zu einer Zeilengruppe zusammengefasst. Diese wird sodann von der Spaltenfunktion SUM() in der Programmzeile (8) ausgewertet.
In der äußeren SELECT-Klausel werden aus allen Werten der Spalte *Summe* in der temporären Tabelle *T* durch die Spaltenfunktionen MIN(), AVG() und MAX() die jeweiligen Werte herausgesucht. Mit der skalaren Konvertierungsfunktion DEC(), Abkürzung für DECIMAL(), wird der jeweilige Wert in eine Dezimalzahl von neun Stellen und hiervon zwei Stellen für den Dezimalbruch konvertiert.

Ergebnis:

```
MINIMUM       DURCHSCHNITT MAXIMUM
----------- ------------ -----------
    5000,00     10000,00    15000,00
```

Beispiel:

Mit der Korrelationsklausel wird einer Tabellenreferenz ein Korrelationsname zugeordnet. Weiterhin wird mit der optionalen Liste für die Vergabe neuer Spaltennamen, die Ergebnisspalten neu benannt.

Aufgabe:

Die Spalten *Vorname* und *Zuname* sollen in englischer Bezeichnung *Firstname* und *Lastname* in der Ergebnistabelle heißen. Es soll ein geschachtelter Tabellenausdruck hierzu verwendet werden.

```
SELECT *                                          (1)
   FROM TABLE (SELECT Vorname, Zuname             (2)
                  FROM Kunde)                     (3)
           AS T (Firstname, Lastname);            (4)
```

Programm 6.22 Korrelationsklausel mit Spaltennamen-Liste

In der Programmzeile (4) ist der Korrelationsname *T* angegeben, mit dem die geschachtelte Tabelle benannt wird. Hierauf folgt eine Liste von Spaltennamen, welche die Spaltennamen in der SELECT-Klausel in Programmzeile (2) ersetzen.

Ergebnis:

```
FIRSTNAME        LASTNAME
---------------  ---------------
Hugo             Müller
Georg            Mayer
Eva              Schulze
```

Zufallsauswahl

In den folgenden Beispielen werden aus der Tabelle *Kunde* zufallsgesteuert Zeilen in das Ergebnis selektiert.

Beispiel:

Stichprobe

SYSTEM

Die Stichprobe soll zirka fünfzig Prozent der Kundenzeilen umfassen. Die Zufallsauswahl soll mit hoher Performanz nach der SYSTEM-Methode erfolgen.

```
--***************************************
--*  Stichprobe mit BERNOULLI-Verfahren *
--***************************************
SELECT Kunden_Nr, Anrede, Vorname, Zuname
   FROM Kunde
        TABLESAMPLE BERNOULLI  (50);
```

Programm 6.23 Zufallsauswahl mit BERNOULLI

Ergebnis:

```
KUNDEN_NR ANREDE VORNAME          ZUNAME
--------- ------ ---------------- -------------
K001      Herr   Hugo             Müller
```

Beispiel:

BERNOULLI

REPEATABLE

Die Stichprobe soll zirka fünfzig Prozent der Kundenzeilen umfassen. Die Zufallsauswahl soll nach der BERNOULLI-Methode erfolgen. Dabei soll eine Wiederholung des Auswahlergebnisses möglich sein. Hierzu wird die Option REPEATABLE in Programmzeile (7) eingesetzt.

```
--***************************************     (1)
--*       Wiederholbare Stichprobe      *     (2)
--***************************************     (3)
SELECT *                                      (4)
   FROM Kunde                                 (5)
```

```
        TABLESAMPLE BERNOULLI  (50)              (6)
        REPEATABLE (47111);                      (7)
```

Programm 6.24 Wiederholbare BERNOULLI-Zufallsauswahl

6.5.5 Verbundene Tabellen - der JOIN-Operator

Bei der Ausführung einer Verbundoperation werden zwei Zeilen zu einer Ergebniszeile zusammengesetzt. Die Ergebniszeile enthält sodann alle Daten der beiden Ausgangszeilen. Unter einem Verbund versteht man deshalb die Zusammenfassung von Zeilen aus mehreren, meist unterschiedlichen Tabellen, zu einer neuen Ergebnistabelle. Eine Verbundoperation ist somit das Gegenstück der Normalisierung. Die Verbundoperation macht die Normalisierung in der Ergebnistabelle rückgängig.

Folgende Verbundarten werden unterschieden:

self join

- Eigenverbund - er entsteht durch den Verbund einer Tabelle mit sich selbst, englisch: *self join*.

kartesische Produkt

- Kartesisches Produkt - Verbund jeder Zeile einer Tabelle mit jeder Zeile einer anderen Tabelle (oder der selben Tabelle).

equi join

- Gleichheitsverbund - bei seiner Formulierung verwendet man den Gleichheitsrelator, um üblicherweise die Gleichheit zwischen einem Primärschlüsselwert und einem Fremdschlüsselwert auszudrücken, englisch: *equi join*

theta join

- Theta-Verbund - verwendet einen beliebigen Relator als Vergleichsoperator, englisch: *theta join*

natural join

- Natürlicher Verbund - bei ihm werden Spalten mit dem selben Namen nur einmal in die Ergebnistabelle übernommen, englisch: *natural join*.

inner join

- Innerer Verbund - bei ihm werden nur die Zeilen in die Ergebnistabelle übernommen, bei der das Vergleichsergebnis zwischen Primär- und Fremdschlüssel wahr ist, englisch: *inner join*.

outer join

- Äußerer Verbund - bei ihm werden auch Zeilen in die Ergebnistabelle übernommen, bei denen das Vergleichsergebnis falsch ist. Den äußeren Verbund gibt es in den drei Arten des linken äußeren Verbundes, des rechten äußeren Verbundes und des vollen äußeren Verbundes. Seine englische Bezeichnung lautet *outer join*.

Beispiele:

Eigenverbund

- Eigenverbund - Die Kundentabelle soll mit sich selbst verbunden werden. Hierbei sollen jedoch nur ausgewählte Zeilen mit sich selbst verbunden werden.

kartesisches Produkt

- Kartesisches Produkt - Die Kundentabelle soll vollständig mit sich selbst verbunden werden.

Gleichheitsverbund

- Gleichheitsverbund - Die Kundentabelle soll mit der Rechnungstabelle auf Grund identischer Kundennummernwerte verbunden werden. Die Kundennummernspalte wird zweimal ausgegeben.

natürlicher Verbund

- Natürlicher Verbund - Die Kundentabelle soll mit der Rechnungstabelle auf Grund identischer Kundennummernwerte verbunden werden, wobei die Kundennummernspalte nur einmal ausgegeben wird.

innerer Verbund

- Innerer Verbund - Wie beim Gleichheitsverbund werden die Zeilen der Kundentabelle mit den Zeilen der Rechnungstabelle verbunden. Die Verbindung wird über identische Kundennummernwerte in beiden Tabellen gesteuert.

linker äußerer Verbund

- Linker äußerer Verbund - Die Kundentabelle wird mit der Rechnungstabelle verbunden. In die Ergebnistabelle werden auch die Kundenzeilen übernommen, deren Schlüsselwerte nicht in der Rechnungstabelle vorhanden sind. Hierbei steht der Name der Tabelle Kunde links vom Verbundoperator, z.B. Kunde JOIN Rechnung.

Den Verbundoperator JOIN gibt es in DB2-SQL erst seit kurzer Zeit. Mit ihm kann man die Verbundoperation übersichtlich formulieren. Vor seiner Einführung konnten die Verbundoperationen nicht so elegant ausgedrückt werden. Diese alte Technik beruht auf der Bildung des kartesischen Produktes von zwei oder mehreren Tabellenausdrücken in der FROM-Klausel. Aus dem kartesischen Produkt wird anschließend mit den Angaben in der WHERE-Klausel die Zeilenkombinationen selektiert, die der zu lösenden Aufgabenstellung entsprechen.

Beispiel:

Es sollen die in Beziehung stehenden Kunden- und Rechnungszeilen verbunden werden. Die Kundennummern, Vornamen, Zunamen und Rechnungsbeträge sollen in die Ergebnistabelle projiziert werden.

Als Ausgangspunkt unserer architekturgetriebenen Vorgehensweise verwenden wir wieder das RDBD *Kunde-Rechnung*.

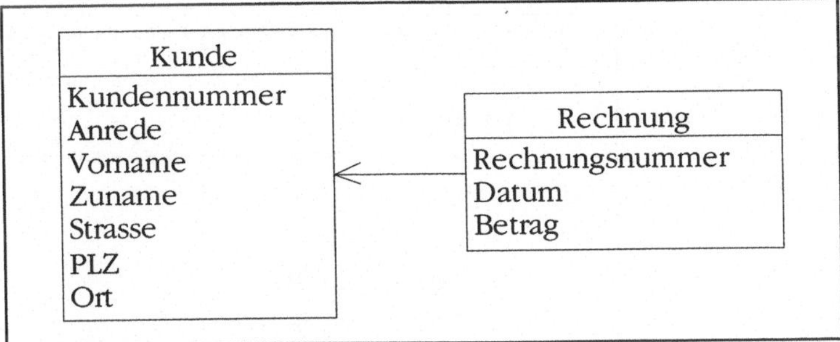

Abbildung 6.5 RDBD Kunde-Rechnung

alte Verbundtechnik

```
--************************************
--* Gleichheitsverbund mit der alten   *
--* impliziten Verbundtechnik          *
--************************************
SELECT K.Kunden_Nr, K.Vorname,
       K.Zuname, R.Betrag
   FROM Kunde K, Rechnung R
   WHERE K.Kunden_Nr = R.Kunden_Nr;
```

Programm 6.25 Alte Verbundtechnik

Unter Zuhilfenahme der Information im RDBD lässt sich das Programm einfach schreiben, das die Aufgabe löst.

Ergebnis:

```
KUNDEN_NR VORNAME    ZUNAME     BETRAG
--------- ---------- ---------- ----------
K001      Hugo       Müller       13000,00
K001      Hugo       Müller        2000,00
K002      Georg      Mayer         5000,00
```

Gleichheitsverbund

Dem Gleichheitsverbund kommt eine besondere Bedeutung zu, weil mit ihm die zusammengehörigen Daten mehrerer Tabellen in einer gemeinsamen Ergebnistabelle zusammengeführt werden können. Mit seiner Anwendung kann die Gleichheit zwischen den Primär- und den Fremdschlüsseln und somit das Bestehen einer Beziehung ausgedrückt werden.

Beispiel:
Welches sind die Artikel, die der Kunde *K001* bezahlen muss?

```
--***************************************
--*  Gleichheitsverbund über mehrere    *
--*  Tabellen                           *
--***************************************
SELECT K.Kunden_Nr, A.*
   FROM Kunde K,
        Rechnung R,
        Position P,
        Artikel A
   WHERE K.Kunden_Nr   = R.Kunden_Nr
     AND R.Rechnu_Nr   = P.Rechnu_Nr
     AND P.Artikel_Nr = A.Artikel_Nr
     AND K.Kunden_Nr   = 'K001';
```

Programm 6.26 Alte Verbundtechnik über mehrere Tabellen

Ergebnis:

```
KUNDEN_NR ARTIKEL_NR NAME            PREIS
--------- ---------- --------------- --------
K001      A001       Computer         5000,00
K001      A002       Drucker          1000,00
K001      A002       Drucker          1000,00
K001      A003       Bildschirm        500,00
```

Verbundoperator JOIN

JOIN

Mit der Einführung des JOIN-Operators kann man eine Verbundoperation einfach und übersichtlich formulieren.

Beispiel: INNER JOIN

INNER JOIN

Mit Anwendung des Operators INNER JOIN sollen die in Beziehung stehenden Zeilen der Tabelle *Kunde* und *Rechnung* miteinander verbunden werden. Hierdurch wird der Normalisierungsschritt in die dritte Normalform, die Eliminierung von transitiven Abhängigkeiten, in der Ergebnistabelle rückgängig gemacht. Es sollen hierbei jedoch nur die Spalten Kundennummer, Zuname, Rechnungsnummer und Betrag in die Ergebnistabelle projiziert werden.
Beim inneren Verbund werden die Kunden- mit den Rechnungszeilen verbunden, die miteinander in Beziehung stehen. In Be-

ziehung stehen sie dann, wenn einem Fremdschlüsselwert in der Tabelle *Rechnung* ein Primärschlüsselwert in der Tabelle *Kunde* entspricht.

```
SELECT K.Kunden_Nr,                                    (1)
       K.Zuname,                                       (2)
       R.Rechnu_Nr,                                    (3)
       R.Betrag                                        (4)
   FROM Kunde K INNER JOIN Rechnung R                  (5)
        ON K.Kunden_Nr = R.Kunden_Nr;                  (6)
```

Programm 6.27 Innerer Verbund von Kunde und Rechnung

Ergebnis:

```
KUNDEN_NR ZUNAME          RECHNU_NR BETRAG
--------- --------------- --------- -----------
K001      Müller          R001         13000,00
K001      Müller          R002          2000,00
K002      Mayer           R003          5000,00
```

In den Programmzeilen (1) bis (4) ist die Projektion der gewünschten Zeilen in die Ergebnistabelle formuliert. In der FROM-Klausel der Zeilen (5) und (6) wird der Operator INNER JOIN verwendet. Er verbindet im Rahmen eines *Gleichheitsverbundes* die Kundenzeilen mit den Rechnungszeilen, die den selben Wert in den Spalten *Kunde.Kunden_Nr* und *Rechnung.Kunden_Nr* aufweisen. Zur besseren Lesbarkeit wird der Korrelationsname *K* für die Tabelle *Kunde* und *R* für die Tabelle *Rechnung* in der Programmzeile (5) vereinbart. In der Zeile (6) werden die Korrelationsnamen sodann für die Formulierung eindeutiger Spaltenbezugnahmen verwendet.

Beispiel: LEFT OUTER JOIN

LEFT OUTER JOIN

Die Wirkungsweise des Operators LEFT OUTER JOIN wird am Beispiel *Mann-heiratet-Frau* gezeigt. Im Rahme der architekturgetriebenen Softwareentwicklung soll zunächst das ERM den konzeptionellen Zusammenhang der Miniwelt dokumentieren. Das hierauf aufbauende relationale Datenbankmodell der Anwendung wird in einem relationalen Datenbankdiagramm (RDBD) grafisch dargestellt. Für beide Modelle wird die UML als moderne Modellbeschreibungssprache verwendet.

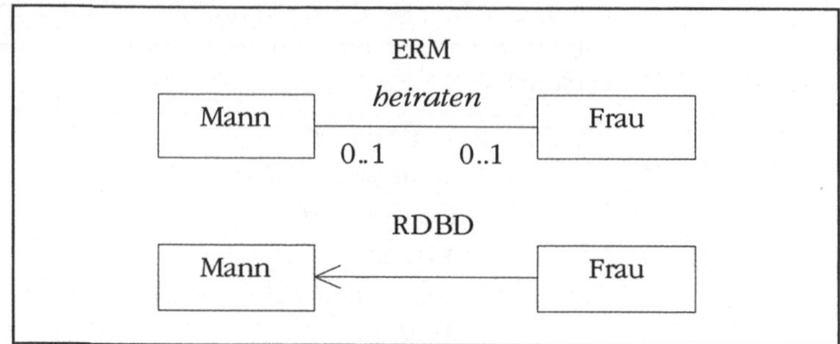

Abbildung 6.6 Architektur der zu implementierenden Miniwelt

Der Entwurf im RDBD wird sodann in den beiden Tabellen *Mann* und *Frau* implementiert. In die Tabelle Mann fügen wir die Daten über die beiden Männer

- Adam und
- Bösewicht

ein.

Die Tabelle Frau wird mit den Daten der beiden Frauen

- Eva und
- Medusa

geladen.

Nur Adam und Eva sollen verheiratet sein.

Die beiden Ladebefehle für beide Tabellen lauten dann wie folgt:

```
INSERT INTO Mann
   (Mann_Nr, Name)
   VALUES
   ('M001', 'Adam'),
   ('M002', 'Bösewicht');
INSERT INTO Frau
   (Frau_Nr, Mann_Nr, Name)
   VALUES
   ('F001', 'M001', 'EVA'),
   ('F002', NULL,    'Medusa');
```

Programm 6.28 Tabellen für äußeren Verbund laden

Der linke äußere Verbund verbindet die Zeilen in beiden Tabellen auf der Basis identischer Primär- und Fremdschlüsselwerte. Zusätzlich werden alle unverbundenen Zeilen aus der linken

Tabelle, hier der Tabelle *Mann*, in die Ergebnistabelle übernommen.

Linker äußerer Verbund

```
--************************************** (1)
--*      Linker äusserer Verbund       *  (2)
--************************************** (3)
SELECT *                                  (4)
   FROM Mann M LEFT OUTER JOIN Frau F     (5)
           ON M.Mann_Nr = F.Mann_Nr;      (6)
```

Programm 6.29 Linker äußerer Verbund

Ergebnis:

```
MANN_NR NAME       FRAU_NR MANN_NR NAME
------- ---------- ------- ------- ----------
M001    Adam       F001    M001    EVA
M002    Bösewicht  -       -       -
```

Die unverbundene Zeile *M002* enthält den NULL-Merker "-" in den Spalten *Frau_Nr, Mann_Nr* und *Name* aus der Tabelle *Frau*. Hieraus geht hervor, dass Bösewicht nicht verheiratet ist.

Beispiel: RIGHT OUTER JOIN

RIGHT OUTER JOIN

Der rechte äußere Verbund verbindet die Zeilen in beiden Tabellen auf der Basis identischer Primär- und Fremdschlüsselwerte. Zusätzlich werden alle unverbundenen Zeilen aus der rechten Tabelle, hier der Tabelle *Frau*, in die Ergebnistabelle übernommen.

```
--************************************** (1)
--*      Rechter äusserer Verbund      *  (2)
--************************************** (3)
SELECT *                                  (4)
   FROM Mann M RIGHT OUTER JOIN Frau F    (5)
           ON M.Mann_Nr = F.Mann_Nr;      (6)
```

Programm 6.30 Rechter äußerer Verbund

Ergebnis:

```
MANN_NR NAME       FRAU_NR MANN_NR NAME
------- ---------- ------- ------- ----------
M001    Adam       F001    M001    EVA
-       -          F002    -       Medusa
```

Die unverbundene Zeile *F002* enthält den NULL-Merker - in den Spalten *Mann_Nr und Name* aus der Tabelle *Mann*. Auch in der

Spalte *Mann_Nr* der Tabelle *Frau* steht in dieser Zeile der NULL-Merker.

Beispiel: FULL OUTER JOIN

FULL OUTER JOIN

Der volle äußere Verbund verbindet die Zeilen in beiden Tabellen auf der Basis identischer Primär- und Fremdschlüsselwerte. Zusätzlich werden alle unverbundenen Zeilen aus der rechten und der linken Tabelle in die Ergebnistabelle übernommen.

```
--*************************************
--*      Voller äusserer Verbund      *
--*************************************
SELECT *
   FROM Mann M FULL OUTER JOIN Frau F
           ON M.Mann_Nr = F.Mann_Nr;
```

Programm 6.31 Voller äußerer Verbund

Ergebnis:

```
MANN_NR NAME       FRAU_NR MANN_NR NAME
------- ---------- ------- ------- ----------
M001    Adam       F001    M001    EVA
-       -          F002    -       Medusa
M002    Bösewicht  -       -       -
```

Außer der verbundenen Zeile enthält die Ergebnistabelle auch alle unverbundenen Zeilen.

6.5.6 WHERE-Klausel

Suchbedingung

Der WHERE-Klausel folgt ein *Ausdruck*, der die *Suchbedingung* des Anfragebefehls darstellt. Die Auswertung der Suchbedingung ergibt entweder den Wahrheitswert *wahr* oder *falsch*. Mit Hilfe des Wahrheitswertes wird sodann vom Datenbankprozessor entschieden, ob die aktuell untersuchte Zeile in die Ergebnistabelle übernommen wird oder nicht. Ist der Wahrheitswert *wahr*, wird die Zeile übernommen, bei *falsch* wird sie verworfen.

Die Sprachelemente zur Formulierung der Suchbedingung sind in SQL recht mächtig und umfangreich. Deshalb wollen wir sie anschließend auch in handhabbaren Portionen beschreiben.

Prädikat

In Suchbedingungen werden *Prädikate* geschrieben. Prädikate sind Bedingungsausdrücke, die bei ihrer Auswertung einen Wahrheitswert ergeben.

An Stelle des Begriffs Bedingungsausdruck kann man ein Prädikat in der WHERE-Klausel sinngemäß auch mit *Anforderungsvorschrift* oder, wie bereits angeführt, mit *Suchbedingung* bzw. *Entscheidungsbedingung* umschreiben.

Basisprädikat

Mengenprädikat

Eine Suchbedingung kann aus mehreren Prädikaten aufgebaut sein. In diesem Falle spricht man von einem *zusammengesetzten Prädikat*. Werden in einem Prädikat skalare Werte miteinander getestet, liegt ein *Basisprädikat* vor. Werden nicht einzelne Werte sondern Wertemengen in den Vergleich einbezogen, spricht man von *Mengenprädikat*.

Die folgende Aufstellung soll Ihnen eine schnelle Übersicht über die Prädikate vermitteln, die in der WHERE-Klausel angegeben werden können:

- Basisprädikate:
  - einfacher Vergleichsausdruck
  - zusammengesetzter Vergleichsausdruck
- Mengenprädikate:
  - Enthaltenseinsprädikat IN
  - Bereichsselektionsprädikat BETWEEN
  - Quantifizierende Prädikate: ANY, SOME und ALL
  - Existenzprädikat EXISTS
  - Vergleichsmusterprädikat LIKE
- NULL-Prädikat

Eine Suchbedingung besteht aus einem oder mehreren Prädikaten. Im Falle mehrerer Prädikate sind diese durch boolesche Operatoren miteinander verknüpft.

Die vereinfachte Syntax der Suchbedingung ist folgende:

```
[NOT] {<Prädikat> | (<Suchbedingung>)}
      [{AND | OR} [NOT]
 {<Prädikat> | (<Suchbedingung>)}]
```

boolescher logischer Operator

Aus der Syntax ist zu entnehmen, dass eine Suchbedingung mindestens aus einem Prädikat besteht. Alternativ kann eine Suchbedingung selbst aus einer in runden Klammern stehenden Suchbedingung bestehen. Hiermit sind komplexe Schachtelungen von Suchbedingungen möglich. Ein Prädikat kann mit dem booleschen Operator NOT auch logisch negiert werden. Mit dem booleschen Operator AND bzw. OR und NOT können Suchbedingungen aus mehreren Prädikaten bzw. Suchbedingungen zusammengesetzt werden.

6.5.7 Dreiwertige Logik

unbekannt

Mit der Einführung der Verwaltung des Sachverhaltes, dass ein Spaltenwert in einer Zeile auch unbekannt (NULL) sein kann, müssen die klassischen Wahrheitswerte *wahr* und *falsch* um den weiteren Wahrheitswert *unbekannt* erweitert werden.

Ein Prädikatsergebnis ist in der dreiwertigen SQL-Logik immer dann der Wahrheitswert *unbekannt*, wenn auf Grund von NULL-Werten in einem Prädikatsausdruck nicht entschieden werden kann, ob das Prädikat *wahr* oder *falsch* ist.

Einfache Prädikate, ergeben den Wahrheitswert *unbekannt*, wenn einer der Operanden den Wert unbekannt aufweist.

Die folgende Wahrheitstabelle für die dreiwertige Prädikatenlogik zeigt die Festlegungen in SQL.

Wahrheitstabelle

P	Q	P AND Q	P OR Q
W	W	W	W
W	F	F	W
W	U	U	W
F	W	F	W
F	F	F	F
F	U	F	U
U	W	U	W
U	F	F	U
U	U	U	U

Tabelle 6.1 Wahrheitstabelle bei dreiwertiger Logik

Hierbei bedeuten W: wahr, F: falsch, U: unbekannt

Die Negierung ist folgendermaßen definiert:

NOT (W) = F, NOT (F) = W, NOT (U) = U

Erkenntnis hinsichtlich unbekannt

- Die Negation von unbekannt ist unbekannt.
- Das Ergebnis einer Oderierung ist unbekannt,
  - wenn einer der Wahrheitswerte unbekannt und der andere falsch ist,
  - wenn beide Wahrheitswerte unbekannt sind.
- Das Ergebnis einer Oderierung ist wahr, wenn einer der Wahrheitswerte wahr und der andere unbekannt ist.

- Das Ergebnis einer Undierung ist unbekannt,
  - wenn einer der Operanden unbekannt und der andere wahr ist,
  - wenn beide Wahrheitswerte unbekannt sind.
- Das Ergebnis einer Undierung ist falsch, wenn einer der Wahrheitswerte falsch und der andere unbekannt ist.

6.5.8 Basisprädikate

inklusives Oder

Ein Basisprädikat besteht aus einem Relator (Vergleichsoperator) mit zwei ihn umgebenden Ausdrücken. Mit den booleschen (logischen) Operatoren AND bzw. OR können aus Basisprädikaten zusammengesetzte Vergleichsausdrücke formuliert werden. Der OR-Operator ist hierbei das inklusive Oder.

```
[NOT] <Ausdruck> <Relator> <Ausdruck>
        [<logischer Operator>
[NOT] <Ausdruck> <Relator> <Ausdruck>] ...
```

Solche einfachen bzw. zusammengesetzten Bedingungsausdrücke sind in jeder höheren Programmiersprache zur Einleitung von Alternativen oder Steuerung von Wiederholungen üblich.

Beispiel:

Es sollen alle Kunden ausgegeben werden, deren Kundennummern kleiner als *K100* sind.

```
--*************************************
--*            Basisprädikat          *
--*************************************
SELECT Kunden_Nr,
       Vorname,
       Zuname
   FROM  Kunde
   WHERE Kunden_Nr < 'K100';
```

Programm 6.32 Basisprädikat in der WHERE-Klausel

Ergebnis:

```
KUNDEN_NR VORNAME          ZUNAME
--------- ---------------- ---------------
K001      Hugo             Müller
K002      Georg            Mayer
K003      Eva              Schulze
```

Beispiel:

Es sollen alle Kunden ausgegeben werden, deren Kundennummern nicht kleiner als *K002* sind.

```
--**************************************
--*      Negiertes Basisprädikat       *
--**************************************
SELECT Kunden_Nr,
       Vorname,
       Zuname
   FROM  Kunde
   WHERE NOT Kunden_Nr < 'K002';
```

Programm 6.33 Negiertes Basisprädikat in der WHERE-Klausel

Ergebnis:

```
KUNDEN_NR VORNAME        ZUNAME
--------- -------------- --------------
K002      Georg          Mayer
K003      Eva            Schulze
```

Beispiel:

Es sollen alle Daten der verheirateten Männer und verheirateten Frauen ausgegeben werden. Für die Lösung wird in einer temporären Zwischentabelle das kartesische Produkt der Männer und Frauen gebildet. Hieraus werden die Zeilen herausgesucht, bei denen der Primärschlüssel in der Tabelle *Mann* gleich dem Fremdschlüssel in der Tabelle *Frau* ist. In der Fremdschlüsselspalte gibt es den Fremdschlüsselwert unbekannt (NULL), wie der folgende Anfragebefehl zeigt:

```
SELECT *
   FROM Frau;
```

Programm 6.34 Ausgabe der Daten aus der Tabelle Frau

Ergebnis:

```
FRAU_NR MANN_NR NAME
------- ------- --------------
F001    M001    EVA
F002    -       Medusa
```

Der Fremdschlüsselwert in der Spalte Mann_Nr der Zeile F002 ist der Unbekanntwert (NULL). Er wird von der Befehlszentrale als ein Minuszeichen "-" dargestellt.

Aus dem kartesischen Produkt der Mann- und Frauzeilen wird die Zeile in die Ergebnistabelle selektiert, bei welcher die Suchbedingung M.Mann_Nr = F.Mann_Nr den Wahrheitswert *wahr* ergibt.

```
SELECT *
   FROM Mann M,
        Frau F
   WHERE M.Mann_Nr = F.Mann_Nr;
```

Programm 6.35 Basisprädikat bei Unbekanntwerten

Ergebnis:

```
MANN_NR NAME     FRAU_NR MANN_NR NAME
------- -------- ------- ------- -------
M001    Adam     F001    M001    EVA
```

Wie man im Ergebnis sehen kann, ergeben die Vergleiche von signifikanten Primärschlüsselwerten gegen den Fremdschlüsselwert *unbekannt* in der Spalte F.Mann_Nr den Wahrheitswert *falsch*.

Einfacher Vergleichsausdruck

Einfache Vergleichsausdrücke bestehen aus zwei Operanden (Ausdrücken) und einem Relator (Vergleichsoperator), der zwischen den beiden Operanden in der Infix-Notationsform notiert wird. In dem in DB2 implementierten SQL sind sechs Relatoren verfügbar:

```
 =  :   Gleich
 <  :   Kleiner
 >  :   Größer
<=  :   Kleiner oder gleich
>=  :   Größer oder gleich
<>  :   Ungleich
```

Wird das Ausrufezeichen „!" den einstelligen Relatoren (=, <, >) vorangestellt, negiert es diese, z.B.:

!= entspricht *ungleich*
und ist gleich bedeutend mit <>.

!< entspricht *nicht kleiner als*
und ist gleich bedeutend mit >=.

!> entspricht *nicht größer als*
und ist gleich bedeutend mit <=.

Einer der Teilausdrücke (Operanden) in einem Vergleichsausdruck muss einen *Spaltennamen* enthalten, um einen Bezug zur Tabelle herzustellen.

Die Ausdrücke können ansonsten Literale (sich selbst definierende Konstanten), Funktionen, Variablen, Verknüpfungen, Unteranfragen oder Berechnungen aus diesen sein. Voraussetzung ist, dass die Teilausdrücke Ergebnisse liefern, die von passendem Datentyp sind.

Zusammengesetzte Suchbedingungen

Mehrere einfache Prädikate werden mit Hilfe von *logischen (booleschen) Operatoren* zu zusammengesetzten Vergleichsausdrücken miteinander verknüpft. SQL kennt die logischen Operatoren AND, OR und NOT. Mit AND und OR werden zwei Vergleichsausdrücke zu einem zusammengesetzten Vergleichsausdruck verknüpft. Hierdurch entsteht eine komplexere Suchbedingung. Mit NOT wird eine Suchbedingung negiert.

Beispiel:

Es sollen alle Kundenzeilen ausgegeben werden, deren Kundennummern im Intervall zwischen der Untergrenze *K001* und der Obergrenze *K002* liegen, beide Intervallgrenzen eingeschlossen.

```
--***************************************
--*Zusammengesetzter Vergleichsausdruck*
--               Undierung              *
--***************************************
SELECT  Kunden_Nr, Vorname, Zuname
   FROM  Kunde
   WHERE Kunden_Nr >= 'K001'
     AND Kunden_Nr <= 'K002';
```

Programm 6.36 Zusammengesetzte Suchbedingung mit AND

Ergebnis:

KUNDEN_NR	VORNAME	ZUNAME
K001	Hugo	Müller
K002	Georg	Mayer

Beispiel:

Es sollen alle Kundenzeilen ausgegeben werden, deren Kundennummern entweder *K001* oder *K003* lauten.

```
--*************************************
--*Zusammengesetzter Vergleichsausdruck*
--*          Oderierung               *
--*************************************
SELECT  Kunden_Nr, Vorname, Zuname
   FROM  Kunde
   WHERE Kunden_Nr = 'K001'
      OR Kunden_Nr = 'K003';
```

Programm 6.37 Zusammengesetzte Suchbedingung mit OR

Ergebnis:

```
KUNDEN_NR VORNAME          ZUNAME
--------- ---------------  ---------------
K001      Hugo             Müller
K003      Eva              Schulze
```

Beispiel:

Es sollen alle Kundenzeilen ausgegeben werden, deren Kundennummern nicht entweder *K001* oder *K003* lauten.

```
--*************************************
--*Zusammengesetzter Vergleichsausdruck*
--*            negiert                *
--*************************************
SELECT  Kunden_Nr, Vorname, Zuname
   FROM  Kunde
   WHERE NOT (Kunden_Nr = 'K001'
           OR Kunden_Nr = 'K003');
```

Programm 6.38 Negierte zusammengesetzte Suchbedingung

Ergebnis:

```
KUNDEN_NR VORNAME          ZUNAME
--------- ---------------  ---------------
K002      Georg            Mayer
```

6.5.9 Geschachtelte Unteranfrage

In der WHERE-Klausel einer Unteranfrage ist es möglich, als Bedingungsoperand eine weitere Unteranfrage in Gestalt eines SELECT-Befehls anzugeben. Dieser geschachtelte SELECT-Befehl wird ebenfalls *Unteranfrage* (engl.: subquery) genannt.

Unteranfragen werden nach zweierlei Gesichtspunkten unterschieden:

- Liefert die Unteranfrage als Ergebnis *einen oder mehrere* Werte?
- Wird die Unteranfrage *nur einmal ausgeführt* und ihr Ergebnis sodann in die Hauptanfrage eingesetzt *oder* wird sie für jede Zeile der Hauptanfrage einmal ausgeführt, also *mehrfach* ausgeführt?

Liefert die Unteranfrage einen skalaren Wert, kann dieser in Basisprädikaten getestet werden. Liefert sie jedoch mehrere Werte, müssen diese in Mengenprädikaten getestet werden.

Unteranfrage wird einmal abgearbeitet

Bei der letzteren Unterscheidung spricht man von unkorrelierten und korrelierten Unteranfragen. Bei einer *unkorrelierten* Unteranfrage wird die in die Hauptanfrage geschachtelte Unteranfrage zuerst abgearbeitet und ihr Ergebnis in die übergeordnete Hauptanfrage eingesetzt.

Unteranfrage wird mehrmals abgearbeitet

Bei einer *korrelierten* Unteranfrage wird die Unteranfrage für jede Zeile der Hauptanfrage einmal abgearbeitet und ihr Ergebnis verwendet, um zu entscheiden, ob die jeweilige Zeile der Hauptanfrage in die Ergebnistabelle aufgenommen werden soll oder nicht.

Beispiel für korrelierte geschachtelte Unteranfrage

Welche Kunden haben Rechnungen mit einem Rechnungsbetrag größer als 10000 erhalten?

Zur Lösung der Aufgabe setzten wir in der WHERE-Klausel der Hauptanfrage eine Suchbedingung ein, deren rechter Operand eine Unteranfrage ist. In der Unteranfrage verwenden wir die Spaltenfunktion MAX von SQL, die den größten Wert in einer angegebenen Spalte ermittelt.

```
--***************************************
--*      Geschachtelte Korrelierte      *
--*             Unteranfrage            *
--***************************************
SELECT  Kunden_Nr, Vorname, Zuname
   FROM  Kunde K
   WHERE 10000 <=
```

```
    (SELECT MAX(Betrag)                     (8)
       FROM Rechnung R                      (9)
       WHERE R.Kunden_Nr = K.Kunden_Nr);   (10)
```

Programm 6.39 Korrelierte Unteranfrage

Ergebnis:

```
KUNDEN_NR VORNAME        ZUNAME
--------- -------------- --------------
K001      Hugo           Müller
```

Betrachten wir die korrelierte Unteranfrage genauer. In der FROM-Klausel der Hauptanfrage in der Programmzeile (6) steht hinter dem Tabellenname *Kunde* ein Korrelationsname, in unserem Falle der Korrelationsname *K*. Auch die Unteranfrage enthält in ihrer FROM-Klausel in der Programmzeile (9) den Korrelationsnamen *R* für die Tabelle *Rechnung*. Der Korrelationsname der Hauptanfrage wird in der Suchbedingung der Unteranfrage verwendet:

WHERE R.Kunden_Nr = K.Kunden_Nr

Korrelation

Durch diese Verwendung des Korrelationsnamens der Hauptanfrage in der Unteranfrage wird erreicht, dass für jede Zeile der Hauptanfrage die Unteranfrage ausgeführt wird. Der dabei zurückgegebene Wert wird für den Test der aktuellen Zeile der Hauptanfrage in deren Suchbedingung verwendet.

Ohne die Verwendung des Korrelationsnamens *K* in der Unteranfrage wäre die Unteranfrage nur einmal ausgeführt worden. Zeitlich wäre diese Ausführung vor der Ausführung der Hauptanfrage erfolgt. Das Ergebnis der einmalig ausgeführten Unteranfrage wäre sodann für den Test jeder Zeile der Hauptanfrage verwendet worden.

to correlate

Mit dem Konzept des Korrelationsnamens wird die Ausführung der Unteranfrage dynamisch in die Ausführung der Hauptanfrage geschachtelt. Eine solche Verbindung bezeichnet man im Englischen mit „to correlate". Aus dieser verschachtelnden Verbindung stammt somit die Benennung dieses Namens als Korrelationsname.

Folge

Bezieht sich die Unteranfrage nicht auf einen Korrelationsnamen der Hauptanfrage, wird die Unteranfrage zeitlich vor der Hauptanfrage ausgeführt. Sie werden von SQL wie eine Folge von Befehlen behandelt, in der zunächst die Unteranfrage durchgeführt wird und dann erst die Hauptanfrage.

Wiederholung

Wird die Unteranfrage durch den Korrelationsnamen mit der Hauptanfrage verbunden, wird die Unteranfrage für jede Zeile der äußeren Hauptanfrage ausgeführt, sie wird also wiederholt.

Beispiel für unkorreliert geschachtelte Unteranfrage

Bei der unkorrelierten Unteranfrage wird zuerst die Unteranfrage und erst dann die Hauptanfrage vom Datenbankprozessor abgearbeitet. Syntaktisch liegt eine unkorrelierte Unteranfrage dann vor, wenn in der Unteranfrage keine Bezugnahme auf einen Korrelationsnamen der Hautanfrage erfolgt.

An der folgenden Aufgabenstellung soll die Wirkungsweise der unkorrelierten Unteranfrage demonstriert werden.

Aufgabe: Welcher Kunden hat die höchste Kundennummer?
Lösung: Zunächst wird in einer unkorrelierten Unteranfrage die maximale Kundennummer ermittelt. Diese wird in der Suchbedingung der Hauptanfrage eingesetzt, um die entsprechende Kundenzeile zu ermitteln.

unkorrelierte Unteranfrage

```
SELECT Kunden_Nr, Vorname, Zuname                        (1)
  FROM Kunde                                              (2)
  WHERE Kunden_Nr = (SELECT MAX( Kunden_Nr )              (3)
                          FROM Kunde);                    (4)
```

Programm 6.40 Unkorrelierte Unteranfrage

Ergebnis:

```
KUNDEN_NR VORNAME        ZUNAME
--------- -------------- ---------------
K003      Eva            Schulze
```

PAP

Die unkorrelierte und die korrelierte Unteranfrage kann man in einem Programmablaufplan (PAP) übersichtlich und gut merkbar darstellen.

Folge

Eine unkorrelierte Unteranfrage ist in einem PAP eine Folge von zwei Wiederholungen. Hierbei wird das erste Folgeelement durch die geschachtelte Unteranfrage gebildet. Es wird vor dem zweiten Folgeelement ausgeführt. Das zweite Folgeelement repräsentiert die Hauptanfrage. Es wird nach dem ersten Folgeelement ausgeführt.

geschachtelte Wiederholung

Bei einer korrelierten Unteranfrage ist diese im Wiederholungskörper der Hauptanfrage geschachtelt. Für jede Zeile der Hauptanfrage wird die Unteranfrage einmal ausgeführt. Ihr jeweiliges Ergebnis wird der Hauptanfrage zur Verfügung gestellt.

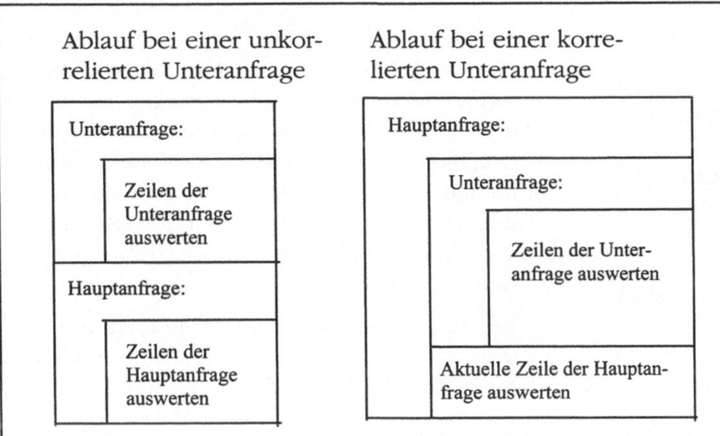

Abbildung 6.7 Unkorrelierte und korrelierte Unteranfrage

Zeilenanzahl

Wenden wir uns nochmals dem Gesichtspunkt der Anzahl zurückgegebener Zeilen durch eine Unteranfrage zu. Hier gilt es, die Unteranfragen zu unterscheiden in solche, die als Ergebnis *genau eine* Zeile zurückgeben und solche, die als Ergebnis *mehrere* Zeilen zurückgeben können.

Skalar

Gibt eine Unteranfrage genau eine Zeile und hierbei genau einen Wert zurück, kann dieser Wert sofort als einfacher Operand in der Suchbedingung der WHERE-Klausel verwendet werden, um die äußere Abfrage zu steuern. Gibt eine Unteranfrage jedoch mehrere Zeilen und mithin mehrere Werte zurück, muss die WHERE-Klausel der äußeren Abfrage auch mehrere Werte auswerten können. Dazu muss ein geeignetes *Mengenprädikat* in der WHERE-Klausel angegeben werden.

Menge

Mengenprädikat in der WHERE-Klausel

Formulierungskomfort

Die anschließend zu behandelnden Mengenprädikate sind dazu geeignet, komfortable Formulierungen von Vergleichsausdrücken zu ermöglichen. All diese Mengenprädikate können mit einem vorangestellten NOT negiert werden.

6.5.10 Enthaltenseinsprädikat IN

Aufzählung von Werten

statisch

dynamisch

Ein Vergleichsausdruck, der mit Anwendung des IN-Prädikats formuliert ist, ist WAHR, wenn der vor IN aufgeführte Ausdruck in der nach IN angegebenen Ausdrucksliste bzw. Wertemenge (Aufzählung von zulässigen Werten) enthalten ist. Die Wertemenge kann auch das Ergebnis einer Unteranfrage sein. Beim Einsatz einer Unteranfrage ergibt sich die Aufzählung nicht statisch auf Grund einer Niederschrift der geforderten Werte, sondern dynamisch bei der Ausführung der Unteranfrage.

Bei der Auswertung des IN-Prädikates prüft DB2-SQL, ob der Wert des Ausdrucks, der vor dem Schlüsselwort IN steht, Element der Menge ist, die durch die Ausdrucksliste definiert wird. In gegebenem Fall ist das Ergebnis des IN-Prädikates wahr, ansonsten falsch.

Die Syntax des IN-Prädikates lautet:

```
<Ausdruck> IN (<Ausdrucksliste>)
```

Die Ausdrucksliste kann entweder durch eine Aufzählung der zulässigen Werte *statisch* oder durch eine Unteranfrage *dynamisch* bestimmt werden.

Beispiel: Statische Festlegung der Wertemenge:

```
<Ausdruck> IN (<Ausdruck> [,<Ausdruck>] ... )
```

```
Z.B.: 4711 IN (4702, 4802, 4711)  ist wahr.
      4700 IN (4702, 4802, 4711)  ist falsch.
```

Beispiel: Dynamische Festlegung der Wertemenge:

```
<Ausdruck> IN (<Unteranfrage>)
```

```
Z.B.: Kunden.Kunden_Nr IN (SELECT Kunden_Nr
                                  FROM Rechnung)
```

Beispiel:
Gesucht sind die Daten aller Kunden mit den verschiedenen Schreibweisen von Meier.

```
--*************************************
--*           IN-Prädikat             *
--*     mit statischer Aufzählung     *
--*************************************
SELECT  Kunden_Nr, Vorname, Zuname
   FROM  Kunde
   WHERE Zuname IN
    ('Meyer', 'Mayer', 'Meier', 'Maier');
```

Programm 6.41 Prädikat IN mit statischer Werteliste

Ergebnis:

```
KUNDEN_NR VORNAME         ZUNAME
--------- --------------- ---------------
K002      Georg           Mayer
```

Beispiel:
Das komfortable Enthaltenseinsprädikat IN mit einer statischen Werteliste kann mit Basisprädikaten, die mit dem booleschen Oder verknüpft sind, simuliert werden. Die Simulation ist jedoch nicht so komfortabel in der Niederschrift wie das Prädikat IN.

```
--*************************************
--*           IN-Prädikat             *
--*  Simulation mit Basisprädikaten   *
--*************************************
SELECT  Kunden_Nr, Vorname, Zuname
   FROM  Kunde
   WHERE Zuname = 'Meyer'
      OR Zuname = 'Mayer'
      OR Zuname = 'Meier'
      OR Zuname = 'Maier';
```

Programm 6.42 Prädikat IN simuliert mit durch Oder verknüpften Basisprädikaten

Ergebnis:

```
KUNDEN_NR VORNAME         ZUNAME
--------- --------------- ---------------
K002      Georg           Mayer
```

Beispiel: IN-Prädikat mit Unteranfrage

Die Werteliste eines IN-Prädikats kann auch dynamisch zur Ausführungszeit einer geschachtelten Unteranfrage mit Werten gefüllt werden. Die folgende Aufgabe legt eine solche Lösung nahe.

Aufgabe:
Welche Kunden haben Rechnungen mit einem Betrag von mindestens 10.000,-- Euro erhalten?

Lösung:
Die Werteliste des IN-Prädikats wird dynamisch durch eine geschachtelte und unkorrelierte Unteranfrage ermittelt. Die Zeilen der Hauptanfrage werden sodann gegen die hiermit festgestellten Kundennummern vom Prädikat IN verglichen.

```
--************************************
--*            IN-Prädikat            *
--*   unkorrelierter Unteranfrage     *
--************************************
SELECT  Kunden_Nr, Vorname, Zuname
   FROM  Kunde
   WHERE Kunden_Nr IN
       (SELECT Kunden_Nr
           FROM  Rechnung
           WHERE Betrag >= 10000);
```

Programm 6.43 Unteranfrage in IN-Prädikat

Ergebnis:

```
KUNDEN_NR VORNAME         ZUNAME
--------- --------------- ---------------
K001      Hugo            Müller
```

6.5.11 Bereichselektionsprädikat BETWEEN

BETWEEN

Eine Suchbedingung, die mit dem Prädikat BETWEEN formuliert ist, z.B.

WHERE Betrag BETWEEN 100 AND 1000,

ist wahr, wenn der interessierende Ausdruck (Betrag) innerhalb des mit BETWEEN und AND definierten Wertebereiches liegt. Die beiden Bereichsgrenzen sind im Wertebereich enthalten. Sie und der Ausdruck (Betrag, 100, 1000) müssen von kompatiblen

Intervall

Datentypen sein. Mit dem BETWEEN-Prädikat wird somit geprüft, ob ein Wert innerhalb eines *Intervalls* (Wertebereich) liegt.

Die Verwendung des BETWEEN-Prädikats

Betrag BETWEEN 100 AND 1000

ist eine benutzerfreundliche Formulierung der zusammengesetzten Bedingung

Betrag >= 100 AND Betrag <= 1000.

Die Syntax des BETWEEN-Prädikats lautet:

```
<Ausdruck> BETWEEN <Ausdruck> AND <Ausdruck>
```

Beispiel:

5 BETWEEN 3 AND 10 ist wahr.
1 BETWEEN 3 AND 10 ist falsch.

Mit NOT BETWEEN kann leicht getestet werden, ob ein Wert *außerhalb eines Werteintervalls* liegt, z.B.

5 NOT BETWEEN 3 AND 10 ist falsch.
1 NOT BETWEEN 3 AND 10 ist wahr.

Beispiel:

Es sollen alle Kunden ausgegeben werden, deren Kundennummern zwischen K001 und K002 liegen.

```
--*************************************
--*          Das Prädikat BETWEEN     *
--*************************************
SELECT  Kunden_Nr, Vorname, Zuname
   FROM  Kunde
   WHERE Kunden_Nr BETWEEN 'K001'
                       AND 'K002';
```

Programm 6.44 Das Prädikat BETWEEN

Ergebnis:

```
KUNDEN_NR VORNAME        ZUNAME
--------- -------------- --------------
K001      Hugo           Müller
K002      Georg          Mayer
```

Beispiel:

Es sollen alle Kunden ausgegeben werden, deren Kundennummern nicht im Intervall zwischen K001 und K002 liegen.

```
--*************************************
--*       Das Prädikat NOT BETWEEN    *
--*************************************
SELECT  Kunden_Nr, Vorname, Zuname
   FROM  Kunde
   WHERE Kunden_Nr NOT BETWEEN 'K001'
                        AND 'K002';
```

Programm 6.45 Das Prädikat NOT BETWEEN

Ergebnis:

```
KUNDEN_NR VORNAME         ZUNAME
--------- --------------- ---------------
K003      Eva             Schulze
```

Beispiel:

In den beiden folgenden Beispielen wird gezeigt, wie das Prädikat BETWEEN und dessen negierte Form NOT BETWEEN mit Basisprädikaten und den booleschen Operatoren UND und NOT in einem zusammengesetzten Bedingungsausdruck simuliert werden können.

```
--*************************************
--*  Simulation des Prädikats BETWEEN *
--*************************************
SELECT  Kunden_Nr, Vorname, Zuname
   FROM  Kunde
   WHERE Kunden_Nr >= 'K001'
     AND Kunden_Nr <= 'K002';
```

Programm 6.46 Simulation des Prädikats BETWEEN

Ergebnis:

```
KUNDEN_NR VORNAME         ZUNAME
--------- --------------- ---------------
K001      Hugo            Müller
K002      Georg           Mayer
```

```
--*************************************
--*Simulation des Prädikats NOT BETWEEN*
--*************************************
SELECT  Kunden_Nr, Vorname, Zuname
   FROM  Kunde
   WHERE NOT(Kunden_Nr >= 'K001'
         AND Kunden_Nr <= 'K002');
```

Programm 6.47 Simulation des negierten Prädikats BETWEEN

Ergebnis:

```
KUNDEN_NR VORNAME          ZUNAME
--------- -------------- ---------------
K003      Eva              Schulze
```

Beispiel:

Die Ausdrücke im Prädikat BETWEEN können auch Unteranfragen sein. Dies wird in der folgenden Aufgabenlösung gezeigt.

Aufgabe:

Welches sind die Rechnungen mit Beträgen größer als der kleinste Betrag und kleiner als der größte Betrag?

```
--*************************************
--* Unteranfragen im BETWEEN-Prädikat  *
--*************************************
SELECT *
   FROM Rechnung
   WHERE Betrag
         BETWEEN (SELECT MIN(Betrag) + .01
                     FROM Rechnung)
             AND (SELECT MAX(Betrag) - .01
                     FROM Rechnung);
```

Programm 6.48 BETWEEN-Prädikat mit Unteranfragen

Ergebnis:

```
RECHNU_NR KUNDEN_NR DATUM       BETRAG
--------- --------- ---------- -----------
R003      K002      2004-04-05     5000,00
```

Das Prädikat BETWEEN steht in den Programmzeilen (7) bis (10). Beide Unteranfragen sind unkorrelierte. Sie werden vor der Hauptanfrage ausgeführt. Bei der Bestimmung der Intervalluntergrenze wird in der Programmzeile (7) zum kleinsten Rechnungsbetrag eine 0.01 hinzuaddiert. Somit werden alle Rechnungen mit dem kleinsten Rechnungsbetrag nicht in die Ergebnistabelle übernommen. Bei der Festlegung der Obergrenze wird in der Programmzeile (9) vom größten Rechnungsbetrag 0.01 abgezogen. Somit werden auch Rechnungen mit diesem Betrag nicht in die Ergebnistabelle selektiert.

6.5.12 Existenzprädikat EXISTS

EXISTS

Ein Vergleichsausdruck mit dem EXISTS-Prädikat ist dann wahr, wenn die dem EXISTS-Prädikat nachfolgende Unteranfrage mindestens eine Tabellenzeile als Ergebnis liefert. Die Aussage EXISTS lautet somit: "Es gibt mindestens eine Ergebniszeile bei der Ausführung der folgenden Unteranfrage".

Die Syntax des EXISTS-Prädikates lautet:

```
EXISTS ( <Unteranfrage> )
```

Liefert die Unteranfrage mindestens eine Tabellenzeile, so ist das Ergebnis des Prädikates EXISTS wahr, und die aktuelle Zeile der Hauptanfrage wird in das Ergebnis übernommen.

Beispiel:

Aufgabe: Gib alle Kunden aus, die mindestens eine Rechnung erhalten haben.

Lösung: Die Aufgabe lösen wir mit dem Prädikat EXISTS, das eine korrelierte Unteranfrage enthält.

Für jede Zeile der Tabelle *Kunde* ist zu prüfen, ob in der Tabelle *Rechnung* mindestens eine Zeile mit der Kundennummer existiert, die die aktuelle Zeile in der Kundentabelle identifiziert. Mit anderen Worten: Es ist zu prüfen, ob der Primärschlüsselwert in *Kunden_Nr* aus der aktuell untersuchten Zeile der Tabelle *Kunde* als Fremdschlüsselwert in der Tabelle *Rechnung* existiert.

Zur Lösung der Aufgaben orientieren wir uns am RDBD der Miniwelt *Rechnungsschreibung* in Abbildung 6.8. Hiermit folgen wir strikt dem Ansatz des architekturgetriebenen Datenbankengineering. Das empfiehlt, dass man sich bei jeder komplexeren

Datenbankoperation, die mehrere Tabellen beinhaltet, am Bauplan der Datenbank orientieren sollte.

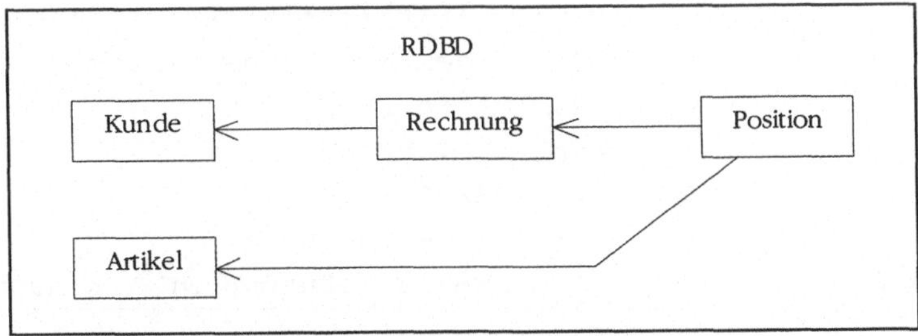

Abbildung 6.8 RDBD Rechnungsschreibung

```
--*************************************     (1)
--*  Unteranfragen im EXISTS-Prädikat  *     (2)
--*************************************     (3)
SELECT Kunden_Nr, Vorname, Zuname           (4)
   FROM Kunde K                             (5)
   WHERE EXISTS                             (6)
       (SELECT *                            (7)
         FROM Rechnung R                    (8)
         WHERE R.Kunden_Nr = K.Kunden_Nr);  (9)
```

Programm 6.49 EXISTS-Prädikat mit korrelierter Unteranfrage

Ergebnis:

```
KUNDEN_NR VORNAME         ZUNAME
--------- --------------- ---------------
K001      Hugo            Müller
K002      Georg           Mayer
```

Das Prädikat EXISTS steht in den Programmzeilen (6) bis (9). Die Unteranfrage verwendet in der Zeile (9) den Korrelationsnamen *K*, der in der Zeile (5) vereinbart worden ist.

Beispiel:

Wie alle Prädikate, so kann auch das Prädikat EXISTS negiert werden.

Aufgabe: Gib alle Kunden aus, die noch keine Rechnung erhalten haben.

Lösung: Die Aufgabe lösen wir mit dem negierten Prädikat EXISTS in der Programmzeile (6), das eine korrelierte Unteranfrage enthält.

```
--*************************************
--*Unteranfragen im NOT EXISTS-Prädikat*
--*************************************
SELECT Kunden_Nr, Vorname, Zuname
   FROM Kunde K
   WHERE NOT EXISTS
       (SELECT *
         FROM Rechnung R
         WHERE R.Kunden_Nr = K.Kunden_Nr);
```

Programm 6.50 Negiertes EXISTS-Prädikat und korrelierte Unteranfrage

Ergebnis:

```
KUNDEN_NR VORNAME         ZUNAME
--------- --------------- ---------------
K003      Eva             Schulze
```

Beispiel:

Der Ausdruck im EXISTS-Prädikat kann eine beliebig komplexe Unteranfrage enthalten.

Aufgabe:
Wähle die Artikel aus, die am 4. 04. 2004 berechnet wurden.

Lösung:
Für jede Zeile der Tabelle Artikel ist zu prüfen, ob in der Tabelle *Position* mindestens eine Zeile mit dem Artikelnummernwert existiert, den auch die aktuelle Zeile in der Artikeltabelle enthält. Mit anderen Worten: Es ist zu prüfen, ob der Primärschlüsselwert in *Artikel_Nr* aus der aktuell untersuchten Zeile der Tabelle *Artikel* als Fremdschlüsselwert in der Tabelle *Position* existiert. Wenn dies der Fall ist, wird mit einem inneren Verbund die zur Positionszeile zugehörige Rechnungszeile gesucht und auf ihr *Datum* hin geprüft. Ist das Rechnungsdatum der 4.04.2004, so ist die Artikelzeile in die Ergebnistabelle zu übernehmen.

```
--*************************************
--* Unteranfragen im  EXISTS-Prädikat  *
--*************************************
SELECT *
   FROM Artikel A
   WHERE EXISTS
```

```
        (SELECT *
           FROM Artikel A1
                INNER JOIN Position P
                ON A1.Artikel_Nr =
                   P.Artikel_Nr
                INNER JOIN Rechnung R
                ON P.Rechnu_Nr =
                   R.Rechnu_Nr
           WHERE A.Artikel_Nr = A1.Artikel_Nr
             AND R.Datum = '04.04.2004');
```

Programm 6.51 EXISTS-Prädikat mit komplexer Unteranfrage

Ergebnis:

```
ARTIKEL_NR NAME                PREIS
---------- -------------- -----------
A001       Computer            5000,00
A002       Drucker             1000,00
```

6.5.13 Quantifizierende Prädikate ANY und SOME

Das Prädikat ANY, das identisch ist mit dem Prädikat SOME, ist nur zulässig in Verbindung mit einer Unteranfrage. An Stelle der Unteranfrage kann auch eine volle Anfrage formuliert werden. Unteranfragen haben prinzipiell die gleiche Syntax wie der bisher dargestellte SELECT-Befehl.

Die Syntax des Prädikates ANY lautet:

```
<Ausdruck> <Relator> ANY ( <Unteranfrage> )
```

Die durch die Unteranfrage gewonnenen Zwischenergebnisse werden mit Anwendung des Relators mit dem Wert von Ausdruck verglichen. Die hierbei sich ergebenden Wahrheitswerte werden untereinander mit dem logischen Operator *OR* verknüpft. Das Ergebnis der Oderierung ist die Suchbedingung. Sie wird von der WHERE-Klausel der äußeren Anfrage ausgewertet. Das Prädikat ANY bildet somit einen zusammengesetzten Vergleichsausdruck mit einer nicht festgesetzten Anzahl von Einzelvergleichen, die dynamisch mit ODER untereinander verbunden werden. Wenn irgend einer (englisch: any) oder einige (engl. some) dieser Einzelvergleiche wahr ist bzw. sind, so ist auch das

dynamisches ODER

Ergebnis des Prädikates ANY wahr. Ist keiner der Einzelvergleiche wahr, so ist das Ergebnis des Prädikates falsch.

= ANY entspricht IN

Wird in der WHERE-Klausel der äußeren Anfrage mit dem Gleichheitsrelator **("=")** auf ANY verglichen, so ist das gleich bedeutend zu WHERE <Wert> IN (<Ausdrucksliste>).

Beispiel :

Aufgabe:
Es sollen alle Kunden ausgegeben werden, die Rechnungen haben.

Lösung:
Das Prädikat = ANY und seine Simulation durch das Prädikat IN werden verwendet. Weiterhin wird das Prädikat = SOME eingesetzt.

Implementierung mit ANY:

```
--*************************************
--*    Unteranfragen im ANY-Prädikat   *
--*************************************
SELECT   Kunden_Nr, Vorname, Zuname
   FROM  Kunde
   WHERE Kunden_Nr = ANY (SELECT Kunden_Nr
                            FROM Rechnung);
```

Programm 6.52 ANY-Prädikat mit Unteranfrage

Ergebnis:

```
KUNDEN_NR VORNAME          ZUNAME
--------- ---------------  ---------------
K001      Hugo             Müller
K002      Georg            Mayer
```

Implementierung mit SOME:

```
--*************************************
--*    Unteranfragen im SOME-Prädikat  *
--*************************************
SELECT   Kunden_Nr, Vorname, Zuname
  FROM  Kunde
  WHERE Kunden_Nr = SOME (SELECT Kunden_Nr
                            FROM Rechnung);
```

Programm 6.53 SOME-Prädikat mit Unteranfrage

Ergebnis:

```
KUNDEN_NR VORNAME          ZUNAME
--------- --------------- ---------------
K001      Hugo             Müller
K002      Georg            Mayer
```

Implementierung mit IN:

```
--**************************************
--*   Simulation von = ANY durch IN    *
--**************************************
SELECT   Kunden_Nr, Vorname, Zuname
   FROM  Kunde
   WHERE Kunden_Nr IN (SELECT Kunden_Nr
                         FROM Rechnung);
```

Programm 6.54 Simulation von = ANY durch IN

Ergebnis:

```
KUNDEN_NR VORNAME          ZUNAME
--------- --------------- ---------------
K001      Hugo             Müller
K002      Georg            Mayer
```

6.5.14 Quantifizierendes Prädikat ALL

Das Prädikat ALL ist nur zulässig in Verbindung mit einer Unteranfrage.

Die Syntax des Prädikates ALL lautet:

```
<Ausdruck> <Relator> ALL ( <Unteranfrage> )
```

dynamisches UND

Die durch die Unteranfrage gewonnenen Zwischenergebnisse werden mit Anwendung des Relators mit dem Wert von Ausdruck verglichen. Die hierbei sich ergebenden Wahrheitswerte werden untereinander mit dem logischen Operator *AND* verknüpft. Das Ergebnis der Undierung ist die Suchbedingung. Sie wird von der WHERE-Klausel der äußeren Anfrage ausgewertet. Das Prädikat ALL bildet somit einen zusammengesetzten Vergleichsausdruck mit einer nicht festgesetzten Anzahl von Einzelvergleichen, die dynamisch mit AND untereinander verbunden werden. Wenn alle (englisch: all) dieser Einzelvergleiche wahr sind, so ist auch das Ergebnis des Prädikates ALL wahr. Ist nur einer der Einzelvergleiche falsch, so ist das Ergebnis des Prädikates falsch.

Beispiel:

Suche den billigsten Artikel, d.h. den Artikel mit dem niedrigsten (minimalen) Preis.

```
--*************************************
--*    Unteranfragen im ALL-Prädikat   *
--*************************************

SELECT   *
   FROM  Artikel
   WHERE Preis <= ALL
      (SELECT   Preis
          FROM  Artikel);
```

Programm 6.55 ALL-Prädikat mit Unteranfrage

Ergebnis:

```
ARTIKEL_NR NAME               PREIS
---------- -------------- -----------
A004       Kabel                50,00
```

6.5.15 Vergleichsmusterprädikat LIKE

Mit dem Prädikat LIKE lassen sich einfach Mustervergleiche in Zeichenketten verwirklichen.
Ein Vergleichsausdruck, der mit dem Prädikat LIKE verwirklicht wird, ist wahr, wenn das Vergleichsmuster in dem vor LIKE angegebenen Vergleichswert enthalten ist. Der Vergleichswert muss von einer Art des Zeichenkettentyps sein.

Die vereinfachte Syntax lautet:

```
<Vergleichswert> LIKE <Vergleichsmuster>
```

Joker-Zeichen

Generische Zeichen

In dem nach LIKE angegebenen Vergleichsmuster können Platzhalter-Zeichen verwendet werden. So bedeutet der Unterstrich ("_") genau ein beliebiges Zeichen an dieser Stelle. Das Prozentzeichen ("%") steht für eine beliebig lange Zeichenkette, also mehrere Zeichen, deren Anzahl nur durch die Implementierung von SQL begrenzt ist.

Z.B.: ' Auto' LIKE ' _u%' ist wahr.
Lediglich die zweite Stelle muss mit dem Zeichen ' u' besetzt sein.
' Auto' LIKE ' _a%' ist falsch.

Beispiel:
Es werden alle Kunden gesucht, deren Namen mit dem Buchstaben *M* beginnen und an der vierten und fünften Stelle ein *er* aufweisen.

```
--**************************************      (1)
--*          Das Prädikat LIKE          *      (2)
--**************************************      (3)
SELECT  Kunden_Nr, Zuname, Ort                (4)
   FROM  Kunde                                (5)
   WHERE Zuname LIKE 'M__er%';                (6)
```

Programm 6.56 LIKE-Prädikat mit zwei generischen Zeichen

Ergebnis:

```
KUNDEN_NR ZUNAME          ORT
--------- --------------- ---------------
K002      Mayer           Heidelberg
```

Beispiel:
Es werden alle Kunden gesucht, in deren Ort irgendwo die Teilzeichenkette ' berg' steht, siehe Programmzeile (6).

```
--**************************************      (1)
--*          Das Prädikat LIKE          *      (2)
--**************************************      (3)
SELECT  Kunden_Nr, Zuname, Ort                (4)
   FROM  Kunde                                (5)
   WHERE Ort LIKE '%berg%';                   (6)
```

Programm 6.57 LIKE-Prädikat mit zwei mal dem Joker %

Ergebnis:

```
KUNDEN_NR ZUNAME          ORT
--------- --------------- ---------------
K001      Müller          Heidelberg
K002      Mayer           Heidelberg
```

Beispiel:
Es werden alle Kunden gesucht, deren Namen nicht mit dem Buchstaben *M* beginnen und an der vierten und fünften Stelle kein *er* aufweisen.

```
--**************************************
--*       Das Prädikat NOT LIKE        *
--**************************************
SELECT  Kunden_Nr, Zuname, Ort
   FROM  Kunde
   WHERE Zuname NOT LIKE 'M__er%';
```

Programm 6.58 NOT LIKE Prädikat

Ergebnis:

```
KUNDEN_NR ZUNAME          ORT
--------- --------------- ---------------
K001      Müller          Heidelberg
K003      Schulze         Hemsbach
```

6.5.16 Vorhandenseinsprädikat NULL

Mit dem Prädikat IS NULL kann man testen, ob ein Wert unbekannt (NULL) ist.

Die Syntax lautet:

```
<Ausdruck> IS [NOT] NULL
```

Beispiel:
Es werden alle Frauen gesucht, die nicht verheiratet sind. Die geladenen Zeilen in der Tabelle *Frau* lauten:

```
FRAU_NR MANN_NR NAME
------- ------- ---------------
F001    M001    EVA
F002    -       Medusa
```

Der Wert in der Spalte *Mann_Nr* und der Zeile *F002* ist NULL.

```
SELECT *
   FROM Frau
   WHERE Mann_Nr IS NULL;
```

Programm 6.59 IS NULL-Prädikat

Ergebnis:

```
FRAU_NR MANN_NR NAME
------- ------- ---------------
F002    -       Medusa
```

Beispiel:
Es werden alle Frauen gesucht, die verheiratet sind.

```
--***********************************
--*        Prädikat IS NOT NULL     *
--***********************************
SELECT *
   FROM Frau
   WHERE Mann_Nr IS NOT NULL;
```

Programm 6.60 IS NOT NULL-Prädikat

Ergebnis:

```
FRAU_NR MANN_NR NAME
------- ------- ---------------
F001    M001    EVA
```

6.5.17 GROUP BY Klausel

Mit Hilfe der GROUP BY-Klausel des Anfragebefehls werden mehrere Zeilen auf der Basis eines in der Klausel angegebenen Gruppierungsbegriffs zusammengefasst. Für jede Zeilengruppe wird hierbei mit der Anwendung von Spaltenfunktionen ein Gruppenergebnis gebildet.

Die grobe Syntax lautet:

```
GROUP BY {<Gruppierungsausdruck>
         | <Gruppierungsmengen>
         | <Supergruppen>}
          [,{<Gruppierungsausdruck>
         | <Gruppierungsmengen>
         | <Supergruppen>}] ...
```

Spaltenfunktion

Jeder in der GROUP BY-Klausel verwendete Spaltenname muss in der Spaltenliste der SELECT-Klausel ebenfalls angegeben werden. Zusätzlich zu diesen Spaltennamen müssen in der Spaltenliste der SELECT-Klausel noch SQL-Spaltenfunktionen auftreten. Die Spaltenfunktionen werden in einem folgenden Kapitel detailliert behandelt.

Beispiel:

Obligo

Aufgabe: Es ist eine Liste zu erzeugen, die die Summe der Rechnungsbeträge je Kunde enthält, d.h. das Kundenobligo. Außer dieser Summe ist die Kundennummer des jeweiligen Kunden auszugeben.

Lösung:

In der GROUP BY-Klausel wird der Gruppierungsausdruck angegeben. Er muss aus allen Spaltennamen bestehen, die in die Ergebnisliste projiziert werden sollen. Im Beispiel besteht der Gruppierungsausdruck nur aus der Spalte *Kunden_Nr*. Alle Zeilen, die denselben Wert im Gruppierungsausdruck aufweisen, bilden eine Zeilengruppe, und werden sodann gemeinsam als solche ausgewertet. Die Auswertung im vorliegenden Beispiel erfolgt durch die in SQL vorhandene Spaltenfunktion SUM (*Betrag*). Sie summiert alle Betragswerte der aktuellen Zeilengruppe.

Damit das Zusammenwirken der einzelnen Sprachelemente leicht nachvollziehbar bleibt, werden die Ausgangsdaten kurz aufgelistet:

```
RECHNU_NR KUNDEN_NR BETRAG
--------- --------- -----------
R001      K001         13000,00
R002      K001          2000,00
R003      K002          5000,00
```

Implementierung:

```
--**************************************
--*      Einfache GROUP BY Klausel     *
--**************************************
SELECT Kunden_Nr,
       SUM (Betrag) AS Obligo
   FROM  Rechnung
   GROUP BY Kunden_Nr;
```

Programm 6.61 Einfache GROUP BY-Klausel und Spaltenfunktion SUM()

Ergebnis:

```
KUNDEN_NR OBLIGO
--------- --------
K001      15000,00
K002       5000,00
```

Die Klausel GROUP BY in der Programmzeile (7) gruppiert die Zeilen der Tabelle *Rechnung* nach dem Gruppierungsausdruck *Kunden_Nr.* Für jede somit gebildete Zeilengruppe, die von den Zeilen mit dem selben Kundennummernwert gebildet werden, berechnet die Spaltenfunktion SUM() in der Programmzeile (5) die Summe aller Beträge. Das Ergebnis wird in der Spalte *Obligo* der Ergebnistabelle ausgegeben.

Beispiel:
Es soll untersucht werden, wie viele Kunden in einem jeweiligen Haus eines Ortes wohnen. Neben der GROUP BY-Klausel mit ihrem Gruppierungsausdruck, der aus den beiden Spalten *Ort* und *Strasse* bestehen muss, wird zur Aufgabenlösung die Spaltenfunktion COUNT(*) eingesetzt.

```
--**************************************    (1)
--*  GROUP BY Klausel mit zwei Spalten *    (2)
--**************************************    (3)
SELECT Ort, Strasse,                        (4)
              COUNT (*) AS Anzahl           (5)
      FROM Kunde                            (6)
      GROUP BY Ort, Strasse;                (7)
```

Programm 6.62 Gruppierungsausdruck besteht aus zwei Spalten

Ergebnis:

```
ORT             STRASSE          ANZAHL
--------------- ---------------- -----------
Heidelberg      Gartenstr. 4a              1
Heidelberg      Neckarstr. 1               1
Hemsbach        Hauptstr. 7                1
```

Gruppierungsmengen in der Klausel GROUP BY

Oft ist es erforderlich, in ein und derselben Ergebnistabelle die Daten nach unterschiedlichen Gruppierungsausdrücken gruppiert darzustellen. Hierzu gibt es in der GPOUP BY-Klausel die Konzeption der Gruppierungsmengen (engl. grouping sets).

Die vereinfachte Syntax der Gruppierungsmengen ist folgende:

```
GROUPING SETS (
{<Gruppierungsausdruck>
    [, <Gruppierungsausdruck>] ...)
| (( <Gruppierungsausdruck>
    [, <Gruppierungsausdruck>] ...)
    [,(<Gruppierungsausdruck>
    [, <Gruppierungsausdruck>] ...)]...)}
```

Beispiel:

Es soll festgestellt werden, wie viele Kunden in einem jeweiligen Ort wohnen und zusätzlich, wie viele den selben Zunamen unabhängig von ihrem Wohnort haben.

Zur Lösung dieser Aufgabe müssen die Zeilen der Tabelle *Kunde* nach den beiden Gruppierungsausdrücken *Ort* und *Zuname* zu zwei Gruppierungsmengen zusammengefasst werden.

```
--*************************************      (1)
--*  Gruppierungsmengen Ort und Zuname *      (2)
--*************************************      (3)
SELECT ORT, Zuname,                          (4)
       COUNT (*) AS Anzahl                   (5)
   FROM Kunde                                (6)
   GROUP BY GROUPING SETS (Ort,              (7)
                        Zuname);             (8)
```

Programm 6.63 GROUP BY GROUPING SETS

Ergebnis:

```
ORT             ZUNAME          ANZAHL
--------------- --------------- -----------
-               Mayer                     1
-               Müller                    1
-               Schulze                   1
Heidelberg      -                         2
Hemsbach        -                         1
```

Der Gruppierungsausdruck *Ort* in der Programmzeile (7) erzeugt die beiden letzten Zeilen im Ergebnis als eine Gruppierungsmenge. Der Gruppierungsausdruck *Zuname* in Programmzeile (8) generiert die drei ersten Zeilen als weitere Gruppierungsmenge in der Ergebnistabelle.

Beispiel:

In der Ergebnismenge sollen folgende Fragen beantwortet sein:

- Wie viele Kunden gibt es insgesamt?
- Wie viele Kunden gibt es in den jeweiligen Orten?
- Wie viele Kunden gibt es mit den jeweiligen Zunamen?
- Wie viele Kunden gibt es in den jeweiligen Orten mit den jeweiligen Zunamen?

Die vier Fragen werden durch vier Gruppierungsmengen beantwortet.

```
--*************************************
--*      Vier Gruppierungsmengen       *
--*************************************
SELECT Ort, Zuname,
       COUNT (*) AS Anzahl
  FROM Kunde
  GROUP BY GROUPING SETS
          ( (),
            (Ort),
            (Zuname),
            (Ort, Zuname));
```

Programm 6.64 Vier Gruppierungsausdrücke

Ergebnis:

```
ORT             ZUNAME          ANZAHL
--------------- --------------- -----------
-               -                         3
Heidelberg      -                         2
Hemsbach        -                         1
-               Mayer                     1
-               Müller                    1
-               Schulze                   1
Heidelberg      Mayer                     1
Heidelberg      Müller                    1
Hemsbach        Schulze                   1
```

Die vier Gruppierungsmengen im Ergebnis werden durch folgende Gruppierungsausdrücke erzeugt:

- Die erste Zeile im Ergebnis wird durch () erzeugt. Diese Menge besteht somit nur aus einem Element.
- Die zweite und dritte Zeile, die Menge Ort, wird durch (Ort) erzeugt.
- Die vierte bis sechste Zeile, die Menge Zuname, wird durch (Zuname) erzeugt.
- Die letzten drei Zeilen werden durch (Ort, Zuname) erzeugt.

Suppergruppen in der Klausel GROUP BY

ROLLUP

CUBE

Wird nach mehreren Gruppierungsausdrücken im Rahmen von Gruppierungsmengen gruppiert, so ist die Schreibarbeit für die Niederschrift der Gruppierungsausdrücke recht aufwändig. Mit den beiden Suppergruppen ROLLUP und CUBE lässt sich diese

Arbeit vereinfachen. Beide Suppergruppen sind Generatoren für Gruppierungsausdrücke. Beide unterscheiden sich im Umfang der generierten Gruppierungsausdrücke, wobei die Supergruppe CUBE den umfangreichsten Satz an Gruppierungsausdrücken erzeugt.

Syntax der beiden Suppergruppen:

```
{ROLLUP (<Liste Gruppierungsausdrücke>)
| CUBE   (<Liste Gruppierungsausdrücke>)}
```

Supergruppe ROLLUP

Die Supergruppe ROLLUP erzeugt aus der Liste der Gruppierungsausdrücke Teillisten mit zunehmendem Aggregierungsgrad. So wird aus der Liste (Ort, Zuname) folgende Teillisten generiert:

- ()
- (Ort)
- (Ort, Zuname)

Anwendung der Supergruppe ROLLUP:

```
--***************************************
--*    Supergruppierung mit ROLLUP    *
--***************************************
SELECT Ort, Zuname,
       COUNT(*) AS Anzahl
   FROM Kunde
   GROUP BY ROLLUP  (Ort, Zuname);
```

Programm 6.65 ROLLUP Supergruppe

Ergebnis:

```
ORT             ZUNAME              ANZAHL
--------------- --------------- ----------
-               -                        3
Heidelberg      -                        2
Hemsbach        -                        1
Heidelberg      Mayer                    1
Heidelberg      Müller                   1
Hemsbach        Schulze                  1
```

Supergruppe CUBE

Die Supergruppe CUBE erzeugt aus der Liste der Gruppierungsausdrücke ebenfalls Teillisten mit zunehmendem Aggregierungsgrad. Aus der Liste (Ort, Zuname) werden folgende Teillisten generiert:

- ()
- (Ort)
- (Zuname)
- (Ort, Zuname)

Anwendung der Supergruppe CUBE:

```
--**************************************
--*      Supergruppierung mit CUBE     *
--**************************************
SELECT Ort, Zuname,
       COUNT(*) AS Anzahl
   FROM Kunde
   GROUP BY CUBE  (Ort, Zuname);
```

Programm 6.66 CUBE Supergruppe

Ergebnis:

```
ORT              ZUNAME           ANZAHL
---------------- ---------------- -----------
-                Mayer                      1
-                Müller                     1
-                Schulze                    1
-                -                          3
Heidelberg       -                          2
Hemsbach         -                          1
Heidelberg       Mayer                      1
Heidelberg       Müller                     1
Hemsbach         Schulze                    1
```

6.5.18 HAVING-Klausel

HAVING mit GROUP BY

Die HAVING-Klausel dient dazu, Gruppen auszuwählen, die bestimmte Gruppierungsergebnisse aufweisen. Mit ihr können somit Filter für auszugebende Gruppen bestimmt werden, die gewünschte Gruppierungsergebnisse zeigen. Weil sich die HAVING-Klausel auf Gruppenergebnisse bezieht, ist sie besonders im Zusammenhang mit der GROUP BY-Klausel sinnvoll.

HAVING ohne GROUP BY

Wird die HAVING-Klausel ohne die GROUP BY-Klausel verwendet, muss die Unteranfrage eine Gesamtauswertung z.B. mit COUNT(*) erzeugt haben. Das Ergebnis dieser Gesamtauswertung kann sodann mit der HAVING-Klausel getestet werden. Bei bestandenem Test wird das Gesamtergebnis in die Ergebnistabelle übernommen.

Für die Angabe der Suchbedingung in der HAVING-Klausel gelten die selben Regeln, die auch für die Angabe der Suchbedingung in der WHERE-Klausel gelten.

Die Syntax lautet:

```
HAVING <Suchbedingung>
```

Die Ausdrücke der Suchbedingung können wie in der WHERE-Klausel aus unterschiedlichen Prädikaten zusammengesetzt sein und somit aus Basis- und Mengenprädikaten bestehen. Oft enthalten sie Spaltenfunktionen wie COUNT(), SUM() usw., mit denen ein Wert aus der jeweiligen Zeilengruppe erzeugt wird, um anschließend im Rahmen des Prädikats getestet zu werden.

GROUP BY

In ihrem üblichen Einsatz werden mit der HAVING-Klausel die aus der GROUP BY-Klausel hervorgegangenen *Gruppen* nach bestimmten Gruppeneigenschaften ausgewählt und in der Ergebnistabelle gespeichert. Die nicht ausgewählten Gruppen werden hierbei übergangen.

Filter

Die HAVING-Klausel darf nicht mit der WHERE-Klausel verwechselt werden. Beide Klauseln dienen dazu, eine Auswahl aus den möglichen Auswahlkandidaten zu treffen. Bei der WHERE-Klausel sind die Kandidaten die Zeilen der in der FROM-Klausel angegebenen Tabelle bzw. dem Verbund aus diesen Tabellen. Bei der HAVING-Klausel dagegen sind die Kandidaten der Auswahl die Gruppierungsergebnisse, die normalerweise auf Grund der GROUP BY-Klausel zu Stande gekommen sind. Mit beiden Klauseln des SELECT-Befehls werden somit Filter konstruiert, die zu unterschiedlichen Zeitpunkten und auf unterschiedliche Objekte wirken. Sowohl die WHERE- als auch die HAVING-Klausel können in einem SELECT-Befehl gemeinsam vorkommen.

Beispiel:

In die Ausgabetabelle sollen nur Kundennummern von Kunden aufgenommen werden, deren jeweiliges Obligo, also der Gesamtbetrag aller ihrer Rechnungen, einen Wert größer als 5.000 aufweist.

Zunächst sollen alle Rechnungen kurz dargestellt werden, damit das jeweilige Kundenobligo visuell geprüft werden kann.

```
RECHNU_NR KUNDEN_NR BETRAG
--------- --------- -----------
R001      K001         13000,00
R002      K001          2000,00
R003      K002          5000,00
```

```
--*************************************
--*    Anwendung der HAVING-Klausel    *
--*************************************
SELECT Kunden_Nr,
       SUM(Betrag) AS Obligo
   FROM Rechnung
   GROUP BY Kunden_Nr
   HAVING SUM(Betrag) > 5000;
```

Programm 6.67 HAVING-Klausel

Ergebnis:

```
KUNDEN_NR OBLIGO
--------- --------
K001      15000,00
```

Beispiel:

Die HAVING-Klausel ohne die GROUP BY-Klausel kann in manchen Fällen ebenfalls sinnvoll eingesetzt werden.

Es soll ausgezählt werden, wie viele Zeilen in einer Tabelle vorhanden sind. Sind mehr als zwei Zeilen in der Tabelle, soll die Anzahl angezeigt werden. Ansonsten soll nichts angezeigt werden.

Zunächst sollen alle Kunden kurz dargestellt werden, damit das Ergebnis geprüft werden kann.

```
KUNDEN_NR VORNAME         ZUNAME
--------- --------------- ---------------
K001      Hugo            Müller
K002      Georg           Mayer
K003      Eva             Schulze
```

```
--*************************************
--*    HAVING- ohne GROUP BY-Klausel   *
--*************************************
SELECT COUNT(*) AS Anzahl_Kunden
   FROM Kunde
   HAVING COUNT(*) > 2;
```

Programm 6.68 HAVING-Klausel ohne GROUP BY
Ergebnis:

```
ANZAHL_KUNDEN
-------------
            3
```

Beispiel:

Die Klausel HAVING kann auch sinnvoll in Unteranfragen eingesetzt werden.

Aufgabe:
Wie heißen die Kunden, die ein Obligo über 10.000 haben?

Lösung:

```
--*************************************
--*   HAVING-Klausel in Unteranfrage   *
--*************************************
SELECT Kunden_Nr, Vorname, Zuname
   FROM Kunde K
   WHERE EXISTS
      (SELECT SUM (Betrag)
         FROM Rechnung R
         WHERE R.Kunden_Nr = K.Kunden_Nr
         HAVING SUM (Betrag) > 10000);
```

Programm 6.69 HAVING-Klausel in Unteranfrage

Ergebnis:

```
KUNDEN_NR VORNAME         ZUNAME
--------- --------------- ---------------
K001      Hugo            Müller
```

Beispiel:

Die Suchbedingung in einer HAVING-Klausel kann beliebig komplex sein. Beispielsweise ist hier auch eine Unteranfrage sinnvoll.

Aufgabe:
Welcher Kunde hat ein Obligo von mehr als 30% des Gesamtobligos?

```
(1)  --*************************************
(2)  --*   HAVING-Klausel in Unteranfrage   *
(3)  --*************************************
(4)  SELECT Kunden_Nr, Vorname, Zuname
(5)     FROM Kunde K
(6)     WHERE EXISTS
(7)        (SELECT SUM (Betrag)
(8)           FROM Rechnung R
(9)           WHERE R.Kunden_Nr = K.Kunden_Nr
(10)          HAVING SUM (Betrag) >
(11)                 (SELECT SUM (Betrag)
(12)                    FROM Rechnung) * 0.3);
```

Programm 6.70 Unteranfrage in HAVING-Klausel

Ergebnis:

```
KUNDEN_NR VORNAME        ZUNAME
--------- -------------- ---------------
K001      Hugo           Müller
```

Die Unteranfrage in der Programmzeile (11) und (12) berechnet das Gesamtobligo aller Kunden. In der Zeile (12) wird es auf 30% umgerechnet. In der HAVING-Klausel in Programmzeile (10) wird das Kundenobligo des jeweiligen Kunden berechnet. Weiterhin wird geprüft, ob es größer als 30% des Gesamtobligos ist. In gegebenem Falle wird eine Ergebniszeile an das EXISTS-Prädikat in Zeile (6) zurückgegeben. Dieses gibt sodann die Freigabe dafür, dass die aktuellen Kundendaten in die Ergebnistabelle übertragen werden können.

6.5.19 ORDER BY-Klausel

Mit der ORDER BY-Klausel der Unteranfrage wird das Ergebnis einer Anfrage in einer gewünschten Reihenfolge in der Ergebnistabelle bereitgestellt.

Die vereinfachte Syntax lautet:

```
ORDER BY <Spaltenname> | <Ganzzahl> [ASC|DESC]
[,<Spaltenname> | <Ganzzahl> [ASC|DESC] ] ...
```

Hierarchischer Sortierbegriff

Die Ergebniszeilen werden nach den Werten in den angegebenen Spalten sortiert bereitgestellt. Je nach Angabe von *ASC* oder *DESC* auf- oder absteigend. Werden mehrere Spaltennamen angegeben, so ergibt sich hierdurch ein hierarchischer Sortierbegriff. Die angegebenen Spaltennamen müssen nicht in der *Spaltenliste* der SELECT-Klausel enthalten sein.

Wird anstatt eines *Spaltennamens* eine *Ganzzahl* angegeben, so wird nach der Spalte sortiert, die in der *Spaltenliste* der SELECT-Klausel an der *Position* der angegebenen *Ganzzahl* steht. Eine Positionsangabe ist immer dann erforderlich, wenn der Sortierbegriff nicht durch einen Spaltennamen ansprechbar ist. Dies ist dann der Fall, wenn der Sortierbegriff das Ergebnis einer *Funktion* oder eines *Ausdrucks* in der SELECT-Klausel ist, das nicht mit einem Spaltennamen versehen wurde.

Beispiel:

hierarchischer Sortierbegriff

Es soll eine nach Zunamen aufsteigend und innerhalb der selben Zunamen nach Vornamen absteigend sortierte Kundenliste erzeugt werden. Der Sortierbegriff ist somit ein hierarchischer Sortierbegriff.

Die unsortierte Kundenliste sieht wie folgt aus:

```
KUNDEN_NR VORNAME         ZUNAME
--------- --------------- ---------------
K001      Hugo            Müller
K002      Georg           Mayer
K003      Eva             Schulze
```

```
--**************************************    (1)
--*          ORDER BY Klausel          *    (2)
--**************************************    (3)
SELECT Kunden_Nr, Vorname, Zuname          (4)
   FROM Kunde                               (5)
   ORDER BY Zuname  ASC,                    (6)
            Vorname DESC;                   (7)
```

Programm 6.71 ORDER BY-Klausel

Ergebnis:

```
KUNDEN_NR VORNAME         ZUNAME
--------- --------------- ---------------
K002      Georg           Mayer
K001      Hugo            Müller
K003      Eva             Schulze
```

6.5.20 FETCH FIRST-Klausel

Mit der Anwendung der Klausel FETCH FIRST bestimmt man, wie viele Zeilen aus der Zwischentabelle in die Ergebnistabelle höchstens zu übertragen sind.

Die Syntax lautet:

```
FETCH FIRST {[1 | <Anzahl>]} {ROW | ROWS} ONLY
```

Beispiel:

Aus der Tabelle Kunde sollen nur die ersten beiden Zeilen in die Ergebnistabelle übertragen werden.

Gesamte Tabelle:

```
KUNDEN_NR VORNAME          ZUNAME
--------- ---------------- ---------------
K001      Hugo             Müller
K002      Georg            Mayer
K003      Eva              Schulze
```

```
--*************************************
--*      FETCH FIRST ROWS Klausel     *
--*************************************
SELECT Kunden_Nr, Vorname, Zuname
   FROM Kunde
   FETCH FIRST 2 ROWS ONLY;
```

Programm 6.72 FETCH FIRST ROWS ONLY Klausel

Ergebnis:

```
KUNDEN_NR VORNAME          ZUNAME
--------- ---------------- ---------------
K001      Hugo             Müller
K002      Georg            Mayer
```

6.5.21 Volle Anfrage

Eine volle Anfrage, die in der englischen DB2-Terminologie *full select* genannt wird, verbindet Tabellen mit Mengenoperatoren, um hieraus die Ergebnistabelle zu bilden. Oft wird diese Art der Anfrage auch als Gesamtauswahl bezeichnet.

Gesamtauswahl

Die zu verbindenden Tabellen können durch die drei folgenden Sprachmittel zustande kommen:

- Ergebnistabelle einer Unteranfrage
- Ergebnistabelle einer vollen Anfrage
- VALUES-Tabelle.

Die verfügbaren Mengenoperatoren sind der
- Vereinigungsmengenoperator UNION
- Schnittmengenoperator INTERSECT
- Differenzmengenoperator EXCEPT.

Die Syntax der vollen Anfrage ist folgende:

```
{<Unteranfrage> | (<volle Anfrage) | VALUES-
                    Tabelle}
              <Mengenoperator>
{<Unteranfrage> | (<volle Anfrage) | VALUES-
                    Tabelle}
 [<ORDER BY-Klausel>] [FETCH FIRST-Klausel]
```

Der reichhaltige Sprachumfang von DB2-SQL zur Formulierung von Unteranfragen ist Gegenstand der vorausgegangenen Kapitel gewesen.

Bevor wir die volle Anfrage detailliert darstellen, zeigen wir, was eine VALUES-Tabelle ist.

6.5.22 VALUES-Tabelle

Bei der Beschreibung des Befehls INSERT haben wir die VALUES-Tabelle unter dem Begriff VALUES-Klausel bereits eingeführt. Eine solche VALUES-Klausel definiert eine VALUES-Tabelle. In der Klausel können mehrere Wertelisten angegeben werden, die jeweils in runde Klammern einzuklammern und durch Kommata zu trennen sind. Jede geklammerte Werteliste ist eine Zeile in der VALUES-Tabelle.

Im einfachsten Fall dient eine VALUES-Tabelle dazu, eine statische Tabelle aus Literalen zu bilden. Da jedoch die Listenelemente in der Werteliste beliebige SQL-Ausdrücke sein können, ist die VALUES-Tabelle nicht auf statisch literale Daten beschränkt. Mit der VALUES-Tabelle ist die Möglichkeit gegeben, in einem SQL-DML-Befehl Daten zu benutzen, die man in diesem Befehl niedergeschrieben hat.

Die Syntax der VALUES-Tabelle ist folgende:

```
VALUES <Wertezeile> [, <Wertezeile>] ...
```

Die Syntax der Wertezeile ist wie folgt:

```
{{<Ausdruck> | NULL} |
({<Ausdruck> | NULL }
[,{<Ausdruck> | NULL}]...)
```

Beispiele:

```
--*************************************** (1)
--*    Verschiedene Möglichkeiten      *   (2)
--*        der VALUES-Tabelle          *   (3)
--*************************************** (4)
VALUES 'hallo';                            (5)
VALUES 'Zeile 1', 'Zeile 2';               (6)
VALUES ('Zeile 1', 'hallo', 'Freunde'),    (7)
       ('Zeile 2', 'hallo', 'Freunde');    (8)
VALUES 1 + 1;                              (9)
VALUES ('Datum', CURRENT DATE, USER);      (10)
VALUES ('Unteranfrage',                    (11)
        (SELECT COUNT(*) FROM Kunde));     (12)
```

Programm 6.73 VALUES-Tabellen

Die im Programm aufgeführten VALUES-Tabellen sind folgende:

- Die Programmzeile (5) erzeugt eine einspaltige und einzeilige VALUES-Tabelle.
- Die Programmzeile (6) erzeugt eine einspaltige und zweizeilige Tabelle.
- Die Programmzeilen (7) und (8) erzeugen eine dreispaltige und zweizeilige Tabelle.
- Die Programmzeile (9) erzeugt eine einspaltige und einzeilige Tabelle mit dem Wert 2.
- Die Programmzeile (10) erzeugt eine dreispaltige und einzeilige Tabelle auch mit Werten aus den Systemregistern.
- Die Programmzeilen (11) und (12) erzeugen eine zweispaltige und einzeilige Tabelle. Der Wert der zweiten Spalte wird durch eine Unteranfrage zur Verfügung gestellt.

6.5.23 Mengenoperationen mit Tabellen

Eine Tabelle kann als eine Menge aufgefasst werden, deren Elemente die Zeilen sind. Auf Tabellen können deshalb auch die Mengenoperatoren angewendet werden.

Die Mengenoperatoren lauten in SQL

UNION, INTERSECT und EXCEPT.

Abbildung 6.9 zeigt die Entsprechungen zwischen SQL und der Mengenlehre.

Name	SQL-Mengen-Operator	Mengen-Operator	Mengen-Beispiel
Vereinigung	UNION	$\cup$	M1 $\cup$ M2
Durchschnitt	INTERSECT	$\cap$	M1 $\cap$ M2
Differenz	EXCEPT	\	M1 \ M2

Abbildung 6.9 Übersicht über die Mengenoperatoren

Die SQL-Mengenoperationen werden wie folgt abgearbeitet:

- Bei der Vereinigung von Tabellen werden die Zeilen der hierbei beteiligten Tabellen zu einer gemeinsamen Ergebnistabelle zusammengefasst.
- Bei der Durchschnittsbildung von Tabellen werden die Zeilen in die Ergebnistabelle übernommen, die in jeder der beteiligten Tabellen vorkommen.
- Bei der Differenzbildung werden nur die Zeilen einer Tabelle in das Ergebnis übernommen, die keine Entsprechung in der anderen beteiligten Tabelle haben.

ALL

Standardmäßig wird bei der Bildung einer Ergebnistabelle die Bildung von Duplikaten verhindert. Mit der optionalen Klausel ALL nach jedem Mengenoperator kann man verhindern, dass Duplikate eliminiert werden.

vereinigungs-kompatibel

Tabellen können nur dann vereinigt werden, wenn sie dieselbe Spaltenanzahl aufweisen und die sich entsprechenden Spalten je Tabelle vom selben Datentyp sind. Diese Eigenschaft bezeichnet man mit *vereinigungskompatibel.*

Wenn mehrere Mengenoperatoren in einer vollen Anfrage verwendet werden verwendet SQL eine Prioritätenregel, nach der die einzelnen Mengenoperationen durchgeführt werden. Werden Mengenausdrücke in runden Klammern eingefasst, so werden diese mit höchster Priorität abgearbeitet. In zusammengesetzten Mengenausdrücken innerhalb einer Klammer oder in solchen ohne Klammern werden die Schnittmengenoperatoren INTERSECT vor den Vereinigungsmengenoperatoren UNION bzw. den Differenzmengenoperatoren EXCEPT abgearbeitet. Bei Mengenoperatoren gleicher Abarbeitungspriorität gilt die Regel *von links nach rechts.*

In Abbildung 6.10 sind in Venn-Diagrammen die Wirkungen der verschiedenen Mengenoperationen dargestellt. Die grau hinterlegten Flächen bezeichnen die Ergebnismengen, die nach der Ausführung der Mengenoperation auf zwei Ausgangsmengen entstehen.

Der Umgang mit den SQL-Mengenoperatoren wird am folgenden Beispiel demonstriert: In der Miniwelt gibt es Partner, die Kunde und/oder Lieferanten und/oder Mitarbeiter sein können. In einem Entitäts-Beziehungs-Diagramm (ERM) in der UML-Notationsform und davon abgeleitet in einem relationalen Datenbankdiagramm (RDBD) sieht dieser Sachverhalt wie in aus:

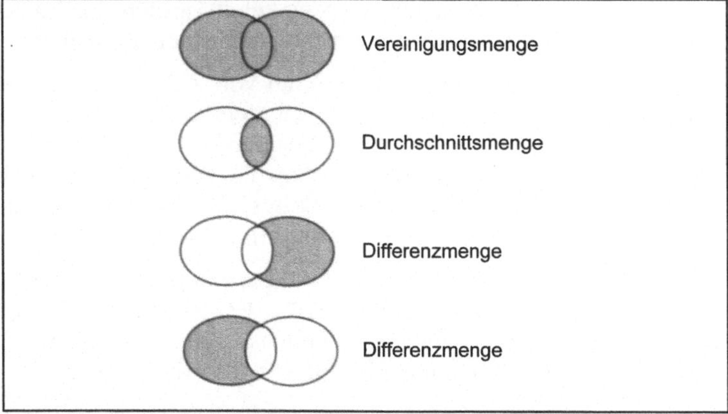

Abbildung 6.10 Venn-Diagramme für Mengenoperationen

Im ERM der Abbildung 6.11 drückt der Systemanalytiker aus, dass die Miniwelt vom Superentitätstyp *Partner* und den Subentitätstypen *Kunde*, *Lieferant* und *Mitarbeiter* beschrieben wird. Zwischen diesen Entitätstypen gibt es drei Beziehungen der Art „ist-ein". Das bedeutet, dass ein *Mitarbeiter*, ein *Lieferant* und *Kunde* jeweils ein *Partner* ist. Mit der Angabe „nd, t" ist dokumentiert, dass die Entitäten der Typen *Mitarbeiter*, *Lieferant* und *Kunde* nicht disjunkt (nd) zueinander, d. h. nicht miteinander unvereinbar sind. Hierbei bedeuten "nd" nicht disjunkt und "t" total.

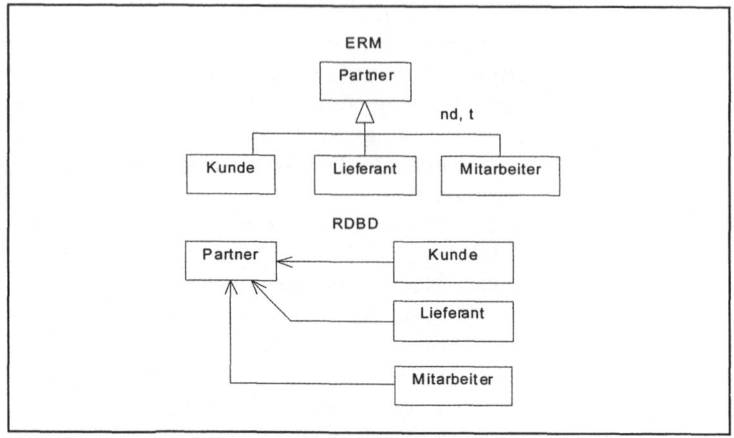

Abbildung 6.11 ERM und RDBD der Miniwelt Partner

Damit ist ausgedrückt, dass ein Mitarbeiter auch ein Kunde und auch ein Lieferant sein kann. Mit der Abkürzung für total „t" ist festgehalten, dass es keine Partnerentität gibt, die nicht zu mindestens einer der Subentitätsmengen gehört.

Im zweiten Diagramm von Abbildung 6.11, dem RDBD, dokumentiert der Systemdesigner, dass die Entitätstypen in den korrespondierenden Relationen bzw. Tabellen zu implementieren sind. Weiterhin, dass die Fremdschlüsselspalte *Partnernummer* zur Verbindung der zusammengehörigen Daten in den Tabellen *Kunde*, *Lieferant* und *Mitarbeiter* jeweils einzubauen ist.

Venn-Diagramm

In der Miniwelt des Beispiels gibt es die fünf Partnerentitäten mit den Schlüsseln P1, P2, P3, P4 und P5. Die Mitgliedschaft in den verschiedenen Entitätsmengen ist im Venn-Diagramm in Abbildung 6.12 auf Seite 273 dargestellt.

Die Zugehörigkeit der fünf Entitäten zu den vier Entitätsmengen zeigt nochmals die Tabelle 6.2.

Partner	Kunde	Lieferant	Mitarbeiter
P1	ja		
P2		ja	
P3	ja	ja	
P4	ja	ja	ja
P5			ja

Tabelle 6.2 Tabelle der Partner

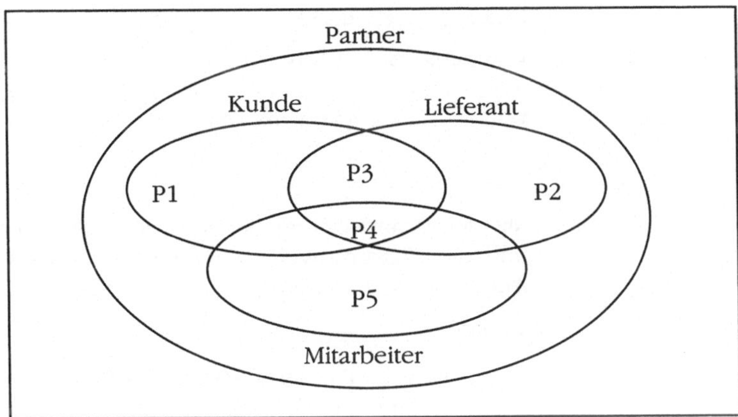

Abbildung 6.12 Venn-Diagramm Partner

Die Tabellen sind mit den folgenden Daten geladen:

Daten der Tabelle Partner:

```
PARTNER_NR ANREDE VORNAME        ZUNAME
---------- ------ -------------- -----------
P001       Herr   Hugo           Müller
P002       Herr   Georg          Mayer
P003       Frau   Eva            Schulze
P004       Herr   Fritz          Wind
P005       Frau   Anne           Schön
```

Daten der Tabelle PLieferant:

```
PARTNER_NR LIEFERTREUE
---------- -----------
P002       P
P003       U
P004       U
```

Daten der Tabelle PKunde:

```
PARTNER_NR BONITAET
---------- --------
P001       G
P003       S
P004       G
```

Daten der Tabelle PMitarbeiter:

```
PARTNER_NR GEBURTSDATUM
---------- ------------
P004       1963-04-21
P005       1979-08-01
```

Mit der Beantwortung der folgenden Fragen sollen der Einsatz und die Wirkungsweise der Mengenoperatoren in einer vollen Anfrage erklärt werden.

Frage:

Wie lauten die Partnernummern der Partner, die sowohl Kunden als auch Lieferanten aber keine Mitarbeiter sind?

Lösungsweg der Antwort:

Es wird die Durchschnittsmenge der Partnernummern aus der Kunden- und Lieferantentabelle durch die Anwendung des Mengenoperators INTERSECT gebildet und hiervon die Menge der Partnernummern aus der Mitarbeitertabelle mit Hilfe des Mengenoperators EXCEPT entfernt.

Mit den mathematischen Mengenoperatoren würde die Vorschrift lauten:

$$\text{Ergebnis} = (\text{Kunde} \cap \text{Lieferant}) \setminus \text{Mitarbeiter}$$

Analog lautet die SQL-Vorschrift mit den SQL-spezifischen Mengenoperatoren in vergröberter Form:

```
Ergebnistabelle = PKunde        INTERSECT
                  PLieferant    EXCEPT
                  PMitarbeiter
```

An Stelle der Mengennamen wird somit in SQL ein SELECT-Befehl eingesetzt, der die reale Zeilenmenge liefert.

```
--*************************************
--*          Mengenoperatoren         *
--*        INTERSECT und EXCEPT       *
--*************************************
  SELECT Partner_Nr
     FROM PKunde
INTERSECT
  SELECT Partner_Nr
```

```
     FROM PLieferant                                    (9)
EXCEPT                                                  (10)
  SELECT Partner_Nr                                     (11)
     FROM PMitarbeiter;                                 (12)
```

Programm 6.74 Volle Anfrage mit Mengenoperatoren

Ergebnis:

```
PARTNER_NR
----------
P003
```

Auf Grund der Prioritätenregeln für die Abarbeitung der Mengenoperatoren wird zunächst der INTERSECT-Operator in der Programmzeile (7) abgearbeitet. Hierbei bildet der Datenbankprozessor eine temporäre Tabelle der Partnernummern durch die Abarbeitung der Unteranfrage in Zeile (5) und (6) und eine weitere temporäre Tabelle durch die Abarbeitung der Programmzeilen (8) und (9). Der INTERSECT-Operator bildet sodann aus beiden Tabellen eine weitere temporäre Tabelle. Diese enthält die geschnittenen Partnernummern, die in beiden temporären Tabellen vorkommen. Anschließend wird der Differenzmengenoperator EXCEPT ausgeführt, weil er eine niedrigere Ausführungspriorität hat als der Schnittmengenoperator. Vor der Differenzmengenbildung wird für die Unteranfrage in Zeile (11) und (12) wieder eine temporäre Tabelle der Partnernummern aus der Tabelle *PMitarbeiter* gebildet. Hierauf wird die Differenzmengenoperation durchgeführt. Im Rahmen ihrer Abarbeitung werden in die Ergebnistabelle nur die Partnernummern aus der durch die Schnittmengenoperation gebildete temporären Tabelle übertragen, die nicht auch in der temporären Tabelle der Partnernummern aus der Mitarbeitertabelle vorhanden sind.

Frage:

Wie lauten die Partnerdaten der Partner, also nicht nur die Partnernummern, die sowohl Kunden als auch Lieferanten aber keine Mitarbeiter sind?

Lösungsweg der Antwort:

INTERSECT

EXCEPT

Es wird, wie bei der vorherigen Frage, die Durchschnittsmenge der Partnernummern aus der Kunden- und Lieferantentabelle durch die Anwendung des Mengenoperators INTERSECT gebildet. Hiervon wird die Menge der Partnernummern aus der Mitarbeitertabelle mit Hilfe des Mengenoperators EXCEPT entfernt.

Diese Operationen werden in eine Unteranfrage verlagert. In der Hauptanfrage werden die resultierenden Partnernummern in einem Mengenprädikat IN verwendet. Hierbei werden die Partnerzeilen aus der Partnertabelle selektiert und in die Ergebnistabelle kopiert, deren Partnernummern bei den Mengenoperationen gefunden wurden.

```
--*************************************
--*         Mengenoperatoren          *
--*INTERSECT und EXCEPT in Unteranfrage*
--*************************************
SELECT *
   FROM Partner
   WHERE Partner_Nr IN
           (SELECT Partner_Nr
               FROM PKunde
         INTERSECT
            SELECT Partner_Nr
               FROM PLieferant
         EXCEPT
            SELECT Partner_Nr
               FROM PMitarbeiter);
```

Programm 6.75 Mengenoperatoren in Unteranfrage

Ergebnis:

```
PARTNER_NR ANREDE VORNAME       ZUNAME
---------- ------ ------------- -------------
P003       Frau   Eva           Schulze
```

Frage:

Wie lauten alle Daten der Partner, die sowohl Kunden als auch Lieferanten aber keine Mitarbeiter sind? Es sind also die Daten aus der Tabelle *Partner*, *PKunde* und *PLieferant* gefragt.

Lösungsweg der Antwort:

Zusätzlich zur Strategie für die Beantwortung der vorherigen Frage müssen die Daten aus der Tabelle *Partner* mit den Daten aus den Tabellen *PKunde* und *PLieferant* im Rahmen eines inneren Gleichheitsverbundes verbunden werden. Es sind jedoch nur die Daten zu verbinden, die den resultierenden Partnernummer aus den Mengenoperationen entsprechen.

```
--*************************************     (1)
--*          Mengenoperatoren         *     (2)
--*INTERSECT und EXCEPT in Unteranfrage*    (3)
--*   und INNER JOIN in Hauptanfrage    *   (4)
--*************************************     (5)
SELECT P.Partner_Nr,                        (6)
       P.Zuname,                            (7)
       K.Bonitaet,                          (8)
       L.Liefertreue                        (9)
   FROM Partner P                           (10)
        INNER JOIN PKunde K                 (11)
          ON P.Partner_Nr = K.Partner_Nr    (12)
        INNER JOIN PLieferant L             (13)
          ON P.Partner_Nr = L.Partner_Nr    (14)
   WHERE P.Partner_Nr IN                    (15)
             (SELECT Partner_Nr             (16)
                 FROM PKunde                (17)
         INTERSECT                          (18)
              SELECT Partner_Nr             (19)
                 FROM PLieferant            (20)
         EXCEPT                             (21)
              SELECT Partner_Nr             (22)
                 FROM PMitarbeiter);        (23)
```

Programm 6.76 Mengen- und Verbundoperation

Ergebnis:

```
PARTNER_NR ZUNAME          BONITAET LIEFERTREUE
---------- --------------- -------- -----------
P003       Schulze         S        U
```

Die Mengenoperationen zwischen den Ergebnissen der Unteranfragen sind in den Programmzeilen (16) bis (23) formuliert. In den Zeilen (10) bis (14) sind die Verbundoperationen enthalten.

Verwechselungsgefahr

Verbund- und Mengenoperationen werden von SQL-Anfängern leicht verwechselt. Bei der Ausführung einer Verbundoperation fügt der Datenbankprozessor zwei Zeilen zusammen und bildet hieraus eine Ergebniszeile. Bei der Ausführung einer Mengenoperation hingegen werden zwei mengenmäßig miteinander verknüpfte Zeilen als zwei Zeilen in die Ergebnismenge übernommen, falls dies der Mengenoperator zulässt. Dies ist bei den beiden Mengenoperatoren UNION ALL und INTERSECT ALL gegeben.

Die unterschiedliche Wirkungsweise der Mengen- und Verbundoperationen zeigt das folgende Beispiel. Hierbei werden in die Tabelle JOIN_UNION_Demo zwei Zeilen mit den Werten 'A' und 'B' geladen:

```
CREATE TABLE JOIN_UNION_Demo
    (Spalte CHAR (1));
```

```
INSERT INTO JOIN_UNION_Demo VALUES
    ('A'), ('B');
```

Mit einer einfachen Unteranfrage werden die geladenen Daten kontrolliert:

```
SELECT *
   FROM JOIN_UNION_Demo;
```

Ergebnis:

```
SPALTE
------
A
B
```

Anschließend wird die Mengenoperation UNION ALL auf die selbe Tabelle angewendet:

```
--****************************************
--*            Mengenoperation           *
--****************************************
  SELECT *
     FROM JOIN_UNION_Demo
UNION ALL
  SELECT *
     FROM JOIN_UNION_Demo;
```

Programm 6.77 Mengenoperation

Ergebnis:

```
SPALTE
------
A
B
A
B
```

Das Ergebnis der Mengenoperation zeigt die Wirkungsweise von UNION ALL. Die Ausgangsdaten werden unverändert in die Ergebnistabelle übernommen.

Die Wirkung der Verbundoperation zeigt das folgende Programm. Es erzeugt einen Verbund in Gestalt eines kartesischen Produktes.

```
--**************************************
--*          Verbundoperation          *
--**************************************
  SELECT *
     FROM JOIN_UNION_Demo T1,
          JOIN_UNION_Demo T2;
```

Programm 6.78 Verbundoperation

Ergebnis:

```
SPALTE SPALTE
------ ------
A      A
B      A
A      B
B      B
```

Frage:

Wie lauten die Partnernummern der Partner, die nur jeweils in einer Teilmenge vorhanden sind. Sie sind somit entweder Kunde oder Lieferant oder Mitarbeiter jeweils ausschließlich.

Lösungsweg der Antwort:

Es wird zunächst die Vereinigungsmenge der Partnernummern der Tabellen *PKunde*, *PLieferant* und *PMitarbeiter* mit der Anwendung des Mengenoperators UNION gebildet. Anschließend werden hiervon mit Hilfe des Mengenoperators EXCEPT die drei Schnittmengen

- Partnernummer *PKunde* geschnitten (INTERSECT) mit Partnernummer *PLieferant*
- Partnernummer *PKunde* geschnitten (INTERSECT) mit Partnernummer *PMitarbeiter*
- Partnernummer *PLieferant* geschnitten (INTERSECT) mit Partnernummer *PMitarbeiter*

entfernt.

Mit den mathematischen Mengenoperatoren würde die Vorschrift lauten:

```
Ergebnis = (Kunde  ∪ Lieferant ∪ Mitarbeiter)
             \ (Kunde      ∩ Lieferant)
             \ (Kunde      ∩ Mitarbeiter)
             \ (Lieferant ∩ Mitarbeiter)
```

Analog lautet die SQL-Vorschrift mit den SQL-spezifischen Mengenoperatoren in vergröberter Form:

```
Ergebnis =
   (       Kunde
    UNION  Lieferant
    UNION  Mitarbeiter)
    EXCEPT (Kunde      INTERSECT Lieferant)
    EXCEPT (Kunde      INTERSECT Mitarbeiter)
    EXCEPT (Lieferant INTERSECT Mitarbeiter)
```

Die Implementierung der Vorüberlegungen in echtem SQL ist in Programm 6.79 dargestellt, das folgendes Ergebnis liefert:

Ergebnis:

```
PARTNER_NR
----------
P001
P002
P005
```

```
--***************************************
--*           Mengenoperationen          *
--***************************************
(  SELECT Partner_Nr
      FROM PLieferant
 UNION
   SELECT Partner_Nr
      FROM PKunde
 UNION
   SELECT Partner_Nr
      FROM PMitarbeiter
)
EXCEPT
  (   SELECT Partner_Nr
         FROM PKunde
```

```
    INTERSECT
        SELECT Partner_Nr
            FROM PLieferant
  )
EXCEPT
  (   SELECT Partner_Nr
          FROM PKunde
    INTERSECT
        SELECT Partner_Nr
            FROM PMitarbeiter
  )
EXCEPT
  (   SELECT Partner_Nr
          FROM PLieferant
    INTERSECT
        SELECT Partner_Nr
            FROM PMitarbeiter
    );
```

Programm 6.79 Mengenoperatoren der drei Arten

6.5.24 Anfragebefehl SELECT

Metadaten

Die umfangreichste Form der Anfrage ist der Anfragebefehl SELECT. Er besteht aus einer vollen Anfrage (DB2-engl. full select), der noch mindestens ein benannter Anfrageausdruck vorgelagert ist. Auf diese Anfrageausdrücke kann die am Ende stehende volle Anfrage in der Art zugreifen, als ob die Anfrageausdrücke katalogisierte Tabellen wären. Ein Anfrageausdruck definiert eine lokale temporäre Tabelle, die nur innerhalb des Anfragebefehls bekannt ist und deren Metadaten nicht in den Katalog eingetragen werden. Eine solche Tabelle wird erst zur Ausführungszeit des Anfragebefehls aufgebaut. Ihr Name wird in der FROM-Klausel des sie nutzenden SELECT-Befehls so behandelt, als wäre er der Name einer normalen katalogisierten Tabelle oder der eines Views.

lokal temporär

Redundanzfreiheit

Das Konzept der lokalen temporären Tabelle dient folgenden Zwecken:

- Ist ein Anfrageausdruck an mehreren Stellen eines komplexeren SELECT-Befehls erforderlich, kann mit der Bezugnahme auf ihn Formulierungsredundanz und Ausführungszeit gespart werden.

- Ein benannter Tabellenausdruck kann an Stelle eines Tabellenausdrucks in der FROM-Klausel eingesetzt werden, wenn die Anfrage sich auf vorher zu bildende Gruppierungsergebnisse bezieht.
- Mit einer Folge von Anfrageausdrücken kann man umfangreiche Herleitungen voneinander abhängiger Daten bewerkstelligen.
- Durch eine lokale Tabelle, die auf Grund eines Anfrageausdrucks vom Datenbankprozessor aufgebaut wird, kann von Fall zu Fall auf einen sonst erforderlichen VIEW verzichtet werden.
- Eine lokale Tabelle ist erforderlich, um rekursive Datenstrukturen in einem SELECT-Befehl auszuwerten.

Konstantentabelle

- Mittels einer lokalen Tabelle können Konstantentabellen als statische Tabellen in einem SELECT-Befehl hinterlegt werden.

Durch benannte Anfrageausdrücke gebildete lokale Tabelle können in DB2-SQL in den DML-Befehlen INSERT und SELECT angewendet werden. Die Definition von benannten Anfragen wird mit dem Schlüsselwort *WITH* eingeleitet, auf das der Tabellenname und die Beschreibung der Datenherkunft der lokalen Tabelle folgen. Wahlweise können auch Spaltennamen für die lokale Tabelle vergeben werden.

Grobsyntax

```
WITH <Name der lokalen Tabelle>
[(<Liste der Spaltennamen>)]
AS (<Anfrageausdruck>)
[, <Name der lokalen Tabelle>
[(<Liste der Spaltennamen>)]
AS (<Anfrageausdruck>)] ...
<volle Anfrage>
```

Bei dynamischen lokalen Tabellen wird die Datenherkunft mit einem Anfrageausdruck beschrieben, der aus einem SELECT-Befehl besteht. Bei statischen lokalen Tabellen werden die konstanten Werte in einem Anfrageausdruck in Gestalt einer VALUES-Klausel formuliert.

Lokale statische Tabelle

lokal satisch

Lokale statische Tabellen können im Vorspann zu einem folgenden SELECT-Befehl sinnvoll eingesetzt werden, um

- den SELECT-Befehl in einfacher Art mit konstanten Daten zu versorgen,
- im Teststadium den SELECT-Befehl mit Eingabedaten zu versehen, ohne vorher den Umweg über einen CREATE TABLE- und INSERT-Befehl zu gehen.

Beispiel:

Für eine mehrsprachige Datenausgabe der Kundendaten werden die Anreden in Deutsch, Französisch und Englisch benötigt.

```
--*************************************          (1)
--*      Benannte statische Tabelle     *         (2)
--*************************************          (3)
WITH Lokale_Tabelle                              (4)
   (Deutsch,                                     (5)
    Franzoesisch,                                (6)
    Englisch)                                    (7)
   AS (                                          (8)
   VALUES ('Herr',   'Monsieur', 'Mister'),      (9)
          ('Frau',   'Madame',   'Madam' ))      (10)
SELECT L.*, K.Vorname, K.Zuname                  (11)
   FROM Kunde K                                  (12)
        INNER JOIN Lokale_Tabelle L              (13)
          ON K.Anrede = L.Deutsch                (14)
```

Programm 6.80 Benannte lokale statische Tabelle

Ergebnis:

```
DEUTSCH FRANZOESISCH ENGLISCH VORNAME ZUNAME
------- ------------ -------- ------- --------
Frau    Madame       Madam    Eva     Schulze
Herr    Monsieur     Mister   Hugo    Müller
Herr    Monsieur     Mister   Georg   Mayer
```

Der Name der benannten Anfrage wird in Programmzeile (4) vereinbart. In den Zeilen (5) bis (7) werden die Spaltennamen der lokalen Tabelle festgelegt. In den Programmzeilen (9) und (10) wird die benannte Tabelle mit statischen Werten geladen. Die Zeilen (11) bis (14) enthalten die volle Anfrage. Sie nutzt die lokale statische Tabelle als Eingabe.

Benannte lokale dynamische Tabelle

lokal dynamisch

Lokale dynamische Tabellen entfalten ihre Mächtigkeit, wenn auf temporär gebildete Tabellen mehrmals in einem SELECT-Befehl zugegriffen wird. Weiterhin kann durch eine lokale dynamische Tabelle ein geschachtelter Tabellenausdruck in der FROM-Klausel ersetzt werden, um den SELECT-Befehl überschaubarer zu gestalten. Ihre unerlässliche Bedeutung erfährt sie jedoch im rekursiven SQL. Der rekursiv arbeitende SELECT-Befehl in DB2-SQL erfordert die Konzeption der benannten, lokalen und dynamischen Tabelle.

rekursives SQL

Beispiel:

Ein Tabellenausdruck zur Ermittlung von Gruppierungsdaten, der in der FROM-Klausel geschachtelt ist, soll durch eine benannte lokale Tabelle ersetzt werden. Der Anfragebefehl soll hierbei folgende Ausgaben erzeugen:

- Anzahl von Kunden, die Rechnungen erhalten haben.
- Höhe des größten Kundenobligos, d.h. der größten Forderung an einen Kunden (Summe der Rechnungsbeträge eines Kunden).
- Höhe des kleinsten Kundenobligos.

Lösungsweg der Antwort:

In der benannten, lokalen dynamischen Tabelle werden die erforderlichen Daten zunächst nach dem Gruppenbegriff *Kunden_Nr* zusammengefasst. Je Zeilengruppe wird das Kundenobligo mit Hilfe der Spaltenfunktion SUM() gebildet. Im anschließenden SELECT-Befehl werden hieraus die gewünschten Daten gewonnen: Anzahl der gruppierten Zeilen und damit Anzahl der Kunden, Maximalforderung und Minimalforderung.

Die eingebaute Konvertierungsfunktion DEC (DECIMAL), die in einem folgenden Kapitel ausführlich behandelt wird, wird eingesetzt, um die Dezimalstellen in der Ergebnistabelle auf neun Stellen zu begrenzen.

```
--*************************************
--*      Benannte dynamische Tabelle   *
--*************************************
WITH Lokale_Tabelle
           (Kunden_Nr, Obligo) AS
   (SELECT  Kunden_Nr, SUM(Betrag)
```

```
(7)        FROM Rechnung
(8)        GROUP BY Kunden_Nr)
(9)  SELECT COUNT(*) AS Anzahl_Kunden,
(10)       DEC (MAX (Obligo), 9, 2)
(11)           AS Forderung_max,
(12)       DEC (MIN (Obligo), 9, 2)
(13)           AS Forderung_min
(14)   FROM Lokale_Tabelle;
```

Programm 6.81 Benannte lokale dynamische Tabelle

Ergebnis:

```
ANZAHL_KUNDEN FORDERUNG_MAX FORDERUNG_MIN
------------- ------------- -------------
            2      15000,00       5000,00
```

In den Programmzeilen (6) bis (8) wird die benannte Tabelle aufgebaut. Auf ihre aggregierten Werte wird sodann in der vollen Anfrage in den Programmzeilen (9) bis (14) zugegriffen.

6.6 Aufgaben

Aufgaben für den Befehl INSERT

Vereinbaren Sie die Tabelle *Lieferant* mit folgenden Spalten:

- Lieferant_Nr
- Anrede
- Vorname
- Zuname
- Strasse
- Ort
- Zeitstempel
- Erfasser

Wählen Sie die passenden Datentypen für die Spalten aus.

Legen Sie Vorgabewerte fest für

- Anrede = Herr
- Ort = Heidelberg

- Zeitstempel = CURRENT TIMESTAMP
- Erfasser = USER

Aufgabe:

1) Erfassen Sie die Zeile mit der Lieferant_Nr = L001 ohne weitere Daten.
2) Erfassen Sie die Zeile mit der Lieferant_Nr = L002 mit Angabe des Vornamens und des Zunamens.
3) Erfassen Sie die Zeile mit der Lieferant_Nr = L003 mit allen Angaben. Geben Sie auch die Werte an, die der Datenbankprozessor auch auf Grund der Vorgabewerte selbst annehmen könnte. Setzen Sie hierbei die passenden Systemregister in den INSERT-Befehl ein.
4) Erfassen Sie in einem INSERT-Befehl die beiden Zeilen mit den Lieferantennummern L004 und L005.
5) Definieren und laden Sie eine identisch aufgebaute Tabelle zur Tabelle Lieferant. Nennen Sie diese neue Tabelle Lieferant_2.
6) Kopieren Sie alle Zeilen von Lieferant_2 in die Tabelle Lieferant, deren Lieferantennummern größer als L005 sind. Verwenden Sie hierzu den INSERT-Befehl mit der SELECT-Anfrage.
7) Erstellen Sie eine Tabelle mit dem Namen Kundenobligo. Sie soll aus den beiden Spalten Kunden_Nr und Obligo bestehen.
8) Laden Sie die Tabelle mit einem INSERT-Befehl, der eine SELECT-Anfrage enthält. Die SELECT-Anfrage berechnet das Kundenobligo des jeweiligen Kunden aus der Tabelle *Kunde.*
9) Fügen Sie eine Rechnungszeile in die Tabelle *Rechnung* ein. Verwenden Sie hierbei einen Fremdschlüsselwert auf die Tabelle *Kunde*, für den es in dieser keinen Primärschlüsselwert gibt. Interpretieren Sie die Reaktion des Datenbankprozessors.

Aufgaben für den Befehl UPDATE

1) Ändern Sie in der Tabelle *Lieferant* alle Anredewerte auf den Wert Frau.
2) Ändern Sie in der Tabelle *Lieferant* den Anredewert des Lieferanten mit der Lieferant_Nr = L001 auf den Wert Unbekannt (NULL).
3) Ändern Sie in der Tabelle *Lieferant* den Anredewert des Lieferanten mit der Lieferant_Nr = L001 auf den Wert Vorgabewert (DEFAULT).
4) Ändern Sie in der Tabelle *Lieferant* alle Zeilen mit ihren Spalten Vorname und Zuname durch die Angabe der Spaltenliste (Vorname, Zuname). Die Daten sollen für alle Zeilen aus der Ausdruckslist (' Hugo' , ' Müller') kommen.
5) Ändern Sie in der Tabelle *Lieferant* alle Zeilen mit den korrespondierenden Zeilenwerte aus der Tabelle *Lieferant_2* mit einem korrelierten UPDATE und einer enthaltenen Unteranfrage.

Aufgaben für den Befehl DELETE

1) Löschen Sie aus der Tabelle *Lieferant* die Zeile mit der Lieferantennummer L001.
2) Löschen Sie aus der Tabelle *Lieferant* alle Zeilen mit den Lieferantennummern L001 bis L005.
3) Löschen Sie aus der Tabelle *Lieferant* alle Zeilen mit der Anrede Herr.
4) Löschen Sie aus der Tabelle *Lieferant* alle Zeilen.
5) Löschen Sie aus der Tabelle *Kunde* die Zeile mit der *Kunden_Nr* = K001. Für diesen Kunden gibt es in der Tabelle Rechnung noch Zeilen. Untersuchen Sie das Verhalten des Datenbankprozessors.
6) Löschen Sie aus der Tabelle *Rechnung* die Zeile mit der Rechnungsnummer R001. Untersuchen Sie die Auswirkungen in der Tabelle Position.

Aufgaben für den Befehl MERGE

1) Mischen Sie die Daten der Tabelle Artikel_1 in die Tabelle Artikel. Ist eine Zeile aus Artikel_1 noch nicht in Artikel vorhanden, so fügen Sie diese Zeile ein. Ist sie vorhanden, dann verändern Sie deren Werte.

2) Mischen Sie die Daten der Tabelle Artikel_2 in die Tabelle Artikel. Ist eine Zeile aus Artikel_2 in Artikel vorhanden, so löschen Sie die Zeile in der Tabelle Artikel. Ist sie nicht vorhanden, so fügen Sie die Zeile aus Artikel_2 in Artikel ein.

Aufgaben für den Befehl SELECT

1) Geben Sie alle Kunden aus.

2) Geben Sie alle Rechnungen aus.

3) Geben Sie alle Artikel aus.

4) Geben Sie alle Positionen aus.

5) Geben Sie die Kunden aus Heidelberg aus.

6) Geben Sie die männlichen Kunden aus Heidelberg aus.

7) Geben Sie die Kundinnen aus Hemsbach oder aus Stuttgart aus.

8) Geben Sie die Kunden mit ihren Rechnungen aus.

9) Geben Sie die Kunden in Heidelberg mit ihren Rechnungen aus.

10) Geben Sie alle Kunden mit ihren Rechnungen und den darin berechneten Artikeln aus.

11) Geben Sie den Kunden "Hugo Müller" mit seinen Rechnungen und den darin berechneten Artikeln aus.

12) Geben sie alle Daten aus, welche die Rechnung R001 betreffen.

13) Geben Sie alle Rechnungen und Kunden aus, die den Artikel A001 betreffen.

14) In welchen Rechnungen wurde der Artikel A001 berechnet?

15) Welche Rechnungen wurden am vierten April 2004 ausgestellt?

16) Welche Rechnungen haben einen Betrag von 1000 oder 2000 oder 3000?

17) Welche Rechnungen haben einen Betrag zwischen 5000 und 10000?

18) Welche Rechnungen haben einen Betrag zwischen 1000 und 3000 oder 7000 und 12000?

19) Welche Rechnungen haben einen Betrag zwischen 1000 und 3000 und haben ein Datum zwischen dem 1.4.2004 und dem 1.5.2004?

20) Welche Rechnungen haben einen Betrag zwischen 1000 und 3000 und haben ein Datum vom 4.4.2004 oder vom 6.4.2004 oder vom 30.4.2004?

21) Welche Rechnungen haben einen Betrag zwischen 1000 und 3000 und haben ein Datum vom 4.4.2004 oder vom 6.4.2004 oder vom 30.4.2004 oder vom 1.6.2004 bis zum 30.6.2004?

22) Welche Kunden (Vorname, Zuname usw.) haben Rechnungen? Lösung mit INNER JOIN.

23) Welche Kunden (Vorname, Zuname usw.) haben Rechnungen? Lösung mit IN-Prädikat.

24) Welche Kunden (Vorname, Zuname usw.) haben Rechnungen? Lösung mit ANY bzw. SOME-Prädikat.

25) Welche Kunden (Vorname, Zuname usw.) haben Rechnungen? Lösung mit EXISTS-Prädikat.

26) Welche Kunden haben den Artikel mit der Artikelnummer A001 berechnet bekommen? Lösung mit Gleichheitsverbund.

27) Welche Kunden haben den Artikel mit der Artikelnummer A001 berechnet bekommen? Lösung mit geschachtelten Unteranfragen.

28) Welche Artikel wurden dem Kunden Hugo Müller berechnet? Lösung mit INNER JOIN.

29) Welche Artikel wurden dem Kunden Hugo Müller berechnet? Lösung mit geschachtelten Unteranfragen.

30) Welche Daten (Kunden- und Artikeldaten) betreffen die Rechnung mit der Rechnungsnummer R001?

31) Welche Artikel wurden am 4. April 2004 berechnet?

32) Welche Artikel wurden zwischen dem 1. April 2004 und dem 30. April 2004 berechnet?

33) Wie heißen die Kunden, die Rechnungen mit Beträgen über 5000 erhalten haben?

34) Wie heißen die Kunden, die keine Rechnungen mit Beträgen über 5000 erhalten haben?

35) Wie heißen die Kunden? Und wenn sie Rechnungen erhalten haben, welches sind die jeweiligen Rechnungsdaten?

36) Welche Artikel sind auf Lager? Und welches sind die Rechnungen, falls die Artikel berechnet wurden?

37) In welchen Rechnungen wurden zwei und mehr Artikel berechnet (Anzahl >= 2)?

38) Welche Kunden haben Rechnungen erhalten, in denen mehr als zwei Artikel (Anzahl > 2) berechnet wurden? Lösung mit INNER JOIN.

39) Welche Kunden haben Rechnungen erhalten, in denen mehr als zwei Artikel (Anzahl > 2) berechnet wurden? Lösung mit Unteranfragen.

40) Geben Sie die Anzahl der Kunden aus.

41) Geben Sie die Ortsnamen und die Anzahl der dort ansässigen Kunden aus.

42) Geben Sie die Ortsnamen und die Anzahl der dort ansässigen Kunden aus, falls im jeweiligen Ort mehr als ein Kunde wohnt.

43) Geben Sie die Datumsangaben der Rechnungen aus und die Anzahl der Rechnungen, die an dem jeweiligen Datum ausgestellt wurden.

44) Geben Sie die Datumsangaben der Rechnungen aus und die Anzahl der Rechnungen an dem jeweiligen Datum, falls an diesem Datum weniger als drei Rechnungen berechnet wurden.

45) Geben Sie die Rechnungsnummern und die Gesamtanzahl der in der jeweiligen Rechnung berechneten Artikel (SUM(Position.Anzahl)) aus.

46) Geben Sie die Rechnungsnummern und die Gesamtanzahl der in der jeweiligen Rechnung berechneten Artikel (SUM(Position.Anzahl)) aus, falls mehr als drei Artikel berechnet wurden (SUM (Position.Anzahl) > 3).

47) Geben Sie Anzahl der Kunden aus Heidelberg aus.

48) Geben Sie die Anzahl der Kunden im PLZ-Bezirk 6 aus.

49) Geben Sie alle Kunden aus, deren Zuname Meier, Maier, Meyer oder Mayer lauten.

50) Geben Sie die Kunden aus, deren Zuname Meier lautet oder die in Heidelberg wohnen.

51) Geben Sie die Kunden aus, deren Zunamen Meier, Maier, Meyer oder Mayer lautet und die in Heidelberg, Mannheim oder Hemsbach wohnen.

52) Geben Sie alle Kunden aus mit Zunamen von J bis P.

53) Geben Sie alle Kunden aus, deren Zunamen nicht mit den Buchstaben J bis P beginnen.

54) Geben Sie alle Kunden aus, die Rechnungen nur mit Beträgen über 5.000,-- erhalten haben.

55) Geben Sie alle Kunden aus, die schon einmal eine Rechnung bekommen haben, deren Rechnungsbetrag über 5.000,-- lag.

56) Geben Sie alle Kunden aus, die Rechnung bekommen haben, wobei der Rechnungsbetrag jeder Rechnung über 5.000,-- liegen muss, und die mindestens einen Computer je Rechnung gekauft haben.

57) Geben Sie alle Kunden aus, die nur Rechnungen mit Beträgen über 5.000,-- erhalten haben, wobei jede Rechnung höchstens zwei Rechnungspositionen aufweisen darf.

58) Geben Sie alle Kunden aus, die Rechnungen mit jeweils Beträgen über 5.000,-- erhalten haben, wobei jeder Artikel über 500,-- kosten muss.

59) Geben Sie alle Kunden aus Heidelberg und Hemsbach aus, die nur Rechnungen mit Rechnungsbeträgen unter 5.000,-- haben, in denen kein Computer berechnet wurde.

60) Geben Sie alle Rechnungen aus dem Jahre 2004 aus, die folgenden Bedingungen genügen:

- Rechnungsbetrag unter 5.000,--
- Kunden aus Heidelberg oder Hemsbach
- Rechnung enthält weniger als drei Positionen
- Die Einzelpreise der Artikel liegen unter 500,--.

61) Geben Sie alle Artikel aus, die Einzelpreise über 1.000,-- enthalten und die an Heidelberger oder Hemsbacher Kunden verkauft wurden.

62) Geben Sie alle Artikel aus, die über 1.000,-- kosten und die weder an Heidelberger noch an Hemsbacher Kunden verkauft wurden.

63) Geben Sie alle Artikel aus, die nur an Frauen verkauft wurden.

64) Wie viele Kunden wohnen in den verschiedenen Orten?

65) Wie viel Rechnungen mit welchen summierten Rechnungsbeträgen gibt es für die verschiedenen Orte?

66) Wie viele Kunden wohnen in einem jeweiligen Ort und wie viele in einem jeweiligen Ort haben den selben Zunamen? Lösung mit GROUPING SETS.

67) Wie viele Kunden wohnen in einem jeweiligen Ort und wie viele in einem jeweiligen Ort haben den selben Zunamen? Lösung mit ROLLUP.

68) Wie viele Kunden wohnen in einem jeweiligen Ort und wie viele in einem jeweiligen Ort haben den selben Zunamen? Lösung mit CUBE.

69) Die Bewohner der Erde wohnen in Gemeinden. Die Anzahl der Einwohner einer jeden Gemeinde wird in einer Tabellenzeile der Tabelle *Bewohner* festgehalten. Der Primärschlüssel der Tabelle Bewohner ist zusammengesetzt und besteht aus den folgenden Teilschlüsseln: Kontinent, Staat, Land, Bezirk, Kreis, Gemeinde.Werten Sie die Daten mit GROUPING SETS, mit ROLLUP und CUBE aus.

70) In einer Verkaufstabelle liegen die Daten über verkaufte Artikel vor. Es gibt in dieser Tabelle drei Spalten: Artikelnummer, Verkaufsbezirksnummer und Umsatz in Euro. Werten Sie die Verkäufe in allen möglichen GROUPING SETS aus. Verwenden sie hierbei auch ROLLUP und CUBE.

71) Geben Sie die ersten drei Zeilen der Tabelle Position aus.

72) Geben Sie die ersten zwei Zeilen der Kunden aus, die mit ihren Rechnungen verbunden sind.

73) Geben Sie die Daten der Frauen aus, die nicht verheiratet sind.

74) Geben Sie die Daten der Männer aus, die nicht verheiratet sind.

75) Geben Sie die Daten der Kunden aus, die keine Rechnung erhalten haben.

76) Bilden Sie die Vereinigungsmenge der Partnernummern aus den Tabellen *PKunde*, *PLieferant* und *PMitarbeiter* mit und ohne Duplikaten.

77) Bilden Sie die Schnittmenge der Partnernummern aus den Tabellen *PKunde*, *PLieferant* und *PMitarbeiter* mit und ohne Duplikaten.

78) Welche Partnernummern identifizieren Partner, die Kunde aber nicht auch Lieferant sind?

79) Welche Partnernummern identifizieren Partner, die Lieferant aber nicht auch Kunde sind?

80) Welches sind die Partnerdaten der Partner, die sowohl Kunde als auch Lieferant sind? Ermittlung der Betroffenen mit Mengenoperatoren.

81) Welches sind die Partnerdaten der Partner, die sowohl Kunde als auch Lieferant aber nicht Mitarbeiter sind? Ermittlung der Betroffenen mit Mengenoperatoren.

82) Welches sind die gesamten Daten der Kunden? Daten also, welche die Kunden als Partner und als Kunden beschreiben.

83) Welches sind die gesamten Daten, die die Partner beschreiben, welche Kunde aber nicht auch Lieferanten sind?.

84) Welches sind die gesamten Daten, welche die Partner beschreiben, die Lieferanten aber nicht auch Kunden sind?

7 Ausdrücke und eingebaute Funktionen

In diesem Kapitel lernen Sie,

- welche Ausdrucksarten es im relationale DB2-SQL gibt und
- welch reichhaltiges Angebot an eingebauten Funktionen DB2-SQL Ihnen zur Verfügung stellt.

Mit Ihrem erworbenen Wissen können Sie sodann komplexe Ausdrücke in SQL formulieren und die unterschiedlichsten Daten mit großem Komfort dem Anwender zur Verfügung stellen.

7.1 Ausdrücke im relationalen SQL

Ein Ausdruck ist eine Vorschrift zur Ermittlung eines skalaren Wertes. Ausdrücke bestehen aus Operanden, die mit Operatoren verknüpft sein können. Operanden haben einen Datentyp. In Abhängigkeit von den Datentypen der Operanden können die dazu passenden Operatoren zur Verknüpfung der Operandenwerte eingesetzt werden.

7.1.1 Einfache Ausdrücke

Numerische Operanden, die positive oder negative Werte sein können, werden mit den Operatoren für die vier Grundrechenarten verknüpft. Wie in allen höheren Programmiersprachen wird die Addition mit dem Operator +, die Subtraktion mit -, die Multiplikation mit * und die Division mit / in der üblichen Infixschreibweise ausgedrückt.

Unterschiedliche numerische Typen werden automatisch in den selben Datentyp konvertiert. Hierbei bestimmt der Typ mit dem größten Wertebereich das Konvertierungsergebnis. Es gilt folgende Konvertierungsrichtung:

SMALLINT -> INTEGER -> BIGINT -> DECIMAL -> REAL -> FLOAT

Hinsichtlich der Priorität der Operatoren gelten die Regeln der Mathematik: Von links nach rechts und Punkt- vor Strichrechnung. Geklammerte Teilausdrücke haben die höchste Abarbeitungspriorität.

Beispiel: 1 + 2 - 3 * 4 / 5

Operanden vom Datums- und Zeittyp können ebenfalls mit den Operatoren für die Addition + und die Subtraktion - verknüpft werden. Mit dem Additionsoperator kann zu einem Zeitpunkt ein Zeitraum hinzuaddiert werden. Das Ergebnis ist wieder ein Zeitpunkt. Mit dem Subtraktionsoperator kann man von einem Zeitpunkt einen Zeitraum abziehen. Auch hier ist das Ergebnis ein Zeitpunkt. Weiterhin kann man mit dem Subtraktionsoperator den Zeitraum zwischen zwei Zeitpunkten berechnen.

Beispiel:

CURRENT DATE - Geburtstag

Geburtstag + 100 DAYS

Zeichenartige Operanden werden mit dem Verkettungsoperator CONCAT (engl. to concatenate) verkettet, der auch kurz mit den beiden senkrechten Strichen || simuliert werden kann. Sind die Operanden von unterschiedlichen Zeichenkettentypen, wird das Ergebnis im umfangreichsten Typ zur Verfügung gestellt.

Beispiel: ' hallo' CONCAT ' Freunde' || ' guten Tag'

7.1.2 Fallunterscheidung - CASE-Ausdruck

Mit dem Konzept des CASE-Ausdrucks ist es möglich, aus mehreren Werten, in Abhängigkeit einer Bedingung, einen Wert auszuwählen.

Manchmal ist es erforderlich, die Daten aus einer Tabelle auf Grund einer Bedingung in abgewandelter Form in die Ergebnistabelle auszugeben. Hat man etwa die männliche Anrede mit *Herr* gespeichert, kann man in einem Serienbrief die Anrede *Herrn* in der Anschrift hieraus nicht direkt bilden. Man muss ein Anwendungsprogramm oder ein Textersetzungssystem hierzu einschalten.

CASE

DB2-SQL kann solche bedingten Wertetransformationen selbst vornehmen. Hierzu dient der Fallunterscheidungsausdruck CASE. Der CASE-Ausdruck kann im Befehl SELECT und in der VALUES-Klausel einer VALUES-Tabelle vorkommen. An jeder Stelle, an der im SELECT-Befehl ein Ausdruck stehen kann, kann auch das Fallunterscheidungs-Konstrukt stehen. Mit ihm werden sodann an Ort und Stelle alternative Wertetransformationen bewirkt.

Mehrfach-alternative

Der CASE-Ausdruck implementiert die Mehrfachalternative in ihrer deskriptiven Form. Den CASE-Ausdruck gibt es in zweierlei Gestalt, in der einfachen und der umfangreicheren. In der englischen DB2-SQL-Terminologie enthält der einfache CASE-Ausdruck eine so genannte *simple when clause.* Die umfangreichere und mächtigere Form enthält eine *searched when clause.*

Ein CASE-Ausdruck beginnt mit dem Schlüsselwort CASE und endet mit END.

Die Grobsyntax des CASE-Ausdrucks ist folgende:

CASE ... END

```
CASE {<searched when clause> |
      <simple when clause>}
  {ELSE NULL | ELSE <Ausdruck>}
  END
```

Bei der einfacheren Art (engl. simple when clause) wird in der CASE-Klausel ein Wert erzeugt. Gegen diesen Wert wird in jedem alternativen WHEN-Zweig ein weiterer Wert auf Gleichheit getestet. Ergibt der Test das Ergebnis *wahr*, so wird der in diesem Zweig ermittelte Datenwert als Ergebnis des CASE-Ausdrucks festgestellt. Es können viele alternative WHEN-Zweige im CASE-Ausdruck vorhanden sein. Der letzte alternative Zweig ist der optionale ELSE-Zweig. Ist die Eintrittsbedingung bei keinem WHEN-Zweig wahr, wird der ELSE-Zweig angewendet. Ist kein ELSE-Zweig formuliert und keine WHEN-Bedingung wahr, wird der Wert Unbekannt (NULL) als Ergebnis festgestellt.

Die Syntax der einfachen Art (simple when clause) lautet somit:

simple when clause

```
<Ausdruck> WHEN <Ausdruck> THEN <Ausdruck>
  [WHEN <Ausdruck> THEN <Ausdruck>] ...
```

Beispiel:

```
CASE Anrede                                   (1)
   WHEN 'Herr' THEN 'Herrn'                   (2)
   ELSE 'Frau'                                (3)
END AS Anschrift_Anrede                       (4)
```

Programm 7.1 Einfacher CASE-Ausdruck

Die umfangreichere Form des CASE-Ausdrucks, die Art mit der *searched when clause*, ist die deskriptive Implementierung der Mehrfachalternative in der programmiersprachlichen IF-ELSEIF-Form. Bei dieser Art steht nach dem Schlüsselwort CASE kein Wertausdruck. Dagegen steht in jeder WHEN-Klausel eine Suchbedingung aus einem oder mehreren Prädikaten. Ergibt die Auswertung der Suchbedingung den Wahrheitswert *wahr*, so wird der Ausdruck hinter dem Schlüsselwort THEN als Ergebnis festgestellt. Ist keine Suchbedingung der WHEN-Klauseln *wahr*, so wird der Ausdruck in der optionalen ELSE-Klausel als Ergebnis festgestellt. Fehlt die ELSE-Klausel, und keine Suchbedingung ist wahr, wird der Wert Unbekannt (NULL) als Ergebnis des CASE-Ausdrucks festgestellt.

Die Syntax der umfangreicheren searched-Art lautet somit:

searched when clause

```
WHEN <Suchbedingung> THEN <Ausdruck>
[WHEN < Suchbedingung > THEN <Ausdruck>] ...
```

Beispiel:

```
CASE
   WHEN Anrede = 'Herr' THEN 'Herrn'
   ELSE 'Frau'
END AS Anschrift_Anrede
```

Programm 7.2 Umfangreicher CASE-Ausdruck mit Suchbedingung

Das oben angedeutete Anredeproblem bei Serienbriefen könnte sodann wie folgt mit SQL gelöst werden:

Anrede in Tabelle	Ergebnis in Ausgabe
Herr	Herrn
Frau	Frau
<sonst>	Keine Anrede

Tabelle 7.1 Zuordnung von Eingabe zu Ausgabe

Lösung mit einem einfachen CASE-Ausdruck:

```
--***************************************
--*         Einfacher CASE-Ausdruck     *
--***************************************
CREATE TABLE Test
   (Anrede CHAR (4));

INSERT INTO Test
   VALUES  'Herr',
           'Frau',
           'Mist';

```

```
SELECT T.*,                                      (12)
       CASE Anrede                               (13)
          WHEN 'Herr' THEN 'Herrn'               (14)
          WHEN 'Frau' THEN 'Frau'                (15)
          ELSE 'Keine Anrede'                    (16)
       END AS CaseErgebnis                       (17)
   FROM Test T;                                  (18)
```

Programm 7.3 Einfacher CASE-Ausdruck in Programm

Ergebnis:

```
ANREDE CASEERGEBNIS
------ ------------
Herr   Herrn
Frau   Frau
Mist   Keine Anrede
```

Der einfache CASE-Ausdruck steht zwischen den Programmzeilen (13) und (17). In ihm wird der Wert in der Spalte *Anrede* nacheinander mit den Vergleichswerten *Herr* und *Frau* in den WHEN-Klauseln der Programmzeilen (14) und (15) auf Gleichheit getestet. Ist das Ergebnis aller Test der Wert *falsch*, so wird die ELSE-Klausel in Programmzeile (16) angewendet.

Ein weiteres Beispiel soll den Einsatz des CASE-Ausdrucks vertiefen. In einem Unternehmen ist in einer Betriebsvereinbarung die gleitende Arbeitszeit festgelegt worden. Darüber hinaus können die Arbeitnehmer in einem monatlich vorgegebenen Korridor selbst bestimmen, wie viele Stunden sie im jeweiligen Monat arbeiten wollen.

Aufgabe: Mit SQL soll überprüft werden, ob ein Mitarbeiter je Monat zu viel, genug oder zu wenig gearbeitet hat.

Lösung: Die Daten liegen in drei Tabellen vor.

- Die Tabelle *Stunden_je_Monat* enthält je Monat die minimale und maximale Anzahl zu arbeitender Stunden auf Grund der Betriebsvereinbarung.
- Die Tabelle *Mitarbeiter* enthält die Personalstammdaten.
- Die Tabelle *Gearbeitet* enthält die geleisteten Arbeitsstunden je Mitarbeiter und Monat.

Die Tabellen sollen nicht in die Datenbank geladen werden, sondern sie sollen als benannte Tabellenausdrücke in der WITH-Klausel eines SELECT-Befehls verwirklicht werden. Hiermit wollen wir das Konzept der benannten Tabelle vertieft darstellen.

```
--************************************
--*       searched CASE-Ausdruck     *
--************************************
WITH
 Stunden_je_Monat
   (Monat, Stunden_Min, Stunden_Max) AS
   (VALUES (1,  80, 160),
           (2,  70, 140)),
 Mitarbeiter
   (Pers_Nr) AS
   (VALUES ('P1'), ('P2'), ('P3')),
 Gearbeitet
   (Pers_Nr, Monat, Stunden_Ist) AS
   (VALUES ('P1', 1,   170),
           ('P2', 1,   100),
           ('P3', 1,    50))
SELECT M.Pers_Nr, G.Stunden_Ist,
       G.Monat,
       CASE
          WHEN G.Stunden_Ist
               BETWEEN S.Stunden_Min
                   AND S.Stunden_Max
            THEN 'Genug gearbeitet'
          WHEN G.Stunden_Ist <
               S.Stunden_Min
            THEN 'Zu wenig gearbeitet'
          ELSE    'Zu viel gearbeitet'
       END AS Bemerkung
   FROM            Stunden_je_Monat S
        INNER JOIN Gearbeitet G
           ON S.Monat   = G.Monat
        INNER JOIN Mitarbeiter M
           ON G.Pers_Nr =  M.Pers_Nr;
```

Programm 7.4 Searched CASE-Ausdruck und benannte Tabellen

Ergebnis:

```
PERS_NR STUNDEN_IST MONAT BEMERKUNG
------- ----------- ----- ------------------
P1              170     1 Zu viel gearbeitet
P2              100     1 Genug gearbeitet
P3               50     1 Zu wenig gearbeitet
```

Die WITH-Klausel des SELECT-Befehls enthält ab der Programmzeile (4) bis (16) drei benannte Tabellenausdrücke. Sie repräsentieren lokale statische Tabellen. Ab der Zeile (19) bis (28) werden die geleisteten Stunden im Rahmen eines umfangreichen CASE-Ausdrucks ausgewertet. Hierbei werden die alternativen Antworten in die Spalte *Bemerkung* gestellt.

7.2 Eingebaute Funktionen von SQL

Eingebaute Funktionen

Benutzerfunktionen

SQL bietet eine große Anzahl eingebauter Funktionen (Standardfunktionen), die als Erweiterung des Operatorensatzes von SQL betrachtet werden können. Sie werden dafür benötigt, häufig erforderliche SQL-Dienste ohne Programmieraufwand zu erbringen. Zusätzlich zu den in DB2-SQL bereits vorhandenen Funktionen können auch benutzerdefinierte Funktionen implementiert werden, die sodann in SQL-Befehlen wie Standardfunktionen verwendet werden können.

Standardfunktionen

Die in SQL vorhandenen Standardfunktionen werden eingeteilt in

- Spaltenfunktionen
- Einzelwert-Funktionen (skalare Funktionen)
- OLAP-Funktionen.

OLAP

Die mächtigen Spalten-Funktionen, die auch Aggregatsfunktionen genannt werden, sind in der Lage, viele Werte in einer Spalte als Argumente aufzunehmen und hieraus einen skalaren Ergebniswert zu berechnen. Die Einzelwert-Funktionen hingegen können nur jeweils einen skalaren Wert als Argument übernehmen und aus ihm einen skalaren Ergebniswert ermitteln. Die OLAP-Funktionen (Online Analytical Processing) erweitern die Funktionalität der Spaltenfunktionen um wesentliche Eigenschaften, die man beispielsweise für die Auswertung von Data Warehouses benötigt. Die meisten von ihnen berechnen aus vielen Eingabewerten einen skalaren Ausgabewert je Zeile der Ergebnistabelle. Mit den OLAP-Funktionen werden in SQL Sprachmittel bereitgestellt. die zum Aufbau von Management-Informations-Systemen geeignet und erforderlich sind.

7.3 Spaltenfunktionen

Aggregatsfunktionen

Spaltenfunktionen übernehmen als Eingabewerte meist eine größere Anzahl von Werten einer Spalte (Wertemenge) und berechnen hieraus einen Ergebniswert. Sie werden auch als Aggregatsfunktionen bezeichnet. Sie können in der SELECT- und der HAVING-Klausel eines SELECT-Befehls angewendet werden. Folgende Spaltenfunktionen sind in DB2-SQL derzeit verfügbar:

Funktion	**Ergebnis**
AVG	Arithmetisches Mittel
CORRELATION	Korrelationskoeffizient
COUNT	Anzahl Zeilen im Ergebnis bis ca. 2 Mrd.
COUNT_BIG	Anzahl Zeilen im Ergebnis größer 2 Mrd.
COVARIANCE	Kovarianz
GROUPING	Aussage bei Gruppierungsmengen
MAX	Größter Wert
MIN	Kleinster Wert
regression functions	Diverse Regressionsfunktionen
STDDEV	Standardabweichung
SUM	Summe
VARIANCE	Varianz

Tabelle 7.2 Spaltenfunktionen in DB2-SQL

Die Syntax der Spaltenfunktionen lautet:

DISTINCT

```
<Funktionsname> ([DISTINCT] <Ausdruck>)
```

Mit dem wahlweisen Schlüsselwort DISTINCT gibt man SQL vor, dass ein bestimmter Wert nur einmal in die Ergebnisermittlung einbezogen werden darf. Kommt er mehrmals vor, sind alle Vorkommen bis auf eine zu streichen.

Im folgenden Beispiel werden die häufig gebrauchten Spaltenfunktionen und deren Ergebnisse an der Tabelle *Rechnung* dargestellt.

```
--***************************************
--*   Beispiele für Spaltenfunktionen   *
--***************************************
SELECT COUNT(*)        AS Anzahl,
       MAX(Betrag)     AS Betrag_max,
       MIN(Betrag)     AS Betrag_min,
       AVG (Betrag )   AS Betrag_avg,
       SUM(Betrag)     AS Betrag_sum
   FROM Rechnung;
```

Programm 7.5 Häufig erforderliche Spaltenfunktionen

Ergebnis:

```
ANZAHL BETRAG_MAX BETRAG_MIN BETRAG_AVG BETRAG_SUM
------ ---------- ---------- ---------- ----------
     3   13000,00    2000,00    6666,66   20000,00
```

Beispiel:

Es soll festgestellt werden,

- wie viele Rechnungen vorhanden sind und
- von wie vielen unterschiedlichen Kunden diese stammen, und
- wie viele Rechnungen ein Kunde im Durchschnitt offen hat.

Zur Lösung dieser Aufgabe dürfen die mehrfach vorkommenden Kundennummern in den Rechnungen nur einmal bei der Zählung berücksichtigt werden (DISTINCT).

```
--***************************************
--*Option DISTINCT in Spaltenfunktionen*
--***************************************
SELECT COUNT(*)                AS Anzahl_Rechnu,
      COUNT(DISTINCT Kunden_Nr)
                               AS Anzahl_Kunden,
      COUNT(*) / COUNT(DISTINCT Kunden_Nr)
                               AS Durchschnitt
   FROM Rechnung;
```

Programm 7.6 DISTINCT-Option in Spaltenfunktion

Ergebnis:

```
ANZAHL_RECHNU ANZAHL_KUNDEN DURCHSCHNITT
------------- ------------- ------------
            3             2            1
```

Da im Beispiel mit Ganzzahlen gerechnet wird, der Ergebnistyp von COUNT() jedoch INTEGER ist, fällt bei der Durchschnittsbildung der Divisionsrest weg.

Beispiel:

Aufgabe: Zusammen mit den Daten aus der Tabelle *Kunde* soll noch das jeweilige Kundenobligo ausgegeben werden.
Lösung: Die eingebaute Spaltenfunktion SUM() wird in der Projektionsliste im Rahmen einer korrelierten Unteranfrage eingesetzt.

```
--**************************************    (1)
--*   Unteranfrage mit Funktion SUM()   *    (2)
--**************************************    (3)
SELECT K.Kunden_Nr, Vorname, Zuname,         (4)
       (SELECT SUM (R.Betrag)                (5)
               AS Obligo                     (6)
         FROM Rechnung R                     (7)
         WHERE R.Kunden_Nr = K.Kunden_Nr)    (8)
   FROM Kunde K;                             (9)
```

Programm 7.7 Unteranfrage mit SUM() in Projektionsliste

Ergebnis:

```
KUNDEN_NR VORNAME  ZUNAME   OBLIGO
--------- -------- -------- --------
K001      Hugo     Müller   15000,00
K002      Georg    Mayer     5000,00
K003      Eva      Schulze         -
```

In der Projektionsliste der Hauptanfrage steht eine korrelierte Unteranfrage ab der Programmzeile (5) bis (8). Diese enthält die Spaltenfunktion SUM(). Je Zeile der Hauptanfrage wird die mit dieser korrelierte Unteranfrage ausgeführt. Auf Grund der Bedingung in der WHERE-Klausel der Unteranfrage werden jeweils nur die Rechnungszeilen zur Summierung ausgewählt, die zu der Kundennummer der aktuellen Zeile der Hauptanfrage gehören.

Wie man sieht, ist das Obligo der Kundin *Eva Schulze* unbekannt (NULL).

Aufgabe:

Der Wert Unbekannt (NULL) soll in der Ergebnistabelle durch den numerischen Wert Null ersetzt werden.

Lösung:

In einem CASE-Ausdruck wird er Spaltenwert dahingehend untersucht, ob er unbekannt (NULL) ist. In gegebenem Fall wird er durch die numerische Null ersetzt. Ansonsten wird er in die Ergebnistabelle übernommen.

```
(1)  --************************************
(2)  --*   Unteranfrage mit Funktion SUM()  *
(3)  --************************************
(4)  WITH Obligo_mit_NULL
(5)     (Kunden_Nr, Vorname, Zuname, Obligo) AS
(6)     (SELECT K.Kunden_Nr, K.Vorname,
(7)             K.Zuname,
(8)             (SELECT SUM (R.Betrag) Obligo
(9)                FROM Rechnung R
(10)               WHERE R.Kunden_Nr =
(11)                     K.Kunden_Nr)
(12)       FROM Kunde K)
(13) SELECT Kunden_Nr, Vorname, Zuname,
(14)        CASE
(15)           WHEN O.Obligo IS NULL THEN 0
(16)           ELSE O.Obligo
(17)        END AS Obligo
(18)   FROM Obligo_mit_NULL O;
```

Programm 7.8 CASE-Ausdruck transformiert NULL-Wert in 0

Ergebnis:

```
KUNDEN_NR VORNAME ZUNAME   OBLIGO
--------- ------- -------  ---------
K001      Hugo    Müller   15000,00
K002      Georg   Mayer     5000,00
K003      Eva     Schulze      0,00
```

Das Kundenobligo wird in einem benannten Tabellenausdruck in der WITH-Klausel erzeugt. Auf diese temporäre Tabelle wird sodann ab der Programmzeile (13) Bezug genommen. In der

Programmzeile (15) wird schließlich der Wert *Unbekannt* (NULL) in eine numerische Null transformiert.

7.4 Einzelwertfunktionen

Einzelwertfunktionen sind SQL-Funktionen, die als Eingabe nur skalare Werte in Empfang nehmen und hieraus einen skalaren Ergebniswert bilden. Sie können in einem SELECT-Befehle überall dort angewendet werden, wo ein Ausdruck stehen kann. In SQL gibt es eine Vielzahl an Einzelwertfunktionen. In den folgenden Tabellen wird eine Auswahl hiervon sachlogisch zusammengefasst nach:

- Funktionen zur Bearbeitung von Zeichenketten
- Funktionen zur Bearbeitung von Datum und Zeit
- Funktionen zur Umwandlung von Datentypen
- Mathematische Funktionen - ohne die trigonometrischen-Funktionen
- Sonstige Funktionen.

Nicht aufgeführt werden Funktionen zur

- Verwaltung von externen Dateien durch den Datenbankprozessor
- Verwaltung verteilter Datenbanken
- Kommunikation mit MQSeries.

In den folgenden Beispielen werden die Einzelwertfunktionen in ihrem einfachsten Umfeld präsentiert. Dies ist üblicherweise ihre Einbettung in die VALUES-Klausel.

7.4.1 Funktionen zur Bearbeitung von Zeichenketten

In der folgenden Tabelle sind die in DB2-SQL eingebauten Funktionen zur Manipulation von zeichenartigen Daten mit ihrem Namen und Zweck mit einem Beispiel kurz dargestellt.

Funktion	Zweck und Beispiel

CONCAT, ||	Verkettet 2 Zeichenketten.
	`VALUES ('A' CONCAT 'B'); = AB`
	`VALUES (CONCAT( 'A', 'B')); = AB`
	`VALUES ('A' || 'B' || 'C'); = ABC`

DECRYPT_ BIN	Entschlüssel das Argument und verwendet hierzu das Verschlüsselungskennwort (ENCRYPTION PASSWORD). Ergebnis ist eine Bitkette in Hexa-

Funktion	Zweck und Beispiel

	Zeichen darstellbar.
	`SELECT DECRYPT_BIN( Geheim )`
	`   FROM Verschluesselt;`
	Ergebnis:
	`x'68616C6C6F'`

DECRYPT_ CHAR	Entschlüssel das Argument und verwendet hierzu das Verschlüsselungskennwort (ENCRYPTION PASSWORD). Ergebnis ist eine Zeichenkette.
	`SELECT DECRYPT_CHAR( Geheim )`
	`   FROM Verschluesselt;`
	Ergebnis:
	`hallo`

ENCRYPT	Verschlüsselt das Argument und verwendet hierzu das ENCRYPTION PASSWORD.
	`INSERT INTO Verschluesselt VALUES`
	`   ENCRYPT( 'hallo', 'Schlüssel',`
	`            'Hinweis');`
	`SELECT *`
	`   FROM Verschluesselt;`
	Ergebnis:
	`x'00E61A07E404AED548696E776569734B7507FD 268A7AF4'`

GETHINT	Gibt den Passworthinweis des Verschlüsselungskennworts zurück.
	`SELECT GETHINT( Geheim )`
	`   FROM Verschluesselt;`
	Ergebnis:
	`Hinweis`

INSERT	Fügt Zeichenkette überschreibend ab einer Position in eine geschaffene Lücke ein.
	`WITH T (S) AS`
	`   (VALUES ('hallo'))`
	`SELECT CHAR(INSERT (S, 5, 1,`
	`                  'öchen'), 10)`
	`   FROM T;`
	Ergebnis:
	hallöchen

LCASE, LOWER	Wandelt in Kleinbuchstaben um. `VALUES (LOWER ('HALLO'));` Ergebnis:

Funktion	Zweck und Beispiel
	hallo
LEFT	Greift Teilzeichenkette von links ab. `VALUES (LEFT ('HALLO', 2));` Ergebnis: HA
LENGTH	Gibt die Länge in Anzahl Bytes vom Argument zurück. `VALUES (LENGTH ('HALLO'));` Ergebnis: 5
LOCATE	Gibt Position einer Zeichenkette in einer anderen Zeichenkette an. `VALUES (LOCATE ('LL', 'HALLO'));` Ergebnis: 3
LTRIM	Entfernt führende Leerzeichen. `VALUES ('*' || LTRIM ('   HALLO'));` Ergebnis: *HALLO
POSSTR	Gibt Position einer Zeichenkette an. `VALUES (POSSTR ('HALLO', 'LL'));` Ergebnis: 3
REPEAT	Wiederholt eine Zeichenkette. `VALUES (REPEAT ('ei', 2));` Ergebnis: eiei
REPLACE	Ersetzt Zeichenfolge durch eine andere. `VALUES (REPLACE ('mußmuß', 'ß', 'ss'));` Ergebnis: mussmuss
RIGHT	Greift Teilzeichenkette von rechts ab. `VALUES (RIGHT ('hallo', 2));` Ergebnis: lo

Funktion	Zweck und Beispiel
RTRIM	Entfernt rechts stehende Leerzeichen. `VALUES (RTRIM ('hallo  ') || '*');` Ergebnis: hallo*
SPACE	Gibt Zeichenkette aus Leerzeichen. `VALUES ('*' || SPACE (3) || '*');` Ergebnis: * *
SUBSTR	Gibt eine Teilkette aus dem Argument zurück. `VALUES (SUBSTR ('hallo', 2, 3));` Ergebnis: all

TRANS-LATE	Übersetzt Zeichen einer Zeichenkette nach einem vorgegebenen Transformationsmuster.
	`VALUES (TRANSLATE ('hallo',`
	`'wxyz',`
	`'olah'));`
	Ergebnis:
	zyxxw

UCASE, UPPER	Wandelt in Großbuchstaben um. `VALUES (UCASE ('hallo'));` Ergebnis: HALLO

Tabelle 7.3 Funktionen zur Manipulation von Zeichendaten

7.4.2 Funktionen zur Bearbeitung von Datum und Zeit

Funktion	Zweck und Beispiel
DAYNAME	Name des Wochentages. `VALUES (DAYNAME (CURRENT DATE));` Ergebnis: Freitag
DAY	Nummer des Tages im Monat. `VALUES (DAY (CURRENT DATE));` Ergebnis: 22

Funktion	Zweck und Beispiel
DAYOF-WEEK	Nummer des Tages in Woche mit 1 für Sonntag. `VALUES (DAYOFWEEK (CURRENT DATE));` Ergebnis: 6
DAYOF-WEEK_ISO	Nummer des Tages in Woche mit 1 für Montag. `VALUES (DAYOFWEEK_ISO (CURRENT DATE));` Ergebnis: 5
DAYOF-YEAR	Nummer des Tages im Jahr. `VALUES (DAYOFYEAR (CURRENT DATE));` Ergebnis: 234
DAYS	Anzahl Tage seit Christi Geburt. `VALUES (DAYS (CURRENT DATE));` Ergebnis: 731449
HOUR	Stunde im Tag. `VALUES (HOUR (CURRENT TIME));` Ergebnis: 17
JULIAN-_DAY	Anzahl Tage seit 1.1.4713 vor Christus. `VALUES (JULIAN_DAY (CURRENT DATE));` Ergebnis: 2452874
MICRO-SECOND	Mikrosekundenanteil der Zeit. `VALUES (MICROSECOND (CURRENT TIME-STAMP));` Ergebnis: 628000
MIDNIGH-T_SECON-DS	Anzahl Sekunden seit Mitternacht. `VALUES (MIDNIGHT_SECONDS (CURRENT TIME));` Ergebnis: 61558

Funktion	Zweck und Beispiel
MINUTE	Minutenanteil der Zeit. `VALUES (MINUTE (CURRENT TIME));` Ergebnis: 6
MONTH	Nummer des Monats im Jahr. `VALUES (MONTH (CURRENT DATE));` Ergebnis: 8
MONTH-NAME	Name des Monats. `VALUES (MONTHNAME (CURRENT DATE));` Ergebnis: August
QUARTER	Nummer des Quartals. `VALUES (QUARTER (CURRENT DATE));` Ergebnis: 3
SECOND	Sekundenanteil der Zeit. `VALUES (SECOND (CURRENT TIME));` Ergebnis: 55
WEEK	Nummer der Woche im Jahr - Wochenbeginn ist Sonntag. `VALUES (WEEK (CURRENT DATE));` Ergebnis: 34
WEEK_ISO	Nummer der Woche im Jahr - Wochenbeginn ist Montag. `VALUES (WEEK_ISO (CURRENT DATE));` Ergebnis: 34
YEAR	Jahresanteil im Datum. `VALUES (YEAR (CURRENT DATE));` Ergebnis: 2003

Tabelle 7.4 Funktionen zur Manipulation von Datums- und Zeitdaten

7.4.4 Funktionen zur Umwandlung von Datentypen

Funktion	Zweck und Beispiel
ASCII	ASCII-Wert für das linke Zeichen eines Ausdrucks. `VALUES (ASCII ( 'A' ));` Ergebnis: 65
BIGINT	Wandelt das Argument in eine große Dualzahl. `VALUES (BIGINT ( 1 ));` Ergebnis: 1
BLOB	Wandelt das Argument in ein binäres großes Objekt. `VALUES (BLOB ( 'A' ));` Ergebnis: x' 41'
CAST	Wandelt das Argument in den Wert des Zieltyps. Der Zieltyp kann jeder bekannte Typ sein. `VALUES (CAST(INT(1) AS DECIMAL (9, 2)))` Ergebnis: 1,00

CHAR	Wandelt das Argument in eine Zeichenkette.
	`VALUES (CHAR ('A', 5 ) || '*');`
	Ergebnis:
	A *
	`VALUES (CHAR (1 ));`
	Ergebnis:
	1
	`VALUES (CHAR (9.1, ',' ));`
	Ergebnis:
	9,1
	Wandelt Datum in europäisches Format.
	`VALUES (CHAR ( CURRENT DATE, EUR));`
	Ergebnis:
	23.08.2003

CHR	Wandelt einen ASCII-Wert in ein Zeichen. `VALUES (CHR (100 ));`

	Ergebnis: d
CLOB	Wandelt das Argument in ein langes Zeichenobjekt mit einem Byte je Zeichen. `VALUES (CLOB ('A'));` Ergebnis: A
DATE	Wandelt das Argument in ein Datum. `VALUES (DATE ('22.08.2003'));` Ergebnis: 2003-08-22
DBCLOB	Wandelt das Argument in ein langes Zeichenobjekt mit zwei Bytes je Zeichen. `VALUES (DBCLOB (GRAPHIC ('A')));` Ergebnis: Codepage unterstützt nicht graphic
DECIMAL DEC	Wandelt das Argument in eine Dezimalzahl mit einstellbarer Stellenanzahl und Bruchlänge. `VALUES (DEC (1.1, 9, 2));` Ergebnis: 1,10
DIGITS	Wandelt das Argument in eine Zeichenkette mit führenden Nullen. `VALUES (DIGITS (INT (1) ));` Ergebnis: 0000000001
DOUBLE, DOUBLE_- PRECISION	Wandelt das Argument in eine Gleitkommazahl. `VALUES (DOUBLE (1));` Ergebnis: +1,00000000000000E+000
FLOAT	Wandelt das Argument in eine Gleitkommazahl - entspricht DOUBLE. `VALUES (FLOAT (1));` Ergebnis: +1,00000000000000E+000
GRAPHIC	Wandelt das Argument in eine Grafikkette.

	`VALUES (GRAPHIC (CURRENT DATE));` Ergebnis: UCS-2 wird nicht unterstützt

HEX	Wandelt das Argument in eine Hexadezimalkette. Hiermit kann man das interne Format von SQL-Typen sichtbar machen:
	`VALUES (HEX (INT (1)));`
	Ergebnis:
	01000000 litle endian format
	`VALUES (HEX (DEC (1)));`
	Ergebnis:
	00000000100C
	`VALUES (HEX (FLOAT (1)));`
	Ergebnis:
	000000000000F03F
	`VALUES (HEX (CURRENT DATE));`
	Ergebnis:
	20030823
	`VALUES (HEX (CURRENT TIME));`
	Ergebnis:
	112020

INTEGER INT	Wandelt das Argument in eine Ganzzahl. `VALUES (INT (1));` Ergebnis: 1
LONG_VAR CHAR	Wandelt das Argument in eine Zeichenkette vom Typ LONG VARCHAR. `VALUES (LONG_VARCHAR ('A'));` Ergebnis: A
LONG_VAR GRAPHIC	Wandelt das Argument in eine Grafikkette vom Typ LONG VARGRAPHIC. `VALUES (LONG_VARGRAPHIC (CURRENT DATE));` Ergebnis: UCS-2 wird nicht unterstützt
REAL	Wandelt das Argument in eine Gleitkommazahl. `VALUES (REAL (1));`

	Ergebnis: +1,00000E+000
SMALLINT	Wandelt das Argument in eine kleine Ganzzahl. `VALUES (SMALLINT (1));` Ergebnis: 1
TIME	Wandelt das Argument in einen Zeittyp. `VALUES (TIME ('23:59:59'));` Ergebnis: 23.59.59
TIMESTAMP	Wandelt das Argument in einen Zeitstempel. `VALUES (TIMESTAMP ('20041231235959'));` Ergebnis: 2004-12-31-23.59.59.000000

TIMES-
TAMP_FOR
MAT
	Wandelt eine Zeichenkette formatgesteuert in einen Zeitstempeltyp.
	`VALUES (TIMESTAMP_FORMAT`
	`('2004-12-31 23:59:59',`
	`'YYYY-MM-DD HH24:MI:SS'));`
	Ergebnis:
	2004-12-31-23.59.59.000000

TIME- STAMP_ISO	Wandelt das Argument in einen Zeitstempel. `VALUES (TIMESTAMP_ISO ('23.59.59'));` Ergebnis: 2003-08-22-23.59.59.000000

TO_CHAR	Wandelt einen Zeitstempel formatgesteuert in eine Zeichenkette. Entspricht VARCHAR_-FORMAT.
	`VALUES (TO_CHAR`
	`(CURRENT TIMESTAMP,`
	`'YYYY-MM-DD HH24:MI:SS'));`
	Ergebnis:
	2003-08-23 11:42:35

TO_DATE	Wandelt eine Zeichenkette formatgesteuert in einen Zeitstempeltyp entspricht TIMESTAMP_FORMAT. `VALUES (TO_DATE`

	`('2004-12-31 23:59:59',`
	`'YYYY-MM-DD HH24:MI:SS'));`
	Ergebnis:
	2004-12-31-23.59.59.000000

VARCHAR	Wandelt das Argument in eine variabel lange Zeichenkette. `VALUES (VARCHAR ('hallo', 10));` Ergebnis: hallo

VARCHAR_-FORMAT	Wandelt einen Zeitstempel formatgesteuert in eine Zeichenkette - entspricht TO_CHAR.
	`VALUES (VARCHAR_FORMAT`
	`(CURRENT TIMESTAMP,`
	`'YYYY-MM-DD HH24:MI:SS'));`
	Ergebnis:
	2003-08-23 11:47:50

VAR-GRAPHIC	Wandelt das Argument in eine variabel lange Grafikkette. `VALUES (VARGRAPHIC (CURRENT TIME));` Ergebnis: UCS-2 wird nicht unterstützt.

Tabelle 7.5 Funktionen zur Typumwandlung von Daten

7.4.5 Mathematische Funktionen

Ohne die trigonometrischen Funktionen.

Funktion	**Zweck**
ABS oder ABSVAL	Gibt den Absolutwert einer Zahl zurück. `VALUES (ABS ( -1 ));` Ergebnis: +1
CEIL oder CEILING	Gibt die nächste Ganzzahl zurück, die gleich oder größer ist als das Argument. `VALUES (CEIL ( 1.1 ));` Ergebnis: 2,0
EXP	Gibt den Wert der Exponenzialfunktion

	$e^{Argument}$ zurück. `VALUES (EXP ( 2 ));` Ergebnis: +7,38905609893065E+000
FLOOR	Gibt die nächste Ganzzahl zurück, die gleich oder kleiner ist als das Argument. `VALUES (FLOOR ( 1.9 ));` Ergebnis: 1,0
LOG, LN	Gibt den natürlichen Logarithmus des Argumentes zurück. `VALUES (LN ( 10 ));` Ergebnis: +2,30258509299405E+000
LOG10	Gibt den 10er Logarithmus des Argumentes zurück. `VALUES (LOG10 ( 10 ));` Ergebnis: +1,00000000000000E+000
MOD	Gibt den Divisionsrest zurück. `VALUES (MOD ( 10, 3 ));` Ergebnis: 1

POWER	Gibt den Potenzwert von Argument1 hoch Argument2 zurück.
	`VALUES (POWER ( 3, 2 ));`
	Ergebnis: 9
	`VALUES (POWER ( 27, 1.0 / 3.0 ));`
	Ergebnis:
	+3,00000000000000E+000

RAND	Gibt eine Pseudozufallszahl zwischen 0 und 1 einschließlich zurück. `VALUES (RAND ( 3 ));` Ergebnis: +1,46488845484787E-003
ROUND	Gibt das Rundungsergebnis von Argument1 zurück, das an der Stelle gerundet wurde, die durch

	Argument2 angeben ist.
	`VALUES (ROUND ( 1.555, 2 ));`
	Ergebnis:
	1,560
	`VALUES (ROUND ( 1.554, 2 ));`
	Ergebnis:
	1,550

SIGN	Gibt zurück: -1 bei negativem Argument, 0 bei 0-Argument oder +1 bei positivem Argument. `VALUES (SIGN ( -2 ));` Ergebnis: -1
SQRT	Gibt die Quadratwurzel des Arguments zurück. `VALUES (SQRT ( 4 ));` Ergebnis: +2,0000000000000E+000

TRUNC
TRUNCATE
	Schneidet das numerische Argument an einer angegebenen Stelle ab.
	`VALUES (TRUNC ( 111.555, 2 ));`
	Ergebnis:
	111,550
	`VALUES (TRUNC ( 111.555, -2 ));`
	Ergebnis:
	100,000

Tabelle 7.6 Funktionen zur Manipulation numerischer Daten

7.4.6 Sonstige Funktionen

Funktion	Zweck

COALESCE	Gibt das erste Argument zurück, das nicht NULL ist.
	`SELECT Mann_Nr, Frau_Nr,`
	`COALESCE( Mann_Nr, Frau_Nr )`
	`AS Ergebnis`
	`FROM FRAU ;`

	Ergebnis:
	`MANN_NR FRAU_NR ERGEBNIS`
	`------- ------- --------`
	`M001    F001    M001`
	`-       F002    F002`

GENERATE_-UNIQUE	Generiert einen einmaligen Wert bei mehrmaliger Anwendung der Funktion.
	`VALUES ( GENERATE_UNIQUE() );`
	`VALUES ( GENERATE_UNIQUE() );`
	Ergebnis:
	`x'20030823153626215726000000'`
	`x'20030823153626280497000000'`

GROUPING	Gibt 1 oder 0 zurück zur Anzeige von keiner Gruppierung bei grouping sets und super groups. 1: keine, 0: Gruppierung
	`SELECT Ort, Zuname,`
	`       COUNT(*) AS Anzahl.`
	`       GROUPING( Ort )  Ortsgruppe,`
	`       GROUPING(Zuname) Zunamegrup`
	`   FROM Kunde`
	`   GROUP BY ROLLUP  (Ort, Zuname);`

IDENTITY_-VAL_LOCAL	Gibt den letzten vom Datenbankprozessor generierten IDENTITY-Wert zurück.
	`SELECT IDENTITY_VAL_LOCAL()`
	`   FROM Surrogat_Test;`
	Ergebnis: 41

NULLIF	Gibt den Wert NULL zurück, wenn beide Argumente gleich sind, ansonsten das erste Argument.
	`VALUES (NULLIF ( 1, 1));`
	Ergebnis: -
	`VALUES (NULLIF ( 1, 2));`
	Ergebnis: 1

RAISE_-ERROR	Bricht die Ausführung des SQL-Befehls mit einer angegebenen Fehlermeldung ab.
	`SELECT Kunden_Nr,`
	`       CASE`
	`          WHEN Kunden_Nr <> 'K003'`
	`               THEN Kunden_Nr`

	`ELSE RAISE_ERROR`
	`('70001', 'Fehler')`
	`END AS Ergebnis`
	`FROM Kunde;`
	Ergebnis:
	Fehler ist ausgelöst. Kein Ergebnis.

REC2XML	Setzt die im Argument angegebenen Spalten in das XML-Format um.
	`SELECT`
	`REC2XML (1.0, 'COLATTVAL','',`
	`Kunden_Nr, Anrede, Vorname)`
	`FROM Kunde;`
	Ergebnis:
	`<row>`
	`<column name="KUNDEN_NR">K001`
	`</column>`
	`<column name="ANREDE">Herr`
	`</column>`
	`<column name="VORNAME">Hugo`
	`</column>`
	`</row>`

VALUE	Entspricht COALESCE.
	`SELECT Mann_Nr, Frau_Nr,`
	`VALUE ( Mann_Nr, Frau_Nr )`
	`AS Ergebnis`
	`FROM FRAU ;`
	Ergebnis:
	`MANN_NR FRAU_NR ERGEBNIS`
	`------- ------- --------`
	`M001    F001    M001`
	`-       F002    F002`

XML2CLOB	Setzt die im Argument angegebenen Ausdrücke in das XML-Format um. Die Ausdrücke können selbst aus weiteren XML-Funktionen bestehen.
	`SELECT`
	`XML2CLOB(`
	`XMLAGG(`
	`XMLELEMENT(NAME "Kunde",`
	`XMLATTRIBUTES( Kunden_Nr),`
	`XMLELEMENT(NAME "Anrede",`
	`Anrede),`
	`XMLELEMENT(NAME "Vorname",`

```
                                  Vorname)
   )))
   FROM Kunde
   WHERE Kunden_Nr = 'K003';
```

Ergebnis:

```
<Kunde KUNDEN_NR="K003">
  <Anrede>Frau</Anrede>
  <Vorname>Eva</Vorname>
</Kunde>
```

Tabelle 7.7 Sonstige Funktionen

7.5 Datum und Zeit

Datum und Zeit nehmen in DB2-SQL einen hohen Stellenwert ein. Es gibt nicht nur die Datentypen DATE, TIME und TIMESTAMP, sondern auch SQL-Systemvariablen (engl. special register), welche die entsprechenden aktuellen Werte für den lesenden Zugriff bereitstellen.

7.5.1 Systemvariablen für Datum und Zeit

Die Systemvariablen, die das aktuelle Datum und die aktuelle Zeit in SQL-Befehlen zur Verfügung stellen, können nur gelesen werden. Sie sind mit dem SQL-Befehl SET nicht veränderbar. Während der Ausführung eines SQL-Befehls sind ihre Werte fixiert. In der Abfolge von SQL-Befehlen werden sie jedoch vom Datenbankprozessor aktualisiert.

Stystemvariable	**Bedeutung**
CURRENT DATE	Aktuelles Datum
CURRENT TIME	Aktuelle Uhrzeit
CURRENT TIMESTAMP	Aktueller Zeitstempel
CURRENT TIMEZONE	Zeitdifferenz zu UTC-Zeit

Tabelle 7.8 Systemvariablen für das aktuelle Datum und die aktuelle Zeit

Mit Datums- und Zeitgrößen kann man in SQL-Ausdrücken sogar komfortabel rechnen. Hierbei können zwei Zeitpunkte voneinander subtrahiert werden, um die dazwischen liegende Zeitspanne zu berechnen. Hierbei werden alle datumsrelevanten Einflussfaktoren beachtet, beispielsweise die Anzahl der Tage je Monat und die Schaltjahre.

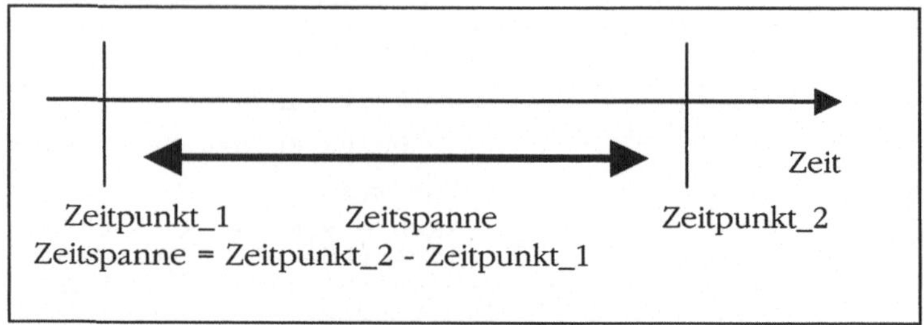

Abbildung 7.1 Zeitspanne als Differenz von zwei Zeitpunkten

Weiterhin kann von einem Zeitpunkt eine Zeitspanne subtrahiert werden. Auch die Addition einer Zeitspanne zu einem Zeitpunkt ist möglich. Das Ergebnis ist in beiden Fällen wieder ein Zeitpunkt. Die Zeitspannen können sehr komfortabel im Rahmen von benannten Zeiträumen spezifiziert werden.

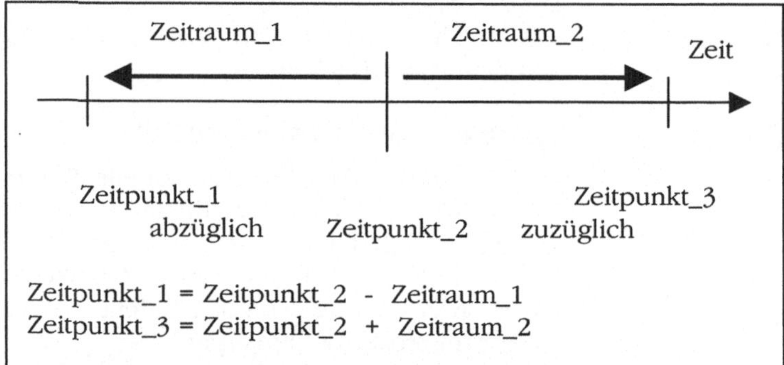

Abbildung 7.2 Zeitpunkte als Differenz oder Summe von Zeitpunkt und Zeitspanne

Mit der Anwendung von eingebauten Funktionen können die Datums- und Zeitbestandteile aus Zeitpunkt- und Zeitspannenwerten benutzerfreundlich dargestellt werden.

Im folgenden Beispiel wird ein Einblick in den Umgang mit den Datentypen für das Datum und der Zeit sowie die entsprechenden Systemvariablen gegeben.

Zeitspanne

```
--*************************************     (1)
--*        Datums- und Zeitspanne      *     (2)
--*************************************     (3)
WITH DatuZeit (Datum, Zeit, Zeitstempel)    (4)
   AS (VALUES                               (5)
```

```
     (DATE ('21.04.1973'),
      TIME ('22.00.00'),
      TIMESTAMP_FORMAT
        ('0900-07-31 23:59:59',
         'YYYY-MM-DD HH24:MI:SS')))
SELECT CURRENT DATE - Datum
                            AS Datumspanne,
       CURRENT TIME - Zeit
                            AS Zeitspanne,
       CURRENT TIMESTAMP - Zeitstempel
                          AS Zeitstempeldiv
   FROM DatuZeit;
```

Programm 7.9 Differenzen von Datum und Zeit

Ergebnis:

```
DATUMSPANNE ZEITSPANNE ZEITSTEMPELDIV
----------- ---------- ---------------------
    300403,   -105220,  11030023110741,748000
    JJMMTT      SSmmss  JJJJMMTTSSmmss.µµµµµµ
```

Bedeutung:

JJJJ	Jahre
MM	Monate
TT	Tage
SS	Stunden
mm	Minuten
ss	Sekunden
µµµµµµ	Mikrosekunden

Beispiel:
Aus dem Zeitraum zwischen zwei Werten vom Typ Zeitstempel werden die einzelnen Zeitraumbestandteil mit Anwendung der eingebauten Zeitfunktionen entnommen.

```
--*****************************************
--*         Funktionen auf Zeitraum       *
--*****************************************
WITH Tabelle_1 (Zeitstempel) AS
     (VALUES (TIMESTAMP_FORMAT
             ('2002-12-31 23:59:59',
              'YYYY-MM-DD HH24:MI:SS'))),
```

```
     Tabelle_2 (Zeitspanne) AS
     (SELECT   CURRENT TIMESTAMP
              - Zeitstempel
         FROM Tabelle_1)
SELECT YEAR          (Zeitspanne) AS Jahr,
       MONTH         (Zeitspanne) AS Monat,
       DAY           (Zeitspanne) AS Tag,
       HOUR          (Zeitspanne) AS Stunde,
       MINUTE        (Zeitspanne) AS Minute,
       SECOND        (Zeitspanne) AS Sekunde,
       MICROSECOND(Zeitspanne) Mirosekunde
   FROM Tabelle_2;
```

Programm 7.10 Zeitbestandteile aus Zeitdifferenz entnehmen

Ergebnis:

```
JAHR MONAT TAG STUNDE MINUTE SEKUNDE MIROSEKUNDE
---- ----- --- ------ ------ ------- -----------
   0     7  23     14      4      41      423001
```

7.5.2 Arithmetik mit Datum und Zeit

Zeitpunkt

Mit Hilfe der Datums- und Zeitarithmetik von DB2-SQL können zu Zeitpunkten beliebige Zeitintervalle addiert oder von ihnen subtrahiert werden. Das Ergebnis der Berechnung ist wieder ein Zeitpunkt. Angaben von Zeitintervallen bestehen aus einem numerischen Wert gefolgt von einem Schlüsselwort (engl. tag), z.B. HOUR für Stunde. Ein Zeitintervallausdruck kann aus mehreren durch ein Schlüsselwort bestimmte Zeitintervallklauseln bestehen, z.B. 5 HOURS + 99 MINUTES. Es sind folgende Schlüsselworte und damit die entsprechenden Zeitintervallangaben verfügbar.

Zeitintervall

Schlüsselwort Mehrzahlform ist auch erlaubt	**Zeitraum gemessen in**
YEAR	Jahren
MONTH	Monaten
DAY	Tagen
HOUR	Stunden
MINUTE	Minuten

Schlüsselwort Mehrzahlform ist auch erlaubt	Zeitraum gemessen in
SECOND	Sekunden
MICROSECOND	Mikrosekunden

Tabelle 7.9 Schlüsselwörter zur Angabe von Zeitintervallen

In den folgenden Programmen wird das Rechnen mit Zeiten dargestellt. Hierbei werden zu Zeitpunktdaten Zeitintervalldaten addiert oder von diesen subtrahiert. Zur besseren Übersichtlichkeit werden die Zeitpunkte in benannten Tabellenausdrücken im Rahmen eines SELECT-Befehls dargestellt.

Beispiel: Zeitpunkt plus Zeitraum:

Zeitraumaddition

```
(1)  --*************************************
(2)  --*       Benannte Zeitarithmetik     *
(3)  --*        Zeitpunkt + Zeitraum       *
(4)  --*************************************
(5)  WITH DatuZeit ( Zeitstempel )
(6)     AS (VALUES (CURRENT TIMESTAMP))
(7)  SELECT
(8)       Zeitstempel + 1 YEAR   AS Spalte_1,
(9)       Zeitstempel +  1 YEAR
(10)                  + 24 MONTHS
(11)                  +  3 DAYS  AS Spalte_2
(12) FROM Datuzeit;
```

Programm 7.11 Zeitpunkt plus benannter Zeitraum

Ergebnis:

Zeitpunkte

```
SPALTE_1
--------------------------
2004-08-24-18.21.13.967000

SPALTE_2
--------------------------
2006-08-27-18.21.13.967000
```

Die Ausgangstabelle wird in den Programmzeilen (5) und (6) in Gestalt eines lokalen, statischen Tabellenausdrucks geladen. In den Zeilen (8) bis (11) werden Additionen mit benannten Zeitwerten durchgeführt.

Beispiel: Zeitpunkt minus Zeitraum

Zeitraum-subtraktion

```
--**************************************
--*       Benannte Zeitarithmetik      *
--*        Zeitpunkt - Zeitraum        *
--**************************************
WITH DatuZeit ( Zeitstempel )
   AS (VALUES (CURRENT TIMESTAMP))
SELECT DISTINCT
        Zeitstempel - 1 YEAR   AS Spalte_1,
        Zeitstempel - 1 YEAR
                    - 2 MONTHS
                    - 3 DAYS   AS Spalte_2
   FROM datuzeit;
```

Programm 7.12 Zeitpunkt minus Zeitraum

Ergebnis:

```
SPALTE_1
--------------------------
2002-08-24-18.25.47.120000

SPALTE_2
--------------------------
2002-06-21-18.25.47.120000
```

Beispiel: Zeitpunkt plus und minus Zeitraumterme

plus/minus

Zeiträume

```
--**************************************
--*       Benannte Zeitarithmetik      *
--*      Zeitpunkt  + / - Zeiträume    *
--**************************************
WITH DatuZeit ( Zeitstempel )
   AS (VALUES (CURRENT TIMESTAMP))
SELECT  Zeitstempel
        AS Zeitstempel_vorher,
          Zeitstempel
        + 2 YEARS
        - 3 MONTH
        + 4 DAYS
        - 5 HOURS
        + 7 MINUTES
```

```
(15)        - 8 SECONDS
(16)        + 9 MICROSECONDS
(17)        AS Zeitstempel_nachher
(18)    FROM datuzeit;
```

Programm 7.13 Zeitpunkt plus und minus Zeitraumterme

Ergebnis:

```
ZEITSTEMPEL_VORHER
--------------------------
2003-08-24-18.27.21.716001

ZEITSTEMPEL_NACHHER
--------------------------
2005-05-28-13.34.13.716010
```

Eine Mischung aus Addition und Subtraktion benannter Zeitintervallterme steht in den Programmzeilen (9) bis (16).

7.6 OLAP-Funktionen

Eine OLAP-Funktion (OnLine Analytical Processing) ist eine SQL-Funktion, die mächtige Auswertungsmöglichkeiten von Daten zur Verfügung stellt. Wichtige Einsatzgebiete sind die statistische Auswertung von Daten im Rahmen von Data Warehousing. Auch als funktionale Grundlage von Management Informationssystemen können die OLAP-Funktionen sinnvoll eingesetzt werden.

Die OLAP-Funktionen werden verwendet zum

- nummerieren von Zeilen in der Ergebnistabelle
- vergeben von Rangzahlen für die Bewertung von Ergebniszeilen
- durchführen von speziellen Aggregatsoperationen je Zeile der Ergebnismenge.

zeilenweises Ergebnis

Eine aggregatsspezifische OLAP-Funktion wird für eine Menge von Eingabewerten ausgeführt und erzeugt für jede aktuelle Ergebniszeile aus diesen Eingabewerten einen skalaren Ausgabewert. Sie nimmt somit eine Menge von Eingabewerten in Empfang und gibt je Ergebniszeile einen Wert zurück. Dadurch, dass sie je Ergebniszeile einen Wert zurückgibt, unterscheidet sich eine OLAP-Funktion von der einfachen Aggregatsfunktion. Von den skalaren Funktionen unterscheidet sie sich dadurch, dass sie eine Menge an Eingabewerten akzeptiert und nicht nur ein Skalar.

dynamisches Auswertungsfenster

Die Menge der Eingabewerte kann durch ein Eingabefenster definiert werden, das sich dynamisch über die auszuwertenden Zeilen der Zwischentabelle schiebt. Die Zwischentabelle wird durch die WHERE-Klausel eines Anfragebefehls bestimmt werden.

OVER()

Eine OLAP-Funktion besteht immer aus dem Funktionsnamen, der von der Klausel OVER() gefolgt wird. An der OVER()-Klausel ist eine OLAP-Funktion leicht zu erkennen.

In DB2-SQL werden die OLAP-Funktionen in drei Kategorien eingeteilt:

- Nummerierungsfunktion
- Rangvergabefunktion
- OLAP-Aggregatsfunktion.

7.6.1 Nummerierungsfunktion

Die Nummerierungsfunktion ROW_NUMBER() ist die Spracheinrichtung in SQL, mit der man die Zeilen in der Ergebnistabelle mit einer fortlaufenden Nummer versehen kann.

Syntax der ROW_NUMBER()-Funktion:

```
ROW_NUMBER() OVER (
[<Partitionierungsausdruck>]
[<Sortierausdruck>])
```

In der Klausel OVER() können ein Partitionierungsausdruck und/oder ein Sortierausdruck in je einer Klausel angegeben werden. Fehlt der Partitionierungsausdruck, so bilden alle Zeilen der Zwischentabelle die zu nummerierende Partition. Fehlt der Sortierausdruck, so werden die Zeilen in der angetroffenen Reihenfolge in der Zwischentabelle durchnummeriert.

Beispiel: Die Zeilen der Umsatztabelle sollen nummeriert ausgegeben werden.

```
--*************************************
--*          ROW_NUMBER() OVER()      *
--*************************************
SELECT DEC(ROW_NUMBER() OVER(), 5)
             AS Zeilennummer, U.*
  FROM Umsatz U;
```

Programm 7.14 ROW_NUMER() ohne Partitionierung und Sortierung

Ergebnis:

```
ZEILENNUMMER JAHR   MONAT BETRAG
------------ ------ ----- -----------
           1,  2004,    1,    20000,00
           2,  2004,    2,    35000,00
           3,  2004,    3,    40000,00
           4,  2005,    1,    45000,00
           5,  2005,    2,    35000,00
           6,  2005,    3,    30000,00
```

In der Programmzeile (4) folgt auf den Funktionsnamen ROW_NUMBER() die erforderliche aber leere Klausel OVER() . Mit der skalaren Konvertierungsfunktion DEC() wird das Ergebnis von ROW_NUMBER, das im Datentyp BIGINT zurückgegeben wird, in eine besser darstellbare Länge konvertiert. Alle Zeilen der Zwischentabelle, die aus den Zeilen der Tabelle *Umsatz* besteht, wird als eine einzige Partition aufgefasst und mit einer fortlaufenden Nummer versehen.

Beispiel:

Die Zeilen der Zwischentabelle sollen in Partitionen eingeteilt werden. Je Jahreswert ist hierbei eine Partition zu bilden. Der Partitionierungsausdruck muss deshalb aus der Spalte *Jahr* bestehen.

Eine Partition ist eine Gruppe von Zeilen in der Zwischentabelle. Die Zwischentabelle kommt auf Grund der Suchbedingung der WHERE-Klausel zu Stande. Fehlt die WHERE-Klausel, so bilden alle Zeilen des Tabellenausdrucks in der FROM-Klausel zusammen die Zwischentabelle.

Mit der Partitionierungsklausel PARTITION BY <Spaltenausdruck> kann festgelegt werden, dass Zeilen mit einem identischen Wert in einer bestimmten Spalte eine Partition bilden. Die Zeilen dieser Partition werden sodann aufsteigend nummeriert. Gibt es weitere Partitionen, so werden auch deren Zeilen wieder von eins beginnend aufsteigend nummeriert.

```
PARTITION BY <Partitionierungsausdruck>
    [,<Partitionierungsausdruck>] ...
```

Im einfachsten Fall besteht ein Partitionierungsausdruck aus einem Spaltenname der Basistabelle.

```
--*************************************       (1)
--*  ROW_NUMBER() mit Partitionierung  *       (2)
--*************************************       (3)
```

```
SELECT DEC(ROW_NUMBER()
           OVER( PARTITION BY Jahr ),
           5) AS Zeilennummer,
       U.*
  FROM Umsatz U;
```

Programm 7.15 ROW_NUMBER() mit Partitionierung

Ergebnis:

Partition

```
ZEILENNUMMER JAHR   MONAT BETRAG
------------ ------ ----- -----------
           1,  2004,    1,    20000,00
           2,  2004,    2,    35000,00
           3,  2004,    3,    40000,00
           1,  2005,    1,    45000,00
           2,  2005,    2,    35000,00
           3,  2005,    3,    30000,00
```

Die erste Partition wird durch die Zeilen gebildet, die zum Jahr 2004 gehören. Die zweite Partition bilden die Zeilen des Jahres 2005. Die Zeilen einer jeden Partition sind in sich nummeriert.

Beispiel:

Alle Zeilen der Basistabelle sollen eine Partition bilden. Ihre Zeilen sollen in aufsteigender Folge der Beträge nummeriert werden.

Um diese Aufgabe zu erfüllen muss ein Sortierausdruck eingesetzt werden. Bevor die Zeilen nummeriert werden, muss der Datenbankprozessor nach den Vorgaben des Sortierausdrucks die Zeilen in die gewünschte Reihenfolge bringen.

Die Syntax des Sortierausdrucks ist wie folgt:

```
ORDER BY <Sortierbegriff> {<aufsteigende Folge>
             | <absteigende Folge}
```

Aufsteigende Folge ist definiert als:

NULL-Behandlung

```
ASC {NULLS LAST | NULLS FIRST}
```

Absteigende Folge ist definiert als:

```
DESC {NULLS FIRST | NULLS LAST}
```

Bei der Sortierung gelten NULL-Werte als die größten Werte. Zeilen mit diesen Sortierwerten werden deshalb standardmäßig bei aufsteigender Sortierung (ASC) an das obere Ende in der zu nummerierenden Zwischentabelle gebracht. Bei absteigender Sortierfolge gilt das Gegenteil. Sollen die Zeilen mit NULL-Werten nicht nach diesem Standard behandelt werden, so sind die entsprechenden NULLS-Klauseln anzugeben.

```
--**************************************    (1)
--*  Zeilennummerierung mit Sortierung *    (2)
--**************************************    (3)
SELECT DEC(ROW_NUMBER()                     (4)
           OVER( ORDER BY Betrag DESC ),    (5)
           5) AS Zeilennummer,              (6)
       U.*                                  (7)
  FROM Umsatz U;                            (8)
```

Programm 7.16 ROW_NUMBER() mit Sortierung

Ergebnis:

```
ZEILENNUMMER JAHR   MONAT BETRAG
------------ ------ ----- -----------
          1,  2005,    1,    45000,00
          2,  2004,    3,    40000,00
          3,  2004,    2,    35000,00
          4,  2005,    2,    35000,00
          5,  2005,    3,    30000,00
          6,  2004,    1,    20000,00
```

In der Programmzeile (5) ist in der Sortierklausel festgelegt, dass vor der Nummerierung nach absteigender Folge der Beträge zu sortieren ist. Für die Behandlung von NULL-Werten gilt die Standardregelung.

Behandlung von NULL-Werten

NULL ist höchster Wert

Enthält eine Spalte, die in die OLAP-Order-BY-Klausel eingeht, NULL-Werte, so werden die Zeilen mit den NULL-Werten bei aufsteigender Sortierfolge als Letzte ausgegeben. Bei absteigender Sortierfolge werden sie als Erste ausgegeben. Dies deshalb, weil der NULL-Wert bei der Sortierung als der höchste Wert definiert ist.

Beispiel: Standardmäßige Behandlung von NULL-Werten bei der aufsteigenden Sortierung.

```
--*************************************
--* Behandlung von NULL bei Sortierung *
--*************************************
WITH T (Betrag) AS
   (VALUES (2.22),
           (NULL),
           (1.11) )
SELECT DEC( ROW_NUMBER()
              OVER (ORDER BY Betrag), 5)
              AS Nummer,
       T.*
  FROM T;
```

Programm 7.17 Standardmäßige Sortierung von Daten mit NULL-Werten

Ergebnis:

```
NUMMER  BETRAG
------- ------
     1,   1,11
     2,   2,22
     3,      -
```

Der NULL-Wert wird als größter Wert in der Sortierfolge behandelt.

Beispiel: Standardmäßige Behandlung von NULL-Werten bei der aufsteigenden Sortierung wird umgangen.

```
--*************************************
--* Behandlung von NULL bei Sortierung *
--*************************************
WITH T (Betrag) AS
   (VALUES (2.22),
           (NULL),
           (1.11) )
SELECT DEC( ROW_NUMBER()
              OVER (ORDER BY Betrag
                     NULLS FIRST), 5)
              AS Nummer,
       T.*
  FROM T;
```

Programm 7.18 Die Option NULLS FIRST im Sortierausdruck

Ergebnis:

```
NUMMER  BETRAG
------- ------
     1,      -
     2,   1,11
     3,   2,22
```

Die Option NULLS FIRST in der Programmzeile (10) verhindert die standardmäßige Behandlung von NULL-Werten bei der Sortierung in der OVER-Klausel.

In der Klausel ORDER BY des Anfragebefehls ist die Behandlung von NULL-Werten in DB2-SQL nicht verfügbar.

ORDER BY in Anfrage

Die Zeilen innerhalb einer Partition können nach der Maßgabe eines Sortierausdrucks sortiert werden.

Beispiel:

Die Zeilen in einer Partition, die durch die Spalte *Jahr* definiert ist, sollen nach Beträgen aufsteigend sortiert ausgegeben werden.

```
--**************************************
--*           ROW_NUMBER()             *
--* mit Partitionierung und Sortierung *
--*                                    *
--**************************************
SELECT DEC(ROW_NUMBER()
           OVER( PARTITION BY Jahr
                 ORDER BY Betrag    ),
           5) AS Zeilennummer,
       U.*
  FROM Umsatz U;
```

Programm 7.19 ROW_NUMBER() mit Partitionierung und Sortierung

Ergebnis:

```
ZEILENNUMMER JAHR   MONAT BETRAG
------------ ------ ----- -----------
          1,  2004,    1,    20000,00
          2,  2004,    2,    35000,00
          3,  2004,    3,    40000,00
          1,  2005,    3,    30000,00
          2,  2005,    2,    35000,00
          3,  2005,    1,    45000,00
```

In den Programmzeilen (7) und (8) wird das gleitende Partitionierungsfenster über der Spalte *Jahr* und die Sortierung nach *Beträgen* innerhalb der Zeilen der jeweiligen Partition bestimmt. Der rechteckige Kasten im Ergebnis fasst die Zeilen der ersten Partition optisch zusammen.

Beispiel: Aus den Zeilen der Tabelle *Umsatz* soll eine Stichprobe von ca. 50% per Zufallsauswahl gezogen werden.

Hierzu werden die Zeilen der Umsatztabelle im Rahmen eines Tabellenausdrucks zunächst in einer temporären Tabelle mit Zeilennummern und Pseudozufallszahlen des Zufallszahlengenerators RAND() versehen. Anschließend wird aus der temporären Tabelle die jeweilige Zeile in die Ergebnistabelle selektiert, falls ihr Zufallswert < 0.5 ist.

```
--**************************************
--*       Zufallsauswahl von Zeilen    *
--**************************************
SELECT T.*
   FROM (SELECT DEC( ROW_NUMBER() OVER(
                ORDER BY Jahr, Monat),5)
                       AS Nummer,
                U.*,
                DEC( RAND(), 4, 3)
                       AS Zufallszahl
            FROM Umsatz U) AS T
   WHERE Zufallszahl < 0.5;
```

Programm 7.20 Zufallsauswahl aus einer mit Zeilennummern versehenen Tabelle

Ergebnis:

NUMMER	JAHR	MONAT	BETRAG	ZUFALLSZAHL
4,	2005,	1,	45000,00	0,142
5,	2005,	2,	35000,00	0,462
6,	2005,	3,	30000,00	0,235

In den Zeilen mit der Zeilennummer 4 bis 6 ist die Zufallszahl kleiner als 0,5.

7.6.2 Rangvergabefunktion

Oft sollen Daten statistisch ausgewertet werden, wobei die einzelnen Ausgabezeilen mit Hilfe einer jeweiligen Rangzahl zu bewerten sind (Beispiel: Erster Rang, zweiter Rang usw.).

Rangzahl

Die Rangzahl gibt hierbei darüber Auskunft, auf welchem Platz in der Rangfolge der betrachteten Zeilen die aktuelle Zeile sich befindet.

Rangzahlen können in SQL

- lückenbehaftet und
- lückenlos

vergeben werden.

Lückenbehaftete Rangzahlen

Lückenbehaftete Rangzahlen werden von der OLAP-Funktion RANK() erzeugt.

RANK()

Die Syntax der Funktion RANK() ist ähnlich der Syntax der Funktion ROW_NUMBER:

```
RANK() OVER (
[<Partitionierungsausdruck>]
<Sortierausdruck>)
```

In der Klausel OVER() kann ein Partitionierungsausdruck und muss ein Sortierausdruck angegeben werden. Fehlt der Partitionierungsausdruck, so bilden alle Zeilen der Zwischentabelle die Partition. Jede Zeile wird hierin mit einer Rangzahl versehen.

Beispiel:

Die Umsätze sollen mit einer Rangzahl ausgezeichnet und in einer aufsteigenden Rangreihenfolge ausgegeben werden. Das Reihenfolgekriterium für die Rangvergabe sollen die Umsatzbeträge sein. Niedrige Umsatzbeträge sollen zu einem niedrigen Rang führen, z.B. Rang 1.

```
--*************************************
--*        Vergeben von Rangzahlen     *
--*************************************
SELECT U.*,
       DEC (RANK() OVER
            (ORDER BY Betrag ASC), 5)
```

```
               AS Rang
  FROM Umsatz U;
```

Programm 7.21 Rang mit Lücken

Ergebnis:

```
JAHR   MONAT BETRAG      RANG
------ ----- ----------- -------
 2004,     1,    20000,00       1,
 2005,     3,    30000,00       2,
 2004,     2,    35000,00       3,
 2005,     2,    35000,00       3,
 2004,     3,    40000,00       5,
 2005,     1,    45000,00       6,
```

Lücke

Wie man in der vierten und fünften Zeile des Ergebnisses sieht, folgt auf die Rangzahl 3 die Rangzahl 5. Es liegt eine Rangzahllücke vor. Die Rangzahl 4 gibt es nicht. Hierfür gibt es jedoch die Rangzahl 3 zwei mal.

Beispiel:

Die Rangzahlen sollen innerhalb einer Partition vergeben werden. Beim Wechsel in eine weitere Partition soll die Rangzahlvergabe wieder bei 1 beginnen. Beispielsweise soll ein Jahr eine Partition sein. Deshalb ist die Spalte *Jahr* als Partitionierungsausdruck anzugeben

```
--**************************************
--*        Vergeben von Rangzahlen     *
--* innerhalb der Partition Jahreszahl *
--**************************************
SELECT U.*,
       DEC (RANK() OVER
            (PARTITION BY Jahr
             ORDER BY Betrag DESC), 5)
             AS Rang
  FROM Umsatz U;
```

Programm 7.22 Rangnummernvergabe innerhalb einer Partition

Ergebnis:

```
JAHR   MONAT BETRAG      RANG
------ ----- ----------- -------
 2004,     3,    40000,00       1,
 2004,     2,    35000,00       2,
 2004,     1,    20000,00       3,
```

```
2005,     1,     45000,00       1,
2005,     2,     35000,00       2,
2005,     3,     30000,00       3,
```

Die Zeilen mit der selben Jahreszahl bilden eine Partition.

Lückenlose Rangzahlen

Lückenlose Rangzahlen werden von der OLAP-Funktion DENSE_RANK() erzeugt.

Die Syntax der Funktion DENSE_RANK() ist gleich der Syntax der Funktion RANK():

```
DENSE_RANK() OVER (
[<Partitionierungsausdruck>]
<Sortierausdruck>)
```

Lückenlos

In der Klausel OVER() kann ein Partitionierungsausdruck und muss ein Sortierausdruck angegeben werden. Fehlt der Partitionierungsausdruck, so bilden alle Zeilen der Zwischentabelle die Partition. Jede Zeile wird hierin mit einer Rangzahl versehen.

Beispiel:

Die Umsatzbeträge der Tabelle *Umsatz* sollen mit einer lückenlosen Rangzahl ausgezeichnet werden und in aufsteigende Rangreihenfolge ausgegeben werden.

```
--*************************************
--* Vergeben von Rangzahlen ohne Lücken*
--*************************************
SELECT U.*,
       DEC( DENSE_RANK() OVER
            (ORDER BY Betrag ASC), 5)
            AS Rang
  FROM Umsatz U;
```

Programm 7.23 DENSE_RANK() erzeugt Rangzahlen ohne Lücken

Ergebnis:

```
JAHR   MONAT BETRAG        RANG
------ ----- ----------- -------
 2004,     1,   20000,00       1,
 2005,     3,   30000,00       2,
 2004,     2,   35000,00       3,
 2005,     2,   35000,00       3,
```

```
 2004,     3,    40000,00       4,
 2005,     1,    45000,00       5,
```

In der Spalte *Rang* folgt auf den Rang 3 der Rang 4 ohne Lücke.

Beispiel:

Frage: Welches sind die Umsatzzeilen mit den höchsten Umsätzen, die sich auf den Rängen 1 und 2 befinden?

benannter Tabellenausdruck

Lösung: Die Rangnummernvergabe erfolgt zunächst in einer temporären Zwischentabelle. Diese soll in einem benannten Tabellenausdruck aufgebaut werden. Hieraus werden nur die Zeilen in die Ergebnistabelle übernommen, welche die Bedingung erfüllen.

```
--*************************************
--* Vergeben von Rangzahlen ohne Lücken*
--* Auswahl aus der Zwischentabelle    *
--*************************************
WITH T AS
   (SELECT
       U.*, DEC( DENSE_RANK()
         OVER (ORDER BY Betrag DESC), 5)
            AS Rang
       FROM Umsatz U)
SELECT *
   FROM T
   WHERE Rang <= 2;
```

Programm 7.24 Auswahl von Zeilen mit bestimmten Rängen

Ergebnis:

```
JAHR   MONAT BETRAG      RANG
------ ----- ----------- -------
 2005,     1,    45000,00       1,
 2004,     3,    40000,00       2,
```

7.6.3 OLAP-Aggregatsfunktionen

Mit OLAP-fähigen Aggregatsfunktionen (Spaltenfunktionen) lassen sich Zeilen innerhalb eines Zeilenfensters auswerten, das sich dynamisch über die Zeilen der Basistabelle bewegt. Zu ihnen zählen z.B. die Spaltenfunktionen COUNT(), SUM(), AVG(), STDDEV(), VARIANCE(), MIN(), MAX() usw.

Die Syntax einer OLAP-fähigen Aggregatsfunktion lautet:

```
<Aggregatsfunktion> OVER (
[<Partitionierungsausdruck>]
[<Sortierausdruck>]
[<Fensterausdruck>])
```

An einem einführenden Beispiel soll die Wirkungsweise der OLAP-Aggregatsfunktionen untersucht werden.

Beispiel:

Die Umsatzdaten je Monat und die summierten Umsatzwerte der gesamten Tabelle *Umsatz* sollen ausgegeben werden.

```
--**************************************        (1)
--*       Quartals und Gesamtumsatz        *      (2)
--**************************************        (3)
SELECT U.*,                                       (4)
   DEC( SUM( Betrag ) OVER (), 9, 2)              (5)
                 AS Gesamtumsatz                  (6)
   FROM Umsatz U;                                 (7)
```

Programm 7.25 Umsatzzeile mit Gesamtumsatz mit SUM() OVER() ermittelt

Ergebnis:

JAHR	MONAT	BETRAG	GESAMTUMSATZ
2004,	1,	20000,00	205000,00
2004,	2,	35000,00	205000,00
2004,	3,	40000,00	205000,00
2005,	1,	45000,00	205000,00
2005,	2,	35000,00	205000,00
2005,	3,	30000,00	205000,00

Die OLAP-Variante der Aggregatfunktion SUM() OVER() in der Programmzeile (5) erzeugt den gewünschten Gesamtumsatz. Dieser wird je Zeile der Ergebnistabelle ausgegeben.

Beispiel:

In jeder Ausgabezeile soll zusätzlich der Prozentanteil des Monatsumsatzes am Gesamtumsatz angegeben werden.

```
--**************************************        (1)
--*       Quartals und Gesamtumsatz        *      (2)
--          und Prozentanteil              *      (3)
```

```
--**************************************   (4)
SELECT U.*,                                (5)
   DEC(U.Betrag / SUM( Betrag ) OVER ()    (6)
       * 100, 4, 1)                        (7)
                AS Prozentanteil           (8)
   FROM Umsatz U;                          (9)
```

Programm 7.26 Prozentanteil am Gesamtumsatz je Quartal

Ergebnis:

```
JAHR   MONAT BETRAG       PROZENTANTEIL
------ ----- ------------ -------------
 2004,     1,    20000,00           9,7
 2004,     2,    35000,00          17,0
 2004,     3,    40000,00          19,5
 2005,     1,    45000,00          21,9
 2005,     2,    35000,00          17,0
 2005,     3,    30000,00          14,6
```

In den Programmzeilen (6) und (7) wird der Prozentanteil eines Quartalsumsatzes am Gesamtumsatz ermittelt.

Kumulation von Spaltenwerten

feine Granularität

Die OLAP-Variante der Aggregatsfunktion SUM() kann auch eingesetzt werden, um kumulierte Summen in den Zeilen der Ergebnistabelle auszugeben. Bei der Kumulation werden die einzelnen Summenglieder Zeile für Zeile aufaddiert. Die Funktionalität der Kumulation wird mit dem Einsatz der optionalen ORDER BY-Klausel bewirkt. Hierbei muss der Sortierbegriff so fein granuliert werden, dass es nur eine Zeile für den jeweiligen Sortierbegriffswert in der gesamten Tabelle gibt.

```
--**************************************
--*        Kumulierter Umsatz          *
--**************************************
SELECT U.*,
       DEC( SUM( Betrag )
            OVER (ORDER BY Jahr, Monat),
            9, 2) AS Kumulierter_Umsatz
   FROM Umsatz U;
```

Programm 7.27 OLAP-Variante von SUM() mit Kumulationseigenschaft

Ergebnis:

JAHR	MONAT	BETRAG	KUMULIERTER_UMSATZ
2004,	1,	20000,00	20000,00
2004,	2,	35000,00	55000,00
2004,	3,	40000,00	95000,00
2005,	1,	45000,00	140000,00
2005,	2,	35000,00	175000,00
2005,	3,	30000,00	205000,00

Der Sortierausdruck in der OVER()-Klausel, die in der Programmzeile (6) dargestellt ist, bewirkt, dass eine Kumulierung der einzelnen Umsatzbeträge je Monatszeile erfolgt.

Oft ist es erforderlich, dass die Kumulation nur innerhalb der Zeilen einer Partition erfolgen soll. Diese Anforderung wird mit der optionalen Klausel PARTITION BY erfüllt.

Beispiel:

Die Umsatzbeträge eines Jahres sollen kumuliert werden. Alle Zeilen, die zu einem Jahr gehören, bilden hierbei eine Partition.

Kumulation in einer Partition

```
--*************************************
--*        Kumulierter Umsatz         *
--*      innerhalb einer Partition    *
--*************************************
SELECT U.*,
       DEC( SUM( Betrag )
            OVER (PARTITION BY Jahr
                  ORDER BY Jahr, Monat),
            9, 2) AS Kumulierter_Umsatz
  FROM Umsatz U;
```

Programm 7.28 Kumulation innerhalb einer Partition

Ergebnis:

JAHR	MONAT	BETRAG	KUMULIERTER_UMSATZ
2004,	1,	20000,00	20000,00
2004,	2,	35000,00	55000,00
2004,	3,	40000,00	95000,00
2005,	1,	45000,00	45000,00
2005,	2,	35000,00	80000,00
2005,	3,	30000,00	110000,00

Durch die Klausel PARTITION BY in der Programmzeile (7) wird die Kumulation der Quartalsumsätze auf das aktuelle Jahr eingeschränkt.

Aggregatsfunktionen

Alle Aggregatsfunktionen von DB2-SQL, wie beispielsweise COUNT(), MIN(), MAX() AVG() usw., können in ihren OLAP-Varianten eingesetzt werden.

Beispiel:

Es soll der durchschnittliche, kumulierte Umsatz je Monat innerhalb eines Jahres und die Standardabweichung hiervon ausgegeben werden.

```
--*************************************     (1)
--*           AVG() und STDDEV()        *     (2)
--*************************************     (3)
SELECT                                        (4)
   DEC( Betrag, 9, 2 ) AS Umsatz,             (5)
   DEC( AVG( Betrag )                         (6)
        OVER (PARTITION BY Jahr               (7)
              ORDER     BY Jahr, Monat),      (8)
       9, 2) AS Durchschnitt,                 (9)
   DEC( STDDEV( Betrag )                      (10)
        OVER (PARTITION BY Jahr               (11)
              ORDER     BY Jahr, Monat),      (12)
       9, 2) AS Standardabweichung            (13)
   FROM Umsatz U;                             (14)
```

Programm 7.29 OLAP-Funktionen AVG() und STDDEV()

Ergebnis:

```
UMSATZ      DURCHSCHNITT STANDARDABWEICHUNG
----------- ------------ ------------------
   20000,00     20000,00               0,00
   35000,00     27500,00            7500,00
   40000,00     31666,66            8498,36
   45000,00     45000,00               0,00
   35000,00     40000,00            5000,00
   30000,00     36666,66            6236,09
```

ABC-Analyse der Artikelumsätze

Ein interessantes Beispiel für das Zusammenwirken mehrerer OLAP-Funktionen ist die Erstellung einer ABC-Analyse. Der ABC-Analyse liegt die Erkenntnis zu Grunde, dass bei der Vielzahl von Artikeln in einem Unternehmen eine Gleichbehandlung aller Artikel unwirtschaftlich ist. Es zeigt sich immer wieder, dass bei einem geringen Anteil der Artikel (ca. 15 %) der Beitrag zum Gesamterfolg ca. 80 % beträgt. Der Erfolgsbeitrag von etwa 35 % der Artikel beträgt nur noch 15 %. Und etwa 50 % aller Artikel tragen nur noch 5 % zum Gesamterfolg bei.

ABC

Deshalb ist ein Unternehmen dann erfolgreich, wenn es seinen A-Artikeln besondere Aufmerksamkeit widmet. Bemühungen um den Verkauf von C-Artikel verursachen lediglich einen großen Kostenblock.

Beispiel: In einer Artikeltabelle sind die Umsätze je Artikel aufgeführt. Es soll eine ABC-Analyse durchgeführt werden, die zeigt, welche Bedeutung dem Umsatz eines Artikels im Rahmen der Umsätze aller anderen Artikel beizumessen ist.

- A-Artikel sind Artikel mit hohem Umsatz, die zusammen ca. 80 % des Umsatzes bringen.
- B-Artikel sind Artikel mit mittlerem Umsatz, die zusammen ca.15 % des Umsatzes bringen.
- C-Artikel sind Artikel mit niedrigem Umsatz, die zusammen ca. 5 % des Umsatzes bringen.

Der kumulierte Umsatz der Beispielsdaten in einem Diagramm dargestellt, sieht wie folgt aus:

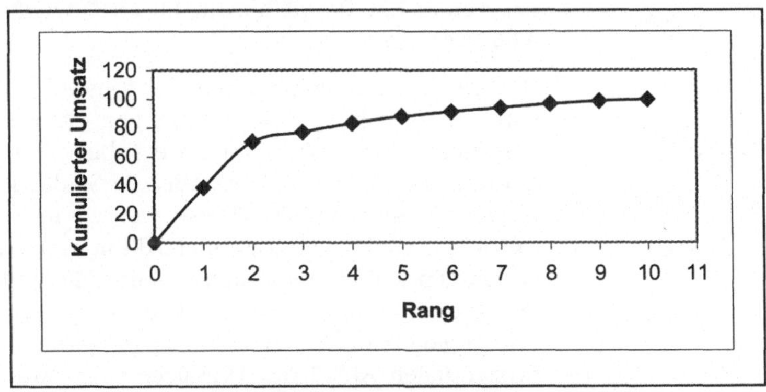

Abbildung 7.3 Nach Umsatzrängen kumulierter Umsatz

An der Lösung der skizzierten Aufgabe lässt sich das Zusammenwirken der bis jetzt behandelten OLAP-Funktionen eindrucksvoll beobachten.

Deshalb wollen wir zunächst mit minimalem Aufwand die Beispieltabelle laden, deren ABC-Analyse zum Ergebnis in Abbildung 7.3 führt.

```
--*************************************
--* Beispieldaten für die ABC-Analyse *
--*************************************
CREATE TABLE ABC_Artikel
    (Artikel_Nr CHAR (4),
     Umsatz      DEC   (9, 2));

INSERT INTO ABC_Artikel VALUES
    ('A51', 31250),
    ('A52', 25600),
    ('A53',  2800),
    ('A54',  5250),
    ('A55',  3850),
    ('A56',  4970),
    ('A57',  2200),
    ('A58',   900),
    ('A59',  1600),
    ('A60',  2275);
```

Programm 7.30 Beispieltabelle für die Durchführung der ABC-Analyse

Die ABC-Analyse wird durch das folgende Programm 7.31 bewirkt. Es besteht aus einer Folge von zwei benannten Tabellenausdrücken. Die erste temporäre Tabelle enthält neben den Daten aus der Tabelle *Artikel_ABC* die Spalte *Rang* mit den Rangzahlen für die Umsätze. Diese werden in den Programmzeilen (6) bis (8) gebildet. In der Spalte *Kum_Umsatz* stehen die kumulierten Umsatzbeträge in aufsteigender Reihenfolge der Rangzahlen. Ihre Bildungsvorschrift ist in den Programmzeilen (10) bis (12) angegeben. Die letzte Spalte *Prozent* enthält schließlich den prozentualen Anteil des Umsatzes eines Artikels am Gesamtumsatz. Der hierzu erforderliche Programmteil steht in den Programmzeilen (13) bis (15).

Zur Bildung der zweiten temporären Tabelle mit dem Namen *ABC_Analyse* werden die Ergebnisdaten der ersten temporären Tabelle *T_Kumulierter_Umsatz* ausgewertet. Hierbei werden in den Programmzeilen (19) bis (21) die Prozentzahlen kumuliert. Im CASE-Ausdruck ab der Programmzeile (22) bis (30) werden sodann die Artikel bestimmt, die der A-, B- und C-Klasse zuzuordnen sind. Durch den SELECT-Befehl in den Programmzeilen (32) und (33) wird das Ergebnis ausgegeben.

```
(1) --***************************************
(2) --*     Bestimmung der ABC-Klassen      *
(3) --***************************************
(4) WITH T_Kumulierter_Umsatz AS
(5)    (SELECT
(6)      DEC( DENSE_RANK()
(7)           OVER (ORDER BY Umsatz DESC), 5)
(8)              AS Rang,
(9)      A.*,
(10)     DEC( SUM( Umsatz)
(11)        OVER(ORDER BY Umsatz DESC), 9, 2)
(12)                  AS Kum_Umsatz,
(13)     DEC(Umsatz * 100 /
(14)                 SUM(Umsatz) OVER(), 4,1)
(15)                  AS Prozent
(16)     FROM ABC_Artikel A),
(17)   ABC_Analyse AS
(18)    (SELECT T.*,
(19)       DEC(SUM( Prozent )
(20)               OVER( ORDER BY Rang), 4,1)
(21)              AS Kum_Proz,
(22)       CASE
(23)          WHEN SUM( Prozent )
(24)                OVER( ORDER BY Rang) < 75
(25)            THEN 'A'
(26)          WHEN SUM( Prozent )
(27)                OVER( ORDER BY Rang) < 95
(28)            THEN 'B'
(29)            ELSE 'C'
(30)       END AS ABC
```

```
      FROM T_Kumulierter_Umsatz T )          (31)
SELECT *                                     (32)
   FROM ABC_Analyse;                         (33)
```

Programm 7.31 Durchführung der ABC-Analyse

Ergebnis:

```
RANG    ARTIKEL_NR UMSATZ      KUM_UMSATZ  PROZENT KUM_PROZ ABC
------- ---------- ----------- ----------- ------- -------- ---
     1, A51           31250,00    31250,00    38,7     38,7 A
     2, A52           25600,00    56850,00    31,7     70,4 A
     3, A54            5250,00    62100,00     6,5     76,9 B
     4, A56            4970,00    67070,00     6,1     83,0 B
     5, A55            3850,00    70920,00     4,7     87,7 B
     6, A53            2800,00    73720,00     3,4     91,1 B
     7, A60            2275,00    75995,00     2,8     93,9 B
     8, A57            2200,00    78195,00     2,7     96,6 C
     9, A59            1600,00    79795,00     1,9     98,5 C
    10, A58             900,00    80695,00     1,1     99,6 C
```

Tabelle 7.10 Ergebnistabelle der ABC-Analyse

Gleitende Wertberechnung

gleitende Auswertungsfenster

Mit Fensterausdrücken in der Klausel OVER() werden Auswertungsfenster definiert, die über die auszuwertenden Zeilen der Basistabelle gleiten. Die Zeilen im jeweiligen Fenster werden von den OLAP-Funktionen sodann funktionsspezifisch ausgewertet.

Die Zeilen, die zu einem gleitenden Fenster gehören, können auf zweierlei Art bestimmt werden:

Zeilenbasis ROW

- Festlegung auf Zeilenbasis mit der Klausel ROW. Mit ihr wird festgelegt, dass das gleitende Fenster auf Grundlage der aktuellen Zeile bestimmt wird. Hierbei kann angegeben werden, von wie vielen Zeilen vor der aktuellen Zeile bis wie viele Zeilen nach der aktuellen Zeile sich das Fenster erstreckt.

Wertebasis RANGE

- Festlegung auf Wertbasis mit der Klausel RANGE. Mit ihr wird bestimmt, dass das gleitende Fenster durch einen Wert der aktuellen Zeile bestimmt wird. Dabei kann ein Werteintervall auf der Basis des Wertes der aktuellen Zeile definiert werden.

Die Steuerung der Bewegung des Auswertungsfensters ist recht mächtig und damit aber auch vielgestaltig.

Die grobe Syntax lautet:

```
              {ROWS | RANGE}
{<Startgruppe> | <Between-Gruppe> | <Endgruppe}
```

Startgruppe

Die Festlegung der Startgruppe bietet drei Sprachmittel an, um anzugeben, welche Zeile die Erste im auszuwertenden Fenster ist. Die Sprachmittel sind die folgenden Klauseln:

- UNBOUNDED PRECEDING
- <Wert> PRECEDING
- CURRENT ROW

Die genaue Syntax der Startgruppe ist folgende:

```
           {UNBOUNDED PRECEDING |
 <vorzeichenloses Literal> PRECEDING |
            CURRENT ROW
```

Abhängig davon, ob ROW oder RANGE als Bemessungsgrundlage für die Fensterbildung angegeben ist, entfalten die drei Startgruppenklauseln unterschiedliche Wirkungen auf die Bestimmung der Fenstergröße. Diese sind in der folgenden Tabelle zusammengefasst.

Fensterbildung	ROWS	RANGE
UNBOUNDED PRECEDING	Von der aktuellen Zeile bis zur ersten Zeile.	Alle Zeilen mit dem Wert der aktuellen Zeile bis zur ersten Zeile.
<Wert> PRECEDING	Von der aktuellen Zeile bis die Anzahl <Wert> Zeilen vorher.	Alle Zeilen mit dem Wert der aktuellen Zeile bis zu den Zeilen, die einen um <Wert> geringeren Wert im skalaren Sortierbegriff aufweisen.
CURRENT ROW	Nur die aktuelle Zeile.	Alle Zeilen mit dem Sortierbegriffswert der aktuellen Zeile.

Tabelle 7.11 Wirkungszusammenhang von ROW, RANGE und der Klauseln der Startgruppe

An je einem Beispiel wird gezeigt, wie die Klauseln ROWS, RANGE und die Startgruppenklauseln zusammen das Auswertungsfenster definieren.

Ein Ausdruck zur Bildung eines Auswertungsfensters kann nicht alleine in der Klausel OVER() stehen. Er muss von einem Sortierausdruck begleitet sein. Der hierarchische Sortierbegriff, oder in den Fällen mit RANGE nur skalare Sortierbegriff, definiert, wie die aktuelle Zeile bestimmt wird.

Beispiel: ROWS - UNBOUNDED PRECEDING.

alle Zeilen vorher

```
--**************************************
--*      ROWS UNBOUNDED PRECEDING       *
--**************************************
SELECT U.*,
       DEC(SUM( Betrag ) OVER(
           ORDER BY Jahr, Monat
           ROWS UNBOUNDED PRECEDING),
           9, 2) AS Gleit_Summe
   FROM Umsatz U;
```

Programm 7.32 ROWS - UNBOUNDED PRECEDING

Ergebnis:

```
JAHR   MONAT BETRAG       GLEIT_SUMME
------ ----- ----------- -----------
 2004,    1,    20000,00    20000,00
 2004,    2,    35000,00    55000,00
 2004,    3,    40000,00    95000,00
 2005,    1,    45000,00   140000,00
 2005,    2,    35000,00   175000,00
 2005,    3,    30000,00   205000,00
```

In der Spalte *Gleit_Summe* ist ersichtlich, dass das Auswertungsfenster sich ab dem Anfang der Tabelle bis zur aktuellen Zeile erstreckt.

Beispiel: RANGE - UNBOUNDED PRECEDING.

```
--**************************************
--*       RANGE UNBOUNDED PRECEDING     *
--**************************************
SELECT U.*,
       DEC(SUM( Betrag ) OVER(
```

alle Werte vorher

```
               ORDER BY Jahr
               RANGE UNBOUNDED PRECEDING),
               9, 2) AS Gleit_Summe
  FROM Umsatz U;
```

Programm 7.33 RANGE - UNBOUNDED PRECEDING

Ergebnis:

```
JAHR   MONAT BETRAG      GLEIT_SUMME
------ ----- ----------- -----------
 2004,     1,    20000,00     95000,00
 2004,     2,    35000,00     95000,00
 2004,     3,    40000,00     95000,00
 2005,     1,    45000,00    205000,00
 2005,     2,    35000,00    205000,00
 2005,     3,    30000,00    205000,00
```

Die Bestimmung des Auswertungsfensters durch RANGE und UNBOUNDED PRECEDING fasst alle Zeilen im Auswertungsfenster zusammen, die den selben Sortierbegriffswert aufweisen und zusätzlich alle Zeilen, die den aktuellen Zeilen vorgelagert sind. Der Sortierausdruck muss skalar und darf nicht hierarchisch sein.

Beispiel: ROWS <Wert> PRECEDING

```
--***************************************
--*          ROWS 1 PRECEDING           *
--***************************************
SELECT U.*,
       DEC(SUM( Betrag ) OVER(
           ORDER BY Jahr, Monat
           ROWS 1 PRECEDING),
           9, 2) AS Gleit_Summe
  FROM Umsatz U;
```

Programm 7.34 ROWS 1 PRECEDING

Ergebnis:

gleitendes Auswertungsfenster

```
JAHR   MONAT BETRAG      GLEIT_SUMME
------ ----- ----------- -----------
 2004,     1,    20000,00    20000,00
 2004,     2,    35000,00    55000,00
 2004,     3,    40000,00    75000,00
 2005,     1,    45000,00    85000,00
```

```
2005,     2,     35000,00     80000,00
2005,     3,     30000,00     65000,00
```

Die Klausel ROWS 1 PRECEDING bewirkt, dass das Auswertungsfenster aus der Zeile mit dem aktuellen Wert des Sortierbegriffs und ihrer Vorgängerzeile besteht. Im obigen Beispiel ist die aktuelle Zeile diejenige mit dem Sortierbegriffswert 2004, 3. Ihr Betragswert und derjenige der vorhergehenden Zeile ergeben den Gleit_Summenwert von 75000.

Beispiel: RANGE <Wert> PRECEDING

```
--**************************************
--*           RANGE 1 PRECEDING        *
--**************************************
SELECT U.*,
       DEC(SUM( Betrag ) OVER(
           ORDER BY Jahr + Monat
           RANGE 1 PRECEDING),
           9, 2) AS Gleit_Summe
   FROM Umsatz U;
```

Programm 7.35 RANGE 1 PRECEDING

Ergebnis:

RANGE

```
JAHR   MONAT BETRAG        GLEIT_SUMME
------ ----- ------------ ------------
 2004,     1,     20000,00     20000,00
 2004,     2,     35000,00    100000,00
 2005,     1,     45000,00    100000,00
 2004,     3,     40000,00    155000,00
 2005,     2,     35000,00    155000,00
 2005,     3,     30000,00    105000,00
```

Das aktuelle Auswertungsfenster beruht auf dem skalaren Sortierbegriffswert Jahr + Monat. Wenn dieser Wert beispielsweise 2006 beträgt (2004 + 2 und 2005 + 1), so werden auch noch die Zeilen in das Auswertungsfenster hinzugenommen, deren Sortierbegriffswert 2006 - 1 (1 PRECEDING), also 2005 beträgt. Im Beispiel ist dies die Zeile Jahr = 2004 und Monat = 1.

Beispiel: ROWS CURRENT ROW

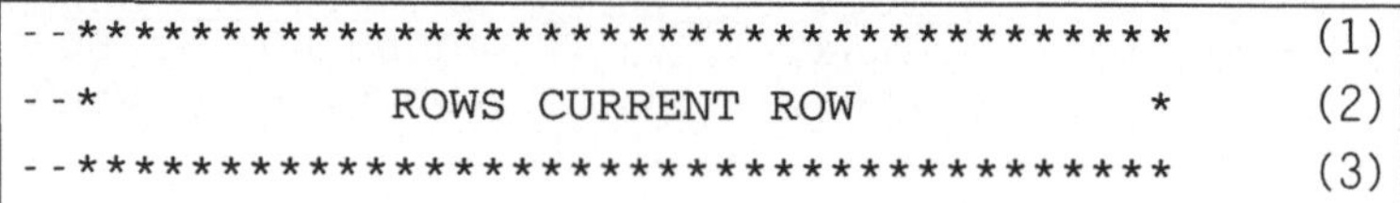

```
--**************************************
--*           ROWS CURRENT ROW         *
--**************************************
```

ROW CURRENT ROW

```
SELECT U.*,
       DEC(SUM( Betrag ) OVER(
           ORDER BY Jahr, Monat
           ROWS CURRENT ROW),
           9, 2) AS Gleit_Summe
   FROM Umsatz U;
```

Programm 7.36 ROWS CURRENT ROW

Ergebnis:

```
JAHR   MONAT BETRAG      GLEIT_SUMME
------ ----- ----------- -----------
 2004,     1,   20000,00    20000,00
 2004,     2,   35000,00    35000,00
 2004,     3,   40000,00    40000,00
 2005,     1,   45000,00    45000,00
 2005,     2,   35000,00    35000,00
 2005,     3,   30000,00    30000,00
```

Bei der Definition des gleitenden Auswertungsfensters mit der Klausel ROWS CURRENT ROW sind die Verhältnisse einfach. Die aktuelle Zeile alleine bildet das Auswertungsfenster, auf das sich die OLAP-Aggregatsfunktion bezieht.

Beispiel: RANGE CURRENT ROW

RANGE CURRENT ROW

```
--***************************************
--*          RANGE CURRENT ROW          *
--***************************************
SELECT U.*,
       DEC(SUM( Betrag ) OVER(
           ORDER BY Jahr
           RANGE CURRENT ROW),
           9, 2) AS Gleit_Summe
   FROM Umsatz U;
```

Programm 7.37 RANGE CURRENT ROW

Ergebnis:

Auswertungs-fenster

```
JAHR   MONAT BETRAG      GLEIT_SUMME
------ ----- ----------- -----------
 2004,     1,   20000,00    95000,00
 2004,     2,   35000,00    95000,00
 2004,     3,   40000,00    95000,00
```

```
2005,     1,     45000,00   110000,00
2005,     2,     35000,00   110000,00
2005,     3,     30000,00   110000,00
```

Das gleitende Auswertungsfenster fasst bei der Fensterklausel RANGE CURRENT ROW alle Zeilen zusammen, deren Sortierbegriffswert dem der aktuellen Zeile entspricht. Im obigen Beispiel ist der aktuelle Sortierbegriffswert das Jahr 2004.

Endgruppe

Die Festlegung der Endgruppe bietet zwei Sprachmittel an, um anzugeben, welche Zeile die Letzte im auszuwertenden Fenster ist. Die Sprachmittel sind die folgenden Klauseln:

- UNBOUNDED FOLLOWING
- <Wert> FOLLOWING

Die genaue Syntax der Endgruppe ist folgende:

```
UNBOUNDED FOLLOWING |
<vorzeichenloses Literal> FOLLOWING
```

Endgruppe

Abhängig davon, ob ROW oder RANGE als Bemessungsgrundlage für die Fensterbildung angegeben ist, entfalten die zwei Endgruppenklauseln unterschiedliche Wirkungen auf die Bestimmung der Fenstergröße. Diese sind in der folgenden Tabelle zusammengefasst.

Fensterbildung	ROWS	RANGE
UNBOUNDED FOLLOWING	Von der aktuellen Zeile bis zur letzten Zeile.	Alle Zeilen mit dem Wert der aktuellen Zeile bis zur letzten Zeile.
<Wert> FOLLOWING	Von der aktuellen Zeile bis die Anzahl <Wert> Zeilen nachher.	Alle Zeilen mit dem Wert der aktuellen Zeile bis zu den Zeilen, die einen um <Wert> höheren Wert im skalaren Sortierbegriff aufweisen.

Tabelle 7.12 Wirkungszusammenhang von ROW, RANGE und der Klauseln der Endgruppe

Die Bildung des Auswertungsfensters mit den FOLLOWING-Klauseln geschieht grundsätzlich ähnlich wie die Bildung mit den PRECEDING-Varianten. Deshalb wird hier nur ein Beispiel dargestellt.

Beispiel: RANGE - <Anzahl> FOLLOWING

```
--***************************************
--*          <Anzahl> FOLLOWING         *
--***************************************
SELECT U.*,
       DEC(SUM( Betrag ) OVER(
           ORDER BY Jahr + Monat
           RANGE 1 FOLLOWING),
           9, 2) AS Gleit_Summe
   FROM Umsatz U;
```

Programm 7.38 RANGE 1 FOLLOWING

Ergebnis:

Auswertungs-fenster

```
JAHR   MONAT BETRAG      GLEIT_SUMME
------ ----- ----------- -----------
 2004,    1,    20000,00   100000,00
 2004,    2,    35000,00   155000,00
 2005,    1,    45000,00   155000,00
 2004,    3,    40000,00   105000,00
 2005,    2,    35000,00   105000,00
 2005,    3,    30000,00    30000,00
```

Das gleitende Auswertungsfenster umfasst bei der aktuellen Zeile mit dem Sortierbegriffswert 2004 + 1 = 2005 die drei im obigen Beispiel eingerahmten Zeilen. Im Auswertungsfenster werden die Zeilen mit den Sortierbegriffswerten 2005 und 2006 (2005 und 1 FOLLOWING) zusammengefasst. Dies sind die Zeilen mit den Sortierbegriffswerten 2004 + 1, 2004 + 2 und 2005 + 1.

BETWEEN-Gruppe

BETWEEN-Gruppe

Die BETWEEN-Gruppe bietet die Sprachmittel an, mit denen man den Beginn und das Ende des gleitenden Auswertungsfensters bedarfsgerecht spezifizieren kann. Da man mit dieser Spracheinrichtung gleichzeitig sowohl die Unter- als auch die Obergrenze eines gleitenden Auswertungsfensters definieren kann, ist die BETWEEN-Gruppe die mächtigste Einrichtung der drei Gruppen zur Definition des Auswertungsfensters.

Die grobe Syntax lautet:

```
BETWEEN <Untergrenze> AND <Obergrenze>
```

Sowohl für die Festlegung der Unter- als auch der Obergrenze des gleitenden Auswertungsfensters bietet DB2-SQL vier Klauseln an. Die Klauseln für die Formulierung der Untergrenze lauten:

- UNBBOUNDED PRECEDING
- <vorzeichenlose Konstante> PRECEDING
- <vorzeichenlose Konstante> FOLLOWING
- CURRENT ROW

In präziser Syntaxnotation lautet dieser Sachverhalt:

```
{UNBBOUNDED PRECEDING |
<vorzeichenlose Konstante> PRECEDING |
<vorzeichenlose Konstante> FOLLOWING |
CURRENT ROW}
```

Für die Definition der Obergrenze des gleitenden Auswertungsfensters kann aus folgenden Klauseln gewählt werden:

- UNBBOUNDED FOLLOWING
- <vorzeichenlose Konstante> PRECEDING
- <vorzeichenlose Konstante> FOLLOWING
- CURRENT ROW

In präziser Syntaxnotation lautet dieser Sachverhalt:

```
{UNBBOUNDED FOLLOWING |
<vorzeichenlose Konstante> PRECEDING |
<vorzeichenlose Konstante> FOLLOWING |
CURRENT ROW}
```

aktuelle Zeile

Aus den angeboten Möglichkeiten ergeben sich zahlreiche sinnvolle Kombinationen für die Spezifikation des Auswertungsfensters. Bemerkenswert ist, dass die aktuelle Zeile nicht im Auswertungsfenster liegen muss. Dieses kann vor der aktuellen Zeile liegen, wenn die Obergrenze des Fensters vor der aktuellen Zeile liegt. Dies ist dann der Fall, wenn für die Festlegung der Obergrenze die Klausel <vorzeichenlose Konstante> PRECEDING eingesetzt wird. Das Auswertungsfenster liegt nach der aktuellen Zeile, wenn für die Definition der Untergrenze die Klausel <vorzeichenlose Konstante> FOLLOWING gewählt wird.

An einigen interessanten Beispielen wird der Einsatz der BETWEEN-Gruppe nun erläutert.

Beispiel:

Es sollen die gleitenden Summenwerte der Umsatzbeträge ab einer Zeile vor der jeweiligen aktuellen Zeile und einer auf diese nachfolgenden Zeile gebildet werden.

```
--*************************************
--*          ROWS BETWEEN              *
--*    1 PRECEDING AND 1 FOLLOWING     *
--* Auswahl aus der Zwischentabelle    *
--*************************************
SELECT U.*,
       DEC(SUM( Betrag )
         OVER (ORDER BY Jahr, Monat
               ROWS BETWEEN 1 PRECEDING
                    AND     1 FOLLOWING),
           9, 2) AS Gleit_Summe
   FROM Umsatz U;
```

Programm 7.39 ROWS BETWEEN 1 PRECEDING AND 1 FOLLOWING

Ergebnis:

```
JAHR   MONAT BETRAG      GLEIT_SUMME
------ ----- ----------- -----------
 2004,    1,    20000,00    55000,00
 2004,    2,    35000,00    95000,00
 2004,    3,    40000,00   120000,00
 2005,    1,    45000,00   120000,00
 2005,    2,    35000,00   110000,00
 2005,    3,    30000,00    65000,00
```

Besonders bemerkenswert sind die Ergebnisse, wenn die aktuelle Zeile die erste und später, wenn sie die letzte Zeile ist. Ist die aktuelle Zeile die Erste, dann gibt es keine Vorgängerzeile. Das Auswertungsfenster besteht deshalb in diesem Fall nur aus zwei Zeilen, der aktuellen und deren Nachfolgerin, also der ersten und zweiten Zeile der auszuwertenden Tabelle. Ist die aktuelle Zeile die letzte Zeile, dann gibt es keine Nachfolgerzeile. Mithin besteht das Auswertungsfenster nur aus den beiden letzten Zeilen.

Beispiel:

Es sollen die folgenden gleitenden Werte gebildet werden:

- Gleitende Summe
- Gleitender Durchschnitt
- Gleitende Standardabweichung.

```
--*************************************
--*           ROWS BETWEEN            *
--*    1 PRECEDING AND 1 FOLLOWING    *
--* Auswahl aus der Zwischentabelle   *
--*************************************
SELECT U.*,
       DEC(SUM( Betrag )
         OVER (ORDER BY Jahr, Monat
               ROWS BETWEEN 1 PRECEDING
                    AND     1 FOLLOWING),
         9, 2) AS Gleit_Summe,
       DEC(AVG( Betrag )
         OVER (ORDER BY Jahr, Monat
               ROWS BETWEEN 1 PRECEDING
                    AND     1 FOLLOWING),
         9, 2) AS Gleit_Durchsch,
       DEC(STDDEV( Betrag )
         OVER (ORDER BY Jahr, Monat
               ROWS BETWEEN 1 PRECEDING
                    AND     1 FOLLOWING),
         9, 2) AS Gleit_Abweich
   FROM Umsatz U;
```

Programm 7.40 Gleitendes Auswertungsfenster mit SUM(), AVG() und STDDEV()

Ergebnis:

JAHR	MONAT	BETRAG	GLEIT_SUMME	GLEIT_DURCHSCH	GLEIT_ABWEICH
2004,	1,	20000,00	55000,00	27500,00	7500,00
2004,	2,	35000,00	95000,00	31666,66	8498,36
2004,	3,	40000,00	120000,00	40000,00	4082,48
2005,	1,	45000,00	120000,00	40000,00	4082,48
2005,	2,	35000,00	110000,00	36666,66	6236,09
2005,	3,	30000,00	65000,00	32500,00	2500,00

Fenstersteuerung über Wertebereich

Anzahl Zeilen

In den vorherigen Beispielen wurde das Auswertungsfenster, das die Menge der auszuwertenden Zeilen bestimmte, auf Grund der aktuell auszuwertenden Zeile mit der Anzahl der ihr vorgelagerten und nachgelagerten Zeilen beschrieben:

```
ROWS
BETWEEN <Anzahl Zeilen> PRECEDING
AND <Anzahl Zeilen> FOLLOWING.
```

Die jeweilig auszuwertenden Zeilen liegen hierbei im Intervall der Zeilen, die auf Grund ihrer Positionen in der sortierten Zwischentabelle (ORDER BY ...) gefunden wurden.

Die Menge der Zeilen für die Ermittlung von OLAP-Werten kann auch auf der Basis eines Wertefensters (RANGE) definiert werden. Je Wert im Wertefenster kann es viele Zeilen geben. Alle Zeilen, die im Wertefenster liegen, werden in die Wertebildung der OLAP-Funktion mit einbezogen.

```
RANGE
BETWEEN <Wert> PRECEDING
AND <Wert> FOLLOWING
```

Beispiel:

Um die Wirkung der RANGE-Klausel einsichtig und einfach demonstrieren zu können, erstellen wir eine neue Umsatztabelle, die je Monat mehrere Umsätze enthalten kann.

```
--*************************************
--*  Umsatztabelle mit mehr als einer  *
--*  Zeile je Jahr und Monat           *
--*************************************
DROP   TABLE Umsatz;
CREATE TABLE Umsatz
  (Jahr    DEC (4, 0),
   Monat   DEC (2, 0),
   Betrag  DEC (9, 2));

INSERT INTO Umsatz VALUES
  (2004, 01, 45000),
  (2004, 01,  4500),
  (2004, 01,   450),
```

```
(2004, 02, 35000),
(2004, 03, 30000);
```

Programm 7.41 Umsatztabelle mit mehr als einem Umsatz je Monat

Es soll nun die jeweilige Umsatzsumme für den Vormonat, den aktuellen Monat und den Folgemonat berechnet werden.

Hierbei ist zu beachten,

- dass es je Monat mehrere Zeilen geben kann. Die Anzahl ist unbekannt und beliebig.
- Weiterhin, dass es zwischen den Monatswerten Lücken geben kann.

Fenster ist unterschiedlich groß

Die Aufgabe kann mit einem gleitenden Auswertungsfenster erfolgen, das über die Klausel RANGE gesteuert wird. Hierbei wird das Fenster, welches die Menge der jeweilig auszuwertenden Zeilen bestimmt, über einen Wertebereich der Monatswerte bestimmt. Die Anzahl der hierbei auszuwertenden Zeilen ist nicht vorherzusehen. Sie hängt davon ab, wie viele Zeilen in das jeweilige Monatsintervall gehören.

Die RANGE-Klausel setzt einen skalaren Sortierbegriff voraus. Da die Auswertung über alle Monate vieler Jahre möglich sein muss, berechnen wir den skalaren Monatswert, indem wir den Jahreswert mit 12 multiplizieren und den Monatswert hinzuaddieren. Damit wird vermieden, dass unterschiedliche Monate in unterschiedlichen Jahren zum selben Sortierbegriffswert führen könnten. Der hierbei sich ergebende Sortierausdruck steht in der Programmzeile (11) in Programm 7.42.

```
--***************************************     (1)
--* Auswertungsfenster gleitet über die*      (2)
--* Tabelle und umfasst die Zeilen der  *     (3)
--* des Vormonats bis zum Folgemonat    *     (4)
--***************************************     (5)
SELECT U.*,                                   (6)
       DEC( Jahr * 12 + Monat, 5)             (7)
          AS Aktu_Monat,                      (8)
       DECIMAL(                               (9)
       SUM( Betrag )                          (10)
          OVER (ORDER BY Jahr * 12 + Monat    (11)
```

```
                    RANGE BETWEEN 1 PRECEDING
                          AND 1 FOLLOWING), 9)
              AS Umsatzsumme
       FROM Umsatz U;
```

Programm 7.42: Gleitende Summe aus einem gleitenden Monatsfenster

Ergebnis:

```
JAHR   MONAT BETRAG      AKTU_MONAT UMSATZSUMME
------ ----- ----------- ---------- -----------
 2004,     1,   45000,00     24049,      84950,
 2004,     1,    4500,00     24049,      84950,
 2004,     1,     450,00     24049,      84950,
 2004,     2,   35000,00     24050,     114950,
 2004,     3,   30000,00     24051,      65000,
```

Im folgenden Beispiel sollen die Wirkung der beiden Klauseln UNBOUNDED PRECEDING und UNBOUNDED FOLLOWING in ihrem Zusammenwirken demonstriert werden. Die zu lösende Aufgabe lautet: Mit der aktuellen Zeile soll auch die Umsatzsumme aller Zeilen ausgegeben werden.

```
--**************************************
--* Fenster vom ersten bis letzten Wert*
--**************************************
SELECT U.*,
       DECIMAL(
       SUM( Betrag )
          OVER ( ORDER BY Jahr
                 RANGE
              BETWEEN UNBOUNDED PRECEDING
              AND UNBOUNDED FOLLOWING), 9)
          AS Gesamtsumme
  FROM Umsatz U;
```

Programm 7.43 RANGE BETWEEN UNBOUNDED PRECEDING AND UNBOUNDED FOLLOWING

Ergebnis:

```
JAHR   MONAT BETRAG      GESAMTSUMME
------ ----- ----------- -----------
 2004,     1,   45000,00     114950,
 2004,     1,    4500,00     114950,
 2004,     1,     450,00     114950,
```

```
 2004,      2,     35000,00        114950,
 2004,      3,     30000,00        114950,
```

Beispiel:

Die Umsätze vom ersten Monat bis zum aktuellen Monat sollen addiert und als gleitende Summe in der aktuellen Zeile ausgegeben werden.

```
--*****************************************
--*Fenster vom ersten bis aktuellen Wert*
--*****************************************
SELECT U.*,
       DECIMAL(
       SUM( Betrag )
         OVER ( ORDER BY Jahr * 12 + Monat
         RANGE BETWEEN UNBOUNDED PRECEDING
                    AND CURRENT ROW), 9)
          AS Summe_ab_Anfang_bis_hier
   FROM Umsatz U;
```

Programm 7.44 RANGE BETWEEN UNBOUNDED PRECEDIG AND CURRENT ROW

Ergebnis:

```
JAHR   MONAT BETRAG       SUMME_AB_ANFANG_BIS_HIER
------ ----- ----------- ------------------------
 2004,     1,    45000,00                    49950,
 2004,     1,     4500,00                    49950,
 2004,     1,      450,00                    49950,
 2004,     2,    35000,00                    84950,
 2004,     3,    30000,00                   114950,
```

Abschließend soll noch die Kombination der Klausel BETWEEN CURRENT ROW AND UNBOUNDE FOLLOWING untersucht werden. Die hierfür sinnvolle Frage lautete: Wie hoch sind die Umsätze des aktuellen Monats bis zum letzten in der Tabelle geführten Monat?

```
--******************************************
--*Fenster vom aktuellen bis letzten Wert*
--******************************************
SELECT U.*,
       DECIMAL(
       SUM( Betrag )
```

```
         OVER ( ORDER BY Jahr * 12 + Monat
              RANGE BETWEEN CURRENT ROW
              AND UNBOUNDED FOLLOWING), 9)
     AS Summe_ab_hier_bis_Ende
 FROM Umsatz U;
```

Programm 7.45 RANGE BETWEEN CURRENT ROW AND UNBOUNDED FOLLOWING

Ergebnis:

```
JAHR   MONAT BETRAG      SUMME_AB_HIER_BIS_ENDE
------ ----- ----------- ----------------------
 2004,    1,   45000,00                 114950,
 2004,    1,    4500,00                 114950,
 2004,    1,     450,00                 114950,
 2004,    2,   35000,00                  65000,
 2004,    3,   30000,00                  30000,
```

7.7 XML-Funktionen

Metadaten

Nutzdaten

XML (eXtensible Markup Language, erweiterbare Auszeichnungssprache) ist eine Sprache für sich selbst definierende Dokumente. Ein XML-Dokument enthält die eigentlichen Nutzdaten zusammen mit ihren Metadaten, welche die Bedeutung der Nutzdaten im Dokument beschreiben. Hierdurch eignen sich XML-Dokumente für viele anspruchsvolle Anwendungen in der modernen Datenverarbeitung. Vornehmlich für den Datenaustausch zwischen heterogenen Anwendungen und im Internet entfalten XML-Dokumente ihre Vorzüge, weil die Bedeutung der Nutzdaten durch ihre Metadaten leicht zu erkennen ist.

hierarchisch

Deskriptor

Tag

Ein XML-Dokument ist eine hierarchische Datenstruktur. Es ist aus Elementen aufgebaut. Ein Element beginnt mit einem Elementtypnamen in Gestalt eines Elementdeskriptor. Er repräsentiert das Metadatum, das die Bedeutung des Elementes beschreibt. Ein solcher Deskriptor wird in XML Elementtag oder kurz *Tag* genannt. Am Anfang und am Ende eines Elementes steht der in Spitzklammern eingefasste und gleichnamige Tag. Vor dem Namen des Ende-Tags wird ein Schrägstrich notiert. Er weist den Tag als Ende-Tag aus.

Die Baumstruktur eines XML-Dokumentes kann somit folgendermaßen dargestellt werden:

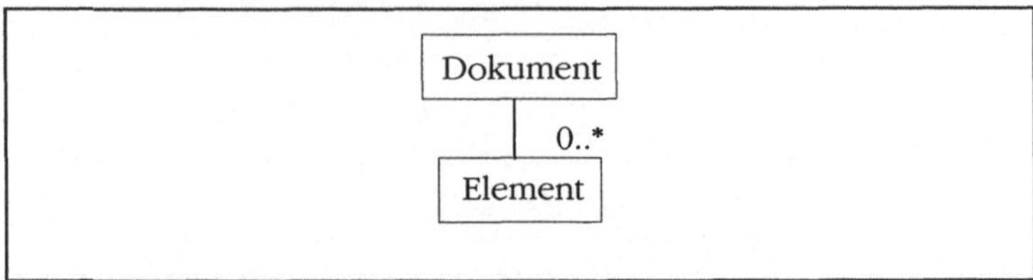

Abbildung 7.4 Struktur eines XML-Dokumentes

Beispiel:

Metadatum = Semantik

Das durch den Tag <Vorname> beschriebene Nutzdatum lautet *Hugo*. Das Metadatum (Datum über Datum) beschreibt die Semantik des Nutzdatums. Sender und Empfänger einer Nachricht müssen sich über die Bedeutung des Tags vor seinem Gebrauch geeinigt haben. Das Element beginnt mit dem Start-Tag <Vorname> und endet mit dem Ende-Tag </Vorname>. Dazwischen befindet sich das Nutzdatum.

```
<Vorname>Hugo</Vorname>
```

In ein Element können weitere Elemente hierarchisch geschachtelt werden. Beispielsweise könnte ein Element, das den Kunden *K001* beschreibt, folgendermaßen formuliert sein:

```
<Kunde>
   <Kunden_Nr>K001</Kunden_Nr>
   <Vorname>Hugo</Vorname>
   <Zuname>Müller</Zuname>
</Kunde>
```

Das Element *Kunde* besteht selbst aus den Elementen *Kunden_Nr*, *Vorname* und *Zuname*.

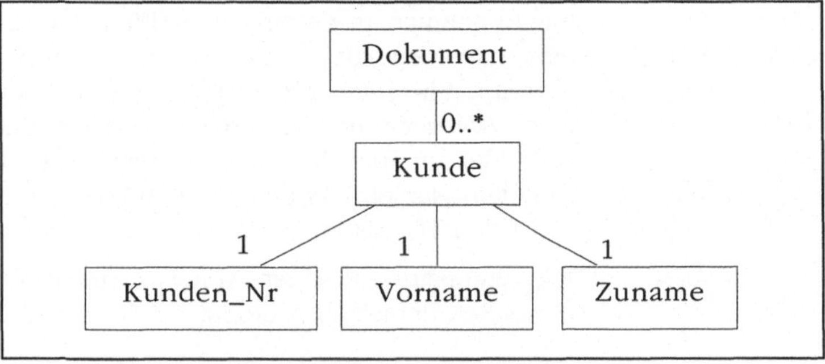

Abbildung 7.5 Element mit Unterelementen

Attribut

Ein Start-Tag kann wahlweise eine Attributliste enthalten. Ein Attribut kann wichtige Nutzdaten des Datenelementes darstellen.

Beispielsweise könnte die Kundennummer K001 als Attribut in das Start-Tag Kunde verlagert werden. Das Beispiel würde dann in XML wie folgt aussehen.

```
<Kunde KUNDEN_NR="K001">
  <Vorname>Hugo</Vorname>
  <Zuname>Müller</Zuname>
</Kunde>
```

Die entsprechende Baumstruktur in UML-Notation hat sodann folgendes Aussehen.

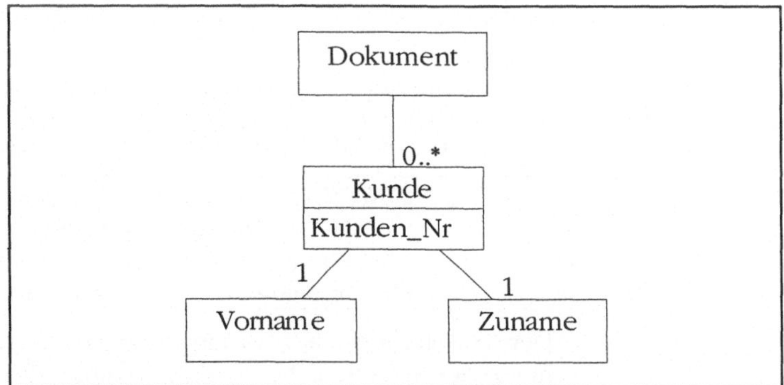

Abbildung 7.6 Element *Kunde* mit Attribut *Kunden_Nr*

In DB2-SQL gibt es derzeit zwei eingebaute Funktionen, mit denen man aus relationalen Daten XML-förmige Dokumente generieren kann. Ihre Funktionsnamen lauten:

REC2XML()

- REC2XML()

XML2CLOB()

- XML2CLOB()

In der Funktion XML2CLOB() können noch deren Unterfunktionen

- XMLAGG()
- XMLELMENTS()
- XMLATTRIBUTES()

verwendet werden.

REC2XML()

Die Funktion REC2XML() gibt eine Zeichenkette zurück, in der XML-Tags und Nutzdaten enthalten sind. Sie eignet sich für die einfache Generierung von XML-Dokumenten aus relationalen Daten. Je Zeile der Ergebnistabelle generiert die Funktion ein Element in das XML-Dokument. Das Element besteht aus Unterelementen, wobei jede als Funktionsargument angegebene Spalte ein Unterelement mit dem Tagbezeichner <column> ergibt. Im Start-Tag <column> ist ein Attribut enthalten, in dem der Name der Spalte angegeben ist, aus der das folgende Nutzdatum stammt.

Die Kundennummer K001 aus der Tabelle Kunde könnte somit in einem geschachtelten Element wie folgt aussehen:

```
<Kunde>
  <column name="KUNDEN_NR">K001</column>
</Kunde>
```

Die Syntax von REC2XML() sieht folgendermaßen aus:

```
REC2XML (<Erweiterungsfaktor>,
      <Formatangabe>,
   <Name des Zeilen-Tags>,
<Spaltenname> [, <Spaltenname>] ... )
```

Der Erweiterungsfaktor ist ein dezimales Literal, das zur Berechnung des erforderlichen Speicherplatzes für das Ergebnis der Funktion dient. Sein Wert muss größer als 0 und kleiner/gleich 6 sein. Mit dem Wert 1.0 wird bestimmt, dass kein zusätzlicher Speicher erforderlich ist.

Die Formatangabe besteht aus den beiden gleich bedeutenden Werten COLATTVAL bzw. COLATTVAL_XML.

Tagname

Mit dem dritten Argument wird der Name des Haupt-Tags festgelegt.

Beispiel: Es soll ein XML-Dokument generiert werden, das aus den Daten der Spalten *Kunden_Nr*, *Anrede* und *Vorname* der Tabelle *Kunde* in Gestalt von Attributen des Standardelementes *<column>* besteht. Die auszugebenden Daten sind auf die Zeile des Kunden *K001* einzuschränken, damit die Übersicht gewahrt bleibt.

REC2XML()

```
--************************************  (1)
--*       XML-Funktion REC2XML()     *  (2)
--************************************  (3)
SELECT REC2XML (1.0, 'COLATTVAL','Kunde',  (4)
       Kunden_Nr, Anrede, Vorname, Zuname) (5)
   FROM Kunde                              (6)
   WHERE Kunden_Nr = 'K001';               (7)
```

Programm 7.46 XML-Generator REC2XML()

Ergebnis:

```
<Kunde>
  <column name="KUNDEN_NR">K001</column>
  <column name="ANREDE">Herr</column>
  <column name="VORNAME">Hugo</column>
  <column name="ZUNAME">Müller</column>
</Kunde>
```

In der Programmzeile (4) ist im dritten Argument festgelegt, dass der Tag-Name des Hauptelementes *Kunde* lauten soll. Der Tag-Name des Unterelementes lautet immer *column*. Das Attribut von *column* gibt Auskunft über die Herkunftsspalte des folgenden Nutzdatenwertes.

Werden mehrere Kundenzeilen in das XML-Dokument ausgegeben, so gibt es in ihm auch mehrere Hauptelemente mit dem Tag-Name *Kunde*.

Die grafische Darstellung in einem Baumdiagramm in der Notationsform von UML lautet sodann wie folgt:

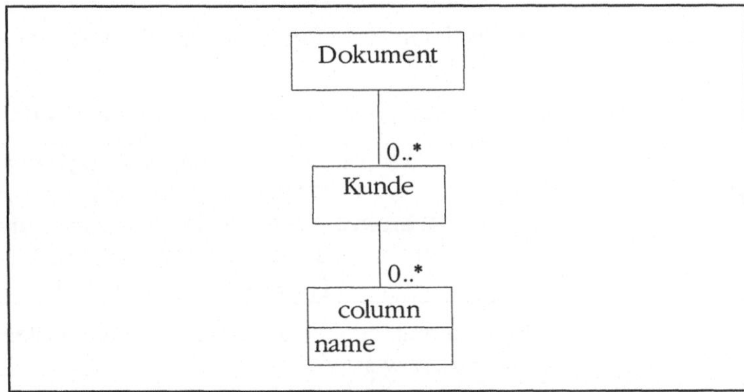

Abbildung 7.7 Ergebnis der eingebauten Funktion REC2XML

XML2CLOB()

XML2CLOB()

Die Funktion XML2CLOB() bietet ein umfangreiches Angebot an Formulierungsmöglichkeiten zur Generierung eines XML-Dokumentes. Entsprechend vielgestaltig ist auch ihr Einsatz.

Nach dem Funktionsnamen XML2CLOB folgt ein Argument. Dieses ist wiederum ein Funktionsaufruf einer XML-Funktion. Zwei Funktionen stehen zur Auswahl:

- XMLAGG()
- XMLELEMENT().

Die Grobsyntax ist somit folgende:

```
XML2CLOB ({XMLAGG() | XMLELEMENT()})
```

Da die Funktion XMLAGG() selbst die Funktion XMLELEMENT() als Argument erfordert, behandeln wir zunächst die Letztere.

Funktion XMLELEMENT()

XMLELEMENT()

Das erste Argument in der Funktion XMLELEMENT() dient zur Benennung des hiermit zu beschreibenden Elementes eines XML-Dokumentes, indem es dessen Tag mit einem Tagnamen versieht. Im hierauf folgende Argument kann aus drei Möglichkeiten eine ausgewählt werden. Die Auswahlmöglichkeiten sind:

- Festlegung des Attributes des obigen Start-Tags mit der Funktion XMLATTRIBUTES.
- Eine Liste von Elementinhalten.
- Festlegung des Attributes gefolgt von einer Liste von Elementinhalten.

Die Syntax von XMLELMENT() ist somit wie folgt:

```
XMLELEMENT ( NAME <Tagbezeichner>
    [{<XML-Attributsfunktion> |
  <Elementinhalt> [,<Elementinhalt>]... |
  <XML-Attributsfunktion>, <Elementinhalt>
        [,<Elementinhalt>]... }
```

Die hiermit gegebenen Möglichkeiten sollen an Beispielen demonstriert werden.

Beispiel: Die Kundennummer ist der einzige Elementinhalt.

```
(1) --************************************
(2) --*      XML2CLOB mit einem Element     *
(3) --************************************
(4) SELECT XML2CLOB(
(5)          XMLELEMENT( NAME "Kunde",
(6)            Kunden_Nr))
(7)    FROM Kunde
(8)    WHERE Kunden_Nr = 'K001';
```

Programm 7.47 XMLCLOB() mit einem Element

Ergebnis:

```
<Kunde>K001</Kunde>
```

In der Programmzeile (5) wird der Name des Tags <Kunde> festgelegt, der die Metadaten im XML-Dokument darstellt. In der Programmzeile (6) ist der Spaltenname der Spalte *Kunden_Nr* aufgeführt, welche die Nutzdaten liefert.

Das Ergebnis in einem Baumdiagramm dargestellt sieht wie folgt aus:

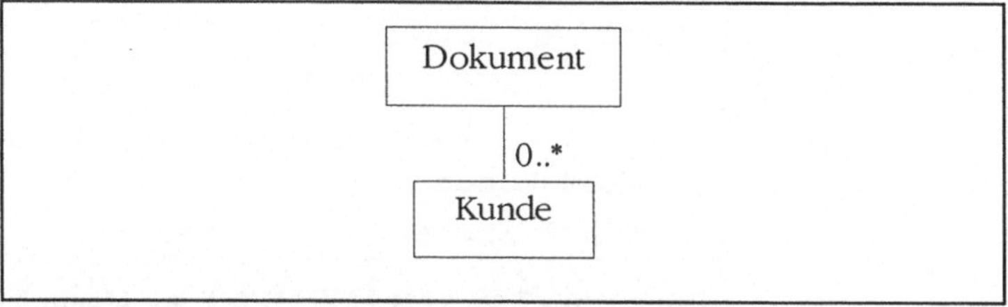

Abbildung 7.8 XMLCLOB() mit einem Element

Wie in der Syntax der Funktion XMLELEMENT() festlegt ist, kann sie eine Liste von Ausdrücken enthalten

Beispiel:

Die Kundennummer und die Anrede zusammen sind die Elementinhalte in Form einer Spaltenliste.

```
--************************************
--*      XML2CLOB mit zwei Elementen     *
--************************************
SELECT XML2CLOB(
         XMLELEMENT( NAME "Kunde",
```

```
(6)               Kunden_Nr, Anrede))
(7)     FROM Kunde
(8)     WHERE Kunden_Nr = 'K001';
```

Programm 7.48 XMLELEMENT mit einer Liste von Spaltennamen

Ergebnis:

<Kunde>K001Herr</Kunde>

In der Programmzeile (6) ist aufgelistet, welche Spaltenwerte als Elementwerte des Elements *<Kunde>* auszugeben sind.

Die Elementinhalte können jedoch auch mit einfachen SQL-Ausdrücken gebildet werden.

Beispiel:

Zwischen der Kundennummer und der Anrede soll ein Leerzeichen stehen.

```
--***************************************
--*      XML2CLOB mit einem Element      *
--*  in Gestalt eines Ausdrucks          *
--***************************************
SELECT XML2CLOB(
           XMLELEMENT( NAME "Kunde",
              Kunden_Nr || ' ' || Anrede))
   FROM Kunde
   WHERE Kunden_Nr = 'K001';
```

Programm 7.49 XMLELEMENT mit einem Verkettungsausdruck

Ergebnis:

<Kunde>K001 Herr</Kunde>

Ein XML-Element kann auch mehrere Attribute aufweisen. Sie werden in der Funktion XMLATTRIBUTES() in einer Spaltenliste angegeben.

Die Syntax der Funktion XMLATTRIBUTES() zeigt die Formulierungsmöglichkeiten.

```
XMLATTRIBUTES
(<Attributwert> [AS <Attributname>]
[, <Attributwert> [AS <Attributname>]] ...)
```

Beispiel:

Im Element *Kunde* sollen als seine Attribute die *Kunden_Nr* und die *Anrede* ausgegeben werden.

Das Baumdiagramm zeigt in übersichtlicher Gestalt die Struktur des gewünschten Ergebnisses.

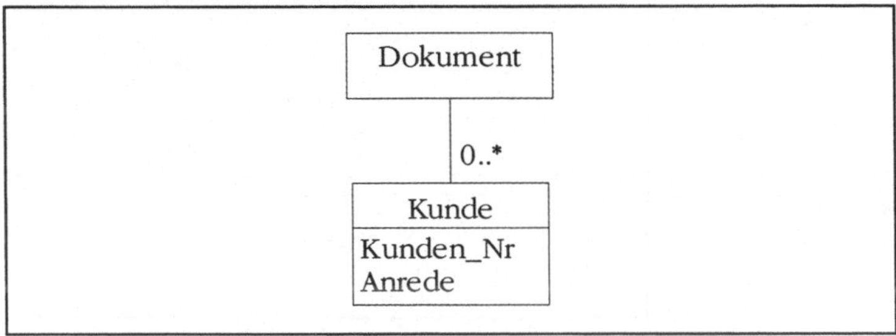

Abbildung 7.9 XML2CLOB mit einem Element und dieses mit zwei Attributen

In der Funktion XMLATTRIBUTES werden in einer Liste die beiden Spalten aufgeführt. Im XML-Element werden sie sodann zu den Attributen des Elements *Kunde*.

```
--***************************************
--*             XML2CLOB               *
--***************************************
SELECT XML2CLOB(
         XMLELEMENT( NAME "Kunde",
           XMLATTRIBUTES(Kunden_Nr,
                         Anrede)
       ))
   FROM Kunde
   WHERE Kunden_Nr = 'K001';
```

Programm 7.50 XMLATTRIBUTES() mit zwei Attributen

Ergebnis:

<Kunde KUNDEN_NR="K001" ANREDE="Herr"></Kunde>

Auch ein XML-Element mit Attributen kann untergeordnete Elemente haben.

Beispiel:

Das Element *Kunde* mit dem Attribut *Kunden_Nr* soll die untergeordneten Elemente *Anrede* und *Vorname* aufweisen.

Die Baumstruktur zeigt die gewünschte Lösung.

geschachtelte Elemente

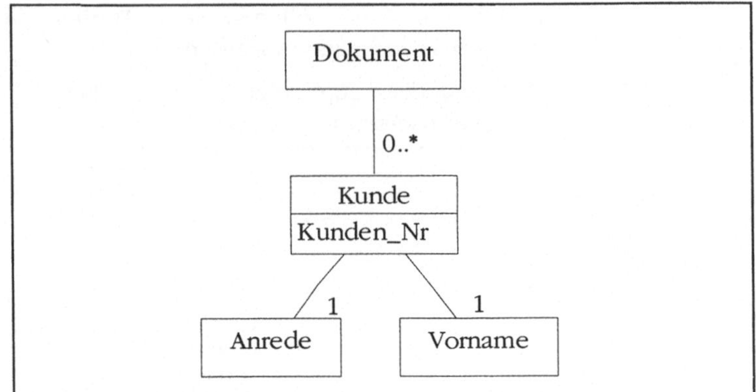

Abbildung 7.10 XMLELEMENT() mit XMLATTRIBUTES() und weiteren XMLELEMENTS()s

Die Umsetzung in SQL zeigt das folgende Programm.

```
--*************************************
--*        XML - Aggregatfunktion     *
--*************************************
SELECT XML2CLOB(
           XMLELEMENT(NAME "Kunde",
             XMLATTRIBUTES( Kunden_Nr),
             XMLELEMENT(NAME "Anrede",
                             Anrede),
             XMLELEMENT(NAME "Vorname",
                             Vorname)
       ))
   FROM Kunde
   WHERE Kunden_Nr = 'K003';
```

Programm 7.51 XMLELEMENT() mit Attribut und Unterelementen

Ergebnis:

```
<Kunde KUNDEN_NR="K003">
   <Anrede>Frau</Anrede>
   <Vorname>Eva</Vorname>
</Kunde>
```

Das XML-Element in der Programmzeile (5) enthält ein Attribut in der Programmzeile (6) und untergeordnete XML-Elemente in den Programmzeilen (7) bis (10).

Funktion XMLAGG()

XMLAGG()

Gruppierung

Die Funktion XMLAGG() dient dazu, in einem CLOB-Wert alle Elemente zusammenzufassen, die von Zeilen mit einem gemeinsamen Gruppierungsbegriff stammen. Beispielsweise können für alle Rechnungen, die vom selben Kunden erhalten werden, die XML-Elemente in einem CLOB-Wert zusammengefasst werden. Die Funktion XMLAGG() ist somit eine Aggregatsfunktion. Sie wird deshalb sinnvoller Weise zusammen mit der Klausel GROUP BY eingesetzt.

Die Syntax von XMLAGG() ist wie folgt.

```
XMLAGG (
<XML-Elementfunktion>
[ORDER BY <hierarchischer Sortierbegriff>
[{ASC | DESC}])
```

Beispiel:

Die XML-Elemente für Rechnungen sollen nach Kundennummern gruppiert werden. Für jede Zeilengruppe in der Tabelle Rechnung mit dem selben Kundennummerwert soll eine solche XML-Elementgruppe gebildet werden. Diese XML-Elementgruppe enthält für jede Rechnung, die an den selben Kunden gerichtet ist, ein XML-Element. Innerhalb einer solchen XML-Elementgruppe sollen die XML-Elemente nach Rechnungsnummern aufsteigend sortiert sein.

Das folgende Programm erfüllt die gestellten Anforderungen.

```
--****************************************
--*               XMLAGG()               *
--****************************************
SELECT XML2CLOB(
          XMLAGG(
             XMLELEMENT(
                NAME "Kunde_mit_Rechnung",
                   Kunden_Nr || ' '
                             || Rechnu_Nr)
```

```
            ORDER BY Rechnu_Nr ASC))              (10)
    FROM Rechnung                                 (11)
    GROUP BY Kunden_Nr;                           (12)
```

Programm 7.52 Zusammenfassung von XML-Elementen in XML-Aggregaten

Ergebnis:

Aggregat K001:

```
<Kunde_mit_Rechnung>K001 R001</Kunde_mit_Rechnung>
<Kunde_mit_Rechnung>K001 R002</Kunde_mit_Rechnung>
```

Aggregat K002:

```
<Kunde_mit_Rechnung>K002 R003</Kunde_mit_Rechnung>
```

GROUP BY

In der Programmzeile (5) werden durch die Funktion XMLAGG() Aggregate aus XML-Elementen gebildet. Diese stützen sich auf die Zeilengruppen, welche durch die GROUP-BY-Klausel in der Programmzeile (12) gebildet wurden. Mit der ORDER BY-Klausel in der Programmzeile (10) werden die XML-Elemente im XML-Aggregat in eine gewünschte Reihenfolge gebracht.

7.8 Benutzerfunktionen

UDF

Die Einbettung der betriebswirtschaftlichen Funktionalität in Benutzerfunktionen (engl. user defined function, UDF) und deren zentrale Verwaltung und Abarbeitung an dem Ort, an dem auch die Daten verwaltet werden, verbessert die Wirtschaftlichkeit des Computereinsatzes.

Wichtige Beweggründe, die den Einsatz von Benutzerfunktionen nahe legen, sind:

Redundanzverringerung

- Redundanzfreie Programmierung von Anwendungsaufgaben.
- Zuordnung von Methoden in Form von Funktionen und Operatoren zu benutzerdefinierten Datentypen.
- Minimierung der Leitungsbelastung bei verteilten Systemen.
- Optimierung der Geschwindigkeit bei der Bereitstellung von Auswertungsergebnissen.
- Vereinfachung sicherer Systeme.

Kapselung

Benutzerfunktionen können derzeit in DB2-SQL in fünf verschiedenen Organisationsarten erstellt werden:

- Als externe skalare Funktion. Sie wird in einer gängigen Programmiersprache ausprogrammiert und liefert einen skalaren Ergebniswert an DB2-SQL zurück.
- Als externe Tabellenfunktion. Sie wird ebenfalls in einer gängigen Programmiersprache programmiert. Als Ergebnis liefert sie eine Tabelle an DB2-SQL zurück.
- Als eine externe OLE DB Tabellenfunktion. Sie stellt Daten von einem OLE-Datenbanksystem zur Verfügung.
- Als eine Stellvertreterfunktion oder eine Musterfunktion. Sie sind Stellvertreter für andere Funktionen, indem sie diese aufrufen und deren Ergebnisse zurückgeben.
- Als in der SQL-Programmiersprache ausprogrammierte skalare Funktion, Tabellenfunktion oder Zeilenfunktion. Der Funktionskörper ist in SQL programmiert und wird vom Datenbankprozessor ausgeführt.

Die letztere Funktionsart wird in den folgenden Ausführungen untersucht und dargestellt.

Die vereinfachte Syntax einer Benutzerfunktion ist folgende.

```
CREATE FUNCTION <Funktionsname>
    ([<Parameterliste>])
    RETURNS {<Datentyp> |
    ROW (<Spaltenliste>) |
    TABLE (<Spaltenliste>) }
    <SQL-Funktionskörper>
```

Signatur

Hiermit wird dem Datenbankprozessor die Signatur, d.h. die Schnittstellenbeschreibung mitgeteilt und von ihm im Datenbankkatalog verwaltet. Die Signatur umfasst folgende wesentliche Elementen:

- Name der Funktion
- Anzahl und Datentypen der Funktionsparameter.

Auf die Signatur folgt der Datentyp des Rückgabewertes und der Funktionskörper. Dieser ist in der SQL-eigenen Programmiersprache ausprogrammiert.

Als Datentypen des Rückgabewertes sind folgende Typen zulässig:

- Ein skalarer Datentyp, der einen skalaren Rückgabewert beschreibt.
- Ein Zeilentyp, der eine Menge von Rückgabewerten in Gestalt einer Zeile beschreibt.

- Ein Tabellentyp, der ebenfalls eine Menge von Rückgabewerten beschreibt, die sogar eine Tabelle bilden können.

Auf Grund dieser drei Rückgabetypen werden die Funktionen auch in folgende Funktionsarten unterschieden:

- Skalare Funktionen (engl. scalar functions)
- Zeilenfunktionen (engl. row functions)
- Tabellenfunktionen (engl. table functions).

7.8.1 Skalare Funktion

distinct type

Eine skalare SQL-Funktion gibt einen skalaren Wert an die Stelle ihres Aufrufs zurück. Für ihre beispielhafte Erklärung soll eine Währungstabelle vereinbart werden, die aus zwei Spalten für Euro- und Dollarwerte besteht. Die Eurospalte ist vom benutzerdefinierten, einzigartigen Datentyp *Euro_Typ* (distinct type, einzigartiger, eigener Typ). Die Dollarspalte ist mit dem Typ *Dollar_Typ* typisiert. Beide einzigartigen Typen beruhen auf dem Basistyp DECIMAL (9, 2).

Überladung

Für die Verknüpfung von Werten eines einzigartigen Typs gibt es im Basis-SQL nur beschränkt Operatoren. Weitere Operatoren muss man selbst in Gestalt von benutzerdefinierten Funktionen bereitstellen. Die Funktionsnamen können frei gewählt werden. Hierbei kann man sogar die Operatoren von SQL überladen. DB2-SQL stellt Konvertierungsfunktionen vom Basistyp in den einzigartigen Typ und umgekehrt zur Verfügung. Weiterhin erzeugt DB2-SQL Vergleichsoperatoren, mit denen Werte eines einzigartigen Typs verglichen werden können. Hierbei werden die Vergleichsoperatoren der Basistypen überladen.

Für die beispielhafte Behandlung von Werten der beiden einzigartigen Typen sollen deshalb folgende Funktionen bereitgestellt werden:

- Funktion zur Umrechnung von Euro- in Dollarwerte
- Funktion zur Umrechnung von Dollar- in Eurowerte
- Funktion zur Addition von Eurobeträgen. Hierzu wird als Funktionsname der Operator "+" überladen.

UDT

Zur Lösung der gestellten Aufgabe werden zunächst die beiden einzigartigen Typen definiert. Anschließend wird die Tabelle *Währung* mit Spalten dieser Typen definiert und geladen.

distinct type

```
--*************************************
--*         Einzigartige Datentypen     *
--*************************************
CREATE DISTINCT TYPE Euro_Typ AS
   DECIMAL (9,2) WITH COMPARISONS;
CREATE DISTINCT TYPE Dollar_Typ AS
   DECIMAL (9,2) WITH COMPARISONS;
--*************************************
--*  Tabelle mit einzigartigen          *
--*  Datentypen definieren              *
--*************************************
CREATE TABLE Waehrung
   (Euro   Euro_Typ,
    Dollar Dollar_Typ);
INSERT INTO Waehrung VALUES
   (100, 200);
```

Programm 7.53 Benutzerdefinierte Typen vereinbaren und verwenden

Mit dem Anfragebefehl SELECT können die Daten auch eines einzigartigen Typs ausgegeben werden. Der Datenbankprozessor führt die erforderlichen Konvertierungsarbeiten automatisch aus.

```
SELECT *
   FROM Waehrung;
```

Programm 7.54 Anfrage auf Werte von distinct types

Ergebnis:

```
EURO        DOLLAR
----------- -----------
     100,00      200,00
```

Da der Additionsoperator für Werte von Euro- und Dollartypen noch nicht definiert ist, führt folgende Anfrage zu einem Fehler:

SELECT Euro + Dollar   FROM Waehrung;

automatische Generierung

Wenn man beim jetzigen Zustand des Systems eine Addition der Euro- und Dollarwerte durchführen möchte, muss man vorher eine Typkonvertierung in den Basistyp DECIMAL vornehmen. Hierfür muss man die von DB2 automatisch bei der Vereinbarung der einzigartigen Typen generierten Konvertierungsfunktionen DECIMAL einsetzten.

```
SELECT    CAST( Euro    AS DECIMAL )                  (1)
        + CAST( Dollar AS DECIMAL ) * 1.20            (2)
        AS Summe                                      (3)
    FROM Waehrung;                                    (4)
```

Programm 7.55 Umwandlung in den Basistyp mit CAST-Funktion

Ergebnis:

```
SUMME
-----------
     340,00
```

Zum selben Ergebnis führt die Umwandlung der einzigartigen Typen mit der Anwendung der jeweiligen Konvertierungsfunktion DECIMAL.

```
SELECT    DECIMAL ( Euro )                            (1)
        + DECIMAL ( Dollar ) * 1.20                   (2)
        AS Summe                                      (3)
    FROM Waehrung;                                    (4)
```

Programm 7.56 Umwandlung in den Basistyp mit der jeweiligen DECIMAL-Funktion

Ergebnis:

```
SUMME
---------------
       340,0000
```

Nachdem die Vorgehensweise für den Umgang mit einzigartigen Typen ohne eigene Funktionen zur Umrechnung in korrespondierende Werte geklärt ist, werden wir die benutzerdefinierten Funktionen (engl. user defined function, UDF) entwickeln, die verwendet werden für Umrechnungen und für die Addition von Euro-Werten.

Architektur

Operation

Bevor wir an die Implementierung der benutzerdefinierten Funktionen gehen, wollen wir deren architektonische Einordnung in das Datenbanksystem klären. Benutzerdefinierte Funktionen und benutzerdefinierte Prozeduren erweitern das Operatorenkonzept von DB2-SQL. Sie sind somit Operationen. Beide sind nicht an die Daten einer Tabelle gebunden. Sie können überall dort verwendet werden, wo sie vom Typ der zu bearbeitenden Daten her passen. Bekannt sind sie in dem Schema, in dem sie auch vereinbart wurden. Da Funktionen somit an ihr Schema gebunden sind, werden sie in einem attributlosen und nur den eigenen

Stereotyp

Operationen gewidmeten speziellen Behälter modelliert. Diesen charakterisieren wir mit dem Stereotypen <<stored procedure container>> und benennen ihn mit dem Schemanamen. Allgemein sieht diese Architekturkomponente somit wie folgt aus.

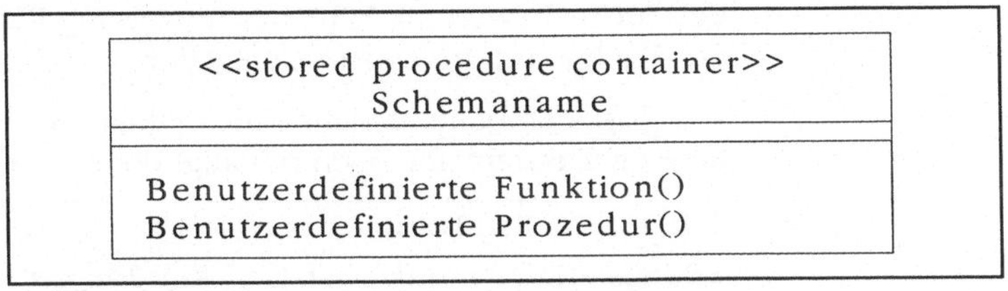

<<stored procedure container>>
Schemaname

Benutzerdefinierte Funktion()
Benutzerdefinierte Prozedur()

Abbildung 7.11 Benutzerdefinierte Operationen im Datenbankmodell

Am Entwurf einer einfach Hallo-Funktion untersuchen wir zunächst, wie Funktionen vereinbart und sodann genutzt werden. Die beispielhafte, skalare Funktion *HalloFunktion()* soll lediglich *hallo* an die Stelle ihres Aufrufes zurückgeben. Ihr architekturspezifischer Bauplan für die Einordnung in das Datenbanksystem sieht wie folgt aus.

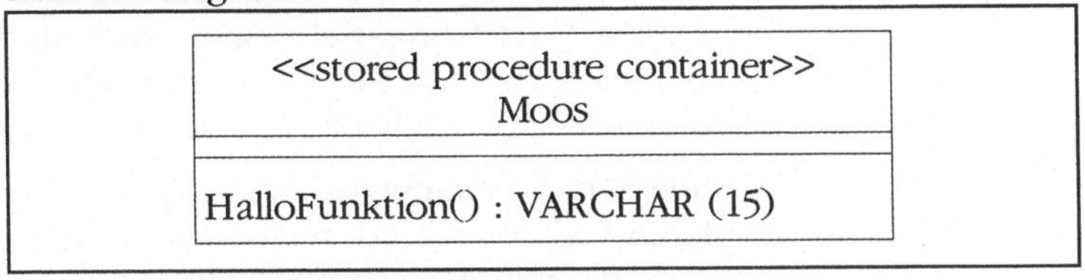

<<stored procedure container>>
Moos

HalloFunktion() : VARCHAR (15)

Abbildung 7.12 Modell der benutzerdefinierten Funktion HalloFunktion()

UDF

Im Modell ist festgeschrieben, dass die UDF (User Defined Function) HalloFunktion() im Schema Moos zu verwalten ist. Der Typ ihres Rückgabewertes soll VARCHAR (15) sein.

Nach den architekturspezifischen Vorarbeiten für das Entwurfsmodell kann sodann die Implementierung erfolgen.

```
--****************************************
--*      Benuterdefinierte Funktion      *
--****************************************
CREATE FUNCTION HalloFunktion()
   RETURNS VARCHAR (15)
   RETURN 'hallo';
```

Programm 7.57 Vereinbarung der UDF HalloFunktion()

In der Programmzeile (4) wird die Signatur der benutzerdefinierten Funktion festgelegt. Sie besteht aus dem Funktionsnamen und einer leeren Parameterliste. In der Zeile (5) wird der Datentyp des skalaren Rückgabewertes definiert. Und in Zeile (6) wird der Rückgabewert mit Hilfe der Anweisung RETURN an die Stelle des Funktionsaufrufes zurückgegeben.

Ein Test der benutzerdefinierten Funktion in den unterschiedlichsten Zusammenhängen bestätigt deren Anwendbarkeit.

```
VALUES ( HalloFunktion() );                         (1)
SELECT HalloFunktion(), Kunden_Nr                   (2)
   FROM Kunde;                                      (3)
SELECT Kunden_Nr                                    (4)
   FROM Kunde                                       (5)
   WHERE HalloFunktion() = 'hallo';                 (6)
```

Programm 7.58 Anwendbarkeitstest der benutzerdefinierten Funktion

VALUES

In der Programmzeile (1) ist der Test in der einfachsten Umgebung einer VALUES-Klausel demonstriert. In der Zeile (2) leistet die Funktion ihre Dienste als Ausdruck in der SELECT-Liste. In Programmzeile (6) schließlich ist sie Operand in einem Prädikat.

Nachdem nun bekannt ist, wie eine benutzerdefinierte skalare Funktion vereinbart wird, realisieren wir die geforderten Funktionen in unserem Währungsbeispiel.

Der hierzu erforderliche architekturgetriebene Entwurfsansatz empfiehlt, das Designmodell zunächst zu erstellen.

architekturgetriebener Entwurf

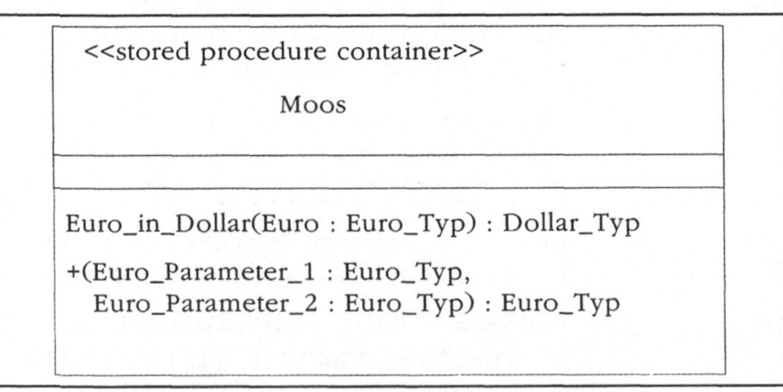

Abbildung 7.13 Benutzerdefinierte Funktionen für Währungsbeispiel

Das Entwurfsmodell besagt, dass im Schema *Moos* zwei benutzerdefinierte Funktionen zu implementieren sind. Ihre Namen lauten *Euro_in_Dollar* und "+". Der Datentyp des Rückgabewertes der ersten UDF soll *Dollar_Typ* sein. Der Typ des Eingabeparameters *Euro* hingegen ist vom Typ *Euro_Typ*. Die zweite Funktion mit dem Namen "+" (addiere) überlädt den in SQL standardmäßig enthaltenen Additionsoperator "+". Hierdurch macht sie ihn auch anwendbar für Argumente vom Datentyp *Euro_Typ*. Da der Additionsoperator ein dyadischer Operator ist, d.h. zwei Argumente erfordert, benötigt die Funktion "+" auch zwei Parameter. Beide sind vom Typ *Euro_Typ*.

Überladung

dyadisch

Nachdem das Designmodell stabil und im Rahmen der Softwarequalitätssicherung akzeptiert ist, erfolgt seine Implementierung.

```
--*************************************
--*   UDF für die Umrechnung von      *
--*   Euro in Dollar                  *
--*************************************
CREATE FUNCTION Euro_in_Dollar
       (Euro Euro_Typ)
   RETURNS Dollar_Typ
   RETURN DECIMAL ( Euro ) * 1.20;
```

Programm 7.59 UDF für die Umrechnung von Euro in Dollar

Ein kurzer Funktionstest zeigt bereits die Anwendbarkeit.

```
VALUES (Euro_in_Dollar( Euro_Typ (100) ) );
```

Ergebnis:

```
1
-----------
     120,00
```

Ein weiterer Test in einer Unteranfrage zeigt den oft erforderlichen Einsatz der benutzerdefinierten Funktion.

```
SELECT Euro,
       Euro_in_Dollar( Euro )
          AS Funktionsergebnis,
       Dollar
   FROM Waehrung;
```

Programm 7.60 UDF in Spaltenliste des SELECT-Befehls

Ergebnis:

```
EURO        FUNKTIONSERGEBNIS DOLLAR
----------- ----------------- -----------
     100,00            120,00      200,00
```

Überladen ist eine Art der Polymorphie

Bei der folgenden Implementierung der benutzerdefinierten Funktion für die Addition von zwei Werten im Euro_Typ wird der Additionsoperator von SQL überladen. Mit Überladen eines Operators bezeichnet man, wie schon angedeutet, die Verwendung eines bereits in System verwendeten Operators als Namen für eine neue Funktionalität. Die neue Funktionalität im Beispiel ist die Addition von Werten des benutzerdefinierten distinct Typs *Euro_Typ*.

```
CREATE FUNCTION "+"                                  (1)
       (Euro_Parameter_1 Euro_Typ,                   (2)
        Euro_Parameter_2 Euro_Typ)                   (3)
   RETURNS Euro_Typ                                  (4)
   RETURN   DECIMAL( Euro_Parameter_1 )              (5)
          + DECIMAL( Euro_Parameter_2 );             (6)
```

Programm 7.61 Überladung des Funktions-Operators "+"

Der folgende Kurztest demonstriert die Funktionstüchtigkeit in der Infixnotationsform des Funktionsbezeichners.

Infix-notationsform

```
VALUES  ( Euro_Typ( 1 ) + Euro_Typ( 1 ) );   (1)
```

Programm 7.62 UDF im Schnelltest in der VALUES-Klausel

Ergebnis:

```
1
-----------
       2,00
```

```
SELECT Euro + Euro_Typ( 9 )                          (1)
       AS Additionsergebnis                          (2)
   FROM Waehrung;                                    (3)
```

Programm 7.63 UDF in der Spaltenliste als Infixoperator

Ergebnis:

```
ADDITIONSERGEBNIS
-----------------
           109,00
```

DB2-SQL erlaubt auch die gewöhnliche Schreibweise des Funktionsoperators in der Präfixnotationsform. Hierbei muss lediglich der Additionsoperator in Gänsefüßen ("+") eingeschlossen werden.

Präfix-notationsform

```
SELECT "+"(Euro, Euro_Typ( 9 ))
        AS Additionsergebnis
   FROM Waehrung;
```

Programm 7.64 UDF in der Spaltenliste aufgerufen in der Präfixnotationsform

Ergebnis:

```
ADDITIONSERGEBNIS
-----------------
           109,00
```

7.8.2 Tabellenfunktion

Gibt eine benutzerdefinierte Funktion eine Tabelle an die Stelle ihres Aufrufs zurück, so wird sie als eine Tabellenfunktion bezeichnet. Eine Tabellenfunktion kann nur in der FROM-Klausel eines SELECT-Befehls aufgerufen werden. Die zurückgegebene Tabelle wird sodann, wie jede andere Tabelle auch, in einem Tabellenausdruck der FROM-Klausel behandelt.

FROM

Als Beispiel soll die Tabelle *Rechnung* für den Dollarraum aufbereitet zur Verfügung gestellt werden. Außer den Spaltennamen in englischer Terminologie soll auch der Rechnungsbetrag in Dollar verfügbar sein.

Zur Lösung der Aufgabe Entwerfen wir das erforderliche Architekturmodell in UML.

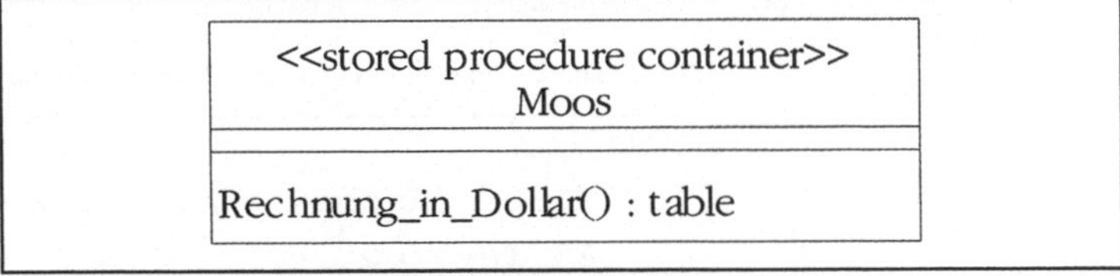

Abbildung 7.14: Tabellenfunktion als UDT

Die Implementierung in SQL sieht sodann wie folgt aus:

```
--****************************************
--* Benuterdefinierte Tabellenfunktion *
--****************************************
DROP   FUNCTION Rechnung_in_Dollar;
```

```
(5)  CREATE FUNCTION Rechnung_in_Dollar()
(6)     RETURNS TABLE (Invoice_Nr CHAR (4),
(7)                    Client_Nr  CHAR (4),
(8)                    Date       DATE,
(9)                    Amount     DEC (9, 2))
(10)    LANGUAGE SQL
(11)    READS SQL DATA
(12)    RETURN
(13)       SELECT Rechnu_Nr,
(14)              Kunden_Nr,
(15)              Datum,
(16)              Betrag * 1.20
(17)          FROM Rechnung;
```

Programm 7.65 Vereinbarung einer Tabellenfunktion

Mit der Klausel RETURNS in den Programmzeilen (6) bis (9) wird die Rückgabeschnittstelle zwischen der Tabellenfunktion und dem Funktionsaufruf beschrieben. Außer der Klausel TABLE besteht die Beschreibung aus den Namen und Datentypen der Spalten der zurückzugebenden temporären Tabelle. Die Programmzeilen (10) und (11) enthalten die LANGUAGE- und die READS-Klausel. Beide Klauseln sind Standard und werden hier nur zum Kennenlernen aufgeführt. In der RETURN-Klausel ab Programmzeile (12) steht der Anfragebefehl, der die Daten aus der Tabelle *Rechnung* beschafft. In der Programmzeile (16) wird der Betrag in Dollar umgerechnet.
Eine Tabellenfunktion kann nur in der FROM-Klausel eines SELECT-Befehls aufgerufen werden.

Das folgende Beispiel zeigt eine Anwendung der Tabellen-UDF:

```
SELECT *
   FROM TABLE (Rechnung_in_Dollar())
        AS Invoice;
```

Programm 7.66 Aufruf einer Tabellenfunktion
Ergebnis:

```
INVOICE_NR CLIENT_NR DATE       AMOUNT
---------- --------- ---------- -----------
R001       K001      2004-04-04    15600,00
R002       K001      2004-04-05     2400,00
R003       K002      2004-04-05     6000,00
```

7.8.3 Steueranweisungen in benutzerdefinierten Funktionen

SQL-Variable

Im Funktionsrumpf einer benutzerdefinierten Funktion können SQL-Variablen vereinbart werden. Auch kann der Programmablauf mit der Mehrfachalternative und der Wiederholung mit vorausgehender Eingangsbedingungsprüfung gesteuert werden. Weiterhin ist ein lesender Zugriff auf die Zeilen einer Tabelle mit Hilfe eines SQL-Cursors möglich. Ein modifizierender Zugriff auf Daten in Tabellen ist jedoch nicht erlaubt. Dies ist auch sinnvoll, um unübersichtliche Seiteneffekte bei der Funktionsausführung zu unterbinden.

Seiteneffekt

Die Syntax für die Vereinbarungsanweisung einer SQL-Variablen ist wie folgt:

DECLARE

```
DECLARE <SQL-Variable> [,<SQL-Variable>]...
              <Datentyp>
     {DEFAULT NULL | DEFAULT <Wert>}
```

Die Zuweisungsanweisung wird durch folgende Syntax beschrieben:

SET

```
SET <SQL-Variable> = Ausdruck
```

Syntax der Mehrfachalternative:

IF

```
IF <Bedingung> THEN <Anweisung>;
        [<Anweisung>;] ...
[ELSEIF <Bedingung> THEN <Anweisung>;
      [<Anweisung>;] ...] ...
[ELSE <Anweisung>; [<Anweisung>;] ...]
             END IF
```

Syntax der Wiederholung mit vorausgehender Eingangsbedingungsprüfung:

```
[<Wiederholungsname>:]
WHILE <Eingangsbedingung> DO
<Anweisung>; [<Anweisung>;] ...
END WHILE [<Wiederholungsname>]
```

ITERATE

Mit der Anweisung ITERATE [<Wiederholungsname>] wird der aktuelle Durchlauf durch die Wiederholung abgebrochen und der nächste Durchlauf gestartet.

LEAVE

Die Anweisung LEAVE [<Wiederholungsname>] bricht die Wiederholung ab und überträgt die Ablaufsteuerung auf die Anweisung nach END WHILE.

Die Anweisung FOR dient zum zeilenweisen Lesen einer Tabelle. Ihre Syntax ist folgende:

FOR

```
FOR <Qualifikationsname> AS
  <Select-Anweisung> DO
<Anweisung>; [<Anweisung>;] ...
END FOR
```

Ablauflogik

Mit dem Wissen über die Struktur der Steueranweisungen der prozeduralen SQL-Sprache können wir nun die Funktionskörper mit einer Ablauflogik versehen.

An zwei einfachen Beispielen sollen die Steueranweisungen demonstriert werden.

Beispiel: In einer Funktion soll ein Schleifenzähler auf 10 hochgezählt und das Ergebnis sodann an die Stelle des Funktionsaufrufs zurückgegeben werden.

```
--**************************************
--* Funktion mit SQL-Steueranweisungen *
--**************************************
CREATE FUNCTION Test()
   RETURNS INTEGER
   BEGIN ATOMIC
     DECLARE Zaehler INTEGER DEFAULT 0;
     SET Zaehler = 1;
     Schleife:
     WHILE Zaehler <= 10 DO
       SET Zaehler = Zaehler + 1;
       IF Zaehler = 10
          THEN LEAVE Schleife;
       END IF;
     END WHILE;
     RETURN Zaehler;
   END
```

Programm 7.67 UDF mit einer Variablen und Steueranweisungen

Mit einem Minimaltest kann das Funktionsergebnis überprüft werden.

```
VALUES ( Test() )
```

Ergebnis:

```
1
-----------
         10
```

Beispiel: In einer Funktion sollen die Zeilen der Tabelle Rechnung nacheinander gelesen und ihre Betragswerte aufsummiert werden. Die Endsumme soll sodann an die Stelle des Funktionsaufrufs zurückgegeben werden.

cursor

```
(1)  --*************************************
(2)  --* Funktion mit SQL-Steueranweisungen *
(3)  --*************************************
(4)  CREATE FUNCTION Betrag_addieren()
(5)     RETURNS DECIMAL (9, 2)
(6)     BEGIN ATOMIC
(7)     DECLARE Betragssumme DEC (9,2)
(8)                          DEFAULT 0;
(9)     FOR Zeile AS
(10)       SELECT * FROM Rechnung
(11)    DO
(12)       SET Betragssumme =  Betragssumme
(13)                         + Zeile.Betrag;
(14)    END FOR;
(15)    RETURN Betragssumme;
(16)    END
```

Programm 7.68 Sequenzielles Lesen der Tabellenzeilen

Ein Schnelltest zeigt die Funktionstüchtigkeit der UDF.

```
VALUES ( Betrag_addieren() )
```

Ergebnis:

```
1
----------
   20000,00
```

Die Anweisung FOR in den Programmzeilen (9) bis (14) stellt bei jedem Wiederholungsdurchlauf in ihrem Schleifenkörper die Daten einer Rechnungszeile unter dem Qualifikationsnamen *Zeile* zur Verfügung. Der Qualifikationsname ist in der Programmzeile (9) festgelegt worden.

7.9 Aufgaben

Aufgaben für einfache Ausdrücke

1) Geben Sie in die Ausgabe die Rechnungszeilen aus. Geben Sie zusätzlich eine Spalte aus, die einen um 10% erniedrigten Rechnungsbetrag der jeweiligen Rechnung ausweist.
2) Geben Sie die Kundendaten aus. Vor dem Vornamen eines Kunden muss das Wort Kunde: stehen, z.B. Kunde: Hugo.
3) Geben Sie die Kundendaten aus, wobei in der Spalte Name der verkettete Vor- und Zuname stehen muss.
4) Geben Sie die Rechnungsdaten aus:
   - In der ersten Spalte muss das Wort *Rechnungsdatum:* stehen.
   - In der zweiten Spalte das Ausgabedatum.
   - In der dritten Spalte die Ausgabeurzeit.
   - In der vierten Spalte der Anmeldename dessen, der die Ausgabe bewerkstelligt - also Ihre Benutzerkennung.
   - In den weiteren Spalten die Rechnungsdaten.
5) Erhöhen Sie alle Artikelpreise in der Tabelle Artikel um 20%.

Aufgaben für Fallunterscheidungen

6) In einem Unternehmen wird das morgendliche Kommen und das abendliche Gehen per Stechuhr überwacht. Die Stechuhrtabelle soll in einem benannten Tabellenausdruck (WITH Stechuhr ...) realisiert werden. In einer Betriebsvereinbarung wurde festgelegt, dass täglich zwischen vier und acht Stunden zu arbeiten sind. Schreiben Sie ein Programm, das die Stechuhraufschriebe auswertet und einen passenden Kommentar pro Tagesarbeit je Mitarbeiter erzeugt.

2) In einem Unternehmen gibt es die gleitende Arbeitszeit. An einem Tag sind mehrere Anwesenheits- und Abwesenheitsperioden möglich. In einer Betriebsvereinbarung wurde festgelegt, dass monatlich zwischen 80 und 160 Stunden zu arbeiten sind. Die Pforten des Betriebes werden morgens um 6 Uhr geöffnet und abends um 22 Uhr geschlossen. Schreiben Sie ein Programm, das die Stechuhraufschriebe auswertet und einen passenden Kommentar je Monat und Arbeitnehmer erzeugt. Die Stechuhraufschriebe liegen auf Jahres-

basis vor. Die Tabelle hierfür ist ein benannter Tabellenausdruck (WITH ...).

3) In einem Unternehmen gibt es die gleitende Arbeitszeit. In einer Betriebsvereinbarung wurde festgelegt, dass die monatliche Arbeitszeit in Absprache mit dem Betriebsrat festgelegt wird. Eine Tabelle enthält pro Monat die Monatsnummer und die für den Monat somit festgelegte minimale sowie maximale Arbeitszeit in Stunden. Eine weitere Tabelle ist die Mitarbeiterstammdatei. Eine dritte Tabelle enthält die bereits zusammengefassten Stunden eines Mitarbeiters je Monat. Jede Tabelle ist in Gestalt eines benannten Tabellenausdrucks in der WITH-Klausel zu realisieren.

   Erstellen Sie eine Auswertung nach folgendem Muster:

Monat	Pers_Nr	Soll_Std	Ist_Std	Bemerkung
01	P1	80-160	170	Zu viel gearbeitet
01	P2	80-160	100	Genug gearbeitet
01	P1	80-160	50	Zu wenig gearbeitet

4) Geben Sie die Kundendaten aus.
   Wenn ein Kunde aus Heidelberg stammt, geben Sie zusätzlich noch die Anzahl der Artikeldaten aus.

Aufgaben für Aggregatsfunktionen

1) Geben Sie die Kunden mit ihren Obligos aus.

2) Geben Sie die Kunden mit ihren Obligos aus. Hierbei geben Sie auch von dem jeweiligen Kunden den niedrigsten, durchschnittlichen und dem höchsten Rechnungsbetrag aus.

3) Geben Sie die Artikel mit ihren Umsätzen in Geld, die Gesamtanzahl der Artikelberechnungen je Artikel, die minimale und die maximale Anzahl, die ein Artikel in Rechnung berechnet wurde.

4) Geben Sie die Kundendaten aus.
   Wenn das Kundenobligo der Kunden des Orts, in dem der aktuelle Kunde wohnt, über 5000,-- liegt, geben Sie zusätzlich noch das Obligo des jeweiligen Kunden, das Obligo der Kunden in dem jeweiligen Ort und das Gesamtobligo aller Kunden aus.

5) Geben Sie die Kundendaten aus.

   Wenn das Kundenobligo der Kunden des Orts, in dem der aktuelle Kunde wohnt, über 5000,- liegt, geben Sie zusätzlich noch das Obligo des jeweiligen Kunden, das Obligo der Kunden in dem jeweiligen Ort und das Gesamtobligo aller Kunden aus. Zusätzlich geben Sie in diesem Fall noch die Gesamtanzahl der Artikelzeilen aus.

6) Geben Sie die Kundendaten aus.

   Wenn das Kundenobligo der Kunden des Orts, in dem der aktuelle Kunde wohnt, über 5000,-- liegt, geben Sie zusätzlich noch das Obligo des jeweiligen Kunden, das Obligo der Kunden in dem jeweiligen Ort und das Gesamtobligo aller Kunden aus.

7) Geben Sie die Anzahl der Rechnungszeilen und die Anzahl unterschiedlicher Kundennummern in der Fremdschlüsselspalte Kunden_Nr der Tabelle Rechnung aus.

8) Geben Sie folgende Daten in die Ergebnistabelle aus:
   - Summe aller Rechnungsbeträge
   - Kleinster Rechnungsbetrag
   - Mittlerer Rechnungsbetrag
   - Größter Rechnungsbetrag
   - Durchschnittlicher Rechnungsbetrag
   - Varianz der Rechnungsbeträge.

9) Geben Sie folgende Daten der Kunden aus Heidelberg zusammen denen mit Mannheim aus:
   - Summe aller Rechnungsbeträge
   - Kleinster Rechnungsbetrag
   - Mittlerer Rechnungsbetrag
   - Größter Rechnungsbetrag
   - Durchschnittlicher Rechnungsbetrag
   - Varianz der Rechnungsbeträge.

Aufgaben für Zeichenkettenfunktionen

1) Verketten Sie die vier Literale hallo, Freunde, guten, Morgen. Verwenden Sie hierzu zunächst den Verkettungsoperator || und sodann die eingebaute Funktion CONCAT().

2) Erstellen Sie eine Gehaltstabelle und legen Sie die Gehaltsbeträge verschlüsselt ab. Verwenden Sie hierzu die Funktion ENCRYPT().

3) Erstellen Sie eine Mitarbeitertabelle. Sehen Sie hierbei auch die beiden Spalten Benutzerkennung und Kennwort vor. Verschlüsseln Sie das Kennwort mit ENCRYPT().

4) Lassen Sie sich den Passworthinweis des Verschlüsselungskennwortes anzeigen.

5) Geben Sie die Ortsnamen aus und fügen Sie hierbei in die Ortsnamen ab dem dritten Zeichen das Wort Ort ein. Verschieben Sie hierbei die Zeichen ab der vierten Schreibstelle nach rechts.

6) Geben Sie alle Anreden in Kleinbuchstaben aus.

7) Greifen Sie von links sieben Zeichen aus den Ortsnamen heraus und geben Sie diese aus.

8) Stellen Sie fest, aus wie viel signifikanten Zeichen die Vornamen bestehen.

9) Geben Sie die Positionen der Teilzeichenkette *berg* in den Ortsnamen aus. Verwenden Sie hierzu die Funktion LOCATE().

10) Geben Sie die Artikelnamen aus. Falls führende Leerzeichen vorhanden sind, eliminieren Sie diese.

11) Geben Sie die Positionen der Teilzeichenkette *berg* in den Ortsnamen aus. Verwenden Sie hierzu die Funktion POSSTR().

12) Geben Sie die Vornamen Ihrer Kunden drei mal wiederholt aus.

13) Ersetzen Sie alle Zeichen ü durch die Zeichenkette ue.

14) Greifen Sie aus den Artikelnamen von rechts her gesehen 10 Zeichen heraus.

15) Eliminieren Sie rechtsbündige Leerzeichen aus den Vornamen und Zunamen. Zwischen die beiden Werte der Vor- und Zunamen bauen Sie ein Leerzeichen ein. Anschließend geben Sie das Ergebnis unter dem Spaltennamen *Name* aus.

16) Fügen Sie zwischen die Vor- und Zunamen so viele Leerzeichen ein, dass der Wert des Zunamens an der Position 30 im Ergebnisfeld endet.

17) Greifen Sie aus der Spalte Straße der Tabelle Kunde ab der Position Sieben vier Zeichen heraus.

18) Verschlüsseln Sie die Zunamen der Kunden in der Ausgabe derart, dass aus einem Z ein A und einem A ein Z wird. Die restlichen Buchstaben des Alphabetes behandeln Sie ebenso spiegelbildlich, d.h. aus B wird Y und aus Y wird B usw.

19) Suchen Sie alle Heidelberger Kunden aus der Tabelle Kunde heraus, gleichgültig, in welchen Buchstabenkonfigurationen Heidelberg geschrieben wurde, ob mit Groß- oder Kleinbuchstaben oder auch beliebig gemischt. Setzen Sie hierzu die Funktion UCASE() ein.

Aufgaben für Datums- und Zeitfunktionen

1) Stellen Sie den Namen des Wochentages folgender Datumswerte fest:
   - Der Tag Ihrer Geburt
   - Der Tag Ihres Geburtstags im Jahre 2004, 2005 und 2006
   - Der Tag des Rechnungsdatum der jeweiligen Rechnung
   - Der Tag aus dem Systemregister CURRENT DATE
   - Welche Nummer hat der heutige Tag im Monat?
2) Welche Nummer hat der Tag der jeweiligen Rechnungsausstellung?
3) Welches ist die Nummer des heutigen Tages in der Woche, wenn der Sonntag die Nummer 1 erhält?
4) Welches ist die Nummer des heutigen Tages in der Woche, wenn der Montag die Nummer 1 erhält?
5) Welche Nummer hat der Tag Ihrer Geburt in Ihrem Geburtsjahr gehabt?
6) Wie viele Tage sind seit Christi Geburt vergangen?
   - bis heute
   - bis zu dem jeweiligen Ausstellungsdatum der Rechnungen
   - bis zum Tag Ihrer Geburt.
7) Die wievielte Stunde des Tages ist es jetzt?
8) Wie viele Tage sind heute seit dem Basistag des julianischen Kalenders vergangen?
9) Wie viel Mikrosekunden zeigt der aktuelle Zeitstempel an?

10) Wie viel Sekunden sind seit Mitternacht vergangen?
11) Welche Minute der aktuellen Stunde ist es gerade?
12) Wie ist die Monatsnummer im jeweiligen Rechnungsdatum?
13) Wie lautet der Name des Monats im jeweiligen Rechnungsdatum?
14) Die wievielte Woche des Jahres ist heute?
15) In welchem Quartal sind Sie geboren?
16) Wie groß ist der Sekundenanteil an der aktuellen Zeit?
17) Welche Nummer hat die aktuelle Woche im Jahr?
18) Welches ist die Jahreszahl im heutigen Datum?

Aufgaben für Funktionen zur Datentypkonvertierung

1) Welches ist der ASCII-Wert des Buchstaben kleines z?
2) Wandeln Sie eine ganzzahlige dezimale Festpunktzahl in eine große Dualzahl.
3) Wandeln Sie die Zeichenkette *hallo* in einen BLOB-Typ.
4) Verwenden Sie die Funktion CAST(), um den dezimalen Festpunktwert 99 in eine kleine Dualzahl zu konvertieren.
5) Wandeln Sie die 15-stellige Zeichenkettenspalte Vorname in eine 30-stellige und geben Sie das Ergebnis aus.
6) Geben Sie die Datumsdaten der Tabelle Rechnung im europäischen Format aus.
7) Wandeln Sie die verketteten Spalten Vorname und Zuname in ein langes Zeichenobjekt (CLOB) der Länge von 100 Zeichen.
8) Geben Sie die Rechnungsbeträge der Tabelle Rechnung mit fünf Stellen vor und zwei Stellen nach dem Dezimalkomma aus.
9) Wandeln Sie die kleine Dualzahl mit dem Wert 99 in eine Repräsentation mit führenden Nullen um.
10) Geben Sie den Wert 4711 in Form einer Gleitkommazahl mit doppelter Genauigkeit aus.
11) Untersuchen Sie alle in SQL möglichen Basistypen bezüglich ihrer internen Darstellung im Speicher.
12) Wandeln Sie eine große Dualzahl in eine normale Dualzahl (INTEGER).

13) Wandeln Sie die Anrede in eine lange Zeichenkette (LONG_VARCHAR).

14) Geben Sie die Rechnungsbeträge als reelle Zahlen (REAL) aus.

15) Wandeln Sie eine normale Dualzahl (INT) in eine kleine Dualzahl (SMALLINT).

16) Wandeln Sie die aktuelle Zeit, die Sie als Zeichenkettenliteral darstellen, in den Datentyp TIME.

17) Wandeln Sie eine Zeichenkette in einen Zeitstempel.

18) Wandeln Sie formatgesteuert eine Zeichenkette in einen Zeitstempel.

19) Wandeln Sie die Daten in der Spalte Ort der Tabelle Kunde in den Datentyp VARCHAR (15). Eliminieren Sie hierbei die rechtsbündigen Leerzeichen.

20) Wandeln Sie das aktuelle Datum formatgesteuert in eine Zeichenkette.

Aufgaben für Mathematische Funktionen

1) Multiplizieren Sie die Werte der Spalte Betrag in der Tabelle Rechnung mit -1 und wenden Sie auf dieses Ergebnis die Funktion ABSVAL() an.

2) Ermitteln Sie die nächst größere Ganzzahl von -2,9.

3) Welches ist der Wert der Exponenzialfunktion mit dem Argument 3?

4) Ermitteln Sie die nächst kleinere Ganzzahl von -2,9.

5) Welches ist der natürliche Logarithmus von 5?

6) Welches ist der Zehnerlogarithmus von 100?

7) Berechnen Sie den Divisionsrest von 30 geteilt durch 7.

8) Welches ist die siebte Wurzel aus 25?

9) Erzeugen Sie für jede Kundenzeile eine Pseudozufallszahl.

10) Teilen Sie die Rechnungsbeträge der Tabelle Rechnung durch 0.333 und runden Sie das Ergebnis an der zweiten Stelle.

11) Berechnen Sie das Signum von -99.

12) Berechnen Sie die Quadratwurzel der Rechnungsbeträge der Tabelle Rechnung.

13) Schneiden Sie die Rechnungsbeträge der Tabelle Rechnung an der Zehnerstelle ab.

Aufgaben für sonstige Funktionen

1) Erarbeiten Sie in einem sinnvollen Beispiel die Funktionalität der eingebauten Funktion COALESCE().
2) Generieren Sie für jede Zeile der Tabelle Artikel einen einmaligen Wert.
3) Erstellen Sie eine Kundentabelle mit Surrogatschlüsseln. Laden Sie die Tabelle mit Zeilen. Geben Sie den vom Datenbankprozessor zuletzt generierten Surrogatschlüsselwert aus.
4) Wenden Sie die Funktion NULLIF() auf die Vor- und Zuname der Tabelle Kunde an.

Aufgaben für die Datums- und Zeitarithmetik

1) Wie viele Tage sind seit Ihrer Geburt vergangen? Berechnung mit den Funktionen YEAR, MONTH, DAY.
2) Wie viele Tage sind seit Ihrer Geburt vergangen? Berechnung mit der Funktion DAYS
3) Wie viele Jahre, Monate und Tage sind seit Ihrer Geburt vergangen?
4) Wie viele Tage sind es bis zum 31.12.2006?
5) Wie viele Tage werden Sie am 17. Juli 2013 alt sein?
6) Welches Datum schreiben wir in 277 Tagen?
7) Welches Datum hatten wir vor 337 Jahren, 99 Monaten und 1000 Tagen?
8) Welches ist die älteste Rechnung?
9) Welcher Zeitraum liegt zwischen der ältesten und der jüngsten Rechnung?
10) Welches ist das Durchschnittsalter der Rechnungen?
11) Wie alt ist jeder Mitarbeiter?
12) Wie alt ist der jüngste und der älteste Mitarbeiter?
13) Welche Mitarbeiter sind über 50 Jahre alt?
14) Wie viele Mitarbeiter gibt es über 50 Jahre?
15) Wie viele Jahre sind die einzelnen Mitarbeiter im Betrieb?
16) Welche Mitarbeiter haben eine Betriebszugehörigkeit von mehr als 25 Jahren?

17) Welches ist das Durchschnittsalter der Heidelberger Mitarbeiter in Jahren?

18) Welche Rechnungen haben ihr Zahlungsziel per heute um 30 Tage überschritten?

19) Erstellen Sie eine Liste der fälligen Kunden-Zahlungen für die Zukunft unter Beachtung eines gewährten Zahlungsziels von 30 Tagen.

20) Mit welchen Kundenzahlungen können wir in den kommenden 45 Tagen rechnen?

21) Erstellen Sie einen Liquiditätsstatus. Hierin sollen die zu bezahlenden Lieferanten-Rechnungs-Beträge und die zu erwartenden Kunden-Rechnungs-Beträge gegenübergestellt werden.

22) Erstellen Sie einen Liquiditätsstatus für den kommenden Monat. Unser Unternehmen zahlt immer nur zum 15. und 30. eines jeden Monats. Im Liquiditätsstatus sollen die Summen der zu bezahlenden Lieferanten-Rechnungs-Beträge und die zu erwartenden Kunden-Rechnungs-Beträge zu den beiden Zahlungsterminen gegenübergestellt werden.

Aufgaben für OLAP-Funktionen

1) Versehen Sie jede Zeile der Tabelle Artikel mit einer Zeilennummer. Es soll hierbei vor der Nummernvergabe keine bestimmte Sortierung erfolgen.
2) Erzeugen Sie die Umsatzliste in absteigender Reihenfolge der Beträge.
3) Erzeugen Sie die Umsatzliste in aufsteigender Reihenfolge der Jahre und innerhalb des selben Jahres nach absteigender Reihenfolge der Monaten.
4) Welches sind die Umsätze mit den drei niedrigsten Umsatzbeträgen?
5) Welches sind die Umsätze mit den drei höchsten Umsatzbeträgen?
6) Geben Sie die drei Umsätze mit den niedrigsten Umsatzbeträgen mit aufsteigenden Zeilennummern aus.
7) Die Umsatzbeträge sollen mit einer Rangzahl ausgezeichnet und in einer absteigenden Rangreihenfolge mit Lücken ausgegeben werden.

8) Die Umsatzbeträge sollen mit einer lückenlosen Rangzahl ausgezeichnet werden und in einer aufsteigenden Rangreihenfolge ausgegeben werden.
9) Die Umsatzbeträge sollen sowohl mit einer lückenlosen Rangzahl als auch mit einer lückenbehafteten Rangzahl ausgezeichnet werden und in einer aufsteigenden Rangreihenfolge ausgegeben werden.
10) Welches sind die Umsatzzeilen mit den höchsten Umsätzen, die sich auf den Rängen 1 und 2 befinden?
11) Welches sind die Umsätze auf den Rängen 1, 2 und 5?
12) Auf welchen Rängen liegen die Rechnungen bei einer Rangbildung mit Lücken und einer ohne Lücken
    a) bei aufsteigenden Rechnungsbeträgen
    b) bei absteigenden Rechnungsbeträgen.
13) Auf welchen Rängen liegen die Artikel bei einer Rangbildung mit Lücken und einer ohne Lücken
    a) bei aufsteigenden Artikelpreisen
    b) bei absteigenden Artikelpreisen.
14) Auf welchen Rängen liegen die Kunden bei einer Rangbildung mit Lücken und einer Rangbildung ohne Lücken
    a) bei aufsteigenden Kundenobligos
    b) bei absteigenden Kundenobligos.
15) Die Umsatzbeträge sollen sowohl mit
    - einer Zeilennummer,
    - einer lückenlosen Rangzahl als auch mit
    - einer lückenbehafteten Rangzahl

    ausgezeichnet werden und in einer aufsteigenden Rangreihenfolge ausgegeben werden.
16) Geben Sie den jeweiligen Umsatzbetrag und den zugehörigen Prozentanteil dieses Umsatzes in Bezug auf den Gesamtumsatz aus.
17) Geben Sie den jeweiligen Umsatzbetrag und den zugehörigen Prozentanteil dieses Umsatzes in Bezug auf den Umsatz des jeweiligen Jahres aus, zu dem die aktuelle Zeile gehört.
18) Geben Sie aus, der wievielte Kunde eines Ortes der jeweilige Kunde ist und wie viele Kunden in der Partition des jeweiligen Ortes wohnen.
19) Geben Sie aus, die wievielte Rechnung eine Rechnung ist, die sich in der selben Partition eines jeweiligen Datums be-

findet. Weiterhin geben Sie aus, wie viele Rechnungen sich in der jeweiligen Partition befinden.

20) Erzeugen Sie eine Positionsnummer innerhalb einer Rechnung bei der Ausgabe der Positionsdaten.

21) Erzeugen Sie eine Positionsnummer innerhalb einer Rechnung bei der Ausgabe der Positionsdaten. Die Nummern vergeben Sie in aufsteigender Reihenfolge der betroffenen Artikelnamen.

22) Erzeugen Sie eine Positionsnummer innerhalb einer Rechnung bei der Ausgabe der Positionsdaten. Die Nummern vergeben Sie in absteigender Reihenfolge der betroffenen Artikelpreise.

23) Die Monatsumsätze, die während mehrerer Jahre angefallen sind, sollen innerhalb eines jeden Jahres in eine Rangfolge gebracht werden. Die Rangfolge innerhalb eines Jahres soll auf Grund der absteigenden Reihenfolge der monatlichen Umsatzbeträge festgestellt werden.

24) Die Positionsdaten der Rechnungen sollen nach Rechnungsnummern in Partitionen eingeteilt werden. Innerhalb einer Partition sollen die Positionszeilen einem Ranking in absteigender Reihenfolge ihrer Anzahlwerte unterzogen werden.

25) Die Umsätze der Artikel sollen mit Rangzahlen versehen werden. Artikel mit dem höchsten Umsatz sind mit der Rangzahl 1 zu bewerten.

26) Je Jahr sollen monatsspezifisch kumulierte Betragssummen gebildet werden.

27) Es sollen parallel die Umsätze innerhalb eines Jahres und die Umsätze insgesamt kumuliert werden.

28) Es sind die Rechnungsbeträge kumuliert auszugeben. Die Kumulation soll in aufsteigender Folge des Rechnungsdatums erfolgen.

29) Die Artikel sollen in aufsteigender Folge ihrer Ränge am Umsatz ausgegeben werden. Zusätzlich soll ihr Umsatzanteil am Gesamtumsatz ausgegeben werden. Weiterhin soll die Prozentzahl in einer passenden Spaltenbreite und mit einer Stelle nach dem Komma dargestellt werden.

30) Über den Beitrag zum Nettoerfolg eines Großhandelsunternehmens sollen die Verkäufer im Rahmen einer ABC-Analyse in drei Gruppen (A, B, C) eingeteilt werden.

Erfolgsbeitrag je Verkäufer:

Verkäufer	**Erfolgsbeitrag in Euro**
V01	30.000
V02	100.000
V03	77.000
V04	10.000
V05	5.000
V06	8.000
V07	13.000
V08	90.000
V09	3.000
V10	14.000

- Führen Sie die Abc-Analyse durch.
- Stellen Sie das Ergebnis auch grafisch dar, z.B. mit EXCEL.

31) Über die gemeldeten Schäden an den Automodellen eines Automobilproduzenten soll eine ABC-Analyse durchgeführt werden.
    - Stellen zunächst eine Tabelle der gemeldeten Schäden je Modell auf.
    - Führen Sie sodann die ABC-Analyse durch.
    - Stellen Sie die Ergebnisse grafisch dar.

32) Der Kundenstamm einer Bank soll im Rahmen einer ABC-Analyse hinsichtlich des Erfolgsbeitrages untersucht werden.
    - Erstellen Sie eine Tabelle mit den Kundennummern und den jeweiligen Erfolgsbeiträgen.
    - Führen Sie die ABC-Analyse durch.
    - Stellen Sie die Ergebnisse auch grafisch dar.

33) Die Versicherungsangebote einer Versicherung sollen im Rahmen einer ABC-Analyse hinsichtlich ihres Schadensfallbeitrages untersucht werden.
    - Erstellen Sie eine Tabelle der Versicherungsangebote und des jeweiligen Schadensfallbeitrages.
    - Führen Sie die ABC-Analyse durch.
    - Stellen Sie die Ergebnisse grafisch dar.

34) Untersuchung von Aktienkursen - Anlage einer Tabelle:

```
CREATE TABLE Aktienkurs
    (Datum  DATE,
     Symbol CHAR (3),
     Kurs   DEC  (8,3));
INSERT INTO Aktienkurs VALUES
    ('02.08.2004', 'IBM', 110.125)
```

Bitte noch weitere Kurse selbstständig erfassen.

35) Welches ist der gleitende Durchschnitt der letzten drei Kurse?

36) Welches ist der gleitende Durchschnitt des aktuellen Kurses mit seinem Vorgänger- und Nachfolgerkurs?

37) Welches ist der Tageskurs und der Kurs des Vortages?

38) Welches ist die Kursdifferenz zwischen dem durchschnittlichen Tageskurs und dem durchschnittlichen Kurs des Vortrages?

39) Welches sind die Kurse von heute, gestern und vorgestern?

40) Welches sind die Kurse von heute, gestern und vorgestern und deren Mittelwerte?

41) Welches sind die Kurse von heute, gestern und vorgestern und deren Mittelwerte sowie der Quadratwurzel der Varianz?

Aufgaben für XML-Funktionen

1) Geben Sie die Daten folgender Tabellen im XML-Format aus und verwenden Sie hierzu die Konvertierungsfunktion REC2XML().

- Kunde
- Rechnung
- Position
- Artikel

2) Geben Sie die Daten folgender Tabellen im XML-Format aus und verwenden Sie hierzu die Konvertierungsfunktion XML2CLOB().

- Kunde
- Rechnung
- Position
- Artikel

Aufgaben für Benutzerfunktionen

1) Erstellen Sie die Tabelle Rechnung mit den Spalten Betrag_Euro und Betrag_Dollar. Beide Spalten müssen von dem entsprechenden benutzerdefinierten einzigartigen Typ sein.
   Gehen Sie bei Ihrer Entwicklungsarbeit ingenieurmäßig vor, indem Sie zuerst das Entwurfsmodell erarbeiten.
2) Erstellen Sie benutzerdefinierte Funktionen (UDF), die es gestatten, Daten vom Typ Euro_Typ zu addieren und zu subtrahieren. Das Gleiche erstellen Sie auch für Daten vom Dollar_Typ.
   Gehen Sie bei Ihrer Entwicklungsarbeit ingenieurmäßig vor, indem Sie zuerst das Entwurfsmodell erarbeiten.
3) Erstellen Sie benutzerdefinierte Funktionen, die Dollardaten in Eurodaten und umgekehrt konvertieren können.
   Gehen Sie bei Ihrer Entwicklungsarbeit ingenieurmäßig vor, indem Sie zuerst das Entwurfsmodell erarbeiten.
4) Erstellen Sie eine Tabellenfunktion, welche die Rechnungsdaten mit einem um drei Monate erhöhten Rechnungsdatum und einem mit dem Faktor 1,1 multiplizierten Rechnungsbetrag zurückgibt.
   Gehen Sie bei Ihrer Entwicklungsarbeit ingenieurmäßig vor, indem Sie zuerst das Entwurfsmodell erarbeiten.
5) Erstellen Sie eine benutzerdefinierte, skalare Funktion, welche die Summe der Rechnungsbeträge der Heidelberger Kunden an die Stelle ihres Aufrufs zurückgibt. Wenn der jeweilige Rechnungsbetrag zwischen 500 und 2000 Euro liegt, soll für ihn 1000 Euro angenommen werden.

   Gehen Sie bei Ihrer Entwicklungsarbeit ingenieurmäßig vor, indem Sie zuerst das Entwurfsmodell erarbeiten.
6) Erstellen Sie eine benutzerdefinierte, skalare Funktion, welche die Summe der ganzen Zahlen zwischen zwei anzugebenden ganzzahligen Argumenten an die Stelle ihres Aufrufs zurückgibt.
   Gehen Sie bei Ihrer Entwicklungsarbeit ingenieurmäßig vor, indem Sie zuerst das Entwurfsmodell erarbeiten.
7) Erstellen Sie eine benutzerdefinierte, skalare Funktion, welche die Anzahl von Rechnungspositionszeilen einer per Schlüssel anzugebenden Rechnung an die Stelle ihres Aufrufs zurückgibt.

Gehen Sie bei Ihrer Entwicklungsarbeit ingenieurmäßig vor, indem Sie zuerst das Entwurfsmodell erarbeiten.

8) Erstellen Sie eine benutzerdefinierte, skalare Funktion, die den Umsatz eines anzugebenden Artikels an die Stelle ihres Aufrufs zurückgibt.
   Gehen Sie bei Ihrer Entwicklungsarbeit ingenieurmäßig vor, indem Sie zuerst das Entwurfsmodell erarbeiten.
9) Erstellen Sie eine benutzerdefinierte, skalare Funktion, die das Datum der ältesten Rechnung an die Stelle ihres Aufrufs zurückgibt.
   Gehen Sie bei Ihrer Entwicklungsarbeit ingenieurmäßig vor, indem Sie zuerst das Entwurfsmodell erarbeiten.
10) Erstellen Sie eine benutzerdefinierte, skalare Funktion, die das Obligo eines anzugebenden Kunden an die Stelle ihres Aufrufs zurückgibt.
   Gehen Sie bei Ihrer Entwicklungsarbeit ingenieurmäßig vor, indem Sie zuerst das Entwurfsmodell erarbeiten.

8 Aktive Datenbanken

In diesem Kapitel lernen Sie,

- weshalb DB2 eine aktive Datenbank ist und
- was man unter einem Trigger versteht.
- Weiterhin lernen Sie, weshalb und wie man Funktionalität aus Anwendungsprogrammen herauslöst und in Triggern konsistent allen betroffenen Anwendungen automatisch zur Verfügung stellt.

Mit Ihrem erworbenen Wissen können Sie sodann Ihre Datenbank zu einer aktiven und funktionsreichen Datenbank machen.

8.1 Auslöser - Trigger

Die Durchführung von Funktionen durch den Datenbankprozessor muss vom SQL-Anwender in seinen SQL-Befehlen explizit angegeben werden. Dabei ist es unerheblich, ob es sich um Funktionen handelt, die in SQL eingebaut oder vom Benutzer definierte sind.

Eine weitere Steigerung des Operationskonzeptes ist erreicht, wenn sinnvolle oder erforderliche Operationen vom Datenbankprozessor automatisch durchgeführt werden, falls bestimmte Ereignisse eingetreten sind.

Solche Automatismen haben wir bereits in den Integritätsregeln kennen gelernt. Sie erlauben es, den Datenbankprozessor zu beauftragen, folgende Integritätsarten ohne Zutun des Datenbankbenutzers, z.B. des Anwendungsprogrammierers, zu gewährleisten:

- Entitätsintegrität
- Referenzielle Integrität
- Benutzerdefinierte Integrität für einfache Sachverhalte.

Ereignisse überwachen

Um einen noch weiter gehenden Automatismus in Gang zu setzen, muss man den Datenbankprozessor veranlassen, das Eintreten weiterer Ereignisse zu überwachen. Tritt ein solches Ereignis sodann ein, muss er automatisch die Ausführung erforderlicher Operationen auslösen. Eine derartige Ereignisüberwachung, mit der automatischen Ausführung einer Operation bei Ereignisein-

Auslöser

tritt, bezeichnet man im Englischen als *trigger* und im Deutschen als Auslöser bzw. ebenfalls als Trigger.

Ereignis

In DB2-SQL können Auslöser definiert werden, die selektiv das Eintreffen der folgenden DML-Befehle zur Veränderung einer bestimmten Tabelle und mithin das Eintreffen der damit zusammenhängenden Ereignisse überwachen:

- INSERT
- DELETE
- UPDATE

Stellt der Datenbankprozessor das Ausführungsbegehren eines solchen Befehls auf eine bestimmte Tabelle fest und ist eine wahlweise Vorbedingung erfüllt, führt er automatisch die Aktionen aus, die im Auslöser definiert sind. Diese müssen nicht ausschließlich reine Datenbankoperationen sein. Möglich sind auch Operationen, die sich an die Außenwelt der Datenbank richten, wie beispielsweise die Versendung von Nachrichten.

8.2 Einsatzgebiete für Trigger

Trigger können in einem weiten Anwendungsspektrum eingesetzt werden. Wichtige Einsatzgebiete werden in den folgenden Ausführungen aufgezeigt.

Durchführung statischer Integritätsregeln

Redundanzreduktion

Sicherheit

Müssen Daten immer geprüft werden, so können diese Prüfoperationen aus den Anwendungsprogrammen herausgezogen und in den Datenbankprozessor hineinverlagert werden. Hiermit erfolgen die Prüfungen, ohne dass sich der Anwender um deren Aktivierung kümmern muss. Sind die Prüfungen von einfacher Natur, indem bei ihrer Durchführung nur auf die Daten der betroffenen Zeile zugegriffen werden muss, so bietet sich für ihre Verwirklichung das einfache Konzept der Klausel CHECK in den DDL-Befehlen CREATE und ALTER TABLE an. Erfordern die Prüfregeln jedoch auch Daten aus anderen Tabellen oder umfangreichere Anfragen mittels Unteranfragen und komplizierte Anwendungslogik usw., so müssen sie mit Hilfe des Triggerkonzeptes realisiert werden.

Transitionale Integritätsregel

transition

Müssen Daten vor und nach ihrer Veränderung (Werteübergang - engl.: transition) in einem bestimmten Verhältnis zueinander stehen, können Trigger zur Implementierung der erforderlichen Überwachungsregeln verwendet werden. Beispiele hierfür sind Geschäftsregeln wie: „Gehälter dürfen nicht sinken“ oder „Gehaltserhöhungen dürfen nicht größer als 25 v. H. sein“ ...

Generieren von Werten für neue oder veränderte Zeilen

Soll zuverlässig festgehalten werden, wann eine Zeile manipuliert wurde und wer die Manipulation veranlasste, so kann hierfür ein Trigger eingesetzt werden. Seine Aufgabe ist es, die Zeit- und Benutzerdaten zu generieren.

Nachführen redundanter oder abgeleiteter Daten

abgeleitetes Attribut

Oft ist es aus Performanzgründen erforderlich, Daten in aggregierter Form vorzuhalten, damit bei häufigen Abfragen auf diese Daten der Aggregationsprozess nicht jeweils erneut und aufwändig durchgeführt werden muss. Beispiel hierfür ist die Rechnungssumme, die als abgeleitetes Attribut in der Rechnungstabelle geführt wird. Sie ließe sich auch aufwändig bei jeder Abfrage ermitteln, indem man die Summe der Produkte aus Anzahl und Einzelpreis der betroffenen Rechnungspositionszeilen bilden würde.
Ein weiteres Beispiel ist das Attribut *Einzelpreis* in der Tabelle *Rechnungsposition*. Der Preis eines berechneten Artikels ist hier zu führen, damit für die jeweilige Rechnung festgehalten wird, wie teuer der jeweilige Artikel zum Verkaufszeitpunkt gewesen ist. Der Einzelpreis in der Tabelle Artikel ist hierzu nicht geeignet, weil er nicht notwendigerweise jederzeit den Verkaufspreis eines Artikels widerspiegelt. Denn der entsprechende *Einzelpreis* in der Tabelle *Artikel* muss im Zeitablauf veränderbar sein, ohne dass bei solchen Preisänderungen erfasste Rechnungen berührt werden. Die Übernahme des aktuellen Einzelpreises von der Artikeltabelle in die Positionstabelle kann bei der Erfassung einer Rechnung mit einem entsprechenden Trigger automatisiert und somit auch fehlerfrei abgewickelt werden.

Archivierung von Daten

Rechtliche und betriebswirtschaftliche Gründe erfordern, dass Daten archiviert werden. Solche rechtlichen Gründe liegen in der

Produkthaftung, Wirtschaftsprüfung und in Verjährungsregelungen. Betriebswirtschaftliche Gründe ergeben sich aus der Gewährleistungspflicht, betrieblicher Revisionsfähigkeit, betrieblicher Statistik und Analyse und der Wiederverwendbarkeit.

kopieren

Zur Optimierung der operationalen und aktuellen Datenmenge sollten die Archivdaten aus der operationalen Datenmenge zunächst in eine physikalisch getrennte Datenmenge kopiert werden. Anschließend sind sie in der operationalen Datenmenge zu löschen. Dieser Kopierprozess kann Sinnvollerweise ebenfalls durch den Einsatz eines Triggers automatisiert werden.

Versenden von Nachrichten

Beim Eintreten bestimmter Datenbankereignisse ist es erforderlich, einen Datenbankbenutzer hierüber zu informieren. Das Verschicken solcher Benachrichtigungen oder Alarmierungen kann von einem hierfür vorgesehenen Trigger erledigt werden.

Aktivieren externer Aktionen

Ein SQL-Trigger kann beliebige Anwendungsprogramme aktivieren. Hierdurch kann man beliebige Funktionalität an den Eintritt eines Datenbankereignisses koppeln.

Bei der Vereinbarung eines Auslösers kann angegeben werden,

Zeitpunkt der Aktionsausführung

- ob die im Aktionsteil des Triggers auszulösenden Operationen zeitlich vor oder nach der jeweilig auslösenden Datenbank-Operation INSERT, DELETE oder UPDATE ausgeführt werden soll. Deshalb spricht man von BEFORE- und AFTER-Triggern.

Granularität

- Weiterhin kann gesteuert werden, ob der Aktionsteil des Triggers je Zeile der durch die auslösende Operation betroffene Zeilenmenge auszuführen ist. Alternativ hierzu kann bestimmt werden, dass der Aktionsteil des Triggers nur ein Mal pro auslösender Datenbankoperation auszuführen ist. Diese Unterscheidung führt zu den Granularitätsbetrachtungen der zeilenweisen und befehlsweisen Aktivierung eines Triggers.

Bedingte Aktionsdurchführung

- Auch ist es möglich, die Ausführung des Aktionsteils des Triggers davon abhängig zu machen, ob zusätzlich zu dem auslösenden Ereignis eine bestimmte Voraussetzung für die Ausführung der Operationen im Aktionsteil gegeben ist.

Einfache Aktivität oder Folge von Aktivitäten

- Im Aktionsteil des Triggers können viele SQL-Befehle bedingt und wiederholt zur Ausführung gelangen. Hierbei können triggerlokale Variablen zum Einsatz kommen.

Übergangsdaten

- Zur Unterstützung der auszuführenden SQL-Befehle und der Bedingungsprüfung zum Einlass in den Aktionsteil können Übergangsdaten zur Verfügung gestellt werden. Übergangsdaten sind diejenigen Daten einer Tabelle, die durch den auslösenden SQL-Befehl betroffen sind. Sie können präsentiert werden in ihrer Konstellation vor und/oder nach der Ausführung des auslösenden UPDATE-Befehls. Dabei können sie verfügbar gemacht werden in Form einzelner Zeilen oder der Menge aller betroffenen Zeilen in Tabellenform. Bei einem auslösenden INSERT-Befehl können nur die Daten vor der Ausführung dieses Befehls bereitgestellt werden. Bei einem auslösenden DELETE-Befehl gilt das Gegenteil. Nur die alten Daten, die vor der Durchführung der Löschoperation in der Tabelle vorhanden waren, können verfügbar gemacht werden.

Kaskadierung

Auf Grund der auszuführenden Datenbankoperationen können weitere Ereignisse eintreten, für die weitere Auslöser definiert sind. Hierdurch kann es vorkommen, dass Auslöser weitere Auslöser aktivieren. Somit kann eine beachtliche Dynamik im Gesamtsystem durch sich fortpflanzende (kaskadierende) Trigger eingeleitet werden.

8.3 Modellieren von Triggern

Trigger sind letztlich Operationen, die ereignisgesteuert vom Datenbankprozessor ausgeführt werden. UML bietet in der dritten Rubrik des rechteckigen Symbols für einen Relationstyp die Modellierung wichtiger Operationen an. Damit sich die Triggeroperation von den bereits eingeführten Operationen für die drei Integritätsarten der Entitätsintegrität, referenziellen Integrität und benutzerdefinierten Integrität deutlich unterscheiden, führen wir den Stereotyp <<trigger>> ein. Dadurch ist eine übersichtliche Zuordnung und Modellierung von Triggern für eine Relation bzw. Tabelle möglich.

Stereotyp

Im folgenden allgemein gehaltenen RDBD ist ein Trigger mit den weiteren wichtigen Konstruktionselementen eines Relationstyps dargestellt.

<<Table>>
Name der Tabelle

<<PK>> Spalte mit Primärschlüssel
<<FK>> Spalte mit Fremdschlüssel
<<U>> Spalte mit einmaligen Werten
Spalte für Nichtschlüssel

<<primary key>> Regel für Entitätsintegrität()
<<foreign key>> Regel für referenzielle Integrität()
<<check>> Regel für benutzerdefinierte Integrität()
<<trigger>> Name von Trigger()

Abbildung 8.1 Trigger im Relationstyp

Mit der Einführung des Stereotyps <<Trigger>> haben wir die architektonischen Ausdrucksmittel des RDBD um ein weiteres wichtiges Element erweitert.

8.4 Programmierung von Triggern

Die Vereinbarung eines Triggers wird durch eine recht umfangreiche Syntax definiert. Die Komplexität löst sich jedoch schnell auf, wenn man einige Beispiele programmiert hat.

Die Anweisung zur Vereinbarung eines Triggers wird durch folgende Syntax beschrieben.

```
CREATE TRIGGER <Triggername>
{NO CASCADE BEFORE | AFTER | INSTEAD OF}
{INSERT | DELETE |
UPDATE [OF <Spaltenliste>]}
ON <Tabelle>
[REFERENCING <Liste Übergangsvariable>]
{FOR EACH STATEMENT | FOR EACH ROW}
MODE DB2SQL
[WHEN (Vorbedingung)]
{<auszulösender SQL-Befehl> |
BEGIN ATOMIC
<Liste auszulösender SQL-Befehle>
END}
```

Ein Listenelement der Übergangsvariablen ist folgendermaßen definiert:

```
{OLD | NEW | OLD_TABLE | NEW_TABLE}
  [AS] <Name des Listenelementes>
```

SQL-Befehle

Im Aktionsteil des Triggers können folgende SQL-Befehle verwendet werden:

- INSERT
- UPDATE
- DELETE
- SELECT
- SET
- SIGNAL SQLSTATE
- VALUES

Steuer-anweisungen

Diese SQL-Befehle können in Steueranweisungen eingeflochten sein, die auch für die Ablaufsteuerung von benutzerdefinierten Funktionen (UDF) zulässig sind. Zulässige Sprachelemente dieser Art sind:

- DECLARE
- SET
- IF
- WHILE

Einschränkungen

Folgende Einschränkungen müssen jedoch beachtet werden:

- **NO CASCADE BEFORE**
  Die Angabe für einen BEFORE-Trigger kann nicht zusammen mit der Granularitätsangabe FOR EACH STATEMENT angegeben werden.
- **Liste der Übergangsvariablen und auslösende Operationen**
  Mit INSERT ist nur NEW und NEW_TABLE, mit DELETE nur OLD und OLD_TABLE angebbar. Bei UPDATE sind alle Varianten erlaubt.
- **Liste der Übergangsvariablen, Granularität und Ereigniszeit**
  Bei der Granularitätsangabe FOR EACH STATEMENT darf nur OLD_TABLE und NEW_TABLE genutzt werden. Bei NO CASCADE BEFORE ist nur NEW angebbar.

- **SQL-Befehl SET**
  Der SET-Befehl ist im Aktionsteil nur bei BEFORE-Triggern erlaubt.
- **Veränderungsbefehle im Aktionsteil**
  SQL-Befehle für die Veränderung von Tabellen (INSERT, UPDATE und DELETE) sind nur im Aktionsteil von AFTER-Triggern zulässig.

Den Zusammenhang zwischen Ereigniszeit, Granularität der auslösenden SQL-Operation und der möglichen Übergangsdaten ist zusammengefasst folgender:

Ereigniszeit	Granularität	Übergangsdaten in Zeilenform	Übergangsdaten in Tabellenform
BEFORE	FOR EACH ROW	OLD, NEW	
AFTER	FOR EACH ROW FOR EACH STATEMENT	OLD, NEW	OLD_TABLE, NEW_TABLE OLD_TABLE, NEW_TABLE

Tabelle 8.1 Ereigniszeit, Granularität und Übergangsdaten

Mehrere Trigger

Vorsicht Reihenfolge

Sind mehrere Trigger für dasselbe Ereignis vereinbart worden, so werden nach Eintritt des auslösenden Ereignisses die Trigger in der Reihenfolge ausgeführt, in der sie auch vereinbart wurden. Das heißt, dass die Vereinbarungsreihenfolge der Trigger auch die Ausführungsreihenfolge bestimmt. Das kann problematisch sein, weil auf Grund des Gesamtzusammenhangs eine andere Ausführungsreihenfolge erforderlich sein kann. Das Problem kann derzeit nur dadurch gelöst werden, dass man die Trigger löscht und dann in der Reihenfolge wieder vereinbart, in der sie ausgeführt werden müssen.

8.4.1 ECA-Regel

ECA

Der in den kommerziell verfügbaren Datenbanksystemen gebräuchliche Begriff Trigger ist ein Synonym für den anderweitig gebräuchlichen Begriff der *ECA-Regel.* Die Abkürzung ECA steht für die englischen Worte Event (Ereignis), Condition (Bedingung) und Action (Aktion). Wie diese Abkürzung schon nahe legt, besteht eine ECA-Regel aus den drei wesentlichen Teilen: Ereignis-, Bedingungs- und Aktionskomponente. Einfach ausgedrückt soll der im Trigger angegebene Aktionsteil nur dann ausgeführt werden, wenn das Ereignis eingetreten und zu diesem Zeitpunkt auch die Einlassbedingung in den Aktionsteil erfüllt ist.

- Der Ereignisteil beschreibt somit, bei welchem auslösenden Ereignis der Trigger zu aktivieren ist.
- Im Bedingungsteil wird festgelegt, welche Vorbedingung erfüllt sein muss, damit der Aktionsteil ausgeführt wird.
- Im Aktionsteil wird schließlich festgelegt, was zu geschehen hat, wenn das Ereignis eingetreten und die Einlassbedingung erfüllt ist.

ECA-Regel

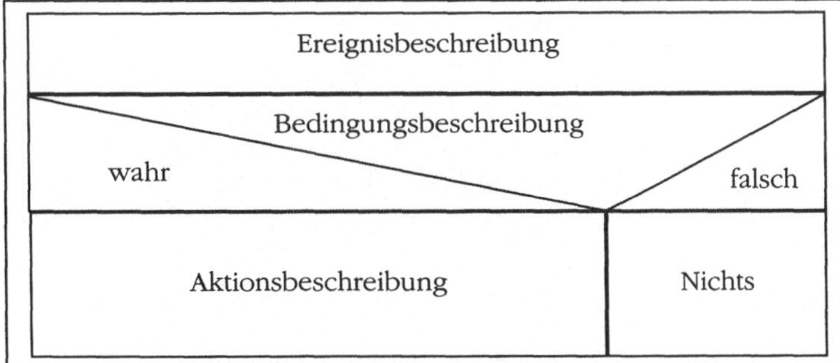

Abbildung 8.2 Struktur der ECA-Regel eines Triggers

Wie ist nun das reaktive Verhalten von DB2, wenn ein Befehl ausgeführt wird, der eine Tabelle verändert und wenn hierfür Trigger vereinbart sind?

1. **Die Übergangsdaten werden bestimmt.**
   Es werden die Daten bestimmt, die an die auslösende Operation (INSERT, UPDATE, DELETE) gebunden sind.

2. **Die BEFORE-Trigger werden ausgeführt.**
   Sind mehrere Trigger für das auslösende Ereignis vereinbart worden, werden sie in der Reihenfolge ausgeführt, in der sie auch vereinbart worden sind. Tritt bei der Ausführung eines Triggers ein Fehler auf oder wird der SQL-Befehl *SIGNAL SQLSTATE* ausgeführt, so werden alle bislang vorgenommenen Veränderungen in der Datenbank zurückgesetzt. Der auslösende SQL-Befehl kann eine entsprechende Fehlermeldung an den Anwender zurückgeben.

3. **Der auslösende SQL-Befehl wird ausgeführt.**
   Tritt bei der Ausführung des SQL-Befehls ein Fehler auf, werden alle bisher vorgenommenen Datenbankveränderungen

zurückgesetzt und ein SQL-Fehlercode wird an den Benutzer zurückgegeben. Bereits durchgeführte Aktionen außerhalb der Datenbank können jedoch nicht mehr zurückgenommen werden.

4. **Die Integritätsregeln werden ausgeführt.**
   Die Integritätsregeln für die Aufrechterhaltung der Entitäts-, der referenziellen und der benutzerdefinierten Integrität für die vom auslösenden SQL-Befehl betroffenen Tabellen werden angewendet. Wird hierbei eine Integritätsverletzung festgestellt, werden alle bislang vorgenommenen Veränderungen zurückgesetzt und ein entsprechender SQL-Fehlercode gesetzt.

5. **Die AFTER-Trigger werden ausgeführt.**
   Sind mehrere Trigger für das auslösende Ereignis vereinbart, werden sie in der Reihenfolge ausgeführt, in der sie vereinbart wurden. Ihre Aktionen können weitere Datenbankveränderungen bewirken, für die ebenfalls Trigger definiert sind.

   Dadurch kann die Abarbeitung des aktuellen Triggers neue Ereignisse erzeugen, welche die Aktivierung weiterer Trigger zur Folge haben. Somit können sich die Triggeraufrufe fortpflanzen, mit der Folge einer umfangreichen Aktivität des Datenbankprozessors. Die aktuelle Implementierung von DB2 erlaubt bis zu 16 Fortpflanzungsebenen kaskadierender Triggeraufrufe.

   Nachdem die aktuelle Fortpflanzung erledigt ist, wird der nächste Trigger aktiviert, der nach dem aktuell erledigten für dasselbe Ereignis vereinbart wurde.

   Tritt während der Abarbeitung eines beteiligten Triggers ein Fehler auf oder wird von einem dieser Trigger der SQL-Befehl *SIGNAL SQLSTATE* ausgeführt, so werden alle bisher vorgenommenen Datenbankveränderungen zurückgesetzt und der auslösende SQL-Befehl mit einem entsprechenden SQL-Code beendet. Datenbankexterne Aktionen, wie beispielsweise die Versendung von Benutzernachrichten, können jedoch nicht mehr rückgängig gemacht werden.

Die Mächtigkeit und Wirkungsweise des Auslöserkonzeptes von DB2-SQL soll nun an einfachen Beispielen aus der Rechnungsschreibung demonstriert werden.

8.4.2 Nachführen redundanter oder abgeleiteter Daten

Zur Steigerung der Performance beim häufigen Abfragen der Rechnungsbeträge sollen diese nicht jedes Mal neu berechnet, sondern in der Tabelle *Rechnung* in der abgeleiteten Spalte *Betrag* redundant ausgewiesen werden. Dies ist eine gewollte Redundanz, die mit der Steigerung der Performanz gerechtfertigt ist.

Damit die Rechnungsbeträge jedoch bei Veränderungen in den Rechnungspositionen immer ihre Integrität behalten, wird das Auslöserkonzept eingesetzt. Hierbei sind bei Veränderungsoperationen in den Rechnungspositionen durch INSERT-, DELETE- und UPDATE-Befehle die betroffenen Rechnungsbeträge automatisch in der Tabelle *Rechnung* vom Datenbankprozessor zu aktualisieren. Da der Datenbankprozessor keine Veränderungsoperationen an den Positionsdaten übersieht und den redundanten Attributswert in der Spalte *Betrag* der Tabelle *Rechnung* sofort bei Änderung der zugehörigen Positionsdaten aktualisiert, ist die Datenintegrität trotz Redundanz nie gefährdet. Lediglich für eine kurze Zeit muss der Zugriff auf die involvierten Zeilen für die Benutzergemeinschaft gesperrt werden. Damit verschlechtert sich prinzipiell die Auskunftsbereitschaft des Systems.

Intetgrität trotz Redundanz

Auskunftsbereitschaft

Bevor die erforderlichen Trigger implementiert werden, müssen sie im RDBD dokumentiert werden. Da die Trigger den betroffenen Rechungsbetrag in der Tabelle Rechnung aktualisieren, sie selbst aber eine Operation sind, die der Tabelle Position zugeordnet ist, werden beide Tabellen im folgenden RDBD mit ihren maßgeblichen Attributen aufgeführt.

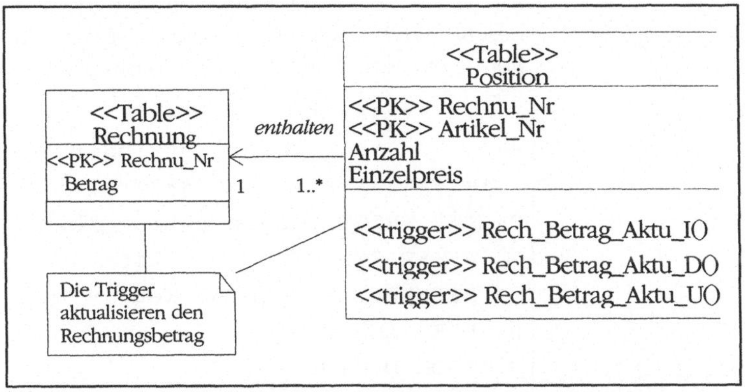

<<Table>>
Rechnung
<<PK>> Rechnu_Nr
Betrag

enthalten
1 1..*

<<Table>>
Position
<<PK>> Rechnu_Nr
<<PK>> Artikel_Nr
Anzahl
Einzelpreis
<<trigger>> Rech_Betrag_Aktu_I()
<<trigger>> Rech_Betrag_Aktu_D()
<<trigger>> Rech_Betrag_Aktu_U()

Die Trigger aktualisieren den Rechnungsbetrag

Abbildung 8.3 Trigger zur Nachführung redundanter Daten

Damit die in den folgenden Ausführungen aufgeführten Triggervereinbarungen leicht zu verstehen sind, werden die Vereinbarungsanweisungen der beiden betroffenen Tabellen *Rechnung* und *Position* hier kurz wiederholt dargestellt.

```
--****************************************
--*Tabellen zur Untersuchung von Triggern*
--****************************************
CREATE TABLE Rechnung
   (Rechnu_Nr   CHAR (4) NOT
                NULL PRIMARY KEY,
    Betrag      DEC  (9,2));

CREATE TABLE Position
   (Rechnu_Nr   CHAR (4) NOT NULL,
    Artikel_Nr  CHAR (4) NOT NULL,
    Anzahl      DEC  (5),
    Einzelpreis DEC  (9,2),
    PRIMARY KEY (Rechnu_Nr,
                 Artikel_Nr));
```

Programm 8.1 Tabellen für Betrags-Trigger

Im nächsten Schritt werden die drei Trigger zur Aufrechterhaltung der Integrität zwischen den Positionszeilen und dem Rechnungsbetrag einer Rechnung vereinbart.

Beschränkung

Da in DB2-SQL die Länge von Triggernamen auf 18 Zeichen beschränkt ist, werden für die Trigger verkürzte Namen mit einem gewissen Grad an Selbsterklärungsfähigkeit gewählt.

```
--**************************************
--*           Einfügetrigger           *
--**************************************
CREATE TRIGGER Rech_Betrag_Aktu_I
   AFTER INSERT ON Position
   REFERENCING NEW AS Neu
   FOR EACH ROW
   MODE DB2SQL
   BEGIN ATOMIC
     UPDATE Rechnung
```

```
        SET Betrag =                                    (11)
         (SELECT SUM(Anzahl * Einzelpreis)              (12)
            FROM Position                               (13)
            WHERE Rechnu_Nr=Neu.Rechnu_Nr)              (14)
        WHERE Rechnu_Nr = Neu.Rechnu_Nr;                (15)
   END                                                  (16)
```

Programm 8.2 INSERT-Trigger aktualisiert Rechnungsbetrag

INSERT-Ereignis

In der Programmzeile (5) ist festgelegt, dass der Trigger das Ereignis INSERT bei der Tabelle Position überwachen muss. Mit der Klausel AFTER wird definiert, dass der Aktionsteil des Triggers nach der Ausführung des INSERT-Befehls ausgeführt werden soll. In der Programmzeile (6) wird der SQL-interne Arbeitsbereich, der die Daten der neuen Zeile enthält, mit dem Namen Neu verbunden. Mit der Verwendung dieses Namens kann im Aktionsteil auf die Daten dieses Arbeitsbereichs zugegriffen werden. In der Zeile (7) wird mit der Klausel FOR EACH ROW festgelegt, dass für jede Zeile, die ein INSERT-Befehl anliefert, der Aktionsteil des Triggers auszuführen ist. Die Klausel MODE DB2SQL hat nur deklaratorische Wirkung. Weitere Modi sind derzeit in DB2 nicht unterstützt. In der Programmzeile (9) wird mit der Klausel BEGIN ATOMIC der Aktionsteil eingeleitet. Dieser endet mit der Klausel END in der Zeile (16). Der Befehl UPDATE ab der Programmzeile (10) bis (16) aktualisiert den Rechnungsbetrag der Rechnung, deren Schlüssel im SQL-Arbeitsspeicher unter dem Namen Neu.Rechnu_Nr steht.

AFTER-Trigger

Der nächste Trigger ist dafür zuständig, den Rechnungsbetrag der Rechnung zu aktualisieren, von der eine oder auch mehrere Positionszeilen in der Tabelle Position gelöscht werden. Auch hier handelt es sich wieder um einen AFTER-Trigger, weil nur bei diesen im Aktionsteil Veränderungsbefehle vorkommen können.

```
--****************************************      (1)
--*               Löschtrigger             *      (2)
--****************************************      (3)
CREATE TRIGGER Rech_Betrag_Aktu_D               (4)
   AFTER DELETE ON Position                     (5)
   REFERENCING OLD AS Alt                       (6)
   FOR EACH ROW                                 (7)
   MODE DB2SQL                                  (8)
```

```
BEGIN ATOMIC
  UPDATE Rechnung
     SET Betrag =
      (SELECT SUM(Anzahl * Einzelpreis)
         FROM Position
         WHERE Rechnu_Nr=Alt.Rechnu_Nr)
     WHERE Rechnu_Nr = Alt.Rechnu_Nr;
END
```

Programm 8.3 DELETE-Trigger aktualisiert Rechnungsbetrag

UPDATE-Ereignis

Auch der Veränderungstrigger funktioniert nach dem selben Schema. Er wird durch das UPDATE-Ereignis auf die Tabelle *Position* ausgelöst. Die neuen Daten der veränderten Zeile(n) werden mit dem Variablennamen *Neu* im Aktionsteil des Triggers verfügbar gemacht. In diesem wird wieder mit dem Befehl UPDATE der Rechnungsbetrag in der Tabelle *Rechnung* aktualisiert.

```
--****************************************
--*         Veränderungtrigger           *
--****************************************
CREATE TRIGGER Rech_Betrag_Aktu_U
   AFTER UPDATE ON Position
   REFERENCING NEW AS Neu
   FOR EACH ROW
   MODE DB2SQL
   BEGIN ATOMIC
     UPDATE Rechnung
        SET Betrag =
         (SELECT SUM(Anzahl * Einzelpreis)
            FROM Position
            WHERE Rechnu_Nr=Neu.Rechnu_Nr)
        WHERE Rechnu_Nr = Neu.Rechnu_Nr;
   END
```

Programm 8.4 UPDATE-Trigger aktualisiert Rechnungsbetrag

Beim Erfassen einer Rechnungsposition ist der Einzelpreis des Artikels in die Positionszeile zu übernehmen, damit bei späteren Änderungen des Artikelpreises in der Artikeltabelle die Preishöhe zum Zeitpunkt der Rechnungserfassung nicht verloren geht und hierdurch ein Integritätsverlust entstünde.

8.4.3 Nachführen der aktuellen Preisdaten

SET

Die Aufgabe wird effizient durch einen BEFORE INSERT-Trigger für die Tabelle *Position* gelöst. Seine Aufgabe ist es, den Preis, der zur INSERT-Zeit gilt, aus der Tabelle Artikel in den SQL-Arbeitsbereich zu kopieren. Der Kopierprozess wird durch das Zusammenwirken der beiden SQL-Befehle SELECT und SET SQL-Variable bewirkt. Ihr Name lautet im Beispiel *Neu* und wird in der Programmzeile (6) festgelegt.. Hierbei stellt der SELECT-Befehl den Wert des Artikelpreises aus der Artikeltabelle zur Verfügung. Mit dem Befehl SET - Programmzeile (10) - wird er sodann der Übergangsvariablen *Neu.Einzelpreis* der Positionszeile im SQL-Arbeitsbereich zugewiesen. Anschließend führt DB2-SQL den auslösenden INSERT-Befehl auf die Tabelle *Position* aus und schreibt die modifizierte Übergangsvariable *Neu* mit allen ihren Feldelementen in die Tabelle *Position.*

Architektur

Der Bauplan zur Lösung der Aufgabenstellung sieht sodann wie folgt aus:

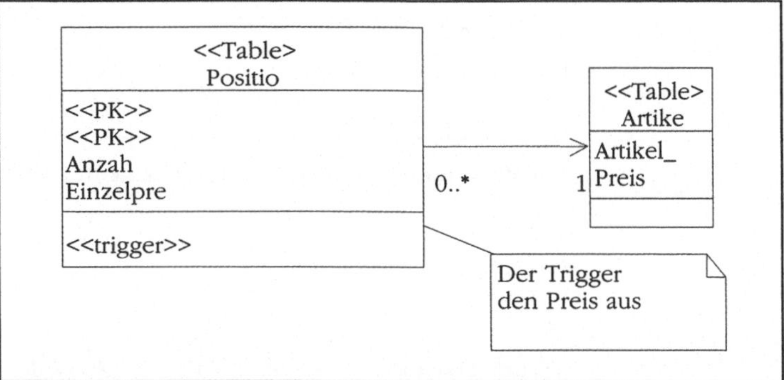

Abbildung 8.4 Trigger zum Nachführen aktueller Daten

Die Implementierung des Triggers zeigt das folgende Programm:

```
--*************************************    (1)
--*             Einfügetrigger        *    (2)
--*************************************    (3)
CREATE TRIGGER KopiereEinzelpreis          (4)
   NO CASCADE BEFORE INSERT ON Position    (5)
   REFERENCING NEW AS Neu                  (6)
   FOR EACH ROW                            (7)
   MODE DB2SQL                             (8)
```

```
    BEGIN ATOMIC
       SET (Neu.Einzelpreis) =
           (SELECT Preis
               FROM Artikel
               WHERE Artikel.Artikel_Nr =
                     Neu.Artikel_Nr);
    END
```

Programm 8.5 Kopieren der Preisdaten von Artikel nach Position

Damit das Zusammenspiel der bis jetzt vereinbarten Trigger überschaubar wird, laden wir zunächst eine Rechnungszeile in die Tabelle Rechnung. Ihren Betragswert setzen wir auf den numerischen Wert Null. Zur visuellen Kontrolle geben wir den geladenen Wert aus.

```
INSERT INTO Rechnung VALUES
   ('R001', 0);
SELECT *
   FROM Rechnung;
```

Programm 8.6 Laden und Anzeigen einer Rechnungszeile

Ergebnis:

```
RECHNU_NR BETRAG
--------- -----------
R001             0,00
```

Wird jetzt eine Zeile in die Positionstabelle geladen, so werden nacheinander der

- BEFORE INSERT-Trigger *KopiereEinzelpreis* und anschließend der
- AFTER INSERT Trigger *Rech_Betrag_Aktu_I*

Trigger feuert

vom Datenbankprozessor automatisch aktiviert. In salopper Sprechweise sagt man hierzu auch manchmal, dass die Trigger feuern (engl. to fire) würden.

Im folgenden Programm wird der INSERT-Befehl dargestellt, dessen Ausführung die Trigger auslöst. Die hierauf folgende Anfrage zeigt das Ergebnis in der Positions- und der Rechnungstabelle.

```
INSERT INTO Position                                    (1)
        (Rechnu_Nr, Artikel_Nr, Anzahl)                 (2)
 VALUES ('R001',     'A001',          2);               (3)
SELECT *                                                (4)
   FROM Position;                                       (5)
```

Programm 8.7 Programm aktiviert Trigger und zeigt Ergebnis in Position

Ergebnis:

```
RECHNU_NR ARTIKEL_NR ANZAHL  EINZELPREIS
--------- ---------- ------- -----------
R001      A001            2,     5000,00
```

Der Einzelpreis von 5000 wurde durch den Trigger kopiert.

Und eine Anfrage an die Tabelle Rechnung beweist die Funktionstüchtigkeit des Triggers *Rech_Betrag_Aktu_I*

```
SELECT *                                                (1)
   FROM Rechnung;                                       (2)
```

Programm 8.8 Lesen der automatisch aktualisierten Rechnungszeile

Ergebnis:

```
RECHNU_NR BETRAG
--------- -----------
R001         10000,00
```

8.4.4 Archivieren von Rechnungsdaten

In der Wirtschaftinformatik können Geschäftsdaten nicht einfach gelöscht werden. Vielmehr müssen sie für mannigfaltige Zwecke archiviert werden. Technisch könnte man die aktuellen und die archivierten Daten in einer gemeinsamen Tabelle aufbewahren. Die Aufteilung in zwei logisch getrennte Datenbestände könnte man einfach mit einem Archivmerker verwirklichen. Um den laufenden Veränderungen unterzogenen operationellen Datenbestand der noch aktiven Daten so klein und performant wie möglich zu halten, ist es jedoch besser, die Archivdaten in einer eigenen Tabelle getrennt von den operationellen Daten zu speichern.

Im folgenden Beispiel soll die Archivierung der Rechnungsdaten von einem Trigger verlässlich erledigt werden. Beim Löschen einer Rechnungszeile sollen ihre Daten und die dazugehörigen

DELETE-Trigger

Positionsdaten von einem DELETE-Trigger automatisch in je eine eigene Archivtabelle kopiert werden.

Die Anwendung erfordert neben den beiden Tabellen *Rechnung* und *Position* noch deren Archivierungstabellen *Rechnungsarchiv* und *Positionsarchiv*.

Stereotypen

Die Architektur der Anwendung in Gestalt eines RDBD hat sodann folgendes Aussehen. Lediglich die Triggeroperationen mit ihren Stereotypen sind hierbei hervorgehoben. Die Attribute sind nicht dargestellt.

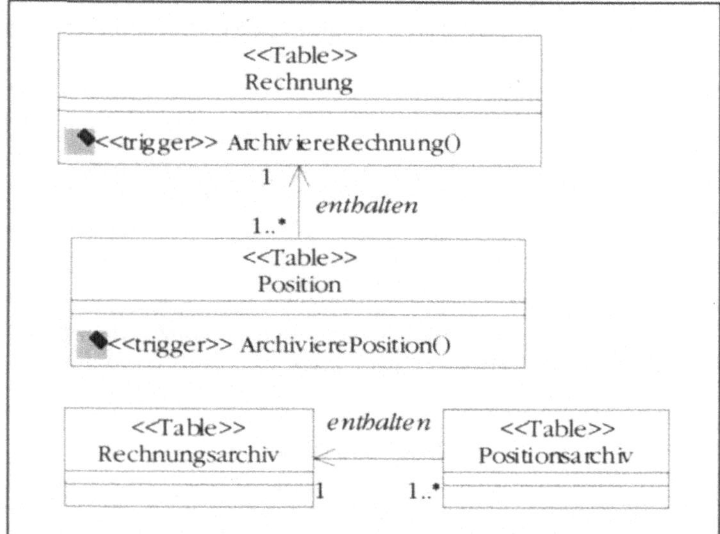

Abbildung 8.5 Modell einer Archivierungsanwendung mittels Triggern

Alle Tabellen werden zunächst in minimaler Ausstattung erzeugt.

```
--*************************************
--*      Vereinbarung der Tabellen     *
--*************************************
CREATE TABLE Rechnung
   (Rechnu_Nr CHAR (4)
              NOT NULL PRIMARY KEY,
    Betrag    DEC (9, 2));

CREATE TABLE Position
   (Rechnu_Nr  CHAR (4) NOT NULL,
```

```
    Artikel_Nr CHAR (4) NOT NULL,
    Anzahl     DEC  (5),
    FOREIGN KEY (Rechnu_Nr)
       REFERENCES Rechnung (Rechnu_Nr)
       ON DELETE CASCADE);

CREATE TABLE Rechnungsarchiv
      (Rechnu_Nr CHAR (4)
              NOT NULL PRIMARY KEY,
    Betrag    DEC (9, 2));

CREATE TABLE Positionsarchiv
   (Rechnu_Nr  CHAR (4) NOT NULL,
    Artikel_Nr CHAR (4) NOT NULL,
    Anzahl     DEC  (5),
    FOREIGN KEY (Rechnu_Nr)
       REFERENCES
          Rechnungsarchiv (Rechnu_Nr)
       ON DELETE CASCADE);
```

Programm 8.9 Operationelle und Archivtabelle

Nachdem die erforderlichen Tabellen vereinbart sind, können nun auch die Trigger für die Durchführung der Archivierungsarbeiten vereinbart werden.

```
--*************************************
--*   Löschtrigger ArchiviereRechnung  *
--*************************************
CREATE TRIGGER ArchiviereRechnung
   AFTER DELETE ON Rechnung
   REFERENCING OLD AS Alt
   FOR EACH ROW
   MODE DB2SQL
   BEGIN ATOMIC
      INSERT INTO Rechnungsarchiv VALUES
         (Alt.Rechnu_Nr, Alt.Betrag);
   END
```

Programm 8.10 Trigger ArchiviereRechnung

Im Aktionsteil des Triggers steht der Befehl INSERT. Mit Einsatz der Klausel VALUES werden die Daten aus dem SQL-Arbeitsbereich, die unter dem Namen *Alt* zugreifbar sind, in das Rechnungsarchiv kopiert.

kaskadierendes Löschen

In der Tabelle *Position* ist das sich fortpflanzende, das kaskadierende Löschen vereinbart. Wenn eine Rechnungszeile gelöscht wird, werden vom Datenbankprozessor automatisch auch alle Positionszeilen gelöscht, die von dieser abhängig sind. Der hierzu automatisch eingesetzte DELETE-Befehl auf die Tabelle *Position* aktiviert den Archivierungstrigger *ArchivierePosition*. Dieser wird nun vereinbart.

```
--**************************************
--*   Löschtrigger ArchivierePosition  *
--**************************************
CREATE TRIGGER ArchivierePosition
   AFTER DELETE ON Position
   REFERENCING OLD AS Alt
   FOR EACH ROW
   MODE DB2SQL
   BEGIN ATOMIC
      INSERT INTO Positionsarchiv VALUES
         (Alt.Rechnu_Nr, Alt.Artikel_Nr,
          Alt.Anzahl);
   END
```

Programm 8.11 Trigger ArchivierePosition

Damit das Zusammenspiel der Trigger mit dem das Löschereignis auslösenden DELETE-Befehl auf die Rechnungszeile mit der Rechnungsnummer ' R001' verfolgt werden kann, werden zunächst in die Rechnungs- und Positionstabelle die beiden Löschkandidaten geladen.

```
INSERT INTO Rechnung VALUES
   ('R001', 1000);
INSERT INTO Position VALUES
   ('R001', 'A001', 5);
```

Programm 8.12 Laden der Löschkandidaten

Anschließend wird die Rechnungszeile mit der Rechnungsnummer *R001* gelöscht.

```
DELETE                                              (1)
   FROM Rechnung                                    (2)
   WHERE Rechnu_Nr = 'R001';                        (3)
```

Programm 8.13 Löschen der Rechnung *R001*

Mit dem Löschbefehl auf die Rechnung mit der Rechnungsnummer *R001* wird ein kaskadierender Löschvorgang ausgelöst. In diesem Rahmen werden die miteinander in Beziehung stehende Positionszeilen und die Rechnungszeile aus ihren operativen Tabellen gelöscht. Durch die aktivierten Trigger werden nach dem Löschen die betroffenen Zeilen in die Archivierungstabellen kopiert.

Ergebnis:

```
SELECT * FROM Rechnung

RECHNU_NR BETRAG
--------- ----------
  0 Satz/Sätze ausgewählt.

SELECT * FROM Rechnungsarchiv

RECHNU_NR BETRAG
--------- ----------
R001         1000,00

SELECT * FROM Position

RECHNU_NR ARTIKEL_NR ANZAHL
--------- ---------- -------
  0 Satz/Sätze ausgewählt.

SELECT * FROM Positionsarchiv
RECHNU_NR ARTIKEL_NR ANZAHL
--------- ---------- -------
R001      A001            5,
```

8.4.5 Transitionale Integritätsregeln

Transitionale Integritätsregeln beschreiben das Verhältnis von Datenwerten vor und nach ihrer Veränderung. Mit dem Triggerkonzept kann der Datenbankprozessor am Nadelöhr zum Datenzugang eingesetzt werden, um die Einhaltung der Integritätsregeln zu gewährleisten.

Im Beispiel wird ein Trigger dafür eingesetzt, folgende Geschäftsregel zu überwachen: „Gehaltserhöhungen dürfen nicht größer als 25 v. H. sein".

Architektur

Das Entwurfsmodell zeigt die Architektur der Anwendung.

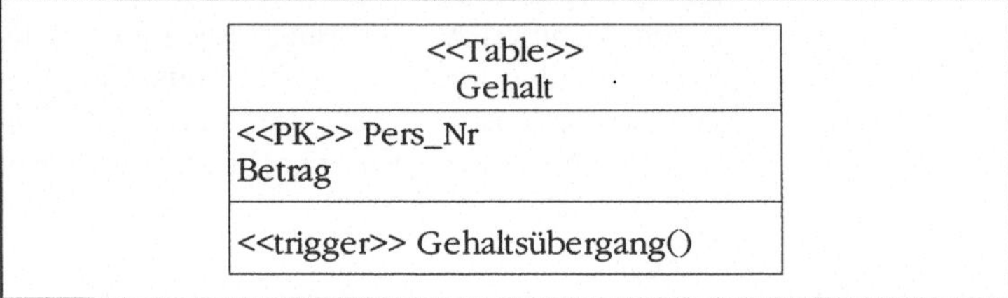

Abbildung 8.6 RDBD mit transitionaler Integritätsregel

Zur Demonstration vereinbaren und laden wir eine Gehaltstabelle mit minimalen Anforderungen. Anschließend definieren wir einen Trigger, der die transitionale Integritätsregel bei einer UPDATE-Operation überwacht. Im Fehlerfall verhindert er die Ausführung der Operation.

```
CREATE TABLE Gehalt
   (Pers_Nr  CHAR (4),
    Betrag   DEC  (8, 2));
INSERT INTO Gehalt VALUES
   ('P001', 5000.00);
```

Programm 8.14 Vereinbaren und laden der Gehaltstabelle

AFTER UPDATE

Die Art des Triggers ist ein AFTER UPDATE-Trigger. Bei ihm stellt der Datenbankprozessor die Gehaltszeile vor und nach ihrer Veränderung den Anweisungen im Aktionsteil des Triggers zur Verfügung. Hier wird mit der SQL-Anweisung IF ... END IF geprüft, ob die Veränderung größer als 15% beträgt. In gegebenem Fall wird mit der Anweisung SIGNAL SQLSTATE eine Fehlersituation an den Datenbankprozessor gemeldet. Dieser macht sodann alle getätigten Veränderungen in der Tabelle wieder rückgängig. Mit dem SQL-Code 438 wird der Fehler an den Auftraggeber zurückgemeldet. Ihm ist ebenfalls die Fehlermeldung in Klartext verfügbar.

SIGNAL

```
--**************************************
--*          Einfügetrigger           *
--**************************************
CREATE TRIGGER Gehaltsuebergang
   AFTER UPDATE ON Gehalt
   REFERENCING NEW AS Neu
               OLD AS Alt
   FOR EACH ROW
   MODE DB2SQL
   BEGIN ATOMIC
      IF Neu.Betrag > Alt.Betrag * 1.15
         THEN SIGNAL SQLSTATE '75001'
              SET MESSAGE_TEXT =
                'Gehaltssteigerung > 15%';
      END IF;
   END
```

Programm 8.15 Trigger zu Einhaltung der transitionalen Integrität

Mit dem folgenden UPDATE-Befehl verletzten wir die Geschäftsregel. Hierdurch erhalten wir die gewünschte Fehlermeldung. Auch der Gehaltsbetrag bleibt unverändert.

```
UPDATE Gehalt
   SET Betrag = Betrag * 1.16
   WHERE Pers_Nr = 'P001';
```

Programm 8.16 Versuch, die Geschäftsregel zu verletzen

Ergebnis:
Systemmeldung: SQL0438N Bei der Anwendung kam es zu einem Fehler. Der Diagnosetext lautet:

"Gehaltssteigerung > 15%"
Gehaltszeile:

```
SELECT * FROM Gehalt
PERS_NR BETRAG
------- ----------
P001       5000,00
```

Wie man sieht, ist die Datenintegrität durch den Abbruch der Veränderungsoperation nicht verloren gegangen.

8.5 Aufgaben

1) Erstellen Sie einen Trigger, der bei der Ausführung eines DELETE-Befehls auf die Kundendaten diese in das Kundenarchiv kopiert. Jede archivierte Zeile soll mit einem Zeitstempel und dem Benutzername des Benutzers versehen sein, der den Löschbefehl verursacht hat.

2) Erstellen Sie einen Trigger, der die Einhaltung der folgenden Geschäftsregel gewährleistet: Das Gesamtobligo eines Kunden darf maximal so hoch sein, wie der Wert Obligoobergrenze in der Kundenzeile vorgibt. Wenn eine neue Rechnung in die Rechnungstabelle eingefügt wird bzw. die von dieser abhängigen Rechnungspositionszeilen eingefügt oder verändert werden, muss die Einhaltung der Regel vom Datenbankprozessor überwacht werden.

3) Erstellen Sie einen Trigger der die Geschäftsregel überwacht, die vorschreibt, dass das Ausstellungsdatum einer Rechnung nicht vor dem ersten Januar des aktuellen Jahres liegen darf.

4) Erstellen Sie einen Trigger, der den Preis von Artikeln dahingehend überwacht, dass sie nicht negativ sein dürfen. Implementieren Sie diese Geschäftsregel auch mit einem CHECK-constraint.

5) Erstellen Sie einen Trigger, der dafür sorgt, dass jeder Anzahlwert in der Tabelle *Position* größer als numerisch Null ist.

6) Erstellen Sie einen Trigger, der die Einhaltung folgender Geschäftsregel gewährleistet: "Ein Gehalt darf nicht mehr als 10% sinken."

7) Erstellen Sie einen Trigger, der beim Einfügen einer Rechnungszeile automatisch den Wert des Fälligkeitsdatums in die entsprechende Spalte einfügt. Laut Geschäftsregel geben wir vier Wochen Zahlungsziel.

9 Rekursives SQL

In diesem Kapitel lernen Sie,

- was eine rekursive Miniwelt ist und wie ihr ERM beschaffen ist,
- wie man rekursiv zusammenhängende Entitäten relational abbildet,
- welche Sprachmittel DB2-SQL zur Verfügung stellt, um rekursive Datenstrukturen zu verarbeiten.

Mit Ihrem erworbenen Wissen können Sie so dann allenthalben auffindbare rekursive Miniwelten relational darstellen und ihre Daten effizient verarbeiten.

9.1 Rekursive Miniwelt

Stehen die Entitäten der Miniwelt rekursiv miteinander in Beziehung, so ist die adäquate zugehörige Darstellung der Miniwelt in einer Datenbank ebenfalls rekursiv.

Eine Beziehung ist dann rekursiv, wenn sie Entitäten derselben Entitätsmenge direkt oder indirekt miteinander verbindet.

Mit dem aktuellen DB2-SQL können rekursive Datenstrukturen mit nur einem vollen Anfragebefehl (engl. full select) abgearbeitet werden.

Rekursive Datenstrukturen kommen in der Datenverarbeitungspraxis recht häufig vor. Beispiele hierfür sind:

- Stücklistendaten (besteht aus-, geht ein in-Beziehung)
- Organisationsstrukturdaten (leiten-, berichten-Beziehung)
- Verkehrsplandaten (Flugpläne, Bahnpläne usw., von/nach-Beziehungen)
- Netzplandaten (Vorgänger- und Nachfolgerbeziehungen)
- Stammbaumdaten (Vererbungsbeziehungen)
- Konto- und Buchungsdaten (Soll-/Haben-Beziehung)

direkte Rekursion

In einem ERM können rekursive Miniwelten leicht erkannt werden, wenn ein Entitätstyp mit einem Beziehungstyp verbunden ist, wobei der Beziehungstyp aus dem Entitätstyp heraus und sofort wieder in den Entitätstyp hinein führt. Diesen Sachverhalt bezeichnet man auch als direkte Rekursion. Die Kombinationen der Multiplizitäten spielen hierbei eine zunächst unwesentliche Rolle.

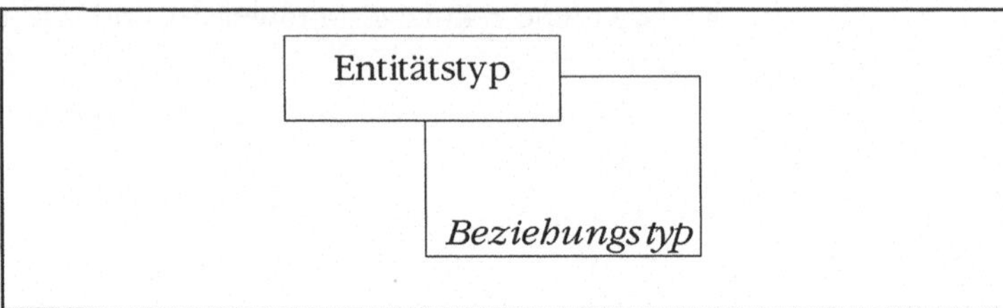

Abbildung 9.1 ERM einer direkten Rekursion

indirekte Rekursion

Ist die Miniwelt derart verfasst, dass der Beziehungstyp eine Multiplizitätskombination der Arten Viele-zu-Viele aufweist, dann ist es wegen der Erhaltung der ersten Normalform notwendig, den Beziehungstyp in einer Beziehungsrelation zu implementieren. Dadurch sind die Datenzeilen der Entitäten des rekursiven Entitätstyps nicht mehr direkt miteinander verbunden, sondern nur noch indirekt über Zeilen der Beziehungsrelation.

Obwohl die Notwendigkeit der Vereinfachung eines Viele-zu-Viele-Beziehungstyps erst im Rahmen des relationalen Datenbankentwurfs erforderlich wird, ist es sinnvoll, bereits im ERM die Vereinfachung mit dem Ausweis eines Beziehungsentitätstyps zu dokumentieren. Hierdurch erreicht man eine bessere Vergleichbarkeit der analytischen Betrachtung im ERM und der relationalen Entwurfssicht im RDBD.

Verbindungsentitäten in der durch den neuen Beziehungs-Entitätstyp beschriebenen Entitätsmenge nehmen an der Verbindung der rekursiven Entitäten teil. Weiterhin beherbergen sie die Attributwerte der ursprünglichen Beziehungsattribute, falls es solche in der Viele-zu-Viele-Beziehung gab.

Ein ERM mit einer rekursiven viele-zu-viele-Beziehung und mit Beziehungsattributen hat vor der Beziehungsvereinfachung das Aussehen wie in Abbildung 9.2 gezeigt. Vereinfacht man die viele-zu-viele-Beziehung, indem man einen Beziehungsentitätstyp hinzufügt, so entstehen neben diesem Entitätstyp zwei neue Beziehungstypen mit einer einfachen Multiplizitätskombination der Form (1, 0..* oder 1..*) je nach Ausgangssituation. Das Ergebnis der Vereinfachung der rekursiven viele-zu-viele-Beziehung ist im ERM in Abbildung 9.3 dargestellt. Aus der direkten rekursiven Beziehung ist damit auch eine indirekte rekursive Beziehung geworden.

Indirekte rekursive Beziehung

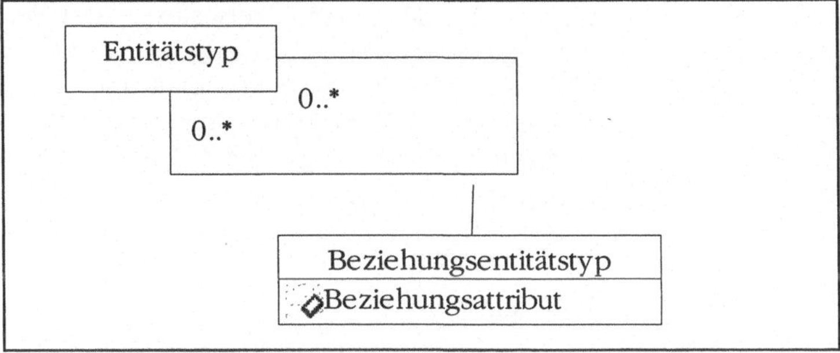

Abbildung 9.2 Rekursiver viele-zu-viele-Entitätstyp mit Beziehungsattribut

indirekt

Rollenname

Rollennamen

In der Abbildung 9.3 ist das Ergebnis-ERM dargestellt, das den indirekten rekursiven Zusammenhang nach der Vereinfachung der ursprünglichen direkten rekursiven viele-zu-viele-Beziehung ausweist. An den Beziehungseingängen zum *Entitätstyp* sind Rollennamen des Entitätstyps notiert. Rollennamen sind zusätzliche Namen. Sie benennen die Bedeutung der Entitäten des Entitätstyps unter dem Gesichtspunkt einer ausgeprägten Beziehung. So beschreibt der Rollenname *Vorgänger* die Bedeutung einer Entität des Entitätstyps, falls eine Beziehung zu einer Entität des *Beziehungsentitätstyps* ausgeprägt ist. Auf Grund der Multiplizität 1 am Eingang des Rollennamens *Nachfolger*, muss auch eine diesbezügliche Beziehung ausgeprägt sein. Die betroffene Entität vom *Entitätstyp* wird so dann mit dem Rollennamen *Nachfolger* semantisch treffend als solche beschrieben.

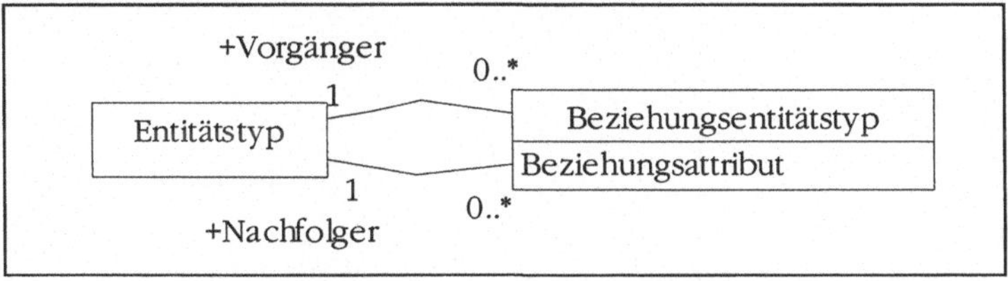

Abbildung 9.3 Vereinfachter rekursiver Beziehungsentitätstyp

In den folgenden Beispielen werden rekursive Sachverhalte beschrieben. Sie zeigen, dass rekursive Miniwelt recht häufig in der Informatikpraxis vorkommen.

Personalverwaltung

Im Rahmen der Personalverwaltung und der betrieblichen Aufbauorganisation ist es wichtig zu wissen, welcher Mitarbeiter welchen anderen Mitarbeiter leitet und umgekehrt, welcher Mitarbeiter an welchen Mitarbeiter berichtet. Die Miniwelt zur Beantwortung dieser Fragen sieht dann wie folgt aus:

Entitätstyp: *Mitarbeiter*

Beziehungstyp: *leiten*

Beispiel:

Mitarbeiter M1 leitet Mitarbeiter M2,

Mitarbeiter M2 leitet Mitarbeiter M3 usw.

Entitätstyp: *Mitarbeiter*

Beziehungstyp: *berichten*

Beispiel:

Mitarbeiter M3 berichtet an Mitarbeiter M2,

Mitarbeiter M2 berichtet an Mitarbeiter M1.

Diese Sachverhalte in einem Entitätendiagramm übersichtlich dargestellt zeigt Abbildung 9.4.

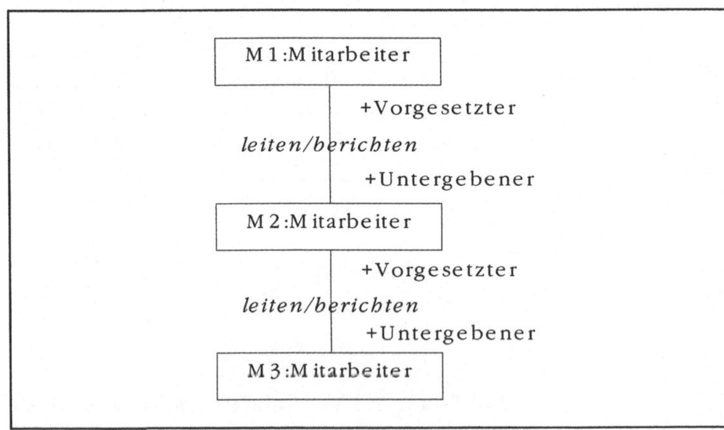

Abbildung 9.4 Entitätendiagramm der Miniwelt Personalverwaltung

Kontenverwaltung

Betrachtet man die Kontoverwaltung einer Bank, so kann man in dieser Miniwelt folgende Zusammenhänge feststellen:

Entitätstyp: *Konto*

Beziehungstyp: *bezahlen an*

Beispiel:

Konto K1 überweist Betrag an Konto K2,

Konto K2 überweist Betrag an Konto K3 usw.

Entitätstyp: *Konto*

Beziehungstyp: *erhält von*

Beispiel:

Konto K3 erhält Betrag von Konto K2,

Konto K2 erhält Betrag von Konto K1 usw.

Diesen Sachverhalt in einem Entitätendiagramm dargestellt, zeigt die Abbildung 9.5. Im Rahmen der Überweisung spielt das Konto *K1*, das vom Entitätstyp *Konto* ist, die Rolle des *Soll-Kontos*. Im Rahmen der selben Beziehungsausprägung, nun mit dem Namen *erhält* benannt, spielt das Konto *K2* die Rolle des *Haben-Kontos*.

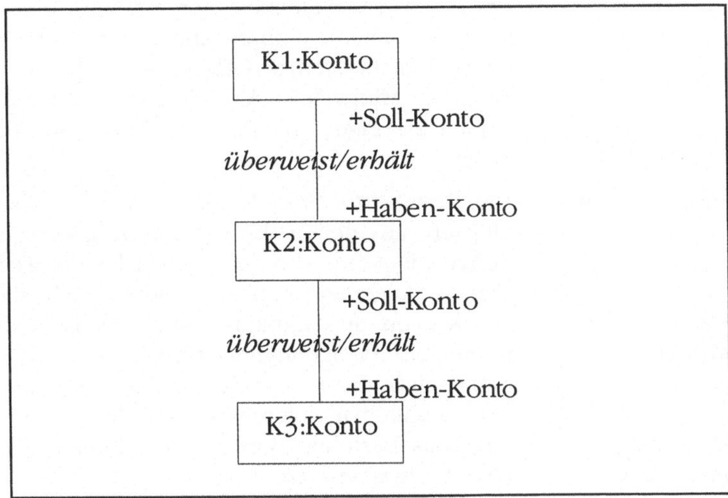

Abbildung 9.5 Entitätendiagramm der Miniwelt Kontenverwaltung

Stücklistenverwaltung

In der Miniwelt der Stücklistenverwaltung ist von Interesse, aus welchen untergeordneten Teilen ein betrachtetes Teil besteht. In diesem Zusammenhang ist es ebenfalls interessant, in welche unmittelbar oder mittelbar übergeordneten Teile ein betrachtetes Teil eingeht.

Entitätstyp: *Teil*

Beziehungstyp: *besteht aus*

Beispiel:

Teil T1 besteht aus Teil T2,

Teil T2 besteht aus Teil T3 usw.

Entitätstyp: *Teil*

Beziehungstyp: *geht ein in*

Beispiel:

Teil T3 geht ein in Teil T2,

Teil T2 geht ein in Teil T1.

9.2 Stückliste

Am Beispiel der Stücklistenorganisation eines Fahrrades werden rekursive Datenstrukturen und deren SQL-spezifischen Verarbeitungsmöglichkeiten in DB2 gezeigt. Hierzu wird eine sehr vereinfachte Miniwelt in Abbildung 9.6 beispielhaft dargestellt, die jedoch die Eigenschaften einer realen Stückliste durchaus beinhaltet.

Strukturstückliste

Die *Strukturstückliste* des Fahrrades zeigt die Teile in Form von Ellipsen, aus denen das Fahrrad aufgebaut ist, und die Verbindungen in Form von Linien, welche die Teile miteinander verbinden. Allgemein sagt man hierzu auch, die Stückliste besteht aus Knoten und Kanten, wobei die Teile die Knoten und die Kanten die Beziehungen zwischen den Knoten sind. Eine Strukturstückliste kann man in kleinere Einheiten gliedern, die aus den unmittelbar untergeordneten Teilen eines zusammengesetzten Teils bestehen. Eine solche Stückliste bezeichnet man als eine *Baukastenstückliste.*

Knoten

Kanten

Baukasten

Die Strukturstückliste Fahrrad kann man auf der ersten Gliederungsebene in die Baukastenstückliste Fahrrad gliedern. Diese besteht im Beispiel aus der Lenkstange, dem Vorderrad und dem Hinterrad.

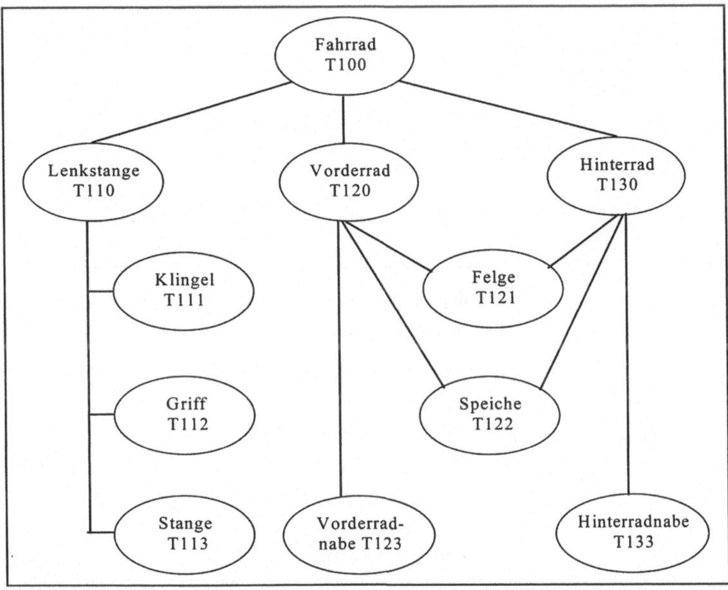

Abbildung 9.6 Strukturstückliste grafisch dargestellt

Die Lenkstange wiederum kann durch eine Baukastenstückliste beschrieben werden. Sie besteht aus der Klingel, den Griffen und der Stange. Auch das Vorderrad ist mit einer Baukastenstückliste beschreibbar. Es besteht aus der Felge, den Speichen und der Vorderradnabe. Gleiches gilt für die Baukastenstückliste für das Hinterrad. Auch sie besteht aus der Felge, den Speichen und der Hinterradnabe. Die Teile in der Stückliste, die selbst nicht aus anderen Teilen im Betrachtungszusammenhang bestehen, sind die Einzelteile. Im Stücklistenbaum stellen sie die Blätter dar. Bemerkenswert ist, dass es in der Stückliste Teile gibt, die nicht nur in einen sondern in viele Baukästen einbaubar sind. Solche Teile haben in der grafischen Strukturstückliste in Abbildung 9.6 nicht nur einen Vorgängerknoten, sondern prinzipiell mehrere. Im Beispiel sind dies die Teile *Felge* und *Speiche*.

Blatt

In einem Entitäts-Beziehungs-Modell dargestellt, hat die Miniwelt einer Stückliste das Aussehen von Abbildung 9.7.

Sowohl die Multiplizität der *besteht-aus-Beziehung* als auch die der *geht-ein-Beziehung* sind von der Art Null bis Viele (0..*). Das heißt, dass ein Teil aus keinem weiteren Teil besteht oder dass

Blatt
Baukasten

es aus vielen Teilen besteht. Im ersteren Fall ist es ein Blatt im Stücklistenbaum. Im zweiten Fall ist es ein Baukasten.

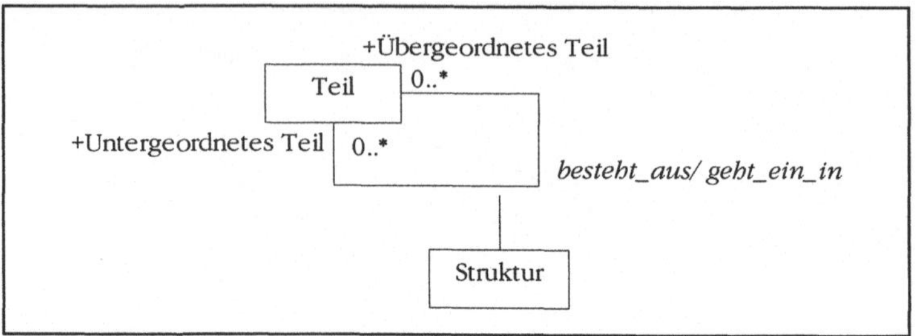

Abbildung 9.7 ERM einer rekursiven Datenstruktur - nicht vereinfacht

Graphentheorie

Geht ein betrachtetes Teil in kein weiteres Teil ein, so ist es ein Endprodukt. In unserem Beispiel ist dies das Fahrrad. Oft geht jedoch ein Teil in viele übergeordnete Teile ein, genauer gesagt, ist in viele übergeordnete Teile prinzipiell einbaubar. Dies schließt auch den Fall mit ein, dass es gerade in ein übergeordnetes eingebaut wird. Der Fall, dass ein Teil in mehrere übergeordnete Teile eingeht, ist in unserem Beispiel bei der Felge und der Speiche dargestellt. Allgemein sagt man hierzu auch in Anlehnung an die Graphentheorie, dass der Eingangsgrad und der Ausgangsgrad bei einem Teil Null bis Viele sei. Damit will man sagen, dass ein Teil viele Eingangsverbindungen und viele Ausgangsverbindungen haben kann. Dieser Fall wird durch die Multiplizitätsgradkombination (0..*, 0..*) ausgedrückt.

Da wir die Stücklistenorganisation relational implementieren wollen, ist es sinnvoll, schon jetzt die viele-zu-viele-Beziehung zu vereinfachen. Als Ergebnis gelangen wir zu dem vereinfachten ERM der Stücklistenorganisation.

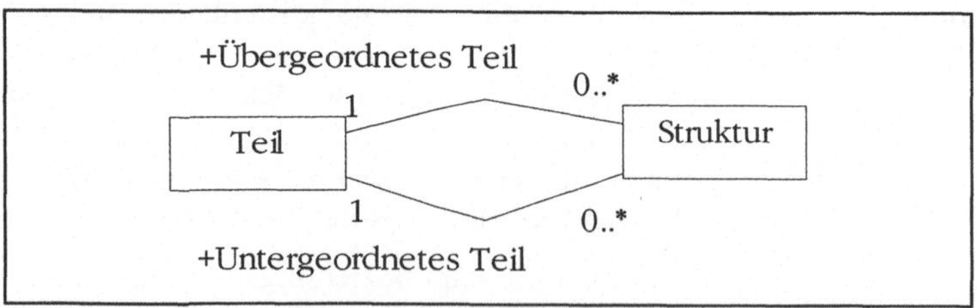

Abbildung 9.8 Vereinfachtes ERM der Stücklistenorganisation

Der Weg zum relationalen Datenbankdiagramm auf der Entwurfsebene der architekturgetriebenen Datenbankentwicklung ist nach den getätigten Vorarbeiten sehr einfach. Der Entitätstyp *Teil* wird hierbei in die Relation *Teil* und der Entitätstyp *Struktur* in die Relation *Struktur* überführt. Diese Relationen sind auch in der *dritten Normalform*, weil sie keine Wiederholungsgruppen, keine Teilschlüsselabhängigkeiten und keine transitiven Abhängigkeiten enthalten.

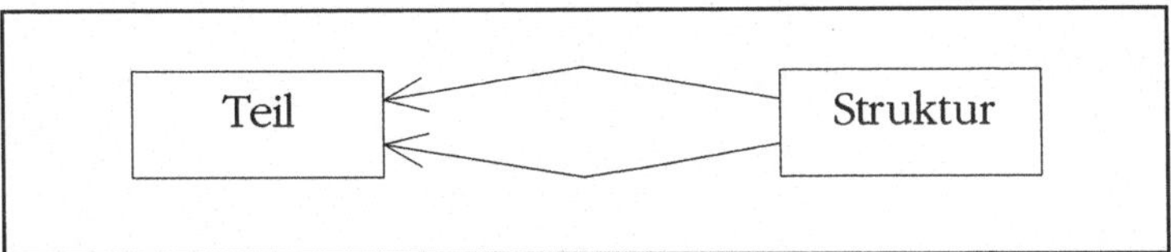

Abbildung 9.9 Relationales Datenbankdiagramm einer indirekten rekursiven Beziehung

Aus dem Bauplan unserer Stücklistendatenbank ist ersichtlich, dass die Stücklistendaten in zwei Tabellen gespeichert werden. Die Teilestammdaten werden hierbei in der Tabelle *Teil* und die Strukturdaten in der Tabelle *Struktur* abgelegt. Aus den gespeicherten Daten werden anschließend Strukturstücklisten und Mengenübersichtsstücklisten sowie Strukturverwendungsnachweise gewonnen.

Nachdem im relationalen Datenbankdiagramm (RDBD) die Relationen und die sie verbindenden Fremdschlüssel klar ausgewiesen sind, kann das RDBD in SQL formuliert werden. Der Kürze und Übersichtlichkeit halber werden die Fremdschlüssel und die referenziellen Integritätsregeln nicht explizit vereinbart.

```
--**************************************
--*Vereinbarung der Stücklistentabellen*
--**************************************
CREATE TABLE Teil
   (Teilnr       CHAR (4)
                 PRIMARY KEY
                 NOT NULL,
    Name         CHAR (15));

CREATE TABLE Struktur
   (Teil_oben   CHAR (4) NOT NULL,
    Teil_unten  CHAR (4) NOT NULL,
    Anzahl      DECIMAL (5),
    PRIMARY KEY (Teil_oben, Teil_unten));
```

Programm 9.1 Vereinbarung der Teile- und Strukturtabelle

Damit Sie die folgenden Stücklistenauswertungen besser verfolgen können, werden die geladenen Daten aufgelistet:

Zeilen in der Tabelle Teil:

```
TEILNR NAME
------ ---------------
T100   Fahrrad
T110   Lenkstange
T111   Klingel
T112   Griff
T113   Stange
T120   Vorderrad
T121   Felge
T122   Speiche
T123   Vorderradnabe
T130   Hinterrad
T133   Hinterradnabe
```

Zeilen in der Tabelle Struktur:

```
TEIL_OBEN TEIL_UNTEN ANZAHL
--------- ---------- -------
T100      T110            1,
T100      T120            1,
T100      T130            1,
T110      T111            1,
T110      T112            2,
T110      T113            1,
T120      T121            1,
T120      T122          100,
T120      T123            1,
T130      T121            1,
T130      T122          100,
T130      T133            1,
```

Die Auswertung einer rekursiven Datenstruktur basiert in DB2-SQL auf einer vollen Anfrage (engl. full select) mit einer WITH-Klausel. Im benannten Tabellenausdruck der WITH-Klausel wird zunächst eine lokale temporäre Tabelle gebildet. In dieser werden die Beziehungsdaten der rekursiven Datenstruktur gesammelt. Diese stammen aus der Tabelle *Struktur*. Die rekursiv gesammelten Strukturdaten werden dann in den späteren Beispielen verwendet, um die zugehörigen Teilestammdaten aus der Tabelle *Teil* auszulesen.

WITH UNION ALL

Der benannte Tabellenausdruck in Programm 9.2 wird in der WITH-Klausel gebildet. Hierbei wird mit dem Mengenoperator UNION ALL eine Vereinigungsmenge aus zwei Teilmengen an Beziehungsdaten zusammengebaut. Der erste SELECT-Befehl, der

Initialisierung

nur einmal ausgeführt wird, bildet die erste Teilmenge, indem er die lokale Tabelle mit den Ausgangsdaten für die Rekursion initialisiert. Er beschreibt somit die Bildung der ersten Teilmenge der Vereinigungsmenge. Sie besteht nur aus einer Zeile, die darüber Auskunft gibt, ob das angegebene Teil strukturiert ist, d.h. einen Baukasten besitzt. Der zweite SELECT-Befehl nach dem UNION ALL-Operator wird rekursiv abgearbeitet, weil in seiner FROM-Klausel auf die lokale Tabelle Bezug genommen wird. Er beschreibt die zweite Teilmenge der rekursiv erweiterten Vereinigungsmenge. Im Zusammenspiel der lokalen Tabelle, dem UNION ALL-Operator und dem zweiten SELECT-Befehl ist in DB2-SQL die Rekursion implementiert.

Rekursion

Betrachten wir zunächst ein einführendes Beispiel. Bei seiner Ausführung sollen lediglich die Teilenummern der Teile gefunden werden, die zusammen ein Fahrrad bilden.

```
--**************************************          (1)
--*    Einfache Strukturstückliste      *          (2)
--**************************************          (3)
WITH Rekurs_Tabelle                                (4)
     (Teile_Nr, Anzahl) AS                         (5)
     (SELECT DISTINCT Teil_oben, 1                 (6)
         FROM Struktur                             (7)
         WHERE Teil_oben = 'T100'                  (8)
   UNION ALL                                       (9)
      SELECT S.Teil_unten, S.Anzahl                (10)
         FROM Rekurs_Tabelle R,                    (11)
              Struktur       S                     (12)
         WHERE R.Teile_Nr = S.Teil_oben            (13)
     )                                             (14)
SELECT  R.Teile_Nr, T.Name, R.Anzahl               (15)
   FROM Rekurs_Tabelle R JOIN Teil T               (16)
        ON R.Teile_Nr = T.Teilnr;                  (17)
```

Programm 9.2 Einfache Strukturstückliste

Das Zusammenwirken der einzelnen Programmteile ist erfahrungsgemäß anfangs nicht leicht zu verstehen. Deshalb folgt eine detaillierte Beschreibung:

- Die WITH-Klausel am Anfang des Gesamtkonstrukts definiert in Programmzeile (4) die temporäre lokale Tabelle mit dem

Namen *Rekurs_Tabelle* im Rahmen eines benannten Tabellenausdrucks. Sie besteht aus den beiden Spalten *Teile_Nr* und *Anzahl*.

Initialisierung

- Der SELECT-Befehl vor dem UNION ALL-Operator wird nur einmal ausgeführt. Mit ihm wird die lokale Tabelle initialisiert. Die Initialisierung erfolgt im Beispiel mit der Teilenummer des Fahrrades T001, dessen abhängige Teile durch rekursives Durchwandern der Strukturstückliste gefunden werden sollen. Weiterhin wird die Anzahl auf den Wert 1 bei der Initialisierung festgelegt. Der SELECT-Befehl greift auf die Strukturtabelle zu. Hierbei wird in der Programmzeile (8) festgestellt, ob das Teil mit der Teilenummer T001 strukturiert ist, d.h. abhängige Teile hat. Dies ist dann der Fall, wenn es in der Strukturtabelle Zeilen gibt mit dem Fremdschlüsselwert T001 in der Spalte *Teil_oben*. Wenn es mehrere Zeilen mit diesem Wert gibt, werden die Duplikate mit Hilfe der Klausel DISTINCT unterdrückt. Dadurch wird der gefundene Fremdschlüsselwert nur einmal in der Rekursionstabelle notiert.

Rekursion

- Der SELECT-Befehl nach dem UNION ALL-Operator, in den Programmzeile (10) bis (13), wird so lange ausgeführt, bis alle möglichen Verbundoperationen ausgeführt sind, für die es Teilenummern in der Rekursionstabelle gibt. Durch sie werden die Teilenummern der untergeordneten Teile des aktuellen Teils und die zugehörigen Anzahlwerte in die Rekursionstabelle eingefügt, siehe Programmzeile (10). Diese Teilenummern stehen im Feld *Struktur.Teil_unten*. Die gefundenen Daten werden an das Ende der lokalen Tabelle *Rekurs_Tabelle* angefügt. Der rekursive Prozess endet, wenn alle Zeilen der *Rekurs_Tabelle* abgearbeitet und mit den Zeilen aus der Tabelle *Struktur*, soweit vorhanden, verbunden sind. Derzeit ist in DB2-SQL nur die alte Verbundtechnik über das kartesische Produkt implementiert. Der Operator INNER JOIN wird bei der Rekursion noch nicht unterstützt.

Verwendung der lokalen Rekursionstabelle

- Der dritte SELECT-Befehl nutzt sodann die lokale, rekursiv aufgebaute und temporäre Tabelle des vorstehenden benannten Tabellenausdrucks, indem er sich in seiner FROM-Klausel in der Programmzeile (16) auf den lokalen Tabellennamen bezieht. Die gesammelten Teilenummern werden hierbei dazu verwendet, die hiervon identifizierten Teiledaten aus der Tabelle *Teil* im Rahmen eines Verbundes zu lesen.

Das Gesamtkonstrukt auf die geladenen Stücklistentabellen angewendet, führt zu folgendem Ergebnis:

```
TEILE_NR NAME              ANZAHL
-------- ---------------- ------------
T100     Fahrrad                    1,
T110     Lenkstange                 1,
T120     Vorderrad                  1,
T130     Hinterrad                  1,
T111     Klingel                    1,
T112     Griff                      2,
T113     Stange                     1,
T121     Felge                      1,
T122     Speiche                  100,
T123     Vorderradnabe              1,
T121     Felge                      1,
T122     Speiche                  100,
T133     Hinterradnabe              1,

SQL0347W Der rekursive allgemeine Tabellenaus-
druck "MOOS.REKURS_TABELLE" enthält unter Um-
ständen eine Endlosschleife. SQLSTATE=01605
```

Abbildung 9.10 Ergebnis der rekursiven Abarbeitung

loop

zyklischer Graph

Die rekursive Abarbeitung einer rekursiven Datenstruktur ist eine mächtige Einrichtung in DB2-SQL. Sie birgt jedoch auch die Gefahr in sich, dass der Abarbeitungsprozess in einen Rekursionsloop gerät. Dies ist immer dann der Fall, wenn ein Fremdschlüsselwert in der Spalte *Teil_unten* der Strukturtabelle auf ein Teil referenziert, das in der rekursiven Abarbeitung bereits angetroffen wurde, also weiter oben in der rekursiven Datenstruktur liegt. Dadurch entsteht ein so genannter zyklischer Graph in der rekursiven Datenstruktur. Ein Rekursionsloop kann den mächtigsten Computer in kürzester Zeit in die Knie zwingen, indem der Loop den Computer aller seiner Betriebsmittel beraubt. Aus diesem Grund warnt der Datenbankprozessor den Benutzer mit dem SQL-Code SQL0347W vor einem möglichen Rekursionsloop. Wie man einen Rekursionsloop abfangen kann, werden wir in den folgenden Ausführungen ausführlich darstellen.

Damit man die Dynamik der rekursiven Abarbeitung rekursiver Datenstrukturen besser verstehen kann, ist es sinnvoll, das Geschehen in einer Tabelle sich vor Augen zu führen. Die lokale Tabelle wird im obigen Beispiel durch die folgenden fünf Schritte aufgebaut:

Schattierung

Schritt	Teile_Nr	Anzahl	Anlass
1	T100	1	Initialisierung mit erstem SELECT
2	T110 T120 T130	1 1 1	Abarbeitung von T100 aus Schritt 1 mit zweitem SELECT.
3	T111 T112 T113	1 2	Abarbeitung von T110 aus Schritt 2 mit zweitem SELECT.
4	T121 T122 T123	1 100 1	Abarbeitung von T120 aus Schritt 2 mit zweitem SELECT.
5	T121 T122 T133	1 100 1	Abarbeitung von T130 aus Schritt 2 mit zweitem SELECT.

Tabelle 9.1 Schritte beim Aufbau der Rekursionstabelle

Für die grau hinterlegten Teilenummern gibt es Verbundergebnisse. Diese führen zu den rekursiven Aufbauschritten 2, 3, 4 und 5 der lokalen Tabelle. Für die nicht grau hinterlegten Teilenummern führen die Verbundoperationen zu keinem Ergebnis, weil die zugehörigen Teile im Stücklistenbaum Blattknoten sind und somit keine Nachfolger mehr haben. In der *Struktur*-Tabelle gibt es somit hierfür auch keine Werte in der Spalte *Teil_oben.* Wenn alle Teilenummern in der lokalen Tabelle abgearbeitet sind, endet die Rekursion, und die lokale Tabelle ist aufgebaut.

9.2.1 Strukturstückliste

Hierarchische Sortierung

In der Abbildung 9.10 sind zwar alle Daten der Strukturstückliste aufgeführt. Sie stehen aber noch nicht in einem eindeutig zugeordneten hierarchischen Zusammenhang. Um eine hierarchische Sortierung der Ausgabedaten zu erreichen, müssen noch einige Maßnahmen ergriffen werden, die im folgenden Beispiel hervorgehoben sind.

Damit die Ausgabedaten hierarchisch sortiert werden können, muss zunächst ein hierarchischer Sortierbegriff aufgebaut werden. Mit ihm werden die Ausgabezeilen vor der Ausgabe in eine hierarchische Reihenfolge gebracht. Weiterhin wird ein Ebenenzähler benötigt. Er muss aussagen, auf welcher hierarchischen Ebene ein Teil in der Strukturstückliste liegt. Er dient zum Einrücken der untergeordneten Teilenamen, damit der optische Eindruck der Hierarchie bzw. der Strukturstückliste klarer hervortritt.

In Programmzeile (6) von Programm 9.3 werden die beiden neuen Spalten *Sortierbegriff* und *Ebene* festgelegt. In Zeile (9) und (10) werden sie mit einem Anfangswert initialisiert. In Programmzeile (17) und (18) wird der hierarchische Sortierbegriff zusammengebaut. Und in Zeile (19) wird der Ebenenzähler erhöht. In den Programmzeilen (24) bis (29) wird die Ausgabe generiert.

```
(1)  --***************************************
(2)  --*       Hierarchisch sortierte        *
(3)  --*          Strukturstückliste         *
(4)  --***************************************
(5)  WITH Rekurs_Tabelle
(6)   (Teile_Nr, Anzahl, Sortierbegriff, Ebene)
(7)   AS
(8)   (SELECT DISTINCT S.Teil_oben,
(9)           1,
(10)          VARCHAR(S.Teil_oben, 30),
(11)          1
(12)      FROM Struktur S
(13)      WHERE S.Teil_oben = 'T100'
(14)    UNION ALL
(15)    SELECT S.Teil_unten,
(16)          S.Anzahl,
(17)          VARCHAR(R.Sortierbegriff ||
(18)          '->' || S.Teil_unten, 30),
(19)          R.Ebene + 1
(20)      FROM Rekurs_Tabelle R,
(21)           Struktur       S
(22)      WHERE R.Teile_Nr = S.Teil_oben
(23)  )
(24) SELECT  CHAR(REPEAT('*',R.Ebene),5) Ebene,
(25)         R.Teile_Nr,
(26)         CHAR(SPACE(R.Ebene) || T.Name, 20)
(27)             AS Teilename,
(28)         DECIMAL(R.Anzahl, 5) AS Anzahl,
```

```
        R.Sortierbegriff
   FROM Rekurs_Tabelle R JOIN Teil T
        ON R.Teile_Nr = T.Teilnr
   ORDER BY R.Sortierbegriff;
```

Programm 9.3 Strukturstückliste mit hierarchischer Sortierung und ästhetischer Ausgabe

Ergebnis

```
EBENE TEILE_NR TEILENAME             ANZAHL  SORTIERBEGRIFF
----- -------- -------------------- ------- ----------------
*     T100      Fahrrad                  1, T100
**    T110       Lenkstange              1, T100->T110
***   T111        Klingel                1, T100->T110->T111
***   T112        Griff                  2, T100->T110->T112
***   T113        Stange                 1, T100->T110->T113
**    T120       Vorderrad               1, T100->T120
***   T121        Felge                  1, T100->T120->T121
***   T122        Speiche              100, T100->T120->T122
***   T123        Vorderradnabe          1, T100->T120->T123
**    T130       Hinterrad               1, T100->T130
***   T121        Felge                  1, T100->T130->T121
***   T122        Speiche              100, T100->T130->T122
***   T133        Hinterradnabe          1, T100->T130->T133
```

In der Spalte *Sortierbegriff* sind die Zugriffspfade zu den jeweiligen Teilen gut zu erkennen. Der rechte Wert einer solchen Zugriffspfadbeschreibung identifiziert das aktuelle Teil. Die links davon angegebenen Teilenummern beschreiben die hierarchisch vorgeordneten Teile, falls es solche gibt.

9.2.2 Mengenübersichtsstückliste

Eine weitere wichtige Frage in der Stücklistenorganisation lautet: Wie viele untergeordnete Teile sind erforderlich, wenn eine bestimmte Anzahl eines übergeordneten Teils herzustellen ist? Auch für dieses Problem bietet DB2-SQL eine einfache Lösung. Sie erzeugt eine Mengenübersichtsstückliste.

Im folgenden Beispiel ist dargestellt, wie eine Mengenübersichtsstückliste von DB2-SQL erzeugt wird. Die beispielhafte Mengenübersichtsstückliste gibt Auskunft darüber, wie viele untergeordnete Teile man benötigt, wenn man 100 Fahrräder produzieren möchte.

```
--************************************
--*     Mengenübersichtsstückliste    *
--************************************
```

```
(4)  WITH Rekurs_Tabelle
(5)    (Menge, Teile_Nr) AS
(6)    (SELECT DISTINCT DECIMAL(100,6),
(7)                     S.Teil_oben
(8)        FROM Struktur S
(9)        WHERE S.Teil_oben = 'T100'
(10)   UNION ALL
(11)    SELECT DECIMAL(R.Menge * S.Anzahl, 6),
(12)           S.Teil_unten
(13)       FROM Rekurs_Tabelle R,
(14)            Struktur       S
(15)       WHERE R.Teile_Nr = S.Teil_oben
(16)  )
(17) SELECT  R.Teile_Nr,
(18)         T.Name,
(19)         DECIMAL(SUM(R.Menge), 6) Anzahl
(20)    FROM Rekurs_Tabelle R JOIN Teil T
(21)         ON R.Teile_Nr = T.Teilnr
(22)    GROUP BY R.Teile_Nr, T.Name;
```

Programm 9.4 Programm zur Erzeugung einer Mengenübersichtsstückliste

In der Programmzeile (6) wird im initialisierenden SELECT-Befehl die Anzahl der zu produzierenden Fahrräder festgelegt. Mit diesem Faktor wird in der Zeile (11) rekursiv die Anzahl der erforderlichen untergeordneten Teile multipliziert. Das sich hierbei ergebende Produkt wird als Multiplikator für die Multiplikation auf der nächsten hierarchischen Stücklistenebene verwendet.

Ergebnis:

```
TEILE_NR NAME                ANZAHL
-------- ---------------- --------
T100     Fahrrad               100,
T110     Lenkstange            100,
T111     Klingel               100,
T112     Griff                 200,
T113     Stange                100,
T120     Vorderrad             100,
T121     Felge                 200,
T122     Speiche             20000,
T123     Vorderradnabe         100,
T130     Hinterrad             100,
T133     Hinterradnabe         100,
```

9.2.3 Strukturverwendungsnachweis

Analytische

Synthetische Betrachtung

Im Gegensatz zur analytischen Betrachtung beim Erstellen einer Strukturstückliste, wird bei der Erzeugung eines Verwendungsnachweises der Stücklistengraph synthetisch betrachtet. Bei der analytischen Betrachtungsweise geht man vom Ganzen aus und ermittelt dessen Teile Ebene für Ebene. Man betrachtet somit den hierarchischen Strukturgraphen von oben nach unten. Bei der synthetischen Betrachtungsweise geht man umgekehrt vor. Man nimmt die Perspektive eines untergeordneten Teiles an und schaut nach oben im Strukturbaum. Hierbei erkennt man die übergeordneten Teile, in die das untergeordnete Teil eingeht.

Oft zu beantwortende Fragen in der Stücklistenorganisation lauten dabei:

- In welchen übergeordneten Teilen wird ein bestimmtes Teil eingebaut?.
- Welche übergeordnete Teile sind betroffen, wenn ein untergeordnetes Teil verändert wird oder nicht mehr verfügbar ist?

Zur Beantwortung dieser Fragen muss der Stücklistengraph, ausgehend vom betrachteten Teil, von unten nach oben durchwandert werden.

Im folgenden Beispiel wird die Frage beantwortet: Welches sind die unmittelbar und mittelbar übergeordneten Teile des Teils T121 Felge?

```
--***************************************
--*    Strukturverwendungsnachweis      *
--***************************************
WITH Rekurs_Tabelle
  (Teile_Nr, Sortierbegriff, Ebene)
  AS
  (SELECT DISTINCT S.Teil_unten,
          VARCHAR(S.Teil_unten, 30),
          1
      FROM Struktur S
      WHERE S.Teil_unten = 'T121'
  UNION ALL
   SELECT S.Teil_oben,
          VARCHAR(R.Sortierbegriff ||
          '->' || S.Teil_oben, 30),
```

```
(16)            R.Ebene + 1
(17)        FROM Rekurs_Tabelle R,
(18)             Struktur     S
(19)        WHERE R.Teile_Nr = S.Teil_unten
(20)  )
(21) SELECT CHAR(REPEAT('*', R.Ebene),5) Ebene,
(22)         R.Teile_Nr,
(23)         CHAR(SPACE(R.Ebene) || T.Name, 20)
(24)             AS Teilename,
(25)         R.Sortierbegriff
(26)   FROM Rekurs_Tabelle R JOIN Teil T
(27)        ON R.Teile_Nr = T.Teilnr
(28)   ORDER BY R.Sortierbegriff;
```

Programm 9.5 Programm zu Erzeugung eines Strukturverwendungsnachweises

Vergleicht man das Programm zur Erzeugung des Strukturverwendungsnachweises mit dem Programm zur Generierung einer Strukturstückliste, siehe Programm 9.3, so findet man ein hohes Maß an Ähnlichkeit. Lediglich die Spaltennamen der Fremdschlüssel sind ausgetauscht. War beispielsweise in der Programmzeile (13) des Programms für die Erzeugung der Strukturstückliste die Spalte *Teil_oben* bedeutsam, so ist im Programm für den Aufbau eines Strukturverwendungsnachweises nun die Spalte *Teil_unten* in der Programmzeile (11) zu verwenden. Nach diesem Muster sind die Fremdschlüsselspalten in beiden Anwendungen vertauscht.

Ergebnis:

```
EBENE TEILE_NR TEILENAME      SORTIERBEGRIFF
----- -------- -------------- ----------------
*     T121      Felge         T121
**    T120       Vorderrad    T121->T120
***   T100        Fahrrad     T121->T120->T100
**    T130       Hinterrad    T121->T130
***   T100        Fahrrad     T121->T130->T100
```

Wie aus den Ergebnisdaten ersichtlich, informiert der Strukturverwendungsnachweis darüber, in welche Teile die Felge unmittelbar oder mittelbar eingebaut ist.

9.3 Flugplan

Wie man eine unendliche Wiederholung bei der Rekursion in DB2-SQL vermeiden kann, zeigen wir am Beispiel einer Flugplanauskunft.

Knoten

Kanten

Ein Flugplan kann in einem Netzwerk dargestellt werden, in dem die Flughäfen durch die Netzknoten und die Flugverbindungen durch die Netzkanten repräsentiert sind. In einem vereinfachten Modell für Deutschland sind die Flughäfen die Knoten, die durch Ellipsen ausgewiesen sind. Die sie verbindenden Flüge sind die Kanten. Sie werden durch Pfeile symbolisiert. Dieser Sachverhalt ist in Abbildung 9.11 ausgewiesen.

Durch den Flughafenschlüssel werden die Flughäfen identifiziert. So hat beispielsweise der Hamburger Flughafen den Schlüsselwert *FH01*. Die Identifikatoren der Verbindungen zwischen den Flughäfen sind die Flugnummern. In der Grafik ist je Flugverbindung deren Schlüsselwert und Preis ausgewiesen. So hat beispielsweise der Flug von Hamburg nach Köln die Nummer *F001* und kostet *200 Euro*.

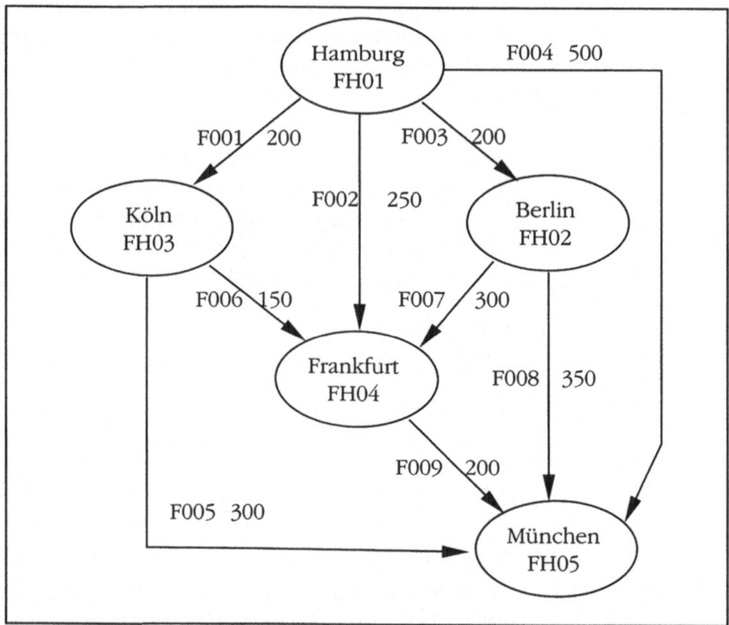

Abbildung 9.11 Netzwerk der Flughäfen und Flugverbindungen

Bei der Analyse der Miniwelt *Flugplan* wird der Entitätstyp Flughafen und der Beziehungstyp *verbinden* festgestellt. Da der Beziehungstyp durch eigene Attribute charakterisiert wird und eine Multiplizitätskombination von (0..*, 0..*) aufweist, ist es sinnvoll, ihn sofort als einen Beziehungsentitätstyp zu modellieren. Im Beispiel erhält er den Namen *Verbindung*. In den folgenden Abbildungen ist das ERM und das hieraus abgeleitete RDBD dargestellt.

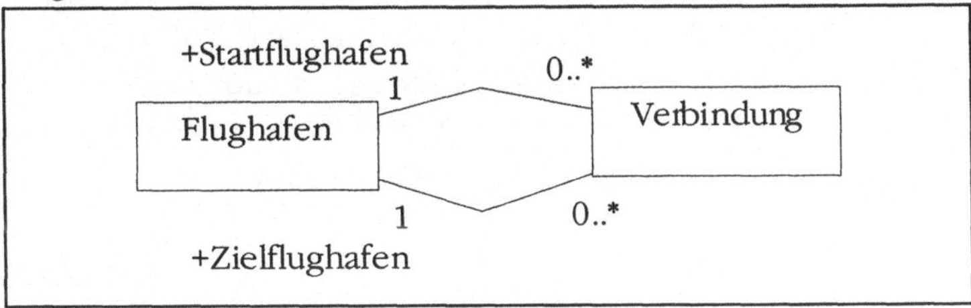

Abbildung 9.12 ERM des Beispiels Flugplan

Mit den Rollennamen *Startflughafen* und *Zielflughafen* wird die Bedeutung von zwei Flughafenentitäten treffend benannt, wenn eine Verbindung zwischen beiden vorhanden ist.

Das Analyseergebnis in Gestalt des ERM wird anschließend in ein relationales Datenbankdiagramm überführt. Mit ihm liegt sodann der Bauplan für die beabsichtigte relationale Datenbank vor. Eine Implementierung in DB2-SQL ist dann der letzte Schritt in unserer architekturgetriebenen und ingenieurmäßigen Herleitung einer Datenbankimplementierung aus den Geschäftsregeln der Miniwelt.

Entwurfsmuster

Vergleicht man das ERM und RDBD der beiden Beispiele *Strukturstückliste* und *Flugplan*, dann stellt man eine strukturelle Identität fest. Damit haben wir den ersten Schritt zu einem Entwurfsmuster für rekursive Datenstrukturen und deren relationalen Implementierung getan.

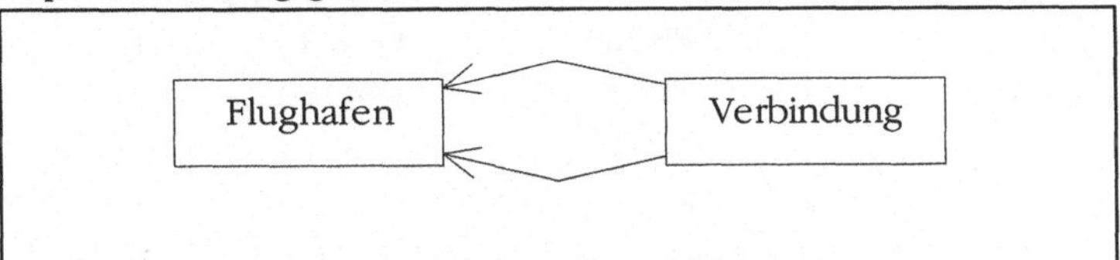

Abbildung 9.13 RDBD des Beispiels *Flugplan*

Nachdem das Datenbankmodell erarbeitet ist, und dabei auch dargestellt ist, in welcher Tabelle die Fremdschlüssel untergebracht werden müssen, werden die beiden Tabellen *Flughafen* und *Verbindung* vereinbart. Anschließend werden sie mit den Daten aus dem Netzplan geladen.

Im folgenden Programm werden nur die notwendigsten Definitionen formuliert. Referenzielle Integritätsfestlegungen sind weggelassen, um die Übersichtlichkeit zu erhöhen.

```
--***************************************
--*   Vereinbarung der Tabellen für     *
--*   das Beispiel Flugplan             *
--***************************************
CREATE TABLE Flughafen
   (Flughafen_Nr CHAR (4) NOT NULL
                          PRIMARY KEY,
    Flughafen_Name CHAR (15));

CREATE TABLE Verbindung
   (     Flug_Nr  CHAR (4) NOT NULL
                          PRIMARY KEY,
    Von       CHAR (4) NOT NULL,
    Nach      CHAR (4) NOT NULL,
    Preis     DEC  (7, 2));
```

Programm 9.6 Vereinbarung der Tabellen *Flughafen* und *Verbindung*

Die Tabellen werden sodann mit den Daten aus dem Netzplan in Abbildung 9.11 geladen.

```
INSERT INTO Flughafen
  (Flughafen_Nr, Flughafen_Name) VALUES
  ('FH01',       'Hamburg'  ),
  ('FH02',       'Berlin'   ),
  ('FH03',       'Köln'     ),
  ('FH04',       'Frankfurt'),
  ('FH05',       'München'  );
```

Programm 9.7 Laden der Tabelle Flughafen

```
INSERT INTO Verbindung
  (Flug_Nr, Von,    Nach,  Preis) VALUES
  ('F001', 'FH01', 'FH03', 200),
  ('F002', 'FH01', 'FH04', 250),
  ('F003', 'FH01', 'FH02', 200),
  ('F004', 'FH01', 'FH05', 500),
  ('F006', 'FH03', 'FH05', 300),
  ('F008', 'FH03', 'FH04', 150),
  ('F009', 'FH02', 'FH04', 300),
  ('F010', 'FH02', 'FH05', 350),
  ('F011', 'FH04', 'FH05', 200);
```

Programm 9.8 Laden der Tabelle Verbindung

loop

Aus den geladenen Daten werden nun alle Flugrouten ab Hamburg und deren Preise ermittelt. Dabei wird auch gezeigt, mit welcher Maßnahme eine Endloswiederholung vermieden werden kann.

Die einfachste Maßnahme besteht darin, einen Zähler zum Messen der Rekursionstiefe zu führen, der bei jedem rekursiven Abstieg um 1 erhöht wird. Wird beim rekursiven Durchwandern der Daten eine Schwellentiefe überschritten, wird die Rekursion auf dem betroffenen Pfad beendet. Die Überwachung der zulässigen Rekursionstiefe erfolgt in der WHERE-Klausel des rekursiven SELECT-Befehls mit der Formulierung:

```
WHERE R.Flughafen_Nr = V.Von
  AND R.Zaehler < 5
```

Hierdurch ist die maximale Rekursionstiefe auf fünf begrenzt. Ist die Bedingung nicht mehr erfüllt, wird die rekursive Unteranfrage nicht ausgeführt.

Die Lösung der Aufgabe kann sodann wie folgt lauten:

```
--****************************************
--*   Vereinbarung der Tabellen für     *
--*   das Beispiel Flugplan             *
--****************************************
WITH Rekurs_Tabelle
 (Flughafen_Nr, Preis, Zaehler, Pfad) AS
 (SELECT DISTINCT Von,
                  DECIMAL(0,7,2),
```

```
                 INTEGER(0),
                 VARCHAR(Von, 30)
     FROM Verbindung
     WHERE Von = 'FH01'
 UNION ALL
  SELECT V.Nach,
         DEC(V.Preis  + R.Preis,7,2),
         R.Zaehler + 1,
         VARCHAR(R.Pfad ||'>'|| V.Nach,
                 30)
     FROM Rekurs_Tabelle R,
          Verbindung     V
     WHERE R.Flughafen_Nr = V.Von
       AND R.Zaehler < 5
 )
SELECT *
   FROM Rekurs_Tabelle
   ORDER BY Pfad;
```

Programm 9.9 Ermittlung der Flugrouten ab Hamburg und deren Preise mit Begrenzung der Rekursionstiefe

Ergebnis:

```
FLUGHAFEN_NR PREIS     ZAEHLER PFAD
------------ --------- ------- ------------------
FH01              0,00       0 FH01
FH02            200,00       1 FH01>FH02
FH04            500,00       2 FH01>FH02>FH04
FH05            700,00       3 FH01>FH02>FH04>FH05
FH05            550,00       2 FH01>FH02>FH05
FH03            200,00       1 FH01>FH03
FH04            350,00       2 FH01>FH03>FH04
FH05            550,00       3 FH01>FH03>FH04>FH05
FH05            500,00       2 FH01>FH03>FH05
FH04            250,00       1 FH01>FH04
FH05            450,00       2 FH01>FH04>FH05
FH05            500,00       1 FH01>FH05
```

Die Begrenzung der Rekursionstiefe mit Hilfe der Technik eines Zählers und der Rekursionstiefenabfrage ist einfach zu implementieren. Nachteilig ist jedoch, dass diese Technik starr ist und eine potenzielle Endloswiederholung erst abbricht, wenn diese bereits begonnen und vielleicht schon längere Zeit ihre ungewollte Wirkung entfaltet hat. Ein weiterer Nachteil liegt darin, dass bei einem zu niedrigen Schwellenwert die beabsichtigte Rekursion auch dann abgebrochen wird, wenn keine Endloswiederholung vorliegt, und bevor die gesuchte Lösung gefunden ist.

loop erkennen

Besser ist es deshalb, wenn die eingesetzte Begrenzungstechnik eine Endloswiederholung gerade dann erkennt, wenn sie beginnt. Hiermit kann die Rekursion sofort und zielgenau beendet werden. Ansonsten kann die rekursive Abarbeitung der rekursiven Datenstruktur bestimmungsgemäß auslaufen.

Eine solche Technik besteht im Flugplanbeispiel darin, dass die rekursive Verbundoperation (join) nur dann ausgeführt wird, wenn der Schlüssel des Zielflughafens im aktuellen Pfad der Rekursionstabelle nicht schon vorhanden ist. Ist er dort bereits vorhanden, wird die aktuelle Verbundoperation nicht ausgeführt. Dadurch wird die potenzielle Endloswiederholung sowohl erkannt als auch an der Stelle beendet, an der sie beginnen würde. Der bisher korrekt gebildete Pfad der verbundenen Flughäfen bleibt erhalten und kann im folgenden SELECT-Befehl bestimmungsgemäß ausgewertet werden.

LOCATE

Im folgenden Programm wird in der Programmzeile (22) mit der SQL-Funktion LOCATE in der WHERE-Klausel des rekursiven SELECT-Befehls der aktuelle Pfadwert dahingehend untersucht, ob er den Schlüssel des momentanen Zielflughafens bereits enthält. Ist der Schlüsselwert im Pfad nicht enthalten, gibt die Funktion den Wert 0 zurück. Ist dieses Kriterium erfüllt, wird die rekursive Abarbeitung fortgesetzt. Wird jedoch ein Wert größer als 0 zurückgegeben, bedeutet dies, dass der Schlüssel des Zielflughafens im Pfad bereits vermerkt ist. Die eingebaute Funktion LOCATE() gibt die Adresse des im Pfadwert gefundenen Zielflughafenschlüssels zurück. Das nochmalige Anfügen des momentanen Schlüsselwertes in den aktuellen Pfad würde die Endlosrekursion einleitet. Bezüglich der Flugverbindung würde das bedeuten, dass das Flugzeug wieder zum Ausgangsflughafen zurückflöge, um sich anschließend im Kreis zu bewegen. Zur Beherrschung der Kreisbewegung ist jedoch im aktuellen Programm noch keine Vorkehrung getroffen. Deshalb muss die Rekursion für den aktuellen Flugpfad beendet werden.

```
(1)  --*************************************
(2)  --* Vermeidung eines Rekursionsloops  *
(3)  --* mit der Funktion LOCATE()         *
(4)  --*************************************
(5)  WITH Rekurs_Tabelle
(6)     (Flughafen_Nr, Preis, Pfad, Zaehler) AS
(7)     (SELECT DISTINCT Von,
(8)                      DECIMAL(0,7,2),
(9)                      VARCHAR(Von, 30),
(10)                     0
(11)        FROM Verbindung
(12)        WHERE Von = 'FH01'
(13)     UNION ALL
(14)     SELECT V.Nach,
(15)            DEC(V.Preis  + R.Preis,7,2),
(16)            VARCHAR(R.Pfad ||'>'|| V.Nach,
(17)                    30),
(18)            Zaehler + 1
(19)        FROM Rekurs_Tabelle R,
(20)             Verbindung     V
(21)        WHERE R.Flughafen_Nr = V.Von
(22)          AND LOCATE(V.Nach, R.Pfad) = 0
(23)          AND Zaehler < 100
(24)     )
(25) SELECT *
(26)    FROM Rekurs_Tabelle
(27)    ORDER BY Pfad;
```

Programm 9.10 Überwachung des Eintritts einer Endlosrekursion

In den Programmzeilen (22) und (23) steht je ein Prädikat. Der Bedingungsausdruck in (22) erkennt und verhindert das Eintreten eines Rekursionsloops. In der Programmzeile (23) wird nochmals geprüft, ob die Rekursion eine maximal geschätzte Rekursionstiefe nicht überschreitet. Diese eigentlich unnötige Prüfung haben wir hier noch vorgesehen, damit die Warnmeldung hinsichtlich der Gefahren eines rekursiven Programms vom Datenbankprozessor nicht mitgeteilt wird. Dieser erkennt nur die Tiefenbegrenzung der Rekursion mit Hilfe eines Tiefenzählers als eine Begrenzungstechnik. Den Einsatz von LOCATE() versteht der Datenbankprozessor nicht für die Erfüllung dieser wichtigen Aufgabe.

9.4 Aufgaben

1) Erzeugen Sie einen Rekursionsloop, indem Sie in die Tabelle Verbindung eine Zeile einfügen, die einen Flug vom Flughafen München zum Flughafen Hamburg repräsentiert. Untersuchen Sie das Ergebnis. Entfernen Sie das Prädikat mit der eingebauten Funktion LOCATE(). Reduzieren Sie die Rekursionstiefenabfrage auf 10 Rekursionsebenen. Erhöhen Sie vorher die maximale Länge der Pfadspalte auf 100 Zeichen.

2) Stellen Sie die Aufbauorganisation eines Unternehmens in einem baumstrukturierten Netzplan dar. Die Stellen sollen hierin die Knoten sein. Die Kanten repräsentieren die Beziehung leiten/berichten. Das Unternehmen ist nach der einfachen Linienorganisation strukturiert. Erstellen Sie ein Organigramm mit einem SELECT-Befehl, das die unternehmensweite Stellenstruktur hierarchisch und übersichtlich ausweist. Erstellen Sie einen Berichtswegeplan der Blattstelle S999. Er soll übersichtlich aufzeigen, über welche Managerstellen ein Bericht der Stelle S999 bis zur Stelle des Vorstandsvorsitzenden S001 weitergereicht wird.

3) Stellen Sie die Aufbauorganisation eines Unternehmens in einem netzwerkstrukturierten Netzplan dar. Die Stellen sollen hierin die Knoten sein. Die Kanten repräsentieren die Beziehung leiten/berichten. Das Unternehmen ist nach der Organisationsform der Matrixorganisation strukturiert. Ein Untergebener kann hierin mehrere unmittelbare Vorgesetzte haben. Erstellen Sie ein Organigramm mit einem SELECT-Befehl, das die unternehmensweite Stellenstruktur hierarchisch und übersichtlich ausweist. In der Verbindung von Stelle mit Stelle ist festzuhalten, wie lange ein Stelleninhaber sich maximal und minimal Zeit nehmen darf, um eine Anweisung an eine untergebene Stelle weiter zu reichen. Ebenfalls ist hierin festzuhalten, wie lange er sich minimal und maximal Zeit nehmen darf, um einem Bericht an die übergeordnete Stelle weiter zu leiten. Erstellen Sie die sich hieraus ergebenden interessanten Auswertungsmöglichkeiten hinsichtlich der Laufzeit von Aufträgen und Berichten.

4) Ordnen Sie der stellenspezifischen Aufbauorganisation Mitarbeiter zu. Beantworten Sie hierbei, wer an wen berichtet und wer wen leitet?

5) Ordnen Sie der stellenspezifischen Aufbauorganisation die Stellvertreterorganisation zu. Beantworten Sie die Frage, wer wen vertritt?

6) Ordnen Sie der stellenspezifischen Aufbauorganisation die Mitarbeiter zu. Beantworten Sie hierbei die Frage, welche Stelle von wann bis wann durch welche Person besetzt war?

7) Stellen Sie die Aufruforganisation von Software in einem netzwerkstrukturierten Netzplan dar. Hierin soll das n-tier-Modell moderner Client-Server-Software abgebildet werden. Zeigen Sie in einer Auswertung, welche Softwareelemente die Anwendung mit dem Schlüssel A001 aufruft. Ein Softwareelement kann von vielen Softwareelementen aufgerufen werden. Zeigen Sie ebenfalls auf, welche aufrufenden Softwareelemente in einem Regressionstest getestet werden müssen, wenn das Softwareelement A999 geändert wird und keine verlässlichen Schnittstellen im Gesamtsystem existieren.

8) Stellen Sie für einen Ausschnitt der Großhandelsbuchhaltung die Konten und die Buchhaltungsvorgänge als rekursive Datenstruktur dar. Verbuchen Sie folgende Geschäftsvorfälle:
   - Barabhebung bei der Bank über 1.000 Euro
   - Forderungseingang bei der Bank über 3.000 Euro
   - Zielverkauf von Waren über 5.000 Euro

9) Erstellen Sie für einen Netzplanprozessor die Datenbank. In den Knoten sollen die Aktionen, deren frühester und spätester Beginn und deren minimale und maximale Dauer festgehalten werden. Die Beziehung zwischen den Knoten sind die Übergänge zwischen den Aktionen. Sie sind zeitlos. Ermitteln Sie den zeitlich kürzesten und längsten Pfad zwischen einem Startknoten und einem Endknoten. Die Eingangs- und Ausgangsgrade der Knoten werden durch die Multiplizität 0..* beschrieben.

10) Erstellen Sie für die Verkehrsbetriebe einer Großstadt den Verkehrsplan in Form einer rekursiven Datenstruktur. Dieser soll die Haltestellen und die Verbindungen zwischen den Haltestellen enthalten. Überlegen Sie sich, welche Daten man hierin festhalten und welche Auswertungen man sodann durchführen könnte.

10 Externe Sicht

In diesem Kapitel lernen Sie,

- was eine externe Sicht ist,
- weshalb externe Sichten eingesetzt werden und
- wie man eine externe Sicht vereinbart und nutzt.

Mit Ihrem erworbenen Wissen können Sie so dann Ihre Anwendungsprogramme datenunabhängig erstellen.

10.1 Drei-Ebenen-Architekturmodell

ANSI-SPARC 3-Ebenen-Architektur-Modell

Im drei-Ebenen-Architekturmodell von ANSI/SPARC wird empfohlen, die Daten einer Datenbank in drei Ebenen zu betrachten, der internen, konzeptionellen und der externen Ebene. An dieser Konzeption ist SQL ausgerichtet. ANSI/SPARC heißt in Klartext: American National Standards Institute/ Standards Planning And Requirments Commitee. Die so benannte Arbeitsgruppe erarbeitete Anfang der siebziger Jahre das drei-Ebenen-Architekturmodell für Datenbanken.

Das Datenbankobjekt der internen Ebene ist der Tabellenspeicher (eng. tablespace). Auf der konzeptionellen Ebene ist die Tabelle (eng. table) der Betrachtungsgegenstand. Für die Realisierung der externen Benutzersicht gibt es die Konzeption des SQL-VIEWs.

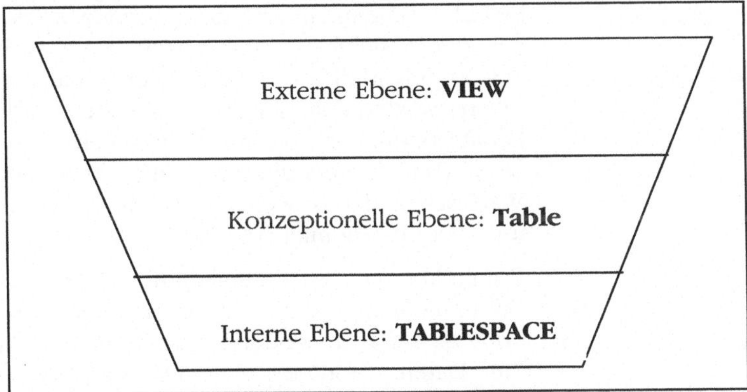

Abbildung 10.1 Drei-Ebenen-Architekturmodell ANSI-SPARC

Ein View, eine externe Datensicht auf die Datenbank, wird nicht durch eine physische Datei repräsentiert, wie dies bei Tabellen letztlich der Fall ist. Ein View ist vielmehr das Ergebnis der View-Vorschrift, durch deren Anwendung SQL die gewünschten Daten aus einer oder mehreren Tabellen zusammenfügt. Das Ergebnis ist eine virtuellen Tabelle, die temporär gebildet wird.

virtuelle Tabelle

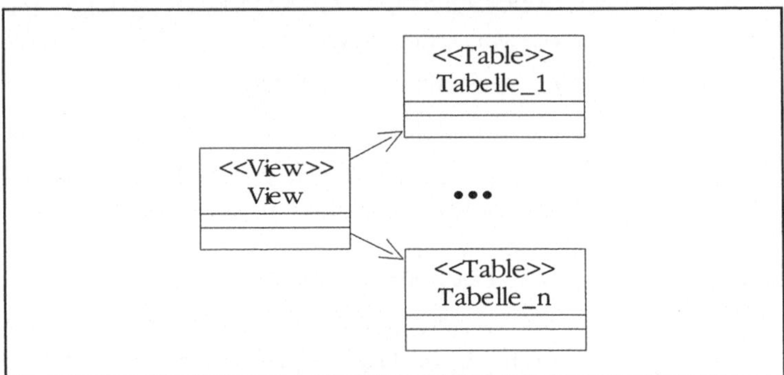

Abbildung 10.2 Ein View besteht aus den Daten einer oder mehrerer Tabellen

Das Viewdiagramm in Abbildung 10.2 zeigt, dass der View von Daten der Tabellen Tabelle_1 bis Tabelle_n abhängig ist. Um diesen Sachverhalt zu dokumentieren, ist die Abhängigkeitsbeziehung zwischen der *View*-Tabelle und den *Table*-Tabellen verwendet worden. Die Abhängigkeitsbeziehung besagt, dass der View zu ändern ist, wenn an den Tabellenstrukturen sich etwas ändert.

Datenunabhängigkeit

Der Vorteil des View-Konzeptes liegt darin, dass ein View die logische Datenunabhängigkeit gewährt. Sowohl die Festlegung der extern sichtbaren Datenstruktur als auch die Beschreibung des Zugriffspfades, um die Datenstruktur mit Datenwerten zu füllen, wird durch den View aus dem Anwendungsprogramm herausgenommen und in die View-Vereinbarung verlagert. Somit wird das Anwendungsprogramm datenunabhängig und die Wartbarkeit der Anwendungssoftware wird, was die Datenhaltung betrifft, optimiert.

Damit können die Datenstrukturen der Tabellen als auch die Zusammenhänge der Tabellen untereinander verändert werden, ohne dass die Anwendungsprogramme, die mit Hilfe eines Views ihre Daten anfordern, ebenfalls geändert werden müssen. Das bedeutet:

Um datenunabhängig zu sein, sollten Anwendungsprogramme ihre Datenanforderungen nicht über konzeptionelle Tabellen (table), sondern nur über externe Sichten (view) abwickeln.

Ein View-Ergebnis wird zum Abfragezeitpunkt aus den ihm zu Grunde liegenden Basistabellen aufgebaut. Dies ist der Zeitpunkt, zu dem der View ausgewertet wird. Ein View kann also nur solche Daten enthalten, die bereits in Tabellen vorhanden sind. Hiervon gibt es eine Ausnahme. In einem View können auch Attribute definiert werden, deren Werte aus anderen Attributen errechnet beziehungsweise abgeleitet werden.

Abgeleitete Daten

Ein View vermittelt dem Anwender den Eindruck, mit einer gewöhnlichen Basistabelle zu arbeiten. Hierzu gibt es jedoch einige Einschränkungen, die im folgenden erläutert werden.

10.2 View vereinbaren

Mit dem Befehl CREATE VIEW wird ein View, d.h. eine externe Datensicht, vereinbart. Wie alle CREATE-Befehle, zählt auch der Befehl CREATE VIEW zu der Datendefinitionssprache (DDL) von SQL.

Die vereinfachte Syntax lautet:

```
CREATE VIEW <Viewname>
    [(<Spaltenliste>)]
    AS <SELECT-Befehl>
    [WITH CHECK OPTION]
```

Viewname ist der Name, unter dem der View im Datenbankkatalog verwaltet wird, und unter dem dieser View anschließend genutzt werden kann. Er muss unter den View- und Tabellennamen innerhalb der Datenbank eindeutig sein.

Spaltenliste ist definiert als:

<Spaltenname> [,<Spaltenname>] ...

In der *Spaltenliste* können Namen für die Spalten definiert werden, die den View strukturieren. Werden sie angegeben, so sind sie die extern sichtbaren Spaltennamen. Sie blenden somit die Sichtbarkeit der Spaltennamen der Basistabelle(n) aus.

Strukturunabhängigkeit

Wird die *Spaltenliste* weggelassen, so werden die Spaltennamen der Basistabelle(n) übernommen, aus der bzw. denen das View-Ergebnis gebildet wird (*SELECT-Befehl*). Sie sind dann auch bei der Viewanwendung nach außen hin sichtbar. Werden die Daten des Views durch einen Verbund oder werden die Spaltenwerte durch Ausdrücke gebildet, so muss eine Spaltenliste angegeben werden. Beispiele für Ausdrücke sind einfache Berechnungen, Funktionsaufrufe, Unteranfragen oder auch bedingte Ausdrücke. Die Anzahl der in der *Spaltenliste* definierten und extern sichtbaren Spaltennamen muss mit der Anzahl der Spalten bzw. Ausdrücke übereinstimmen, die sich aus dem *SELECT-Befehl* ergeben. Dies sind die Spaltennamen aus den bezogenen Tabellen bzw. Ausdrücke, die mit diesen Spaltennamen gebildet werden. Alternativ zur *Spaltenliste* könnten die Namen der Viewspalten auch mit AS-Klauseln in den jeweiligen Ausdrücken des *SELECT-Befehls* gebildet werden. Die Spaltenliste des Views ist ein Sprachelement, mit dem die Datenstrukturunabhängigkeit gefördert bzw. erreicht wird.

Datenstrukturunabhängigkeit

In der AS-Klausel wird mit Hilfe des *SELECT-Befehls* aufgeführt, aus welchen Basistabellen der View mit Daten versorgt wird. Diese Angaben enthalten die Festlegung der verfügbaren Daten (Datenstruktur) in Form der Spaltennamen der Basistabelle(n) und des erforderlichen Zugriffspfades, um diese Datenstruktur mit Datenwerten aus den Basistabellen zu füllen. Es besteht sogar die Möglichkeit, an Stelle von Tabellennamen wiederum Viewnamen in der FROM-Klausel der vollen Anfrage anzugeben. Damit sind Views möglich, die aus Views gebildet werden. Letztendlich liegend natürlich Basistabellen den Views zu Grunde. In seltenen Fällen wäre auch eine statische Tabelle nur aus einer VALUES-Klausel denkbar.

View auf View

Der *SELECT-Befehl* ist prinzipiell der gleiche SELECT-Befehl, der auch zur üblichen Datenwiedergewinnung verwendet wird. Lediglich die ORDER BY- und die FETCH FIRST-Klauseln dürfen nicht verwendet werden.

WITH CHECK OPTION

Wenn die Option WITH CHECK OPTION angegeben wird, gewährleistet das System, dass bei Änderungs- und Einfügezugriffen mit Hilfe des Views nur solche Zeilen vom Datenbankprozessor akzeptiert werden, die der WHERE-Klausel im SELECT-Befehl der Viewdefinition entsprechen. Ist beispielsweise im Prädikat der WHERE-Klausel festgelegt, dass der View nur einen Zugriff auf die Kundennummern zwischen *K001* und *K003* zulässt, dann kann über den View der Kunde mit der Kundennummer *K004* nicht eingefügt werden.

Datenstrukturunabhängigkeit

Im folgenden Beispiel wird ein View vereinbart, der die Werte der Spalten *Vorname* und *Zuname* der Tabelle *Kunde* unter den neuen Spaltennamen *Familienname* und *Rufname* zur Verfügung stellt. Weiterhin bewirkt er eine Typkonvertierung der beiden Spalten in das Format VARCHAR (15). Dadurch macht er das nutzende Anwendungsprogramm von der Strukturierung und den Datentypen in der Tabelle *Kunde* unabhängig.

Das folgende Viewdiagramm zeigt, woher die Daten des Views stammen, wie sie im View heißen und welche Typkonvertierung im View stattfindet.

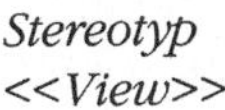
Stereotyp <<View>>

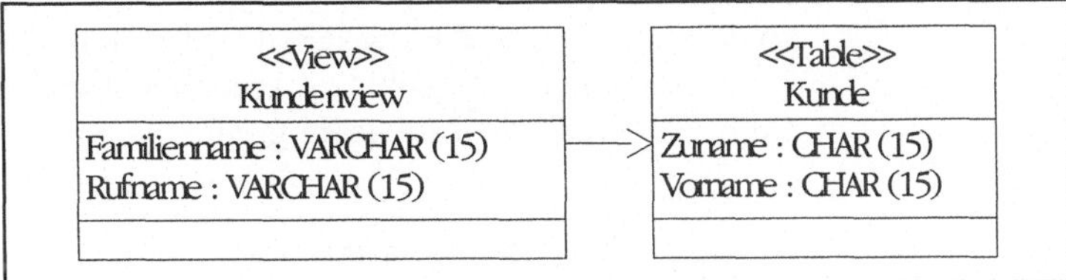

Abbildung 10.3 Viewdiagramm Kundenview

Nachdem der Bauplan für den View erstellt ist, wird er mit SQL-Sprachmitteln implementiert.

```
--*************************************        (1)
--*        Vereinbarung eines Views       *     (2)
--*************************************        (3)
CREATE VIEW Kundenview                         (4)
            (Familienname, Rufname)            (5)
   AS SELECT VARCHAR( Zuname,  15),            (6)
             VARCHAR( Vorname, 15)             (7)
         FROM Kunde;                           (8)
```

Programm 10.1 View für Struktur- und Datentypunabhängigkeit

In der Programmzeile (4) wird der Name des Views festgelegt. Seine Spaltennamen, die von den Namen der Basistabelle abweichen, werden in der Zeile (5) deklariert. Ab der Programmzeile (6) ist nach dem Schlüsselwort AS der SELECT-Befehl aufgeführt, der die Daten aus der Basistabelle *Kunde* beschafft und wunschgemäß aufbereitet.

Ein View wird in den meisten Fällen ohne Unterschied zu einer Basistabelle verwendet. Im folgenden Beispiel werden seine Daten in Form einer Totalprojektion in die Ergebnistabelle ausgegeben.

```
--**************************************
--*              View verwenden        *
--**************************************
SELECT *
   FROM Kundenview;
```

Programm 10.2 Verwendung eines Views

Wie man sieht, macht es syntaktisch keinen Unterschied, ob man mit dem SELECT-Befehl auf eine Basistabelle oder einen View, d.h. eine virtuelle Tabelle, zugreift.

Ergebnis:

```
FAMILIENNAME       RUFNAME
---------------    ---------------
Müller             Hugo
Mayer              Georg
Schulze            Eva
```

Zugriffspfad-Datenstruktur-Datentyp-unabhängigkeit

Mit Hilfe der externen Sicht in Programm 10.1 kann der Anwender nur die Vornamen und Zunamen der Tabelle *Kunde* sehen. Diese Daten werden ihm auch nur unter den in der Spaltenliste aufgeführten speziellen externen Spaltennamen *Rufname* und *Familienname* zur Verfügung gestellt. Der View wirkt wie ein Transformator. Er passt die Erwartungen des externen Benutzers an die internen Gegebenheiten in den Tabellen an. Damit erfüllt der View die zentrale Forderung nach Datenstruktur- und Datentypunabhängigkeit des Benutzers von den Gegebenheiten in der Tabelle und dem sie enthaltenden konzeptionellen Schema. Mit der FROM-Klausel im SELECT-Befehl der Viewvereinbarung wird der Zugriffspfad auf die Tabelle angegeben. Somit ist auch die Forderung nach Zugriffspfadunabhängigkeit der Programme gegeben, die den View später verwenden. In diesen ist nicht bekannt, aus welchen Basistabellen der View die Daten besorgt.

10.3 View löschen

Mit dem DDL-Befehl DROP VIEW können Views gelöscht werden. Bei diesem Vorgang werden die Metadaten des gelöschten Views aus dem Katalog entfernt.

Die Syntax lautet:

```
DROP VIEW <Viewname>
```

Beispiel `DROP VIEW Kundenview;`

10.4 Einschränkungen für Views

Bei der Anwendung von Views sind vom Anwender einige Einschränkungen gegenüber der Anwendung von Basistabellen zu beachten. Diese Einschränkungen betreffen die Befehle zur Datenbankänderung INSERT, UPDATE und DELETE, die einen View verwenden.

Folgende Einschränkungen sind zu berücksichtigen, wenn mit Views auch Änderungen in der Datenbank durchgeführt werden sollen. Hierbei werden Views unterschieden, deren Zeilen man löschen, verändern und in die man Zeilen einfügen kann. Diese Operationen pflanzen sich hierbei in die den Views zu Grunde liegenden Basistabellen fort.

deletable

Die Zeilen eines Views kann man löschen, wenn folgende Voraussetzungen erfüllt sind, hierzu sagt man auch, sie seien *deletable*:

- Für den View ist ein INSTEAD OF-Trigger vereinbart, der das DELETE-Ereignis abfängt. An Stelle des DELETE-Befehls wird die Aktion ausgeführt, die im Aktionsteil des Triggers festgelegt ist.
- In der SELECT-Klausel steht nicht die Klausel DISTINCT.
- In der FROM-Klausel ist nur eine Tabelle angegeben, d.h. es liegt kein Verbund (join) vor.
- Die GROUP BY und die HAVING-Klauseln sind nicht verwendet.
- Es sind keine SELECT-Befehle mit Mengenoperatoren verbunden mit Ausnahme von UNION ALL.

updatable

Die Zeilen eines View kann man verändern, wozu man auch sagt, sie seien *updatable*, wenn

- für den View ein INSTEAD OF-Trigger vereinbart ist, der das UPDATE-Ereignis abfängt. An Stelle des UPDATE-Befehls wird die Aktion ausgeführt, die im Aktionsteil des Triggers festgelegt ist, oder
- der View deletable ist, d.h., dass man seine Zeilen löschen kann, oder
- bei der Verwendung von UNION ALL die Datentypen der korrespondierenden Spalten der vereinigten Tabellen identisch sind.

insertable

In den View kann man Zeilen einfügen, wozu man auch sagt, er sei *insertable*, wenn

- für den View ein INSTEAD OF-Trigger vereinbart ist, der das INSERT-Ereignis abfängt. An Stelle des INSERT-Befehls wird die Aktion ausgeführt, die im Aktionsteil des Triggers festgelegt ist, oder
- die einzufügende Zeile erfüllt alle Integritätsregeln der Basistabelle,
- die Daten für nicht *updatable* Spalten werden weggelassen.

read only

Ist ein View weder insertable, updateable noch deleteable, dann ist er ein solcher, der lediglich Leseoperationen zulässt. Hierzu sagt man auch, er sei *read only*.

10.5 Views für die Rechnungschreibung

Datenunabhängigkeit

Im Folgenden werden drei beispielhafte Views vereinbart, die in einem Programm verwendet werden können, das Rechnungen schreibt. Durch die Auslagerung der Beschreibungen der Datenstrukturen und der Zugriffspfade heraus aus den Programmen für die Rechnungsschreibung und hinein in die Viewvereinbarung, werden die Programme, welche die Views benutzen, *datenunabhängig*.

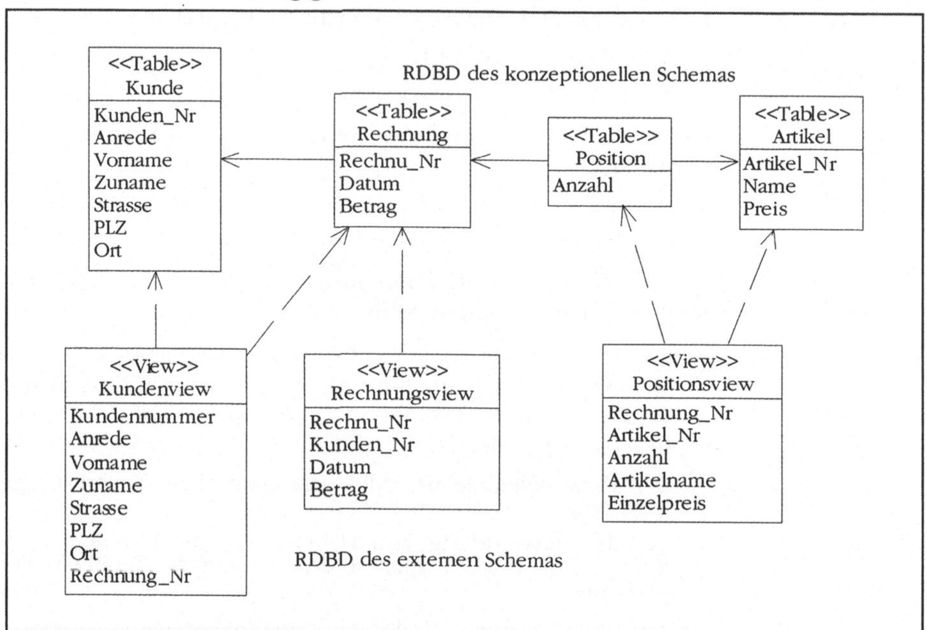

Abbildung 10.4 RDBDs der konzeptionellen und externen Sicht

In der

Stereotyp

Abbildung 10.4 ist die konzeptionelle und die externe Sicht auf die Rechnungsschreibung gemeinsam dargestellt. Mit den beiden Stereotypen <<TABLE>> und <<VIEW>> in der oberen Rubrik der Sinnbilder für die Relationen ist dargestellt, um welche generelle Art von Relation es sich handelt. In unserem Beispiel eine Relation für die konzeptionelle oder externe Sicht.

Nach den Vorarbeiten im Entwurf, der den Bauplan der Sichten nun darstellt, werden die drei Sichten nun implementiert.

```
CREATE VIEW Kundenview
   (Kundennummer, Anrede, Vorname, Zuname,
    Strasse, PLZ, Ort, Rechnung_Nr)
   AS SELECT K.*, R.Rechnu_Nr
         FROM Kunde K JOIN Rechnung R
             ON K.Kunden_Nr = R.Kunden_Nr;
```

Programm 10.3 View stellt Kundendaten bereit

```
CREATE VIEW Rechnungsview
   AS SELECT *
         FROM Rechnung;
```

Programm 10.4 View stellt Rechnungsdaten bereit

```
CREATE VIEW Positionsview
   (Rechnung_Nr, Artikel_Nr,
    Anzahl, Artikelname, Einzelpreis)
   AS SELECT P.*, A.Name, A.Preis
         FROM Position P JOIN Artikel A
         ON P.Artikel_Nr = A.Artikel_Nr;
```

Programm 10.5 View stellt Positions- und Artikeldaten bereicht

Mit den vereinbarten externen Sichten kann man jetzt sehr einfach die Daten einer Rechnung lesen.

```
SELECT *
   FROM Kundenview
   WHERE Rechnung_Nr = 'R001';
```

Programm 10.6 Lesen der Kundendaten von Rechnung R001

```
KUNDENNUMMER ANREDE VORNAME     ZUNAME
------------ ------ ----------- -----------
K001         Herr   Hugo        Müller
```

```
STRASSE         PLZ   ORT        RECHNUNG_NR
--------------- ----- ---------- -----------
Gartenstr. 4a   69123 Heidelberg R001
```

```
SELECT *                                    (1)
   FROM Rechnungsview                       (2)
   WHERE Rechnu_Nr = 'R001';                (3)
```

Programm 10.7 Lesen der Rechnungsdaten von Rechnung R001

Ergebnis:

```
RECHNU_NR KUNDEN_NR DATUM      BETRAG
--------- --------- ---------- -----------
R001      K001      2004-04-04    13000,00
```

```
SELECT *                                    (1)
   FROM Positionsview                       (2)
   WHERE Rechnung_Nr = 'R001';              (3)
```

Programm 10.8 Lesen der Positions- und Artikeldaten von Rechnung R001

Ergebnis:

```
RECHNUNG_NR ARTIKEL_NR ANZAHL  ARTIKELNAME     EINZELPREIS
----------- ---------- ------- --------------- -----------
R001        A001            2, Computer            5000,00
R001        A002            3, Drucker             1000,00
```

10.6 Aufgaben

1) Definieren Sie eine externe Sicht der gesamten Rechnungsdaten.
2) Definieren Sie einen View für die englische Ausgabe der Kundendaten.
3) Definieren Sie einen View für die Strukturstückliste *T001.*
4) Definieren Sie einen View für die Flugplanauskunft von Hamburg nach München.
5) Definieren Sie einen View für die ABC-Analyse.
6) Definieren Sie einen View für gleitende Mittelwerte und Varianzen der Aktienkurse.
7) Definieren Sie einen View für die Pflege der Kundendaten. Nennen Sie die Spaltennamen des Views anders als die Spaltennamen der Tabelle *Kunde.*

11 Datenschutz und Datensicherung

In diesem Kapitel lernen Sie,

- wie man in DB2-SQL Daten vor missbräuchlichem Zugriff schützt und
- wie man Daten vor unbeabsichtigter Verfälschung sichert.

Mit Ihrem erworbenen Wissen können Sie sodann Ihre Daten differenziert schützen und vor unbeabsichtigter Verfälschung sichern.

11.1 Datenschutz

Unter Datenschutzmaßnahmen sollen hier alle Vorkehrungen verstanden werden, die den absichtlichen Missbrauch von Daten verhindern sollen.

Schutz vor absichtlichem Missbrauch

In SQL gibt es zwei Befehle, mit denen Zugriffsrechte erteilt und wieder entzogen werden können. Sie bilden zusammen eine kleine Teilmenge der SQL-Sprache, die als Berechtigungssprache (engl. data control language, DCL) bezeichnet wird.

DCL

Mit dem Befehl GRANT werden Rechte erteilt und mit REVOKE wieder entzogen. Der von den Befehlen betroffene Personenkreis kann eine Einzelperson, eine Personengruppe oder die Allgemeinheit sein.

Mit der Erteilung einer Berechtigung wird dem Begünstigten erlaubt, an einem Datenbankobjekt bestimmte Operationen durchzuführen. Für folgende und weitere Datenbankobjekte können differenzierte Rechte zugeordnet werden:

- Datenbank als Ganzes
- Index
- Paket
- Routine
- Tabelle

Rechte an einer Datenbank

Die vereinfachte Syntax für die Rechtevergabe an der Datenbank als Ganzes lautet:

GRANT

```
GRANT <Recht> ON DATABASE
TO <Berechtigtem>
```

Unter Anderem können folgende Rechte an der Datenbank vergeben werden:

Recht	Bedeutung
BINDADD	Recht für das Definieren von Paketen.
CONNECT	Recht zur Anmeldung bei der Datenbank.
CREATETAB	Recht zum Vereinbaren von Tabellen.
CREATE_NOT_FENCED_ROUTINE	Recht zum Vereinbaren von Benutzerfunktionen, die im selben Speicherschutzraum ausgeführt werden, in dem sich der Datenbankprozess befindet. Durch eine fehlerhaften Benutzerfunktion kann hierbei der Datenbankprozess gefährdet werden.
DBADM	Recht, als Datenbankmanager zu handeln, der alle Operationen an allen Datenbankobjekten durchführen darf.

Tabelle 11.1 Rechte an einer Datenbank - Auszug

Als Berechtigte können angegeben werden:

- USER <Benutzerkennung>
- GROUP <Benutzergruppenname>
- PUBLIC (hiermit besitzt sodann jeder das entsprechende Recht).

Recht an einem Index

Die vereinfachte Syntax für die Rechtevergabe an einem Index lautet:

```
GRANT CONTROL ON INDEX <Indexname>
TO <Berechtigtem>
```

Wird einem Berechtigten das CONTROL-Recht zugeordnet, kann er den angegebenen Index löschen, indem er den Befehl DROP INDEX ausführen lässt.

Die Berechtigten werden in gleicher Weise angegeben wie bei den Datenbankrechten in Tabelle 11.1.

Recht an einem Paket

Die vereinfachte Syntax für die Rechtevergabe an einem Paket lautet:

```
GRANT <Recht> ON PACKAGE <Paketname>
TO <Berechtigtem>
```

Folgende Rechte an einem Paket werden hiermit vergeben:

Name	Bedeutung
BIND	Recht für das Binden von Paketen.
CONTROL	Recht zur Durchführung aller Operationen an einem Paket.
EXECUTE	Recht zur Benutzung eines Paketes.

Die Berechtigten werden wieder in gleicher Weise angegeben wie bei den Datenbankrechten in Tabelle 11.1.

Rechte an Tabellen und Views

Die vereinfachte Syntax für die Rechtevergabe an einer Tabelle lautet:

```
GRANT <Recht> ON [TABLE] <Tabellenname>
TO <Berechtigtem>
```

Unter anderen können folgende Rechte an Tabellen vergeben werden:

Tabellenrechte

Recht	Bedeutung
ALL [PRIVILEGES]	Gewährt alle Rechte, außer dem CONTROL-Recht.
ALTER	Recht zur Ausführung des Befehls ALTER TABLE für die Tabelle.
CONTROL	Gewährt alle Rechte an der Tabelle, einschließlich des Rechts zur Rechteweitergabe an Dritte.
DELETE	Recht zum Löschen von Zeilen der Tabelle.
INDEX	Recht zum Definieren eines Indexes auf die Tabelle.
INSERT	Recht zum Einfügen von Zeilen in die Tabelle.
REFERENCES	Recht zum Definieren von Fremdschlüsseln,

	bei denen die Tabelle referenziert wird, bis auf Spaltenebene.
SELECT	Recht zum Lesen von Zeilen der Tabelle.
UPDATE	Recht zum Verändern von Zeilen in der Tabelle bis auf Spaltenebene.

Tabelle 11.2 Rechte an einer Tabelle, View oder Nickname

Die Berechtigten werden wieder in gleicher Weise angegeben wie bei den Datenbankrechten in Tabelle 11.1.

Rechte an Routinen

Die vereinfachte Syntax für die Rechtevergabe an einer Routine lautet:

Routinerecht

```
GRANT EXECUTE ON <Routinename>
TO <Berechtigtem>
```

Routinen können sein:

- Funktionen
- Methoden
- Prozeduren.

Die Berechtigten werden wieder in gleicher Weise angegeben wie bei den Datenbankrechten in Tabelle 11.1.

Entzug von Berechtigungen

REVOKE

Durch den Befehl REVOKE werden Rechte wieder entzogen.

Die Struktur des REVOKE-Befehls entspricht der des GRANT-Befehls. Deshalb wird die Syntax der vier Varianten von REVOKE gemeinsam dargestellt:

```
REVOKE <Recht> ON DATABASE
FROM <Berechtigtem>

REVOKE CONTROL ON INDEX <Indexname>
FROM <Berechtigtem>

REVOKE <Recht> ON PACKAGE <Paketname>
FROM <Berechtigtem>

REVOKE <Recht> ON [TABLE] <Tabellenname>
FROM <Berechtigtem>
```

Die Beschreibungen hinsichtlich der Rechte und der Berechtigten entsprechen den korrespondierenden GRANT-Befehlen.

11.2 Datensicherung

Unbeabsichtigte Datenverfälschung

Unter den Maßnahmen zur Datensicherung sollen all die Aktivitäten verstanden werden, die dazu geeignet sind, eine unbeabsichtigte Verfälschung der Daten in den Tabellen zu vermeiden. Unter den vielen Ursachen, die zu einer unbeabsichtigten Datenverfälschung führen, spielt die zusammengehörige Manipulation an mehreren Zeilen eine besondere Rolle.

Eine Anforderung des Benutzers an den Computer bezeichnet man als eine *Transaktion.* Eine solche Transaktion kann Veränderungen an den Tabelleninhalten der Datenbank erfordern, die in SQL mittels INSERT-, UPDATE-, DELETE- und MERGE-Befehlen verwirklicht werden. Wenn eine Transaktion vom Computer erledigt wird, müssen *alle* hierfür erforderlichen Veränderungsbefehle korrekt durchgeführt werden. Wenn einer von ihnen nicht ordnungsgemäß durchgeführt wird, darf keine Veränderung wirksam werden.

Entweder alles oder nichts

Diesen Sachverhalt wollen wir an einem Beispiel aus unserer Miniwelt Rechnungsschreibung erklären. Gesetzt den Fall, wir hätten bei der Erfassung der Positionen einer Rechnung eine Position vergessen. Um unsere Miniwelt in der Datenhaltung korrekt abzubilden, muss diese vergessene Position im Rahmen einer weiteren *Transaktion* nachgetragen werden. Dies geschieht ganz einfach dadurch, dass diese Rechnungsposition nachträglich erfasst wird. Ihre Erfassung hat aber nicht nur eine Veränderung der Tabelle *Position* zur Folge, indem in diese eine weitere Zeile mit der betroffenen Rechnungs- und Artikelnummer eingefügt wird. Auch in der Tabelle *Rechnung* muss in der Zeile mit der entsprechenden Rechnungsnummer der Rechnungsbetrag um den Wert der Rechnungsposition (Anzahl * Einzelpreis) erhöht werden.

Transaktion

Wie man sieht, sind zur Abwicklung der vorstehenden Transaktion zwei Änderungen in der Rechnungsdatenbank erforderlich, die eine in der Tabelle *Position* und die andere in der Tabelle *Rechnung.* Beide Änderungen müssen gemeinsam erfolgen oder es darf keine erfolgen. Würde nur eine Änderung durchgeführt werden, und die andere würde aus irgend einem Grund nicht stattfinden, so wäre der Inhalt der Datenbank falsch. Die Summe der Werte der Rechnungspositionen einer Rechnung entspräche dann nicht mehr dem Rechnungsbetrag in der zugehörigen Zeile der Rechnungstabelle.

Datenkonsistenz

Diese fehlende Übereinstimmung der Werte innerhalb der Datenbank bezeichnet man mit *Inkonsistenz*. Inkonsistenz in der Datenbank bedeutet fehlerhafter Inhalt der Datenbank. Hierzu sagt man auch, dass die Datenbank nicht mehr *integer* sei. Eine nicht integere Datenbank ist kein Spiegelbild der Miniwelt mehr und somit in ihrem Aussagegehalt sehr geschädigt oder sogar wertlos.

Datenintegrität

Das Problem der gefährdeten Datenintegrität lösen wir, indem wir die erste der beiden zusammengehörigen Datenbankänderung wieder rückgängig machen, falls die zweite Änderung nicht durchführbar ist.

Datenbank-transaktion

SQL stellt für das Zurücksetzten von Datenbankänderungen ein einfaches und leicht handhabbares Konzept zur Verfügung. Es wird ebenfalls als *Transaktion*, genauer als Datenbanktransaktion, bezeichnet. Eine Datenbank-Transaktion besteht aus einer Anzahl Datenbankänderungen, die nach ihrer erfolgreichen Abwicklung die Datenbank von einem integeren Ausgangszustand in einen wieder integeren Endzustand versetzen. Tritt während der Abwicklung der Transaktion ein Ereignis ein, das verhindert, dass alle Änderungen erfolgreich abgeschlossen werden können, werden die bereits durchgeführten Datenbankänderungen wieder rückgängig gemacht und somit der integere Ausgangszustand wieder hergestellt.

UOR

LUW

In DB2 bezeichnet man eine solche zurücksetzbare Arbeitseinheit auch als unit of recovery (UOR). In verbreiteten Transaktionssystemen, wie beispielsweise customer information control system (CICS) heißen solche Einheiten logical unit of work (LUW).

COMMIT

ROLLBACK

Die SQL-Befehle für eine Datenbankänderung, die zusammen eine Datenbanktransaktion bilden, werden entweder von einem COMMIT- oder einem ROLLBACK-Befehl gefolgt. Alle Datenbankänderungen, die zeitlich vor diesen Befehlen vorgenommen werden, werden zunächst nur vorläufig durchgeführt. Erst mit der Ausführung von *COMMIT* wird die Datenbankänderung als abgeschlossen betrachtet. Durch die Ausführung des SQL-Befehls *ROLLBACK* setzt der Datenbankprozessor die Datenbank wieder auf ihren vorherigen Zustand oder auf einen gewünschten Sicherungspunkt zurück. Dieser muss vorher mit dem Befehl SAVEPOINT geschrieben werden. Wurden die Datenbankänderungen mit *COMMIT* bestätigt und damit endgültig vollzogen, so können sie mit *ROLLBACK* nicht mehr zurückgesetzt werden.

Die Syntax des Befehls COMMIT lautet:

COMMIT

```
COMMIT
```

Der Befehl COMMIT bewirkt, dass alle Datenbankänderungen, die zunächst nur vorläufiger Natur gewesen sind, ab sofort endgültig vollzogen werden. Zur Aufrechterhaltung der Datenintegrität waren die von der Änderung betroffenen Daten vom Datenbankprozessor vor dem Zugriff Dritter gesperrt. Auch diese Sperren werden durch COMMIT aufgehoben. Die Daten stehen dann der Allgemeinheit zur Nutzung zur Verfügung.

Mit der Ausführung des Befehls ROLLBACK setzt der Datenbankprozessor die Daten in der Datenbank wieder auf einen konsistenten und integeren Zustand zurück.

Sicherungspunkt

Dieser Zustand muss jedoch nicht der Anfangszustand einer Arbeitseinheit (UOR) sein. Mit Anwendung des Befehls SAVEPOINT kann man eine Arbeitseinheit in Untereinheiten aufteilen, indem man Sicherungspunkte setzt. Auf solch einen Sicherungspunkt kann man versuchsweise mit ROLLBACK zurücksetzen. Ist mit dem nur teilweisen Zurücksetzen der Datenbankänderungen das Problem gelöst, so kann man ab diesem Sicherungspunkt wieder die Arbeit aufnehmen. Somit erreicht man das Arbeitsziel mit weniger Aufwand im Vergleich zum Zurücksetzen auf den Anfangszustand mit nachfolgender Gesamtwiederholung der zurückgesetzten Arbeit.

Die vereinfachte Syntax des Befehls SAVEPOINT ist wie folgt:

SAVEPOINT

```
SAVEPOINT <Name des Sicherungspunktes>
```

Im Befehl ROLLBACK kann der Name eines Sicherungspunktes angegeben werden. Hierdurch wird nicht die gesamte Transaktion zurückgesetzt, sondern der Datenbankzustand ist sodann der, welcher zur Zeit des Sicherungspunktes gegeben war.

Die Syntax des Befehls ROLLBACK ist somit folgende:

ROLLBACK

```
ROLLBACK [WORK]
[TO <Name des Sicherungspunktes>]
```

Wird der Name eines Sicherungspunktes im ROLLBACK-Befehl nicht angegeben, so setzt der Datenbankprozessor die Transaktion auf ihren Anfang zurück.

11.3 Aufgaben

1) Gewähren Sie das Leserecht an dem View Kundenview dem Benutzer *Müller*.
2) Gewähren Sie das Lese-, Schreib-, Veränderungs- und Löschrecht an dem View Rechnungsview der Allgemeinheit.
3) Gewähren Sie das Änderungsrecht an Daten der Spalte *Anzahl* der Tabelle *Position* an den Benutzer *Müller*.
4) Ziehen Sie das Änderungsrecht an Daten der Spalte *Anzahl* der Tabelle *Position* von dem Benutzer *Müller* zurück.
5) Skizzieren Sie den Einsatz der Befehle COMMIT, SAVEPOINT und ROLLBACK in einem Programm, das Rechnungsdaten und deren Positionsdaten erfasst.

12 DB2-Katalog

In diesem Kapitel lernen Sie,

- was der SQL-Katalog ist und
- welche Katalog-Views interessante Metadaten enthalten.
- Weiterhin lernen Sie, wie man Metadaten liest.

Mit Ihrem erworbenen Wissen können Sie sodann ein breites Spektrum an Metadaten auswerten. Hiermit verschaffen Sie sich interessante Einsichten in die Wirkungsweise des Datenbankprozessors.

12.1 Metadatenverzeichnis von DB2

Directory

Das Metadatenverzeichnis von DB2 besteht aus dem DB2-Katalog und dem DB2-Directory. Das DB2-Directory ist nur für den internen Gebrauch durch den Datenbankprozessor vorgesehen. Es enthält in fünf Tabellen detaillierte technische Informationen über die aktuelle Arbeitsweise des Datenbankprozessors.

Metadaten

Der DB2-Katalog ist die zentrale Ablage der Metadaten über alle Datenobjekte, die vom Datenbankprozessor verwaltet werden. Er besteht aus einer Vielzahl von Systemtabellen. Zur konsistenten und leichten Auswertung der Katalogdaten sind ebenfalls eine Vielzahl von Katalogviews vorhanden.

Katalogview

SYSCAT

Die meisten Katalogviews können nur zum Lesen der Metadaten verwendet werden. Dies gilt auch für die ihnen zu Grunde liegenden Katalogtabellen. Diese Views sind im Schema *SYSCAT* vereinbart. Deshalb beginnen ihre Namen auch mit dem Bezeichner *SYSCAT*. Auf diesen folgt der eigentliche Name des Views. Zusammen bilden beide einen qualifizierten Namen. Beispielsweise lautet der Name des Views, über den man die Metadaten über alle Tabellen der Datenbank lesen kann, *SYSCAT.TABLES*.

SYSSTAT

Einige Views können auch verwendet werden, um Daten im Katalog zu manipulieren. Dies sind ausnahmslos Daten, mit denen man das Verhalten des DB2-Optimierers steuern kann. Sie sind im Schema *SYSSTAT* vereinbart. Deshalb beginnen ihre qualifizierten Namen auch mit dem Präfix *SYSSTAT*. Der Schemaname SYSSTAT steht für *Systemstatistiken*, die der Optimierer braucht, um die kostengünstigsten Zugriffspläne zu generieren.

Der DB2-Katalog ist ein teilweise aktives, ein integriertes und nicht umgehbares Metadatenverzeichnis.

Zugriffsplan kostenoptimiert

- Nur teilweise aktiv ist der DB2-Katalog deshalb, weil nicht alle Metadaten automatisch vom Katalogverwaltungssystem manipuliert werden. Beispielsweise müssen die Metadaten, die für optimierte Zugriffspläne erforderlich sind, durch das Dienstprogramm RUNSTATS explizit erzeugt werden.
- Integriert ist der Katalog deshalb, weil der Datenbankprozessor ohne den Katalog seine Arbeit nicht erledigen kann. Und weiterhin, weil der Katalog ohne den Datenbankprozessor nicht existieren würde und auch nutzlos wäre.
- Nicht umgehbar ist der Katalog deshalb, weil nur mit den in DB2-SQL vorgegebenen Sprachmitteln auf die Daten des Katalogs zugegriffen werden kann.

Die Metadaten im Katalog werden mit den drei Datendefinitionsbefehlen

- CREATE
- ALTER und
- DROP

erzeugt, verändert bzw. gelöscht. Mit dem Datenmanipulationsbefehl SELECT werden sie gelesen. Damit ist der SELECT-Befehl in seinem vollen Funktionsumfang sowohl für den Zugriff auf Nutz- als auch Metadaten geeignet. Eine Ausnahme bilden die Daten der Systemstatistik. Auf sie kann auch mit den DML-Befehlen INSERT, DELETE, UPDATE und MERGE zugegriffen werden. Dies wird jedoch nur in den seltensten Fällen erforderlich sein.

Die folgende Übersicht zeigt die Anwendbarkeit der SQL-Befehle auf die beiden Datenarten.

Operation	Metadaten	Nutzdaten
Lesen	SELECT	SELECT
Schreiben	CREATE	INSERT
Verändern	ALTER	UPDATE
Löschen	DROP	DELETE
Schreiben-Verändern-Löschen		MERGE

Tabelle 12.1 SQL-Befehle und Datenarten

Die Katalogviews mit ihren Spalten und den teilweise standardisierten Spaltenwerten sind in den SQL-Referenz-Handbüchern detailliert beschrieben. Ihr sehr großer Umfang kann hier nur zum geringen Teil angegeben werden.

12.2 Metadaten über Tabellen

Der View *SYSCAT.TABLES* ist eine wahre Fundgrube für Metadaten über alle Arten von Tabellen. Er enthält je vereinbarter Tabelle, vereinbartem View, Alias und Nickname eine Zeile.

Im folgenden Beispiel werden alle Katalogviews ausgegeben, die im Schema SYSCAT vereinbart sind. Hierbei werden der Schemaname, die Tabellennamen, der Eigentümername und der Tabellentyp ausgegeben.

SYSCAT.TABLES

```
--**************************************
--*        SYSCAT-Views auflisten      *
--**************************************
SELECT CHAR( Tabschema, 10) AS Schema,
       CHAR( Tabname, 20) AS Tabellenname,
       CHAR( Definer,    20) AS Ersteller,
       Type                AS Typ
   FROM SYSCAT.TABLES
   WHERE Tabschema = 'SYSCAT'
     AND Type      = 'V';
```

Programm 12.1 Metadaten über Tabellen im Schema SYSCAT

Der große Umfang der Datenausgabe wird hier nicht dargestellt.

Das folgende Beispiel zeigt, wie man Metadaten über Benutzertabellen liest.

```
--**************************************
--* Benutzertabellen und Views ausgeben*
--**************************************
SELECT CHAR( Tabschema, 10) AS Schema,
       CHAR( Tabname, 15) AS Tabellenname,
       CHAR( Definer,    10) AS Ersteller,
       TYPE                AS Typ
   FROM SYSCAT.TABLES
   WHERE Tabschema = 'MOOS';
```

Programm 12.2 Auszug der Metadaten über die Tabellen des Benutzers MOOS

Die Namen und Bedeutungen der Spalten sollten im Referenzhandbuch von SQL nachgesehen werden.

Ergebnis:

```
SCHEMA      TABELLENNAME      ERSTELLER  TYP
----------  ----------------  ---------  ---
MOOS        ARTIKEL           MOOS       T
MOOS        FLUGHAFEN         MOOS       T
MOOS        GEHALT            MOOS       T
MOOS        KUNDE             MOOS       T
MOOS        KUNDENVIEW        MOOS       V
MOOS        POSITION          MOOS       T
```

Wie man an den Ergebniszeilen sehen kann, wurden die Tabellen und Views in das Schema *MOOS* durch den CREATE-Befehl eingetragen. Der Name des Schemas wird standardmäßig aus dem Anmeldename des Erstellers abgeleitet. In der Spalte *Typ* steht *T* für Tabelle und *V* für View.

12.3 Metadaten über Spalten

Oft benötigt man eine Übersicht über die Namen der Spalten und deren Datentypen in den jeweiligen Tabellen. Diese Informationen sind im Katalogview SYSCAT.COLUMNS verfügbar. Je Spalte aller im Katalog beschriebenen Tabellen wird hierin eine Zeile mit einer großen Anzahl an interessanten Metadaten zur Verfügung gestellt. Einzelheiten hierüber findet man im Referenzhandbuch von DB2-SQL.

Im folgenden SELECT-Befehl wird eine Auswahl der Metadaten der Tabelle *Rechnung* gelesen. Sie besteht aus den Spaltennamen und deren detaillierten Datentypen.

```
--**************************************
--*     Metadaten über Spalten         *
--**************************************
Select CHAR( Colname,  10) AS Spalte,
       CHAR( Typename, 10) AS Datentyp,
       Length              AS Länge,
       Scale               AS Bruchstellen
   FROM SYSCAT.COLUMNS
   WHERE Tabschema = 'MOOS'
     AND TABNAME   = 'RECHNUNG'
   ORDER BY Colname;
```

Programm 12.3 Metadatenauswahl der Tabelle Rechnung

Die Metadaten werden vom Datenbankprozessor intern in Großbuchstaben notiert. Deshalb müssen die literalen Operanden in den Prädikaten der Programmzeilen (9) und (10) ebenfalls in Großbuchstaben geschrieben werden.

Ergebnis:

SPALTE	DATENTYP	LÄNGE	BRUCHSTELLEN
BETRAG	DECIMAL	9	2
DATUM	DATE	4	0
KUNDEN_NR	CHARACTER	4	0
RECHNU_NR	CHARACTER	4	0

In einem weiteren Beispiel wird untersucht, welche Spalten es in welchen Tabellen des eigenen Schemas gibt. Hierzu werden die Daten der Ergebnistabelle hierarchisch zunächst nach Spaltennamen und dann nach Tabellennamen in der Programmzeile (8) sortiert. Um die große Anzahl der Ergebniszeilen zu begrenzen wird die Klausel FETCH FIRST n ROWS ONLY in der Programmzeile (9) eingesetzt.

```
--***************************************     (1)
--*     Metadaten über Spalten          *     (2)
--***************************************     (3)
Select CHAR( Colname,  20) AS Spalte,         (4)
       CHAR( Tabname,  20) AS Tabelle         (5)
   FROM SYSCAT.COLUMNS                        (6)
   WHERE Tabschema = 'MOOS'                   (7)
   ORDER BY Colname, Tabname                  (8)
   FETCH FIRST 5 ROWS ONLY;                   (9)
```

Programm 12.4 Spalten und ihre Tabellen in einem Schema

Ergebnis:

SPALTE	TABELLE
ANREDE	KUNDE
ANZAHL	POSITION
ANZAHL	POSITIONSARCHIV
ANZAHL	POSITIONSVIEW
ANZAHL	STRUKTUR

12.4 Metadaten über Datentypen

Metadaten über die Basisdatentypen als auch die benutzerdefinierten Datentypen stellt DB2-SQL mit dem View SYSCAT.DATATYPES zur Verfügung. Wenn man beispielsweise den einzigartigen Datentyp *Euro_Typ* vereinbart, so findet man seine Metadaten im Katalogview wieder.

Vereinbarung eines benutzerdefinierten Datentyps:

```
CREATE DISTINCT TYPE Euro_Typ AS
   DECIMAL (9,2) WITH COMPARISONS;
```

Der folgende Zugriff auf die Katalogtabelle SYSCAT.DATATYPES bringt eine kleine Auswahl der Metadaten über die benutzerdefinierten Datentypen des Benutzers *MOOS*.

```
--***************************************
--*         SYSCAT.DATATYPES            *
--***************************************
SELECT CHAR( Typename, 15 )  AS Typname,
       CHAR( Sourcename, 15) AS Basistyp
   FROM  SYSCAT.DATATYPES
   WHERE Definer = 'MOOS';
```

Programm 12.5 Metadaten über einen einzigartigen Typ

Ergebnis:

```
TYPNAME         BASISTYP
--------------- ---------------
EURO_TYP        DECIMAL
```

12.5 Metadaten über Routinen

Der Begriff Routinen ist in DB2-SQL eine Sammelbezeichnung für Funktionen, Prozeduren und Methoden. Im Katalogview SYSYCAT.ROUTINES stellt der Datenbankprozessor ein umfangreiches Angebot an Metadaten über solche benutzerdefinierten Routinen zur Verfügung. Wenn man einen benutzerdefinierten Datentyp vereinbart, beispielsweise den Datentyp Euro_Typ, dann generiert DB2-SQL sechs relationale Operatoren und zwei Konvertierungsfunktionen. Die relationalen Vergleichsoperatoren überladen hierbei die in SQL bereits vordefinierten Vergleichsoperatoren zum Vergleichen von Werten der eingebauten Basis-

Überladung

typen. Mit den generierten Relatoren können sodann Werte des benutzerdefinierten Datentyps verglichen werden.

Im Katalogview SYSCAT.ROUTINES findet man die vom Datenbankprozessor generierten Relatoren, Konvertierungsfunktionen und alle benutzerdefinierten Routinen.

Im folgenden Beispiel werden alle Routinenamen ausgegeben, die vom Benutzer *Moos* direkt oder indirekt erzeugt wurden.

```
--****************************************
--*             SYSCAT.ROUTINES          *
--****************************************
SELECT CHAR( Routinename,          15)
                         AS Routinename,
       CHAR( Return_Typeschema, 15)
                         AS Typschema,
       CHAR( Return_Typename,    15)
                         AS Typname
   FROM SYSCAT.Routines
   WHERE Definer = 'MOOS'
```

Programm 12.6 Metadaten über Routinen

Ergebnis

```
ROUTINENAME      TYPSCHEMA        TYPNAME
---------------  ---------------  ---------------
<>               SYSIBM           BOOLEAN
>=               SYSIBM           BOOLEAN
<=               SYSIBM           BOOLEAN
>                SYSIBM           BOOLEAN
<                SYSIBM           BOOLEAN
=                SYSIBM           BOOLEAN
DECIMAL          SYSIBM           DECIMAL
EURO_TYP         MOOS             EURO_TYP
```

Die oben aufgeführten Routinen sind überladene Relatoren und Funktionen zur Typkonvertierung des benutzerdefinierten einzigartigen Datentyps *Euro_Typ*. Alle Routinen wurden vom Datenbankprozessor automatisch während der Vereinbarung des benutzerdefinierten Typs erzeugt.

12.6 Metadaten über Parameter

Bei den überladenen Relatoren handelt es sich um dyadische Operatoren mit zwei Parametern. Im View SYSCAT.ROUTINEPARMS werden die Metadaten der Parameter vom Datenbankprozessor zur Verfügung gestellt. Je Parameter wird eine Zeile ausgegeben.

Das folgende Beispiel macht die Routinennamen mit ihren Parametern und deren Datentypen sichtbar. Die Parameter haben keinen mnemonischen Namen, sondern werden intern durchnummeriert.

```
--**************************************
--*        SYSCAT.ROUTINEPARMS         *
--**************************************
SELECT CHAR( Routinename,  12)
                          AS Routinename,
       ORDINAL            AS Parameternummer,
       CHAR( Typename, 10) AS Typname
   FROM SYSCAT.RoutineParms
   WHERE Typename = 'EURO_TYP';
```

Programm 12.7 Metadaten über Parameter von Routinen

```
ROUTINENAME  PARAMETERNUMMER TYPNAME
------------ --------------- ----------
EURO_TYP                   0 EURO_TYP
DECIMAL                    1 EURO_TYP
=                          1 EURO_TYP
=                          2 EURO_TYP
<                          1 EURO_TYP
<                          2 EURO_TYP
>                          1 EURO_TYP
>                          2 EURO_TYP
<=                         1 EURO_TYP
<=                         2 EURO_TYP
>=                         1 EURO_TYP
>=                         2 EURO_TYP
<>                         1 EURO_TYP
<>                         2 EURO_TYP
```

Jeder dyadische Relator hat zwei Parameter. Sie werden mit ihrer Nummer identifiziert. Im Beispiel ist es die Nummer 1 bzw. 2. Weiterhin wird jeder Parameter von einem Datentyp beschrieben.

12.7 Aufgaben

Aufgaben zu SYSCAT.TABLES

1) Geben Sie die Namen aller Tabellen aus, die Sie vereinbart haben.
2) Geben Sie die Namen aller Views aus, die Sie vereinbart haben.
3) Geben Sie die Namen aller Views aus, die im Schema SYSCAT vereinbart sind.
4) Geben Sie die Namen aller Tabellen und Views aus, die im Schema SYSIBM vereinbart sind.
5) Geben Sie die Namen Ihrer Tabellen und die Anzahl an Spalten in diesen Tabellen aus. Die Ausgabe soll in aufsteigender Reihenfolge der Anzahl Spalten erfolgen. Bei gleicher Spaltenanzahl soll die Ausgabe nach aufsteigender Reihenfolge der Tabellennamen sortiert sein.
6) Geben Sie die Namen Ihrer Tabellen nach aufsteigender Reihenfolge des Erstellungsdatums aus.

Aufgaben zu SYSCAT.COLUMNS

1) Geben Sie die Namen aller Spalten aus, die Sie vereinbart haben.
2) Geben Sie die Namen aller Tabellen mit deren Spalten aus. Sortieren Sie die Ausgabe nach Tabellennamen und innerhalb der selben Tabelle nach Spaltennamen.
3) Geben Sie ein Verzeichnis der Namen Ihrer Spalten aus. Den Spaltennamen ordnen Sie die Tabellen zu, in denen diese Spalten vereinbart sind. Sortieren Sie die Ausgabe nach Spaltennamen. Innerhalb des selben Spaltennamens nach Tabellennamen aufsteigend.
4) Geben Sie ein Verzeichnis der Spaltennamen und deren Datentypen aus. Sortieren Sie das Ergebnis nach Spaltennamen aufsteigend.
5) Geben Sie alle Spaltennamen aus, die von Datentyp CHARACTER (15) sind.
6) Geben Sie alle Spaltennamen aus, für die ein Vorbesetzungswert (default) vereinbart ist. Geben Sie auch die Vorbesetzungsangabe mit aus.

Aufgaben zu SYSCAT.ROUTINES

1) Vereinbaren Sie den benutzerspezifischen einzigartigen Datentyp SFRS_TYP (Schweizer Franken).
2) Untersuchen Sie, welche Routinen der Datenbankprozessor für diesen Typ generiert hat.
3) Untersuchen Sie, wie viele Parameter die generierten Relatoren haben und von welchem Datentyp diese sind. Untersuchen Sie hierzu den View SYSCAT.ROUTINEPARMS.
4) Vereinbaren Sie die Funktion HalloFunktion(). Sie soll zwei Parameter vom Typ VARCHAR (15) haben. Als Rückgabewert sollen die beiden Parameter verkettet zurückgegeben werden. Vor den beiden Parameterwerten soll das Literal Ergebnis: stehen. Der Typ des Rückgabewertes soll VARCHAR (40) sein.
   Untersuchen Sie den Katalogview SYSCAT.ROUTINES nach Metadaten über die HalloFunktion().
   Untersuchen Sie den Katalogview SYSCAT.ROUTINEPARMS, ob in ihm Metadaten über die Parameter der Funktion HalloFunktion() zu finden sind.

13 Objektrelationale Datenbank

In diesem Kapitel lernen Sie,

wie in DB2-SQL das objektrelationale Paradigma implementiert ist,

was ein strukturierter Typ ist und welche Spielarten es hiervon gibt,

wie man Objekte zur Lösung von Aufgaben einsetzt.

Mit Ihrem erworbenen Wissen können Sie so dann Ihre Datenbank zu einer objektrelationalen und universellen Datenbank machen.

13.1 Strukturierter Typ - Klasse

UDB

Ein strukturierter Typ ist ein benutzerdefinierter SQL-Typ. Mit seiner Einführung wird das relationale DB2 zum objektrelationalen DB2, das man auch als eine universale Datenbank (UDB) bezeichnet. Im relationalen DB2 sind die Daten datentechnische Abbildungen von Entitäten. Im objektrelationalen DB2 können die Daten jetzt auch Abbildungen von Objekten sein, die durch einen strukturierten Typ beschrieben werden.

Ein strukturierter Typ hat, wie sein Name nahe legt, eine Struktur. Er kapselt die Datenstruktur und das Verhalten von Objekten diesen Typs. Die Datenstruktur wird durch eine Folge von Attributen definiert. Jedes dieser Attribute wird selbst durch einen in SQL eingebauten Basisdatentyp (z. B. CHARACTER, INTEGER ...) oder einen benutzerdefinierten Datentyp datentechnisch beschrieben. Das Verhalten der Objekte eines strukturierten Typs wird durch Methoden implementiert. Diese können in der SQL-Prozedursprache oder in einer anderen Programmiersprache geschrieben werden. Sowohl die Struktur als auch das Verhalten wird im Katalog von DB2 hinterlegt.

13.1.2 Objektorientierung

Klasse

In der objektorientierten Sprachweise bezeichnet man einen strukturierten Typ als eine Klasse. Eine Klasse ist eine Beschreibung der Objekte einer Objektmenge. Die Objekte zeichnen sich durch gleiche Eigenschaften und gleiches Verhalten aus. Eine

Attribut

Operation

Ereignis

Klasse besteht aus Attributen, Operationen und oft auch aus Ereignissen. Attribute beschreiben das Wissen eines Objektes über sich selbst. Operationen sind Definitionen für auszuführende Handlungen durch ein Objekt der Objektmenge. Das Ergebnis der Handlung ist eine Dienstleistung für ein auftraggebendes Objekt. Ereignisse sind Definitionen von Geschehnissen, über deren Eintreten Nachrichten an interessierte Objekte geschickt werden, wenn das Geschehen tatsächlich eintritt. Führt ein Objekt seine Operationen aus, verwenden diese Operationen unter anderem die Attributwerte dieses Objektes als Ein- und Ausgabedaten.

Abstrakte Klasse

Vererbung

konkrete Klasse

Sollen für eine Klasse keine Objekte ausgeprägt werden, handelt es sich bei ihr um eine abstrakte Klasse. Eine abstrakte Klasse fasst zunächst lediglich Attribute und Operationen zusammen, um diese an erbende und letztendlich konkrete Klassen per Erbschaft weiterzugeben. Von einer konkreten Klasse können Objekte nach dem Bauplan der Klasse ausgeprägt werden.

Methode

Dienstleistung

Die Daten der Objekte werden somit durch die Attribute beschrieben. Für jedes Attribut ist in einem Objekt ein Attributwert vorhanden oder kann noch nachgereicht werden. Jedes Objekt der Objektmenge ist fähig, die Operationen ausführen, die bei der Definition der Klasse angegeben wurden und die das Verhalten definieren. Die implementierten Operationen bezeichnet man als Methoden. Ihre Ergebnisse sind die Dienstleistungen der Objekte in Form von Ergebnisdaten.

Attribut ist privat

Methode ist öffentlich

Nur durch die Methoden eines Objektes können seine Attributwerte gelesen und manipuliert werden. Somit ist das Objekt vollständig Herr seiner Attributwerte und auch für ihre Richtigkeit und ihren Schutz verantwortlich. Die Attributwerte sind privates Wissen des Objekts über sich selbst. Die Namen und die Parameter der Methoden sind hingegen öffentlich. Nur über sie kann ein anderes Objekt mit dem betrachteten Objekt Daten austauschen. Hierdurch empfängt es die Dienstleistung des Objekts.

Geheimnisprinzip

abstrakter Datentyp

Kapselung

In welchen Datentypen die Attribute einer Klasse definiert und wie die Methoden verwirklicht sind, ist Geheimnis der Klasse. Somit realisiert die Klasse das Konzept des abstrakten Datentyps und das Geheimnisprinzip. Sie kapselt die Attribute und die Methodenimplementierung hinter einer uneinsehbaren Kapsel, aus der, bildlich gesprochen, nur die öffentlichen Methodennamen mit ihren Parametern herausragen und somit sichtbar sind.

Die Objekte der Objektmenge, die durch eine Klasse beschrieben werden, sind Individuen. Ein einzelnes Objekt wird durch einen Objektidentifikatorwert (engl. object identifier, oid) eindeutig identifiziert. In der englischen Sprache wird ein Objekt als Beispiel einer Klasse betrachtet und somit als instance (engl. for instance - zum Beispiel) bezeichnet.

OID

Leider wurde in der Anfangszeit der Objektorientierung im deutschen Sprachgebrauch die englische Bezeichnung unüberlegt und unbesehen auch als die deutsche Bezeichnung übernommen. Unüberlegt deshalb, weil in der deutschen Sprache das Wort *Instanz* nichts mit einem Beispiel wie in der englischen Sprache zu tun hat, und hierdurch die Semantik des englischen Begriffs im Deutschen fehlt. Dennoch wird heute sehr oft von Instanz gesprochen, wenn eigentlich ein *Objekt* einer Klasse gemeint ist. Bessere deutsche Bezeichnungen für eine Instanz sind die Bezeichner *Ausprägung* oder *Exemplar*. Mit beiden Bezeichnungen wird der semantisch treffende Sachverhalt verbunden. Dieser besagt, dass ein Objekt die Verwirklichung der Vorschriften einer Klasse bei einer realen Erscheinung darstellt.

Instanz

besser: Exemplar, Ausprägung

Wie in der realen Welt auch, so kann auch ein im Computer agierendes Objekt eine umfangreichere Aufgabe alleine nicht lösen. Vielmehr ist auch hier die Zusammenarbeit mehrerer Objekte erforderlich. Damit Objekte zusammenarbeiten können (engl. to colaborate - kollaborieren), müssen sie sich kennen. Hierbei müssen sie speziell wissen, welche Dienste die jeweilig anderen Objekte verlässlich anbieten. Das bedeutet, dass die Objekte mittels Beziehungen miteinander verbunden sind. Beziehungen sind der gleichwertige Begriff für einander kennen.

Kolaboration

Beziehung

Der strukturierte Typ von SQL entspricht in den meisten Gesichtspunkten dem, was für eine Klasse in der Objektorientierung gilt und oben aufgeführt ist. Er ist somit das Klassenkonzept in der Spielart des objektrelationalen SQL. Da ein strukturierter Typ nicht als Basistyp von SQL bereitgestellt wird, sondern vom Benutzer vereinbart werden muss, ist ein strukturierter Typ auch ein benutzerdefinierter Typ (user defined type - UDT).

UDT

Ein strukturierter Typ wird somit in UML auch mit einem Klassensinnbild dokumentiert. Dieses haben wir bereits für die Definition von Entitätstypen verwendet. Besonders wichtig sind in der objektorientierten Welt die Dienstleistungen, welche die Objekte untereinander und auch der Außenwelt anbieten. In der Definition der Dienstleistungen liegt somit auch in der objektorientierten Analyse und dem objektorientierten Entwurf das

Fokus liegt auf Dienstleistung

Hauptaugenmerk des Analytikers und des Designers. Die Attribute und die Beziehungen sind dabei nur insoweit wichtig, als sie die Dienstleistung erst ermöglichen. Hierdurch spielen sie nur eine dienende aber dennoch entscheidend wichtige Rolle. Sie sind die Konsequenz der angebotenen Dienstleistung, ohne welche die Dienstleistung nicht möglich wäre.

Paradigma

Wenn somit im neuen objektorientierten Paradigma die Miniwelt betrachtet wird, interessieren zunächst die angebotenen Dienstleistungen in Gestalt von Operationen. Erst im eng damit zusammenhängenden zweiten Schritt interessieren auch die erforderlichen Attribute und Beziehungen.

Fokussierung

Durch die Fokussierung auf die Dienstleistung unterscheidet sich ein Objekt von einer Entität. In der Analysemethode des *Entitäts-Beziehungs-Modells* gilt es nur, die Attribute von Entitäten und deren Beziehungen zu finden und zu beschreiben. Dienstleistungen und die hierfür erforderlichen Operationen sind nicht Gegenstand der Analyse. Erst im relationalen Entwurf kommen auch einige Dienste der implementierten Entität hinzu, wie beispielsweise die Aufrechterhaltung der verschiedenen Integritätsarten. Hierbei ist jedoch die Sicht des Designers noch nicht so konsequent auf die implementierte und verantwortliche Entität gerichtet. Vielmehr denkt er derart, dass der Datenbankprozessor, sprich der Computer, für die Aufrechterhaltung der Integrität Sorge tragen muss und hierfür verantwortlich ist. Im alten und datenorientierten Paradigma ist die Vorstellung des Designers noch fundamental mit dem die Arbeit durchführenden Computer verbunden.

Computer

OOA

Bei der objektorientierten Analyse hingegen wird nach Dienstleistern, den Objekten, Ausschau gehalten. Die von ihnen anzubietenden Dienstleistungen und davon abhängig die erforderlichen Attribute und Beziehungen stehen gleichzeitig im Zentrum der Betrachtung der Miniwelt. Auch in der Entwurfs- und in der darauf folgenden Implementierungsphase sind diese drei Betrachtungsgegenstände parallel von zentraler Bedeutung. Sie werden hierbei lediglich verfeinert betrachtet, wobei von Schritt zu Schritt noch implementierungsspezifische Gesichtspunkte berücksichtigt werden. Dass die Objekte vom Computer eigentlich simuliert werden, wird außer Acht gelassen. Der Computer spielt bei der objektorientierten Denkart keine oder lediglich eine nachgeordnete Rolle. Im Zentrum des Denkens steht das Zusammenwirken der individuellen Diensteanbieter, der Objekte,

Objekt

und deren Beschreibungen, den Klassen, Operationen, Attributen und Beziehungstypen.

13.1.3 Strukturierter Typ in UML

Klasse

In DB2-SQL ist ein strukturierter Typ somit eine Klasse, die entweder eine konkrete oder eine abstrakte Klasse sein kann. Bei der Vereinbarung eines strukturierten Typs generiert DB2 sogleich Methoden, die für den lesenden und schreibenden Zugriff auf die Attributwerte der Attribute automatisch zur Verfügung stehen. Diese Methoden sind die Getter- und Setter-Methoden aus der Objektorientierung. In DB2-SQL werden sie als Observer- und Mutatormethoden bezeichnet. Die von DB2 generierte Methodenmenge kann vom Benutzer durch eigene Methoden erweitert werden. Diese Methoden sind sodann die Implementierungen der vom Benutzer definierten Operationen. Weiterhin kann eine generierte Methode durch eine selbst geschriebene Methode mit der selben Signatur ersetzt werden. Mit Signatur bezeichnet man in der Objektorientierung und speziell im objektrelationalen SQL den Namen und die Parameterliste einer Methode. Die Definition des Rückgabetyps zählt nicht zur Signatur. Alle Signaturen einer Klasse zusammengenommen ergeben deren Protokoll.

Observermethode

Mutatormethode

Signatur

Protokoll

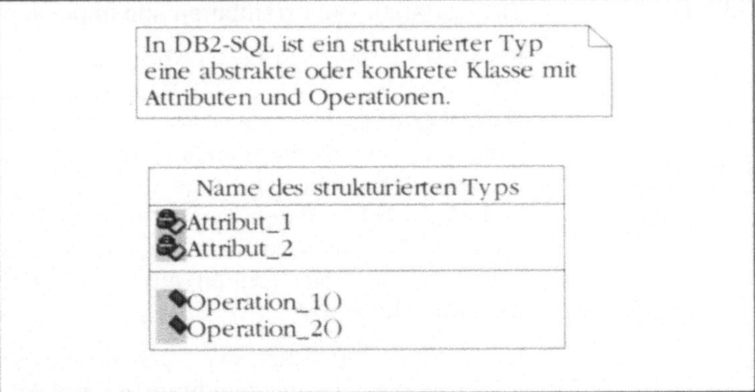

Abbildung 13.1 Ein strukturierter Typ ist eine Klasse

An einem einfachen Beispiel wird nun untersucht, wie in DB2-SQL der strukturierte Typ implementiert ist.
Der beispielhafte strukturierte Typ heißt *Namen_Typ*. Er wird durch die beiden Attribute *Vorname* und *Zuname* sowie durch die Operation *verketteVornameZuname()* definiert. Die beiden Attribute sind privat. Auf ihre Werte kann nur ein Objekt des

strukturierten Typs mit seinen Methoden zugreifen. Hierzu dienen die von DB2 generierten Observer- und Mutatormethoden, je eine pro Attribut. Diese selbstverständlich und standardmäßig immer vorhandenen Methoden werden in den UML-Modellen nicht dargestellt, um das Modell nicht mit Selbstverständlichkeiten zu überfrachten.

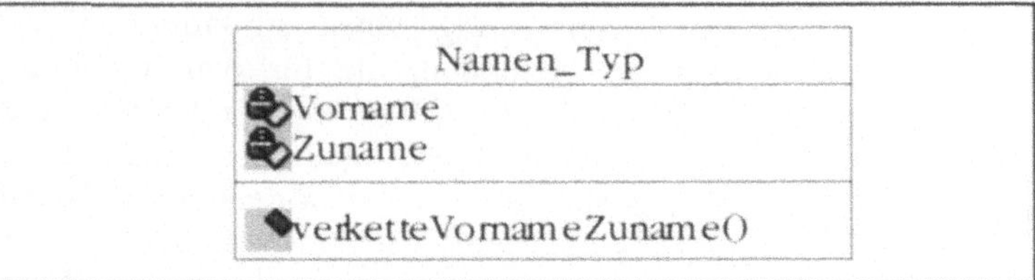

Abbildung 13.2 Strukturierter Typ Namen_Typ in UML

Sichtbarkeit

+ und -

Vor den Attributnamen steht das Sinnbild *Schloss*. Es zeigt an, dass das jeweilige Attribut privat und somit außerhalb des strukturierten Typs nicht sichtbar ist. Das entsprechende Sinnbild vor dem Namen der Operation beschreibt die öffentliche Sichtbarkeit der Operation. Die öffentliche Sichtbarkeit kann in UML auch mit dem Zeichen "+" und die private Sichtbarkeit mit dem Zeichen "-" ausgedrückt werden.

13.1.4 Strukturierten Typ vereinbaren und implementieren

Signatur

Protokoll

Ein strukturierter Typ besteht normalerweise aus einer Liste von Attributnamen und dem SQL-Datentyp des jeweiligen Attributes. Weiterhin umfasst er eine Liste von Methodennamen und deren Parameter. Ein Methodenname mit seinen Parametern wird als Signatur bezeichnet. Die Liste der Signaturen bilden das Protokoll eines strukturierten Typs. Bei der Vereinbarung eines strukturierten Typs müssen nicht alle Attribute und Methoden angegeben werden. Sie können mit dem SQL-Befehl ALTER TYPE nachgereicht werden.

Im folgenden Beispiel wird der strukturierte Typ Namen_Typ implementiert, der in Abbildung 13.2 in UML definiert ist.

```
--*************************************
--*  Strukturierten Typ vereinbaren    *
--*************************************
CREATE TYPE  Namen_Typ AS
   (Vorname VARCHAR (15),
    Zuname  VARCHAR (15))
```

```
MODE DB2SQL                                    (7)
REF USING INTEGER                              (8)
METHOD verketteVorZuname()                     (9)
   RETURNS VARCHAR (30)                        (10)
   LANGUAGE SQL;                               (11)
```

Programm 13.1 Vereinbarung eines strukturierten Typs

OID

Im Beispiel heißt der strukturierte Typ *Namen_Typ*. Seine beiden Attribute lauten *Vorname* und *Zuname*. Ihr Datentyp ist der SQL-Basisdatentyp VARCHAR (15). Mit dem Zusatz MODE DB2SQL in Programmzeile (7) wird ausgedrückt, dass die Vereinbarung des strukturierten Typs im SQL-Dialekt von DB2 erfolgt. Mit dem Zusatz REF USING INTEGER wird festgelegt, dass der Objektidentifikator eine Dualzahl vom Typ INTEGER ist. Objekte des strukturierten Typs beherrschen die Methode *verketteVorZuname()*. Sie wird ihren Ergebniswert im Datentyp VARCHAR (30) zurückgeben. Zu ihrer Implementierung wird die SQL-eigene Prozedursprache verwendet.

CREATE TYPE

Das einführende und einfache Beispiel schöpft die Möglichkeiten von DB2-SQL bei weitem nicht aus. Die etwas vereinfachte Syntax des Befehls CREATE TYPE vermittelt das gesamte Spektrum des Sprachumfangs zur Definition strukturierter Typen. Sie ist recht umfangreich.

```
CREATE TYPE <Name des strukturierten Typs>
   [UNDER <Supertyp>]
   [AS (<Liste der Attribute>)]
   [[NOT] INSTANTIABLE]
   [WITHOUT COMPARISONS]
   [NOT FINAL]
   MODE DB2SQL
   [WITH FUNCTION ACCESS]
   [REF USING <Representationstyp>]
   [CAST (SOURCE AS REF) WITH <Funktname1>]
   [CAST (REF AS SOURCE) WITH <Funktname2>]
   [<List von Methodensignaturen>]
```

Außer der Klausel MODE DB2SQL, sind alle anderen Klauseln wahlweise angebbar. Ihre Bedeutungen sind folgende:

- Zunächst erhält ein strukturierter Typ einen Namen.
- In der optionalen Klausel UNDER kann der Supertyp angegeben werden, von dem der aktuelle Typ erbt. Hiermit wird der aktuelle Typ in einen Erbschaftsbaum eingefügt.
- Wieder optional kann eine Liste von Objektattributen definiert werden. Das jeweilige Attribut erhält hierbei einen Namen und einen SQL-Datentyp.
- Standardmäßig ist ein strukturierter Typ eine konkrete Klasse, für die Objekte ausprägbar sind. Dies wird mit der Klausel INSTANTIABLE ausgedrückt. Im negierten Fall ist er eine abstrakte Klasse. Von dieser können keine Objekte ausgeprägt werden. Sie dient nur der Vererbung.
- Mit WITHOUT COMPARISONS wird bestätigt, dass Objekte nicht vergleichbar sind. Hierfür stellt SQL somit keine Relatoren bereit.
- Mit NOT FINAL wird ebenfalls bestätigt, dass die Klasse vererbbar ist. Das Verbot einer Vererbung ist in SQL derzeit nicht möglich.
- Die Klausel WITH FUNCTION ACCESS besagt, dass die Methode auch in der alten, funktionalen Schreibweise aufgerufen werden kann.
- Mit der Klausel REF USING wird der Datentyp des Objektidentifikators festgelegt. Standardmäßig hat er den Datentyp VARCHAR (16) FOR BIT DATA. Diese Klausel kann nur für den Wurzeltyp einer Vererbungshierarchie angegeben werden. Die Subtypen erben sodann diese Festlegung.
- Mit der Klausel CAST (SOURCE AS REF) kann der Name einer von DB2-SQL zu generierenden Funktion angegeben werden, die einen Objektidentifikatorwert aus einem Wert im Quelltyp erzeugt. Wird auf die Klausel verzichtet, so verwendet DB2 den Namen des strukturierten Typs als Name der Konvertierungsfunktion.
- Der Funktionsname, welcher in der Klausel CAST (REF TO SOURCE) angegeben werden kann, wird von DB2 verwendet, um die Konvertierungsfunktion zu benennen, die einen OID-Wert in den korrespondierenden Basistypwert konvertiert. Wird die Klausel nicht angegeben, so verwendet DB2 den Namen des Basistyps als Name der Konvertierungsfunktion.

- In der abschließenden Liste von Methodensignaturen werden die Signaturen der Methoden des strukturierten Typs und weitere Metadaten angegeben. Die Metadaten legen Eigenschaften der anschließend zu implementierenden Methoden fest.

Auch der Sprachumfang für die Beschreibung der Methodensignaturen ist recht umfangreich. Seine vereinfachte Syntax ist wie folgt.

Methodensignatur

```
[OVERRIDING] METHOD <Methodenname>
   ([<Parameterliste>])
   RETURNS <Datentyp>
   [<Eigenschaften als SQL-Methode> |
    <Eigenschaften als externe Methode>]
```

Die syntaktischen Einheiten haben folgende Bedeutung:

- Mit der Option OVERRIDING wird angegeben, dass der strukturierte Typ eine Methode in der Superklasse mit der selben Signatur nicht übernimmt, sondern überschreibt.
- Die Parameterliste besteht aus durch Kommata getrennten Definitionen der Parameter. Sie ist vereinfacht wie folgt aufgebaut:

  ```
  <Parametername> <Datentyp>
  [,<Parametername> <Datentyp>]...
  ```

- In der RETURNS-Klausel wird angegeben, welchen Datentyp der Rückgabewert der Methode haben wird.

Die Methoden können in der SQL-eigenen Prozedursprache geschrieben und damit als SQL-Methoden definiert werden. Auch ist es möglich, sie als externe Methoden in den Programmiersprachen C, Java und anderen Sprachen, die das Ergebnis als OLE-Objekt zur Verfügung stellen, zu schreiben. Die Möglichkeit der externen Methode wird hier nicht weiter dargestellt.

Wird die Methode als eine SQL-Methode definiert, so sind folgende Angaben möglich:

```
[LANGUAGE SQL]
[NOT DETERMINISTIC | DETERMINISTIC]
[EXTERNAL ACTION | NO EXTERNAL ACTION]
```

```
[READS SQL DATA | CONTAINS SQL]
CALLED ON NULL INPUT
INHERIT SPECIAL REGISTERS
```

Die einzelnen Klauseln haben hierbei folgende Bedeutung:

- Mit Angabe der Klausel LANGUAGE SQL wird bestätigt, dass die Methode in der Prozedursprache von SQL geschrieben wird.
- Mit der optionalen Klausel NOT DETERMINISTIC wird festgelegt, dass die Rückgabewerte bei mehreren Aufrufen der Methode mit identischen Argumenten unterschiedlich sein können. DETERMINISTIC hingegen legt fest, dass jeder Aufruf mit identischen Argumenten auch zum gleichen Ergebnis führen muss.
- Soll die Methode externe Seiteneffekte auslösen können, wird EXTERNAL ACTION bestätigt. Darf sie keine Seiteneffekte auslösen ist alternativ NO EXTERNAL ACTION anzugeben.
- Soll der Methode erlaubt werden, lesend auf Daten der Datenbank zuzugreifen, kann dies durch die Klausel READS SQL DATA bestätigt werden. Mit der etwas unglücklich benannten, alternativen Klausel CONTAINS SQL wird festgelegt, dass auf SQL-Daten kein Zugriff möglich sein soll.
- Soll die Methode auch mit Argumenten aufgerufen werden, die den NULL-Wert enthalten, wird dies durch die Klausel CALLED ON NULL INPUT spezifiziert. Hierdurch wird die Standardstrategie von SQL außer Kraft gesetzt, die bei NULL-Argumenten den Aufruf nicht durchführt.
- Sollen die selben Werte der Systemregister sowohl im aufrufenden SELECT-Befehl als auch in der gerufenen Methode gelten, so ist die Klausel INHERIT SPECIAL REGISTERS anzuwenden.

Überladen

In einem strukturierten Typ kann mehreren Methoden der selbe Name gegeben werden. Die einzelnen und somit gleichnamigen Methodendefinitionen müssen sich lediglich durch die Anzahl der Parameter und/oder deren Datentypen unterscheiden. Die mehrfache Verwendung des selben Methodennamens für mehrere Methoden bezeichnet man auch als Überladen einer Methode. Durch die Verwendung des selben Namens für mehrere Methoden, beschränkt man die Anzahl der Namen auf wenige sinnvolle Benennungen. Hierdurch wirkt man der Namensexplosion entgegen. Somit verbessert man auch die Verständlichkeit eines Programms.

CREATE METHOD

Nachdem ein strukturierter Typ unter Beachtung der vielen Möglichkeiten vereinbart ist, wird die Implementierung seiner Methoden mit dem SQL-Befehl CREATE METHOD vorgenommen. Die Trennung der Vereinbarung und der Implementierung der Methoden ist in SQL ein Beitrag zur Verwirklichung des Geheimnisprinzips. Dieses betrifft auch die Geheimhaltung der Implementierung einer Methode.

Geheimnis-prinzip

Die nun zu implementierende Methode heißt *verketteVorZuname()*. Da ihre Funktionalität in einem einzigen Verkettungsausdruck verwirklicht werden kann, wird diese in den Befehl RETURN implementiert.

```
--*************************************       (1)
--*         Methode implementieren      *       (2)
--*************************************       (3)
CREATE METHOD verketteVorZuname                  (4)
   FOR Namen_Typ                                 (5)
   RETURN (SELF..Vorname || ' ' ||               (6)
           SELF..Zuname);                        (7)
```

Programm 13.2 Implementierung einer Methode

In den Programmzeilen (6) und (7) wird mit SELF angegeben, dass die Werte von *Vor-* und *Zuname* des aktuellen Objektes zu verketten sind.

Das Beispiel in Programm 13.2 schöpft die Möglichkeiten bei weitem nicht aus, die in DB2-SQL für die Ausprogrammierung von Methoden derzeit verfügbar sind. In der folgenden Syntax wird das Sprachspektrum sichtbar.

```
CREATE METHOD {<Methodenname> | <Signatur>}
   FOR <Name des strukturierten Typs>
   {<Externe Methode> | <Körper-SQL-Methode>}
```

Externe Methode

Die Vereinbarung externer Methoden wird hier nicht weiter behandelt.

Der Methodenkörper einer SQL-Methode kann einfach aus einer RETURN-Klausel bestehen oder aus mehreren prozeduralen SQL-Befehlen zusammengesetzt sein. Im Programm 13.2 ist der einfache Fall demonstriert. Er besteht nur aus der Klausel RETURN. Diese kann einen Ausdruck, den Wert NULL oder einen vollen SELECT-Befehl enthalten.

Die Syntax der Klausel RETURN lautet deshalb wie folgt:

```
RETURN {<Ausdruck> | NULL | <volle Anfrage>}
```

Die volle Anfrage kann mit der Klausel WITH beginnen.

Der Methodenkörper kann lokale Variablen und Bedingungen enthalten und auch aus mehreren prozeduralen SQL-Befehlen bestehen. Diese müssen mit den beiden Befehlen BEGIN ATOMIC und END eingeklammert werden. Folgende Befehle sind anwendbar:

- DECLARE <Variable>
- DECLARE <Bedingung>
- FOR
- GET DIAGNOSTICS
- IF
- ITERATE
- LEAVE
- SIGNAL
- WHILE

Auch das gesamte Spektrum der Datenmanipulationsbefehle von SQL sind zulässig:

- Volle Anfrage
- INSERT
- UPDATE
- DELETE
- SET

Somit steht zur Ausprogrammierung von Methodenkörpern ein ausreichender Umfang an Sprachmitteln bereit.

13.1.5 Metadaten über einen strukturierten Typ

Im Katalogview SYSCAT.DATATYPES werden vom Datenbankprozessor die Daten über Datentypen und dadurch auch über benutzerdefinierte, strukturierte Typen verwaltet.

```
--************************************
--*Datentypen eines strukturierten Typs*
--************************************
SELECT CHAR(Typename, 15)   AS Typname,
       CHAR(Sourcename, 15) AS Sourcename,
       CHAR(Metatype, 15)   AS Metatype
  FROM SYSCAT.DATATYPES
  WHERE Typeschema = 'MOOS';
```

Programm 13.3 Metadaten über Datentypen

Ergebnis:

```
TYPNAME          SOURCENAME       METATYPE
---------------  ---------------  ---------------
EURO_TYP         DECIMAL          T
NAMEN_TYP        INTEGER          R
```

Im Schema MOOS sind zwei benutzerdefinierte Typen (UDT) eingetragen. Die Metatypart *R* kennzeichnet einen strukturierten Typ. Ein einzigartiger Typ (engl. distinct type) wird mit dem Metatypmerker *T* im Katalog vermerkt.

Basisdatentyp

Referenztyp

In der Spalte SOURCENAME wird der Basisdatentyp des Referenztyps verwaltet. Als Referenztyp bezeichnet man in DB2 den Datentyp des Objektidentifikators (OID). In der relationalen Terminologie entspricht dem OID der Primärschlüssel in Gestalt eines künstlichen Surrogatschlüssels.

Metadaten über Attribute

Die Metadaten über die Attribute eines strukturierten Typs werden mit dem Katalogview SYSCAT.ATTRIBUTES vom Datenbankprozessor zur Verfügung gestellt. Eine Auswahl der Metadaten des strukturierten Typs *Namen_Typ* liefert der lesende Zugriff auf diesen View.

```
--************************************
--*        Attribute von Namen_Typ      *
--************************************
SELECT CHAR( Typename,     10 ) AS Typname,
       CHAR( Attr_Name, 10    )
           AS Attributname,
       CHAR( Attr_Typename,10)
           AS Attributtyp,
```

```
        Length                      AS Länge
    FROM SYSCAT.ATTRIBUTES
    WHERE Typeschema = 'MOOS'
      AND Typename   = 'NAMEN_TYP';
```

Programm 13.4 Metadaten über Attribute

Ergebnis:

```
TYPNAME    ATTRIBUTNAME ATTRIBUTTYP LÄNGE
---------- ------------ ----------- -----------
NAMEN_TYP  VORNAME      VARCHAR              15
NAMEN_TYP  ZUNAME       VARCHAR              15
```

In der Spalte *Typname* findet man den Namen des strukturierten Typs. In der Spalte *Attributname* die Namen der Attribute des strukturierten Typs. In den Spalten *Attributtyp* und *Länge* stehen die Basisdatentypen der Attribute.

Metadaten über Methoden

SYSCAT.-ROUTINES

Im Katalogview SYSCAT.ROUTINES werden umfangreiche Metadaten über benutzerdefinierte Funktionen und Methoden zur Verfügung gestellt. Das folgende Beispiel liefert die vom Datenbankprozessor generierten Funktionen und Methoden für den strukturierten Typ *Namen_Typ*. Die gezeigten Zeilen sind manuell auf den gewünschten Umfang reduziert.

```
--***************************************
--*       Methoden von Namen_Typ        *
--***************************************
SELECT CHAR(Routinename,17 ) Methodenname,
       Routinetype             Art,
       CHAR(Subject_Typename,10)
                               Subjekttyp,
       Methodeffect            Methode,
       Cast_function           Cast
   FROM SYSCAT.ROUTINES
   WHERE Routineschema = 'MOOS';
```

Programm 13.5 Metadaten über Funktionen und Methoden

In der Spalte *Methodenname* sind die Namen der Funktionen und Methoden aufgeführt. Der selbe Name erscheint oft doppelt. Dies ist dann der Fall, wenn er vom Datenbankprozessor sowohl für die Benennung der Mutator- und Observermethode verwendet wurde. Auch für die Benennung von Konstruktor- und Konvertierungsfunktionen verwendet der Datenbankprozessor den selben Namen. Auch die Namen der überladenen Vergleichsoperatoren werden hier verwaltet. Mit diesen Operatoren werden Werte des Referenztyps verglichen. In der Spalte *Art* steht der Wert F für Funktion und M für Methode. Der zugehörige Wert in der Spalte *Methode* gibt darüber Auskunft, ob es sich um einen Konstruktor- (CN), Observer- (OB) oder Mutatormethode (MU) handelt. In der Spalte *Cast* steht der Merker N für keine Konvertierungsfunktion und Y für eine solche.

Ergebnis:

```
METHODENNAME       ART SUBJEKTTYP METHODE CAST
------------------ --- ---------- ------- ----
NAMEN_TYP          F   -          CN      N
VORNAME            M   NAMEN_TYP  OB      N
NAMEN_TYP          F   -                  Y
VORNAME            M   NAMEN_TYP  MU      N
ZUNAME             M   NAMEN_TYP  OB      N
ZUNAME             M   NAMEN_TYP  MU      N
INTEGER            F   -                  Y
=                  F   -                  N
<                  F   -                  N
>                  F   -                  N
<=                 F   -                  N
>=                 F   -                  N
<>                 F   -                  N
VERKETTEVORZUNAME  M   NAMEN_TYP          N
```

13.1.6 Verwendung eines strukturierten Typs

Ein strukturierter Typ kann verwendet werden zur Festlegung des Typs

- einer Tabelle
- eines Views
- einer Spalte in einer Tabelle.

Wird ein strukturierter Typ bei der Definition einer Tabelle oder eines Views verwendet, so bezeichnet man

- die Tabelle als eine typisierte Tabelle,
- den View als einen typisierten View.

Bei typisierten Tabellen und typisierten Views enthalten die Zeilen Objekte des strukturierten Typs. Der Datenbankprozessor macht die Attributwerte in gewohnter und komfortabler Art verfügbar. Hierzu werden die Attributnamen und Datentypen der Attribute des strukturierten Typs von ihm zur Erzeugung der Spaltennamen der typisierten Ergebnistabelle bzw. des typisierten Views verwendet.

Objekt

Die Zeilen der typisierten Tabellen bzw. des Views können dann als Ausprägungen des strukturierten Typs angesehen werden. In anderen Worten: Die Zeilen sind so dann Objekte der Klasse. Und die Tabelle ist ein Behälter für diese Objekte.

Spalte typisieren

Wird bei der Definition einer Tabelle ein strukturierter Typ zur Definition des Datentyps einer Spalte verwendet, so enthält diese Spalten bei geladener Tabelle die Objekte des strukturierten Typs. Zum Lesen und Pflegen der Attributwerte der Objekte einer solchermaßen strukturierten Spalte werden Observer- und Mutatormethoden verwendet. In der objektorientierten Welt nennt man eine Observermethode auch eine getter-Methode. Analog bezeichnet man eine Mutatormethode als eine setter-Methode. Diese Methoden stellt der Datenbankprozessor automatisch bei der Vereinbarung des strukturierten Typs bereit.

13.2 Typisierte Tabelle

Eine typisierte Tabelle implementiert einen strukturierten Typ. Unter objektorientierten Gesichtspunkten ist eine typisierte Tabelle somit ein Behälter, der die Objekte des strukturierten Typs, d.h. die Objekte der konkreten Klasse aufnimmt.

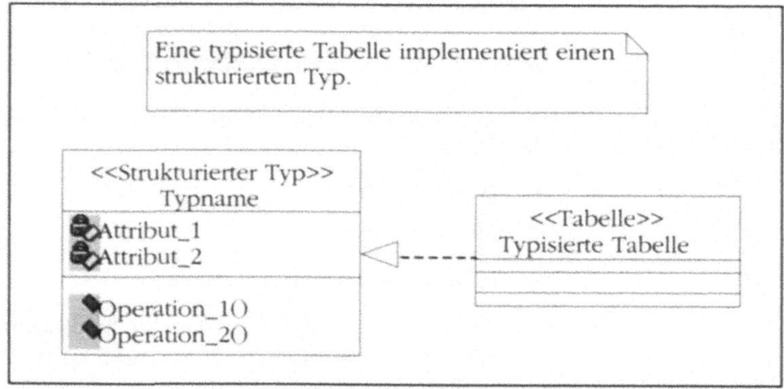

Abbildung 13.3 Typisierte Tabelle implementiert strukturierten Typ

Bei einer typisierten Tabelle werden die Attributnamen der Attribute des strukturierten Typs zur Erzeugung der Spaltennamen der typisierten Tabelle verwendet. Die Datentypen der Spalten werden aus den Datentypen der Attribute abgeleitet. Diese Datentypen stützen sich auf SQL-Basistypen. Im folgenden Beispiel implementiert die typisierte Tabelle *Namen_Tabelle* den strukturierten Typ *Namen_Typ*. Hierbei werden dessen beide Attribute *Vorname* und *Zuname* mit ihren Datentypen VARCHAR (15) zu den beiden Spalten *Vorname* und *Zuname* in der Tabelle *Namen_Tabelle* mit jeweils dem SQL-Basistyp VARCHAR (15).

typisierte Tabelle

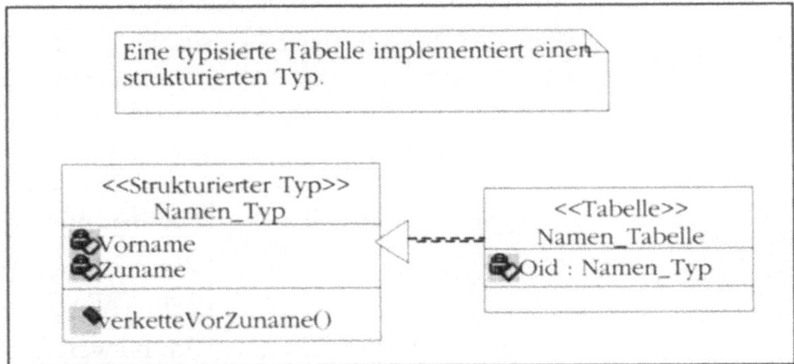

Abbildung 13.4 Tabelle Namen_Tabelle und strukturierter Typ Namen_Type

Vereinbarung einer typisierten Tabelle

Der strukturierte Typ *Namen_Typ* wird nun zur Definition der typisierten Tabelle *Namen_Tabelle* verwendet.

REF IS USER GENERATED

```
--**************************************
--*Vereinbarung der typisierten Tabelle*
--**************************************
CREATE TABLE Namen_Tabelle
    OF Namen_Typ
       (REF IS Oid USER GENERATED);
```

Programm 13.6 Vereinbarung der typisierten Tabelle

Referenztyp

DB2 erzeugt für jeden strukturierten Typ einen Referenztyp. Den strukturierten Typ, dessen Objekte mit Referenzwerten vom Typ des Referenztyps referenziert werden, bezeichnet man als referenzierten Typ. Standardmäßig verwendet DB2 den Namen des strukturierten Typs als Typname des Referenztyps.

DB2 verwendet den Referenztyp als externen Datentyp der Oid-Spalte (Objektidentifikator, Surrogatschlüssel).

Ein Oid-Wert identifiziert eineindeutig ein Objekt einer typisierten Tabelle.

Referenzen sind in SQL strenge Datentypen. Bei der Definition des strukturierten Typs kann man den Basistyp des Referenztyps festlegen. Für das Beispiel wurde in Programm 13.1 der Basistyp INTEGER verwendet: REF USING INTEGER.

Repräsentationstyp

Der Basistyp eines Referenztyps wird als SQL-spezifischer Repräsentationstyp der Referenz bezeichnet.

Wird der Basistyp nicht explizit in der REF USING-Klausel des Befehls CREATE TYPE angegeben, nimmt DB2 als Default den Basistyp VARCHAR (16) FOR BIT DATA an.

Zusammenfassende Begriffszuordnung:

OID - Schlüsselattribut	**Nichtschlüsselattribut**
Referenztyp	Referenzierter Typ - strukturierter Typ (CREATE TYPE...)
Oid = 1 = Referenzwert in Referenztyp konvertiert	Attributwert des Objekts, z.B. Hugo, Müller
Basistyp z.B. INTEGER SQL-spezifischer Repräsentationstyp	Basistyp: VARCHAR (15), VARCHAR (15)

Tabelle 13.1 Begriffe bei strukturierten Typen

13.2.1 Metadaten über eine typisierte Tabelle

Mit folgendem SELECT-Befehl werden die Metadaten einer typisierten Tabelle aus dem Katalogview SYSCAT.COLUMNS gelesen:

```
--*************************************
--* Metadaten einer typisierten Tabelle *
--*************************************
SELECT CHAR(Colname, 12) Spaltenname,
       CHAR(Typename, 10) AS Typname,
       CHAR(Target_Typename, 12)
                          AS Referenz_Typ
   FROM SYSCAT.Columns
   WHERE Tabname = 'NAMEN_TABELLE'
   AND TABSCHEMA = 'MOOS';
```

Programm 13.7 Metadaten über typisierte Tabelle

Die wesentlichen Metadaten, die bei der Vereinbarung der typisierten Tabelle *Namen_Tabelle* in den DB2-Katalog eingetragen wurden, sind im folgenden Ergebnis dargestellt.

Ergebnis:

```
SPALTENNAME  TYPNAME     REFERENZ_TYP
-----------  ----------  ------------
OID          REFERENCE   NAMEN_TYP
VORNAME      VARCHAR     -
ZUNAME       VARCHAR     -
```

Die Spaltennamen der typisierten Tabelle stammen aus zwei Quellen:

- Die Spalte *OID* wurde bei der Vereinbarung der typisierten Tabelle *Namen_Tabelle* festgelegt.
- Die Spalten *Vorname* und *Zuname* sind geerbt und stammen aus dem strukturierten Typ *Namen_Typ*.

Der Name des Referenztyps wird vom Namen des strukturierten Typs *Namen_Typ* abgeleitet und erhält hierbei dessen Name *Namen_Typ*.

13.2.2 Laden einer typisierten Tabelle

Beim Laden eines Objekts in eine Zeile einer typisierten Tabelle muss der Wert des Objektidentifikators aus dem Wert des Surrogatschlüsselwertes ermittelt werden. Dies geschieht mit der expliziten Anwendung der Konvertierungsfunktion *Namen_TypO*, die das INTEGER-Argument in einen OID-Wert des Typs *Namen_Typ* konvertiert. Dies ist erforderlich, weil in SQL das Konzept der strengen Datentypen bei den Objektidentifikatoren gilt. Dieses Konzept verbietet eine implizite Konvertierung, indem es eine explizite Konvertierung mit Angabe des Konvertierungsausdrucks erzwingt.

```
--*************************************     (1)
--*   Laden einer typisierten Tabelle  *     (2)
--*************************************     (3)
INSERT INTO Namen_Tabelle                    (4)
   (OID,          Vorname, Zuname)  VALUES   (5)
   (Namen_Typ(1), 'Hugo',  'Müller' ),       (6)
   (Namen_Typ(2), 'Georg', 'Mayer'  ),       (7)
   (Namen_Typ(3), 'Eva',   'Schulze');       (8)
```

Programm 13.8 Laden einer typisierten Tabelle

Im obigen Beispiel wird beispielsweise der Surrogatschlüsselwert 1, der im Datentyp INTEGER vorliegt, mit Anwendung der Konvertierungsfunktion *Namen_Typ(1)* in den Typ des Objektidentifikators *Namen_Typ* umgewandelt.

13.2.3 Lesen der Daten einer typisierten Tabelle

Die Daten einer typisierten Tabelle können ohne explizite Typkonvertierung des Objektidentifikators gelesen werden. Die Konvertierung erfolgt automatisch und implizit in den Basistyp. Auch die restlichen Attribute werden ohne zusätzlichen Referenzierungsaufwand zur Verfügung gestellt. Die Formulierung des SELECT-Befehls kann deshalb in der gewohnten Form erfolgen.

```
--***************************************
--*   Lesen einer typisierten Tabelle   *
--***************************************
SELECT *
   FROM Namen_Tabelle;
```

Programm 13.9 Lesen einer typisierten Tabelle

Ergebnis:

```
OID         VORNAME          ZUNAME
----------- ---------------- ---------------
          1 Hugo             Müller
          2 Georg            Mayer
          3 Eva              Schulze
```

Typumwandlung

Mit Werten des Referenztyps kann man keine arithmetischen Operationen ausführen. Diese müssen vorher, wie in Programmzeile (4) gezeigt, in einen numerischen Typ explizit umgewandelt werden. Werte anderer Typen stehen für direkte Manipulationen mit Basisoperatoren zur Verfügung.

```
(1) --***************************************
(2) --*   Lesen einer typisierten Tabelle   *
(3) --***************************************
(4) SELECT INTEGER(OID) + 1 AS Summe,
(5)        CHAR( Vorname || ' ' || Zuname, 15)
(6)            AS Name
(7)    FROM Namen_Tabelle;
```

Programm 13.10 Operationen mit Daten einer typisierten Tabelle

Ergebnis:

```
SUMME          NAME
----------  ---------------
         2  Hugo Müller
         3  Georg Mayer
         4  Eva Schulze
```

13.2.4 Anwendung des generierten Vergleichsoperators "="

überladen

Oft werden Objektidentifikatoren in Vergleichsausdrücken benötigt. Da die Basisrelatoren von SQL nur zum Vergleichen von Daten der Basistypen wie INTEGER, CHARACTER usw. verwendet werden können, müssen zum Vergleichen von Werten eines Referenztyps die vom Datenbankprozessor hierzu generierten Vergleichsoperatoren eingesetzt werden. Diese haben die Basisrelatoren bei der Vereinbarung des strukturierten Typs überladen. Die Schreibweise dieser Vergleichsoperatoren ist identisch mit der Schreibweise der Vergleichsoperatoren für die Basistypen.

Das folgende Beispiel zeigt, wie der Vergleichsoperator "=" angewendet werden kann. Da beide Operanden des überladenen Vergleichsoperators "=" (Infixnotation einer Vergleichsfunktion) vom selben Typ sein müssen, muss zunächst der INTEGER-Wert 1 mit Anwendung der Konvertierungsfunktion *Namen_Typ()* in den Referenztyp *Namen_Typ* konvertiert werden. Diese Operation ist in der Programmzeile (6) dargestellt. Anschließend wird der generierte Vergleichsoperator auf die beiden Operanden, die jetzt im selben Typ (Referenztyp) vorliegen, angewendet. Der Wahrheitswert wird so dann genutzt, um die beiden Alternativzweige selektiv anzusteuern.

überladener Operator

```
(1)  --*************************************
(2)  --*  Verwendung überladener Operator = *
(3)  --*************************************
(4)  SELECT OID,
(5)         CASE
(6)            WHEN OID = Namen_Typ( 1 )
(7)               Then 'gleich'
(8)               ELSE 'ungleich'
(9)         END AS Ergebnis
(10)    FROM Namen_Tabelle;
```

Programm 13.11 Überladener Vergleichsoperator =

Ergebnis:

```
OID         ERGEBNIS
----------- --------
          1 gleich
          2 ungleich
          3 ungleich
```

Zum gleichen Ergebnis gelangt man, wenn man die generierte Konvertierungsfunktion *INTEGER(<OID>)* auf den OID-Wert des Arguments vom Referenztyp *Namen_Typ* anwendet. Hierbei wird zunächst der Wert des OID in den Basistyp INTEGER konvertiert. Anschließend wird dieser Wert im Typ INTEGER als Vergleichsoperand in einen Vergleichsausdruck eingesetzt. Der hierbei verwendete Vergleichsoperator "=" in Programmzeile (6) ist der Gleichheitsrelator des Basistyps INTEGER.

```
--***************************************    (1)
--*     Konvertierung OID in Basistyp   *    (2)
--***************************************    (3)
SELECT OID,                                  (4)
       CASE                                  (5)
          WHEN INTEGER(OID) =  1             (6)
             Then 'gleich'                   (7)
             ELSE 'ungleich'                 (8)
       END AS Ergebnis                       (9)
   FROM Namen_Tabelle;                       (10)
                                             (11)
```

Programm 13.12 OID-Wert in Basistyp INTEGER konvertiert

Ergebnis:

```
OID         ERGEBNIS
----------- --------
          1 gleich
          2 ungleich
          3 ungleich
```

13.2.5 Anwendung einer Objekt-Methode

DEREF()

Objektselektor ".."

Bei der Vereinbarung des strukturierten Typs *Namen_Typ* wurden als dessen Elemente neben den beiden Attributen *Vorname* und *Zuname* auch die Methode *VerketteVorZuname()* vereinbart. Diese Methode gibt die Attributwerte der beiden Attribute in verketteter Form zurück. Zur korrekten Ausführung der Methode durch ein Objekt der Tabelle *Namen_Tabelle*, kann aus zwei etwas umfangreicheren Formulierungen gewählt werden. Die erste besteht aus der SQL-Funktion DEREF(), der man den Objektidentifikator als Argument mitgeben muss, z.B. DEREF(OID). Der somit dereferenzierte Wert des Objektidentifikators muss durch den SQL-Objektselektor ".." mit der Methode *VerketteVorZuname()* verbunden werden. Die Methode *VerketteVorZuname()* wird somit durch folgenden Ausdruck vom aktuellen Objekt ausgeführt:

DEREF()

```
DEREF( OID )..VerketteVorZuname()
```

oder allgemein:

```
DEREF( <Objektidentifikator> ) .. <Methode>()
```

Dereferenzierungsoperator ->

Die zweite Formulierungsmöglichkeit verwendet den Dereferenzierungsoperator "->". Er verbindet syntaktisch den Objektidentifikator mit der Methode. Die Methode *VerketteVorZuname()* wird somit ebenfalls durch folgenden Ausdruck vom aktuellen Objekt ausgeführt:

```
OID->VerketteVorZuname()
```

oder allgemein:

```
<Objektidentifikator> -> <Methode>()
```

Besitzt die Methode keine Parameter, so kann das Klammerpaar weggelassen werden.

Dereferenzierung

```
--****************************************
--*       Verwendung von Methoden        *
--****************************************
SELECT CHAR(Oid->verketteVorZuname(), 15)
          AS Ergebnis_1,
     CHAR(DEREF(OID)..verketteVorZuname(),
          15) AS Ergebnis_2
   FROM Namen_Tabelle;
```

Programm 13.13 DEREF()-Funktion, Dereferenzierungsoperator und Objektselektor

In der Programmzeile (4) wird der Dereferenzierungsoperator "->" verwendet. Syntaktisch verbindet er die Objektreferenz mit der auszuführenden Methode. Semantisch beauftragt er das aktuelle Objekt, seine Methode *verketteVorZuname()* auszuführen. In der Programmzeile (6) wird das selbe Ergebnis erzielt. Mit Hilfe der in SQL eingebauten Funktion DEREF(Oid) und dem Objektselektor ".." wird das vom Oid referenzierte Objekt beauftragt, seine Methode *verketteVorZuname()* auszuführen. Unter syntaktischem Gesichtspunkt verbindet der Objektselektor das Objekt mit seiner Methode.

Ergebnis:

```
ERGEBNIS_1          ERGEBNIS_2
--------------- ---------------
Hugo Müller         Hugo Müller
Georg Mayer         Georg Mayer
Eva Schulze         Eva Schulze
```

13.3 Strukturierte Spalte

Ein strukturierter Datentyp kann auch bei der Vereinbarung einer Tabellenspalte verwendet werden. Ein Wert dieser Spalte ist sodann kein skalarer Wert mehr, sondern ein Objekt, das aus einer Gruppe von einzelnen Werten besteht. Die Werte sind dabei die Attributwerte des Objekts. Das Spaltenfeld ist hierbei zu einem Behälter (container) geworden, das ein Objekt mit seinen Attributwerten aufnimmt. Dieser Sachverhalt geht über die herkömmliche und relationale Betrachtung von SQL hinaus und führt zu universellen Datenbank (UDB). Die Erweiterung ist eine weitere objektrelationale Sicht auf die Daten der Datenbank.

Behälter

UDB

Eine Zeile einer Tabelle kann oberflächlich betrachtet als ein Objekt ohne eigene Methoden und öffentlicher Sichtbarkeit seiner Spaltenwerte aufgefasst werden. In dieses Objekt wird durch die typisierte Spalte ein weiteres Objekt eingebaut. Die Zeile ist hierbei das Ganze-Objekt und das eingebaute Objekt in der typisierten Spalte ist ein Teil hiervon. Somit liegt bei einer typisierten Spalte die strenge Beziehung eines Ganzen zu seinem Teil vor. Ein Ganzes-Objekt ist eine Zeile der Tabelle. Ein Teil-Objekt ist das zugehörige Objekt am Schnittpunkt zwischen der Zeile und der typisierten Spalte. Das Teil kann nicht existieren, wenn das Ganze nicht existiert. Diese existenzielle Abhängigkeit eines Teils von seinem Ganzen bezeichnet man in der objektorientierten Terminologie als eine Komposition.

Komposition

Im folgenden Beispiel ist der strukturierte Typ *Namen_Typ* mit seinen beiden Attributen *Vorname* und *Zuname* der Typ der Teilobjekte. Die Definition der Tabelle *Person* mit ihren beiden Spalten *Person_Nr* und *Name* legt in herkömmlicher und relationaler Weise den Typ der Tabelle fest. Die Spalte *Name* wird jedoch zu einem Behälter für Objekte, und wird nun objektrelational durch den strukturierten Typ *Namen_Typ* strukturiert. Die strenge Existenzabhängigkeit eines Teilobjektes von seinem Ganzen wird durch die Kompositionsbeziehung in UML ausgedrückt. Ihr charakteristisches Merkmal ist die ausgefüllte Lanzenspitze, die auf das Ganze zeigt.

existenzabhängiges Teil eines Ganzen

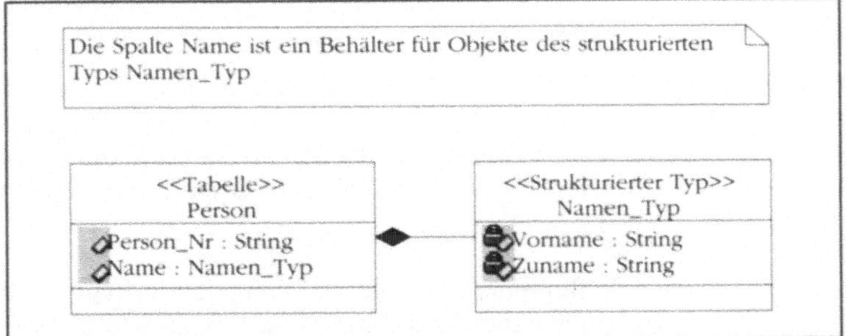

Abbildung 13.5 Typisierte Spalte Name

Die Tabelle *Person* besteht somit aus zwei Spalten, der Spalte *Person_Nr* und der Spalte *Name*. Die Spalte *Name* nimmt Objekte der Klasse *Namen_Typ* auf, wobei jedes Objekt aus Attributwerten der beiden Attribute *Vorname* und *Zuname* besteht.

Person_Nr	Name	
P001	**Vorname**	**Zuname**
	Hugo	Müller

Abbildung 13.6 In der Spalte *Name* befinden sich Objekte des strukturierten Typs *Namen_Typ*

abstrakter Datentyp

Der strukturierte Typ *Namen_Typ* ist ein abstrakter Datentyp (ADT). Bei einem abstrakten Datentyp ist es nicht möglich, mit der Angabe der Attributnamen sich direkt auf deren Werte zu beziehen. Vielmehr sind nach außen nur die Namen der Observer- und Mutatormethoden bekann. Nur über sie ist ein indirekter Zugriff auf die versteckt implementierten Attributwerte möglich. Ein abstrakter Datentyp implementiert somit das Prinzip des information hiding.

information hiding

In SQL werden zwei Spielarten des abstrakten Datentyps unterschieden. Das Unterscheidungskriterium ist das Vorhandensein oder Nichtvorhandensein eines Objektidentifikators (OID). Ein Objektidentifikator ist ein Surrogatschlüsselattribut, mit dessen Werten die einzelnen Ausprägungen des abstrakten Datentyps, die Objekte, eindeutig identifiziert werden. Ist ein Objektidentifikator vorhanden, bezeichnet man den abstrakten Datentyp in SQL als einen Objekt-ADT (engl. object ADT). Fehlt der Objektidentifikator, spricht man in SQL von einem Wert-ADT (engl. value ADT). Unter streng objektorientierter Sicht ist die Ausprägung eines Wert-ADT kein Objekt, weil ein Objekt hier grundsätzlich durch einen eigenen OID-Wert identifiziert werden muss.

OID

Objekt-ADT
Wert-ADT

Bei einem Wert-ADT bezieht man sich auf die Attributwerte eines Objektes, indem man die von DB2 generierten Observer- bzw. Mutatormethoden in Verbindung mit dem Spaltennamen der Behälterspalte verwendet, die durch den ADT typisiert ist.

Beispiel: Name..Vorname()

Bei einem Objekt-ADT hingegen erfolgt die Bezugnahme auf die Objektattribute durch die Angabe des Objektidentifikators der Zeile und der entsprechenden Observer- bzw. Mutatormethode in einem Dereferenzierungsausdruck.

Beispiel: OID->Vorname()

13.3.1 Vereinbarung einer Tabelle mit strukturierter Spalte

Der strukturierte Typ *Namen_Typ* wird im folgenden Beispiel bei der Definition der typisierten Tabelle *Person* verwendet. Die Tabelle besteht aus den beiden relationalen Spalten *Person_Nr* und *Name.*

Die Spalte *Name* ist jetzt aber keine skalare, sondern eine strukturierte Spalte. Sie nimmt Objekte auf, die aus einer Gruppe von skalaren Werten bestehen. Diese Werte sind die Attributwerte des jeweiligen Objekts der Klasse *Namen_Typ.* Das jeweilige Objekt ist hierbei ein Wert-ADT, weil es von keinem eigenen Objektidentifikator identifiziert wird. Mit der Einführung einer nun nicht mehr skalaren, sondern strukturierten Spalte, verlassen wir wieder die herkömmliche relationale Welt von SQL und gehen in die objektrelationale Welt über. Die relationale Welt forderte einzelne Werte am Kreuzungspunkt zwischen Zeile und Spalte. Die objektrelationale Welt lässt hier beliebig strukturierte Objekte zu.

```
--*************************************
--*  Tabelle mit strukturierten Spalte  *
--*************************************
CREATE TABLE Person
   (Person_Nr  CHAR (4),
    Name       Namen_Typ);
```

Programm 13.14 Vereinbarung der Tabelle Person mit der strukturierten Spalte Name

Ermittlung der Metadaten der Tabelle Person

Aus der relationalen Sicht von SQL besteht die Tabelle *Person* aus den beiden Spalten *Person_Nr* und *Name*. Diese Sicht kann man aus dem Katalog durch folgende Anfrage feststellen:

```
--*************************************
--*      Spalten der Tabelle Person     *
--*************************************
SELECT  CHAR(Colname,  15) AS Spaltenname,
        CHAR(Typename, 15) AS Typname
   FROM SYSCAT.Columns
   WHERE Tabname = 'PERSON';
```

Programm 13.15 Ermittlung der relationalen Sicht auf die Tabelle *Person*

Ergebnis:

```
SPALTENNAME     TYPNAME
--------------- ---------------
PERSON_NR       CHARACTER
NAME            NAMEN_TYP
```

Der SELECT-Befehl zeigt, dass der Typ der Spalte *Name* der strukturierte Typ *Namen_Typ* ist und nicht mehr ein eingebauter Basistyp von SQL.

Ermittlung der Attribute eines Objekts in der Spalte *Name*

Die Metadaten über die Attribute eines Objekts des strukturierten Typs *Namen_Typ* verwaltet DB2 im Katalogview *SYSCAT.ATTRIBUTES*. Folgender SELECT-Befehl liefert einige Metadaten über den strukturierten Typ:

```
--*************************************
--*        Metadaten über Attribute     *
--*************************************
SELECT CHAR(Attr_Name, 15) AS Attributname
       CHAR(Attr_Typename, 15) Datentyp
       Length
   FROM SYSCAT.ATTRIBUTES
   WHERE Typename = 'NAMEN_TYP';
```

Programm 13.16 Ermittlung der Metadaten der Attribute des strukturierten Typs Namen_Typ

Ergebnis:

```
ATTRIBUTNAME      DATENTYP          LENGTH
---------------   ---------------   -----------
VORNAME           VARCHAR                    15
ZUNAME            VARCHAR                    15
```

Die Metadaten eines Objekts der Klasse *Namen_Typ* sind die Attributnamen *Vorname* und *Zuname* sowie deren datentechnische Eigenschaften, wie SQL-Basisdatentyp und Länge.

13.3.2 Einfügen von Daten in Tabelle mit strukturierter Spalte

Der INSERT-Befehl zum Einfügen von Daten in eine Tabelle mit strukturierten Spalten erfordert objektrelationale Erweiterungen der herkömmlichen SQL-Sprache.

Konstruktor

Die Werte für unstrukturierte relationale Spalten werden in der üblichen Form angegeben. Da in eine strukturierte Spalte aber Objekte eingefügt werden, muss für ein neues Objekt zunächst der Objekt-Konstruktor aufgerufen werden. Dieser ordnet den erforderlichen Speicher für das Objekt in der Spalte *Name* zu und führt eine datentypspezifische Initialisierung der Objektattribute aus. Anschließend werden die Veränderungsmethoden für jedes Objektattribut aufgerufen. Sie initialisieren die Attribute mit objektspezifischen Werten. Die Veränderungsmethoden wurden bei der Vereinbarung des strukturierten Typs von DB2 automatisch erzeugt. In der objektorientierten Terminologie von SQL werden diese Veränderungsmethoden als Mutatormethoden bezeichnet. In der üblichen objektorientierten Terminologie werden sie manchmal auch Setter-Methoden genannt.

Mutator
Setter-Methode

Mit dem INSERT-Befehl wird in herkömmlicher Weise der Primärschlüsselwert ' P001' in die unstrukturierte Spalte *Person_Nr* eingefügt. Mit dem auf das Listenkomma folgenden Konstruktoraufruf *Namen_Typ()* wird sodann das Objekt für die Spalte *Name* ausgeprägt (instanziert). Anschließend erfolgen direkt die beiden Mutatoraufrufe *Vorname* (' Hugo') und *Zuname* (' Müller') mit ihren jeweiligen Argumenten.

```
INSERT INTO Person VALUES                           (1)
   ('P001', Namen_Typ()..Vorname('Hugo')            (2)
                        ..Zuname('Müller')          (3)
   );                                               (4)
```

Programm 13.17 Objektrelationale Erweiterung in einem INSERT-Befehl mit dem Objektselektor ".."

Vor den Mutatoraufrufen in Programmzeile (2) und (3) steht der in SQL manchmal unglücklich benannte, so genannte *Zwei-Punkte-Operator* (engl. double-dot operator). Unglücklich benannt deshalb, weil dieser Name keine Aussage über die Funktionalität des Operators macht. Sein Name sagt lediglich etwas darüber aus, aus welchen Zeichen er besteht. Der Zwei-Punkte-Operator ist ein Qualifikations-Operator bzw. ein *Objektselektor*. Manchmal wird er auch als Methoden-Qualifizierer bezeichnet. Er qualifiziert die Aussage, was das aktuelle Objekt tun soll. Dabei verbindet er syntaktisch das Objekt mit einer seiner Methoden. Deshalb wird er in der DB2-Literatur manchmal auch als *Methoden-Aufruf-Operator* bezeichnet. Diese Bezeichnung deckt die Funktionalität des Operators gut ab und ist dem Namen Zwei-Punkte-Operator deshalb vorzuziehen. Das Objekt wird im aktuellen Fall durch seinen Konstruktor repräsentiert. Die hierbei erforderliche Schreibweise ist eine objektrelationale Erweiterung des herkömmlichen INSERT-Befehls.

Objektselektor

double-dot operator

13.3.3 Lesen von Daten aus einer strukturierten Spalte

Die Totalprojektion aller Spalten einer Tabelle mit strukturierten Spalten ist ohne Sondermaßnahmen nicht mehr möglich und führt zu einer Fehlermeldung. Der Grund hierfür ist das Prinzip der Kapselung der Attributwerte in der Objektkapsel (eng. information hiding). Die Attributwerte einer strukturierten Spalte sind auch mit der einfachen SQL-Sprache durch Angabe der Attributnamen nicht mehr ansprechbar, d.h. mit Angabe des Spaltennamens der Spalte, die das Objekt enthält. Sie sind in dem Objekt nur noch lokal und nicht mehr öffentlich bekannt.

```
--**************************************
--*  Totalprojektion ist nicht möglich *
--**************************************
SELECT *
   FROM Person;
```

Programm 13.18 Totalprojektion ohne Sondermaßnahmen führt zu einer Fehlermeldung

Ergebnis:

`Eine Umsetzungsgruppe "DB2_PROGRAM" ist für den Datentyp "MOOS.NAMEN_TYP" nicht definiert.`

Lesen von Objektattributen mit Observermethoden

Eine einfache Sondermaßnahme besteht darin, die Attributwerte des aktuellen Objektes vom Typ *Namen_Typ* durch den Einsatz der beiden Observermethoden *Vorname()* und *Zuname()* zu lesen und in das Ergebnis zu projizieren. Die Namen der Observermethoden können hierbei mit oder ohne eine leere Argumentenklammer geschrieben werden. Damit das System weiß, welches Objekt die Observermethoden ausführen soll, wird der Bezeichner der Spalte, die das Objekt enthält, mit Hilfe des Objektselektors mit den Observermethoden verbunden. Der Objektselektor dient somit auch im SELECT-Befehl, ebenso wie im INSERT-Befehl, als Methoden-Qualifizierer in einem Ausdruck mit Methodenaufruf.

Objektselektor

Syntaktisch gilt somit folgende Qualifizierungsregel:

<Spaltenname> •• <Observername> bzw.
<Spaltenname> •• <Observername()>

```
--**************************************
--* Observermethoden lesen Attributwerte*
--**************************************
SELECT Person_Nr,
       Name..Vorname() AS Vorname,
       Name..Zuname    AS Zuname
   FROM Person;
```

Programm 13.19 Projektion der Attribute der Spalte Name mit Anwendung der Observermethoden

Ergebnis:

```
PERSON_NR VORNAME          ZUNAME
--------- -------------- ---------------
P001      Hugo             Müller
```

Punkt-Qualifikator und Zwei-Punkte-Qualifikator

In SQL ist der Punkt-Qualifikator, der aus nur einem Punkt besteht, für die Namensqualifikation eines Tabellen- bzw. Korrelationsnamens und eines Spaltennamens vorgesehen. Weiterhin dient er zur Namensqualifikation eines Schemanamens mit einem Tabellennamen.

Beispiel: Person.Person_Nr bzw. Moos.Person.Person_Nr

Hiermit wird die Spalte *Person_Nr* der Tabelle *Person* im Schema *Moos* angesprochen.

Java ein Punkt

SQL zwei Punkte

Objektselektor

In verbreiteten objektorientierten Programmiersprachen, wie beispielsweise Java, wird im Gegensatz dazu der Punkt-Qualifikator für die Verbindung eines Objektes bzw. einer Objektreferenz mit einer Objektmethode verwendet. Die Bedeutung des Punktqualifikators war jedoch im relationalen SQL bereits vor seiner Erweiterung zum objektrelationalen SQL vergeben. Daher musste der Zwei-Punkte-Qualifikator eingeführt werden. Mit ihm wird das Objekt bzw. seine Referenzvariable mit der von ihm auszuführenden Methode verbunden. Mit dem Zwei-Punkte-Qualifikator kann somit in der objektrelationalen neuen SQL-Welt die Methodenqualifikation ähnlich wie in der reinen objektorientierten Welt ausgedrückt werden, d.h. statt mit einem Punkt nun mit zwei Punkten. Der einfache Punkt-Qualifikator dient auch weiterhin zur Verbindung eines Tabellen- bzw. Korrelationsnamens mit einem seiner Spaltennamen. Der Zwei-Punkte-Qualifikator verbindet den Spaltennamen, der das Objekt implizit referenziert, mit dem Methodennamen der Methode, die das aktuelle Objekt ausführen soll.

Beispiel: Person.Person_Nr..Vorname()

In den Programmzeilen (4) bis (6) werden die beiden Punkt-Qualifikatoren in ihrem Zusammenhang angewendet.

```
--**************************************** (1)
--* Ein- und zwei-Punkte-Qualifikator    * (2)
--**************************************** (3)
SELECT P.Person_Nr,                        (4)
```

```
       P.Name..Vorname() AS Vorname,
       P.Name..Zuname    AS Zuname
  FROM Person P;
```

Programm 13.20: Punkt-Qualifikator und Zwei-Punkte-Qualifikator im SELECT-Befehl

Ergebnis:

```
PERSON_NR VORNAME         ZUNAME
--------- --------------- ---------------
P001      Hugo            Müller
```

13.3.4 Lesen mit Benutzerfunktionen und Transformatoren

Eine weitere Sondermaßnahme zum Lesen der gekapselten Attributwerte besteht darin, eine Benutzerfunktion einzusetzen, welche die Attributwerte des Objekts liest, indem sie die Observermethoden des Objekts verwendet. Die gelesenen Attributwerte werden hierbei von der Observermethode in einen SQL-Basistyp konvertiert. Das Konvertierungsergebnis muss die Funktion schließlich als skalaren Spaltenwert zurückgeben.

LANGUAGE SQL

Die folgende Funktion *Namen_Typ_to_CHAR* erhält über ihre Parameterschnittstelle ein Objekt vom Typ *Namen_Typ* zur Verfügung gestellt. Weiterhin ist in der Funktionssignatur festgelegt, dass die Funktion einen skalaren Wert vom SQL-Basistyp VARCHAR (30) zurückgibt. Der Rumpf der Funktion ist in der neuen SQL-Programmiersprache ausprogrammiert. Dies wird angezeigt mit der Angabe LANGUAGE SQL. In der RETURN-Klausel werden vom aktuellen Objekt, das über die Parameterschnittstelle *NamenObjekt* zur Verfügung gestellt wird, seine Observermethoden *Vorname()* und *Zuname()* angewendet. Diese Methoden liefern die entsprechenden Attributwerte jeweils im Basistyp VARCHAR (15). Die Attributwerte werden mit dem Verkettungsoperator || so dann zu einer skalaren Zeichenkette mit dem Basistyp VARCHAR (30) verkettet. Die RETURN-Klausel setzt den Ergebniswert zum Schluss in den Funktionsaufruf des SELECT-Befehls ein.

```
--*************************************
--*      Konvertierungsfunktion       *
--*************************************
CREATE FUNCTION Namen_Typ_to_VARCH
                (NamenObjekt Namen_Typ )
```

```
RETURNS  VARCHAR(30)
LANGUAGE SQL
RETURN NamenObjekt..Vorname()
       || ' ' ||
       NamenObjekt..Zuname();
```

Programm 13.21 Konvertierungsfunktion

Konvertierung

Der SELECT-Befehl im folgenden Beispiel wendet die Konvertierungsfunktion *Namen_Typ_to_VARCH()* zur Umwandlung der Attributwerte des aktuellen Objekts vom Typ *Namen_Typ* in der Spalte *Name* in den Basistyp VARCHAR (30) an.

```
--************************************
--*Anwendung der Konvertierungsfunktion*
--************************************
SELECT Person_Nr,
       Namen_Typ_to_VARCH( Name ) AS Name
  FROM Person;
```

Programm 13.22 Anwendung der Konvertierungsfunktion

Ergebnis:

```
PERSON_NR NAME
--------- ------------------------------
P001      Hugo Müller
```

Transformationsgruppe

Damit man bei der Anwendung des SELECT-Befehls auf Tabellen mit strukturierten Spalten nicht mühsam die Konvertierungsfunktion explizit schreiben muss, sieht SQL auch den impliziten Einsatz dieser Funktion vor. Diesen Komfort muss man jedoch zunächst mit der Definition einer so genannten Typtransformationsgruppe erkaufen. Ein Typtransformator, der die implizite Transformation der gekapselten Attributwerte eines Objekts vom Typ *Namen_Typ* in einen SQL-Basistyp vornimmt, wird hierbei mit einem CREATE TRANSFORM-Befehl vereinbart. Auch für die umgekehrte Transformationsrichtung kann ein Transformator angegeben werden. Dieser transformiert sodann von einer Basistypangabe in ein Objekt des strukturierten Typs.

Die vereinfachte Syntax für die Definition einer Typtransformationsgruppe ist wie folgt:

Typtransformationsgruppe

```
CREATE {TRANSFORM | TRANSFORMS}
  FOR <Name strukturierter Typ>
    <Transformationsgruppe>
  [<Transformationsgruppe>] ...
Transformationsgruppe:
    <Gruppenname> ({TO SQL | FROM SQL}
     WITH {<Funktionsspezifikation> |
        <Methodenspezifikation>}
Funktionsspezifikation:
        FUNCTION <Funktionsname>
Methodenspezifikation:
METHOD <Methodenname> FOR <strukturierten Typ>
```

Für einen strukturierten Typ können somit mehrere Transformationsgruppen definiert werden. Folgt auf den Gruppennamen die Klausel FROM SQL, so konvertiert die folgende Funktion die Attributwerte eines Objektes in einen Basistyp von SQL. Diese Funktion muss bereits existieren. Mit der Klausel TO SQL wird eine Transformation von Basistypen in ein Objekt des strukturierten Typs angezeigt. Außer Funktionen können auch Methoden zur Typkonvertierung eingesetzt werden. Die präzise und umfangreiche Syntax muss aus dem SQL Referenzhandbuch entnommen werden.

Transformation

Methode Funktion

Im folgenden Beispiel wird die Typtransformatorgruppe Namen_Typ_Trafo vereinbart. Sie legt fest, dass die Methode Namen_Typ_to_VARCH() implizit aufzurufen ist, wenn in einem SELECT-Befehl auf eine Spalte zugegriffen wird, die mit dem strukturierten Typ Namen_Typ typisiert ist.

```
--*************************************
--*Vereinbarung eines Typtransformators*
--*************************************
CREATE TRANSFORM FOR Namen_Typ
   Namen_Typ_Trafo
   ( FROM SQL
     WITH FUNCTION Namen_Typ_to_VARCH );
```

Programm 13.23 Vereinbarung des impliziten Typtransformators Namen_Typ_Trafo

Im CREATE TRANSFORM-Befehl wird in der FOR-Klausel der Typ *Namen_Typ* angegeben, dessen Objekte vom Transformator implizit konvertiert werden sollen. Hierauf folgt der Bezeichner der Transformationsgruppe *Namen_Typ_Trafo*. In der folgenden Klammer wird in der Klausel FROM SQL WITH FUNCTION der Name der Benutzerfunktion angegeben, welche die Konvertierung vom strukturierten Typ in den externen SQL-Basistyp durchführt. Im obigen Beispiel ist es die bereits explizit zur Konvertierung eingesetzte Funktion *Namen_Typ_to_VARCH.*

CURRENT DEFAULT TRANSFORM GROUP

Vor der Ausführung des SELECT-Befehls, der die implizite Typkonvertierung nutzt, muss der Name der Transformationsgruppe noch dem Systemregister CURRENT DEFAULT TRANSFORM GROUP mit einem SET-Befehl zugewiesen werden. Der hierin benannte Typtransformator wird sodann von DB2 implizit zur Typkonvertierung eingesetzt.

Das folgende Beispiel zeigt das Zusammenwirken der beiden Sprachmittel. Hierbei werden die Attributwerte der Objekte in der Spalte *Name* implizit in den SQL-Basistyp VARCHAR (30) konvertiert.

```
--*****************************************     (1)
--*     Einsatz des Typtransformators     *     (2)
--*****************************************     (3)
-- Setzen des Spezialregisters:                 (4)
SET CURRENT DEFAULT TRANSFORM GROUP             (5)
                        = Namen_Typ_Trafo;      (6)
SELECT Person_Nr, Name                          (7)
   FROM Person;                                 (8)
```

Programm 13.24 Implizite Typkonvertierung durch den aktuellen Typtransformator

Ergebnis:

```
PERSON_NR NAME
--------- ------------------------------
P001      Hugo Müller
```

In den Programmzeilen (5) und (6) wird dem Systemregister CURRENT DEFAULT TRANSFORM GROUP der Name der anzuwendenden Transformationsgruppe zugewiesen. In der Programmzeile (7) wird die strukturierte Spalte *Name* angegeben. Die Attributwerte von deren Objekten werden nun von der Konvertierungsfunktion *Namen_Typ_to_VARCH* implizit in den Basistyp VARCHAR (30) konvertiert.

Auch die implizite Typkonvertierung bei einer Totalprojektion wird jetzt benutzerfreundlich vom Typtransformator vollzogen.

```
SELECT *                                        (1)
   FROM Person;                                 (2)
```

Programm 13.25 Implizite Typkonvertierung bei Totalprojektion

Ergebnis:

```
PERSON_NR NAME
--------- ------------------------------
P001      Hugo Müller
```

13.3.5 Verändern von Daten in einer strukturierten Spalte

Durch Anwendung der Mutatormethoden können die Attributwerte eines Objektes mit Hilfe eines SQL-UPDATE-Befehls verändert werden.

Im folgenden Beispiel sollen die beiden Attribute *Zuname* und *Vorname* des Objekts, das in seinem Attribut *Zuname* den Wert *'Müller'* aufweist, durch die Anwendung der beiden Mutatormethoden *Zuname('Schön')* und *Vorname('Georg')* auf die Werte dieser Argumente verändert werden.

```
--****************************************    (1)
--*     Verändern von Attributwerten     *    (2)
--****************************************    (3)
UPDATE Person                                 (4)
   SET Name = Name..Zuname('Schön')           (5)
                ..Vorname('Georg')            (6)
   WHERE Name..Zuname() = 'Müller';           (7)
                                              (8)
SELECT *                                      (9)
   FROM Person;                               (10)
```

Programm 13.26 Mutator- und Observermethode im UPDATE-Befehl

Ergebnis:

```
PERSON_NR NAME
--------- ------------------------------
P001      Georg Schön
```

13.3.6 Löschen von Zeilen in einer strukturierten Tabelle

Durch Anwendung der Observermethoden in der WHERE-Klausel eines SQL-DELETE-Befehls können die Attributwerte eines Objekts in einem Prädikatsausdruck ausgewertet werden.

Mit dem folgenden DELETE-Befehl werden alle Zeilen aus der Tabelle *Person* entfernt, deren Objekte in der Spalte *Namen* im Attribut *Zuname* den Wert *'Schön'* enthalten.

```
--*************************************
--*        Löschen von Zeilen         *
--*************************************
DELETE
   FROM  Person
   WHERE Name..Zuname() = 'Schön';
```

Programm 13.27 Observermethode als Operand eines Prädikats im DELETE-Befehl

13.4 Typhierarchie

Supertyp

Subtyp

Strukturierte Typen können in einer Typhierarchie angeordnet werden. Unter einem Supertyp werden hierbei Subtypen platziert. Ein Subtyp erbt dann alle Attribute und Operationen seines Supertyps. Zusätzlich zu den geerbten Elementen kann und sollte ein Subtyp noch zusätzliche Attribute enthalten. Ansonsten würde er sich von seinem Supertyp inhaltlich nicht unterscheiden.

Typdiagramm der Typhierarchie in UML

Im folgenden Beispiel wird der Supertyp *Partner_Typ* durch die beiden Attribute *Vorname* und *Zuname* definiert. Der Subtyp *Kunde_Typ* erbt die beiden Attribute *Vorname* und *Zuname* des Supertyps und steuert sein eigenes Attribut *Bonität* noch hinzu. Der zweite Subtyp *Lieferant_Typ* erweitert sein Erbe mit seinem eigenen Attribut *Liefertreue*. Die Typhierarchie sieht sodann folgendermaßen aus.

Typhierarchie

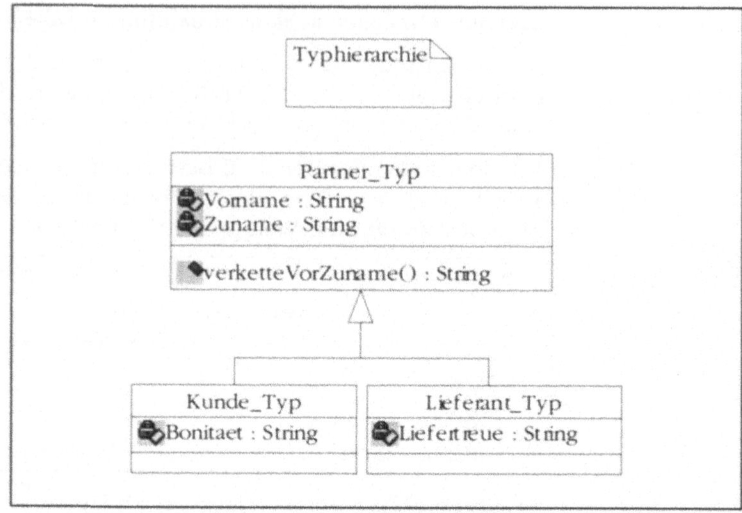

Abbildung 13.7 Supertyp und Subtypen in einer Typhierarchie, dargestellt in UML

13.4.1 Typhierarchie in SQL

konkrete Klasse

abstrakte Klasse

Die Formulierung der Typhierarchie mit den Sprachmitteln von SQL erfolgt mit der Definition der drei strukturierten Typen. Jeder strukturierte Typ wird hierbei mit seinen ihn beschreibenden Attributen und deren jeweiligen Basisdatentypen in je einem CREATE TYPE-Befehl definiert. Mit der Option INSTANTIABLE im Definitionsbefehl des Supertyps *Partner_Typ* wird festgelegt, dass es auch Ausprägungen, d.h. Objekte dieses Typs geben kann. Das bedeutet auch, dass der Supertyp *Partner_Typ* kein abstrakter Typ ohne Ausprägungsmöglichkeit, sondern ein konkreter Typ mit Ausprägungsmöglichkeit ist. Mit der Angabe REF USING INTEGER wird festgelegt, dass die Objektidentifikatoren (REF - Referenz) aller Objekte der Typhierarchie vom Basisdatentyp INTEGER sein sollen. Diese Klausel kann nur bei der Vereinbarung des Wurzeltyps angegeben werden.

```
--****************************************
--*  Vereinbarung einer Typhierarchie   *
--****************************************
CREATE TYPE Partner_Typ AS
   (Vorname  VARCHAR (15),
    Zuname   VARCHAR (15))
```

```
  INSTANTIABLE
  REF USING INTEGER
  MODE DB2SQL
  METHOD verketteVorZuname()
  RETURNS VARCHAR (30)
  LANGUAGE SQL;

CREATE TYPE Kunde_Typ
            UNDER Partner_Typ AS
 (Bonitaet  CHAR (1))
  MODE DB2SQL;

CREATE TYPE Lieferant_Typ
            UNDER Partner_Typ AS
 (Liefertreue  CHAR (1))
  MODE DB2SQL;
```

Programm 13.28 Vereinbarung einer Typhierarchie

Entwicklungsredundanz

Sinn der Typhierarchie ist die Vermeidung von Entwicklungsredundanz durch die Vererbung der Attribute und Operationen der übergeordneten Typen an die untergeordneten Typen. Durch diesen Vererbungsautomatismus spart man den Einbau und die Pflege der geerbten Attribute in den untergeordneten Subtypen. Es werden hierdurch die Attribute redundanzfrei als Metadaten in das Gesamtsystem eingeführt und stehen automatisch überall dort zur Verfügung, wo sie auf Grund der natürlichen Gegebenheiten erforderlich sind. Hieran zeigt sich, dass die Vererbung eine wirtschaftliche und sichere Technik für die Wiederverwendung bereits erarbeiteter Systemelemente darstellt.

Vererbung

Dass DB2 die Attribute des Supertyps *Partner_Typ* tatsächlich den beiden Subtypen *Kunde_Typ* und *Lieferant_Typ* im Zuge der Vererbung vererbt, kann man durch Auswertung der Einträge des Katalogviews SYSCAT.ATTRIBUTES feststellen. Die Attribute des Supertyps *Partner_Typ* erhält man mit dem folgenden SELECT-Befehl.

SYSCAT.-ATTRIBUTES

```
--*************************************
--*Attribute des Supertyps Partner_Typ *
--*************************************
SELECT CHAR(Attr_Name, 15) Attributname,
```

```
       CHAR(Attr_Typename, 15) Typname,
       Length
   FROM SYSCAT.ATTRIBUTES
   WHERE Typename = 'PARTNER_TYP';
```

Programm 13.29 Attribute von Partner_Typ im DB2-Katalog

Ergebnis:

```
ATTRIBUTNAME     TYPNAME          LENGTH
---------------  ---------------  -----------
VORNAME          VARCHAR                   15
ZUNAME           VARCHAR                   15
```

Die geerbten und die eigenen Attribute der beiden Subtypen *Kunde_Typ* und *Lieferant_Typ* kann man ebenfalls durch SELECT-Befehle auf den Katalogview SYSCAT.ATTRIBUTES abfragen. Die Abfrageergebnisse zeigen, dass die beiden Subtypen *Kunde_Typ* und *Lieferant_Typ* die zwei Attribute *Vorname* und *Zuname* vom Supertyp *Partner_Typ* geerbt haben.

```
--****************************************
--*   Attribute des Subtyps Kunde_Typ    *
--****************************************
SELECT CHAR(Attr_Name, 15) AS Name,
       CHAR(Attr_Typename, 15) AS Typ,
       Length
   FROM SYSCAT.ATTRIBUTES
   WHERE Typename = 'KUNDE_TYP';
```

Programm 13.30 Geerbte und eigene Attribute des Subtypen Kunde_Typ

Ergebnis:

```
NAME             TYP              LENGTH
---------------  ---------------  -----------
VORNAME          VARCHAR                   15
ZUNAME           VARCHAR                   15
BONITAET         CHARACTER                  1
```

```
--****************************************
--* Attribute des Subtyps Lieferant_Typ*
--****************************************
SELECT CHAR(Attr_Name, 15) AS Name,
       CHAR(Attr_Typename, 15) AS Typ,
```

```
        Length                                      (6)
    FROM SYSCAT.ATTRIBUTES                          (7)
    WHERE Typename = 'LIEFERANT_TYP';               (8)
```

Programm 13.31 Geerbte und eigene Attribute des Subtypen Lieferant_Typ

Ergebnis:

```
NAME             TYP              LENGTH
---------------  ---------------  -----------
VORNAME          VARCHAR                   15
ZUNAME           VARCHAR                   15
LIEFERTREUE      CHARACTER                  1
```

13.4.2 Tabellenhierarchie in SQL

Bauplan

Ein Typ ist in SQL lediglich eine Beschreibung eines Konzeptes. So wird beispielsweise das Konzept *Partner_Typ* durch die beiden Attribute *Vorname* und *Zuname* sowie die Operation *verketteVorZuname()* beschrieben. Unter der objektrelationalen Sicht von DB2 UDB kann ein solches Konzept auch als Bauplan für eine Datenbanktabelle aufgefasst werden. Eine DB2-Tabelle implementiert dabei das Konzept, indem sie Speicherplätze für die Aufbewahrung der Objekte eines Typs zur Verfügung stellt.

Tabellenhierarchie

Jeder Typ unseres Beispiels wird deshalb durch eine Tabelle implementiert. Die Typhierarchie führt hierbei ebenfalls zu einer Tabellenhierarchie.

Das folgende Entwurfsdiagramm in Abbildung 13.8 modelliert einerseits die Typhierarchie mit den Vererbungsbeziehungen zwischen den strukturierten Typen. Andererseits definiert es auch die Tabellenhierarchie mit den voneinander hierarchisch abhängigen Tabellen. Jede Tabelle implementiert hierbei einen strukturierten Typ.

architekturgetriebene Softwareentwicklung

In dem hier vorgestellten architekturgetriebenen Software-Entwicklungsprozess ist mit der Angabe der Implementiert-Beziehung in Gestalt eines gestrichelten Pfeils und hohler Pfeilspitze (UML) ersichtlich, dass beispielsweise die Tabelle *Partner* den strukturierten Typ *Partner_Typ* implementiert. Die Attribute Vorname und Zuname erhält die Tabelle hierbei vom Typ *Partner_Typ* vererbt. Als eigenes Attribut steuert sie den Objektidentifikator (Surrogatschlüssel, Primärschlüssel) mit dem Bezeichner *Oid* vom internen Basisdatentyp INTEGER bei. Der Datentyp

INTEGER wurde bereits bei der Vereinbarung des strukturierten Typs *Partner_Typ* in der Klausel REF USING INTEGER festgelegt.

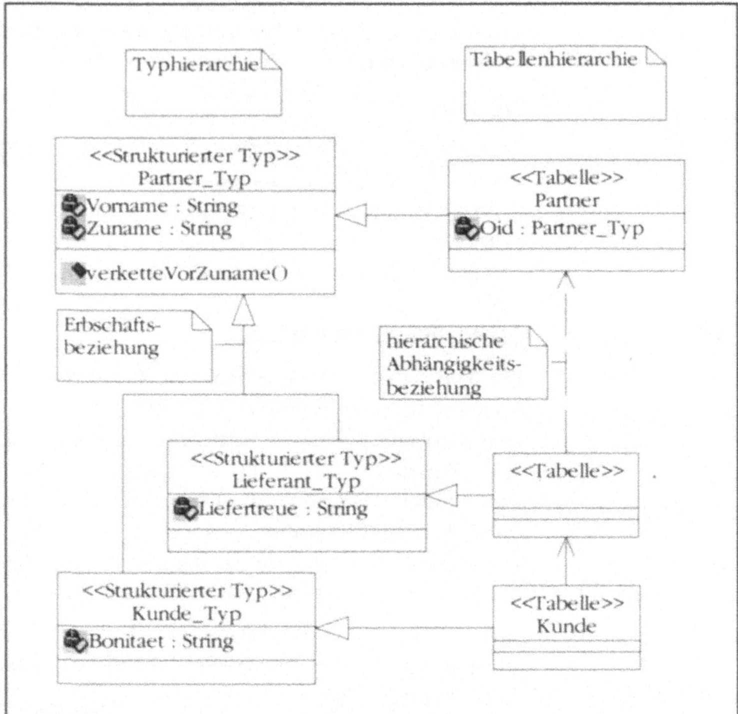

Abbildung 13.8 Entwurfsdiagramm zeigt die Typ- und die Tabellenhierarchie

Die SQL-spezifische Beschreibung des Typ- und Tabellenzusammenhangs in Form von CREATE TABLE-Befehlen sieht sodann folgendermaßen aus.

```
--**************************************
--*   Vereinbarung Tabellenhierarchie  *
--**************************************
CREATE TABLE Partner OF Partner_Typ
   (REF IS Oid USER GENERATED);

CREATE TABLE Kunde OF Kunde_Typ
   UNDER Partner
```

```
(9)      INHERIT SELECT PRIVILEGES;
(10)
(11)  CREATE TABLE Lieferant OF Lieferant_Typ
(12)     UNDER Partner
(13)     INHERIT SELECT PRIVILEGES;
```

Programm 13.32 Vereinbarung einer Tabellenhierarchie mit Tabellen eines jeweiligen strukturierten Typs

USER GENERATED

Bei der Definition der Tabelle *Partner* ist in der Klausel OF angegeben, dass sie den strukturierten Typ *Partner_Typ* implementiert (*Partner* OF *Partner_Typ*). Weiterhin ist in der Programmzeile (5) festgelegt, dass der Objektidentifikator (REF - Referenz) den Namen *Oid* erhalten soll. Durch die Angabe USER GENERATED wird ausgedrückt, dass die Oid-Werte vom Benutzer in den INSERT-Befehlen angegeben werden müssen, wenn er Objekte in die Tabelle *Partner* und all ihre Subtabellen schreibt.

UNDER

In den Definitionen der beiden untergeordneten Subtabellen *Kunde* und *Lieferant*, die der hierarchisch übergeordneten Supertabelle *Partner* untergeordnet sind, wird diese unmittelbare Unterordnung in den Programmzeilen (8) und (12) mit der Klausel UNDER ausgedrückt. Mit der Angabe INHERIT SELECT PRIVILEGES wird dem Datenbankprozessor mitgeteilt, dass die Benutzer, die das Leserecht auf die Daten der Supertabelle erhalten haben, ebenfalls das Leserecht auf die Daten der Subtabellen erhalten sollen.

13.4.3 Einfügen von Daten in Tabellen einer Tabellenhierarchie

Nachdem die Metadaten über die Tabellenhierarchie dem Datenbankprozessor bekannt sind, können nun die hierzu passenden Nutzdaten in die Tabellen der Tabellenhierarchie eingepflegt werden.

OID

Typstrenge

Im folgenden Beispiel wird in die Supertabelle eine Zeile eingefügt. Der Basiswert des Objektidentifikators (Oid) ist die INTEGER-Zahl 1. Auf Grund der Angabe REF IS *Oid* USER GENERATED bei der Vereinbarung der Tabelle *Partner* muss der Oid-Wert vom Benutzer angegeben werden. Die Typstrenge bei den OID-Typen von SQL verlangt außerdem, dass der Integerwert mit einer expliziten Typkonvertierung in einen Wert des internen Objektidentifikators der Tabelle *Partner* konvertiert wird. Hierzu muss die Konvertierungsfunktion *Partner_Typ()* verwendet werden, die von DB2 bei der Vereinbarung des strukturierten Typs *Partner_Typ* generiert wurde.

```
(1) --*************************************
(2) --* Einfügen eines Objektes in Partner *
(3) --*************************************
(4) INSERT INTO Partner
(5)    (Oid, Vorname, Zuname  ) VALUES
(6)    (Partner_Typ( 1 ), 'Hugo',  'Müller');
(7)
(8) SELECT *
(9)    FROM Partner;
```

Programm 13.33 Einfügen eines Objektes in die Supertabelle

Ergebnis:

```
OID         VORNAME         ZUNAME
----------- --------------- ---------------
          1 Hugo            Müller
```

Der Objektidentifikator muss in Programmzeile (6) in den Referenztyp konvertiert werden.

Nach dem Einfügen der Zeile in die Tabelle *Partner* kann aus dieser die Zeile ausgelesen werden. Ein Lesezugriff auf die Tabelle *Kunde* zeigt die Daten der Tabelle *Person* nicht, weil es sich bei den Partnerdaten nicht um Kundendaten handelt.

13.4.4 Lesen von Daten aus einer Tabellenhierarchie

Im folgenden Beispiel wird in die Subtabelle *Kunde* eine Zeile geladen. Anschließend werden die Daten der beiden Tabellen *Partner* und *Kunde* gelesen.

Konvertierungsfunktion

Auch beim Laden einer Zeile in die Subtabelle muss der Objektidentifikator durch die Anwendung einer passenden Konvertierungsfunktion aus einer vorgegebenen INTEGER-Zahl, hier der Zahl 2, abgeleitet werden. Die Konvertierungsfunktion für das Schreiben in die Subtabelle *Kunde* ist die Funktion *Kunde_Typ()*, die von DB2 bei der Vereinbarung des strukturierten Typs *Kunde_Typ* generiert wurde. Die Konvertierungsfunktion *Partner_Typ()* kann beim Laden von Daten des Typs *Kunde_Typ* auf Grund der Typstrenge von SQL nicht angewendet werden.

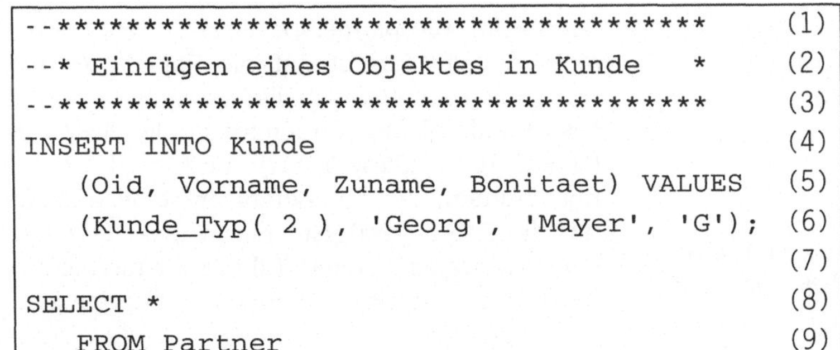

```
--*************************************
--* Einfügen eines Objektes in Kunde    *
--*************************************
INSERT INTO Kunde
   (Oid, Vorname, Zuname, Bonitaet) VALUES
   (Kunde_Typ( 2 ), 'Georg', 'Mayer', 'G');

SELECT *
   FROM Partner
```

Lesen Supertabelle

Programm 13.34 Einfügen von Objekten in eine Subtabelle und lesen aus deren Supertabelle

Ergebnis:

```
OID        VORNAME        ZUNAME
---------- -------------- --------------
         1 Hugo           Müller
         2 Georg          Mayer
```

Im Ergebnis ist zu sehen, dass ein Objekt, das in die Subtabelle eingefügt wurde, auch ein Objekt der Supertabelle ist. Die speziellen Attribute des Objektes, das in die Subtabelle eingepflegt wurde, sind jedoch nicht sichtbar, wenn auf die Supertabelle zugegriffen wird.

In der folgenden Anfrage wird auf die Subtabelle lesend zugegriffen.

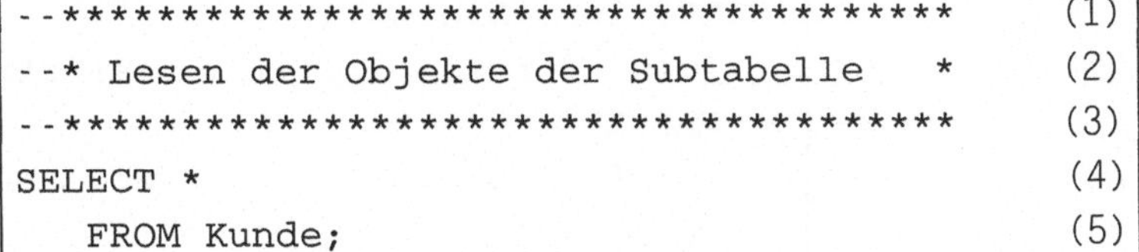

```
--*************************************
--* Lesen der Objekte der Subtabelle    *
--*************************************
SELECT *
   FROM Kunde;
```

Lesen Subtabelle

Programm 13.35 Lesen der Objekte aus der Subtabelle

Ergebnis:

```
OID        VORNAME      ZUNAME       BONITAET
---------- ------------ ------------ --------
         2 Georg        Mayer        G
```

Der SELECT-Befehl auf die Supertabelle *Partner* führt zur Ausgabe der beiden geladenen Partner. Obwohl der Kunde *Georg Mayer* in die Tabelle *Kunde* geladen wurde, sind seine Daten jetzt auch beim Lesen der Tabelle *Partner* verfügbar. Das ist korrekt, denn ein Kundenobjekt ist gleichzeitig auch ein Personenobjekt. Alle partnerspezifischen Daten eines Kundenobjektes müssen beim Zugriff auf die Tabelle *Partner* somit ebenfalls verfügbar sein. Bei Tabellenhierarchien gilt allgemein, dass ein Lesebefehl auf eine Supertabelle alle Zeilen in das Ergebnis selektiert, die in diese Tabelle und in all ihren Subtabellen eingefügt wurden. Ein Lesebefehl auf eine Subtabelle macht jedoch nur die Daten verfügbar, die in diese Subtabelle eingefügt wurden. Die Daten in einer Tabellenhierarchie sind somit von oben nach unten sichtbar, von unten nach oben jedoch nicht.

Sichtbarkeit von oben nach unten

13.4.5 Lesen von Daten aus einer speziellen Hierarchietabelle

ONLY

Die Selektion von Zeilen, die in Subtabellen eingefügt wurden, kann beim lesenden Zugriff auf die Supertabelle verhindert werden. Hierzu dient die optionale Klausel ONLY (<Supertabelle>) in der FROM-Klausel. Sollen beispielsweise lediglich die Partnerdaten selektiert werden, die in die Tabelle *Partner* eingefügt wurden, jedoch nicht auch die Partnerdaten, die auf Grund von Einfügeoperationen in die Subtabellen *Kunde* oder *Lieferant* entstanden sind, ist wie folgt zu verfahren. Hierbei wird zunächst ein Objekt in die Tabelle *Lieferant* eingefügt. Damit sind beide Subtabellen, *Kunde* und *Lieferant* mit jeweils einem Objekt geladen.

Lesen Supertabelle

```
--*************************************
--*Einfügen eines Objektes in Lieferant*
--*************************************
INSERT INTO Lieferant
   (Oid, Vorname, Zuname, Liefertreue)
   VALUES
   (Lieferant_Typ( 3 ), 'Eva', 'Schulze',
   'T' );

--*************************************
--*    Lesen aller Partnerdaten der    *
--*    Tabellenhierarchie              *
--*************************************
SELECT *
   FROM Partner;
```

Programm 13.36 Alle Objekte der Tabellenhierarchie lesen

Ergebnis:

```
OID        VORNAME        ZUNAME
---------- -------------- --------------
         1 Hugo           Müller
         2 Georg          Mayer
         3 Eva            Schulze
```

Das folgende Beispiel verwendet die optionale Klausel ONLY in der FROM-Klausel der Supertabelle *Partner* in Programmzeile (6). Hierdurch werden nur die Objekte der angegebenen Supertabelle in das Ergebnis übernommen, die in diese auch eingefügt wurden, und nicht auch die Objekte ihrer Subtabellen.

ONLY

```
--***************************************    (1)
--*    Lesen nur der Partnerdaten der   *    (2)
--*    Tabelle Partner                  *    (3)
--***************************************    (4)
SELECT *                                     (5)
   FROM ONLY( Partner );                     (6)
```

Programm 13.37 Only-Klausel list Objekte nur der Supertabelle

Ergebnis:

```
OID        VORNAME        ZUNAME
---------- -------------- --------------
         1 Hugo           Müller
```

Wie im Beispiel zu sehen ist, schränkt die Option ONLY in der Tabellenreferenz der FROM-Klausel die Selektion auf die Zeilen der angegebenen Tabelle ein. Die standardmäßig ebenfalls sichtbaren Zeilen der Subtabellen werden hiermit ausgeblendet.

13.4.6 Lesen von Daten der gesamten Tabellenhierarchie

OUTER

Die Daten einer Tabellenhierarchie können in Gestalt einer Hierarchietabelle in das Ergebnis projiziert werden. Hierbei besteht die Hierarchietabelle aus den Daten der Supertabelle, die in der Tabellenreferenz der FROM-Komponente angegeben ist, und zusätzlich aus allen Daten ihrer Subtabellen. Bewirkt wird dieser Zusammenbau der Daten durch die optionale Klausel OUTER (<Supertabelle>) in der Tabellenreferenz der FROM-Komponente.

Sollen beispielsweise alle Partnerdaten selektiert werden, die in die Supertabelle *Partner* und ihre Subtabellen *Kunde* und *Liefe-*

rant eingefügt wurden, wobei auch die Daten selektiert werden sollen, die nicht partnerspezifisch sind, ist wie folgt zu verfahren.

OUTER

```
--*************************************
--* Lesen aller Daten einer Tabellen-  *
--* hierarchie                         *
--*************************************
SELECT *
   FROM OUTER( Partner );
```

Programm 13.38 Outer-Klausel zum lesen aller Daten einer Tabellenhierarchie

Ergebnis:

```
OID VORNAME ZUNAME   BONITAET LIEFERTREUE
--- ------- -------- -------- -----------
  1 Hugo    Müller          -           -
  2 Georg   Mayer           G           -
  3 Eva     Schulze         -         T
```

Wie im Ergebnis zu sehen ist, weitet die Option OUTER in der Tabellenreferenz der FROM-Klausel der Supertabelle die Selektion auf alle Zeilen und Spalten der Subtabellen aus. Werte, die nicht vorhanden sein können, werden durch NULL-Werte im Projektionsergebnis repräsentiert.

13.4.7 Verändern von Daten in Tabellen einer Tabellenhierarchie

Im folgenden Beispiel werden die Daten der Subtabelle *Kunde* verändert. Im Einzelnen wird der Bonitätswert des Kunden mit dem Objektidentifikator 2 auf den Bonitätsschlüsselwert ' *S*' und der *Zuname* auf *Meier* abgeändert. Hierbei wird konventionell auf die Attribute der strukturierten Tabelle verändernd zugegriffen.

```
--*************************************
--*    Verändern von Daten in einer    *
--*    Subtabelle                      *
--*************************************
UPDATE Kunde
   SET Bonitaet = 'S',
       Zuname   = 'Meier'
   WHERE Oid = Kunde_Typ( 2 );

```

```
SELECT *                                                    (10)
   FROM Kunde;                                              (11)
```

Programm 13.39 Verändern von Attributen einer typisierten Hierarchietabelle

Ergebnis:

```
OID VORNAME   ZUNAME          BONITAET
--- --------- --------------- --------
  2 Georg     Meier           S
```

Bei der Formulierung des UPDATE-Befehls ist zu beachten, dass der vom Benutzer vorgegebene Schlüsselwert 2 sich im Datentyp INTEGER befindet. Damit der Typ des Oid-Wertes in der Spalte *Oid* mit dem vorgegebenen Schlüsselwert kompatibel ist, und hiermit der Vergleich erst erfolgen kann, müssen die beiden Werte vom Typ her gleichnamig gemacht werden.

Kompatibilität

Im Beispiel *WHERE Oid = Kunde_Typ(2)* wird der Schlüsselwert 2, der sich im Datentyp INTEGER befindet, mit Hilfe der Konvertierungsfunktion *Kunde_Typ()* somit in einen korrespondierenden Wert konvertiert, der sich sodann im Oid-Typ befindet. Mit Hilfe der Konvertierungsfunktion *Integer(),* die ebenfalls bei der Vereinbarung des strukturierten Typs *Kunde_Typ* von DB2 generiert wurde, hätte die Typverträglichkeit ebenso hergestellt werden können. Der Vergleichsausdruck in der WHERE-Klausel hätte dann gelautet: *WHERE Integer(Oid) = 2.*

konvertieren

Die beiden Lesebefehle auf die Super- und Subtabelle zeigen sodann das erwartbare Ergebnis. Da alle Daten der beiden Tabellen intern redundanzfrei gespeichert werden, ist auch der Zunamewert im Selektionsergebnis des Lesebefehls auf die Supertabelle *Partner* der veränderte Wert *Meier.* Dies ist der Fall, obwohl der Wert *Meier* in die Subtabelle *Kunde* verändernd eingepflegt wurde.

Redundanzfreiheit

Da die partnerspezifischen Daten, die mit einem INSERT-Befehl in die Subtabelle *Kunde* auch in der Supertabelle *Partner* zur Verfügung stehen, können sie auch mit einem Veränderungsbefehl auf die Supertabelle geändert werden. Anschließend stehen die veränderten Daten sowohl bei einem Lesezugriff auf die Supertabelle als auch auf die Subtabelle aktualisiert zur Verfügung.

Konsistenz

Im folgenden Beispiel wird der Zuname *Meier* des Objekts, das mit einem INSERT-Befehl auf die Subtabelle *Kunde* in die Tabellenhierarchie eingebracht wurde, durch einen UPDATE-Befehl auf die Supertabelle *Person* für beide Tabellen konsistent auf *Mayer* geändert.

```
--*************************************
--*    Verändern von Daten in einer    *
--*    Supertabelle                    *
--*************************************
UPDATE Partner
   SET   Zuname = 'Mayer'
   WHERE Zuname = 'Meier';

SELECT *
   FROM Partner;
```

Programm 13.40 Änderung und Anfrage auf Supertabelle

Ergebnis:

```
OID         VORNAME         ZUNAME
----------- --------------- ---------------
          1 Hugo            Müller
          2 Georg           Mayer
          3 Eva             Schulze
```

Die Anfrage auf die Subtabelle *Kunde* führt zum selben Ergebnis.

```
SELECT *
   FROM Kunde;
```

Programm 13.41 Anfrage auf die Subtabelle

```
OID VORNAME         ZUNAME          BONITAET
--- --------------- --------------- --------
  2 Georg           Mayer           S
```

13.4.8 Löschen von Daten in Tabellen einer Tabellenhierarchie

Im folgenden Beispiel wird das Zeilenobjekt mit dem Objektidentifikator 2, das durch einen INSERT-Befehl auf die Tabelle *Kunde* in die Tabellenhierarchie eingefügt wurde, durch einen DELETE-Befehl auf die Tabelle *Person* aus der Tabellenhierarchie gelöscht.

```
--*************************************
--*    Löschen von Daten in einer      *
--*    Supertabelle                    *
--*************************************
```

```
DELETE
   FROM Partner
   WHERE Oid = Partner_Typ( 2 );

SELECT *
   FROM Partner;
```

Programm 13.42 Löschen eines Objekts in der Supertabelle

Ergebnis:

```
OID         VORNAME          ZUNAME
----------- ---------------- ---------------
          1 Hugo             Müller
          3 Eva              Schulze
```

```
SELECT *
   FROM Kunde;
```

Programm 13.43 Lesen der Objekte in der Subtabelle

Ergebnis:

```
OID   VORNAME         ZUNAME           BONITAET
----- --------------- ---------------- --------
  0 Satz/Sätze ausgewählt.
```

Wie die vorgeführten Beispiele gezeigt haben, ist es unerheblich, über welche Tabelle der Tabellenhierarchie man auf die redundanzfrei gespeicherten Objekte zugreift. Die Änderungsoperationen der in der jeweiligen Tabelle sichtbaren Daten wirken sich auf alle Tabellen der Tabellenhierarchie aus.

Wie das Beispiel auch gezeigt hat, werden durch den Löschbefehl auf die Supertabelle *Partner* alle Daten aus der Tabellenhierarchie gelöscht, die zu dem Objekt mit dem Objektidentifikator 2 gehören. Unerheblich hierbei ist, dass das gelöschte Objekt mit einem INSERT-Befehl auf die Subtabelle *Kunde* in die Tabellenhierarchie eingefügt wurde.

13.4.9 Darstellung einer Tabellenhierarchie im Tabellenspeicher

Obwohl DB2 die Darstellung der Zeilen, die zu Tabellen einer Tabellenhierarchie gehören, für den Benutzer nicht einsehbar vornimmt, ist das Wissen hierüber für das grundlegende Verständnis nützlich bzw. erforderlich.

Bei der Untersuchung der Möglichkeiten, wie hierarchisch angeordnete, strukturierte Datentypen und die hieraus sich ergebenden Tabellenhierarchien im peripheren Tabellenspeicher angeordnet werden können, haben die DB2-Designer drei Abbildungstechniken gründlich untersucht:

Abbildungstechniken

- die Hierarchietabelle
- die vertikale Partitionierung und
- die horizontale Partitionierung.

Wie diese drei Abbildungstechniken funktionieren, wird an der bisher verwendeten Tabellenhierarchie gezeigt.

Bei der konzeptionellen Darstellung der Tabellenhierarchie ist die Tabelle *Partner* die Wurzeltabelle. Die Tabellen *Kunde* und *Lieferant* sind deren abhängige Tabellen.

Tabellenhierarchie

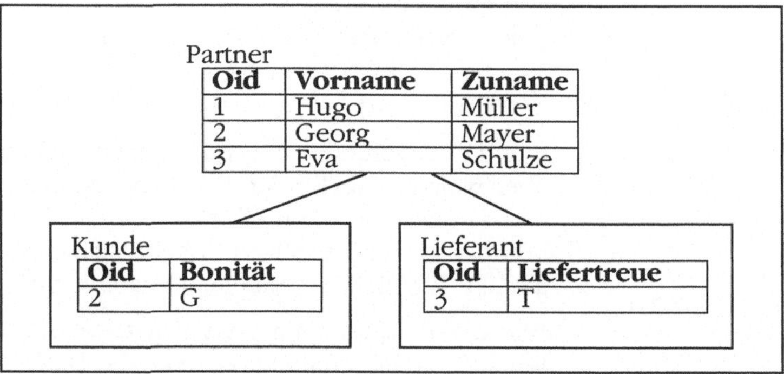

Partner

Oid	Vorname	Zuname
1	Hugo	Müller
2	Georg	Mayer
3	Eva	Schulze

Kunde

Oid	Bonität
2	G

Lieferant

Oid	Liefertreue
3	T

Abbildung 13.9 Tabellenhierarchie - konzeptionell dargestellt

Konzeptionell betrachtet, aber nicht auch unbedingt physikalisch im Speicher der Datenbank derart verwirklicht, sind in der Tabelle *Partner* die personenspezifischen Daten aller Beteiligten gespeichert. Die Tabelle *Kunde* enthält die speziellen kundenspezifischen Daten, wenn es sich beim jeweiligen Partner um einen Kunden handelt. Gleiches gilt für die Tabelle *Lieferant*, wenn der jeweilige Partner ein Lieferant ist.

Speicherung der Objekte in einer Hierarchietabelle

Hierarchietabelle

Vereinigung

Bei der Speicherung der Daten einer Tabellenhierarchie in einer *Hierarchietabelle* werden alle Spalten der Tabellen der Tabellenhierarchie in einer gemeinsamen Tabelle vereinigt. Diese Tabelle besteht somit aus der Zusammenfassung aller Spalten in einer einzigen Tabelle, die in der Tabellenhierarchie vorkommen. Hinzu kommt eine weitere Spalte, in die der Typ des jeweiligen Objekts mit seinem Typschlüssel-Wert festgehalten wird. Für jedes abgespeicherte Objekt wird in dieser Hierarchietabelle eine Zeile als Behälter zur Verfügung gestellt. In Abhängigkeit vom Typ des Objekts werden die Felder der Zeile mit den objektspezifischen Attributwerten gefüllt. Felder der Spalten, die für das jeweilige Objekt nicht in Betracht kommen, werden mit einem NULL-Wert markiert. Die drei hierarchischen Beispieltabellen *Partner*, *Kunde* und *Lieferant* werden somit in folgender Hierarchietabelle vereinigt.

Hierarchietabelle

Oid	**Vorname**	**Zuname**	**Bonität**	**Liefertreue**	**Objekttyp**
1	Hugo	Müller	NULL	NULL	Partner
2	Georg	Mayer	G	NULL	Kunde
3	Eva	Schulze	NULL	T	Lieferant

Abbildung 13.10 Hierarchietabelle vereinigt Tabellenhierarchie

Performanz

Substitutionsgesetz

Bei der Technik der Hierarchietabelle ist somit nur ein physikalischer Zugriff erforderlich, um ein beliebiges Objekt mit all seinen Attributwerten aus dem Tabellenspeicher herauszulesen. Diese hohe Zeitperformanz muss jedoch mit einem höheren Preis an Speicherplatz für die Speicherung der NULL-Merker und für die Reservierung von Platz für nicht mit Attributwerten belegten Felder bezahlt werden. Hierin zeigt sich das in der Informatik oft zu findende Substitutionsgesetzt der beiden Betriebsmittelarten Zeit und Platz.

Speicherung der Objekte nach der vertikalen Partitionierung

vertikale Partitionierung

eigenständige Tabellen

Bei der Speichertechnik der vertikalen Partitionierung wird für jede Tabelle der Tabellenhierarchie eine eigenständige Tabelle angelegt. Die Attributwerte der Objekte werden beim Speichern auf die betroffenen Tabellen verteilt. Wird beispielsweise das Kundenobjekt *Georg Mayer* mit dem Oid 2 in die Kundentabelle eingefügt, verteilt der Datenbankprozessor die ihm übergebenen Daten attributgerecht und redundanzfrei auf die beiden Tabellen

Partner und *Kunde.* Hierbei wird in beiden Tabellen je eine Zeile mit den entsprechenden Attributwerten eingefügt. Beim folgenden Lesen werden die zusammengehörigen Daten durch die Ausführung einer internen Verbundoperation (join) über den hierarchischen Zusammenhangspfad temporär zusammengebaut. Zusätzlich zu den Spalten, die in der Tabellenhierarchie dargestellt sind, erhält die Supertabelle *Partner* noch eine Spalte zur Verwaltung des Objekttyps des jeweilig eingetragenen Objektes.

Verbund

Die Sicht auf den Tabellenspeicher bei der vertikalen Partitionierung entspricht somit der konzeptionellen Sicht der Tabellenhierarchie in Abbildung 13.9.

Bei der Technik der vertikalen Partitionierung sind somit mehrere Zugriffe auf die verteilten Daten erforderlich, wenn diese beim Einfügen zunächst aufzuteilen und beim Lesen wieder zu verbinden sind. Diesem höheren Zeitbedarf steht ein sparsamer Verbrauch des erforderlichen Speicherplatzes gegenüber, da keine NULL-Merker gespeichert und keine nicht belegbaren Felder vorgehalten werden müssen. Im Vergleich zur Hierarchietabellentechnik wird bei der vertikalen Partitionierung deshalb der geringere Speicherplatzbedarf durch eine schlechtere Performanz bezahlt.

Speicherung der Objekte nach der horizontalen Partitionierung

horizontale Partitionierung

Bei der Speichertechnik der horizontalen Partitionierung wird für jeden strukturierten Typ der Typhierarchie eine eigenständige Tabelle angelegt. Die Tabellen enthalten alle Spalten ihres eigenen Typs und noch zusätzlich alle Spalten ihres Supertyps. Das bedeutet in unserem Beispiel, dass die Tabelle *Kunde* und auch die Tabelle *Lieferant* neben den Spalten ihres eigenen Typs noch die beiden Spalten *Vorname* und *Zuname* aufweisen. Beim Speichern eines Objekts werden seine Attributwerte gänzlich in der Tabelle abgespeichert, die seinem Typ entspricht. Die Daten des Kundenobjekts *Georg Mayer* mit dem Oid 2 werden deshalb in der Tabelle *Kunde* abgelegt. Die Daten des Lieferantenobjekts *Eva Schulze* mit dem Oid 3 finden ihren Niederschlag in der Tabelle *Lieferant.* Und die Daten des Partnerobjekts *Hugo Müller* mit dem Oid 1 werden in der Tabelle *Partner* gespeichert.

In den jeweiligen Tabellen ist keine Spalte für die Kennzeichnung des Objekttyps erforderlich, da eine Tabelle nur Objekte des jeweiligen Typs enthält.

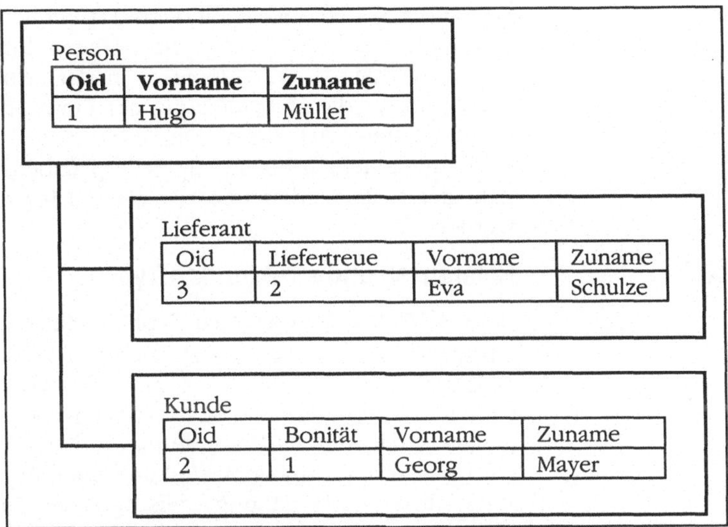

Abbildung 13.11 Tabellenhierarchie in der horizontalen Partitionierung

Metadaten-redundanz

keine Nutaten-redundanz

UNION

Bei der horizontalen Partitionierung entsteht zwar Metadatenredundanz in Form von mehrfach gleichnamigen Spalten aber keine Nutzdatenredundanz. Somit erfüllt auch diese Technik die Anforderung der Redundanzfreiheit bei Nutzdaten und somit der Datenintegrität. Auch wird keine Speicherplatzverschwendung durch NULL-Merker und nicht belegbare Felder bewirkt. Problematisch ist jedoch die Performanz, wenn alle Daten aus den redundanten Spalten, beispielsweise der beiden Spalten *Vorname* und *Zuname*, zu lesen sind. In diesem Fall sind die Daten der beteiligten Tabellen zunächst in einer Vereinigungsoperation (union) zusammenzuführen, bevor sie vom Datenbankprozessor an der Benutzerschnittstelle verfügbar gemacht werden können. Ebenso aufwändig ist die Absicherung der Einmaligkeit der Oid-Werte, da auch hierzu alle beteiligten Tabellen performanceschädlich zu überwachen sind.

Speicherung der Objekte in DB2 UDB

In DB2 UDB wird die Technik der *Hierarchietabelle* zur Speicherung der Objekte einer Tabellenhierarchie eingesetzt. Sie zeigt die beste Performanz und bereitet die geringsten Probleme und Einschränkungen für die Implementierer des Datenbankprozessors. Im Vergleich zur vertikalen Partitionierung entfallen die aufwändigen Verbundoperationen. Im Vergleich zur horizontalen Partitionierung werden die aufwändigen Vereinigungsoperationen überflüssig. Da alle Objekte in der selben Tabelle gespeichert sind, ist die Überwachung der Einmaligkeit der Oid-Werte leicht zu bewerkstelligen. Die Performanz-Vorteile müssen jedoch mit einem erhöhten Speicherplatzbedarf für die größere Zahl der NULL-Merker und die nicht belegbaren Felder bezahlt werden.

13.5 Referenzen und strukturierte Typen

Bei der bis jetzt betrachteten Typhierarchie hatte ein Nachfolgertyp genau einen Vorgängertyp. Beispielsweise hatte der Nachfolgertyp *Kunde_Typ* genau den einen Vorgängertyp *Partner_Typ*. Die Beziehung zwischen dem Vorgängertyp und dem Nachfolgertyp ist die Erbschaftsbeziehung. In der objektorientierten Welt wird sie auch als Klassenbeziehung oder auch Generalisierungs-/Spezialisierungsbeziehung zwischen der Subklasse und ihrer Superklasse bezeichnet. Über diese Beziehungsart werden nicht Objekt miteinander verbunden, sondern Klassen. Der Zweck dieser Beziehungsart ist die Vererbung redundanzfrei vorhandener Metadaten.

Einfachvererbung

Im DB2-SQL ist die Einfachvererbung realisiert. Das bedeutet, dass eine Subklasse nur von einer Superklasse erben kann und nicht von mehreren. Der Eingangsgrad der Beziehung zwischen einer Subklasse und ihrer Superklasse, d.h. die Anzahl der unmittelbaren Vorgängerklassen, ist somit eins. Diese Eigenschaft ist auch das Bestimmungskriterium für eine Erbschaftshierarchie in Form eines Baumes.

Assoziation

Referenz

Unabhängig von der erbschaftsrelevanten Beziehung zwischen der Subklasse und ihrer Superklasse gibt es in DB2-SQL jetzt auch die objektorientiert ausgeprägte Beziehung zwischen zwei Objekten, in UML als Assoziation benannt. Diese Beziehung wird in SQL als Referenz bezeichnet. Sie ist direkt vergleichbar mit der herkömmlichen, relationalen Verbindung zwischen zwei Zeilen über einen Fremdschlüsselwert. Im Vergleich zur Fremdschlüsseltechnik zur Implementierung einer Beziehung ist die Referenztechnik jedoch weniger rigoros, da die Aufrechterhaltung der referenziellen Integrität bei ihr vom Datenbankprozessor nicht geprüft wird, und ein Referenzwert somit "ins Leere" zeigen kann. Weiterhin kann bei ihrer Anwendung mit Hilfe des neuen Dereferenz-Operators "->" leicht und einfach innerhalb der verbundenen Objekte navigiert werden. Eine Referenz etabliert jedoch nur eine einseitig gerichtete Verbindung zwischen

Dereferenz-orperator ->

jedoch nur eine einseitig gerichtete Verbindung zwischen zwei Objekten. Diese Eigenart macht sie funktionell schwächer als die relationale Fremdschlüsseltechnik, die eine zweiseitig gerichtete Verbindung zwischen zwei Objekten darstellt.

Eine Referenz verbindet zwei Objekte

Delegation

Im folgenden Beispiel wird ein Typnetz aufgebaut, das definiert, wie ein *Kunden*-Objekt mit einem *Abteilungs*-Objekt über eine Referenz verbunden wird. Über diese Referenz delegiert ein *Kunden*-Objekt die Erledigung abteilungsspezifischer Aufgaben an ein mit ihm verbundenes *Abteilungs*-Objekt. Die Abteilungsobjekte werden durch den neuen Typ *Abteilung_Typ* beschrieben. Die bereits eingeführte Erbschaftsbeziehung zwischen dem *Partner_Typ* und dem *Kunde_Typ* wird beibehalten.

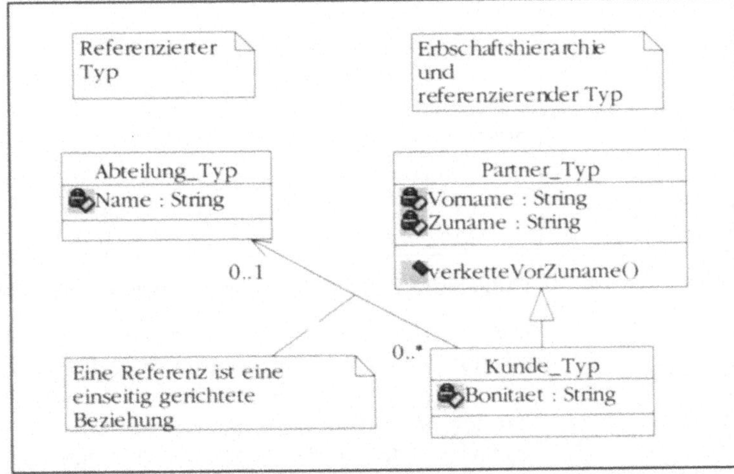

Abbildung 13.12 Referenzierender und referenzierter Typ

13.5.1 Vereinbarung von referenzierenden und referenzierten Typen

Als erstes muss der referenzierte Typ *Abteilung_Typ* vereinbart werden, damit er für die folgende Bezugnahme bekannt ist. Nachdem auch der Supertyp *Partner_Typ* vereinbart ist, wird in dessen Subtyp *Kunde_Typ* das Referenzierungsattribut *Abteilung_Referenz* eingebaut. Dieses wird durch den Datentyp REF in Programmzeile (20) von Programm 13.44 charakterisiert. Auf REF folgt der Name des referenzierten und strukturierten Datentyps *Abteilung_Typ*.

REF

```
--************************************
--* Referenzierender und referenzierter*
--* Typ
--************************************
CREATE TYPE Abteilung_Typ AS
   (Name  VARCHAR (15))
   INSTANTIABLE
   REF USING INTEGER
   MODE DB2SQL;

CREATE TYPE Partner_Typ AS
   (Vorname  VARCHAR (15),
    Zuname   VARCHAR (15))
   INSTANTIABLE
   REF USING INTEGER
   MODE DB2SQL;

CREATE TYPE Kunde_Typ UNDER Partner_Typ AS
   (Bonität  CHAR (1),
    Abteilung_Referenz REF(Abteilung_Typ))
   MODE DB2SQL;
```

Programm 13.44 Referenzierender und referenzierter Typ

Die Metadaten des referenzierenden Typs *Kunde_Typ* zeigen sodann, dass das Attribut *Abteilung_Referenz* als Referenz auf zukünftige Objekte des strukturierten Typs *Abteilung_Typ* vorhanden ist und im Speicher vier Bytes belegen wird. Die Länge von vier Bytes ist der Platzbedarf für den Objektidentifikator im *Abteilung_Typ*, dessen Basistyp als INTEGER festgelegt wurde.

SYSCAT.-ATTRIBUTES

```
--************************************
--*      Attribute von Kunde_Typ      *
--************************************
-- Ermittlung der Attribute von Kunde_Typ
SELECT CHAR(Attr_Name, 20)        AS Name,
       CHAR(Attr_Typename, 15)    AS Typ,
       CHAR(Target_Typename, 15)  AS Ziel,
       Length
   FROM SYSCAT.ATTRIBUTES
   WHERE Typename = 'KUNDE_TYP';
```

Programm 13.45 Referenzattribut in Kunde_Typ

Ergebnis:

```
NAME                 TYP       ZIEL           LENGTH
-------------------- --------- -------------- ------
ABTEILUNG_REFERENZ   REFERENCE ABTEILUNG_TYP       4
BONITÄT              CHARACTER -                   1
VORNAME              VARCHAR   -                  15
ZUNAME               VARCHAR   -                  15
```

Vereinbarung der Tabellen zur Implementierung der Typen

Im Zuge der modellgetriebenen Softwareentwicklung wird sodann im Entwurfsmodell festgelegt, welche Tabelle welchen strukturierten Typ implementieren wird.

modellgetriebene Software-entwicklung

Nach dem Design des objektrelationalen Datenbankentwurfs erfolgt seine Implementierung in DB2-SQL.

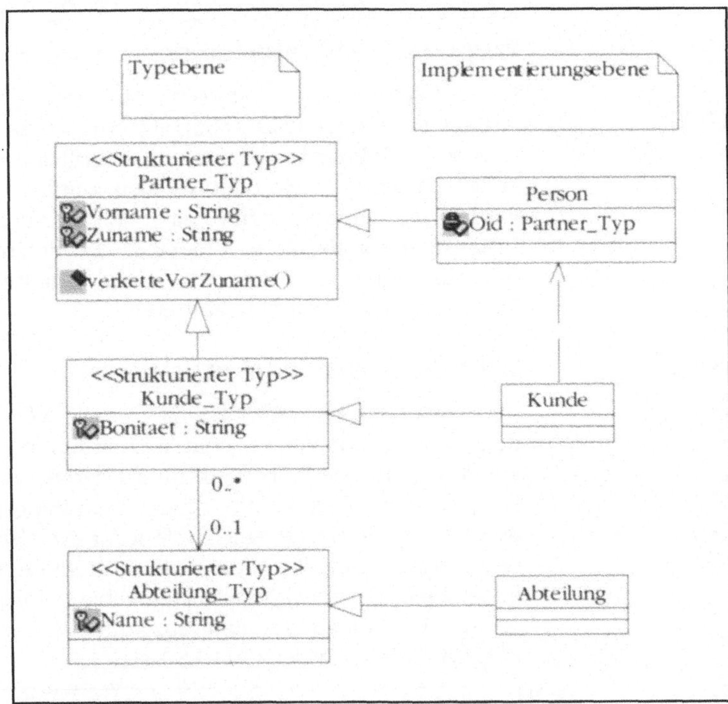

Abbildung 13.13 Tabellen zur Implementierung der strukturierten Typen

```
(1) --***************************************
(2) --*Implementierung der Tabellen - SCOPE*
(3) --***************************************
(4) CREATE TABLE Abteilung OF Abteilung_Typ
(5)    (REF IS Oid USER GENERATED);
(6)
(7) CREATE TABLE Partner OF Partner_Typ
(8)    (REF IS Oid USER GENERATED);
(9)
(10) CREATE TABLE Kunde OF Kunde_Typ
(11)    UNDER Partner
(12)    INHERIT SELECT PRIVILEGES
(13)    (Abteilung_Referenz
(14)          WITH OPTIONS SCOPE Abteilung);
```

Programm 13.46 Implementierung Typ und eine Referenz

SCOPE

->

DEREF()

Für das Referenzierungsattribut *Abteilung_Referenz* muss mit der Option SCOPE in Programmzeile (14) noch festgelegt werden, dass seine Referenzwerte für den Zugriff auf Objekte in der Tabelle *Abteilung* verwendet werden dürfen. Auf Grund dieser Festlegung kann sodann das Referenzierungsattribut *Abteilung_Referenz* als linker Operand des Referenz-Operators "->" oder als Argument in der eingebauten Funktion DEREF() in Datenmanipulationsbefehlen auftreten.

13.5.2 Laden der Tabellen mit einer Referenz

Als erstes muss ein Objekt in die Tabelle *Abteilung* geladen werden, auf das sodann von einem Kundenobjekt aus referenziert werden kann. Deshalb wird zunächst das Objekt für die Abteilung *Kundenpflege* in die Tabelle *Abteilung* geladen. Anschließend wird mit dem INSERT-Befehl für die Tabelle *Kunde* neben den Nutzdaten des Kunden auch der Referenzwert auf das Abteilungsobjekt *Kundenpflege* mit eingebaut. Im folgenden Beispiel erfolgt der Einbau des Referenzwertes durch das Ergebnis des SELECT-Befehls in der VALUES-Liste.

```
--***************************************
--*  Laden der Tabellen mit Referenzen *
--***************************************
INSERT INTO Abteilung
```

```
    (Oid,                   Name) VALUES
    (Abteilung_Typ( 1 ), 'Kundenpflege');

INSERT INTO Kunde
  (Oid, Vorname, Zuname,
   Abteilung_Referenz) VALUES
  (Kunde_Typ( 2 ),'Georg','Mayer',
  (SELECT Oid
     FROM  Abteilung
     WHERE Name = 'Kundenpflege'));
```

Programm 13.47 Laden mit Angabe eines Referenzwertes

13.5.3 Anwenden der Referenz

Dereferenzierungsoperator

Nachdem sowohl das Abteilungsobjekt *Kundenpflege* in der Tabelle *Abteilung* vorhanden ist, und im Kundenobjekt *Georg Mayer* in der Tabelle *Kunde* der Referenzwert im Attribut *Abteilung_Referenz* auf das Objekt *Kundenpflege* referenziert, kann jetzt in einem Dereferenzierungsausdruck mit Anwendung des Dereferenzierungs-Operators ein tabellenübergreifender Zugriff erfolgen. Hierdurch wird, ohne eine relationale Verbundoperation (join) anzuwenden, der Wert *Kundenpflege* aus der Tabelle *Abteilung* in einem Lesebefehl auf die Tabelle *Kunde* verfügbar gemacht.

Die folgenden Beispiele zeigen Schritt für Schritt die neue objektrelationale Formulierung eines tabellenübergreifenden Zugriffs ohne eine explizite Verbundoperation.

```
--**************************************
--*     Anwendung einer Referenz       *
--**************************************
SELECT *
   FROM Abteilung;
```

Programm 13.48 Daten in Tabelle Abteilung

```
OID        NAME
---------- ---------------
         1 Kundenpflege
```

```
SELECT *
   FROM Kunde;
```

Programm 13.49 Daten in der Tabelle Kunde

Ergebnis:

```
OID VORNAME ZUNAME BONITÄT ABTEILUNG_REFERENZ
--- ------- ------ ------- ------------------
  2 Georg   Mayer        -                  1
```

```
SELECT K.Vorname, K.Zuname,                          (1)
       K.Abteilung_Referenz -> Name                  (2)
   FROM Kunde K;                                     (3)
```

Programm 13.50 Tabellenübergreifender Zugriff mit Dereferenzierungsoperator

Ergebnis:

```
VORNAME          ZUNAME           NAME
---------------  ---------------  ---------------
Georg            Mayer            Kundenpflege
```

Auf der rechten Seite des Dereferenzierungsoperators in der Programmzeile (2) von Programm 13.50 ist der Name der Observermethode *Name()* angegeben. Wie ersichtlich, gestattet DB2-SQL, die Methode auch ohne das runde Klammernpaar zu schreiben. Diese Komforteinrichtung ist beim ersten Hinschauen etwas verwirrend. Hinter dem Namen der Observermethode, der mit dem Attribut *Name* gleichnamig ist, vermutet man zunächst, dass es sich hier um den Attributnamen handeln würde. Wäre dem so, dann wäre das Geheimnisprinzip der Objektorientierung verletzt.

Geheimnisprinzip

Observermethode

Da die Observermethode auch mit runden Klammern und einer leeren Argumentenliste geschrieben werden darf, ist die folgende Schreibweise in der Programmzeile (2) deutlicher.

```
SELECT K.Vorname, K.Zuname,                          (1)
       K.Abteilung_Referenz -> Name()                (2)
   FROM Kunde K;                                     (3)
                                                     (4)
SELECT K.Vorname, K.Zuname,                          (5)
       DEREF(K.Abteilung_Referenz)..Name()           (6)
   FROM Kunde K;                                     (7)
```

Programm 13.51 Dereferenzierungsoperator und eingebaute Funktion DEREF()

Die beiden Schreibweisen in Programmzeile (2) und (6) führen zum selben Ergebnis.

13.6 Aufgaben

Aufgabe 1:

In einer Bibliothek sollen die Daten über die Buchtitel und die Bücher objektrelational implementiert werden.

- Definieren Sie die beiden strukturierten Typen Buchtitel_Typ und Buch_Typ.
- Implementieren Sie die beiden strukturierten Typen in je einer typisierten Tabelle.
- Erstellen Sie hierzu das objektrelationale Datenbankdiagramm (ORDBD) in UML, bevor Sie mit der Implementierung beginnen.
- Verbinden Sie die beiden Tabellen mit einer Referenz.
- Laden Sie sinnvolle Daten in die beiden Tabellen.
- Geben Sie die Bücher mit ihren Titeln aus. Verwenden Sie zur Verbindung der zusammengehörigen Daten den Dereferenzierungsoperator "->" und auch die Dereferenzierungsfunktion DEREF().
- Geben Sie die Bücher sortiert nach Buchtiteln aus.
- Gruppieren Sie nach Buchtiteln und geben Sie hierbei die Anzahl der Bücher aus, die zu einem jeweiligen Buchtitel gehören.

Aufgabe 2:

Erweitern Sie die Aufgabe 1 um die strukturierten Typen Leihe_Typ und Ausleiher_Typ.

- Erstellen Sie hierzu das objektrelationale Datenbankdiagramm (ORDBD) in UML, bevor Sie mit der Implementierung beginnen.
- Implementieren Sie die neuen strukturierten Typen in je einer typisierten Tabelle.
- Laden Sie die Tabellen mit sinnvollen Daten.
- Geben Sie die Bücher und ihre Buchtitel aus, die an einem bestimmten Ausleihdatum ausgeliehen wurden. Verwenden Sie hierzu nur den Dereferenzierungsoperatro "->".

Aufgabe 3:

Implementieren Sie die Tabelle Kunde objektrelational. Die Spalte *Name* soll eine strukturierte sein. Sie soll Objekte enthalten, welche die *Vor-* und *Zunamen* der Kunden darstellen. Weiterhin soll ein Objekt die Operation *verketteVorZuname()* ausführen können. Die restlichen Attribute sollen relational implementiert werden.

- Stellen Sie den Entwurf in einem objektrelationalen Datenbankdiagramm in UML dar.
- Definieren Sie den erforderlichen strukturierten Typ und die Tabelle mit der strukturierten Spalte.
- Implementieren Sie die Methode verketteVorZuname().
- Laden Sie die drei Beispielkunden dieses Buches.
- Geben Sie alle Daten der Kunden aus.
- Geben Sie nur die Daten von Eva Schulze aus.

- Verändern Sie den Namen von Eva Schule auf Eva König.
- Löschen Sie die Daten von Hugo Müller.

Aufgabe 4:

In der Miniwelt gibt es Kunden, Lieferanten und Mitarbeiter. Ihre gemeinsamen Attribute sollen in den strukturierten Typ Partner_Typ ausgelagert werden. Ein Kundenobjekt zeichnet sich durch sein spezielles Attribut *Bonität* aus. Ein Lieferantenobjekt unterscheidet sich von den anderen Objekten durch das Attribut *Liefertreue.* Ein Mitarbeiterobjekt hat schließlich ein spezielles Attribut *Gehalt.*

- Modellieren Sie die Miniwelt in einem objektrelationalen Datenbankdiagramm in UML.
- Stellen Sie die Daten zunächst in strukturierten Typen dar.
- Implementieren Sie die strukturierten Typen in typisierten Tabellen.
- Laden Sie die Tabellen mit sinnvollen Daten.
- Geben Sie nur die Partnerdaten aus, die in die Tabelle Partner geladen wurden.

- Geben Sie alle Partnerdaten aus, gleichgültig in welche Tabelle sie geladen wurden.
- Geben Sie alle Daten aus, die in die Tabellenhierarchie geladen wurden.

Aufgabe 5:

Implementieren Sie das Beispiel Rechnungsschreibung mit seinen vier Tabellen Kunde, Rechnung, Position und Artikel objektrelational.

- Erstellen Sie zunächst das Klassenmodell, in welchem Sie die strukturierten Typen und die sie implementierenden Tabellen ausweisen.
- An Stelle von Fremdschlüsseln zur implementierung der Beziehungstypen verwenden Sie Referenzen.
- Beantworten Sie die folgenden Fragen:
  - Kunde K001 hat welche Rechnungen erhalten?
  - Diese Rechnungen enthalten welche Positionen?
  - Diese Positionen betreffen welche Artikel?

Aufgabe 6:

Implementieren Sie das folgende ORDBD:

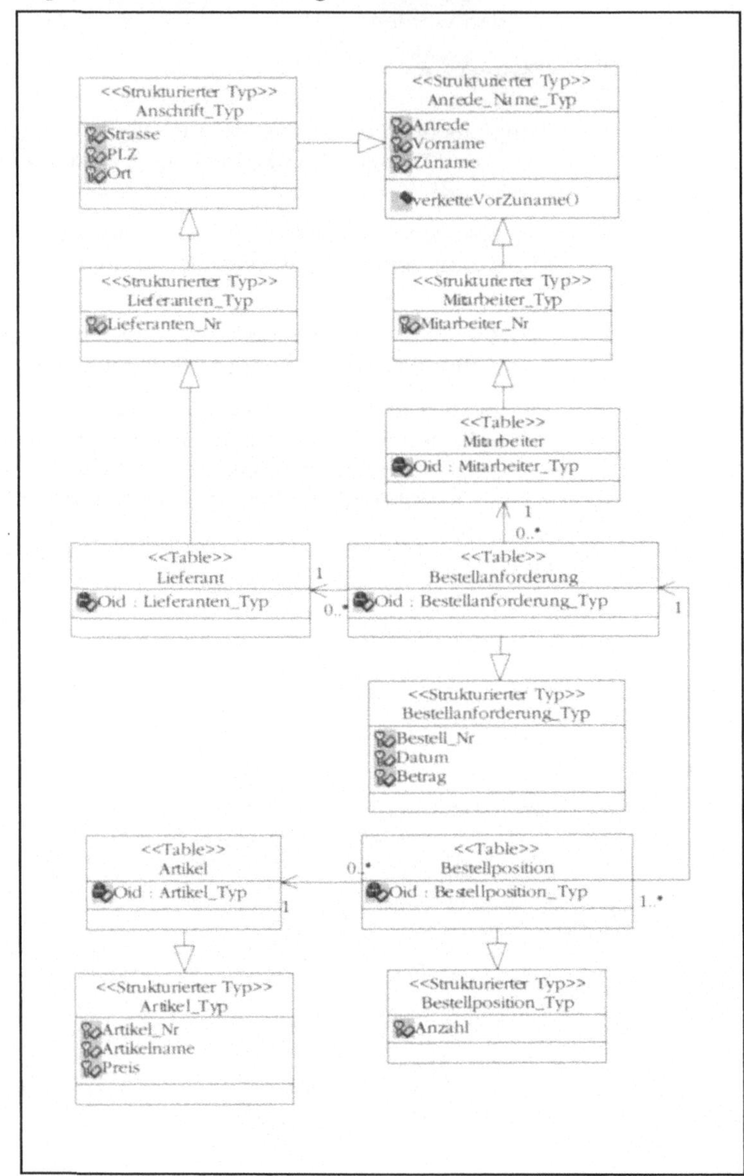

14 JDBC - Verbindung von Java und DB2

In diesem Kapitel lernen Sie,

- wie man JDBC einsetzt, um ein Java-Programm mit DB2 zu verbinden
- und wie man SQL-Befehle über diese Verbindung an DB2 schickt.
- Weiterhin lernen Sie, welche wichtigen JDBC-Klassen mit ihren Dienstleistungen es gibt.

Mit Ihrem erworbenen Wissen können Sie sodann erste Schritte unternehmen, um aus Java-Programmen heraus auf DB2-Daten zuzugreifen.

14.1 Java Database Connectivity - JDBC

API

JDBC

Zur Erweiterung der Funktionalität der Programmiersprache Java gibt es ein reichhaltiges Angebot an Progammierschnittstellen. Diese werden auch als Application Programming Interfaces (API) bezeichnet. Eine dieser Schnittstellen ist die standardisierte Schnittstelle *Java Database Connectivity*, abgekürzt *JDBC*. Sie bietet die Möglichkeit, SQL-Befehle in Textform an den DB2-Datenbankprozessor zu schicken. Dieser prüft die erhaltenen Befehle auf syntaktische Korrektheit und führt sie aus, wenn kein Verstoß gegen die SQL-Syntax vorliegt. Bei Anfragebefehlen liefert er als Antwort eine Menge an Ergebniszeilen an das Java-Programm zurück. Bei Veränderungsbefehlen teilt er mit, wie viele Zeilen er in der betroffenen Tabelle verändert hat.

Stellt er einen Fehler fest, informiert er das Java-Programm, indem er eine Ausnahme an dieses schickt. Das hierbei übergebene Ausnahmeobjekt repräsentiert eine Beschreibung der Fehlersituation. Mit den Methoden, die das Objekt dem Java-Programmierer anbietet, kann dieser eine Fehleranalyse durchführen.

Bindung

JDBC gestattet es, den Bindungszeitpunkt unmittelbar vor den Ausführungszeitpunkt des übergebenen SQL-Befehls zu legen. Damit ist eine maximale Datenunabhängigkeit gegeben. Es kann jedoch auch ein Bindungszeitpunkt gewählt werden, der zwischen dem Ladezeitpunkt des Programms und dem Ausfüh-

Zugriffsplan

rungszeitpunkt eines SQL-Befehls liegt. Bei beiden Varianten liegt eine späte Bindung vor. Hierbei wird der SQL-Befehl erst zur Ausführungszeit des Programms auf Korrektheit geprüft und ein Zugriffsplan vom Datenbankprozessor erstellt.

Die späte Bindung muss mit zwei Nachteilen erkauft werden. Zum einen kann der SQL-Befehl fehlerhaft sein. Und zum anderen kostet es einen hohen Zeitaufwand für den Datenbankprozessor, in der oft zeitkritischen Ausführungsphase eines Programms, den Zugriffsplan zu erzeugen.

SQLJ

fehlerrobust

performant

Um die Nachteile der späten Korrektheitsprüfung und des späten Bindungszeitpunktes bei Bedarf zu umgehen, haben die großen Datenbankhersteller den weiteren Standard SQLJ entwickelt. SQLJ gestattet die statische Einbettung von SQL-Anweisungen in ein Java-Programm. Diese Anweisungen werden von einem Vorübersetzer vor der Übersetzung durch den Java-Compiler überprüft und ein Zugriffsplan erzeugt. Dadurch sind Java-Programme, die das SQLJ-API verwenden, in der Ausführungsphase des Programms fehlerrobuster und performanter. Der Preis hierfür ist eine geringere Datenunabhängigkeit und Flexibilität im Vergleich zu JDBC. In einem Java-Programm können jedoch beide APIs parallel eingesetzt werden. Hiermit ist ein Kompromiss zwischen Datenunabhängigkeit und Performanz möglich. In diesem Buch wird SQLJ nicht weiter behandelt.

14.2 Struktur eines Java-Programms mit JDBC

An einem kleinen Beispiel aus der Kundenverwaltung wird der allgemeine Aufbau eines Java-Programms gezeigt, das über das JDBC-API Kundendaten aus der DB2-Datenbank liest und im Kommandofenster schmucklos ausgibt.

Der grobe Ablauf besteht aus einer Folge aus drei Verarbeitungsschritten:

```
Aufbau der Verbindung zwischen dem Java-        (1)
Programm und DB2.
Senden eines SQL-Befehls an DB2.                (2)
Verarbeitung der Befehlsergebnisse.             (3)
```

Programm 14.1 Aufbau eines Java-Programms mit JDBC

Interfaces

JDBC ist im Java-Standardpaket *java.sql* in Gestalt von Schnittstellen hinterlegt. Diese sind jedoch noch nicht alleine fähig, die Kommunikation mit dem Datenbankprozessor und die sonstigen Dienste zu erbringen. Vielmehr stellen sie die Verbin-

Dienste zu erbringen. Vielmehr stellen sie die Verbindung zu einem JDBC-Treiber her, der von IBM mit DB2 ausgeliefert wird. Sein Name lautet bei der verwendeten DB2-Version 8.1 *db2java.zip*. Er ist derzeit, nach der Installation von DB2 UDB, im Verzeichnis SQLLIB\java des Dateisystems von Windows zu finden. Bei zukünftigen Versionen von DB2 UDB kann das jedoch anders aussehen. Damit zur Ausführungszeit des Java-Programms des JDBC-Treiber vom Java-Laufzeitsystem gefunden wird, sollte er in die Umgebungsvariable CLASSPATH des Betriebssystems mit aufgenommen werden.

db2java.zip

CLASSPATH

Das folgende Programm dient dazu, eine Verbindung zwischen Java und DB2 über JDBC herzustellen. Das Java-Programm und DB2 sind auf dem selben Computer installiert.

Damit der Java-Compiler zur Übersetzungszeit über die erforderlichen JDBC-Schnittstellen verfügt, beginnt das Programm 14.2 auf Seite 552 mit der Anweisung `import java.sql.*;` in der Programmzeile (4). Eine aufgebaute Verbindung wird durch ein Verbindungsobjekt der JDBC-Schnittstelle *Connection* repräsentiert. In der Zeile (6) ist die Referenzvariable vereinbart, die das Verbindungsobjekt adressieren wird. SQL-Befehle werden zwischen dem Java-Programm und dem Datenbankprozessor von einem JDBC-Anweisungsobjekt vermittelt. Dieses ist ein Objekt der JDBC-Schnittstelle *Statement*. Die Vereinbarung der erforderlichen Referenzvariablen erfolgt in der Zeile (7).

Connection

Statement

Im Konstruktor der eigenen Klasse *Datenbank* wird in den Zeilen (12) und (13) in einem try-Block der JDBC-Treiber für die Kommunikation mit einer lokalen DB2-Datenbank durch den Treibermanager von Java geladen. Der Treiber ist in der Datei *db2java.zip* enthalten. Die Lage der Datei muss in der Umgebungsvariablen CLASSPATH des Betriebssystems vermerkt sein. Weiterhin ist die Groß-/Kleinschreibung zu beachten.

In der Zeile (18) bis (20) wird das Verbindungsobjekt von der Klasse *DriverManager* durch Anwendung der Klassenmethode *getConnection()* ausgeprägt. Als Argumente benötigt sie einen Universal Ressource Locator (URL) in Gestalt eines String-Wertes. Für den lokalen Zugriff auf eine DB2-Datenbank besteht dieser aus dem Namen des Protokolls *jdbc* gefolgt von dem Subprotokoll *db2* und im Beispiel dem Namen der Datenbank *moosdb*. Die drei Bestandteile sind durch je einen Doppelpunkt zu verbinden. Im Beispiel lautet somit der Wert "jdbc:db2:moosdb". Das zweite Argument von *getConnection()* ist der Benutzername. Das dritte Argument ist schließlich das Kennwort des Benutzers.

URL

Der Benutzername und das Kennwort müssen im Rahmen der Benutzerverwaltung des Betriebssystems eingerichtet worden sein. Die Referenz auf das Verbindungsobjekt wird der Referenzvariablen *dbverbindung* zugewiesen. Nach der Ausführung dieser Methode ist die Verbindung zur Datenbank aufgebaut.

Verbindungsobjekt

Anweisungsobjekt

In der Programmzeile (22) bis (24) wird ein JDBC-Anweisungsobjekt vom zuvor erzeugten Verbindungsobjekt ausgeprägt. Seine Adresse wird der Referenzvariablen *sqlbefehl* zugewiesen. Diese Dienstleistung wird von der Methode *createStatement()* des Verbindungsobjektes erbracht.

createStatement()

Anschließend wird in der Programmzeile (25) der Merker *verbindungOK* auf true gesetzt. Hiermit kann später der Erfolg oder Misserfolg der bisherigen Operationen ermittelt werden.

try

catch

Tritt ein Fehler bei der Ausführung der Java-Anweisungen im try-Block auf, erhält der catch-Block vom Java-Laufzeitsystem die Ablaufsteuerung. Der Parameter der Anweisung *catch* mit dem Namen *ausnahme* in der Zeile (27) ist eine Referenz auf das Ausnahmeobjekt. Dieses wird einfach ausgegeben. Anschließend wird noch der Merker *verbindungOK* auf false gesetzt.

In der Methode main(), ab der Programmzeile (33), wird der Test der Datenbankverbindung aktiviert, indem ein Objekt der eigenen Klasse *Datenbank* in Zeile (34) ausgeprägt wird. Hierbei werden die Java-Anweisungen im Konstruktor ausgeführt.

Anschließend wird der Merker *verbindungOK* untersucht. Er gibt darüber Auskunft, ob die Verbindung aufgebaut und das JAVA-Anweisungsobjekt ausgeprägt ist. Der Erfolg oder Misserfolg wird im Kommando-Fenster (CMD) ausgegeben.

Verbindung schließen

Zum Schluss werden in Programmzeile (46) bis (48) in einem try-Block die Datenbankverbindung ordnungsgemäß geschlossen und das Anweisungsobjekt freigegeben.

```
(1) /**************************************/
(2) /*     Datenbankverbindung herstellen  */
(3) /**************************************/
(4) import java.sql.*;
(5) public class Datenbank {
(6)   Connection dbverbindung;
(7)   Statement  sqlbefehl;
(8)   boolean    verbindungOK = true;
```

```

public Datenbank() {
  try {
    Class.forName
     ("COM.ibm.db2.jdbc.app.DB2Driver");
    String urlLokal = "jdbc:db2:moosdb";

    //Verbindung zur Datenbank aufbauen:
    dbverbindung =
      DriverManager.getConnection(
             urlLokal,
             "DB2Benutzer", "Kennwort");

    // SQL-Befehls-Objekt ausprägen:
    sqlbefehl =
         dbverbindung.createStatement();
    verbindungOK = true;
  } // Ende try
  catch(Exception ausnahme) {
         System.out.println( ausnahme );
         verbindungOK = false;
  } // Ende catch
} // Ende Konstruktor
/***************************************/
public static void main(String args[]) {
  Datenbank db = new Datenbank();

  if (db.verbindungOK)
    System.out.println
    ("Datenbankverbindung ist aufgebaut");
  else
    System.out.println
    ("Datenbankverbindung ist nicht " +
     "aufgebaut");

  // Datenbank schließen und Objekte
```

```
    // frei geben:
    try {
      db.dbverbindung.close();
      db.sqlbefehl.close();
    }
    catch(Exception ausnahme) {
       System.out.println( ausnahme );
    }
  } // Ende main
} // Ende Datenbank
```

Programm 14.2 Programm zum Testen der Verbindung zwischen Java und DB2

Zugriff auf eine DB2-Datenbank im Netz

Netztreiber

Server

Port

Befindet sich die DB2-Datenbank auf einem Rechner, der über das Netzwerk mit dem eigenen Rechner verbunden ist, so ist der JDBC-Treiber *COM.ibm.db2.jdbc.net.DB2Driver* an Stelle von *COM.ibm.db2.jdbc.app.DB2Driver* zu laden. Weiterhin ist eine URL für den Netzwerkbetrieb bei der Ausprägung des Verbindungsobjektes zu verwenden. Bei dieser netzwerktauglichen URL folgt auf den Subprotokollnamen db2 die Adresse des Datenbankservers. Hierauf folgt die Nummer des Ports, an dem der JDBC-Server auf JDBC-Anforderungen horcht. Im Anschluss hierauf folgt der Name der Datenbank.

URL

netztauglich

Die netztaugliche URL ist somit folgendermaßen aufgebaut:

jdbc:db2://<Rechnername>:<Portnummer>/<Datenbankname>

Beispiel:

String urlNetz = "jdbc:db2://dbfbi01:8889/moosdb";

Hiermit drückt man aus, dass das JDBC-Protokoll DB2-spezifisch ist. Weiterhin, dass der Datenbankrechner *dbfbi01* heißt und dass der JDBC-Server dort den Port *8889* abhört. Der Name der Datenbank lautet *moosdb*.

Zusammengefasst kann man somit wie folgt die Verbindung zu einer entfernten DB2-Datenbank aufbauen:

```
Class.forName
("COM.ibm.db2.jdbc.net.DB2Driver");
String urlNetz  =
        "jdbc:db2://dbfbi01:8889/moosdb";
// Verbindung zur Datenbank aufbauen:
dbverbindung = DriverManager.getConnection
                (urlNetz,
                "DB2Benutzer", "Kennwort");
```

Programm 14.3 Anweisungen zum Aufbau einer Verbindung zu einer DB2-Datenbank im Netz

Mit den aufgeführten Anweisungen im Programmfragment von Programm 14.3 sind die korrespondierenden Anweisungen im Programm 14.2 zu ersetzen.

db2jstrt 8889

Auf dem Computer, auf dem der DB2-Datenbankprozessor läuft, muss in einem Kommandofenster der JDBC-Server mit dem Befehl *db2jstrt 8889* gestartet werden. Dieser befindet sich im Verzeichnis SQLLIB\bin.

Das Einsatzdiagramm (engl. deployment diagram) zeigt die Netzwerktopologie. Hierbei ist der Client-Computer durch das Netzwerk mit dem Servercomputer verbunden. Auf diesem läuft der JDBC-Server und der Datenbankprozessor. Der JDBC-Server empfängt hierbei die an ihn gerichteten Anforderungen am Port Nr. 8889. Die von ihm empfangenen Anforderungen reicht er an den Datenbankprozessor weiter. Die Antworten des Datenbankprozessors überträgt er sodann wieder an den Client-Computer.

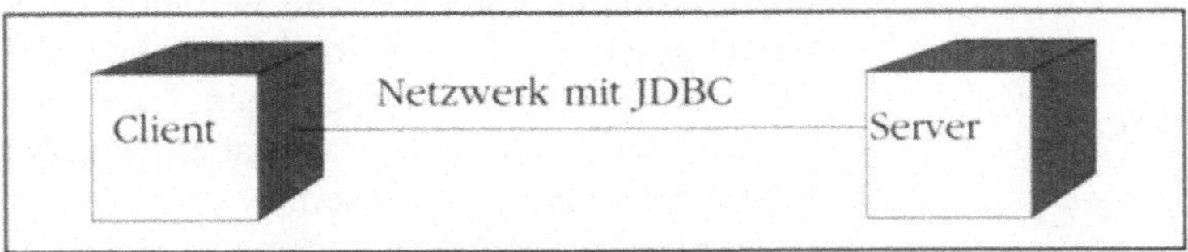

Abbildung 14.1 Hardwarespezifische Client-Server-Architektur

Der JDBC-Server vermittelt zwischen dem Netzwerk und dem DB2-Datenbankprozessor.

Das Komponentendiagramm zeigt die beteiligen Softwarekomponenten.

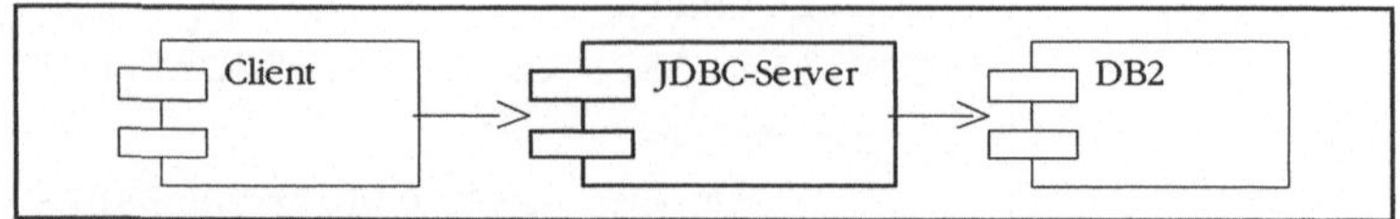

Abbildung 14.2 Zusammenarbeit der Softwarekomponenten

Kundendaten aus der Tabelle Kunde lesen

Im folgenden Programm 14.4 bauen wir auf der stehenden Datenbankverbindung und dem JDBC-Anweisungsobjekt auf. Dabei wenden wir uns den Sprachmitteln von JDBC zu, die es uns gestatten, mit geringem Aufwand Daten aus DB2-Tabellen dem Java-Programm verfügbar zu machen.

In der Programmzeile (8) wird ein Datenbankobjekt der in Programm 14.2 implementierten Klasse *Datenbank* ausgeprägt. Seine Adresse wird der Referenzvariablen *db* zugewiesen. Wenn der Merker *verbindungOK* auf true gesetzt wurde, steht die Verbindung zur Datenbank. Hierauf kann mit der Prozedur *jetztGehsLos()* fortgefahren werden.

SQL Klartext

executeQuery()

In der Zeile (14) und (15) wird der String-Variablen *befehlstext* der Anfragebefehl in SQL-Klartext zugewiesen. In der Programmzeile (20) wird der SQL-Befehl als Argument an die Methode *executeQuery()* des JDBC-Anweisungsobjekts übergeben, das von der Referenzvariablen *sqlbefehl* adressiert wird. Die Methode *executeQuery()* schickt den SQL-Befehl über die Verbindung an DB2. Dieses prüft die Syntax und führt den SQL-Anfragebefehl schließlich aus. Die hierbei von DB2 erzeugte Ergebnistabelle wird über die Verbindung an das Java-Programm zurückgeschickt. Hier wird die Ergebnistabelle in einem Objekt der Klasse *ResultSet* gespeichert. Die Adresse des ResultSet-Objekts wird der Referenzvariablen *ergebnismenge* in der Programmzeile (19) zugewiesen.

ResultSet

next()

Die Ergebnisdaten kann man sich als eine Tabelle vorstellen, deren Zeilen, falls vorhanden, von eins ausgehend aufsteigend durchnummeriert sind. Das ausgeprägte ResultSet-Objekt kennt die Methode *next()*. Sie liefert einen Wahrheitswert zurück. Der Wert true besagt, dass eine aktuelle Zeile zur Verfügung steht. Ihre Spaltenwerte stellt das ResultSet-Objekt zur Verfügung, wenn seine Methode *getString()* angewendet wird.

getString()

Position

Die Methode *getString()* gibt es in zwei Varianten. Sie unterscheiden sich im Typ des Argumentes. Mit einem Argument im Datentyp int gibt man die Position einer Spalte der Ergebnistabelle an, deren Wert man auslesen möchte. Die

belle an, deren Wert man auslesen möchte. Die Nummerierung beginnt bei eins. Alternativ hierzu kann auch der Spaltenname im Datentyp String angegeben werden. Mit der Angabe der Spaltenname wird das Programm zwar besser lesbar. Dies bezahlt man jedoch mit dem Verlust der Datenunabhängigkeit. In den Programmzeilen (27) und (29) sind beide Spielarten von getString() gegenübergestellt.

Spaltenname

```
(1)  /************************************/
(2)  /*  Zeilen aus Tabelle Kunde lesen    */
(3)  /************************************/
(4)  import java.sql.*;
(5)  public class LiesKunden {
(6)    static Datenbank db;
(7)    public static void main(String args[]) {
(8)    db = new Datenbank();
(9)    if (db.verbindungOK)
(10)      jetztGehtsLos();
(11) } // Ende main
(12) /************************************/
(13) public static void jetztGehtsLos() {
(14)   String befehlstext =
(15)             "SELECT * FROM Moos.Kunde";
(16) try {
(17)   // Befehlstext an den Datenbankprozessor
(18)   // schicken und Ergebnis empfangen:
(19)   ResultSet ergebnismenge =
(20)   db.sqlbefehl.executeQuery(befehlstext);
(21)   // Auf nächste Ergebniszeile in der
(22)   // Ergebnismenge positionieren:
(23)   while(ergebnismenge.next()) {
(24)     // Die ersten zwei Datenworte aus der
(25)     // Zeile aktuellen entnehmen:
(26)     System.out.print
(27)       (ergebnismenge.getString(1));
(28)     System.out.println
(29)       (ergebnismenge.getString("Anrede"));
(30)   }
(31) } // Ende try-Block
(32) // Ausnahme abfangen und behandeln:
(33) catch( Exception ausnahme ) {
```

```
    System.out.println( ausnahme );
} // Ende catch-Block
} // Ende jetztGehtsLos
} // Ende LiesKunden
```

Programm 14.4 Programm zum Lesen von Kundendaten

```
Ergebnis:

K001Herr
K002Herr
K003Frau
```

14.3 Architektur einer JDBC-Anwendung

Nach der sprachlich zentrierten Einführung einiger JDBC-Sprachelemente soll nun wieder die architekturgetriebene Softwareentwicklung im Mittelpunkt der Vorgehensweise stehen. Bereits im Anwendungsfalldiagramm (use case) ist es sinnvoll, aus dem Basisanwendungsfall wieder verwendbare Teilanwendungsfälle heraus zu lösen und gesondert darzustellen. Ein solcher wieder verwendbarer Teilanwendungsfall ist die Datenbankverbindung. Sie kann in vielen Anwendungsfällen wieder verwendet werden.

use case

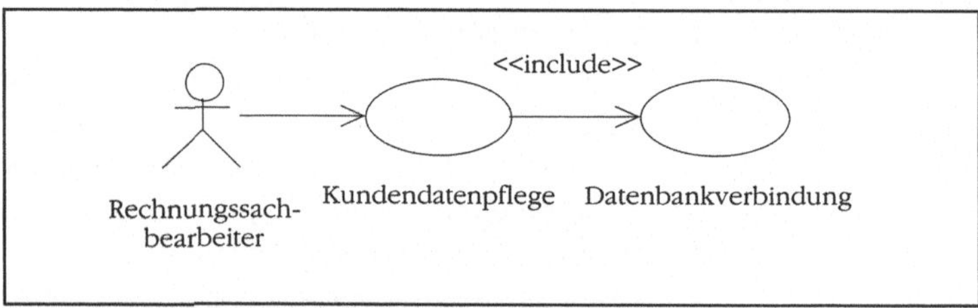

Abbildung 14.3 Anwendungsfall Kundendatenpflege

In der Abbildung 14.3 ist der Teilanwendungsfall *Datenbankverbindung* aus dem Basisanwendungsfall *Kundendatenpflege* herausgelöst. Die Beziehung zwischen beiden Anwendungsfällen ist mit dem Stereotyp <<include>> charakterisiert. Mit der Include-Beziehungsart wird im use case Diagramm ausgedrückt, dass der Teilanwendungsfall *Datenbankverbindung* integraler Bestandteil des Basisanwendungsfalls *Kundendatenpflege* ist. Aus Gründen der Wiederverwendung in anderen Anwendungsfällen wird er jedoch abgegrenzt und eigenständig behandelt.

Nachdem der Zweck des zu entwickelnden datenbankgestützten Softwaresystems im Anwendungsfall durch eine hier nicht weiter niedergelegte Anforderungsbeschreibung festgelegt ist, werden die Anwendungsklassen ermittelt. Hierzu eignen sich die beiden

Grammatikanalys CRC-Karten-Technik

Findungstechniken, die Grammatikanalyse und die CRC-Karten-Technik. Auf sie wird hier nicht weiter eingegangen.

Das Ergebnis ihrer Anwendung in der Analysephase der Softwareentwicklung soll im Beispielsfall lediglich die Anwendungsklasse *LiesKunden* und die Datenklasse *Kunde* sein. Die Klasse *LiesKunden* kapselt die Geschäftslogik. Die Kundendaten sind in der Klasse *Kunde* gekapselt. Die Daten der Klasse *Kunde* werden in der Tabelle *Kunde* von DB2 gespeichert, d.h. persistent gemacht. Mit Persistenz bezeichnet man die Eigenschaft von Daten, nach dem Abschalten eines Computers und dem folgenden Neustart immer noch verfügbar zu sein. Im Gegensatz hierzu sind transiente Daten nur kurzzeitig vorhanden. Sie überleben nicht die Beendigung eines Programms, in dem sie ausgeprägt wurden.

Persistenz

Transienz

Im Zuge der Entwicklung eines objektrelationalen Entwurfsmodells wird die Analyseklasse *LiesKunden* zur gleichnamigen Entwurfsklasse. Der im Anwendungsfalldiagramm abgegrenzte Teilanwendungsfall *Datenbankverbindung* wird hierin von der Entwurfsklasse *Datenbank* implementiert. Unter Berücksichtigung der Entwurfsentscheidung, die Kundendaten relational in DB2 darzustellen und die Verbindung zwischen der in Java zu implementierenden Klasse *LiesKunden* und der relationalen Datenhaltung über JDBC herzustellen, ergibt sich das Entwurfsmodell in Abbildung 14.4.

Das Entwurfsmodell in Abbildung 14.4 ist noch abstrakt. Die für die Anwendung erforderlichen Schnittstellen zum JDBC-Treiber mit ihren Methoden sind in dem Paket mit der Bezeichnung JDBC noch versteckt. Ein weiterer Klärungsschritt erfolgt im verfeinerten Entwurfsmodell in Abbildung 14.5.

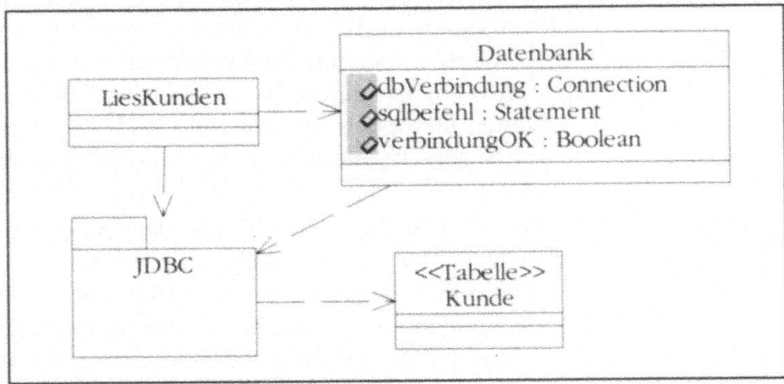

Abbildung 14.4 Grobes Entwurfsmodell Kundendatenpflege

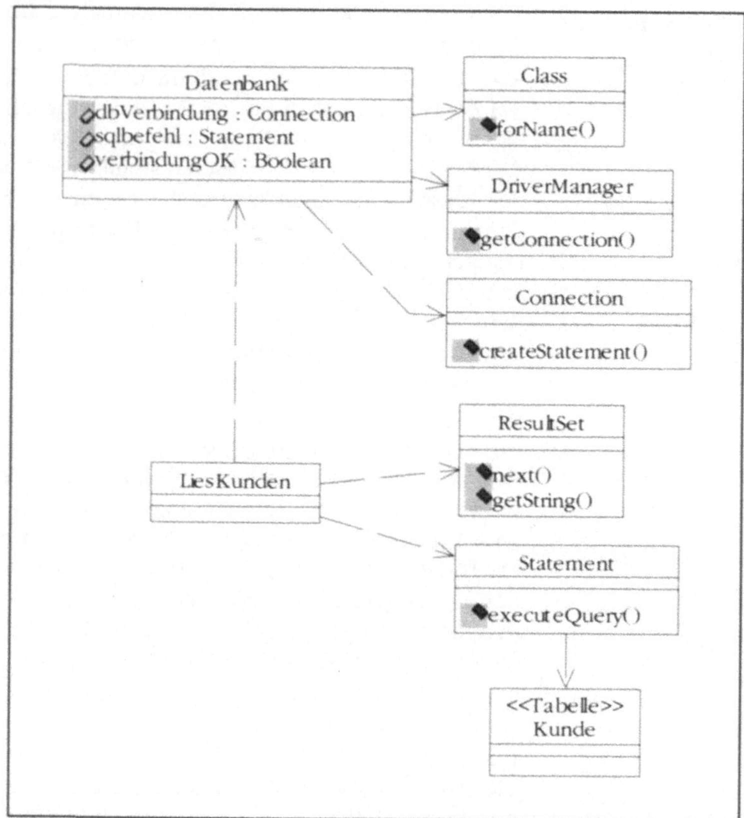

Abbildung 14.5 Verfeinertes Entwurfsmodell Kundendatenpflege

Im verfeinerten Entwurfsmodell sind jetzt die Klassen und die von ihnen und ihren Objekten angebotenen Methoden dokumentiert. Im letzten Entwurfsschritt vor der Implementierung ist nun noch zu klären, in welcher zeitlichen Reihenfolge die einzelnen Methoden anzuwenden sind. Hiermit wird die Dienstleistung erbracht, die im Anwendungsfalldiagramm abstrakt benannt ist.

Sequenzdiagramm

Die zeitlich-logische Abfolge der einzelnen Arbeitsschritte mit Ausweis der hieran beteiligten Objekte kann gut im Sequenzdiagramm dokumentiert werden. Hierin ist auf der vertikalen Achse die zeitliche Abfolge und auf der horizontalen Achse die Dienstleistungen der jeweiligen Klassen bzw. Objekte dargestellt.

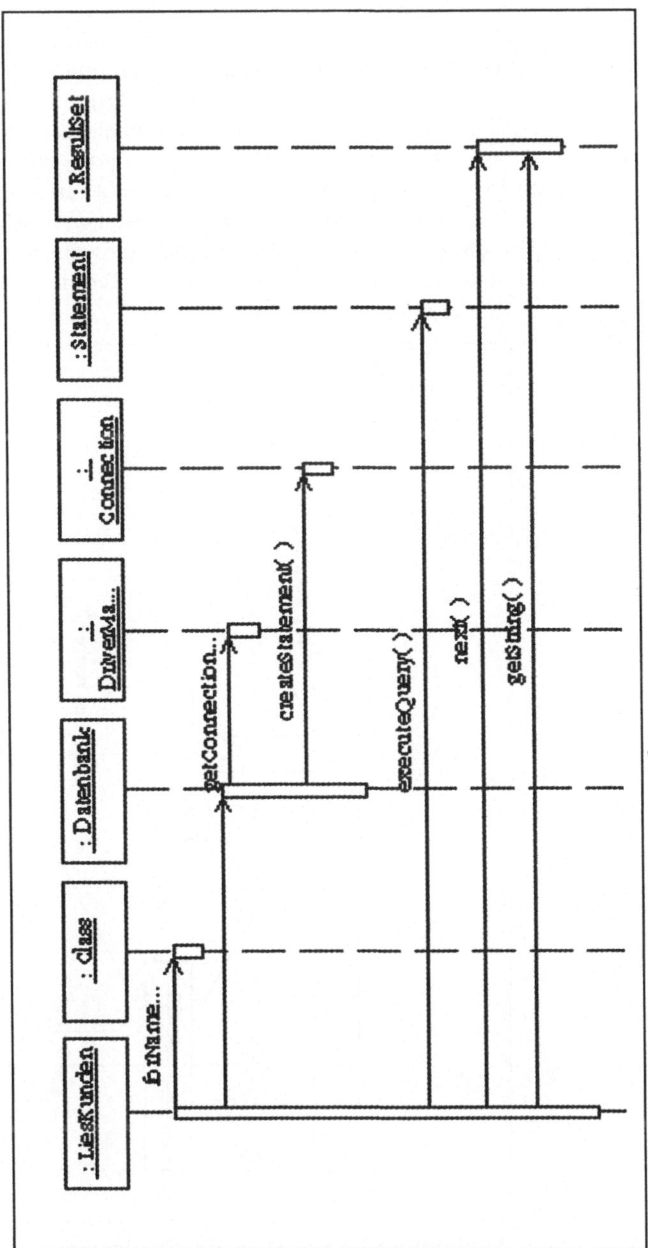

Abbildung 14.6 Sequenzdiagramm der Anwendung LiesKunden

Die Interaktionen zwischen den Objekten können in UML, neben dem Sequenzdiagramm, auch mit dem Kollaborationsdiagramm übersichtlich dargestellt werden. Der selbe Interaktionssachverhalt, wie ihn das Sequenzdiagramm in Abbildung 14.6 zeigt, kann in einem Kollaborationsdiagramm wie in Abbildung 14.7 dargestellt werden. Beim Kollaborationsdiagramm stehen im Zentrum der Betrachtung die beteiligten Klassen. Das zeitlich-logische Zusammenwirken der einzelnen Objekte durch ihre Methodenaufrufe wird durch die Ordnungszahlen an den Methodennamen ausgedrückt.

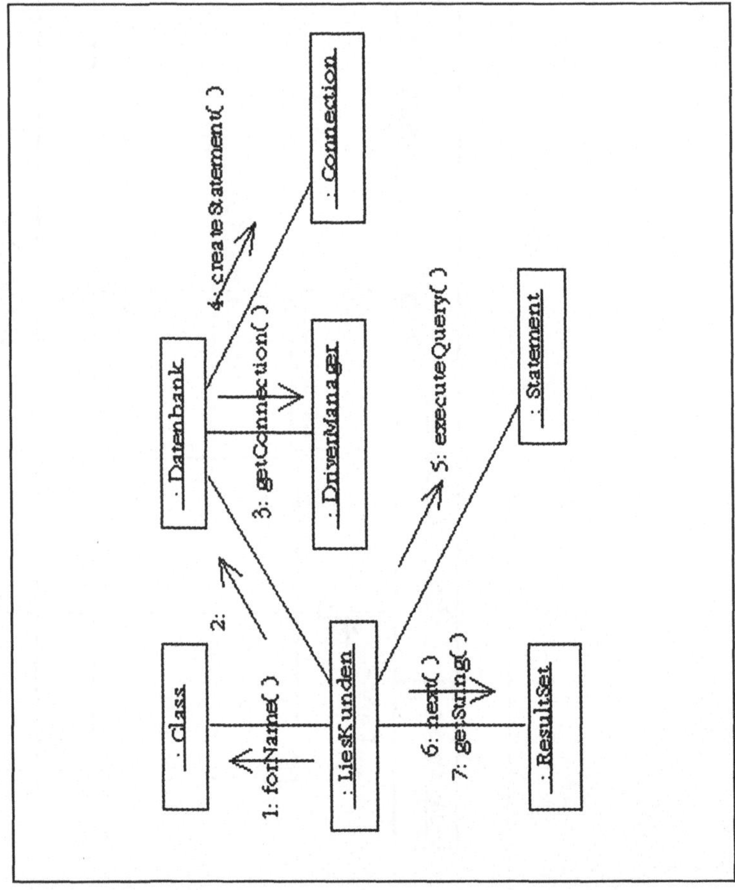

Abbildung 14.7 Kollaborationsdiagramm der Anwendung LiesKunden

14.4 Schnittstelle ResultSet und ihre Methoden

Das Ergebnis der Methode *executeQuery()* eines JDBC-Anweisungsobjektes ist ein Objekt der Klasse *ResultSet.* Ein solches Objekt verwaltet die von DB2 empfangene Ergebnistabelle. Für das fortlaufende Lesen der Tabellenzeilen wird die Methode *next()* der Klasse *ResultSet* verwendet. Sie liefert einen Wahrheitswert (true oder false). Intern führt das ResultSet-Objekt einen Tabellenpositionszeiger. Dieser adressiert die aktuell verarbeitbare Zeile mittels fortlaufenden Zeilennummern. Nach der Ausführung von *executeQuery()* hat er den Wert Null. Damit die erste Zeile mit der Nummer eins auslesbar ist, muss somit zunächst die Methode *next()* vom ResultSet-Objekt ausgeführt werden. Adressiert der Tabellenpositionszeiger die letzte Zeile der Ergebnistabelle, so ergibt die nochmalige Anwendung der Methode *next()* den Wahrheitswert *false.*

next)

Tabellenpositionszeiger

Nachdem durch Anwendung der Methode next() die aktuelle Zeile verfügbar ist, können ihre Spaltenwerte mit einer der zahlreichen Methoden getXXX() ausgelesen werden. Hierbei bedeutet XXX der Datentyp der Datensenke im Java-Programm. Oft wird dies eine Java-Variable sein. Das Argument der überladenen Methode getXXX() kann die Nummer der Spalte in Gestalt eines int-Wertes oder ein Spaltenname im Datentyp String sein. Die Lesemethoden haben somit folgenden Namen und Ergebnistypen.

getXXX()

Ergebnistyp	**Methodenname**
`BigDecimal` `java.math.BigDecimal`	`getBigDecimal()`
`Date` `java.sql.Date`	`getDate()`
`double`	`getDouble()`
`float`	`getFloat()`
`int`	`getInt()`
`long`	`getLong()`
`short`	`getShort()`
`String`	`getString)`
`Time` `java.sql.Time`	`getTime()`
`Timestamp` `java.sql.Timestamp`	`getTimestamp()`

Tabelle 14.1 Lesemethoden und Ergebnistypen von ResultSet

In einem Klassendiagramm sieht das Methodenangebot sodann wie folgt aus:

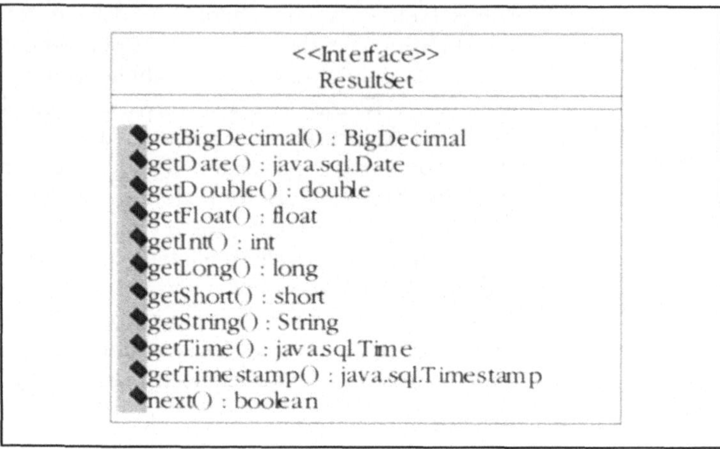

Abbildung 14.8 ResultSet und einige Methoden

Ein Objekt der Klasse ResultSet bietet nicht nur Lesedienste mit seinen getXXX()-Methoden an. In der Version 2.1 von JDBC sind weitere Dienste definiert. Diese sind jedoch in der aktuellen Version des JDBC-Treibers (JDBC 2.0 Type 2) noch nicht implementiert. Diese weiteren Dienste werden zusammengefasst unter den Begriffen:

sequenziell

wahlfrei

- *Scrolling*
  Mit diesem Methodenbündel kann die Ergebnistabelle nicht nur von der ersten bis zur letzten Zeile fortlaufend positioniert werden, sondern auch in der rückwärtigen Richtung. Weiterhin gibt es Methoden, die eine beliebige absolute und relative Positionierung der aktuellen Zeile in der Ergebnistabelle ermöglichen.

manipulieren

- *Updating*
  Ein weiteres Methodenbündel erlaubt es, die Zeilenwerte der aktuellen Zeile zu ändern, die aktuelle Zeile zu löschen und eine neue Zeile in die Ergebnistabelle einzufügen. Diese Datenänderungen werden sodann automatisch in der Datenbanktabelle vorgenommen, aus der die Daten der Ergebnistabelle stammen.

Die scrolling- und updating-Dienste werden im wesentlichen durch folgende Methoden eines Objektes der Schnittstelle *ResultSet* erbracht:

Methode	Bedeutung
absolute(int row)	Positioniert die angegebene Zeile.
afterLast()	Positioniert hinter die letzte Zeile.
beforeFirst()	Positioniert vor die erste Zeile.
first()	Positioniert auf die erste Zeile.
isAfterLast()	Prüft, ob Position hinter der letzten Zeile ist.
isBeforeFirst()	Prüft, ob Position vor der ersten Zeile ist.
isFirst()	Prüft, ob Position auf der ersten Zeile ist.
isLast()	Prüft, ob Position auf der letzten Zeile ist.
last()	Positioniert auf die letzte Zeile.
next()	Positioniert eine Zeile in Richtung Ende.
previous()	Positioniert eine Zeile in Richtung Anfang.
relative()	Verändert die Position relativ um eine Anzahl Zeilen positiv oder negativ.
setFetchDirection()	Stellt die bevorzugte Positionierungsrichtung ein. Default: ResultSet.FETCH_FORWARD. ResultSet.FETCH_REVERSE
wasNull()	Prüft, ob die zuletzt ausgeführte getXXX()-Methode einen Unbekanntwert gelesen hat (SQL NULL).
updateBigDecimal() update<Typ>( )	Verändert die angegebene Spalte der aktuellen Zeile mit einem Wert der Klasse Java.math.BigDecimal. Update für jeden Java-Datentyp.
cancelRowUpdates()	Verwirft die vorausgegangen updateXXX()
deleteRow()	Löscht die aktuelle Zeile in der Ergebnistabelle.
moveToInsertRow()	Ordnet Platz für eine neue Zeile in der Ergebnistabelle zu, deren Spalten anschließend mit updateXXX() gefüllt werden.
insertRow()	Macht den Einfügevorgang endgültig.

Tabelle 14.2 Erweiterungen von ResultSet in JDBC 2.1

Damit ein ResultSet-Objekt für die erweiterte Funktionalität gerüstet ist, müssen bei der Ausprägung des JDBC-Anweisungsobjekts vorbereitende Angaben gemacht werden.

14.5 Schnittstelle ResultSetMetaData und ihre Methoden

getMetaData()

Über ein ResultSet-Objekt, das die Schnittstelle *ResultSet* implementiert, kann JDBC interessante Metadaten zur Verfügung stellen. Ausgeprägt wird ein solches Metadaten-Objekt durch die Ausführung der Methode *getMetaData()* durch ein Objekt der Schnittstelle *ResultSet.*

Beispiel:

```
ResultSetMetaData
    metadaten = ergebnismenge.getMetaData();
```

Ein Objekt der Schnittstelle *ResultSetMetaData* bietet sodann einen großen Umfang an Methoden an, die ein reiches Angebot an Metadaten über die Ergebnismenge bereithalten. Eine kleine Auswahl hieraus zeigt die folgende Tabelle.

ResultSetMetaData

Erg.-Typ	Methode	Beschreibung
int	getColumnCount()	Gibt die Spaltenanzahl der Ergebnistabelle im ResultSet-Objekt zurück.
int	getColumnDisplaySize()	Gibt die Anzahl an Zeichen für die Darstellung eines Spaltenwertes zurück.
String	getColumnLabel()	Gibt den vorgeschlagenen Spaltennamen zurück, der als Spaltenüberschrift in Druckausgaben verwendet werden sollte.
String	getColumnName()	Gibt den Spaltennamen zurück.
int	getColumnTypeName()	Gibt den datenbankspezifischen Datentyp der Spalte zurück.
int	getPrecision()	Gibt die Anzahl von Dezimalstellen zurück.
int	getScale()	Gibt die Anzahl von dezimalen Bruchstellen zurück.

Tabelle 14.3 Methoden der Schnittstelle ResultSetMetaData

An einem Beispiel wird die Verwendung von Metadaten demonstriert, welche die Ergebnismenge beschreiben.

Beispiel:

Alle Daten der Beispielstabellen *Kunde*, *Rechnung*, *Position* und *Artikel* sollen mit Spaltenüberschriften ausgegeben werden.

Metadaten

Zur Lösung der Aufgabe muss aus den Metadaten zunächst die Anzahl der Spalten der Ergebnistabelle im aktuellen ResultSet-Objekt ermittelt werden. Dies geschieht in den Programmzeilen (25) bis (28). In den Programmzeilen (37) bis (45) wird sodann festgestellt, welche Länge von beiden die größere ist, die Nutzdatenlänge oder die Länge der Spaltenüberschrift. Mit Hilfe dieser Information und dem Namen der Spaltenüberschrift wird sodann die Tabellenüberschrift zusammengebaut. In den Programmzeilen (57) bis (67) wird schließlich die aktuelle Nutzdatenzeile aus den einzelnen Spaltenwerten zusammengesetzt. Hierbei wird wieder die erforderliche Spaltenbreite ermittelt und beim Zusammenbau verwendet.

```
(1)  /*************************************
(2)   *       Metadaten über Datenbank      *
(3)   *************************************/
(4)  import java.sql.*;
(5)
(6)  class TabellenAusgeben {
(7)   static ResultSet         ergebnismenge;
(8)   static ResultSetMetaData metadaten;
(9)   static Datenbank         db;
(10)
(11)  public static void main(String args[]) {
(12)    db = new Datenbank();
(13)    gibAus( "Kunde"     );
(14)    gibAus( "Rechnung" );
(15)    gibAus( "Position" );
(16)    gibAus( "Artikel"  );
(17)  } // Ende main
(18)  // ************************************
(19)  static void gibAus(String tabellenname) {
(20)  String befehlstext =
(21)      "SELECT * FROM Moos." + tabellenname;
(22)  try {
(23)    ergebnismenge      =
(24)    db.sqlbefehl.executeQuery(befehlstext);
(25)    metadaten          =
(26)               ergebnismenge.getMetaData();
(27)    int spaltenanzahl =
(28)               metadaten.getColumnCount();
```

```
String ueberschrift = "";
String strich       = "";
int feldlaenge      = 0;
int wortlaenge      = 0;
int strichlaenge    = 0;
//*************************************
// Tabellenüberschrift ausgeben:
// Spaltennamen ausgeben:
for (int i=1; i <= spaltenanzahl; i++) {
  feldlaenge       =
 Math.max(metadaten.getColumnDisplaySize(i),
      metadaten.getColumnName(i).length());
 ueberschrift = ueberschrift + " " +
           (metadaten.getColumnName(i) +
           "                         ").
            substring(0, feldlaenge);
} // End for
System.out.println( ueberschrift );
//Unterstreichungsstrich schreiben:
strichlaenge = ueberschrift.length();
for (int i = 1; i <= strichlaenge; i++)
   strich = strich + "-";
System.out.println( strich );
//*************************************
// Nutzdatendaten aus Ergebnismenge:
   String druckzeile;
   while(ergebnismenge.next()) {
   druckzeile = "";
   for (int i=1;i<=spaltenanzahl; i++) {
     feldlaenge      =
     Math.max(metadaten.
             getColumnDisplaySize(i),
             metadaten.getColumnName(i).
                              length());
     druckzeile = druckzeile + " " +
          (ergebnismenge.getString(i)  +
          "                         ").
           substring(0, feldlaenge);
   }
   System.out.println( druckzeile );
```

```
      } // Ende while
      System.out.println();
    } // Ende try
    catch(Exception ausnahme) {
      System.out.println( ausnahme );
    }
  } // Ende gibAus
} // End TabellenAusgeben
```

Programm 14.5 Datenunabhängigkeit durch Metadaten

```
KUNDEN_NR ANREDE VORNAME ZUNAME STRASSE        PLZ   ORT
-------------------------------------------------------------------
K001      Herr   Hugo    Mueller Gartenstr. 4a 69123 Heidelberg
K002      Herr   Georg   Mayer   Neckarstr.    69123 Heidelberg
K003      Herr   Eva     Schulze Hauptstr. 7   69502 Hemsbach
```

```
RECHNU_NR KUNDEN_NR DATUM      BETRAG
-------------------------------------------
R001      K001      2004-04-04 13000.00
R002      K001      2004-04-04 2000.00
R003      K002      2004-04-05 5000.00

RECHNU_NR ARTIKEL_NR ANZAHL
-----------------------------
R001      A001       2
R001      A002       3
R002      A002       1
R002      A003       1
R003      A001       1

ARTIKEL_NR NAME            PREIS
-------------------------------------
A001       Computer        5000.00
A002       Drucker         1000.00
A003       Bildschirm      500.00
A004       Kabel           50.00
```

14.6 Datentypen in Java und SQL

Die interne Verschlüsselung der SQL-Datentypen in JDBC kann mit der Methode *getColumnType()* eines *ResulSetMetaData*-Objekts verfügbar gemacht werden:

Beispiel für Ausgabe der Typschlüssel in das Kommandofenster:

```
System.out.println( "ColumnType: " +
  metadaten.getColumnType( i ) );
```

In der folgenden Tabelle sind die Datentypen von DB2-SQL und von Java gegenübergestellt:

Datentypen

SQL Typ	Java Typ	JDBC-Typschlüssel
CHAR	String	1
VARCHAR	String	12
LONGVARCHAR	String	-1
NUMERIC	java.math.BigDecimal	3
DECIMAL	java.math.BigDecimal	3
SMALLINT	short	5
INTEGER	int	4
BIGINT	long	-5
REAL	float	7
FLOAT	double	8
DOUBLE	double	8
DATE	java.sql.Date	91
TIME	java.sql.Time	92
TIMESTAMP	java.sql.Timestamp	93
BLOB	java.sql.Blob	2004
CLOB	java.sql.Clob	2005

Tabelle 14.4 Datentypen in DB2-SQL und Java sowie JDBC-Typschlüssel

14.7 Schnittstelle Connection und ihre Methoden

Ein Objekt der Klasse *Connection* verwaltet die Verbindung zwischen dem Java-Programm und dem Datenbankprozessor. Ausgeprägt wird ein Connection-Objekt von der Klassenmethode *getConnection()* der Klasse *DriverManager*.

Über eine stehende Verbindung werden vom Java-Programm SQL-Befehle an DB2 gesendet und dessen Antwort empfangen. Weiterhin wird die Transaktionssteuerung vom Connection-Objekt abgewickelt. Auch können Metadaten über die Datenbank und den JDBC-Treiber vom Connection-Objekt besorgt werden. Eine Auswahl seiner Methoden zeigt das folgende Klassendiagramm.

Klassendiagramm

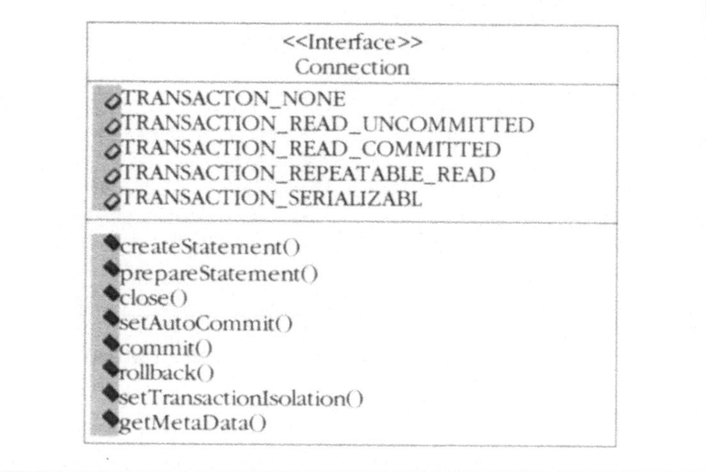

Abbildung 14.9 Methoden und Konstanten der Schnittstelle Connection

14.8 JDBC-Anweisungen erzeugen

Ein Connection-Objekt kann drei unterschiedliche Objektarten für JDBC-Anweisungen erzeugen. Hierzu stellt es die folgenden Methoden bereit

- createStatement()
- prepareStatement()
- prepareCall().

Der Einsatz der JDBC-Call-Anweisung wird in diesem Buch nicht weiter behandelt.

14.9 Methoden der Schnittstelle Statement

Die Schnittstelle *Statement* bietet drei Methoden zur Ausführung von SQL-Befehlen und weitere Methoden an. Sie sind im Klassendiagramm in Abbildung 14.10 auf Seite 570 in der UML dargestellt.

executeQuery()

Ein JDBC-Anweisungsobjekt schickt mit der Methode *executeQuery()* einen SQL-SELECT-Befehl an DB2 zur Ausführung. Als Ergebnis wird eine Ergebnistabelle in Form eines Objekts der Klasse ResultSet oder eine Ausnahme von DB2 zurückgeliefert.

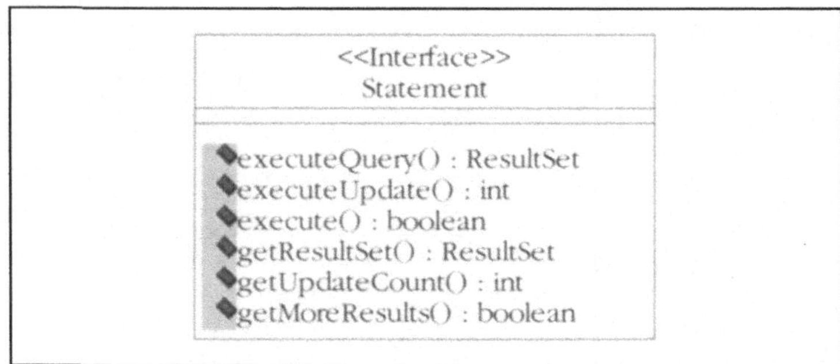

Abbildung 14.10 Schnittstelle Statement und ihre Methoden

executeUpdate()

Die Methode executeUpdate() ist dafür zuständig, DDL- und DML-Befehle von SQL an den Datenbankprozessor zu schicken. Als Ergebnis wird eine duale Ganzzahl mit dem Typ int vom Datenbankprozessor zurückgeschickt. Im Falle von übergebenen DML-Befehlen wie INSERT, UPDATE und DELETE drückt der Rückgabewert die Anzahl der von DB2 manipulierten Zeilen aus. Wurde ein DDL-Befehl verschickt, gibt der Datenbankprozessor der Wert numerisch Null zurück.

execute()

Die Methode *execute()* kann sowohl Anfrage- als auch DDL- und DML-Befehle an den Datenbankprozessor verschicken. Als Ergebnis schickt dieser dann einen Wahrheitswert zurück. Ist dieser true, wurde eine Anfrage an DB2 geschickt. Das zugehörige Objekt der Klasse *ResultSet* kann anschließend mit der Methode *getResultSet()* vom Statement-Objekt abgeholt werden. Ist der Rückgabewert der Methode execute() der Wert false, so kann mit der Methode getUpdateCount() des Statement-Objekts die Anzahl der Zeilen abgeholt werden, die durch den DML-Befehl betroffen wurden. Liegen weitere, noch nicht abgeholte Ergebnisse vor, kann die Methode *getMoreResults()* des Statement-Objekts angewendet werden, um diese abzuholen.

getResultSet()

getUpdateCount()

getMoreResults()

Daten in Tabelle mit executeUpdate() manipulieren

Im folgenden Beispiel wird gezeigt, wie Kundendaten in der Tabelle Kunde eingefügt, verändert und gelöscht werden.

In den Programmzeilen (17) bis (26) werden die SQL-Befehle in Variablen vom Typ String niedergelegt:

```
/*************************************/
/*  Methode executeUpdate() anwenden  */
/*************************************/
import java.sql.*;

public class ManipuliereKunden {
  static Datenbank db;

public static void main(String args[]) {
  db = new Datenbank();
  if (db.verbindungOK)
     jetztGehtsLos();
} // Ende main

/*************************************/
public static void jetztGehtsLos() {
String insertText =
  "INSERT INTO Moos.Kunde (Kunden_Nr) " +
  "VALUES ('K004')";
String updateText =
  "UPDATE Moos.Kunde                  " +
  "  SET   Anrede    = 'Herr'         " +
  "  WHERE Kunden_Nr = 'K004'";
String deleteText =
  "DELETE FROM Moos.Kunde             " +
  "  WHERE Kunden_Nr = 'K004'";
try {
  //Befehlstexte an den Datenbankprozessor
  / schicken und Ergebnis empfangen:

  int anzahlEingefuegt
        = db.sqlbefehl.executeUpdate
                         ( insertText );
  System.out.println
    ( "Anzahl eingefuegter Zeilen " +
      anzahlEingefuegt );

  int anzahlGeaendert
        = db.sqlbefehl.executeUpdate
                         ( updateText );
```

```
    System.out.println
      ( "Anzahl geaenderter Zeilen " +
        anzahlGeaendert );

    int anzahlGeloescht
          = db.sqlbefehl.executeUpdate
                              ( deleteText );
    System.out.println
      ( "Anzahl geloeschter Zeilen " +
        anzahlGeloescht );

} // Ende try-Block
// Ausnahme abfangen und behandeln:
catch( Exception ausnahme ) {
   System.out.println( ausnahme );
} // Ende catch-Block
} // Ende jetztGehtsLos
} // Ende ManipuliereKunden
```

Programm 14.6 Datenmanipulation mir executeUpdate()

Ergebnis:

```
Anzahl eingefuegter Zeilen 1
Anzahl geaenderter  Zeilen 1
Anzahl geloeschter  Zeilen 1
```

14.10 Methoden der Schnittstelle PreparedStatemente

späte Bindung

Datenunabhängigkeit

Mit einem Objekt, das die Schnittstelle *Statement* implementiert, wird der Bindungszeitpunkt unmittelbar vor die Ausführung des SQL-Befehls gelegt. Hiermit gewinnt das Java-Programm ein Höchstmaß an Flexibilität und Datenunabhängigkeit. Dies muss man jedoch mit einem hohen Betriebsmittelverbrauch im Datenbankserver und mit einer schlechteren Performanz bezahlen.

Zugriffsplan

Eine ebenfalls späte Bindung, jedoch mit einem geringeren Betriebsmittelverbrauch bei einer besseren Performanz, bietet die Möglichkeit, den Zugriffsplan vor seiner Ausführung von DB2 erarbeiten zu lassen. Zum Zeitpunkt des Nutzdatenzugriffs, der vom Zugriffsplan gesteuert wird, muss der Zugriffsplan sodann nicht zeitaufwändig von DB2 generiert wird. Diese Strategie ist jedoch nur dann sinnvoll, wenn der Zugriffsplan mehrmals während der Programmausführung verwendet wird. Dann muss seine Herstellung nur ein Mal bezahlt werden. Auch in den Fällen, wenn Ausführungsgeschwindigkeit und Flexibilität bei der Gestaltung des SQL-Befehls miteinander zu vereinen sind, ist die Technik des vorgenerierten Zugriffsplans angebracht.

Prepared-Statement

Die Schnittstelle *PreparedStatement* definiert die Funktionalität des JDBC-Objekts, das die Generierung eines Zugriffsplans mit Unterstützung durch den Datenbankprozessor leistet. Ausgeprägt wird dieses Objekt durch den Einsatz der Methode *prepareStatement()* des aktiven Verbindungsobjekts. Hierbei wird der Methode *prepareStatement()* ein String-Argument übergeben, das den SQL-Befehl darstellt, für den der Zugriffsplan von DB2 generiert werden soll. Das Besondere hieran ist, dass dieser SQL-Befehl Parameter in Form von Fragezeichen (?) enthält. Diese werden vor der Verwendung des Zugriffsplans durch eine entsprechende execute-Methode mit Argumenten versorgt. Die Versorgung mit Argumenten erfolgt durch den Einsatz von setXXX()-Methoden.

Parameter ?

Das folgende Programm 14.7 erklärt diese Strategie. In den SQL-Befehlen, die in den Programmzeilen (18) bis (34) aufgeführt sind, werden die Fragezeichen-Parameter verwendet. Sie repräsentieren noch variable Stellen im SQL-Befehl. Nach der Ableitung eines Zugriffsplanes aus einem solchen SQL-Befehl werden diese Parameter mit aktuellen Argumenten versorgt. Die Ableitungen erfolgen in den Programmzeilen (37) bis (51) mit der Ausführung der Methode *prepareStatement()* durch das aktuelle Verbindungsobjekt.

setXXX()

Die Versorgung der Bindungspläne mit den aktuellen Argumenten erfolgt in den Programmzeilen (53) bis (60). Die Sprachmittel hierzu sind die verschiedenen Spielarten der Methode *setXXX()*, die von einem Objekt angeboten werden, das die Schnittstelle *PreparedStatement* implementiert. Hierbei beschreibt der Platzhalter XXX den Java-Datentyp, der dem Typ des Argumentwertes entspricht. Der Zieldatentyp wird aus den Metadaten von SQL übernommen.

Überschreibung

Die Ausführung der generierten und nun aktualisierten Zugriffspläne erfolgt in den Programmzeilen (62) bis (82). Hierbei kommen überschriebene Varianten von *executeUpdate()* und *executeQuery()* zur Anwendung. Sie besitzen keine Parameter. Der Auftrag, den sie an DB2 weiterleiten sollen, ist bereits im jeweiligen Zugriffsplan ihres PreparedStatement-Objektes hinterlegt.

```
/**************************************/
/*  Schnittstelle PreparedStatement   */
/**************************************/
import java.sql.*;

public class PreparedKunden {
  static Datenbank db;

public static void main(String args[]) {
  db = new Datenbank();
  if (db.verbindungOK)
     jetztGehtsLos();
} // Ende main

/**************************************/
public static void jetztGehtsLos() {

String insertText =
  "INSERT INTO Moos.Kunde (Kunden_Nr) " +
  "VALUES (?)";

String updateText =
  "UPDATE Moos.Kunde                  " +
  "  SET   Anrede     = ?             " +
  "  WHERE Kunden_Nr = ?";

String selectText =
  "SELECT *                           " +
  "  FROM Moos.Kunde                  " +
  "  WHERE Kunden_Nr = ?";

String deleteText =
  "DELETE FROM Moos.Kunde             " +
  "  WHERE Kunden_Nr = ?";
try {

  PreparedStatement pstmtInsert =
```

```
 db.dbverbindung.prepareStatement
                  (insertText);

PreparedStatement pstmtUpdate =
 db.dbverbindung.prepareStatement
                  (updateText);

PreparedStatement pstmtSelect =
 db.dbverbindung.prepareStatement
                  (selectText);

PreparedStatement pstmtDelete =
 db.dbverbindung.prepareStatement
                  (deleteText);

pstmtInsert.setString( 1, "K004" );

pstmtUpdate.setString( 1, "Herr" );
pstmtUpdate.setString( 2, "K004" );

pstmtSelect.setString( 1, "K004" );

pstmtDelete.setString( 1, "K004" );

int anzahlInsert =
  pstmtInsert.executeUpdate();
System.out.println
  ("Eingefuegte Zeilen: "+anzahlInsert);

int anzahlUpdate =
  pstmtUpdate.executeUpdate();
System.out.println
  ("Veraenderte Zeilen: "+anzahlUpdate);

ResultSet rs =
      pstmtSelect.executeQuery();
rs.next();
```

```
    System.out.println("Gelesene Daten: " );
    System.out.println( rs.getString( 1 ) +
                        rs.getString( 2 ));

    int anzahlDelete =
      pstmtDelete.executeUpdate();
    System.out.println
      ("Geloeschte Zeilen : "+anzahlDelete);
  } // Ende try-Block
// Ausnahme abfangen und behandeln:
catch( Exception ausnahme ) {
   System.out.println( ausnahme );
} // Ende catch-Block
} // Ende jetztGehtsLos
} // Ende PreparedKunden
```

Programm 14.7 Datenmanipulation mit vorbereiteten Zugriffsplänen

Ergebnis:

```
Eingefuegte Zeilen: 1
Veraenderte Zeilen: 1
Gelesene Daten:
K004Herr
Geloeschte Zeilen : 1
```

14.11 SQL-Ausnahme und Fehlerbehandlung

try-Block

catch-Block

Jede Dienstleistung, die aus dem Java-Programm heraus von JDBC oder DB2 verlangt wird, kann mit einer großen Anzahl an Fehlergründen abschlägig von diesen beschieden werden. Deshalb muss jeder Auftrag an JDBC oder DB2 in einem try-Block enthalten sein. Durch seinen zugehörigen catch-Block werden die zurückgemeldeten Fehlerbenachrichtigungen aufgefangen. Anschließend können sie problemspezifisch behandelt werden.

SQL-Exception

Wie in Java üblich, wird im Ausnahmefall an den catch-Block ein Ausnahmeobjekt übergeben. Es ist eine Ausprägung der Klasse java.sql.SQLException. Objekte dieser Ausnahmeklasse bieten die Methoden getSQLState(), getMessage(), getErrorCode() und getNextException() an. Auf Grund der Daten, die von den drei ersten Methoden geliefert werden, kann entschieden werden, wie die Ausnahme zu behandeln ist. So kann es angezeigt sein, bereits durchgeführte Veränderungen in der Datenbank mit Anwendung der Methode *rollback()* des Verbindungsobjektes vom Datenbankprozessor wieder auf den Ausgangszustand zurücksetzten zu lassen.

rollback()

Neben den vielen Fehlersituationen, die über den Ausnahmemechanismus an das Java-Programm berichtet werden, gibt es auch Situationen mit geringem Problemgehalt. Dies sind beispielsweise die Tatbestände, die herkömmlich mit einer SQL-Warnung von DB2 beim Vollzug des Auftrags beschrieben werden.

getWarnings()

Beim Vorliegen solcher Situationen wird der try-Block nicht verlassen. Nach einem Auftrag an JDBC oder DB2 kann die Methode *getWarnings()* angewendet werden. Sie ist in den Schnittstellen *Connection*, *ResultSet* und den JDBC-Anweisungen definiert. Die Methode gibt ein Objekt der Klasse *SQLWarning* oder den Wert *null* zurück. Mit den Methoden eines SQLWarning-Objekts kann die Warnsituation genauer untersucht werden. Mit der Ausführung der Methode *clearWarnings()* werden die Warnungen beispielsweise bei einem JDBC-Anweisungsobjekts gelöscht.

14.12 Metadaten der Datenbank und von JDBC

Manchmal ist es wichtig oder interessant, Metadaten über das Gesamtsystem zu erhalten. Eine große Anzahl an Metadaten stellt ein Objekt der Klasse *DatabaseMetaData* mit seinen angebotenen Methoden zur Verfügung. Die Metadaten können eingeteilt werden in

- Metadaten über die definierten Datenbankobjekte (Tabellen, Views, Spalten etc.).
- Metadaten über Einrichtungen von JDBC, die vom Datenbankprozessor mit seinem aktuellen Treiber unterstützt werden.
- Metadaten über die Version des Datenbankprozessors und des JDBC-Treibers etc.

Im folgenden Programm wird eine kleine Kostprobe der vielen Möglichkeiten gegeben. Hierzu wird in der Programmzeile (22) von der Methode *getMetaData()* eines Connection-Objekts ein Objekt der Klasse *DatabaseMetaData* ausgeprägt. Einige seiner vielen Methoden werden ab der Programmzeile (24) angewendet, um die entsprechenden Metadaten zu lesen und auszugeben.

```
/************************************
 *       Metadaten über Datenbank     *
 ************************************/
import java.sql.*;

public class DBMetadaten {
  static Datenbank        db;
  static DatabaseMetaData dbmd;

public static void main(String args[]) {
  db = new Datenbank();
  if (db.verbindungOK) {
     jetztGehtsLos();
  }
  else
    System.out.println
    ("Verbindung ist nicht aufgebaut" );
  } // Ende main
/*************************************/
public static void jetztGehtsLos() {
try {
  dbmd = db.dbverbindung.getMetaData();
  System.out.println
       (dbmd.getURL());
  System.out.println
       (dbmd.getDatabaseProductName());
  System.out.println
       (dbmd.getDriverName());
  System.out.println
       (dbmd.getDriverVersion());
  System.out.println
       ("supportsANSI92FullSQL    = " +
        dbmd.supportsANSI92FullSQL());
  System.out.println
       ("supportsOuterJoins       = " +
        dbmd.supportsOuterJoins());
  System.out.println
```

```
        ("supportsUnion            = " +
         dbmd.supportsUnion());
  System.out.println
        ("TYPE_FORWARD_ONLY        = " +
         dbmd.supportsResultSetType
         (ResultSet.TYPE_FORWARD_ONLY));
  System.out.println
        ("TYPE_SCROLL_INSENSITIVE = " +
         dbmd.supportsResultSetType
     (ResultSet.TYPE_SCROLL_INSENSITIVE));
  System.out.println
        ("TYPE_SCROLL_SENSITIVE   = " +
         dbmd.supportsResultSetType
       (ResultSet.TYPE_SCROLL_SENSITIVE));
  System.out.println
        ("CONCUR_READ_ONLY         = " +
         dbmd.supportsResultSetType
          (ResultSet.CONCUR_READ_ONLY));
  System.out.println
        ("CONCUR_UPDATABLE         = " +
         dbmd.supportsResultSetType
          (ResultSet.CONCUR_UPDATABLE));
  System.out.println
        ("othersDeletesAreVisible = " +
         dbmd.othersDeletesAreVisible
          (ResultSet.CONCUR_UPDATABLE));
  System.out.println
        ("deletesAreDetected       = " +
         dbmd.deletesAreDetected
          (ResultSet.CONCUR_UPDATABLE));
} // Ende try
  catch(Exception ausnahme) {
     System.out.println( ausnahme );
  }
 } // Ende jetztGehtsLos
} // Ende DBMetadaten
```

Programm 14.8 Einige Metadaten über DB2 und JDBC.

Ergebnis:

```
jdbc:db2:moosdb
DB2/NT
IBM DB2 JDBC 2.0 Type 2
08.01.0000
supportsANSI92FullSQL      = false
supportsOuterJoins         = true
supportsUnion              = true
TYPE_FORWARD_ONLY          = true
TYPE_SCROLL_INSENSITIVE    = true
TYPE_SCROLL_SENSITIVE      = false
CONCUR_READ_ONLY           = false
CONCUR_UPDATABLE           = false
othersDeletesAreVisible    = false
deletesAreDetected         = false
```

14.13 Transaktionen steuern

Der Begriff *Transaktion* hat mehrere Bedeutungen. Aus betriebswirtschaftlicher Anwendungssicht bezeichnet man hiermit einen betriebswirtschaftlichen Geschäftsvorfall.

konsistenter Zustand

Aus datenbanktechnischer Sicht versteht man hierunter eine Folge zusammengehöriger Datenbank-Veränderungs-Operationen, welche die Datenbank in einem konsistenten Zustand hinterlassen. Hierbei müssen alle Veränderungsoperationen vollständig und korrekt ausgeführt oder es darf keine der Änderungen ausgeführt werden. Wurde ein Teil der Veränderungsoperationen ausgeführt, aber die restlichen zur Transaktion gehörigen können nicht ausgeführt werden, sind die Datenänderungen durch die bereits ausgeführten Veränderungsoperationen sofort wieder rückgängig zu machen. Solange die teilweise veränderten Daten nicht auf ihre vorherigen Werte zurückgesetzt sind, müssen sie für andere Benutzer gesperrt bleiben.

LUW - UOR

Eine Datenbank-Transaktion bezeichnet man oft auch als Logical Unit of Work (LUW) oder als Unit of Recovery (UOR).

ACID

Bei Datenbanktransaktionen spricht man oft auch vom *ACID*-Prinzip. Die Abkürzung ist aus den Worten atomicy, concistency, isolation und durability gebildet.

Atomicy

Atomarität

Aus Sicht des Anwenders ist eine Transaktion eine unteilbare, also atomare Aktion. Sie wird entweder vollständig ausgeführt oder gar nicht. Das bedeutet, dass im Falle eines Fehlers alle bereits getätigten Datenbankveränderungen rückgängig gemacht werden müssen. Das Zurücksetzten auf den konsistenten Anfangszustand vor der ersten Änderung wird auch als *rollback* bezeichnet. Mit *commit()* bestätigt man die vorher gemachten Änderungen als endgültig.

Consistency

Konsistenz

Im Rahmen einer Transaktion wird eine Datenbank von einem konstistenten Zustand in einen folgenden konsistenten Zustand überführt. Während einer Transaktion dürfen kurzfristig Konsistenzverletzungen auftreten. Dies ist unschädlich, weil die inkonsistenten Daten bis zum *commit()* oder *rollback()* gesperrt sind.

Isolation

Isolation

Parallel ablaufende Transaktionen dürfen nicht auf die selben Daten ändernd zugreifen. Sie müssen voneinander getrennt (isoliert) sein. Dies wird durch exklusiven Zugriff auf zu ändernde Daten durch Sperren (Semaphoren) erreicht.

Durability

Dauerhaftigkeit

Nach der Durchführung einer Transaktion werden geänderten Daten mit dem Datenbankbefehl *commit* (Bestätigung der getätigten Änderungen) dauerhaft (persistent) gespeichert und Sperren auf sie aufgehoben.

In JDBC gibt es drei Methoden im Interface *Connection,* mit deren Aufruf ein Verbindungsobjekt dem Datenbankprozessor sein Transaktionsverhalten mitteilen kann.

commit()

rollback()

- <Verbindungsobjekt>.commit();
  // Mache Veränderungen endgültig
- <Verbindungsobjekt>.rollback();
  // Setze Veränderungen zurück
- <Verbindungsobjekt>.setAutoCommit(false);
  // Schalte Auto-Commit ab

auto commit

Nach dem Aufbau einer Verbindung mit der Datenbank ist die Verbindung zunächst im Auto-Commit-Modus. Dabei gilt, dass jeder übergebene SQL-Befehl als separate Transaktion behandelt wird. Nach seiner Ausführung kann eine von ihm bewirkte Datenbankveränderung nicht mehr automatisch zurückgesetzt werden.

Durch die Anwendung der Methode *setAutoCommit(false)* wird dem Datenbankprozessor mitgeteilt, dass die Beendigung einer aktuellen Datenbanktransaktion explizit durch Anwendung der

commit()

rollback()

endgültige Änderung

Methode *commit()* ihm mitgeteilt und damit die Veränderungen bestätigt werden. Bevor diese Mitteilung erfolgt, kann mit der Methode *rollback()* vom Datenbankprozessor verlangt werden, dass er alle Veränderungen rückgängig macht, die seit Beginn der aktuellen Transaktion stattgefunden haben. Nach der Durchführung der *commit()*-Methode sind die Veränderungen, die im Verlauf der Datenbanktransaktion angefallen sind, somit endgültig abgeschlossen. Ein automatisches Zurücksetzen auf den vorherigen Zustand der Daten durch den Datenbankprozessor ist dann nicht mehr möglich.

Isolationsebenen

Die Anforderungen an ein Datenbanksystem, sowohl die Integrität der gelesenen Daten zu gewährleisten und gleichzeitig ein Höchstmaß an Auskunftsbereitschaft zu bieten, lassen sich nicht miteinander vereinbaren. Deshalb stellen die realen Datenbankprozessoren vier Kompromisslösungen zur Verfügung, die als Isolationsebenen bezeichnet werden. Mit der Methode *setTransactionIsolation()* des Verbindungsobjekts werden die Isolationsebenen eingestellt.

TRANSACTION_READ_UNCOMMITTED
Mit diesem Argument in der Methode *setTransactionIsolation()* wird bestimmt, dass keine Sperren zur Überwachung der Datenintegrität eingesetzt werden. Alle Daten stehen mit höchster Geschwindigkeit zur Verfügung. Hierbei ist es nicht ausgeschlossen, dass auch Daten gelesen werden, die nach einem *rollback()* einer anderen Transaktion wieder zurückgesetzt werden. Manchmal bezeichnet man diese Art der Datenpräsentation auch als *dirty read.*

dirty read

read committed

TRANSACTION_READ_COMMITTED
Wird die Isolationsebene *read committed* eingestellt, dann werden nur solche Daten gelesen, die mit einem *commit()* in ihrer Gültigkeit bestätigt wurden. Paralleles Verändern gelesener Daten durch andere Transaktionen wird verhindert.

repeatable read

TRANSACTION_REPEATABLE_READ
Mit der Isolationsebene *repeatable read* gewährleistet der Datenbankprozessor, dass zwei identische Lesebefehle, welche die selben Zeilen während einer Transaktion lesen, auch die selben Werte enthalten. Dabei kann es jedoch vorkommen, dass ein wiederholtes Lesen in der selben Transaktion und mit der selben Selektionsbedingung zu einem unterschiedlichen Ergebnis führt, weil zwischenzeitlich in einer anderen Transaktion weitere Zei-

len in die zu lesenden Kandidaten eingefügt und bestätigt wurden. Bei der Ausführung des zweiten Lesebefehls sind somit weitere Kandidaten gelesen worden.

TRANSACTION_SERIALIZABLE

serializable

restriktiv

Auf der Isolationsebene *serializable* verfährt der Datenbankprozessor am restriktivsten. Die Datenintegrität wird voll gewährleistet. Wiederholtes Lesen in der selben Transaktion führt zum selben Ergebnis. Ein Unterschieben neuer Zeilen durch eine andere Transaktion, die dem Selektionskriterium genügen würden, ist hierbei nicht mehr möglich. Als Preis hierfür ist jedoch die Auskunftsbereitschaft am stärksten eingeschränkt.

ANSI - UDB

Die Terminologie von DB2 UDB und die, welche im ANSI/ISO SQL-Standard für JDBC zur Bezeichnung derselben Sachverhalte verwendete wird, ist nicht deckungsgleich.

- ANSI *Serializable* entspricht dem UDB *Repeatable Read.*
- ANSI *Repeatable Read* entspricht dem UDB *Read Stability.*
- ANSI *Read Committed* entspricht dem UDB *Cursor Stability.*
- ANSI *Uncommitted Read* entspricht dem UDB *Uncommitted Read.*

Beispiel für Transaktionssteuerung

In einem einfachen Programm wird nun gezeigt, wie abhängige Datenmanipulationen im Rahmen einer Transaktion entweder vollständig oder überhaupt nicht durchgeführt werden. Als Beispiel soll das Einfügen einer Rechnungszeile und einer zu dieser existenziell zugehörigen Positionszeile dienen.

In der Programmzeile (25) wird die automatische Festschreibung von Datenbankänderungen nach jedem DML-Befehl abgeschaltet. Dadurch übernimmt das Programm die Transaktionssteuerung.

LUW: logical unit of work

In der Programmzeile (39) von Programm 14.9 werden durch die Ausführung der Methode *commit()* beide Datenbankänderungen als endgültig bestätigt. Damit ist die logische Arbeitseinheit (LUW: logical unit of work) und somit die aktuelle Transaktion abgeschlossen.

Würde zwischen der ersten und letzten Änderungsoperation in der Datenbank ein Fehler auftreten, so würde DB2 eine Ausnahme signalisieren. Diese würde im catch-Block in Programmzeile (42) abgefangen. Im geschachtelten try-Block von Pro-

rollback()

grammzeile (44) bis (47) würde sodann mit der Ausführung der Methode *rollback()* DB2 beauftragt, alle Änderungen in der Datenbank, die innerhalb der aktuellen Transaktion stattfanden, wieder zurück zu setzten. Damit wäre der konsistente Anfangszustand in der Datenbank wieder hergestellt, der zu Beginn der Transaktion gegeben war.

```
(1)  /**************************************/
(2)  /* Transaktion mit commit und rollback*/
(3)  /**************************************/
(4)  import java.sql.*;
(5)
(6)  public class Transaktionstest {
(7)    static Datenbank db;
(8)  public static void main(String args[]) {
(9)    db = new Datenbank();
(10)   if (db.verbindungOK)
(11)      jetztGehtsLos();
(12) } // Ende main
(13) /**************************************/
(14) public static void jetztGehtsLos() {
(15) String insertRechnung =
(16)   "INSERT INTO Moos.Rechnung          " +
(17)   "  (Rechnu_Nr, Kunden_Nr)           " +
(18)   "VALUES ('R004', 'K001')";
(19) String insertPosition =
(20)   "INSERT INTO Moos.Position          " +
(21)   "  (Rechnu_Nr, Artikel_Nr)          " +
(22)   "VALUES ('R004', 'A001')";
(23) try {
(24)   // Autocommit abschalten:
(25)   db.dbverbindung.setAutoCommit( false );
(26)   int anzahlRechnungen
(27)         = db.sqlbefehl.executeUpdate
(28)                      ( insertRechnung );
(29)   System.out.println
(30)     ( "Anzahl eingefuegter Rechnungen " +
(31)       anzahlRechnungen );
(32)   int anzahlPositionen
(33)         = db.sqlbefehl.executeUpdate
(34)                      ( insertPosition );
```

```
  System.out.println
    ( "Anzahl eingefuegter Positionen " +
      anzahlPositionen );
  // Einfügungen bestätigen:
  db.dbverbindung.commit();
} // Ende try-Block
// Ausnahme abfangen und behandeln:
catch( Exception ausnahme ) {
   System.out.println( ausnahme );
  try {
  // Konsistenten Zustand wieder herstel-
len:
  db.dbverbindung.rollback();
  }
  catch( Exception ausnahme_rollback ) {
    System.out.println( ausnahme );
  }
} // Ende catch-Block
} // Ende jetztGehtsLos
} // Ende Transaktionstest
```

Programm 14.9 Transaktionssteuerung mit commit() und rollback()

Ergebnis:

```
Anzahl eingefuegter Rechnungen 1
Anzahl eingefuegter Positionen 1
```

14.14 Aufgaben

Aufgabe 1:

Erstellen Sie für jede Tabelle des Beispiels *Rechnungsschreibung* einen View. Schreiben Sie sodann ein Java-Programm, das bei seinem Aufruf als Argument einen dieser View-Namen erhält. Die Nutzdaten des Views sind sodann ästhetisch und mit Spaltenüberschriften aus den Metadaten auszugeben.

Aufgabe 2:

Untersuchen Sie das Angebot an Metadaten, die ein Objekt der Schnittstelle *ResultSetMetaData* zur Verfügung stellt. Vereinbaren

Sie hierzu eine Tabelle, die für jeden Datentyp, der in DB2-SQL möglich ist, eine Spalte enthält.

Aufgabe 3:

Schreiben Sie ein Programm, das über die Standardeingabe von Java Kundendaten einliest. Diese werden als Argumente in einen vorbereiteten Zugriffsplan eingepflanzt. Den somit vervollständigten Zugriffsplan übergeben Sie wiederholt an DB2 zur Ausführung.

Aufgabe 4:

Schreiben Sie ein Programm, das in die Tabelle *Artikel* Zeilen einfügt, in ihr ändert und aus ihr löscht. Alle Datenmanipulationen müssen im Rahmen einer Transaktion stattfinden. Untersuchen Sie mit der DB2-Befehlszentralen, welche Datensituation nach der Beendigung der Transaktion mit *commit()* vorliegt. Ersetzen Sie *commit()* durch *rollback()* und untersuchen Sie wiederum das Ergebnis mit der Befehlszentrale.

Aufgabe 5:

Untersuchen Sie mit einem Objekt der Schnittstelle DatabaseMetaData, ob Sie einen JDBC-Treiber der Version 2.1 oder höher zur Verfügung haben. In gegebenem Falle stellen Sie fest, ob scrollbare und änderbare ResultSets unterstützt werden. Wenn ja, erforschen Sie in je einem Beispiel die Funktionalität der neuen Sprachmittel von JDBC.

Literaturverzeichnis

ANSI/X3/SPARC	ANSI/X3/SPARC Study Group on Data Base Management Systems, Interim Report 75-02-08. FDT (Bulletin of ACM-SIGMOD) z, (1975), Nr. 2
Baklarz, G. u.a.	DB2 Universal Database v8.1 for Linux, UNIX, and Windows Database Administration Certification Guide, Upper Saddle River, 2003
Balzert, H.	Lehrbuch der Software-Technik - Software-Entwicklung, 2. Auflage, Heidelberg - Berlin, 2001
Bauer, A. u.a.	Data Warehouse Systeme - Architektur, Endwicklung, Anwendung, Heidelberg, 2001
Blaha, M. u.a.	Object-Oriented Modeling and Desing for Database Applications, Upper Saddle River, 1998
Booch, G. u.a.	The Unified Modeling Language - User Guide, Reading, 1999
Brandl, R. u.a.	The DB2 Universal DRDA Certification Guide, Upper Saddle River, 1999
Buff, H.	Datenbanktheorie, Zürich, 2003
Bullock, D. u.a.	DB2 Universal Database and SAP R/3 Version 4, Upper Saddle River, 1999
Celko' s, J.	SQL for Smarties: Advanced SQL Programming, 2. Edition, San Francisco, 2000
Chamberlin, D.	A Complete Guide to DB2 Universal Database, San Francisco, 1998
Chamberlin, D.	Using the new DB2 - IBM' s Object-Relational Database System, San Francisco, 1996
Chen, P.	The Entity-Relationship Model - Toward a Unified View of Data, ACM Transactions on Database Systems, Vol. 1, No. 1, March 1976, Pages 9-36
Cook, J. u.a.	The DB2 Cluster Certification Guide, Upper Saddle River, 1999

Cook, J. u.a.	The DB2 Replication Certivication Guide, Upper Saddle River, 1999
Cook, J. u.a.	The Universal Guide To DB2 for Windows NT, Upper Saddle River, 1999
Date, C.J.	An Introduction to Database Systems, Volume I, Fith Edition, Reading, Massachusetts 1990
Dehnhard, W.	Anwendungsprogrammierung mit JDBC - Datenbanken, Java, Client/Server, München-Wien, 1998
Dittrich, K.R. u.a.	Aktive Datenbanksysteme, 2. Auflage, Heidelberg, 2000
Fortier, P.J.	SQL-3 - Implementing the Object-Relational Database, New York, 1999
Geppert, A.	Objektrelationale und objektorientierte Datenbankkonzepte und -systeme, Heidelberg, 2002
Glag, J.	Effiziente Softwareentwicklung mit DB2/MVS, Braunschweig/Wiesbaden, 1996
Gulutzan P. u.a.	SQL-99 Complete, Really, Lawrence, 1999
Heuer, A.	Objektorientierte Datenbanken - Konzepte, Modelle, Standards und Systeme, 2. Auflage, Bonn, 1997
IBM	SQL Reference - Volume 1 und 2, IBM 2000
Jacobson, I. u.a.	The Univied Software Development Process, Reading, 1998
Jarosch, H.	Datenbankentwurf - Eine beispielorientierte Einführung für Studenten und Praktiker, Braunschweig/Wiesbaden, 2002
Kettke, M.	XML & Datenbanken - Konzepte, Sprachen und Systeme, Heidelberg, 2003
Kimball, R.	The Data Warehouse Toolkit, New York, 1996
Kretzschmar, O. u.a.	Medien-Datenbank- und Medien- Logistik-Systeme, München-Wien, 2004
Kriegel, A. u.a.	SQL Bible, Indianapois, 2003
Kruchten, P.	The Rational Unified Process - An Introduc-

tion, Reading, 1998

Kurz, A. Data Warehousing - Enabling Technology, Bonn, 1999

Lehner, W. Datenbanktechnologie für Data-Warehouse-Systeme - Konzepte und Methoden, Heidelberg, 2003

Lockemann, P.C. u.a. Architektur von Datenbanksystemen, Heidelberg, 2004

Lufter, J. Trigger in DB2 Version 2: Beschreibung, Analyse, Bewertung sowie Anwendung für die Datenarchivierung, Studienarbeit, Friedrich-Schiller-Universität Jena, Lehrstuhl für Datenbanken und Informationssysteme, Jena, 1996

Meier, A. Objektorientierte und objektrelationale Datenbanken - Ein Kompass für die Praxis, 2. Auflage, Heidelberg, 2000

Melton, J u.a. Understanding the new SQL: A Complete Guide, San Francisco, 1993

Melton, J. Advanced SQL:1999 - Understanding Objekt-Relational and Other Advanced Features, San Francisco, 2003

Melton, J. u.a. Understanding SQL and Java Together, San Diego, 2000

Mistelbauer, H. Datenstrukturanalyse in der Systementwicklung, in: Effektives Datendesign, Hrsg.: Gunter Müller-Ettrich, Köln, 1989

Moos, A. u.a. SQL-Datenbanken - Der Weg vom Konzept zur Realisierung, Braunschweig 1991

Mucksch, H. u.a. Das Data Warhouse-Konzept - Architektur - Datenmodelle - Anwendungen, 4. Auflage, Wiesbaden, 2000

Mullins, C. S. DB2 Developer' s Guide, Third edition, Indianapolis, 1997,

Münzenberger, H Eine pragmatische Vorgehensweise zur Datenmodellierung, in: Effektives Datendesign,

Hrsg.: Gunter Müller-Ettrich, Köln, 1989

Naiburg, E.J. u.a. UML for Database Design, Upper Saddle River, 2001

Oestereich, B. Objektorientierte Softwareentwicklung - Analyse und Design mit der Unified Modeling Language, 4. Auflage, München Wien, 1998

Ollmert, J.J. Datenstrukturen und Datenorganisation, 2. Auflage, München, 1992

Panny, W. u.a. Einführung in den Sprachkern von SQL-99, Berlin Heidelberg, 2000

Paton, N.W. Acive Rules in Database Systems, New York, 1999

Rahm, E. u.a. Web & Datenbanken - Konzepte, Architekturen, Anwendungen, Heidelberg, 2003

Reese, G. Database Programming with JDBC and Java, Sebastopol, 1997

Rumbaugh, J. u.a. Objektorientieres Modellieren und Entwerfen, London, 1993

Saake, G. u.a. Datenbanken & Java - JDBC, SQLJ und ODMG, Heidelberg, 2000

Sanders, R.E. DB2 Universal Database V8.1 Certification Exam 700 Study Guide, Upper Saddle River, 2004

Sanders, R.E. DB2 Universal Database - Call Level Interface - Developer' s Guide, New York, 1999

Sauer, H. Relationale Datenbanken, Bonn, 1995

Seubert, M. u.a. Praxisorientierte Datenmodellierung mit der SAP-SERM-Methode, in: Informatik, Zeitschrift der schweizerischen Informatikorganisation, 2. Jg., Heft 1, 1995

Singh, H. Interactive Data Warehousing, Upper Saddle River, 1999

Sinz, E.J. Konzeptionelle Datenmodellierung im Strukturierten Entity-Relationship-Modell (SER-

Modell), in: Effektives Datendesign, Hrsg.: Gunter Müller-Ettrich, Köln, 1989

Totok, A. — Modellierung von OLAP- und Data-Warehouse-Systemen, Wiesbaden, 2000

Türker, C. — SQL:1999 & SQL:2003, Heidelberg, 2003

Vetter, M. — Aufbau betrieblicher Informationssysteme mittels konzeptioneller Datenmodellierung, Stuttgart, 1990

Visser, S. u.a. — DB2 Universal Database in 21 Days, 2. Edition, Indianapolis, 2004

White, S. u.a. — JDBC API Tutorial and Reference, 2. Edition, Boston, 1999

Yevich, R. u.a. — DB2 Answers! - Certified Tech Support, Berkley, 1999

Yip, P. u.a. — DB2 SQL Procedural Language for Linux, UNIX, and Windows, Upper Saddle River, 2003

Sachwortverzeichnis